2018

中国教育经费统计年鉴

China Educational Finance Statistical Yearbook

教　育　部　财　务　司
国家统计局社会科技和文化产业统计司　编

中国统计出版社
China Statistics Press

图书在版编目（CIP）数据

中国教育经费统计年鉴. 2018 / 教育部财务司，国家统计局社会科技和文化产业统计司编. -- 北京 : 中国统计出版社, 2019.3
ISBN 978-7-5037-8793-5

Ⅰ. ①中… Ⅱ. ①教… ②国… Ⅲ. ①教育经费－统计资料－中国－2018－年鉴 Ⅳ. ①G526.72-54

中国版本图书馆 CIP 数据核字(2019)第 038653 号

中国教育经费统计年鉴—2018

作　　者/教育部财务司　国家统计局社会科技和文化产业统计司
责任编辑/冯燕玲　杜珞维
封面设计/李雪燕
出版发行/中国统计出版社
通信地址/北京市丰台区西三环南路甲 6 号　邮政编码/100073
电　　话/邮购（010）63376909　书店（010）68783171
网　　址/ http://www.zgtjcbs.com
印　　刷/三河市双峰印刷装订有限公司
经　　销/新华书店
开　　本/880×1230㎜　1/16
字　　数/1300 千字
印　　张/40.75　彩插 0.25
版　　别/2019 年 3 月第 1 版
版　　次/2019 年 3 月第 1 次印刷
定　　价/268.00 元

中国统计版图书，如有印装错误，本社发行部负责调换。

《中国教育经费统计年鉴—2018》

编辑委员会

前 言

《中国教育经费统计年鉴—2018》比较全面、系统地反映了2017年全国教育经费来源和使用的情况，为国家和地方编制教育发展规划、制定教育财政政策提供了重要的参考依据。它对于研究教育经费结构和使用效益有一定价值；对于各地之间的情况交流，提高教育财务管理水平，也将会起到促进作用。

全国教育经费统计资料的各项数据是从最基层单位开始填报，经过乡（镇）、县（市、区）、地（市）、省（自治区、直辖市）等教育主管部门层层汇总的。各级教育和统计部门对教育经费统计工作十分重视，从人员、时间、设备等方面给予了保证，并认真组织，按照准确、及时、完整的要求编制报表，保证了全国教育经费统计资料汇总工作的顺利完成。

教育部财务司组织了全国教育经费统计资料的审核、整理工作，以及全国教育经费统计分析的计算机程序编制工作。国家统计局社会科技和文化产业统计司对全国教育经费统计工作给予了很大的支持，并与教育部财务司联衔编印出版此年鉴。

目前，中国教育经费统计工作还处于充实、完善阶段，加之全国性教育经费统计涉及范围广，工作量大，因此在资料的收集、编排、整理等环节上难免有不足之处，诚望同志们提出批评和建议，以便今后加以改进，把教育经费统计工作做得更好。

编 者

2018年12月

目录

第一部分 全国教育经费收支

1-1 全国教育经费总收入……2
1-2 各级各类教育机构教育经费收入情况(全国)……6
1-3 各级各类教育机构教育经费收入情况(中央)……8
1-4 各级各类教育机构教育经费收入情况(地方)……10
1-5 各级各类教育机构教育经费收入情况(教育和其他部门)……12
1-6 各级各类教育机构教育经费收入情况(中央教育和其他部门)……14
1-7 各级各类教育机构教育经费收入情况(地方教育和其他部门)……16
1-8 各级各类教育机构教育经费收入情况(企业办)……18
1-9 各级各类教育机构教育经费收入情况(中央企业办)……20
1-10 各级各类教育机构教育经费收入情况(地方企业办)……22
1-11 各级各类教育机构教育经费收入情况(民办)……24
1-12 各级各类教育机构教育经费支出明细(全国)……26
1-13 各级各类教育机构教育经费支出明细(中央)……28
1-14 各级各类教育机构教育经费支出明细(地方)……30
1-15 各级各类教育机构教育经费支出明细(教育和其他部门)……32
1-16 各级各类教育机构教育经费支出明细(中央教育和其他部门)……34
1-17 各级各类教育机构教育经费支出明细(地方教育和其他部门)……36
1-18 各级各类教育机构教育经费支出明细(企业办)……38
1-19 各级各类教育机构教育经费支出明细(中央企业办)……40
1-20 各级各类教育机构教育经费支出明细(地方企业办)……42
1-21 各级各类教育机构教育经费支出明细(民办)……44
1-22 各级各类教育机构财政补助支出明细(全国)……46
1-23 各级各类教育机构财政补助支出明细(中央)……48
1-24 各级各类教育机构财政补助支出明细(地方)……50
1-25 各级各类教育机构财政补助支出明细(教育和其他部门)……52
1-26 各级各类教育机构财政补助支出明细(中央教育和其他部门)……54
1-27 各级各类教育机构财政补助支出明细(地方教育和其他部门)……56
1-28 各级各类教育机构财政补助支出明细(企业办)……58
1-29 各级各类教育机构财政补助支出明细(中央企业办)……60
1-30 各级各类教育机构财政补助支出明细(地方企业办)……62
1-31 各级各类教育机构财政补助支出明细(民办)……64
1-32 各级各类教育机构一般公共预算教育事业费和基本建设支出明细(全国)……66

1-33 各级各类教育机构一般公共预算教育事业费和基本建设支出明细(中央)……68
1-34 各级各类教育机构一般公共预算教育事业费和基本建设支出明细(地方)……70
1-35 各级各类教育机构一般公共预算教育事业费和基本建设支出明细(教育和其他部门)……72
1-36 各级各类教育机构一般公共预算教育事业费和基本建设支出明细(中央教育和其他部门)……74
1-37 各级各类教育机构一般公共预算教育事业费和基本建设支出明细(地方教育和其他部门)……76
1-38 各级各类教育机构一般公共预算教育事业费和基本建设支出明细(企业办)……78
1-39 各级各类教育机构一般公共预算教育事业费和基本建设支出明细(中央企业办)……80
1-40 各级各类教育机构一般公共预算教育事业费和基本建设支出明细(地方企业办)……82
1-41 各级各类教育机构一般公共预算教育事业费和基本建设支出明细(民办)……84
1-42 各级各类学校生均教育经费支出(教育和其他部门)……86
1-43 各级各类学校生均一般公共预算教育事业费和基本建设支出(教育和其他部门)……87
1-44 各级各类学校生均教育经费支出(中央教育和其他部门)……88
1-45 各级各类学校生均一般公共预算教育事业费和基本建设支出(中央教育和其他部门)……89
1-46 各级各类学校生均教育经费支出(地方教育和其他部门)……90
1-47 各级各类学校生均一般公共预算教育事业费和基本建设支出(地方教育和其他部门)……91

第二部分 各地区按来源分类教育经费收入

2-1 教育经费总收入……94
2-2 国家财政性教育经费……95
2-3 一般公共预算安排的教育经费……96
2-4 一般公共预算教育经费……97
2-5 教育事业费……98
2-6 基本建设经费……99
2-7 教育费附加……100
2-8 其他一般公共预算安排的教育经费……101
2-9 科研经费……102
2-10 其他经费……103
2-11 政府性基金预算安排的教育经费……104
2-12 彩票公益金……105
2-13 企业办学中的企业拨款……106
2-14 校办产业和社会服务收入用于教育的经费……107
2-15 其他属于国家财政性教育经费……108
2-16 民办学校中举办者投入……109
2-17 捐赠收入……110
2-18 港澳台及海外捐赠……111
2-19 事业收入……112
2-20 学费……113
2-21 其他教育经费……114

第三部分　各地区各级各类教育机构教育经费收入

3-1　教育经费收入情况(各级各类教育机构)…… 116
3-2　教育经费收入情况(地方各级各类教育机构)…… 118
3-3　教育经费收入情况(高等学校)…… 120
3-4　教育经费收入情况(地方高等学校)…… 122
3-5　教育经费收入情况(普通高等学校)…… 124
3-6　教育经费收入情况(地方普通高等学校)…… 126
3-7　教育经费收入情况(普通高等本科学校)…… 128
3-8　教育经费收入情况(地方普通高等本科学校)…… 130
3-9　教育经费收入情况(普通高职高专学校)…… 132
3-10　教育经费收入情况(地方普通高职高专学校)…… 134
3-11　教育经费收入情况(成人高等学校)…… 136
3-12　教育经费收入情况(地方成人高等学校)…… 138
3-13　教育经费收入情况(中等职业学校)…… 140
3-14　教育经费收入情况(地方中等职业学校)…… 142
3-15　教育经费收入情况(中等专业学校)…… 144
3-16　教育经费收入情况(地方中等专业学校)…… 146
3-17　教育经费收入情况(职业高中)…… 148
3-18　教育经费收入情况(地方职业高中)…… 150
3-19　教育经费收入情况(农村职业高中)…… 152
3-20　教育经费收入情况(地方农村职业高中)…… 154
3-21　教育经费收入情况(技工学校)…… 156
3-22　教育经费收入情况(地方技工学校)…… 158
3-23　教育经费收入情况(成人中等专业学校)…… 160
3-24　教育经费收入情况(地方成人中等专业学校)…… 162
3-25　教育经费收入情况(中学)…… 164
3-26　教育经费收入情况(地方中学)…… 166
3-27　教育经费收入情况(普通中学)…… 168
3-28　教育经费收入情况(地方普通中学)…… 170
3-29　教育经费收入情况(普通高中)…… 172
3-30　教育经费收入情况(地方普通高中)…… 174
3-31　教育经费收入情况(农村高中)…… 176
3-32　教育经费收入情况(地方农村高中)…… 178
3-33　教育经费收入情况(普通初中)…… 180
3-34　教育经费收入情况(地方普通初中)…… 182
3-35　教育经费收入情况(农村初中)…… 184
3-36　教育经费收入情况(地方农村初中)…… 186
3-37　教育经费收入情况(成人中学)…… 188

3-38 教育经费收入情况(小学) …… 190
3-39 教育经费收入情况(地方小学) …… 192
3-40 教育经费收入情况(普通小学) …… 194
3-41 教育经费收入情况(地方普通小学) …… 196
3-42 教育经费收入情况(农村小学) …… 198
3-43 教育经费收入情况(地方农村小学) …… 200
3-44 教育经费收入情况(成人小学) …… 202
3-45 教育经费收入情况(特殊教育) …… 204
3-46 教育经费收入情况(特殊教育学校) …… 206
3-47 教育经费收入情况(工读学校) …… 208
3-48 教育经费收入情况(幼儿园) …… 210
3-49 教育经费收入情况(地方幼儿园) …… 212
3-50 教育经费收入情况(农村幼儿园) …… 214
3-51 教育经费收入情况(地方农村幼儿园) …… 216
3-52 教育经费收入情况(教育行政单位) …… 218
3-53 教育经费收入情况(地方教育行政单位) …… 220
3-54 教育经费收入情况(教育事业单位) …… 222
3-55 教育经费收入情况(地方教育事业单位) …… 224
3-56 教育经费收入情况(其他教育机构) …… 226
3-57 教育经费收入情况(地方其他教育机构) …… 228

第四部分 各地区各级各类教育机构教育经费支出明细

4-1 教育经费支出明细(各级各类教育机构) …… 232
4-2 教育经费支出明细(地方各级各类教育机构) …… 234
4-3 教育经费支出明细(高等学校) …… 236
4-4 教育经费支出明细(地方高等学校) …… 238
4-5 教育经费支出明细(普通高等学校) …… 240
4-6 教育经费支出明细(地方普通高等学校) …… 242
4-7 教育经费支出明细(普通高等本科学校) …… 244
4-8 教育经费支出明细(地方普通高等本科学校) …… 246
4-9 教育经费支出明细(普通高职高专学校) …… 248
4-10 教育经费支出明细(地方普通高职高专学校) …… 250
4-11 教育经费支出明细(成人高等学校) …… 252
4-12 教育经费支出明细(地方成人高等学校) …… 254
4-13 教育经费支出明细(中等职业学校) …… 256
4-14 教育经费支出明细(地方中等职业学校) …… 258
4-15 教育经费支出明细(中等专业学校) …… 260
4-16 教育经费支出明细(地方中等专业学校) …… 262
4-17 教育经费支出明细(职业高中) …… 264

4-18 教育经费支出明细(地方职业高中) …… 266
4-19 教育经费支出明细(农村职业高中) …… 268
4-20 教育经费支出明细(地方农村职业高中) …… 270
4-21 教育经费支出明细(技工学校) …… 272
4-22 教育经费支出明细(地方技工学校) …… 274
4-23 教育经费支出明细(成人中等专业学校) …… 276
4-24 教育经费支出明细(地方成人中等专业学校) …… 278
4-25 教育经费支出明细(中学) …… 280
4-26 教育经费支出明细(地方中学) …… 282
4-27 教育经费支出明细(普通中学) …… 284
4-28 教育经费支出明细(地方普通中学) …… 286
4-29 教育经费支出明细(普通高中) …… 288
4-30 教育经费支出明细(地方普通高中) …… 290
4-31 教育经费支出明细(农村高中) …… 292
4-32 教育经费支出明细(地方农村高中) …… 294
4-33 教育经费支出明细(普通初中) …… 296
4-34 教育经费支出明细(地方普通初中) …… 298
4-35 教育经费支出明细(农村初中) …… 300
4-36 教育经费支出明细(地方农村初中) …… 302
4-37 教育经费支出明细(成人中学) …… 304
4-38 教育经费支出明细(小学) …… 306
4-39 教育经费支出明细(地方小学) …… 308
4-40 教育经费支出明细(普通小学) …… 310
4-41 教育经费支出明细(地方普通小学) …… 312
4-42 教育经费支出明细(农村小学) …… 314
4-43 教育经费支出明细(地方农村小学) …… 316
4-44 教育经费支出明细(成人小学) …… 318
4-45 教育经费支出明细(特殊教育) …… 320
4-46 教育经费支出明细(特殊教育学校) …… 322
4-47 教育经费支出明细(工读学校) …… 324
4-48 教育经费支出明细(幼儿园) …… 326
4-49 教育经费支出明细(地方幼儿园) …… 328
4-50 教育经费支出明细(农村幼儿园) …… 330
4-51 教育经费支出明细(地方农村幼儿园) …… 332
4-52 教育经费支出明细(教育行政单位) …… 334
4-53 教育经费支出明细(地方教育行政单位) …… 336
4-54 教育经费支出明细(教育事业单位) …… 338
4-55 教育经费支出明细(地方教育事业单位) …… 340
4-56 教育经费支出明细(其他教育机构) …… 342
4-57 教育经费支出明细(地方其他教育机构) …… 344

第五部分 各地区各级各类教育机构财政补助支出明细

5-1 财政补助支出明细(各级各类教育机构)……348
5-2 财政补助支出明细(地方各级各类教育机构)……350
5-3 财政补助支出明细(高等学校)……352
5-4 财政补助支出明细(地方高等学校)……354
5-5 财政补助支出明细(普通高等学校)……356
5-6 财政补助支出明细(地方普通高等学校)……358
5-7 财政补助支出明细(普通高等本科学校)……360
5-8 财政补助支出明细(地方普通高等本科学校)……362
5-9 财政补助支出明细(普通高职高专学校)……364
5-10 财政补助支出明细(地方普通高职高专学校)……366
5-11 财政补助支出明细(成人高等学校)……368
5-12 财政补助支出明细(地方成人高等学校)……370
5-13 财政补助支出明细(中等职业学校)……372
5-14 财政补助支出明细(地方中等职业学校)……374
5-15 财政补助支出明细(中等专业学校)……376
5-16 财政补助支出明细(地方中等专业学校)……378
5-17 财政补助支出明细(职业高中)……380
5-18 财政补助支出明细(地方职业高中)……382
5-19 财政补助支出明细(农村职业高中)……384
5-20 财政补助支出明细(地方农村职业高中)……386
5-21 财政补助支出明细(技工学校)……388
5-22 财政补助支出明细(地方技工学校)……390
5-23 财政补助支出明细(成人中等专业学校)……392
5-24 财政补助支出明细(地方成人中等专业学校)……394
5-25 财政补助支出明细(中学)……396
5-26 财政补助支出明细(地方中学)……398
5-27 财政补助支出明细(普通中学)……400
5-28 财政补助支出明细(地方普通中学)……402
5-29 财政补助支出明细(普通高中)……404
5-30 财政补助支出明细(地方普通高中)……406
5-31 财政补助支出明细(农村高中)……408
5-32 财政补助支出明细(地方农村高中)……410
5-33 财政补助支出明细(普通初中)……412
5-34 财政补助支出明细(地方普通初中)……414
5-35 财政补助支出明细(农村初中)……416
5-36 财政补助支出明细(地方农村初中)……418
5-37 财政补助支出明细(成人中学)……420

5-38 财政补助支出明细(小学) …… 422
5-39 财政补助支出明细(地方小学) …… 424
5-40 财政补助支出明细(普通小学) …… 426
5-41 财政补助支出明细(地方普通小学) …… 428
5-42 财政补助支出明细(农村小学) …… 430
5-43 财政补助支出明细(地方农村小学) …… 432
5-44 财政补助支出明细(成人小学) …… 434
5-45 财政补助支出明细(特殊教育) …… 436
5-46 财政补助支出明细(特殊教育学校) …… 438
5-47 财政补助支出明细(工读学校) …… 440
5-48 财政补助支出明细(幼儿园) …… 442
5-49 财政补助支出明细(地方幼儿园) …… 444
5-50 财政补助支出明细(农村幼儿园) …… 446
5-51 财政补助支出明细(地方农村幼儿园) …… 448
5-52 财政补助支出明细(教育行政单位) …… 450
5-53 财政补助支出明细(地方教育行政单位) …… 452
5-54 财政补助支出明细(教育事业单位) …… 454
5-55 财政补助支出明细(地方教育事业单位) …… 456
5-56 财政补助支出明细(其他教育机构) …… 458
5-57 财政补助支出明细(地方其他教育机构) …… 460

第六部分 各地区各级各类教育机构一般公共预算教育事业费和基本建设支出明细

6-1 一般公共预算教育事业费和基本建设支出明细(各级各类教育机构) …… 464
6-2 一般公共预算教育事业费和基本建设支出明细(地方各级各类教育机构) …… 466
6-3 一般公共预算教育事业费和基本建设支出明细(高等学校) …… 468
6-4 一般公共预算教育事业费和基本建设支出明细(地方高等学校) …… 470
6-5 一般公共预算教育事业费和基本建设支出明细(普通高等学校) …… 472
6-6 一般公共预算教育事业费和基本建设支出明细(地方普通高等学校) …… 474
6-7 一般公共预算教育事业费和基本建设支出明细(普通高等本科学校) …… 476
6-8 一般公共预算教育事业费和基本建设支出明细(地方普通高等本科学校) …… 478
6-9 一般公共预算教育事业费和基本建设支出明细(普通高职高专学校) …… 480
6-10 一般公共预算教育事业费和基本建设支出明细(地方普通高职高专学校) …… 482
6-11 一般公共预算教育事业费和基本建设支出明细(成人高等学校) …… 484
6-12 一般公共预算教育事业费和基本建设支出明细(地方成人高等学校) …… 486
6-13 一般公共预算教育事业费和基本建设支出明细(中等职业学校) …… 488
6-14 一般公共预算教育事业费和基本建设支出明细(地方中等职业学校) …… 490
6-15 一般公共预算教育事业费和基本建设支出明细(中等专业学校) …… 492
6-16 一般公共预算教育事业费和基本建设支出明细(地方中等专业学校) …… 494
6-17 一般公共预算教育事业费和基本建设支出明细(职业高中) …… 496

6-18　一般公共预算教育事业费和基本建设支出明细(地方职业高中)…… 498
6-19　一般公共预算教育事业费和基本建设支出明细(农村职业高中)…… 500
6-20　一般公共预算教育事业费和基本建设支出明细(地方农村职业高中)…… 502
6-21　一般公共预算教育事业费和基本建设支出明细(技工学校)…… 504
6-22　一般公共预算教育事业费和基本建设支出明细(地方技工学校)…… 506
6-23　一般公共预算教育事业费和基本建设支出明细(成人中等专业学校)…… 508
6-24　一般公共预算教育事业费和基本建设支出明细(地方成人中等专业学校)…… 510
6-25　一般公共预算教育事业费和基本建设支出明细(中学)…… 512
6-26　一般公共预算教育事业费和基本建设支出明细(地方中学)…… 514
6-27　一般公共预算教育事业费和基本建设支出明细(普通中学)…… 516
6-28　一般公共预算教育事业费和基本建设支出明细(地方普通中学)…… 518
6-29　一般公共预算教育事业费和基本建设支出明细(普通高中)…… 520
6-30　一般公共预算教育事业费和基本建设支出明细(地方普通高中)…… 522
6-31　一般公共预算教育事业费和基本建设支出明细(农村高中)…… 524
6-32　一般公共预算教育事业费和基本建设支出明细(地方农村高中)…… 526
6-33　一般公共预算教育事业费和基本建设支出明细(普通初中)…… 528
6-34　一般公共预算教育事业费和基本建设支出明细(地方普通初中)…… 530
6-35　一般公共预算教育事业费和基本建设支出明细(农村初中)…… 532
6-36　一般公共预算教育事业费和基本建设支出明细(地方农村初中)…… 534
6-37　一般公共预算教育事业费和基本建设支出明细(成人中学)…… 536
6-38　一般公共预算教育事业费和基本建设支出明细(小学)…… 538
6-39　一般公共预算教育事业费和基本建设支出明细(地方小学)…… 540
6-40　一般公共预算教育事业费和基本建设支出明细(普通小学)…… 542
6-41　一般公共预算教育事业费和基本建设支出明细(地方普通小学)…… 544
6-42　一般公共预算教育事业费和基本建设支出明细(农村小学)…… 546
6-43　一般公共预算教育事业费和基本建设支出明细(地方农村小学)…… 548
6-44　一般公共预算教育事业费和基本建设支出明细(成人小学)…… 550
6-45　一般公共预算教育事业费和基本建设支出明细(特殊教育)…… 552
6-46　一般公共预算教育事业费和基本建设支出明细(特殊教育学校)…… 554
6-47　一般公共预算教育事业费和基本建设支出明细(工读学校)…… 556
6-48　一般公共预算教育事业费和基本建设支出明细(幼儿园)…… 558
6-49　一般公共预算教育事业费和基本建设支出明细(地方幼儿园)…… 560
6-50　一般公共预算教育事业费和基本建设支出明细(农村幼儿园)…… 562
6-51　一般公共预算教育事业费和基本建设支出明细(地方农村幼儿园)…… 564
6-52　一般公共预算教育事业费和基本建设支出明细(教育行政单位)…… 566
6-53　一般公共预算教育事业费和基本建设支出明细(地方教育行政单位)…… 568
6-54　一般公共预算教育事业费和基本建设支出明细(教育事业单位)…… 570
6-55　一般公共预算教育事业费和基本建设支出明细(地方教育事业单位)…… 572
6-56　一般公共预算教育事业费和基本建设支出明细(其他教育机构)…… 574
6-57　一般公共预算教育事业费和基本建设支出明细(地方其他教育机构)…… 576

第七部分　各地区教育和其他部门各级各类学校生均教育经费支出

7-1　生均教育经费支出(高等学校)…… 580
7-2　生均一般公共预算教育事业费和基本建设支出(高等学校)…… 581
7-3　生均教育经费支出(中央属高等学校)…… 582
7-4　生均一般公共预算教育事业费和基本建设支出(中央属高等学校)…… 583
7-5　生均教育经费支出(地方高等学校)…… 584
7-6　生均一般公共预算教育事业费和基本建设支出(地方高等学校)…… 585
7-7　生均教育经费支出(普通高等学校)…… 586
7-8　生均一般公共预算教育事业费和基本建设支出(普通高等学校)…… 587
7-9　生均教育经费支出(中央属普通高等学校)…… 588
7-10　生均一般公共预算教育事业费和基本建设支出(中央属普通高等学校)…… 589
7-11　生均教育经费支出(地方普通高等学校)…… 590
7-12　生均一般公共预算教育事业费和基本建设支出(地方普通高等学校)…… 591
7-13　生均教育经费支出(普通高等本科学校)…… 592
7-14　生均一般公共预算教育事业费和基本建设支出(普通高等本科学校)…… 593
7-15　生均教育经费支出(中央属普通高等本科学校)…… 594
7-16　生均一般公共预算教育事业费和基本建设支出(中央属普通高等本科学校)…… 595
7-17　生均教育经费支出(地方普通高等本科学校)…… 596
7-18　生均一般公共预算教育事业费和基本建设支出(地方普通高等本科学校)…… 597
7-19　生均教育经费支出(地方普通高职高专学校)…… 598
7-20　生均一般公共预算教育事业费和基本建设支出(地方普通高职高专学校)…… 599
7-21　生均教育经费支出(地方中等职业学校)…… 600
7-22　生均一般公共预算教育事业费和基本建设支出(地方中等职业学校)…… 601
7-23　生均教育经费支出(地方中等专业学校)…… 602
7-24　生均一般公共预算教育事业费和基本建设支出(地方中等专业学校)…… 603
7-23　生均教育经费支出(地方中等专业学校)…… 604
7-26　生均一般公共预算教育事业费和基本建设支出(地方职业高中)…… 605
7-27　生均教育经费支出(地方农村职业高中)…… 606
7-28　生均一般公共预算教育事业费和基本建设支出(地方农村职业高中)…… 607
7-29　生均教育经费支出(地方技工学校)…… 608
7-30　生均一般公共预算教育事业费和基本建设支出(地方技工学校)…… 609
7-31　生均教育经费支出(地方普通中学)…… 610
7-32　生均一般公共预算教育事业费和基本建设支出(地方普通中学)…… 611
7-33　生均教育经费支出(地方普通高中)…… 612
7-34　生均一般公共预算教育事业费和基本建设支出(地方普通高中)…… 613
7-35　生均教育经费支出(地方农村高中)…… 614
7-36　生均一般公共预算教育事业费和基本建设支出(地方农村高中)…… 615
7-37　生均教育经费支出(地方普通初中)…… 616

7-38 生均一般公共预算教育事业费和基本建设支出(地方普通初中) ………………………… 617
7-39 生均教育经费支出(地方农村初中) ………………………………………………………………… 618
7-40 生均一般公共预算教育事业费和基本建设支出(地方农村初中) ………………………… 619
7-41 生均教育经费支出(地方普通小学) ………………………………………………………………… 620
7-42 生均一般公共预算教育事业费和基本建设支出(地方普通小学) ………………………… 621
7-43 生均教育经费支出(地方农村小学) ………………………………………………………………… 622
7-44 生均一般公共预算教育事业费和基本建设支出(地方农村小学) ………………………… 623
7-45 生均教育经费支出(地方特殊教育学校) ………………………………………………………… 624
7-46 生均一般公共预算教育事业费和基本建设支出(地方特殊教育学校) …………………… 625
7-47 生均教育经费支出(地方幼儿园) …………………………………………………………………… 626
7-48 生均一般公共预算教育事业费和基本建设支出(地方幼儿园) ……………………………… 627
7-49 生均教育经费支出(地方农村幼儿园) ……………………………………………………………… 628
7-50 生均一般公共预算教育事业费和基本建设支出(地方农村幼儿园) ……………………… 629

附录 简要说明 ……………………………………………………………………………………………… 633

2017 年教育经费简况

2012—2017 年全国教育经费总投入及增长情况

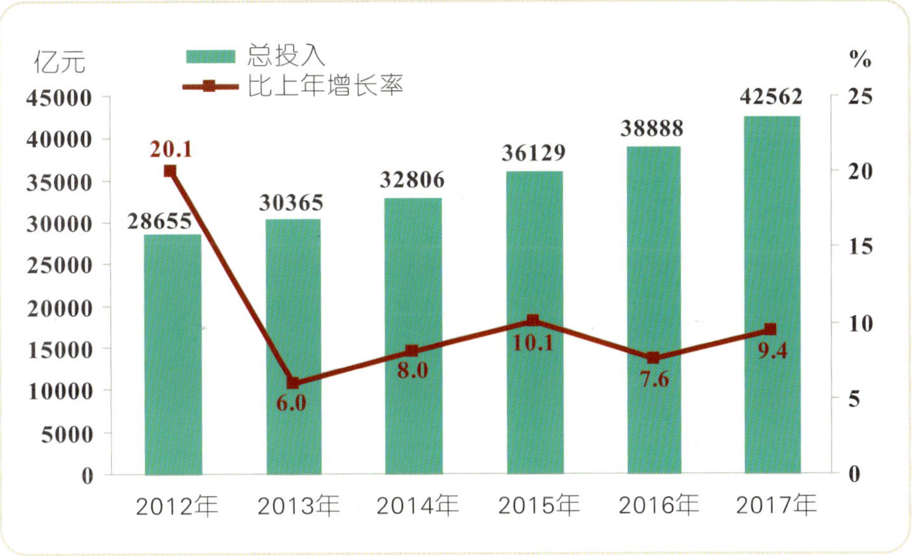

2012—2017 年国家财政性教育经费及占 GDP 比例

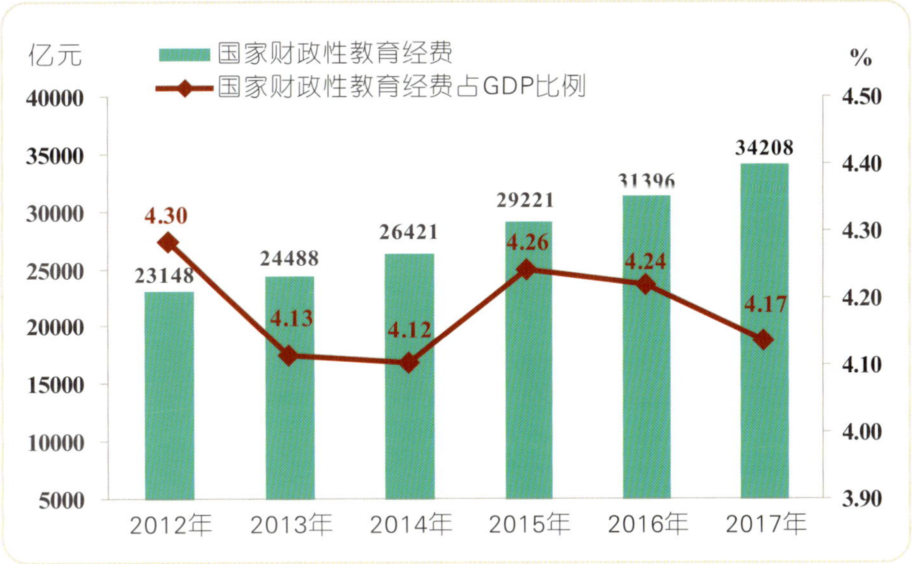

注：2012-2017 年涉及到国内生产总值数据，均来源于国家统计局数据库。

2017年全国及分省一般公共预算教育经费占一般公共预算支出比例比上年增减百分点

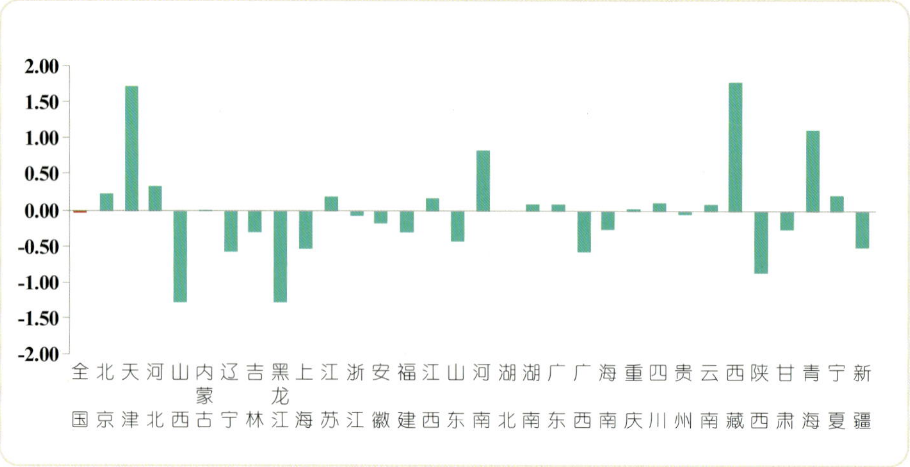

2017年分省一般公共预算教育经费与财政经常性收入增长幅度比较

2017 年各级各类学校生均一般公共预算教育事业费支出及增长情况

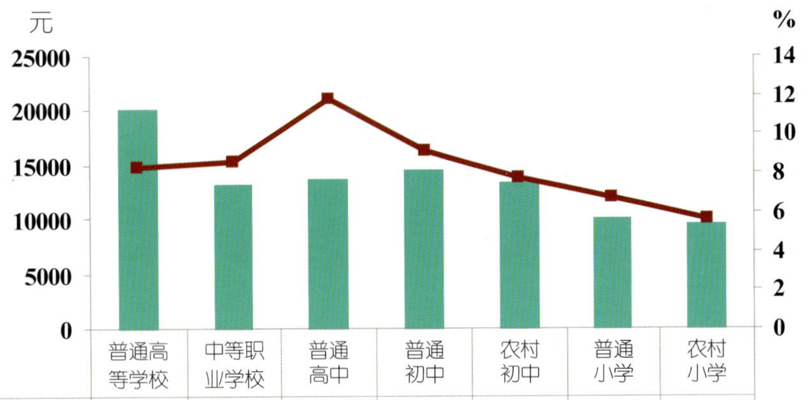

	普通高等学校	中等职业学校	普通高中	普通初中	农村初中	普通小学	农村小学
生均额	20299	13273	13769	14641	13447	10199	9769
增长率	8.3	8.5	11.8	9.1	7.8	6.7	5.7

2017 年各级各类学校生均一般公共预算公用经费支出及增长情况

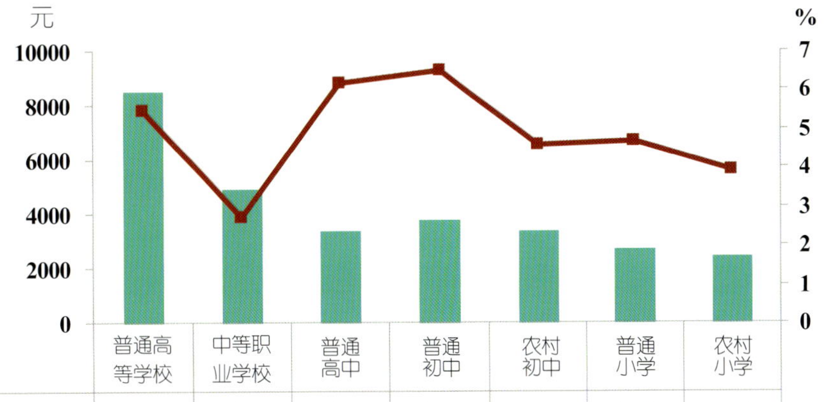

	普通高等学校	中等职业学校	普通高中	普通初中	农村初中	普通小学	农村小学
生均额	8506	4908	3396	3793	3407	2732	2496
增长率	5.4	2.7	6.2	6.5	4.6	4.6	3.9

第一部分

全国教育经费收支

1-1 全国教育

年 份	合 计(千元)	国家财政性教育经费	#一般公共预算教育经费	民办学校中举办者投入	捐赠收入	事业收入	#学费	其他教育经 费
1991	73150282	61782860	48217992		6282097		3234756	1850569
1992	86704905	72875058	56493638		6962852		4393193	2473802
1993	105993744	86776183	67661503	333227	7018561		8714769	3151004
1994	148878126	117473956	93112851	1077952	9744871		14692281	5889066
1995	187795011	141152333	109294729	2036715	16284140		20124225	8197598
1996	226233935	167170455	128808414	2619989	18841895		26103612	11497984
1997	253173257	186254163	144126882	3017464	17065876		32607920	14227834
1998	294905918	203245257	165401831	4803140	14185373	60915149	36974735	11756999
1999	334904164	228717561	191136888	6289571	12586942	74971737	46361079	12338353
2000	384908058	256260557	219176521	8585372	11395569	93827167	59483043	14839393
2001	463766262	305700995	270565484	12808952	11288518	115751371	74560135	18216426
2002	548002776	349140475	325494252	17255487	12727910	146091688	92277917	22787216
2003	620826530	385062366	361909774	25901478	10459269	172183991	112149847	27219426
2004	724259892	446585748	424442091	34785288	9342038	201142680	134655173	32404138
2005	841883905	516107593	494603791	45221850	9316129	233999909	155305446	37238424
2006	981530865	634836475	613534811	54905830	8990776	240730422	155233010	42067362
2007	1214806630	828021421	809433686	8093374	9305839	317723573	213090822	51662423
2008	1450073742	1044962956	1021296753	6984793	10266633	336707107	234929828	51152253
2009	1650270650	1223109354	1197497528	7498291	12549905	352759391	251559826	54353709
2010	1956184707	1467006696	1416390290	10542536	10788394	410606635	301555934	57240446
2011	2386929356	1858670092	1782173800	11193198	11186751	442469266	331697419	63410049
2012	2865530519	2314756979	2031416851	12817531	9569193	461984036	350483008	66402780
2013	3036471815	2448821774	2140567150	14740887	8554445	492620868	373768686	71733841
2014	3280646093	2642058205	2257600985	13134764	7967003	542715808	405303926	74770313
2015	3612919267	2922145113	2586187400	18766195	8699601	580972390	431736109	82335968
2016	3888838503	3139625189	2770063252	20327326	8104474	627682918	477093392	93098597
2017	4256200690	3420775455	2991978381	22500611	8499744	695757339	529328150	108667542

注：1.“其他教育经费”数据1991—1997年包含扣除“学费”后的事业收入；“民办学校中举办者投入”数据1993—2006年为社会团体和公民个人办学总经费；“一般公共预算教育经费”数据1991—2011年包括教育事业费、基本建设经费、教育费附加、科研经费和其他经费，2012年起仅包括教育事业费、基本建设经费和教育费附加，2015年起教育事业费包含地方教育附加和土地出让收益计提的教育资金。

2.表中“#”表示其中的主要项，以下同；表中“空格”表示无该项数据，以下同。

经费总收入

构　成 (%)	国家财政性教育经费	#一般公共预算教育经费	民办学校中举办者投入	捐赠收入	事业收入	#学费	其他教育经　费
100.00	84.46	65.92		8.59		4.42	2.53
100.00	84.05	65.16		8.03		5.07	2.85
100.00	81.87	63.84	0.31	6.62		8.22	2.97
100.00	78.91	62.54	0.72	6.55		9.87	3.96
100.00	75.16	58.20	1.08	8.67		10.72	4.37
100.00	73.89	56.94	1.16	8.33		11.54	5.08
100.00	73.57	56.93	1.19	6.74		12.88	5.62
100.00	68.92	56.09	1.63	4.81	20.66	12.54	3.99
100.00	68.29	57.07	1.88	3.76	22.39	13.84	3.68
100.00	66.58	56.94	2.23	2.96	24.38	15.45	3.86
100.00	65.92	58.34	2.76	2.43	24.96	16.08	3.93
100.00	63.71	59.40	3.15	2.32	26.66	16.84	4.16
100.00	62.02	58.29	4.17	1.68	27.73	18.06	4.38
100.00	61.66	58.60	4.80	1.29	27.77	18.59	4.47
100.00	61.30	58.75	5.37	1.11	27.79	18.45	4.42
100.00	64.68	62.51	5.59	0.92	24.53	15.82	4.29
100.00	68.16	66.63	0.67	0.77	26.15	17.54	4.25
100.00	72.06	70.43	0.48	0.71	23.22	16.20	3.53
100.00	74.12	72.56	0.45	0.76	21.38	15.24	3.29
100.00	74.99	72.41	0.54	0.55	20.99	15.42	2.93
100.00	77.87	74.66	0.47	0.47	18.54	13.90	2.66
100.00	80.78	70.89	0.45	0.33	16.12	12.23	2.32
100.00	80.65	70.50	0.49	0.28	16.22	12.31	2.36
100.00	80.53	68.82	0.40	0.24	16.54	12.35	2.28
100.00	80.88	71.58	0.52	0.24	16.08	11.95	2.28
100.00	80.73	71.23	0.52	0.21	16.14	12.27	2.39
100.00	80.37	70.30	0.53	0.20	16.35	12.44	2.55

1-1 续表

指　标	总　计		
	合　计	中　央	地　方
总　计	**4256200690**	**391199179**	**3865001511**
一、国家财政性教育经费	3420775455	271808846	3148966610
1.一般公共预算安排的教育经费	3341163700	229422314	3111741386
(1)一般公共预算教育经费	2991978381	161975008	2830003372
①教育事业费	2789263167	155284821	2633978346
②基本建设经费	62247537	6690187	55557350
③教育费附加	140467676		140467676
(2)其他一般公共预算安排的教育经费	349185320	67447305	281738014
①科研经费	19827042	12133136	7693906
②其他	329358278	55314169	274044108
2.政府性基金预算安排的教育经费	27385567	3036781	24348785
#彩票公益金	5707295	2106628	3600666
3.企业办学中的企业拨款	3051920	1343340	1708580
4.校办产业和社会服务收入用于教育的经费	2997139	1547845	1449294
5.其他属于国家财政性教育经费	46177129	36458565	9718564
二、民办学校中举办者投入	22500611		22500611
三、捐赠收入	8499744	3596364	4903379
#港澳台及海外捐赠	593108	109702	483406
四、事业收入	695757339	90697795	605059544
#学费	529328150	31431950	497896200
五、其他教育经费	108667542	25096174	83571368

单位：千元

教育部门和其他部门			企业办学			民办学校
合 计	中 央	地 方	合 计	中 央	地 方	地 方
3816922833	**379868241**	**3437054592**	**19570319**	**11330938**	**8239382**	**419707538**
3355400510	262090613	3093309898	13607890	9718233	3889657	51767055
3279697394	221172974	3058524420	10297102	8249340	2047762	51169204
2932645742	154155913	2778489829	9759127	7819096	1940032	49573512
2734866287	148099370	2586766917	9050930	7185452	1865478	45345951
61209539	6056543	55152996	663644	633644	30000	374354
136569916		136569916	44554		44554	3853207
347051652	67017061	280034591	537975	430244	107730	1595693
19673588	12110481	7563107	22705	22655	50	130749
327378065	54906580	272471484	515270	407589	107680	1464943
26893487	3023569	23869918	13217	13213	4	478863
5687818	2093903	3593915	12729	12725	4	6747
			3051920	1343340	1708580	
2767383	1448635	1318748	229756	99210	130546	
46042245	36445435	9596811	15896	13131	2765	118988
						22500611
7047429	3563250	3484178	48269	33114	15155	1404046
527130	109702	417428				65978
356454983	89432480	267022503	5258743	1265315	3993427	334043613
220174173	30618417	189555756	3809295	813532	2995763	305344682
98019912	24781898	73238013	655417	314275	341141	9992213

1–2 各级各类教育机构

学校类别	总计	国家财政性教育经费	一般公共预算安排的教育经费	一般公共预算教育经费	教育事业费	基本建设经费	教育费附加	科研经费
总计	**4256200690**	**3420775455**	**3341163700**	**2991978381**	**2789263167**	**62247537**	**140467676**	**19827042**
一、高等学校	1110807491	689907182	632764603	571339913	545948388	20652145	4739381	19387478
1.普通高等学校	1094699644	679893881	623141015	563095945	538305928	20409916	4380101	19383553
高等本科学校	892173237	548826719	495677410	444583660	425271335	17378837	1933488	19210841
高职高专学校	202526407	131067162	127463604	118512285	113034592	3031079	2446613	172712
2.成人高等学校	16107847	10013301	9623588	8243968	7642460	242228	359280	3925
二、中等职业学校	232014691	203891630	201017072	201017072	161780758	3720068	17573489	
1.中等专业学校	107787743	94868623	93426472	84791527	74275753	1999502	8516272	
2.职业高中	83052834	75839263	74885028	68720509	59950215	1198372	7571923	
#农村	36593038	33582224	33193635	30821548	27646337	673040	2502171	
3.技工学校	30632005	24344136	23927770	21814505	20070205	509464	1234835	
4.成人中专学校	10542109	8839608	8777801	7747774	7484585	12730	12730	
三、中学	1164490934	1030302751	1022856975	931532251	863575974	15507011	52449265	
1.普通中学	1163685913	1029609530	1022164215	930875751	863014610	15478438	52382703	
普通高中	431775265	356033628	352415669	320121485	293819030	7191930	19110526	
#农村	177113608	147149102	145635426	134017088	125992611	3122612	4901865	
普通初中	731910648	673575903	669748546	610754266	569195581	8286507	33272177	
#农村	421431492	399953485	398235297	365631107	349895133	3828797	11907176	
2.成人中学	805020	693221	692760	656500	561364	28574	66562	
四、小学	1188807217	1124566470	1119284542	1014429818	951016659	13710930	49702229	
1.普通小学	1188797093	1124556346	1119274418	1014420182	951007022	13710930	49702229	
#农村	731433499	708436010	705732377	640093979	613947026	7155770	18991183	
2.成人小学	10124	10124	10124	9636	9636			
五、特殊教育	15309117	14981190	14844857	13411614	12435629	185443	790543	
1.特殊教育学校	14527697	14233422	14129415	12787949	11867165	184538	736247	
2.工读学校	781420	747767	715442	623665	568464	905	54296	
六、幼儿园	325605431	156357101	154606791	144004831	129383746	5226610	9394475	
#农村	146563055	80027171	79385109	74682005	68815648	2929383	2936974	
七、教育行政单位	40128655	37805840	37423003	33212381	30941348	793302	1477731	
八、教育事业单位	82043438	69818848	66610177	59814503	56359625	637666	2817211	
九、其他	96993716	93144442	91755681	41158753	37821040	1814362	1523351	439564

教育经费收入情况(全国)

单位：千元

其 他	政府性基金预算安排的教育经费	#彩票公益金	企业办学中的企业拨款	校办产业和社会服务收入中用于教育的经费	其他属于国家财政性教育经费	民办学校中举办者投入	捐赠收入	事业收入	#学费	其他教育经费
329358278	**27385567**	**5707295**	**3051920**	**2997139**	**46177129**	**22500611**	**8499744**	**695757339**	**529328150**	**108667542**
42037211	7988002	590295	800701	2176747	46177129	3797948	4643111	349046635	233227684	63412615
40661517	7703136	467264	781553	2093018	46175160	3797948	4641479	343626120	229598715	62740215
31882909	5029886	192424	116252	1926222	46076949	1131019	4434337	280433632	178437812	57347529
8778607	2673250	274840	665301	166797	98211	2666929	207141	63192488	51160904	5392686
1375695	284866	123030	19148	83728	1970		1632	5420515	3628969	672400
17942757	2247618	640385	283103	343837		836728	164678	20848824	12010334	6272831
8634945	1201378	469895	99048	141725		333845	76113	9664266	5519444	2844896
6164519	893388	137613	22156	38690		377939	61942	5106493	2975380	1667197
2372087	362809	19327	18439	7341		166771	40854	2082729	1074305	720459
2113266	117920	2411	150960	147485		82697	17903	4677437	2737210	1509832
1030027	34932	30466	10939	15937		42247	8719	1400628	778301	250906
91324724	6919460	797469	410595	115722		7671922	1754014	109436107	88539596	15326140
91288464	6918999	797384	410595	115722		7671922	1753033	109368883	88528689	15282545
32294184	3377461	269572	124776	115722		2279333	881546	65690988	51047671	6889770
11618338	1423711	100143	65301	24664		973744	381833	26484265	19896312	2124663
58994280	3541538	527811	285819			5392589	871487	43677896	37481018	8392775
32604190	1473610	275847	244579			3009271	484924	14596537	11921815	3387275
36261	461	85					980	67223	10907	13595
104854724	4879933	975607	401995			4435259	908815	46730832	41344410	12165841
104854236	4879933	975607	401995			4435259	908815	46730832	41344410	12165841
65638398	2368828	686790	334805			1970405	433336	14607029	12267922	5986719
487										
1433242	136064	52911		269		13879	27439	85808	48587	200800
1341465	103864	52154		143		13879	27421	76795	42822	176179
91777	32200	757		125			18	9013	5766	24621
10601960	581758	55604	1149571	18981		5744875	296056	158702317	153777574	4505082
4703103	314818	27095	322644	4601		2452994	81350	62601464	60471296	1400076
4210622	382795	178077	42				45254	183330		2094230
6795675	2935364	2403387	316	272991			652356	8133591		3438642
50157363	1314572	13561	5597	68593			8021	2589893	379963	1251360

1—3　各级各类教育机构

学校类别	总　计	国家财政性教育经费	一般公共预算安排的教育经费	一般公共预算教育经费	教育事业费	基本建设经费	教育费附加	科研经费
总　计	**404110519**	**284720186**	**243110477**	**171899398**	**164854817**	**6756347**	**288234**	**13518683**
一、高等学校	330652009	219123211	180623894	156941488	150262161	6450722	228605	13309683
1.普通高等学校	329573084	218810367	180392249	156782141	150102814	6450722	228605	13309683
高等本科学校	326438104	216443050	178980470	155415282	149397231	5789446	228605	13309683
高职高专学校	3134980	2367317	1411779	1366859	705582	661276		
2.成人高等学校	1078925	312845	231645	159347	159347			
二、中等职业学校	984771	765967	667534	576355	545855	30500		
1.中等专业学校	761173	603119	538560	464752	434252	30500		
2.职业高中	14496	14483	14483	14483	14483			
#农村	12285	12272	12272	12272	12272			
3.技工学校	167604	109240	88449	71729	71729			
4.成人中专学校	41498	39126	26042	25392	25392			
三、中　学	5445338	4517585	4184886	4065474	3936453	72392	56629	
1.普通中学	5445338	4517585	4184886	4065474	3936453	72392	56629	
普通高中	2784538	2121807	2034485	1969351	1903399	19060	46892	
#农村	693933	622411	560552	550786	550786			
普通初中	2660800	2395778	2150401	2096123	2033054	53333	9736	
#农村	1572944	1533223	1292358	1266623	1214685	51938		
2.成人中学								
四、小　学	3896360	3558627	3232794	3144874	3058791	83083	3000	
1.普通小学	3896360	3558627	3232794	3144874	3058791	83083	3000	
#农村	2640825	2556685	2238383	2185620	2105608	80012		
2.成人小学								
五、特殊教育								
1.特殊教育学校								
2.工读学校								
六、幼儿园	2604352	1092524	746620	709023	629323	79700		
#农村	718644	616784	496996	488442	408742	79700		
七、教育行政单位	376594	369506	369464	225386	225386			
八、教育事业单位	9956479	6243596	4244798	3990154	3990154			
九、其　他	50194616	49049170	49040487	2246644	2206694	39950		209000

教育经费收入情况(中央)

单位：千元

其　他	政府性基金预算安排的教育经费	#彩　票公益金	企业办学中的企业拨款	校办产业和社会服务收入中用于教育的经费	其　他属于国家财政性教育经费	民办学校中举办者投入	捐赠收入	事业收入	#学费	其　他教育经费
57692396	**4641577**	**2011695**	**1343340**	**1547845**	**34076946**		**3596364**	**90697795**	**31431950**	**25096174**
10372723	2656365	26970	322105	1443901	34076946		2920687	85621942	29913749	22986168
10300424	2602490	26970	322105	1416576	34076946		2920687	84943073	29426726	22898957
10255504	1878610	11200	103588	1403438	34076943		2913396	84217924	28935416	22863734
44920	723880	15770	218517	13138	3		7291	725149	491310	35223
72298	53875			27325				678869	487023	87211
91178	4650	4650	22261	71522			4000	161919	93210	52885
73808	4650	4650	6831	53079			4000	110099	51622	43955
								13		
								13		
16720			15430	5360				49498	39303	8866
651				13083				2309	2286	64
119412	5035	4884	327037	626			23800	284014	172799	619939
119412	5035	4884	327037	626			23800	284014	172799	619939
65134	1668	1663	85027	626			14590	250327	172792	397815
9766	401	396	61458				53	36382	28341	35087
54278	3367	3221	242009				9210	33687	7	222124
25735	2872	2725	237994				113	1579	7	38029
87921	5527	5192	320305				6367	9186	10	322181
87921	5527	5192	320305				6367	9186	10	322181
52763	4930	4594	313373				209	8083	10	75847
37597			345677	227			38133	1254292	1155437	219402
8554			119788				913	81429	78277	19518
144078			42							7089
254644	1970000	1970000	316	28482			602187	2585824		524872
46584843			5597	3086			1190	780618	96745	363638

1-4 各级各类教育机构

学校类别	总计	国家财政性教育经费	一般公共预算安排的教育经费	一般公共预算教育经费	教育事业费	基本建设经费	教育费附加	科研经费
总计	**3852090171**	**3136055269**	**3098053223**	**2820078982**	**2624408350**	**55491190**	**140179442**	**6308358**
一、高等学校	780155482	470783971	452140708	414398425	395686227	14201423	4510775	6077794
1.普通高等学校	765126560	461083515	442748766	406313804	388203114	13959195	4151496	6073870
高等本科学校	565735133	332383669	316696940	289168378	275874104	11589391	1704883	5901157
高职高专学校	199391427	128699846	126051825	117145426	112329010	2369803	2446613	172712
2.成人高等学校	15028922	9700456	9391943	8084621	7483113	242228	359280	3925
二、中等职业学校	231029920	203125664	200349538	182497959	161234903	3689568	17573489	
1.中等专业学校	107026570	94265504	92887912	84326775	73841501	1969002	8516272	
2.职业高中	83038339	75824780	74870546	68706027	59935732	1198372	7571923	
#农村	36580753	33569952	33181363	30809276	27634065	673040	2502171	
3.技工学校	30464401	24234896	23839321	21742776	19998477	509464	1234835	
4.成人中专学校	10500610	8800483	8751759	7722382	7459193	12730	250459	
三、中　学	1159045595	1025785167	1018672089	927466777	859639522	15434619	52392637	
1.普通中学	1158240575	1025091946	1017979329	926810278	859078158	15406045	52326075	
普通高中	428990726	353911821	350381184	318152135	291915631	7172870	19063634	
#农村	176419676	146526691	145074875	133466302	125441825	3122612	4901865	
普通初中	729249849	671180125	667598145	608658143	567162527	8233175	33262441	
#农村	419858549	398420262	396942939	364364484	348680449	3776859	11907176	
2.成人中学	805020	693221	692760	656500	561364	28574	66562	
四、小　学	1184910857	1121007843	1116051748	1011284945	947957868	13627848	49699229	
1.普通小学	1184900733	1120997719	1116041624	1011275308	947948231	13627848	49699229	
#农村	728792674	705879325	703493994	637908359	611841418	7075758	18991183	
2.成人小学	10124	10124	10124	9636	9636			
五、特殊教育	15309117	14981190	14844857	13411614	12435629	185443	790543	
1.特殊教育学校	14527697	14233422	14129415	12787949	11867165	184538	736247	
2.工读学校	781420	747767	715442	623665	568464	905	54296	
六、幼儿园	323001079	155264577	153860171	143295808	128754422	5146910	9394475	
#农村	145844411	79410387	78888112	74193563	68406906	2849683	2936974	
七、教育行政单位	39752061	37436335	37053539	32986995	30715962	793302	1477731	
八、教育事业单位	72086960	63575253	62365380	55824349	52369472	637666	2817211	
九、其　他	46799100	44095272	42715193	38912109	35614346	1774412	1523351	230564

教育经费收入情况(地方)

单位：千元

其他	政府性基金预算安排的教育经费	#彩票公益金	企业办学中的企业拨款	校办产业和社会服务收入中用于教育的经费	其他属于国家财政性教育经费	民办学校中举办者投入	捐赠收入	事业收入	#学费	其他教育经费
271665882	**22743989**	**3695599**	**1708580**	**1449294**	**12100183**	**22500611**	**4903379**	**605059544**	**497896200**	**83571368**
31664489	5331637	563325	478596	732846	12100183	3797948	1722424	263424693	203313936	40426447
30361092	5100646	440294	459448	676442	12098213	3797948	1720792	258683047	200171989	39841258
21627405	3151276	181224	12664	522783	12000006	1131019	1520941	196215708	149502395	34483795
8733687	1949370	259070	446784	153659	98208	2666929	199851	62467339	50669594	5357463
1303397	230991	123030	19148	56404	1970		1632	4741646	3141946	585189
17851579	2242968	635735	260842	272315		836728	160678	20686906	11917124	6219945
8561137	1196728	465245	92217	88646		333845	72113	9554167	5467821	2800940
6164519	893388	137613	22156	38690		377939	61942	5106480	2975380	1667197
2372087	362809	19327	18439	7341		166771	40854	2082716	1074305	720459
2096545	117920	2411	135530	142125		82697	17903	4627939	2697907	1500966
1029377	34932	30466	10939	2853		42247	8719	1398319	776016	250843
91205312	6914424	792585	83558	115095		7671922	1730213	109152093	88366797	14706201
91169051	6913963	792500	83558	115095		7671922	1729233	109084869	88355890	14662606
32229050	3375793	267910	39749	115095		2279333	866956	65440661	50874879	6491955
11608572	1423309	99747	3844	24664		973744	381780	26447884	19867970	2089577
58940002	3538171	524590	43810			5392589	862276	43644208	37481011	8170651
32578155	1470738	273122	6585			3009271	484811	14594958	11921809	3349247
36261	461	85					980	67223	10907	43595
104766803	4874406	970415	81690			4435259	902448	46721646	41344401	11843661
104766316	4874406	970415	81690			4435259	902448	46721646	41344401	11843661
65585635	2363898	682196	21433			1970405	433127	14598945	12267912	5910872
487										
1433242	136064	52911		269		13879	27439	85808	48587	200800
1341465	103864	52154		143		13879	27421	76795	42822	176179
91777	32200	757		125			18	9013	5766	24621
10564363	581758	55604	803893	18754		5744875	257923	157448024	152622137	4285680
4694549	314818	27095	202855	4601		2452994	80437	62520035	60393019	1380559
4066544	382795	178077					45254	183330		2087141
6541030	965364	433387		244509			50169	5547768		2913770
3572520	1314572	13561		65507			6831	1809275	283218	887722

1-5 各级各类教育机构

学校类别	总计	国家财政性教育经费	一般公共预算安排的教育经费	一般公共预算教育经费	教育事业费	基本建设经费	教育费附加	科研经费
总计	**3815726193**	**3354203870**	**3278500754**	**2931542512**	**2733821046**	**61209539**	**136511927**	**19672501**
一、高等学校	995158424	675796897	619945571	559485902	534799177	20020484	4666241	19232937
1.普通高等学校	979262176	665870569	610381575	551299583	527214366	19778255	4306962	19229012
高等本科学校	804907125	540172068	487347285	437115987	418456290	16747342	1912354	19060667
高职高专学校	174355051	125698501	123034289	114183596	108758076	3030913	2394607	168346
2.成人高等学校	15896248	9926327	9563996	8186318	7584810	242228	359280	3925
二、中等职业学校	215619741	196919375	194480040	176800310	156026310	3659568	17114432	
1.中等专业学校	101036629	91540844	90258179	81789948	71562862	1969002	8258085	
2.职业高中	77985718	73942450	73020785	66910202	58280626	1198372	7431204	
#农村	34534736	32794397	32424344	30075281	26975017	673040	2427225	
3.技工学校	27163873	22876825	22676720	20603384	18938286	479464	1185634	
4.成人中专学校	9433521	8559256	8524357	7496775	7244537	12730	239508	
三、中学	1062127597	1012367753	1005479686	914742439	848104453	15390919	51247067	
1.普通中学	1061322576	1011674532	1004786926	914085939	847543089	15362345	51180505	
普通高中	391932565	350438085	347007486	314943617	289089086	7159437	18695095	
#农村	162787907	144524584	143137249	131647209	123685613	3121612	4839985	
普通初中	669390012	661236447	657779440	599142322	558454003	8202908	32485410	
#农村	397458827	394019665	392571809	360134281	344586856	3746859	11800565	
2.成人中学	805020	693221	692760	656500	561364	28574	66562	
四、小学	1120957582	1109525398	1104704614	1000117421	938078396	13627848	48411177	
1.普通小学	1120947459	1109515274	1104694490	1000107785	938068760	13627848	48411177	
#农村	707251880	701466557	699131768	633629255	607667251	7075758	18886246	
2.成人小学	10124	10124	10124	9636	9636			
五、特殊教育	15191860	14933894	14797708	13364913	12389965	185443	789505	
1.特殊教育学校	14418215	14187977	14084116	12743098	11823351	184538	735209	
2.工读学校	773645	745917	713592	621815	566614	905	54296	
六、幼儿园	187866281	144236251	143642194	133158398	119573288	5119899	8465211	
#农村	95447592	74564965	74247809	69638579	64029929	2834256	2774393	
七、教育行政单位	40066935	37751198	37368403	33158445	30887413	793302	1477731	
八、教育事业单位	81965819	69744693	66536338	59743268	56288390	637666	2817211	
九、其他	96771952	92928410	91546200	40971417	37673654	1774412	1523351	439564

教育经费收入情况(教育和其他部门)

单位：千元

其 他	政府性基金预算安排的教育经费	#彩 票 公益金	企业办学中的企业拨款	校办产业和社会服务收入中用于教育的经费	其 他 属于国家 财 政 性 教育经费	民办学校中举办者投入	捐赠收入	事业收入	#学费	其 他 教育经费
327285741	**26893487**	**5687818**		**2767383**	**46042245**		**7047429**	**356454983**	**220174173**	**98019912**
41226732	7715350	590295		2093731	46042245		4196509	255872033	149973727	59292985
39852979	7430484	467264		2018235	46040276		4194887	250568811	146421390	58627909
31170632	4966368	192424		1912142	45946274		4105943	206445013	111539765	54184101
8682347	2464117	274840		106093	94002		88945	44123797	34881625	4443808
1373753	284866	123030		75496	1970		1622	5303223	3552337	665076
17679730	2239864	635637		199472			133918	12877050	5884679	5689399
8468230	1196270	467245		86395			62582	6814862	3299397	2618342
6110583	890774	135515		30892			52745	2504325	984198	1486198
2349063	362713	19231		7341			36608	1053878	284508	649853
2073336	117920	2411		82185			17341	2894130	1401734	1375577
1027581	34900	30466					1250	663733	199351	209282
90737248	6772345	789493		115722			1133104	35841932	24647312	12784808
90700987	6771884	789408		115722			1132124	35774709	24636405	12741213
32063869	3314877	266830		115722			624789	34863114	24636405	6006577
11490040	1362671	98944		24664			331120	16038972	11237316	1893230
58637118	3457007	522578					507335	911595		6734635
32437528	1447856	272238					381739	200816		2856606
36261	461	85					980	67223	10907	43595
104587193	4820784	969624					620743	532440		10279001
104586705	4820784	969624					620743	532440		10279001
65502513	2334789	681923					398210	161281		5225832
487										
1432795	135917	52764		269			23453	35916	1796	198597
1341018	103717	52007		143			23435	32828	1796	173976
91777	32200	757		125			18	3088		24621
10483797	576495	54982		17562			234070	40390353	39286695	3005606
4609230	312555	26932		4601			67782	19794600	19401040	1020245
4209957	382795	178077					45254	183330		2087152
6793071	2935364	2403387		272991			652356	8133481		3435288
50135220	1314572	13561		67638			8021	2588447	379963	1247075

1-6　各级各类教育机构

学校类别	总　计	国家财政性教育经费	一般公共预算安排的教育经费	一般公共预算教育经费				
					教育事业费	基本建设经费	教育费附加	科研经费
总　计	**392612640**	**274835011**	**234694199**	**163930530**	**157519592**	**6122703**	**288234**	**13496028**
一、高等学校	327790883	217276588	179139242	155616744	149265435	6122703	228605	13287028
1.普通高等学校	326783001	217002442	178946295	155496096	149144787	6122703	228605	13287028
高等本科学校	324663847	215222845	177891064	154468485	148778286	5461593	228605	13287028
高职高专学校	2119154	1779596	1055231	1027611	366501	661110		
2.成人高等学校	1007883	274146	192947	120648	120648			
二、中等职业学校	168716	97266	95266	91209	91209			
1.中等专业学校	167106	97036	95036	90979	90979			
2.职业高中								
#农村								
3.技工学校								
4.成人中专学校	1610	230	230	230	230			
三、中　学	2239915	1451678	1451052	1416477	1359848		56629	
1.普通中学	2239915	1451678	1451052	1416477	1359848		56629	
普通高中	1588374	1006047	1005421	978040	931147		46892	
#农村	132085	86747	86747	86747	86747			
普通初中	651542	445631	445631	438437	428701		9736	
#农村	5884	5520	5520	5520	5520			
2.成人中学								
四、小　学	763557	520546	520546	510860	507860		3000	
1.普通小学	763557	520546	520546	510860	507860		3000	
#农村	15931	14877	14877	14877	14877			
2.成人小学								
五、特殊教育								
1.特殊教育学校								
2.工读学校								
六、幼儿园	1482983	171491	171264	145564	145564			
#农村	31788	10055	10055	9505	9505			
七、教育行政单位	314875	314864	314864	171450	171450			
八、教育事业单位	9878859	6169441	4170959	3918919	3918919			
九、其　他	49972852	48833138	48831007	2059308	2059308			209000

教育经费收入情况(中央教育和其他部门)

单位：千元

其他	政府性基金预算安排的教育经费	#彩票公益金	企业办学中的企业拨款	校办产业和社会服务收入中用于教育的经费	其他属于国家财政性教育经费	民办学校中举办者投入	捐赠收入	事业收入	#学费	其他教育经费
57267641	**4628365**	**1998970**		**1448635**	**34063813**		**3563250**	**89432480**	**30618417**	**24781898**
10235469	2656365	26970		1417168	34063813		2915491	84688009	29377116	22910795
10163171	2602490	26970		1389844	34063813		2915491	84041236	28916025	22823832
10135551	1878610	11200		1389359	34063813		2913286	83720503	28666410	22807212
27620	723880	15770		485			2205	320733	249615	16620
72298	53875			27325				646774	461091	86963
4058	2000	2000						53383	16309	18066
4058	2000	2000						52003	14929	18066
								1380	1380	
34575				626			8378	246277	144264	533582
34575				626			8378	246277	144264	533582
27381				626			7827	215333	144264	359167
							30	16085	12423	29223
7194							551	30944		174416
								299		64
9686							2410	1260		239341
9686							2410	1260		239341
								960		94
25700				227			33595	1078665	983983	199232
550								21087	20938	647
143414										11
252040	1970000	1970000		28482			602187	2585714		521518
46562699				2131			1190	779172	96745	359353

1-7 各级各类教育机构

学校类别	总计	国家财政性教育经费	一般公共预算安排的教育经费	一般公共预算教育经费	教育事业费	基本建设经费	教育费附加	科研经费
总计	**3423113553**	**3079368859**	**3043806555**	**2767611982**	**2576301453**	**55086836**	**136223693**	**6176473**
一、高等学校	667367541	458520309	440806329	403869157	385533741	13897780	4437636	5945909
1.普通高等学校	652479176	448868128	431435279	395803488	378069579	13655552	4078356	5941984
高等本科学校	480243278	324949223	309456221	282647502	269678004	11285749	1683749	5773638
高职高专学校	172235898	123918905	121979058	113155985	108391575	2369803	2394607	168346
2.成人高等学校	14888365	9652181	9371049	8065670	7464162	242228	359280	3925
二、中等职业学校	215451026	196822109	194384773	176709101	155935102	3659568	17114432	
1.中等专业学校	100869524	91443807	90163142	81698970	71471883	1969002	8258085	
2.职业高中	77985718	73942450	73020785	66910202	58280626	1198372	7431204	
#农村	34534736	32794397	32424344	30075281	26975017	673040	2427225	
3.技工学校	27163873	22876825	22676720	20603384	18938286	479464	1185634	
4.成人中专学校	9431911	8559026	8524127	7496545	7244307	12730	239508	
三、中学	1059887681	1010916075	1004028635	913325962	846744604	15390919	51190439	
1.普通中学	1059082661	1010222853	1003335875	912669462	846183241	15362345	51123876	
普通高中	390344191	349432038	346002066	313965578	288157938	7159437	18648203	
#农村	162655821	144437837	143050502	131560462	123598865	3121612	4839985	
普通初中	668738470	660790816	657333809	598703884	558025302	8202908	32475674	
#农村	397452943	394014145	392566289	360128761	344581336	3746859	11800565	
2.成人中学	805020	693221	692760	656500	561364	28574	66562	
四、小学	1120194026	1109004852	1104184067	999606561	937570537	13627848	48408177	
1.普通小学	1120183902	1108994728	1104173944	999596925	937560900	13627848	48408177	
#农村	707235949	701451680	699116892	633614379	607652375	7075758	18886246	
2.成人小学	10124	10124	10124	9636	9636			
五、特殊教育	15191860	14933894	14797708	13364913	12389965	185443	789505	
1.特殊教育学校	14418215	14187977	14084116	12743098	11823351	184538	735209	
2.工读学校	773645	745917	713592	621815	566614	905	54296	
六、幼儿园	186383298	144064761	143470930	133012834	119427724	5119899	8465211	
#农村	95415803	74554910	74237754	69629074	64020425	2834256	2774393	
七、教育行政单位	39752061	37436335	37053539	32986995	30715962	793302	1477731	
八、教育事业单位	72086960	63575253	62365380	55824349	52369472	637666	2817211	
九、其他	46799100	44095272	42715193	38912109	35614346	1774412	1523351	230564

教育经费收入情况(地方教育和其他部门)

单位：千元

其 他	政府性基金预算安排的教育经费	#彩 票 公益金	企业办学中的企业拨款	校办产业和社会服务收入中用于教育的经费	其 他 属于国家财政性教育经费	民办学校中举办者投入	捐赠收入	事业收入	#学 费	其 他 教育经费
270018100	**22265123**	**3688848**		**1318748**	**11978433**		**3484178**	**267022503**	**189555756**	**73238013**
30991262	5058986	563325		676562	11978433		1281018	171184024	120596611	36382190
29689808	4827994	440294		628391	11976463		1279396	166527575	117505365	35804076
21035081	3087758	181224		522783	11882461		1192656	122724510	82873355	31376888
8654727	1740237	259070		105608	94002		86740	43803065	34632010	4427188
1301455	230991	123030		48171	1970		1622	4656449	3091246	578113
17675672	2237864	633637		199472			133918	12823667	5868370	5671333
8464172	1194270	465245		86395			62582	6762859	3284468	2600276
6110583	890774	135515		30892			52745	2504325	984198	1486198
2349063	362713	19231		7341			36608	1053878	284508	649853
2073336	117920	2411		82185			17341	2894130	1401734	1375577
1027581	34900	30466					1250	662353	197971	209282
90702673	6772345	789493		115095			1124727	35595655	24503047	12251226
90666413	6771884	789408		115095			1123746	35528431	24492140	12207630
32036488	3314877	266830		115095			616962	34647781	24492140	5647410
11490040	1362671	98944		24664			331090	16022887	11224893	1864007
58629925	3457007	522578					506784	880650		6560220
32437528	1447856	272238					381739	200517		2856541
36261	461	85					980	67223	10907	43595
104577506	4820784	969624					618334	531180		10039660
104577019	4820784	969624					618334	531180		10039660
65502513	2334789	681923					398210	160320		5225738
487										
1432795	135917	52764		269			23453	35916	1796	198597
1341018	103717	52007		143			23435	32828	1796	173976
91777	32200	757		125			18	3088		24621
10458097	576495	54982		17335			200475	39311689	38302712	2806374
4608680	312555	26932		4601			67782	19773513	19380102	1019599
4066544	382795	178077					45254	183330		2087141
6541030	965364	433387		244509			50169	5547768		2913770
3572520	1314572	13561		65507			6831	1809275	283218	887722

1-8 各级各类教育机构

学校类别	总 计	国家财政性教育经费	一般公共预算安排的教育经费	一般公共预算教育经费	教育事业费	基本建设经费	教育费附加	科研经费
总 计	**19849307**	**13886878**	**10576090**	**10012508**	**9304111**	**663644**	**44754**	**22705**
一、高等学校	6143407	3332910	2433297	2213915	1881660	328019	4236	22705
1.普通高等学校	5944912	3253599	2381367	2163928	1831673	328019	4236	22705
高等本科学校	1831771	1241591	1098128	955520	627668	327852		22655
高职高专学校	4113141	2012008	1283239	1208407	1204005	166	4236	50
2.成人高等学校	198495	79310	51930	49988	49988			
二、中等职业学校	2887819	1997591	1567473	1425087	1332450	60500	32137	
1.中等专业学校	1421955	1111544	954516	841754	784798	30500	26455	
2.职业高中	219647	115955	86000	83835	83835			
#农村	50560	32711	14272	14272	14272			
3.技工学校	1141712	705899	489639	464128	428542	30000	5586	
4.成人中专学校	104505	64193	37317	35370	35275		95	
三、中 学	3391662	3175444	2759810	2674177	2601385	72392	400	
1.普通中学	3391662	3175444	2759810	2674177	2601385	72392	400	
普通高中	1287168	1162714	1036266	998101	979002	19060	39	
#农村	596192	545164	479461	469695	469656		39	
普通初中	2104494	2012731	1723544	1676076	1622382	53333	361	
#农村	1612580	1549536	1302085	1276342	1224043	51938	361	
2.成人中学								
四、小 学	3305642	3160640	2753118	2674429	2590820	83083	527	
1.普通小学	3305642	3160640	2753118	2674429	2590820	83083	527	
#农村	2693018	2594059	2254325	2201124	2120585	80012	527	
2.成人小学								
五、特殊教育								
1.特殊教育学校								
2.工读学校								
六、幼儿园	3759674	1875464	724474	712392	625239	79700	7454	
#农村	1096410	832539	509896	501888	417289	79700	4899	
七、教育行政单位	61720	54642	54600	53936	53936			
八、教育事业单位	77619	74155	73839	71235	71235			
九、其 他	221764	216032	209480	187337	147386	39950		

教育经费收入情况(企业办)

单位：千元

其 他	政府性基金预算安排的教育经费	#彩 票公益金	企业办学中的企业拨款	校办产业和社会服务收入中用于教育的经费	其 他属于国家财 政 性教育经费	民办学校中举办者投入	捐赠收入	事业收入	#学 费	其 他教育经费
540877	**13217**	**12729**	**3051920**	**229756**	**15896**		**48269**	**5258743**	**3809295**	**655417**
196676			800701	83016	15896		17728	2512434	1509195	280336
194734			781553	74783	15896		17717	2400571	1437932	273024
119953			116252	14080	13131		110	527474	290537	62596
74781			665301	60704	2765		17607	1873097	1147394	210428
1942			19148	8233			10	111863	71263	7311
142386	2650	2650	283103	144365			4518	774797	414772	110914
112762	2650	2650	99048	55330			4009	253250	141973	53152
2165			22156	7799				97981	31121	5711
			18439					17848	2470	
25511			150960	65300			509	384431	237928	50873
1947			10939	15937				39135	3750	1178
85632	5039	4888	410595				15474	113767	94250	86976
85632	5039	4888	410595				15474	113767	94250	86976
38164	1672	1667	124776				6784	78667	65025	39002
9766	401	396	65301				23	45026	38918	5979
47468	3367	3221	285819				8690	35100	29225	47974
25743	2872	2725	244579				113	24702	20761	38229
78689	5527	5192	401995				4040	54762	37048	86200
78689	5527	5192	401995				4040	54762	37048	86200
53201	4930	4594	334805				243	22393	12207	76322
12082			1149571	1419			6510	1801426	1754031	76273
8007			322644				2034	233403	222037	28435
664			42							7078
2604			316					110		3354
22144			5597	955				1446		4285

1—9 各级各类教育机构

学校类别	总 计	国家财政性教育经费	一般公共预算安排的教育经费	一般公共预算教育经费	教育事业费	基本建设经费	教育费附加	科研经费
总 计	**11497879**	**9885175**	**8416278**	**7968869**	**7335225**	**633644**		**22655**
一、高等学校	2861126	1846624	1484652	1324744	996726	328019		22655
1.普通高等学校	2790083	1807925	1445954	1286045	958027	328019		22655
高等本科学校	1774257	1220204	1089406	946798	618946	327852		22655
高职高专学校	1015826	587721	356548	339248	339081	166		
2.成人高等学校	71042	38699	38699	38699	38699	38699		
二、中等职业学校	816055	668701	572268	485147	454647	30500		
1.中等专业学校	594068	506083	443523	373773	343273	30500		
2.职业高中	14496	14483	14483	14483	14483			
#农村	12285	12272	12272	12272	12272			
3.技工学校	167604	109240	88449	71729	71729			
4.成人中专学校	39888	38896	25812	25162	25162			
三、中 学	3205423	3065907	2733834	2648997	2576604	72392		
1.普通中学	3205423	3065907	2733834	2648997	2576604	72392		
普通高中	1196165	1115760	1029064	991311	972251	19060		
#农村	561847	535663	473804	464038	464038			
普通初中	2009258	1950147	1704770	1657685	1604353	53333		
#农村	1567060	1527703	1286838	1261103	1209165	51938		
2.成人中学								
四、小 学	3132803	3038081	2712248	2634014	2550931	83083		
1.普通小学	3132803	3038081	2712248	2634014	2550931	83083		
#农村	2624894	2541809	2223507	2170743	2090731	80012		
2.成人小学								
五、特殊教育								
1.特殊教育学校								
2.工读学校								
六、幼儿园	1121369	921034	575356	563460	483760	79700		
#农村	686856	606730	486942	478938	399238	79700		
七、教育行政单位	61720	54642	54600	53936	53936			
八、教育事业单位	77619	74155	73839	71235	71235			
九、其 他	221764	216032	209480	187337	147386	39950		

教育经费收入情况(中央企业办)

单位：千元

其 他	政府性基金预算安排的教育经费	#彩 票公益金	企业办学中的企业拨款	校办产业和社会服务收入中用于教育的经费	其 他属于国家财 政 性教育经费	民办学校中举办者投入	捐赠收入	事业收入	#学 费	其 他教育经费
424754	**13213**	**12725**	**1343340**	**99210**	**13134**		**33114**	**1265315**	**813532**	**314275**
137253			322105	26733	13134		5196	933933	536633	75373
137253			322105	26733	13134		5196	901838	510701	75125
119953			103588	14080	13131		110	497421	269006	56522
17300			218517	12653	3		5086	404417	241695	18603
								32095	25932	248
87121	2650	2650	22261	71522			4000	108536	76901	34819
69750	2650	2650	6831	53079			4000	58096	36693	25889
								13		
								13		
16720			15430	5360				49498	39303	8866
651				13083				929	906	64
84838	5035	4884	327037				15423	37737	28535	86357
84838	5035	4884	327037				15423	37737	28535	86357
37753	1668	1663	85027				6763	34994	28528	38648
9766	401	396	61458				23	20297	15919	5863
47085	3367	3221	242009				8660	2743	7	47709
25735	2872	2725	237994				113	1279	7	37964
78234	5527	5192	320305				3957	7926	10	82840
78234	5527	5192	320305				3957	7926	10	82840
52763	4930	4594	313373				209	7123	10	75753
11897			345677				4538	175628	171454	20170
8004			119788				913	60342	57339	18871
664			42							7078
2604			316					110		3354
22144			5597	955				1446		4285

1-10 各级各类教育机构

学校类别	总计	国家财政性教育经费	一般公共预算安排的教育经费	一般公共预算教育经费	教育事业费	基本建设经费	教育费附加	科研经费
总计	**8351428**	**4001704**	**2159812**	**2043640**	**1968886**	**30000**	**44754**	**50**
一、高等学校	3282282	1486286	948644	889171	884935		4236	50
1.普通高等学校	3154829	1445674	935413	877882	873646		4236	50
高等本科学校	57514	21387	8722	8722	8722			
高职高专学校	3097314	1424288	926691	869160	864923		4236	50
2.成人高等学校	127453	40612	13231	11289	11289			
二、中等职业学校	2071764	1328891	995205	939940	877803	30000	32137	
1.中等专业学校	827888	605462	510993	467980	441525		26455	
2.职业高中	205151	101472	71517	69353	69353			
#农村	38274	20439	2000	2000	2000			
3.技工学校	974108	596660	401190	392399	356813	30000	5586	
4.成人中专学校	64617	25297	11505	10208	10113		95	
三、中　学	186239	109538	25975	25181	24780		400	
1.普通中学	186239	109538	25975	25181	24780		400	
普通高中	91003	46954	7201	6790	6751		39	
#农村	34345	9501	5657	5657	5618		39	
普通初中	95236	62584	18774	18391	18029		361	
#农村	45520	21833	15247	15240	14878		361	
2.成人中学								
四、小　学	172839	122559	40869	40415	39888		527	
1.普通小学	172839	122559	40869	40415	39888		527	
#农村	68124	52251	30818	30380	29854		527	
2.成人小学								
五、特殊教育								
1.特殊教育学校								
2.工读学校								
六、幼儿园	2638305	954430	149118	148933	141479		7454	
#农村	409554	225809	22954	22951	18052		4899	
七、教育行政单位								
八、教育事业单位								
九、其　他								

教育经费收入情况(地方企业办)

单位：千元

其　他	政府性基金预算安排的教育经费	#彩　票公益金	企业办学中的企业拨款	校办产业和社会服务收入中用于教育的经费	其　他属于国家财政性教育经费	民办学校中举办者投入	捐赠收入	事业收入	#学　费	其　他教育经费
116122	**4**	**4**	**1708580**	**130546**	**2762**		**15155**	**3993427**	**2995763**	**341141**
59423			478596	56283	2762		12532	1578501	972562	204962
57481			459448	48051	2762		12522	1498733	927231	197899
			12664					30054	21532	6074
57481			446784	48051	2762		12522	1468680	905699	191825
1942			19148	8233			10	79768	45331	7063
55265			260842	72843			518	666261	337871	76095
43013			92217	2252			9	195154	105280	27263
2165			22156	7799				97968	31121	5711
			18439					17835	2470	
8791			135530	59940			509	334933	198626	42007
1297			10939	2853				38206	2844	1114
794	4	4	83558				52	76030	65715	620
794	4	4	83558				52	76030	65715	620
411	4	4	39749				21	43673	36497	354
			3844					24729	23000	115
384			43810				30	32357	29219	265
7			6585					23423	20754	264
454			81690				82	46836	37038	3361
454			81690				82	46836	37038	3361
438			21433				34	15270	12197	569
185			803893	1419			1972	1625799	1582577	56104
3			202855				1121	173061	164698	9564

1-11 各级各类教育机构

学校类别	总计	国家财政性教育经费	一般公共预算安排的教育经费	一般公共预算教育经费	教育事业费	基本建设经费	教育费附加	科研经费
总计	**420625190**	**52684707**	**52086856**	**50423361**	**46138011**	**374354**	**3910996**	**131836**
一、高等学校	109505660	10777375	10385736	9640097	9267551	303642	68903	131836
1.普通高等学校	109492555	10769712	10378073	9632434	9259889	303642	68903	131836
高等本科学校	85434340	7413060	7231997	6512153	6187377	303642	21134	127519
高职高专学校	24058215	3356653	3146076	3120281	3072512		47769	4317
2.成人高等学校	13104	7663	7663	7663	7663			
二、中等职业学校	13507131	4974664	4969560	4848918	4421998		426921	
1.中等专业学校	5329158	2216235	2213777	2159825	1928093		231732	
2.职业高中	4847470	1780858	1778244	1726472	1585753		140719	
#农村	2007742	755115	755019	731995	657048		74946	
3.技工学校	2326419	761411	761411	746993	703378		43615	
4.成人中专学校	1004083	216159	216127	215629	204774		10855	
三、中学	98971675	14759554	14617479	14115635	12870137	43700	1201798	
1.普通中学	98971675	14759554	14617479	14115635	12870137	43700	1201798	
普通高中	38555533	4432829	4371917	4179767	3750942	13433	415392	
#农村	13729509	2079354	2018716	1900184	1837342	1000	61842	
普通初中	60416142	10326726	10245562	9935868	9119195	30267	786406	
#农村	22360086	4384284	4361403	4220484	4084234	30000	106250	
2.成人中学								
四、小学	64543992	11880432	11826811	11637968	10347443		1290526	
1.普通小学	64543992	11880432	11826811	11637968	10347443		1290526	
#农村	21488601	4375394	4346284	4263600	4159190		104410	
2.成人小学								
五、特殊教育	117256	47295	47148	46701	45663		1038	
1.特殊教育学校	109481	45445	45298	44851	43813		1038	
2.工读学校	7775	1850	1850	1850	1850			
六、幼儿园	133979476	10245386	10240123	10134042	9185219	27011	921811	
#农村	50019053	4629667	4627405	4541538	4368429	15428	157681	
七、教育行政单位								
八、教育事业单位								
九、其他								

教育经费收入情况(民办)

单位：千元

其 他	政府性基金预算安排的教育经费	#彩 票公益金	企业办学中的企业拨款	校办产业和社会服务收入中用于教育的经费	其 他属于国家财政性教育经费	民办学校中举办者投入	捐赠收入	事业收入	#学 费	其 他教育经费
1531660	**478863**	**6747**			**118988**	**22500611**	**1404046**	**334043613**	**305344682**	**9992213**
613803	272652				118988	3797948	428874	90662168	81744762	3839295
613803	272652				118988	3797948	428874	90656739	81739393	3839282
592325	63518				117545	1131019	328285	73461144	66607509	3100833
21479	209134				1443	2666929	100589	17195594	15131884	738450
								5429	5369	12
120641	5105	2099				836728	26243	7196978	5710883	472518
53952	2458					333845	9522	2596155	2078074	173401
51772	2615	2099				377939	9197	2504187	1960061	175288
23025	96	96				166771	4247	1011003	787327	70607
14419						82697	54	1398875	1097547	83382
498	32					42247	7469	697760	575201	40447
501844	142075	3088				7671922	605435	73480408	63798035	2454356
501844	142075	3088				7671922	605435	73480408	63798035	2454356
192151	60912	1075				2279333	249973	30749207	26346242	844190
118532	60638	804				973744	50690	10400267	8620078	225454
309694	81164	2012				5392589	355462	42731201	37451793	1610165
140919	22881	884				3009271	103071	14371018	11901054	492441
188842	53621	792				4435259	284032	46143630	41307363	1800640
188842	53621	792				4435259	284032	46143630	41307363	1800640
82684	29110	272				1970405	34883	14423355	12255715	684565
447	147	147				13879	3986	49892	46791	2203
447	147	147				13879	3986	43967	41025	2203
								5925	5766	
106081	5263	622				5744875	55476	116510537	112736848	1423202
85866	2263	164				2452994	11534	42573461	40848220	351396

1-12 各级各类教育机构

学校类别	合计	个人部分	工资福利支出	对个人和家庭的补助支出	#助学金
总计	**4121171655**	**2569619556**	**1893121850**	**676497706**	**175879218**
一、高等学校	1046440246	531067809	345094036	185973773	80850048
1.普通高等学校	1031334393	522715940	338795950	183919990	80637606
高等本科学校	837159560	424911719	270377473	154534246	68581467
高职高专学校	194174833	97804221	68418477	29385744	12056139
2.成人高等学校	15105852	8351869	6298086	2053783	212442
二、中等职业学校	230719118	130211764	94783470	35428294	9879787
1.中等专业学校	107292438	59598410	42197656	17400755	5249026
2.职业高中	82410422	47283059	35516886	11766172	3378126
#农村	36182175	20835270	16055162	4780108	1741736
3.技工学校	30563251	16140742	11776684	4364059	1072463
4.成人中专学校	10453007	7189552	5292244	1897308	180171
三、中学	1155508080	794305475	608581813	185723662	41411502
1.普通中学	1154782016	793872485	608239013	185633472	41411266
普通高中	424691194	284267803	220775468	63492334	13470789
#农村	175008930	119148549	93868840	25279710	7810279
普通初中	730090821	509604682	387463545	122141137	27940477
#农村	421316891	303626119	232155022	71471097	19726055
2.成人中学	726065	432989	342799	90190	236
四、小学	1184056605	832616077	611283171	221332906	37535660
1.普通小学	1184046481	832608273	611275994	221332278	37535660
#农村	730805218	533058275	389758346	143299929	28341942
2.成人小学	10124	7804	7177	628	
五、特殊教育	15033741	9761421	7414951	2346471	299859
1.特殊教育学校	14265705	9305293	7057301	2247992	295150
2.工读学校	768035	456128	357650	98478	4709
六、幼儿园	323485166	195228224	172532688	22695536	5871653
#农村	145357641	88275530	76584686	11690844	4321228
七、教育行政单位	38128456	20859736	13827429	7032306	
八、教育事业单位	78289837	38382493	27867089	10515404	
九、其他	49510407	17186557	11737204	5449353	30709

教育经费支出明细(全国)

单位：千元

公用部分	商品和服务支出	其他资本性支出	专项公用支出	专项项目支出	基本建设支出
1486145941	**796831628**	**689314313**	**251536017**	**437778296**	**65406158**
494562601	290622885	203939716	103696929	100242787	20809835
488071204	285843452	202227752	102749611	99478142	20547249
395129382	244384095	150745287	79178340	71566947	17118459
92941822	41459357	51482465	23571271	27911194	3428790
6491397	4779433	1711964	947319	764645	262586
96084300	46563940	49520360	21527398	27992962	4423054
45293962	22336944	22957018	10460211	12496807	2400065
33675180	14766436	18908744	7173348	11735396	1452184
14535608	6280740	8254868	2998334	5256533	811297
13864434	7109823	6754611	3526537	3228074	558075
3250724	2350738	899986	367302	532685	12730
345001784	163090873	181910910	51241210	130669701	16200822
344708709	162911280	181797429	51187423	130610006	16200822
133036155	67504157	65531998	20792329	44739668	7387237
52710911	26080109	26630802	7108878	19521924	3149470
211672554	95407123	116265432	30395094	85870338	8813585
113550373	48930062	64620311	14774227	49846084	4140399
293075	179594	113481	53787	59695	
337239044	157953977	179285066	48587796	130697271	14201484
337236724	157952198	179284526	48587796	130696731	14201484
190522536	84314106	106208429	25347578	80860851	7224407
2319	1779	540		540	
5085782	2538080	2547702	971758	1575944	186537
4777947	2379089	2398858	930113	1468744	182466
307836	158991	148845	41645	107200	4071
122525136	75413904	47111233	14889947	32221285	5731806
53772602	30105916	23666686	6272845	17393840	3309509
16486194	12875906	3610288	1982950	1627338	782526
38858355	28873460	9984895	4765033	5219862	1048989
30302745	18898603	11404142	3872996	7531146	2021104

1-13 各级各类教育机构

学校类别	合计	个人部分	工资福利支出	对个人和家庭的补助支出	#助学金
总计	**328706929**	**160913197**	**92466481**	**68446716**	**31065576**
一、高等学校	301451687	150015420	83942022	66073397	30792468
1.普通高等学校	300612800	149628707	83671609	65957098	30792467
高等本科学校	297841361	148509300	82798154	65711146	30721519
高职高专学校	2771439	1119407	873455	245952	70948
2.成人高等学校	838888	386713	270414	116299	1
二、中等职业学校	885599	494371	360774	133596	40221
1.中等专业学校	694752	358260	259488	98772	27072
2.职业高中	14781	9198	6794	2404	667
#农村	12571	8600	6794	1806	69
3.技工学校	154743	109449	79760	29690	11957
4.成人中专学校	21322	17463	14732	2730	524
三、中学	5688121	3714392	2847796	866596	107490
1.普通中学	5688121	3714392	2847796	866596	107490
普通高中	3126911	2004542	1509368	495174	57308
#农村	714828	513876	385058	128818	21782
普通初中	2561210	1709850	1338428	371423	50182
#农村	1514210	1049674	826337	223336	38191
2.成人中学					
四、小学	3739703	2612145	2070435	541709	72376
1.普通小学	3739703	2612145	2070435	541709	72376
#农村	2581373	1816235	1437594	378641	62841
2.成人小学					
五、特殊教育					
1.特殊教育学校					
2.工读学校					
六、幼儿园	3016459	2179679	1955753	223926	29701
#农村	698422	389196	333299	55897	24780
七、教育行政单位	377619	222643	185076	37567	
八、教育事业单位	9015322	957590	715730	241859	
九、其他	4532420	716959	388894	328065	23321

教育经费支出明细(中央)

单位：千元

公用部分	商品和服务支出	其他资本性支出	专项公用支出	专项项目支出	基本建设支出
161686711	**118162562**	**43524149**	**26093777**	**17430372**	**6107020**
145695042	104497680	41197362	25144352	16053010	5741226
145242867	104067580	41175287	25123097	16052190	5741226
144052055	103559277	40492778	25035735	15457043	5280006
1190812	508303	682509	87362	595147	461220
452175	430100	22075	21255	820	
362525	278127	84398	50492	33906	28703
307789	229934	77854	47990	29864	28703
5583	4443	1141	50	1091	
3971	2830	1141	50	1091	
45294	40374	4920	1970	2950	
3859	3376	483	483		
1896463	967189	929273	428702	500571	77266
1896463	967189	929273	428702	500571	77266
1102674	642123	460551	257468	203084	19694
197818	84887	112931	49000	63931	3134
793788	325066	468722	171235	297487	57571
411371	123363	288008	63847	224161	53166
1044407	424163	620244	173030	447215	83151
1044407	424163	620244	173030	447215	83151
687987	229157	458830	107567	351262	77150
761115	479287	281828	65937	215891	75665
233561	74414	159147	20715	138432	75665
154976	138723	16252	7056	9196	
8050423	7897940	152483	129770	22713	7309
3721760	3479452	242308	94438	147871	93701

1-14 各级各类教育机构

学校类别	合计	个人部分	工资福利支出	对个人和家庭的补助支出	#助学金
总计	3792464727	2408706358	1800655369	608050989	144813642
一、高等学校	744988558	381052390	261152014	119900376	50057581
1.普通高等学校	730721594	373087233	255124341	117962892	49845140
高等本科学校	539318199	276402419	187579319	88823100	37859948
高职高专学校	191403394	96684814	67545022	29139792	11985191
2.成人高等学校	14266965	7965157	6027673	1937484	212441
二、中等职业学校	229833519	129717393	94422695	35294698	9839566
1.中等专业学校	106597686	59240150	41938168	17301982	5221954
2.职业高中	82395641	47273861	35510092	11763769	3377459
#农村	36169604	20826670	16048368	4778302	1741667
3.技工学校	30408507	16031293	11696924	4334369	1060506
4.成人中专学校	10431685	7172089	5277511	1894578	179647
三、中学	1149819960	790591082	605734017	184857066	41304013
1.普通中学	1149093895	790158093	605391217	184766876	41303777
普通高中	421564284	282263261	219266100	62997161	13413481
#农村	174294102	118634674	93483782	25150892	7788497
普通初中	727529611	507894832	386125117	121769715	27890296
#农村	419802681	302576445	231328685	71247761	19687863
2.成人中学	726065	432989	342799	90190	236
四、小学	1180316902	830003932	609212736	220791197	37463284
1.普通小学	1180306779	829996128	609205559	220790569	37463284
#农村	728223845	531242040	388320753	142921288	28279100
2.成人小学	10124	7804	7177	628	
五、特殊教育	15033741	9761421	7414951	2346471	299859
1.特殊教育学校	14265705	9305293	7057301	2247992	295150
2.工读学校	768035	456128	357650	98478	4709
六、幼儿园	320468707	193048545	170576935	22471610	5841952
#农村	144659219	87886335	76251388	11634947	4296448
七、教育行政单位	37750837	20637093	13642354	6994739	
八、教育事业单位	69274515	37424903	27151358	10273545	
九、其他	44977987	16469599	11348310	5121289	7387

教育经费支出明细(地方)

单位：千元

公用部分	商品和服务支出	其他资本性支出	专项公用支出	专项项目支出	基本建设支出
1324459230	**678669066**	**645790164**	**225442240**	**420347924**	**59299138**
348867559	186125205	162742354	78552577	84189777	15068609
342828337	181775872	161052466	77626514	83425952	14806023
251077327	140824818	110252509	54142604	56109905	11838453
91751011	40951054	50799956	23483909	27316047	2967570
6039222	4349334	1689889	926063	763825	262586
95721775	46285813	49435962	21476906	27959057	4394351
44986174	22107009	22879164	10412221	12466943	2371362
33669597	14761993	18907604	7173299	11734305	1452184
14531637	6277910	8253727	2998285	5255442	811297
13819140	7069449	6749691	3524567	3225124	558075
3246865	2347362	899503	366819	532685	12730
343105321	162123684	180981637	50812507	130169130	16123556
342812246	161944090	180868156	50758721	130109435	16123556
131933480	66862034	65071446	20534861	44536585	7367543
52513092	25995222	26517871	7059877	19457993	3146336
210878766	95082057	115796710	30223859	85572850	8756013
113139002	48806699	64332302	14710379	49621923	4087234
293075	179594	113481	53787	59695	
336194636	157529814	178664822	48414766	130250056	14118334
336192317	157528035	178664282	48414766	130249516	14118334
189834549	84084949	105749600	25240011	80509589	7147256
2319	1779	540		540	
5085782	2538080	2547702	971758	1575944	186537
4777947	2379089	2398858	930113	1468744	182466
307836	158991	148845	41645	107200	4071
121764021	74934616	46829405	14824011	32005394	5656141
53539040	30031502	23507538	6252130	17255408	3233844
16331218	12737182	3594036	1975894	1618142	782526
30807932	20975520	9832412	4635263	5197149	1041680
26580985	15419151	11161833	3778558	7383275	1927404

1-15 各级各类教育机构

学校类别	合计	个人部分	工资福利支出	对个人和家庭的补助支出	#助学金
总计	**3698094971**	**2336738026**	**1687813298**	**648924729**	**158830030**
一、高等学校	944144774	489687979	313255374	176432605	73672756
1.普通高等学校	929254514	481476175	307083381	174392794	73460490
高等本科学校	763558291	394549294	246916580	147632714	63197496
高职高专学校	165696224	86926881	60166802	26760080	10262994
2.成人高等学校	14890259	8211804	6171993	2039811	212266
二、中等职业学校	214944681	121752343	88418625	33333717	8256238
1.中等专业学校	100823748	56157802	39727243	16430558	4474055
2.职业高中	77448457	44574777	33456637	11118140	2820231
#农村	34161022	19681697	15142903	4538794	1537310
3.技工学校	27239755	14341272	10315919	4025353	902255
4.成人中专学校	9432720	6678492	4918826	1759666	59697
三、中学	1055132622	736667403	557583459	179083944	37918771
1.普通中学	1054406557	736234413	557240659	178993754	37918535
普通高中	386443554	261943443	200823523	61119920	12252199
#农村	160809957	110817183	86478820	24338363	7245128
普通初中	667963003	474290971	356417137	117873834	25666336
#农村	397234168	290360078	220607109	69752969	18641583
2.成人中学	726065	432989	342799	90190	236
四、小学	1116223693	793606141	577661783	215944358	34847147
1.普通小学	1116213570	793598337	577654607	215943730	34847147
#农村	706378242	519075480	377641476	141434004	27202642
2.成人小学	10124	7804	7177	628	
五、特殊教育	14910885	9687839	7347056	2340783	295911
1.特殊教育学校	14151641	9236630	6993969	2242661	291301
2.工读学校	759244	451209	353087	98122	4610
六、幼儿园	187243949	109091933	90252862	18839071	3808499
#农村	94840014	54936199	44983760	9952439	3111880
七、教育行政单位	38073819	20831542	13806052	7025491	
八、教育事业单位	78177872	38329810	27828047	10501763	
九、其他	49242677	17083037	11660040	5422997	30709

教育经费支出明细(教育和其他部门)

单位：千元

公用部分					基本建设支出
	商品和服务支出	其他资本性支出			
			专项公用支出	专项项目支出	
1296809517	**681639167**	**615170351**	**225820416**	**389349934**	**64547428**
434051070	261857117	172193953	92843090	79350862	20405725
427635201	257145776	170489425	91903135	78586290	20143139
352243182	222403337	129839844	72096895	57742949	16765815
75392019	34742439	40649580	19806239	20843341	3377324
6415869	4711341	1704528	939956	764572	262586
88828051	41503545	47324506	20553156	26771350	4364287
42294648	20379944	21914704	10045292	11869412	2371299
31421497	13203637	18217860	6865531	11352328	1452184
13668029	5705748	7962281	2874161	5088120	811297
12370408	5986353	6384055	3326373	3057682	528075
2741498	1933610	807888	315960	491928	12730
302385937	138821148	163564789	46237484	117327305	16079282
302092862	138641554	163451308	46183697	117267611	16079282
117146576	58298508	58848068	18794888	40053180	7353535
46847438	22985176	23862262	6447963	17414299	3145336
184946286	80343047	104603239	27388809	77214430	8725747
102816856	43675764	59141092	13555540	45585552	4057234
293075	179594	113481	53787	59695	
308499219	139455872	169043347	45223578	123819768	14118334
308496899	139454093	169042807	45223578	123819228	14118334
180155506	78459011	101696495	24200337	77496158	7147256
2319	1779	540		540	
5036509	2503884	2532625	965557	1567068	186537
4732545	2347478	2385067	924199	1460868	182466
303964	156406	147558	41358	106200	4071
72514868	36933790	35581078	9409207	26171872	5637148
36677381	17600913	19076467	4273780	14802687	3226435
16459751	12861869	3597881	1979740	1618142	782526
38801877	28854478	9947399	4744398	5203000	1046185
30232236	18847464	11384772	3864206	7520566	1927404

1-16 各级各类教育机构

学校类别	合　计	个人部分	工资福利支　出	对个人和家庭的补助支出	#助学金
总　　计	**317481758**	**153704452**	**86786538**	**66917914**	**30656147**
一、高等学校	298621826	148318825	82613841	65704984	30615658
1.普通高等学校	297853648	147974374	82381412	65592962	30615658
高等本科学校	296114590	147500693	82018902	65481791	30588947
高职高专学校	1739058	473681	362509	111172	26711
2.成人高等学校	768178	344452	232430	112022	
二、中等职业学校	194913	114200	78844	35356	5844
1.中等专业学校	193303	112790	77614	35176	5814
2.职业高中					
#农村					
3.技工学校					
4.成人中专学校	1610	1410	1230	180	30
三、中　学	2540363	1559205	1185107	374098	6677
1.普通中学	2540363	1559205	1185107	374098	6677
普通高中	1908786	1182355	896800	285555	5338
#农村	157742	127297	92690	34607	38
普通初中	631577	376850	288307	88543	1339
#农村	10015	9095	8072	1023	41
2.成人中学					
四、小　学	699783	501454	397219	104235	708
1.普通小学	699783	501454	397219	104235	708
#农村	29404	23893	20543	3350	90
2.成人小学					
五、特殊教育					
1.特殊教育学校					
2.工读学校					
六、幼儿园	1933844	1497974	1359410	138563	3938
#农村	55797	46104	44229	1875	63
七、教育行政单位	322982	194449	163698	30751	
八、教育事业单位	8903357	904907	676689	228218	
九、其　他	4264690	613438	311730	301708	23321

教育经费支出明细(中央教育和其他部门)

单位：千元

公用部分	商品和服务支出	其他资本性支出	专项公用支出	专项项目支出	基本建设支出
158150416	**116363428**	**41786988**	**25592526**	**16194463**	**5626890**
144680616	103721492	40959124	25005206	15953917	5622384
144256889	103317935	40938954	24985857	15953097	5622384
143452592	103121661	40330931	24933604	15397327	5161304
804297	196274	608023	52252	555771	461080
423726	403557	20170	19350	820	
80714	73551	7162	5751	1412	
80514	73351	7162	5751	1412	
200	200				
981158	676253	304905	290422	14483	
981158	676253	304905	290422	14483	
726432	518157	208275	197427	10848	
30445	26712	3733	3606	126	
254726	158096	96630	92995	3635	
920	574	346	172	174	
198329	144713	53616	47843	5773	
198329	144713	53616	47843	5773	
5511	2202	3310	1060	2250	
435871	315461	120410	44675	75735	
9694	7098	2596	1851	745	
128532	124687	3845	3845		
7993945	7878958	114987	109135	5851	4506
3651252	3428312	222939	85648	137291	

1-17 各级各类教育机构

学校类别	合 计	个人部分	工资福利支出	对个人和家庭的补助支出	#助学金
总 计	**3380613213**	**2183033574**	**1601026760**	**582006815**	**128173884**
一、高等学校	645522948	341369154	230641533	110727621	43057097
1.普通高等学校	631400866	333501801	224701970	108799831	42844831
高等本科学校	467443701	247048600	164897677	82150923	32608548
高职高专学校	163957166	86453201	59804293	26648908	10236283
2.成人高等学校	14122081	7867352	5939563	1927789	212266
二、中等职业学校	214749768	121638143	88339781	33298362	8250394
1.中等专业学校	100630445	56045012	39649629	16395383	4468240
2.职业高中	77448457	44574777	33456637	11118140	2820231
#农村	34161022	19681697	15142903	4538794	1537310
3.技工学校	27239755	14341272	10315919	4025353	902255
4.成人中专学校	9431110	6677082	4917596	1759486	59667
三、中 学	1052592259	735108198	556398352	178709846	37912095
1.普通中学	1051866195	734675209	556055552	178619656	37911859
普通高中	384534768	260761088	199926723	60834366	12246861
#农村	160652215	110689887	86386130	24303756	7245090
普通初中	667331427	473914120	356128830	117785290	25664998
#农村	397224153	290350983	220599037	69751946	18641542
2.成人中学	726065	432989	342799	90190	236
四、小 学	1115523910	793104687	577264564	215840123	34846439
1.普通小学	1115513786	793096883	577257387	215839495	34846439
#农村	706348837	519051587	377620933	141430654	27202552
2.成人小学	10124	7804	7177	628	
五、特殊教育	14910885	9687839	7347056	2340783	295911
1.特殊教育学校	14151641	9236630	6993969	2242661	291301
2.工读学校	759244	451209	353087	98122	4610
六、幼儿园	185310105	107593959	88893452	18700507	3804561
#农村	94784217	54890095	44939531	9950564	3111817
七、教育行政单位	37750837	20637093	13642354	6994739	
八、教育事业单位	69274515	37424903	27151358	10273545	
九、其 他	44977987	16469599	11348310	5121289	7387

教育经费支出明细(地方教育和其他部门)

单位：千元

公用部分	商品和服务支出	其他资本性支出	专项公用支出	专项项目支出	基本建设支出
1138659101	**565275739**	**573383362**	**200227890**	**373155472**	**58920538**
289370454	158135625	131234829	67837884	63396945	14783340
283378311	153827841	129550471	66917278	62633193	14520754
208790589	119281676	89508913	47163291	42345622	11604511
74587722	34546165	40041557	19753987	20287570	2916243
5992143	4307784	1684358	920606	763753	262586
88747337	41429993	47317344	20547405	26769939	4364287
42214134	20306592	21907542	10039541	11868001	2371299
31421497	13203637	18217860	6865531	11352328	1452184
13668029	5705748	7962281	2874161	5088120	811297
12370408	5986353	6384055	3326373	3057682	528075
2741298	1933410	807888	315960	491928	12730
301404779	138144895	163259884	45947062	117312823	16079282
301111704	137965301	163146403	45893275	117253128	16079282
116420144	57780350	58639794	18597461	40042333	7353535
46816993	22958464	23858529	6444357	17414172	3145336
184691560	80184951	104506609	27295814	77210795	8725747
102815936	43675190	59140746	13555367	45585378	4057234
293075	179594	113481	53787	59695	
308300889	139311159	168989730	45175735	123813995	14118334
308298570	139309380	168989190	45175735	123813455	14118334
180149994	78456809	101693185	24199277	77493908	7147256
2319	1779	540		540	
5036509	2503884	2532625	965557	1567068	186537
4732545	2347478	2385067	924199	1460868	182466
303964	156406	147558	41358	106200	4071
72078998	36618329	35460668	9364532	26096136	5637148
36667687	17593816	19073871	4271929	14801942	3226435
16331218	12737182	3594036	1975894	1618142	782526
30807932	20975520	9832412	4635263	5197149	1041680
26580985	15419151	11161833	3778558	7383275	1927404

1-18 各级各类教育机构

学校类别	合计	个人部分	工资福利支出	对个人和家庭的补助支出	#助学金
总　计	**19677002**	**12887597**	**10507628**	**2379969**	**693754**
一、高等学校	6097237	3778868	2973919	804949	339240
1.普通高等学校	5891116	3643080	2850174	792906	339063
高等本科学校	1781780	1049452	808005	241446	138239
高职高专学校	4109337	2593629	2042169	551460	200824
2.成人高等学校	206120	135788	123745	12043	176
二、中等职业学校	2828630	1736000	1384788	351211	124934
1.中等专业学校	1376752	814437	623124	191313	73340
2.职业高中	202405	108533	96363	12170	3710
#农村	51013	27997	24945	3052	69
3.技工学校	1164466	753575	612802	140774	47039
4.成人中专学校	85008	59455	52499	6956	846
三、中　学	3334094	2301314	1792660	508654	106745
1.普通中学	3334094	2301314	1792660	508654	106745
普通高中	1310622	895733	679152	216582	53961
#农村	591432	407688	310219	97468	23606
普通初中	2023472	1405581	1113508	292073	52785
#农村	1549821	1071590	843763	227827	41542
2.成人中学					
四、小　学	3216605	2252844	1797647	455197	77686
1.普通小学	3216605	2252844	1797647	455197	77686
#农村	2620875	1844943	1460326	384617	67496
2.成人小学					
五、特殊教育					
1.特殊教育学校					
2.工读学校					
六、幼儿园	3766103	2634174	2421030	213143	45149
#农村	1072611	649830	568803	81027	28599
七、教育行政单位	54637	28194	21378	6816	
八、教育事业单位	111965	52683	39042	13641	
九、其　他	267730	103521	77165	26356	

教育经费支出明细(企业办)

单位：千元

公用部分					基本建设支出
	商品和服务支出	其他资本性支出	专项公用支出	专项项目支出	
6279211	**3814336**	**2464875**	**908937**	**1555938**	**510194**
2199527	1630526	569001	345019	223981	118842
2129194	1566502	562693	338784	223909	118842
613626	447494	166132	106116	60015	118702
1515568	1119007	396561	232667	163894	140
70333	64025	6308	6236	73	
1033864	753589	280275	167088	113187	58767
533548	368408	165140	114512	50628	28767
93872	83691	10181	8505	1677	
23016	19875	3141	2050	1091	
380891	284233	96658	39776	56882	30000
25553	17257	8296	4296	4000	
955514	322779	632736	144295	488441	77266
955514	322779	632736	144295	488441	77266
395195	139772	255423	62279	193144	19694
180610	69743	110867	46675	64193	3134
560320	183007	377313	82016	295296	57571
425065	133549	291515	66285	225230	53166
880610	307365	573245	129327	443918	83151
880610	307365	573245	129327	443918	83151
698781	239576	459204	108368	350836	77150
1056265	715919	340346	90573	249774	75665
347116	154531	192585	25565	167020	75665
26443	14037	12407	3210	9196	
56479	18982	37496	20635	16862	2804
70509	51140	19369	8790	10579	93701

1-19　各级各类教育机构

学校类别	合　计	个人部分	工资福利支　出	对个人和家庭的补助支出	#助学金
总　　计	**11225171**	**7208746**	**5679943**	**1528803**	**409429**
一、高等学校	2829862	1696594	1328181	368413	176809
1.普通高等学校	2759152	1654333	1290197	364136	176808
高等本科学校	1726771	1008606	779252	229355	132572
高职高专学校	1032381	645726	510946	134781	44236
2.成人高等学校	70710	42261	37984	4277	1
二、中等职业学校	690685	380171	281931	98241	34376
1.中等专业学校	501449	245471	181874	63597	21258
2.职业高中	14781	9198	6794	2404	667
#农村	12571	8600	6794	1806	69
3.技工学校	154743	109449	79760	29690	11957
4.成人中专学校	19712	16053	13502	2550	494
三、中　学	3147758	2155187	1662689	492498	100813
1.普通中学	3147758	2155187	1662689	492498	100813
普通高中	1218124	822187	612568	209619	51970
#农村	557087	386579	292368	94211	21744
普通初中	1929633	1333000	1050121	282879	48843
#农村	1504195	1040578	818265	222313	38150
2.成人中学					
四、小　学	3039919	2110691	1673216	437475	71668
1.普通小学	3039919	2110691	1673216	437475	71668
#农村	2551968	1792342	1417051	375291	62751
2.成人小学					
五、特殊教育					
1.特殊教育学校					
2.工读学校					
六、幼儿园	1082615	681706	596343	85363	25763
#农村	642624	343092	289069	54023	24717
七、教育行政单位	54637	28194	21378	6816	
八、教育事业单位	111965	52683	39042	13641	
九、其　他	267730	103521	77165	26356	

教育经费支出明细(中央企业办)

单位：千元

公用部分	商品和服务支出	其他资本性支出			基本建设支出
			专项公用支出	专项项目支出	
3536295	**1799134**	**1737161**	**501251**	**1235909**	**480130**
1014426	776187	238238	139146	99092	118842
985977	749645	236333	137240	99092	118842
599463	437616	161847	102131	59716	118702
386515	312029	74486	35109	39377	140
28448	26543	1906	1906		
281811	204575	77236	44742	32494	28703
227275	156583	70692	42239	28453	28703
5583	4443	1141	50	1091	
3971	2830	1141	50	1091	
45294	40374	4920	1970	2950	
3659	3176	483	483		
915305	290936	624369	138281	486088	77266
915305	290936	624369	138281	486088	77266
376243	123966	252277	60041	192236	19694
167373	58175	109198	45394	63804	3134
539062	166970	372092	78240	293852	57571
410451	122789	287662	63675	223987	53166
846078	279450	566628	125186	441441	83151
846078	279450	566628	125186	441441	83151
682475	226956	455520	106507	349012	77150
325244	163827	161418	21262	140156	75665
223868	67316	156551	18864	137687	75665
26443	14037	12407	3210	9196	
56479	18982	37496	20635	16862	2804
70509	51140	19369	8790	10579	93701

1-20 各级各类教育机构

学校类别	合计	个人部分	工资福利支出	对个人和家庭的补助支出	#助学金
总计	**8451831**	**5678851**	**4827685**	**851166**	**284325**
一、高等学校	3267375	2082274	1645738	436536	162430
1.普通高等学校	3131965	1988748	1559977	428770	162255
高等本科学校	55009	40845	28754	12092	5667
高职高专学校	3076956	1947902	1531223	416679	156588
2.成人高等学校	135411	93526	85761	7766	175
二、中等职业学校	2137945	1355828	1102858	252971	90558
1.中等专业学校	875303	568966	441250	127716	52083
2.职业高中	187623	99335	89569	9766	3043
#农村	38442	19397	18151	1246	
3.技工学校	1009723	644126	533042	111084	35081
4.成人中专学校	65296	43402	38997	4405	351
三、中学	186337	146127	129971	16156	5932
1.普通中学	186337	146127	129971	16156	5932
普通高中	92498	73546	66584	6962	1990
#农村	34345	21109	17851	3257	1862
普通初中	93839	72581	63387	9194	3942
#农村	45625	31012	25498	5514	3392
2.成人中学					
四、小学	176685	142154	124431	17723	6018
1.普通小学	176685	142154	124431	17723	6018
#农村	68906	52601	43275	9326	4744
2.成人小学					
五、特殊教育					
1.特殊教育学校					
2.工读学校					
六、幼儿园	2683489	1952468	1824688	127781	19386
#农村	429986	306738	279734	27004	3882
七、教育行政单位					
八、教育事业单位					
九、其他					

教育经费支出明细(地方企业办)

单位：千元

公用部分					基本建设支出
	商品和服务支出	其他资本性支出			
			专项公用支出	专项项目支出	
2742917	**2015202**	**727714**	**407686**	**320028**	**30063**
1185101	854339	330763	205873	124889	
1143217	816857	326360	201543	124817	
14164	9879	4285	3985	300	
1129054	806979	322075	197558	124517	
41884	37482	4403	4330	73	
752053	549014	203039	122347	80692	30063
306273	211825	94448	72273	22175	63
88289	79248	9040	8455	585	
19045	17045	2000	2000		
335597	243859	91738	37806	53932	30000
21894	14081	7813	3813	4000	
40210	31843	8367	6015	2353	
40210	31843	8367	6015	2353	
18952	15806	3147	2238	908	
13237	11568	1669	1281	388	
21258	16037	5221	3776	1444	
14613	10760	3853	2610	1243	
34532	27914	6617	4141	2477	
34532	27914	6617	4141	2477	
16305	12621	3685	1861	1824	
731021	552092	178929	69311	109618	
123249	87215	36033	6701	29332	

1-21 各级各类教育机构

学校类别	合 计	个人部分	工资福利支 出	对个人和家庭的补助支出	#助学金
总 计	**403399682**	**219993933**	**194800924**	**25193009**	**16355434**
一、高等学校	96198235	37600962	28864743	8736219	6838053
1.普通高等学校	96188763	37596685	28862394	8734290	6838053
高等本科学校	71819490	29312973	22652888	6660085	5245733
高职高专学校	24369273	8283711	6209506	2074205	1592321
2.成人高等学校	9473	4278	2349	1929	
二、中等职业学校	12945807	6723422	4980056	1743365	1498614
1.中等专业学校	5091938	2626172	1847288	778884	701631
2.职业高中	4759561	2599749	1963887	635862	554185
#农村	1970140	1125577	887314	238263	204357
3.技工学校	2159029	1045895	847963	197932	123169
4.成人中专学校	935279	451606	320919	130687	119629
三、中 学	97041364	55336757	49205694	6131063	3385986
1.普通中学	97041364	55336757	49205694	6131063	3385986
普通高中	36937018	21428627	19272794	2155833	1164629
#农村	13607541	7923679	7079800	843878	541546
普通初中	60104346	33908131	29932900	3975231	2221357
#农村	22532902	12194450	10704149	1490301	1042929
2.成人中学					
四、小 学	64616307	36757092	31823740	4933351	2610827
1.普通小学	64616307	36757092	31823740	4933351	2610827
#农村	21806102	12137852	10656545	1481308	1071804
2.成人小学					
五、特殊教育	122856	73582	67895	5688	3948
1.特殊教育学校	114065	68663	63332	5331	3849
2.工读学校	8791	4919	4563	356	99
六、幼儿园	132475114	83502118	79858796	3643322	2018006
#农村	49445016	32689502	31032123	1657379	1180749
七、教育行政单位					
八、教育事业单位					
九、其 他					

教育经费支出明细(民办)

单位：千元

公用部分	商品和服务支出	其他资本性支出	专项公用支出	专项项目支出	基本建设支出
183057213	**111378125**	**71679088**	**24806664**	**46872424**	**348536**
58312004	27135241	31176762	10508820	20667943	285269
58306809	27131174	31175635	10507692	20667943	285269
42272574	21533263	20739311	6975328	13763983	233942
16034235	5597911	10436324	3532364	6903960	51327
5195	4067	1128	1128		
6222385	4306806	1915579	807154	1108426	
2465766	1588592	877174	300407	576767	
2159812	1479108	680704	299312	381391	
844563	555117	289446	122124	167322	
1113134	839236	273898	160388	113510	
483673	399870	83803	47046	36757	
41660332	23946947	17713386	4859431	12853955	44274
41660332	23946947	17713386	4859431	12853955	44274
15494384	9065878	6428506	1935162	4493344	14007
5682863	3025191	2657672	614240	2043432	1000
26165948	14881069	11284880	2924269	8360611	30267
10308452	5120749	5187704	1152402	4035302	30000
27859215	18190741	9668475	3234890	6433585	
27859215	18190741	9668475	3234890	6433585	
9668249	5615519	4052730	1038873	3013857	
49273	34196	15077	6201	8876	
45401	31611	13791	5914	7876	
3872	2585	1287	287	1000	
48954003	37764195	11189808	5390168	5799640	18993
16748105	12350471	4397634	1973500	2424133	7409

1-22 各级各类教育机构

学校类别	合计	个人部分	工资福利支出	对个人和家庭的补助支出	#助学金
总计	**3291721732**	**2168819316**	**1560560802**	**608258515**	**155213853**
一、高等学校	630682503	350851289	216081973	134769316	63698448
1.普通高等学校	621122206	344733391	211581325	133152066	63522531
高等本科学校	494204805	275694069	165297224	110396844	53346899
高职高专学校	126917401	69039323	46284101	22755222	10175632
2.成人高等学校	9560297	6117898	4500648	1617250	175918
二、中等职业学校	201363898	117876875	84597202	33279674	9380982
1.中等专业学校	93599957	53750469	37559628	16190840	4943047
2.职业高中	75162417	44544330	33094098	11450232	3275567
#农村	33216490	19731201	15101366	4629834	1689509
3.技工学校	23814790	13064454	9230747	3833707	1003115
4.成人中专学校	8786734	6517622	4712728	1804895	159254
三、中学	1023525620	729103867	550787812	178316055	39495664
1.普通中学	1022903588	728695002	550466104	178228898	39495428
普通高中	351838696	251212281	192244700	58967581	12304519
#农村	145802458	106924627	83478193	23446434	7228486
普通初中	671064892	477482721	358221405	119261316	27190909
#农村	398990351	292399494	221881510	70517984	19432362
2.成人中学	622032	408865	321708	87157	236
四、小学	1117702406	796898935	579051501	217847434	36923645
1.普通小学	1117692283	796891130	579044324	217846806	36923645
#农村	706089769	520397918	378546247	141851671	28071234
2.成人小学	10124	7804	7177	628	
五、特殊教育	14675368	9630901	7313779	2317122	289505
1.特殊教育学校	13935170	9179963	6960555	2219408	284994
2.工读学校	740198	450938	353225	97714	4510
六、幼儿园	154403693	90674526	71147122	19527403	5396008
#农村	79415863	48007453	37350763	10656690	4063586
七、教育行政单位	36154901	20536493	13709760	6826733	
八、教育事业单位	67344999	36684437	26524725	10159712	
九、其他	45868344	16561993	11346927	5215066	29602

财政补助支出明细(全国)

单位：千元

公用部分					基本建设支出
	商品和服务支出	其他资本性支出			
			专项公用支出	专项项目支出	
1057496258	**520721876**	**536774382**	**198496456**	**338277926**	**65406158**
259021378	144922770	114098608	73223096	40875512	20809835
255841565	142866863	112974702	72519993	40454709	20547249
201392278	119271183	82121095	55824054	26297041	17118459
54449288	23595680	30853608	16695939	14157668	3428790
3179813	2055907	1123906	703103	420803	262586
79063968	36274084	42789884	18969229	23820655	4423054
37449423	17668093	19781331	9257861	10523469	2400065
29165903	12131830	17034073	6456347	10577726	1452184
12673992	5220880	7453112	2678747	4774365	811297
10192261	4978642	5213618	2963392	2250227	558075
2256381	1495519	760862	291629	469233	12730
278220931	122362741	155858190	43147377	112710813	16200822
278007764	122253862	155753902	43101030	112652872	16200822
93239178	40491028	52748150	16092199	36655951	7387237
35728360	14549942	21178418	5260803	15917615	3149470
184768586	81762834	103005752	27008831	75996921	8813585
102450458	44277571	58172887	13441224	44731664	4140399
213167	108879	104288	46347	57941	
306601987	140710666	165891321	44479858	121411463	14201484
306599668	140708887	165890781	44479858	121410923	14201484
178467444	78844960	99622484	23793011	75829473	7224407
2319	1779	540		540	
4857930	2434098	2423831	936362	1487470	186537
4572742	2282180	2290562	895377	1395184	182466
285188	151918	133270	40985	92285	4071
57997361	24674448	33322913	8168324	25154589	5731806
28098902	9982940	18115961	3545034	14570927	3309509
14835882	11504523	3331359	1816997	1514362	782526
29611573	21141570	8470003	4111438	4358565	1048989
27285246	16696975	10588272	3643775	6944497	2021104

1–23 各级各类教育机构

学校类别	合　计	个人部分	工资福利支　出	对个人和家庭的补助支出	#助学金
总　计	**197287762**	**107113600**	**56691703**	**50421897**	**24323478**
一、高等学校	178295059	100136226	51305696	48830530	24064869
1.普通高等学校	178019907	99980702	51226211	48754492	24064868
高等本科学校	176205929	99477857	50872553	48605304	24008000
高职高专学校	1813978	502845	353658	149187	56867
2.成人高等学校	275152	155524	79485	76039	1
二、中等职业学校	588490	353632	243072	110560	37492
1.中等专业学校	479943	274051	192427	81624	24511
2.职业高中	14768	9198	6794	2404	667
#农村	12558	8600	6794	1806	69
3.技工学校	87207	64868	39925	24943	11790
4.成人中专学校	6571	5515	3926	1589	524
三、中　学	4295969	2835669	2263025	572644	99117
1.普通中学	4295969	2835669	2263025	572644	99117
普通高中	2140778	1359346	1042065	317280	51528
#农村	522552	370430	298810	71621	19403
普通初中	2155190	1476323	1220960	255364	47589
#农村	1268184	906625	776379	130247	35808
2.成人中学					
四、小　学	3178606	2256347	1866309	390037	70968
1.普通小学	3178606	2256347	1866309	390037	70968
#农村	2202205	1583375	1341063	242312	61558
2.成人小学					
五、特殊教育					
1.特殊教育学校					
2.工读学校					
六、幼儿园	707796	414339	343112	71227	28090
#农村	467912	232735	187265	45471	23322
七、教育行政单位	375776	221746	184301	37445	
八、教育事业单位	6136144	373592	204949	168643	
九、其　他	3709923	522050	281239	240811	22942

财政补助支出明细(中央)

单位：千元

公用部分	商品和服务支出	其他资本性支出			基本建设支出
			专项公用支出	专项项目支出	
84067143	**57653543**	**26413600**	**18681508**	**7732092**	**6107020**
72417607	47648654	24768952	17940875	6828077	5741226
72297978	47533122	24764856	17937098	6827758	5741226
71448066	47303043	24145023	17873195	6271828	5280006
849912	230080	619833	63903	555930	461220
119629	115532	4096	3777	320	
206155	146801	59354	40855	18499	28703
177189	120747	56442	39734	16708	28703
5570	4430	1141	50	1091	
3958	2817	1141	50	1091	
22340	20608	1732	1032	700	
1056	1016	40	40		
1383034	675105	707929	359449	348479	77266
1383034	675105	707929	359449	348479	77266
761739	412588	349150	219704	129447	19694
148987	63108	85879	42434	43445	3134
621295	262517	358778	139746	219033	57571
308393	99900	208493	49168	159325	53166
839109	343124	495985	142554	353431	83151
839109	343124	495985	142554	353431	83151
541680	192655	349025	84312	264713	77150
217792	77579	140213	18804	121409	75665
159512	37820	121691	12468	109223	75665
154030	137778	16252	7056	9196	
5755243	5629322	125921	103208	22713	7309
3094173	2995179	98993	68706	30287	93701

1-24 各级各类教育机构

学校类别	合　计	个人部分	工资福利支出	对个人和家庭的补助支出	#助学金
总　计	**3094433969**	**2061705717**	**1503869099**	**557836618**	**130890375**
一、高等学校	452387444	250715063	164776277	85938786	39633579
1.普通高等学校	443102300	244752689	160355114	84397575	39457663
高等本科学校	317998877	176216211	114424671	61791540	29338898
高职高专学校	125103423	68536478	45930443	22606035	10118764
2.成人高等学校	9285144	5962374	4421163	1541211	175917
二、中等职业学校	200775408	117523244	84354130	33169114	9343490
1.中等专业学校	93120014	53476418	37367201	16109216	4918535
2.职业高中	75147648	44535132	33087304	11447828	3274900
#农村	33203932	19722601	15094572	4628029	1689440
3.技工学校	23727582	12999586	9190823	3808764	991325
4.成人中专学校	8780163	6512108	4708802	1803306	158730
三、中　学	1019229652	726268198	548524787	177743411	39396547
1.普通中学	1018607619	725859333	548203079	177656254	39396311
普通高中	349697918	249852935	191202634	58650301	12252991
#农村	145279906	106554197	83179384	23374813	7209083
普通初中	668909702	476006398	357000445	119005953	27143320
#农村	397722168	291492869	221105132	70387737	19396554
2.成人中学	622032	408865	321708	87157	236
四、小　学	1114523801	794642588	577185192	217457396	36852676
1.普通小学	1114513677	794634784	577178015	217456769	36852676
#农村	703887564	518814544	377205185	141609359	28009676
2.成人小学	10124	7804	7177	628	
五、特殊教育	14675368	9630901	7313779	2317122	289505
1.特殊教育学校	13935170	9179963	6960555	2219408	284994
2.工读学校	740198	450938	353225	97714	4510
六、幼儿园	153695897	90260187	70804010	19456176	5367918
#农村	78947952	47774718	37163498	10611219	4040263
七、教育行政单位	35779125	20314748	13525459	6789288	
八、教育事业单位	61208855	36310845	26319776	9991069	
九、其　他	42158421	16039944	11065688	4974255	6660

财政补助支出明细(地方)

单位：千元

公用部分	商品和服务支出	其他资本性支出			基本建设支出
			专项公用支出	专项项目支出	
973429115	**463068333**	**510360782**	**179814948**	**330545834**	**59299138**
186603772	97274116	89329656	55282221	34047435	15068609
183543587	95333741	88209846	54582895	33626952	14806023
129944212	71968140	57976071	37950858	20025213	11838453
53599376	23365601	30233775	16632036	13601739	2967570
3060184	1940375	1119810	699327	420483	262586
78857813	36127284	42730530	18928374	23802155	4394351
37272235	17547346	19724889	9218128	10506761	2371362
29160333	12127401	17032932	6456298	10576634	1452184
12670034	5218063	7451971	2678697	4773274	811297
10169921	4958035	5211886	2962360	2249527	558075
2255325	1494503	760822	291589	469233	12730
276837897	121687636	155150262	42787928	112362334	16123556
276624730	121578757	155045973	42741580	112304393	16123556
92477440	40078440	52399000	15872495	36526505	7367543
35579373	14486835	21092538	5218368	15874170	3146336
184147290	81500317	102646974	26869085	75777888	8756013
102142065	44177670	57964395	13392056	44572339	4087234
213167	108879	104288	46347	57941	
305762879	140367542	165395336	44337304	121058032	14118334
305760559	140365763	165394796	44337304	121057492	14118334
177925765	78652306	99273459	23708699	75564760	7147256
2319	1779	540		540	
4857930	2434098	2423831	936362	1487470	186537
4572742	2282180	2290562	895377	1395184	182466
285188	151918	133270	40985	92285	4071
57779569	24596869	33182699	8149519	25033180	5656141
27939390	9945120	17994270	3532566	14461704	3233844
14681852	11366745	3315107	1809941	1505166	782526
23856330	15512248	8344082	4008230	4335852	1041680
24191074	13701795	10489278	3575068	6914210	1927404

1-25 各级各类教育机构

学校类别	合 计	个人部分	工资福利支出	对个人和家庭的补助支出	#助学金
总 计	**3228516265**	**2134306771**	**1543540441**	**590766330**	**142234663**
一、高等学校	617657582	343216252	214042219	129174033	58607757
1.普通高等学校	608156573	337147450	209585572	127561878	58431941
高等本科学校	486042326	270513913	163963780	106550133	49734587
高职高专学校	122114248	66633537	45621792	21011746	8697354
2.成人高等学校	9501009	6068802	4456648	1612154	175816
二、中等职业学校	194950090	114161343	82717754	31443589	7860360
1.中等专业学校	90597570	52006781	36684013	15322767	4213382
2.职业高中	73277751	43491368	32619550	10871819	2750986
#农村	32445598	19260540	14848384	4412156	1498467
3.技工学校	22523186	12288105	8728941	3559164	845044
4.成人中专学校	8551584	6375090	4685251	1689839	50948
三、中 学	1006015824	719418249	544727344	174690905	37088961
1.普通中学	1005393792	719009384	544405636	174603748	37088725
普通高中	346374054	247797288	189963640	57833648	11563517
#农村	143280605	105199999	82267222	22932777	6853159
普通初中	659019738	471212096	354441996	116770100	25525208
#农村	393328163	289173247	219804816	69368431	18548841
2.成人中学	622032	408865	321708	87157	236
四、小 学	1102901120	788787304	574891112	213896192	34686383
1.普通小学	1102890996	788779500	574883935	213895564	34686383
#农村	699481952	516845260	376411687	140433573	27060861
2.成人小学	10124	7804	7177	628	
五、特殊教育	14628101	9608759	7295213	2313546	286891
1.特殊教育学校	13889763	9158190	6942258	2215931	282480
2.工读学校	738338	450569	352955	97615	4411
六、幼儿园	143408538	85507253	68418324	17088929	3674709
#农村	74244862	45395671	36021746	9373925	3010174
七、教育行政单位	36102107	20509197	13689157	6820039	
八、教育事业单位	67237789	36635479	26485731	10149748	
九、其 他	45615115	16462935	11273586	5189348	29602

财政补助支出明细(教育和其他部门)

单位：千元

公用部分					基本建设支出
	商品和服务支出	其他资本性支出			
			专项公用支出	专项项目支出	
1029662067	**503675401**	**525986666**	**193241610**	**332745057**	**64547428**
254035605	142923899	111111706	70983472	40128234	20405725
250865985	140877057	109988928	70281496	39707432	20143139
198762598	118247416	80515182	54819309	25695873	16765815
52103387	22629641	29473746	15462187	14011559	3377324
3169621	2046842	1122779	701976	420803	262586
76424460	34502723	41921737	18575034	23346703	4364287
36219491	16922090	19297401	9043138	10254263	2371299
28334199	11521789	16812410	6348608	10463802	1452184
12373761	5025658	7348103	2626112	4721991	811297
9707006	4625272	5081734	2902195	2179540	528075
2163764	1433571	730192	281094	449098	12730
270518294	117695294	152823000	42273221	110549779	16079282
270305127	117586415	152718711	42226874	110491838	16079282
91223231	39662204	51561028	15716745	35844282	7353535
34935271	14228589	20706681	5148523	15558158	3145336
179081895	77924211	101157684	26510128	74647555	8725747
100097682	42565015	57532667	13201971	44330696	4057234
213167	108879	104288	46347	57941	
299995482	135956360	164039122	43756355	120282767	14118334
299993163	135954581	164038582	43756355	120282227	14118334
175489436	76701272	98788164	23451426	75336738	7147256
2319	1779	540		540	
4832804	2413688	2419117	933924	1485193	186537
4549108	2262076	2287031	893123	1393908	182466
283697	151611	132086	40800	91285	4071
52264136	20913629	31350508	7179757	24170751	5637148
25622757	8587333	17035424	3099749	13935675	3226435
14810384	11491432	3318952	1813786	1505166	782526
29556125	21123619	8432507	4090803	4341703	1046185
27224776	16654758	10570018	3635258	6934760	1927404

1-26 各级各类教育机构

学校类别	合计	个人部分	工资福利支出	对个人和家庭的补助支出	#助学金
总计	**188941842**	**101584605**	**52255488**	**49329116**	**23974965**
一、高等学校	176739802	99156611	50575033	48581578	23939879
1.普通高等学校	176503045	99033968	50527628	48506340	23939879
高等本科学校	175058830	98798567	50340833	48457734	23926032
高职高专学校	1444215	235402	186795	48606	13847
2.成人高等学校	236757	122642	47405	75238	
二、中等职业学校	97805	74488	49983	24505	4488
1.中等专业学校	97575	74458	49983	24475	4458
2.职业高中					
#农村					
3.技工学校					
4.成人中专学校	230	30		30	30
三、中学	1611375	920689	700655	220033	3216
1.普通中学	1611375	920689	700655	220033	3216
普通高中	1123656	630375	478149	152225	2065
#农村	88357	60039	46884	13155	38
普通初中	487719	290314	222506	67808	1151
#农村	6799	6208	6051	156	37
2.成人中学					
四、小学	519363	372012	285183	86829	666
1.普通小学	519363	372012	285183	86829	666
#农村	18076	14546	14152	394	90
2.成人小学					
五、特殊教育					
1.特殊教育学校					
2.工读学校					
六、幼儿园	164887	118731	107083	11648	3775
#农村	10173	9026	8637	389	53
七、教育行政单位	322982	194449	163698	30751	
八、教育事业单位	6028935	324634	165955	158679	
九、其他	3456693	422991	207898	215093	22942

财政补助支出明细(中央教育和其他部门)

单位：千元

公用部分	商品和服务支出	其他资本性支出	专项公用支出	专项项目支出	基本建设支出
81730347	**56593622**	**25136725**	**18266438**	**6870287**	**5626890**
71960807	47312801	24648006	17829848	6818158	5622384
71846692	47202782	24643910	17826071	6817839	5622384
71098959	47059372	24039587	17777519	6262068	5161304
747733	143410	604323	48552	555771	461080
114115	110019	4096	3777	320	
23317	21427	1891	479	1412	
23117	21227	1891	479	1412	
200	200				
690686	439612	251074	244493	6581	
690686	439612	251074	244493	6581	
493281	319189	174092	167684	6408	
28318	24701	3617	3490	126	
197406	120423	76983	76809	174	
592	257	335	162	174	
147350	101280	46070	40302	5768	
147350	101280	46070	40302	5768	
3530	1090	2441	191	2250	
46156	29482	16674	4708	11966	
1148	741	407	7	400	
128532	124687	3845	3845		
5699795	5611371	88424	82573	5851	4506
3033702	2952962	80740	60190	20550	

1-27 各级各类教育机构

学校类别	合 计	个人部分	工资福利支出	对个人和家庭的补助支出	#助学金
总 计	**3039574424**	**2032722166**	**1491284953**	**541437213**	**118259697**
一、高等学校	440917780	244059641	163467187	80592455	34667878
1.普通高等学校	431653529	238113482	159057944	79055538	34492063
高等本科学校	310983496	171715346	113622947	58092399	25808556
高职高专学校	120670033	66398136	45434997	20963139	8683507
2.成人高等学校	9264251	5946160	4409243	1536917	175816
二、中等职业学校	194852285	114086856	82667771	31419084	7855872
1.中等专业学校	90499996	51932323	36634030	15298293	4208924
2.职业高中	73277751	43491368	32619550	10871819	2750986
#农村	32445598	19260540	14848384	4412156	1498467
3.技工学校	22523186	12288105	8728941	3559164	845044
4.成人中专学校	8551354	6375060	4685251	1689809	50918
三、中 学	1004404449	718497560	544026688	174470872	37085745
1.普通中学	1003782417	718088695	543704980	174383715	37085509
普通高中	345250399	247166913	189485490	57681423	11561452
#农村	143192248	105139960	82220337	22919622	6853121
普通初中	658532018	470921782	354219490	116702292	25524058
#农村	393321364	289167039	219798764	69368275	18548804
2.成人中学	622032	408865	321708	87157	236
四、小 学	1102381757	788415292	574605929	213809363	34685717
1.普通小学	1102371634	788407487	574598752	213808735	34685717
#农村	699463876	516830714	376397535	140433179	27060770
2.成人小学	10124	7804	7177	628	
五、特殊教育	14628101	9608759	7295213	2313546	286891
1.特殊教育学校	13889763	9158190	6942258	2215931	282480
2.工读学校	738338	450569	352955	97615	4411
六、幼儿园	143243651	85388522	68311241	17077281	3670934
#农村	74234689	45386645	36013108	9373536	3010121
七、教育行政单位	35779125	20314748	13525459	6789288	
八、教育事业单位	61208855	36310845	26319776	9991069	
九、其 他	42158421	16039944	11065688	4974255	6660

财政补助支出明细(地方教育和其他部门)

单位：千元

公用部分	商品和服务支出	其他资本性支出	专项公用支出	专项项目支出	基本建设支出
947931720	**447081779**	**500849941**	**174975172**	**325874770**	**58920538**
182074798	95611098	86463700	53153624	33310076	14783340
179019293	93674275	85345018	52455425	32889593	14520754
127663639	71188044	56475595	37041790	19433805	11604511
51355654	22486231	28869423	15413635	13455788	2916243
3055505	1936823	1118682	698199	420483	262586
76401143	34481296	41919847	18574555	23345291	4364287
36196374	16900864	19295510	9042659	10252851	2371299
28334199	11521789	16812410	6348608	10463802	1452184
12373761	5025658	7348103	2626112	4721991	811297
9707006	4625272	5081734	2902195	2179540	528075
2163564	1433371	730192	281094	449098	12730
269827607	117255682	152571925	42028728	110543198	16079282
269614440	117146803	152467637	41982381	110485256	16079282
90729950	39343015	51386936	15549061	35837875	7353535
34906952	14203888	20703065	5145033	15558032	3145336
178884490	77803789	101080701	26433319	74647382	8725747
100097090	42564758	57532332	13201809	44330523	4057234
213167	108879	104288	46347	57941	
299848132	135855080	163993051	43716053	120276998	14118334
299845812	135853301	163992511	43716053	120276458	14118334
175485906	76700182	98785723	23451235	75334488	7147256
2319	1779	540		540	
4832804	2413688	2419117	933924	1485193	186537
4549108	2262076	2287031	893123	1393908	182466
283697	151611	132086	40800	91285	4071
52217980	20884146	31333834	7175049	24158785	5637148
25621609	8586592	17035017	3099743	13935275	3226435
14681852	11366745	3315107	1809941	1505166	782526
23856330	15512248	8344082	4008230	4335852	1041680
24191074	13701795	10489278	3575068	6914210	1927404

1–28 各级各类教育机构

学校类别	合　计	个人部分	工资福利支　出	对个人和家庭的补助支出	#助学金
总　　计	**10530440**	**6850877**	**5298265**	**1552612**	**596479**
一、高等学校	2510156	1565547	1081212	484336	266763
1.普通高等学校	2458530	1520035	1039560	480475	266661
高等本科学校	1155962	685659	531720	153939	87636
高职高专学校	1302568	834376	507841	326535	179025
2.成人高等学校	51626	45512	41651	3861	102
二、中等职业学校	1497275	909054	641332	267722	110859
1.中等专业学校	900391	558667	402577	156090	64360
2.职业高中	85920	24778	17404	7375	3197
#农村	14558	8600	6794	1806	69
3.技工学校	493172	309810	209831	99979	42457
4.成人中专学校	17791	15799	11520	4279	846
三、中　学	2711320	1931387	1571831	359555	101433
1.普通中学	2711320	1931387	1571831	359555	101433
普通高中	1024570	733640	566134	167506	51415
#农村	439852	314110	253694	60416	21227
普通初中	1686751	1197747	1005697	192050	50018
#农村	1276770	910441	776815	133625	38843
2.成人中学					
四、小　学	2700810	1912683	1602648	310034	75361
1.普通小学	2700810	1912683	1602648	310034	75361
#农村	2215554	1590905	1343316	247589	65804
2.成人小学					
五、特殊教育					
1.特殊教育学校					
2.工读学校					
六、幼儿园	697645	356893	268305	88588	42063
#农村	487994	236424	187043	49381	26798
七、教育行政单位	52795	27297	20603	6694	
八、教育事业单位	107210	48958	38994	9964	
九、其　他	253230	99059	73341	25718	

财政补助支出明细(企业办)

单位：千元

公用部分	商品和服务支出	其他资本性支出	专项公用支出	专项项目支出	基本建设支出
3169369	**1594289**	**1575081**	**626443**	**948638**	**510194**
825766	554629	271137	234275	36862	118842
819653	548516	271137	234275	36862	118842
351601	243671	107930	98170	9760	118702
468052	304845	163207	136105	27102	140
6113	6113				
529454	356359	173095	109610	63484	58767
312958	202347	110611	87925	22686	28767
61142	53457	7685	6438	1247	
5958	2817	3141	2050	1091	
153362	98603	54759	15208	39551	30000
1993	1953	40	40		
702668	241633	461035	118129	342906	77266
702668	241633	461035	118129	342906	77266
271236	94753	176483	53436	123047	19694
122608	39154	83453	40127	43327	3134
431432	146880	284553	64693	219859	57571
313164	102779	210386	50234	160152	53166
704977	252666	452311	103901	348410	83151
704977	252666	452311	103901	348410	83151
547498	199661	347837	84981	262856	77150
265087	115742	149346	28165	121181	75665
175905	51590	124315	14622	109693	75665
25498	13091	12407	3210	9196	
55448	17952	37496	20635	16862	2804
60470	42217	18253	8517	9736	93701

1-29 各级各类教育机构

学校类别	合 计	个人部分	工资福利支出	对个人和家庭的补助支出	#助学金
总 计	**8345921**	**5528995**	**4436214**	**1092780**	**348513**
一、高等学校	1555257	979615	730663	248952	124990
1.普通高等学校	1516862	946734	698583	248151	124989
高等本科学校	1147099	679290	531720	147571	81969
高职高专学校	369762	267443	166863	100581	43020
2.成人高等学校	38395	32881	32080	801	1
二、中等职业学校	490685	279144	193089	86055	33004
1.中等专业学校	382368	199593	142444	57149	20053
2.职业高中	14768	9198	6794	2404	667
#农村	12558	8600	6794	1806	69
3.技工学校	87207	64868	39925	24943	11790
4.成人中专学校	6341	5485	3926	1559	494
三、中 学	2684593	1914980	1562370	352610	95901
1.普通中学	2684593	1914980	1562370	352610	95901
普通高中	1017123	728971	563916	165055	49463
#农村	434194	310391	251925	58466	19365
普通初中	1667471	1186009	998454	187556	46439
#农村	1261384	900418	770327	130090	35771
2.成人中学					
四、小 学	2659243	1884334	1581126	303208	70302
1.普通小学	2659243	1884334	1581126	303208	70302
#农村	2184129	1568829	1326911	241918	61468
2.成人小学					
五、特殊教育					
1.特殊教育学校					
2.工读学校					
六、幼儿园	542909	295608	236029	59579	24315
#农村	457738	223709	178627	45082	23270
七、教育行政单位	52795	27297	20603	6694	
八、教育事业单位	107210	48958	38994	9964	
九、其 他	253230	99059	73341	25718	

财政补助支出明细(中央企业办)

单位：千元

公用部分	商品和服务支出	其他资本性支出			基本建设支出
			专项公用支出	专项项目支出	
2336796	**1059921**	**1276875**	**415070**	**861805**	**480130**
456800	335853	120946	111027	9919	118842
451286	330340	120946	111027	9919	118842
349107	243671	105436	95676	9760	118702
102179	86669	15510	15351	159	140
5514	5514				
182838	125374	57464	40376	17088	28703
154071	99520	54551	39255	15296	28703
5570	4430	1141	50	1091	
3958	2817	1141	50	1091	
22340	20608	1732	1032	700	
856	816	40	40		
692348	235493	456854	114956	341898	77266
692348	235493	456854	114956	341898	77266
268458	93399	175059	52020	123039	19694
120669	38406	82263	38944	43319	3134
423890	142094	281796	62937	218859	57571
307801	99644	208157	49006	159151	53166
691758	241844	449915	102252	347663	83151
691758	241844	449915	102252	347663	83151
538149	191565	346585	84122	262463	77150
171636	48096	123540	14097	109443	75665
158364	37079	121285	12462	108823	75665
25498	13091	12407	3210	9196	
55448	17952	37496	20635	16862	2804
60470	42217	18253	8517	9736	93701

1-30 各级各类教育机构

学校类别	合计	个人部分	工资福利支出	对个人和家庭的补助支出	#助学金
总计	**2184519**	**1321882**	**862051**	**459831**	**247966**
一、高等学校	954899	585932	350549	235384	141773
1.普通高等学校	941668	573301	340978	232323	141672
高等本科学校	8863	6369		6369	5667
高职高专学校	932805	566932	340978	225955	136005
2.成人高等学校	13231	12631	9571	3060	101
二、中等职业学校	1006590	629910	448243	181667	77855
1.中等专业学校	518023	359073	260133	98940	44307
2.职业高中	71152	15580	10609	4971	2530
#农村	2000				
3.技工学校	405965	244942	169906	75036	30668
4.成人中专学校	11450	10314	7594	2720	351
三、中学	26727	16406	9461	6945	5531
1.普通中学	26727	16406	9461	6945	5531
普通高中	7447	4669	2218	2451	1952
#农村	5657	3719	1769	1950	1862
普通初中	19280	11738	7244	4494	3579
#农村	15386	10023	6488	3535	3071
2.成人中学					
四、小学	41567	28348	21522	6826	5058
1.普通小学	41567	28348	21522	6826	5058
#农村	31425	22076	16405	5671	4336
2.成人小学					
五、特殊教育					
1.特殊教育学校					
2.工读学校					
六、幼儿园	154737	61286	32276	29010	17748
#农村	30256	12715	8415	4299	3528
七、教育行政单位					
八、教育事业单位					
九、其他					

财政补助支出明细(地方企业办)

单位：千元

公用部分	商品和服务支出	其他资本性支出	专项公用支出	专项项目支出	基本建设支出
832574	**534368**	**298206**	**211373**	**86833**	**30063**
368967	218775	150191	123248	26943	
368367	218176	150191	123248	26943	
2494		2494	2494		
365873	218176	147697	120754	26943	
600	600				
346617	230985	115631	69234	46397	30063
158886	102826	56060	48670	7390	63
55572	49028	6544	6388	156	
2000		2000	2000		
131022	77995	53027	14176	38851	30000
1136	1136				
10320	6140	4181	3173	1008	
10320	6140	4181	3173	1008	
2778	1354	1424	1416	8	
1939	748	1191	1183	8	
7543	4786	2757	1757	1000	
5363	3135	2228	1228	1000	
13218	10822	2396	1649	747	
13218	10822	2396	1649	747	
9349	8096	1253	859	394	
93451	67645	25806	14068	11738	
17541	14511	3030	2160	870	

1-31 各级各类教育机构

学校类别	合 计	个人部分	工资福利支出	对个人和家庭的补助支出	#助学金
总 计	**52675026**	**27661669**	**11722095**	**15939573**	**12382711**
一、高等学校	10514765	6069490	958542	5110948	4823928
1.普通高等学校	10507103	6065906	956193	5109713	4823928
高等本科学校	7006518	4494497	801724	3692772	3524676
高职高专学校	3500585	1571409	154469	1416941	1299253
2.成人高等学校	7663	3584	2349	1235	
二、中等职业学校	4916533	2806478	1238115	1568363	1409763
1.中等专业学校	2101996	1185021	473038	711983	665305
2.职业高中	1798746	1028184	457145	571038	521384
#农村	756334	462060	246188	215873	190973
3.技工学校	798432	466539	291975	174564	115613
4.成人中专学校	217359	126734	15957	110778	107460
三、中 学	14798475	7754232	4488638	3265594	2305270
1.普通中学	14798475	7754232	4488638	3265594	2305270
普通高中	4440072	2681353	1714926	966428	689587
#农村	2082001	1410519	957278	453241	354101
普通初中	10358403	5072878	2773712	2299166	1615683
#农村	4385418	2315807	1299879	1015927	844679
2.成人中学					
四、小 学	12100477	6198948	2557741	3641207	2161901
1.普通小学	12100477	6198948	2557741	3641207	2161901
#农村	4392263	1961753	791244	1170509	944569
2.成人小学					
五、特殊教育	47267	22142	18566	3576	2614
1.特殊教育学校	45407	21773	18296	3477	2515
2.工读学校	1860	369	270	99	99
六、幼儿园	10297509	4810379	2460494	2349886	1679236
#农村	4683007	2375358	1141974	1233384	1026614
七、教育行政单位					
八、教育事业单位					
九、其 他					

财政补助支出明细(民办)

单位：千元

公用部分	商品和服务支　出	其他资本性支　出			基本建设支　出
			专项公用支　出	专项项目支　出	
24664822	**15452187**	**9212635**	**4628403**	**4584232**	**348536**
4160007	1444242	2715765	2005349	710416	285269
4155928	1441291	2714637	2004221	710416	285269
2278079	780097	1497982	906574	591408	233942
1877849	661194	1216655	1097647	119008	51327
4079	2952	1128	1128		
2110054	1415002	695052	284585	410467	
916974	543655	373319	126799	246520	
770562	556584	213978	101302	112676	
294273	192405	101869	50586	51283	
331893	254768	77125	45989	31136	
90625	59995	30630	10495	20135	
6999970	4425814	2574155	756027	1818128	44274
6999970	4425814	2574155	756027	1818128	44274
1744711	734071	1010640	322018	688622	14007
670482	282199	388283	72153	316130	1000
5255258	3691743	1563515	434009	1129506	30267
2039612	1609777	429835	189019	240816	30000
5901529	4501640	1399889	619603	780286	
5901529	4501640	1399889	619603	780286	
2430510	1944027	486483	256604	229879	
25125	20411	4715	2438	2277	
23634	20104	3530	2254	1277	
1491	307	1184	184	1000	
5468137	3645078	1823059	960402	862657	18993
2300240	1344018	956222	430663	525559	7409

1-32 各级各类教育机构一般公共预算

学校类别	合计	个人部分	工资福利支出	对个人和家庭的补助支出	#助学金
总计	**2830329905**	**1896044204**	**1434568388**	**461475816**	**150115652**
一、高等学校	559608380	314782675	201025358	113757317	62499053
1.普通高等学校	552104382	309898428	197239704	112658724	62327128
高等本科学校	438486486	248094240	154436221	93658020	52362720
高职高专学校	113617896	61804187	42803483	19000704	9964408
2.成人高等学校	7503998	4884247	3785654	1098593	171925
二、中等职业学校	164896529	101269290	76548423	24720868	8728680
1.中等专业学校	76054120	45974660	33801819	12172841	4602797
2.职业高中	60903301	38439833	30072019	8367814	3044919
#农村	28137832	17437055	13919647	3517408	1627364
3.技工学校	20472874	11362571	8375185	2987387	931664
4.成人中专学校	7466235	5492227	4299400	1192827	149300
三、中学	875115444	637912055	505481620	132430435	38005035
1.普通中学	874616093	637538488	505177579	132360909	38004799
普通高中	298117757	218921507	175818528	43102979	11756529
#农村	128242033	95734462	77746801	17987661	6951846
普通初中	576498337	418616981	329359052	89257930	26248270
#农村	353605778	260129767	206588486	53541281	18886658
2.成人中学	499350	373567	304041	69526	236
四、小学	961273301	691567890	533157140	158410750	35322965
1.普通小学	961263664	691560573	533150215	158410358	35322965
#农村	620324448	455408298	352626129	102782168	27236426
2.成人小学	9636	7317	6925	392	
五、特殊教育	12504250	8253864	6603478	1650386	269357
1.特殊教育学校	11944296	7890382	6297921	1592461	264893
2.工读学校	559953	363481	305556	57925	4464
六、幼儿园	133395553	80568581	65033432	15535149	5260959
#农村	71375068	43991032	35043293	8947739	3977909
七、教育行政单位	30361854	16903280	12467220	4436060	
八、教育事业单位	54997133	30924744	23821834	7102910	
九、其他	38177463	13861825	10429884	3431941	29602

教育事业费和基本建设支出明细(全国)

单位：千元

公用部分	商品和服务支出	其他资本性支出	专项公用支出	专项项目支出	基本建设支出
873267698	**460153364**	**413114334**	**158794020**	**254320314**	**61018004**
225090007	126891173	98198833	65779080	32419753	19735699
222717193	125263676	97453517	65213365	32240153	19488761
173974845	103163765	70811080	50262692	20548388	16417400
48742348	22099911	26642437	14950673	11691765	3071361
2372813	1627497	745316	565715	179601	246937
59729756	30087041	29642715	13741580	15901136	3897483
28012154	14030818	13981336	6912400	7068936	2067306
21178194	10242795	10935399	4235258	6700142	1285274
9966199	4602306	5363893	2078954	3284938	734578
8578131	4505155	4072976	2351168	1721808	532171
1961277	1308273	653004	242754	410251	12730
221813712	109117261	112696452	30940047	81756405	15389676
221687929	109027167	112660762	30907672	81753090	15389676
72269974	35449969	36820004	11120253	25699752	6926277
29465790	13329419	16136371	4149238	11987132	3041782
149417956	73577198	75840758	19787419	56053339	8463400
89449313	41652625	47796687	11110964	36685723	4026698
125783	90094	35690	32375	3315	
256278276	128273353	128004923	33702073	94302850	13427135
256275957	128271574	128004383	33702073	94302310	13427135
157969342	74360984	83608358	19695656	63912702	6946809
2319	1779	540		540	
4078142	2187415	1890727	748175	1142552	172244
3883925	2059625	1824300	724037	1100263	169988
194217	127790	66427	24138	42289	2255
47722494	21858192	25864301	6546899	19317402	5104478
24529936	9288957	15240980	3060769	12180211	2854100
12684903	10059404	2625499	1472835	1152664	773671
23485252	17311007	6174245	3024641	3149604	587136
22385155	14368518	8016637	2838690	5177947	1930482

1-33 各级各类教育机构一般公共预算

学校类别	合计	个人部分	工资福利支出	对个人和家庭的补助支出	#助学金
总计	**168167163**	**97209250**	**54367406**	**42841844**	**23734917**
一、高等学校	153271107	90688750	49229882	41458868	23479746
1.普通高等学校	153107435	90575756	49175303	41400454	23479745
高等本科学校	151964829	90133435	48832690	41300745	23423026
高职高专学校	1142606	442321	342612	99709	56719
2.成人高等学校	163672	112994	54579	58414	1
二、中等职业学校	540445	326093	229891	96202	35484
1.中等专业学校	440163	251244	183775	67469	22503
2.职业高中	14768	9198	6794	2404	667
#农村	12558	8600	6794	1806	69
3.技工学校	79652	60715	35772	24943	11790
4.成人中专学校	5862	4936	3550	1386	524
三、中学	4130299	2736266	2202553	533713	98104
1.普通中学	4130299	2736266	2202553	533713	98104
普通高中	2035402	1302352	1003815	298538	51062
#农村	515418	364190	296480	67710	19403
普通初中	2094897	1433913	1198738	235175	47042
#农村	1236806	890256	768493	121763	35263
2.成人中学					
四、小学	3073695	2182640	1831047	351593	70551
1.普通小学	3073695	2182640	1831047	351593	70551
#农村	2138549	1546427	1321868	224559	61160
2.成人小学					
五、特殊教育					
1.特殊教育学校					
2.工读学校					
六、幼儿园	666836	380370	316205	64165	28090
#农村	462649	227762	183279	44483	23322
七、教育行政单位	218628	127235	118861	8374	
八、教育事业单位	3932474	261096	163273	97823	
九、其他	2333679	506800	275694	231106	22942

教育事业费和基本建设支出明细(中央)

单位：千元

公用部分	商品和服务支出	其他资本性支出	专项公用支出	专项项目支出	基本建设支出
65235737	**44640395**	**20595342**	**16087698**	**4507645**	**5722176**
57223531	38169221	19054310	15404473	3649837	5358826
57172853	38119585	19053268	15403560	3649708	5358826
56933788	37914802	19018986	15369278	3649708	4897606
239064	204782	34282	34282		461220
50679	49637	1042	914	128	
185649	131656	53994	35495	18499	28703
160216	109134	51081	34373	16708	28703
5570	4430	1141	50	1091	
3958	2817	1141	50	1091	
18937	17205	1732	1032	700	
926	886	40	40		
1317720	640443	677277	339841	337436	76313
1317720	640443	677277	339841	337436	76313
713355	381437	331918	202489	129429	19694
148093	62521	85573	42127	43445	3134
604365	259006	345359	137352	208007	56619
294337	97523	196814	47674	149140	52213
809352	337239	472112	136798	335314	81703
809352	337239	472112	136798	335314	81703
516419	187806	328613	81303	247310	75703
210802	71835	138967	17558	121409	75665
159222	37681	121541	12318	109223	75665
91392	77208	14184	4988	9196	
3664069	3576010	88059	82207	5851	7309
1733222	1636783	96439	66338	30101	93657

1-34 各级各类教育机构一般公共预算

学校类别	合 计	个人部分	工资福利支出	对个人和家庭的补助支出	#助学金
总 计	**2662162742**	**1798834954**	**1380200982**	**418633972**	**126380736**
一、高等学校	406337273	224093925	151795476	72298449	39019308
1.普通高等学校	398996947	219322671	148064401	71258270	38847383
高等本科学校	286521657	157960805	105603530	52357275	28939694
高职高专学校	112475291	61361866	42460871	18900996	9907689
2.成人高等学校	7340325	4771253	3731075	1040178	171924
二、中等职业学校	164356084	100943198	76318532	24624666	8693196
1.中等专业学校	75613957	45723416	33618044	12105371	4580294
2.职业高中	60888533	38430635	30065225	8365410	3044252
#农村	28125274	17428455	13912853	3515602	1627295
3.技工学校	20393222	11301856	8339413	2962444	919875
4.成人中专学校	7460372	5487291	4295850	1191441	148776
三、中 学	870985145	635175789	503279067	131896722	37906931
1.普通中学	870485795	634802222	502975026	131827196	37906695
普通高中	296082355	217619154	174814713	42804442	11705467
#农村	127726615	95370271	77450321	17919951	6932443
普通初中	574403440	417183068	328160313	89022755	26201228
#农村	352368972	259239511	205819994	53419517	18851395
2.成人中学	499350	373567	304041	69526	236
四、小 学	958199606	689385250	531326093	158059157	35252415
1.普通小学	958189969	689377933	531319168	158058765	35252415
#农村	618185899	453861871	351304262	102557609	27175266
2.成人小学	9636	7317	6925	392	
五、特殊教育	12504250	8253864	6603478	1650386	269357
1.特殊教育学校	11944296	7890382	6297921	1592461	264893
2.工读学校	559953	363481	305556	57925	4464
六、幼儿园	132728716	80188212	64717227	15470984	5232869
#农村	70912419	43763270	34860014	8903256	3954587
七、教育行政单位	30143226	16776044	12348358	4427686	
八、教育事业单位	51064659	30663648	23658561	7005087	
九、其 他	35843784	13355025	10154190	3200835	6660

教育事业费和基本建设支出明细(地方)

单位：千元

公用部分	商品和服务支出	其他资本性支出			基本建设支出
			专项公用支出	专项项目支出	
808031961	**415512970**	**392518991**	**142706322**	**249812669**	**55295827**
167866475	88721952	79144523	50374606	28769917	14376873
165544341	87144091	78400249	49809805	28590444	14129935
117041057	65248963	51792094	34893414	16898680	11519794
48503284	21895128	26608155	14916391	11691765	2610141
2322134	1577860	744274	564802	179472	246937
59544107	29955385	29588721	13706085	15882637	3868780
27851938	13921684	13930255	6878027	7052228	2038603
21172623	10238365	10934258	4235208	6699050	1285274
9962241	4599489	5362752	2078905	3283847	734578
8559194	4487950	4071244	2350136	1721108	532171
1960351	1307387	652965	242714	410251	12730
220495992	108476818	112019175	30600206	81418969	15313363
220370209	108386724	111983485	30567831	81415654	15313363
71556618	35068532	36488086	10917764	25570323	6906582
29317696	13266898	16050798	4107111	11943687	3038647
148813591	73318192	75495399	19650067	55845332	8406781
89154976	41555102	47599874	11063290	36536584	3974485
125783	90094	35690	32375	3315	
255468924	127936114	127532811	33565275	93967535	13345431
255466605	127934334	127532271	33565275	93966995	13345431
157452923	74173178	83279745	19614353	63665392	6871105
2319	1779	540		540	
4078142	2187415	1890727	748175	1142552	172244
3883925	2059625	1824300	724037	1100263	169988
194217	127790	66427	24138	42289	2255
47511692	21786357	25725334	6529341	19195993	5028813
24370714	9251276	15119438	3048451	12070987	2778436
12593511	9982196	2611315	1467847	1143467	773671
19821184	13734997	6086187	2942434	3143753	579827
20651934	12731736	7920198	2772352	5147846	1836825

1-35 各级各类教育机构一般公共预算

学校类别	合 计	个人部分	工资福利支出	对个人和家庭的补助支出	#助学金
总 计	**2773725154**	**1864623088**	**1419175900**	**445447188**	**137872174**
一、高等学校	547782468	307629348	199363777	108265572	57449016
1.普通高等学校	540335817	302792255	195620345	107171910	57277192
高等本科学校	431121223	243317127	153458747	89858380	48783409
高职高专学校	109214594	59475128	42161598	17313530	8493783
2.成人高等学校	7446651	4837093	3743431	1093662	171823
二、中等职业学校	159116422	97855222	74848699	23006522	7291491
1.中等专业学校	73393577	44358490	33010561	11347929	3895869
2.职业高中	59207346	37493354	29638236	7855118	2570599
#农村	27457840	17012013	13693682	3318331	1443612
3.技工学校	19270839	10642126	7924976	2717150	775994
4.成人中专学校	7244660	5361252	4274926	1086325	49029
三、中 学	859537209	629136233	499894092	129242141	35782018
1.普通中学	859037858	628762666	499590051	129172615	35781782
普通高中	293343858	215808410	173707904	42100507	11056225
#农村	125959509	94102272	76589819	17512453	6584031
普通初中	565694000	412954255	325882147	87072109	24725557
#农村	348240374	257071150	204600523	52470627	18024673
2.成人中学	499350	373567	304041	69526	236
四、小 学	948197543	684430831	529413294	155017537	33476309
1.普通小学	948187906	684423514	529406369	155017145	33476309
#农村	614008167	452015372	350583983	101431389	26256401
2.成人小学	9636	7317	6925	392	
五、特殊教育	12458520	8232959	6585481	1647478	267016
1.特殊教育学校	11900427	7869847	6280195	1589652	262651
2.工读学校	558093	363112	305286	57826	4365
六、幼儿园	123466155	75809039	62477927	13331112	3576722
#农村	66472683	41475846	33779043	7696803	2945726
七、教育行政单位	30309813	16876737	12446727	4430010	
八、教育事业单位	54908978	30877430	23783815	7093615	
九、其 他	37948047	13775289	10362088	3413201	29602

教育事业费和基本建设支出明细(教育和其他部门)

单位：千元

公用部分	商品和服务支出	其他资本性支出	专项公用支出	专项项目支出	基本建设支出
848885343	**444736861**	**404148482**	**154335519**	**249812963**	**60216723**
220766981	125129692	95637289	63928303	31708986	19386139
218404360	123511259	94893100	63363715	31529385	19139202
171736115	102342814	69393302	49411253	19982049	16067981
46668244	21168446	25499799	13952462	11547337	3071221
2362621	1618432	744189	564588	179601	246937
57422484	28444599	28977885	13408977	15568909	3838716
26996547	13352586	13643961	6727942	6916019	2038540
20428718	9669912	10758806	4154784	6604022	1285274
9711249	4423611	5287638	2043121	3244518	734578
8126541	4175087	3951454	2293901	1657553	502171
1870678	1247014	623664	232350	391314	12730
215131432	104847479	110283953	30156694	80127259	15269543
215005649	104757386	110248263	30124319	80123944	15269543
70642419	34714960	35927459	10782004	25145454	6893029
28819590	13029836	15789753	4043527	11746226	3037647
144363231	70042426	74320805	19342315	54978490	8376514
87224738	39980250	47244489	10887383	36357106	3944485
125783	90094	35690	32375	3315	
250421280	123971995	126449285	33056816	93392469	13345431
250418961	123970215	126448745	33056816	93391929	13345431
155121689	72261455	82860235	19369922	63490312	6871105
2319	1779	540		540	
4053317	2167004	1886313	746037	1140276	172244
3860591	2039521	1821070	722083	1098987	169988
192726	127483	65243	23954	41289	2255
42647296	18501227	24146069	5732472	18413597	5009820
22225811	7956999	14268812	2684738	11584073	2771026
12659405	10046313	2613092	1469625	1143467	773671
23447216	17293558	6153658	3004053	3149604	584333
22335932	14334994	8000938	2832542	5168396	1836825

1-36　各级各类教育机构一般公共预算

学校类别	合　计	个人部分	工资福利支　出	对个人和家庭的补助支出	#助学金
总　计	**160270104**	**91972209**	**50130988**	**41841221**	**23387850**
一、高等学校	151900111	89835990	48602809	41233181	23355219
1.普通高等学校	151774833	89755877	48580310	41175567	23355219
高等本科学校	150968776	89555216	48396515	41158701	23341372
高职高专学校	806057	200662	183795	16867	13847
2.成人高等学校	125277	80112	22499	57613	
二、中等职业学校	91728	68411	49983	18428	2491
1.中等专业学校	91498	68381	49983	18398	2461
2.职业高中					
#农村					
3.技工学校					
4.成人中专学校	230	30		30	30
三、中　学	1529409	884290	678809	205481	2758
1.普通中学	1529409	884290	678809	205481	2758
普通高中	1051409	603074	458325	144749	1607
#农村	88355	60039	46884	13155	38
普通初中	478000	281215	220484	60732	1151
#农村	6797	6208	6051	156	37
2.成人中学					
四、小　学	500115	355091	282012	73079	666
1.普通小学	500115	355091	282012	73079	666
#农村	18076	14546	14152	394	90
2.成人小学					
五、特殊教育					
1.特殊教育学校					
2.工读学校					
六、幼儿园	133572	93690	85854	7835	3775
#农村	10080	9006	8637	369	53
七、教育行政单位	166587	100693	98368	2324	
八、教育事业单位	3844320	213782	125254	88527	
九、其　他	2104263	420264	207898	212366	22942

教育事业费和基本建设支出明细(中央教育和其他部门)

单位：千元

公用部分	商品和服务支出	其他资本性支出	专项公用支出	专项项目支出	基本建设支出
63050180	**43655820**	**19394360**	**15699696**	**3694664**	**5247715**
56820912	37872178	18948734	15306199	3642535	5243209
56775747	37828055	18947692	15305286	3642407	5243209
56631432	37704285	18927147	15284741	3642407	4782129
144315	123770	20545	20545		461080
45165	44123	1042	914	128	
23317	21427	1891	479	1412	
23117	21227	1891	479	1412	
200	200				
645119	411073	234046	227465	6581	
645119	411073	234046	227465	6581	
448335	290780	157555	151147	6408	
28316	24699	3617	3490	126	
196785	120293	76492	76318	174	
590	254	335	162	174	
145024	101064	43960	38192	5768	
145024	101064	43960	38192	5768	
3530	1090	2441	191	2250	
39882	24142	15740	3774	11966	
1075	668	407	7	400	
65894	64117	1777	1777		
3626032	3558561	67471	61619	5851	4506
1683998	1603259	80740	60190	20550	

1-37 各级各类教育机构一般公共预算

学校类别	合计	个人部分	工资福利支出	对个人和家庭的补助支出	#助学金
总计	**2613455050**	**1772650879**	**1369044912**	**403605967**	**114484323**
一、高等学校	395882357	217793359	150760968	67032391	34093797
1.普通高等学校	388560983	213036378	147040035	65996342	33921973
高等本科学校	280152447	153761911	105062232	48699679	25442037
高职高专学校	108408537	59274467	41977803	17296663	8479937
2.成人高等学校	7321374	4756981	3720932	1036049	171823
二、中等职业学校	159024694	97786811	74798716	22988095	7289000
1.中等专业学校	73302079	44290110	32960578	11329531	3893409
2.职业高中	59207346	37493354	29638236	7855118	2570599
#农村	27457840	17012013	13693682	3318331	1443612
3.技工学校	19270839	10642126	7924976	2717150	775994
4.成人中专学校	7244430	5361222	4274926	1086295	48999
三、中学	858007800	628251943	499215283	129036660	35779260
1.普通中学	857508449	627878376	498911242	128967135	35779024
普通高中	292292449	215205336	173249579	41955757	11054618
#农村	125871154	94042233	76542934	17499298	6583993
普通初中	565216000	412673040	325661663	87011377	24724407
#农村	348233576	257064942	204594471	52470471	18024636
2.成人中学	499350	373567	304041	69526	236
四、小学	947697427	684075740	529131282	154944458	33475643
1.普通小学	947687791	684068423	529124357	154944066	33475643
#农村	613990090	452000826	350569831	101430995	26256311
2.成人小学	9636	7317	6925	392	
五、特殊教育	12458520	8232959	6585481	1647478	267016
1.特殊教育学校	11900427	7869847	6280195	1589652	262651
2.工读学校	558093	363112	305286	57826	4365
六、幼儿园	123332583	75715349	62392073	13323277	3572947
#农村	66462603	41466840	33770406	7696434	2945673
七、教育行政单位	30143226	16776044	12348358	4427686	
八、教育事业单位	51064659	30663648	23658561	7005087	
九、其他	35843784	13355025	10154190	3200835	6660

教育事业费和基本建设支出明细(地方教育和其他部门)

单位：千元

公用部分	商品和服务支出	其他资本性支出			基本建设支出
			专项公用支出	专项项目支出	
785835163	**401081041**	**384754122**	**138635822**	**246118300**	**54969008**
163946068	87257514	76688555	48622103	28066451	14142930
161628613	85683205	75945408	48058429	27886979	13895993
115104684	64638529	50466154	34126512	16339642	11285852
46523929	21044676	25479254	13931917	11547337	2610141
2317456	1574309	743146	563674	179472	246937
57399167	28423172	28975995	13408498	15567497	3838716
26973430	13331359	13642070	6727462	6914608	2038540
20428718	9669912	10758806	4154784	6604022	1285274
9711249	4423611	5287638	2043121	3244518	734578
8126541	4175087	3951454	2293901	1657553	502171
1870478	1246814	623664	232350	391314	12730
214486313	104436406	110049907	29929229	80120678	15269543
214360530	104346313	110014217	29896854	80117363	15269543
70194084	34424180	35769904	10630857	25139046	6893029
28791274	13005137	15786137	4040037	11746100	3037647
144166446	69922133	74244313	19265997	54978317	8376514
87224149	39979995	47244154	10887221	36356932	3944485
125783	90094	35690	32375	3315	
250276256	123870931	126405325	33018624	93386701	13345431
250273937	123869152	126404785	33018624	93386161	13345431
155118159	72260365	82857794	19369732	63488062	6871105
2319	1779	540		540	
4053317	2167004	1886313	746037	1140276	172244
3860591	2039521	1821070	722083	1098987	169988
192726	127483	65243	23954	41289	2255
42607414	18477085	24130329	5728697	18401631	5009820
22224737	7956331	14268405	2684732	11583673	2771026
12593511	9982196	2611315	1467847	1143467	773671
19821184	13734997	6086187	2942434	3143753	579827
20651934	12731736	7920198	2772352	5147846	1836825

1-38 各级各类教育机构一般公共预算

学校类别	合　计	个人部分	工资福利支　出	对个人和家庭的补助支出	#助学金
总　　计	**9926623**	**6459494**	**5037948**	**1421545**	**589740**
一、高等学校	2286172	1404907	971469	433438	262378
1.普通高等学校	2236489	1361336	931594	429742	262276
高等本科学校	1004916	584588	436175	148413	87321
高职高专学校	1231573	776748	495419	281329	174954
2.成人高等学校	49684	43570	39874	3696	102
二、中等职业学校	1357211	829285	579270	250015	110155
1.中等专业学校	790659	497851	357284	140567	63749
2.职业高中	84257	23115	16377	6739	3197
#农村	14558	8600	6794	1806	69
3.技工学校	466693	294579	195719	98861	42384
4.成人中专学校	15602	13739	9891	3849	825
三、中　学	2626395	1867229	1533029	334199	100684
1.普通中学	2626395	1867229	1533029	334199	100684
普通高中	990986	703528	547707	155821	51403
#农村	432681	307866	251364	56502	21227
普通初中	1635409	1163701	985322	178378	49281
#农村	1245003	893712	768753	124959	38117
2.成人中学					
四、小　学	2614062	1854835	1569983	284853	74649
1.普通小学	2614062	1854835	1569983	284853	74649
#农村	2150830	1552912	1323547	229365	65130
2.成人小学					
五、特殊教育					
1.特殊教育学校					
2.工读学校					
六、幼儿园	673171	342845	257890	84955	41874
#农村	471305	227653	179385	48268	26667
七、教育行政单位	52041	26543	20493	6050	
八、教育事业单位	88155	47314	38019	9296	
九、其　他	229416	86536	67796	18739	

教育事业费和基本建设支出明细(企业办)

单位：千元

公用部分	商品和服务支出	其他资本性支出	专项公用支出	专项项目支出	基本建设支出
2962604	**1486783**	**1475821**	**586166**	**889655**	**504525**
765648	510255	255394	221149	34245	115617
759535	504141	255394	221149	34245	115617
304850	210518	94333	87031	7302	115477
454685	293624	161061	134118	26943	140
6113	6113				
469160	322989	146171	92766	53405	58767
264042	176036	88006	72710	15296	28767
61142	53457	7685	6438	1247	
5958	2817	3141	2050	1091	
142113	91674	50440	13579	36861	30000
1862	1822	40	40		
682853	235446	447408	115545	331863	76313
682853	235446	447408	115545	331863	76313
267763	91975	175788	52758	123029	19694
121681	38534	83146	39820	43327	3134
415090	143470	271620	62786	208834	56619
299078	100375	198702	48736	149966	52213
677523	246987	430537	100244	330293	81703
677523	246987	430537	100244	330293	81703
522215	194801	327414	81960	245454	75703
254661	107043	147619	26516	121102	75665
167987	44334	123652	13959	109693	75665
25498	13091	12407	3210	9196	
38037	17449	20588	20588		2804
49223	33524	15699	6148	9551	93657

1-39 各级各类教育机构一般公共预算

学校类别	合 计	个人部分	工资福利支出	对个人和家庭的补助支出	#助学金
总　计	**7897059**	**5237041**	**4236418**	**1000623**	**347066**
一、高等学校	1370996	852760	627073	225687	124527
1.普通高等学校	1332602	819879	594993	224886	124526
高等本科学校	996053	578219	436175	142044	81654
高职高专学校	336549	241659	158817	82842	42872
2.成人高等学校	38395	32881	32080	801	1
二、中等职业学校	448718	257682	179908	77774	32994
1.中等专业学校	348665	182863	133792	49072	20043
2.职业高中	14768	9198	6794	2404	667
#农村	12558	8600	6794	1806	69
3.技工学校	79652	60715	35772	24943	11790
4.成人中专学校	5632	4906	3550	1356	494
三、中　学	2600890	1851976	1523744	328232	95346
1.普通中学	2600890	1851976	1523744	328232	95346
普通高中	983993	699278	545489	153789	49455
#农村	427063	304151	249596	54556	19365
普通初中	1616897	1152698	978255	174444	45891
#农村	1230009	884049	762441	121607	35226
2.成人中学					
四、小　学	2573580	1827549	1549035	278514	69885
1.普通小学	2573580	1827549	1549035	278514	69885
#农村	2120472	1531881	1307716	224165	61070
2.成人小学					
五、特殊教育					
1.特殊教育学校					
2.工读学校					
六、幼儿园	533265	286680	230350	56330	24315
#农村	452569	218756	174642	44114	23270
七、教育行政单位	52041	26543	20493	6050	
八、教育事业单位	88155	47314	38019	9296	
九、其　他	229416	86536	67796	18739	

教育事业费和基本建设支出明细(中央企业办)

单位：千元

公用部分	商品和服务支出	其他资本性支出			基本建设支出
			专项公用支出	专项项目支出	
2185557	**984575**	**1200982**	**388002**	**812981**	**474462**
402619	297044	105576	98274	7302	115617
397106	291530	105576	98274	7302	115617
302356	210518	91839	84537	7302	115477
94749	81012	13737	13737		140
5514	5514				
162332	110229	52103	35016	17088	28703
137098	87908	49190	33894	15296	28703
5570	4430	1141	50	1091	
3958	2817	1141	50	1091	
18937	17205	1732	1032	700	
726	686	40	40		
672601	229370	443231	112376	330855	76313
672601	229370	443231	112376	330855	76313
265021	90657	174364	51342	123021	19694
119778	37822	81956	38637	43319	3134
407580	138713	268867	61034	207834	56619
293747	97269	196478	47513	148966	52213
664327	236176	428152	98606	329546	81703
664327	236176	428152	98606	329546	81703
512888	186716	326172	81112	245060	75703
170920	47693	123227	13784	109443	75665
158148	37013	121135	12312	108823	75665
25498	13091	12407	3210	9196	
38037	17449	20588	20588		2804
49223	33524	15699	6148	9551	93657

1-40 各级各类教育机构一般公共预算

学校类别	合计	个人部分	工资福利支出	对个人和家庭的补助支出	#助学金
总计	**2029563**	**1222453**	**801530**	**420923**	**242674**
一、高等学校	915176	552147	344396	207751	137851
1.普通高等学校	903887	541458	336602	204856	137750
高等本科学校	8863	6369		6369	5667
高职高专学校	895024	535089	336602	198487	132082
2.成人高等学校	11289	10689	7794	2895	101
二、中等职业学校	908494	571603	399362	172241	77161
1.中等专业学校	441994	314988	223492	91496	43707
2.职业高中	69489	13917	9582	4335	2530
#农村	2000				
3.技工学校	387041	233864	159947	73918	30595
4.成人中专学校	9969	8833	6341	2493	330
三、中学	25505	15253	9285	5967	5338
1.普通中学	25505	15253	9285	5967	5338
普通高中	6993	4250	2218	2032	1948
#农村	5618	3715	1769	1946	1862
普通初中	18513	11002	7068	3935	3390
#农村	14994	9664	6312	3352	2891
2.成人中学					
四、小学	40482	27286	20947	6339	4765
1.普通小学	40482	27286	20947	6339	4765
#农村	30358	21031	15831	5200	4060
2.成人小学					
五、特殊教育					
1.特殊教育学校					
2.工读学校					
六、幼儿园	139906	56165	27540	28625	17559
#农村	18736	8897	4743	4154	3397
七、教育行政单位					
八、教育事业单位					
九、其他					

教育事业费和基本建设支出明细(地方企业办)

单位：千元

公用部分	商品和服务支出	其他资本性支出	专项公用支出	专项项目支出	基本建设支出
777047	**502208**	**274839**	**198165**	**76674**	**30063**
363029	213211	149818	122875	26943	
362429	212611	149818	122875	26943	
2494		2494	2494		
359935	212611	147324	120381	26943	
600	600				
306828	212760	94068	57751	36317	30063
126943	88128	38815	38815		63
55572	49028	6544	6388	156	
2000		2000	2000		
123176	74468	48708	12547	36161	30000
1136	1136				
10252	6076	4177	3169	1008	
10252	6076	4177	3169	1008	
2742	1318	1424	1416	8	
1903	712	1191	1183	8	
7510	4757	2753	1752	1000	
5331	3107	2224	1224	1000	
13196	10811	2385	1638	747	
13196	10811	2385	1638	747	
9327	8085	1241	848	394	
83742	59350	24392	12733	11659	
9839	7321	2517	1647	870	

1-41 各级各类教育机构一般公共预算

学校类别	合 计	个人部分	工资福利支出	对个人和家庭的补助支出	#助学金
总 计	**46678129**	**24961623**	**10354540**	**14607082**	**11653738**
一、高等学校	9539739	5748419	690113	5058307	4787660
1.普通高等学校	9532077	5744836	687764	5057072	4787660
高等本科学校	6360347	4192525	541298	3651227	3491990
高职高专学校	3171730	1552311	146466	1405845	1295670
2.成人高等学校	7663	3584	2349	1235	
二、中等职业学校	4422896	2584784	1120454	1464330	1327034
1.中等专业学校	1869884	1118318	433974	684345	643178
2.职业高中	1611697	923364	417407	505957	471123
#农村	665434	416443	219171	197272	183682
3.技工学校	735342	425866	254490	171376	113286
4.成人中专学校	205973	117236	14583	102653	99447
三、中 学	12951840	6908593	4054499	2854094	2122333
1.普通中学	12951840	6908593	4054499	2854094	2122333
普通高中	3782913	2409568	1562916	846652	648901
#农村	1849843	1324324	905618	418706	346588
普通初中	9168927	4499025	2491583	2007443	1473431
#农村	4120401	2164905	1219210	945695	823867
2.成人中学					
四、小 学	10461696	5282224	2173864	3108360	1772007
1.普通小学	10461696	5282224	2173864	3108360	1772007
#农村	4165451	1840013	718600	1121414	914895
2.成人小学					
五、特殊教育	45730	20904	17996	2908	2341
1.特殊教育学校	43870	20535	17726	2809	2242
2.工读学校	1860	369	270	99	99
六、幼儿园	9256227	4416698	2297615	2119083	1642363
#农村	4431081	2287533	1084865	1202668	1005516
七、教育行政单位					
八、教育事业单位					
九、其 他					

教育事业费和基本建设支出明细(民办)

单位：千元

公用部分	商品和服务支出	其他资本性支出			基本建设支出
			专项公用支出	专项项目支出	
21419751	**13929721**	**7490030**	**3872335**	**3617695**	**296755**
3557378	1251227	2306151	1629628	676523	233942
3553298	1248275	2305023	1628501	676523	233942
1933879	610434	1323446	764408	559038	233942
1619419	637841	981578	864093	117485	
4079	2952	1128	1128		
1838112	1319453	518659	239837	278823	
751566	502197	249369	111749	137620	
688333	519426	168908	74036	94872	
248992	175878	73114	33784	39329	
309476	238395	71082	43688	27394	
88737	59436	29301	10364	18937	
5999427	4034336	1965091	667808	1297283	43820
5999427	4034336	1965091	667808	1297283	43820
1359792	643034	716758	285490	431268	13553
524519	261048	263471	65892	197579	1000
4639635	3391302	1248333	382318	866015	30267
1925496	1572000	353496	174845	178651	30000
5179472	4054371	1125101	545013	580087	
5179472	4054371	1125101	545013	580087	
2325438	1904728	420710	243774	176936	
24825	20411	4415	2138	2277	
23334	20104	3230	1954	1277	
1491	307	1184	184	1000	
4820537	3249923	1570614	787911	782703	18993
2136139	1287623	848516	362071	486444	7409

1−42 各级各类学校生均教育经费支出(教育和其他部门)

单位：元

学校类别	教育经费支出	个人和公用部分支出			基本建设支出
			个人部分	公用部分	
总　计	**17572.97**	**17266.25**	**11103.94**	**6162.31**	**306.72**
一、高等学校	32915.06	32203.67	17071.65	15132.02	711.39
1.普通高等学校	33475.36	32749.73	17344.64	15405.08	725.63
高等本科学校	37515.45	36691.71	19385.15	17306.55	823.74
高职高专学校	22372.68	21916.66	11737.06	10179.60	456.01
2.成人高等学校	16098.94	15815.04	8878.38	6936.66	283.90
二、中等职业学校	18372.81	17999.77	10407.02	7592.75	373.05
1.中等专业学校	17564.61	17151.51	9783.31	7368.20	413.11
2.职业高中	19360.17	18997.16	11142.58	7854.59	363.01
#农村	15689.13	15316.52	9039.21	6277.31	372.60
3.技工学校	15732.25	15427.26	8282.77	7144.50	304.99
4.成人中专学校	41547.00	41490.93	29415.83	12075.10	56.07
三、中　学	17904.08	17631.23	12500.18	5131.05	272.84
1.普通中学	17910.97	17637.84	12506.25	5131.58	273.14
普通高中	18575.30	18221.83	12590.91	5630.92	353.46
#农村	14616.92	14331.02	10072.80	4258.23	285.90
普通初中	17547.89	17318.66	12459.98	4858.68	229.23
#农村	15514.68	15356.22	11340.52	4015.69	158.46
2.成人中学	11485.03	11485.03	6849.11	4635.92	
四、小　学	12177.89	12023.86	8658.17	3365.70	154.03
1.普通小学	12177.88	12023.85	8658.15	3365.70	154.03
#农村	11365.32	11250.32	8351.70	2898.62	115.00
2.成人小学	13462.34	13462.34	10378.18	3084.16	
五、特殊教育	63073.48	62284.42	40979.84	21304.58	789.06
1.特殊教育学校	62342.67	61538.85	40690.42	20848.43	803.82
2.工读学校	80707.69	80274.90	47963.54	32311.36	432.79
六、幼儿园	9775.00	9480.72	5695.10	3785.61	294.29
#农村	6898.86	6664.16	3996.17	2667.99	234.70

1-43 各级各类学校生均一般公共预算教育事业费和基本建设支出(教育和其他部门)

单位：元

学校类别	一般公共预算教育事业费和基本建设支出	事业费支出			基本建设支出
			个人部分	公用部分	
总　计	**13362.75**	**13072.65**	**8983.05**	**4089.61**	**290.10**
一、高等学校	21220.82	20469.81	11917.41	8552.40	751.01
1.普通高等学校	21044.03	20298.63	11792.61	8506.02	745.40
高等本科学校	23375.49	22504.28	13192.71	9311.57	871.21
高职高专学校	15099.21	14674.61	8222.60	6452.01	424.60
2.成人高等学校	54353.49	52551.08	35306.19	17244.89	1802.41
二、中等职业学校	13600.78	13272.66	8364.36	4908.30	328.12
1.中等专业学校	12785.97	12430.84	7727.74	4703.10	355.14
2.职业高中	14800.35	14479.06	9372.40	5106.67	321.29
#农村	12610.56	12273.19	7813.10	4460.08	337.37
3.技工学校	11129.82	10839.80	6146.33	4693.46	290.03
4.成人中专学校	31909.55	31853.48	23613.96	8239.52	56.07
三、中　学	14585.11	14326.00	10675.53	3650.47	259.10
1.普通中学	14592.29	14332.91	10680.65	3652.25	259.38
普通高中	14100.25	13768.92	10373.33	3395.59	331.33
#农村	11449.17	11173.06	8553.49	2619.57	276.11
普通初中	14861.20	14641.15	10848.62	3792.53	220.06
#农村	13601.14	13447.08	10040.37	3406.72	154.06
2.成人中学	7898.82	7898.82	5909.16	1989.66	
四、小　学	10344.74	10199.15	7467.07	2732.07	145.60
1.普通小学	10344.72	10199.12	7467.06	2732.07	145.60
#农村	9879.12	9768.57	7272.73	2495.84	110.55
2.成人小学	12814.30	12814.30	9730.14	3084.16	
五、特殊教育	52699.90	51971.31	34825.66	17145.65	728.60
1.特殊教育学校	52425.33	51676.47	34669.29	17007.18	748.85
2.工读学校	59325.36	59085.63	38598.86	20486.77	239.73
六、幼儿园	6445.51	6183.97	3957.58	2226.39	261.54
#农村	4835.36	4633.79	3017.04	1616.75	201.57

1-44 各级各类学校生均教育经费支出(中央教育和其他部门)

单位：元

学校类别	教育经费支出	个人和公用部分支出			基本建设支出
			个人部分	公用部分	
总　计	**59961.04**	**58898.32**	**29029.32**	**29869.00**	**1062.72**
一、高等学校	59175.94	58061.79	29391.37	28670.41	1114.15
1.普通高等学校	59100.81	57985.20	29361.42	28623.78	1115.61
高等本科学校	59138.25	58107.46	29457.96	28649.50	1030.79
高职高专学校	53349.70	39204.98	14531.27	24673.70	14144.73
2.成人高等学校	-	-	-	-	-
二、中等职业学校	49815.97	49815.97	29187.14	20628.84	
1.中等专业学校	50100.21	50100.21	29232.71	20867.50	
2.职业高中					
#农村					
3.技工学校					
4.成人中专学校	29631.90	29631.90	25950.92	3680.98	
三、中　学	38377.93	38377.93	23555.32	14822.61	
1.普通中学	38377.93	38377.93	23555.32	14822.61	
普通高中	46982.81	46982.81	29102.44	17880.37	
#农村	27733.98	27733.98	22381.17	5352.80	
普通初中	24703.77	24703.77	14740.29	9963.48	
#农村	16363.99	16363.99	14861.23	1502.75	
2.成人中学					
四、小　学	15379.63	15379.63	11020.81	4358.82	
1.普通小学	15379.63	15379.63	11020.81	4358.82	
#农村	13648.91	13648.91	11090.58	2558.33	
2.成人小学					
五、特殊教育					
1.特殊教育学校					
2.工读学校					
六、幼儿园	14743.15	14743.15	11420.18	3322.97	
#农村	11149.08	11149.08	9212.16	1936.91	

1-45 各级各类学校生均一般公共预算教育事业费和基本建设支出(中央教育和其他部门)

单位：元

学校类别	一般公共预算教育事业费和基本建设支出	事业费支出	个人部分	公用部分	基本建设支出
总　计	**33478.89**	**32382.69**	**19212.11**	**13170.58**	**1096.20**
一、高等学校	33467.48	32312.27	19793.17	12519.10	1155.21
1.普通高等学校	33464.32	32308.26	19789.97	12518.29	1156.06
高等本科学校	33527.56	32465.54	19888.67	12576.87	1062.03
高职高专学校	24727.70	10582.98	6155.77	4427.20	14144.73
2.成人高等学校	-	-	-	-	-
二、中等职业学校	23443.82	23443.82	17484.40	5959.42	
1.中等专业学校	23714.35	23714.35	17722.84	5991.51	
2.职业高中					
#农村					
3.技工学校					
4.成人中专学校	4233.13	4233.13	552.15	3680.98	
三、中　学	23105.18	23105.18	13359.19	9745.99	
1.普通中学	23105.18	23105.18	13359.19	9745.99	
普通高中	25879.35	25879.35	14844.05	11035.30	
#农村	15534.47	15534.47	10556.01	4978.46	
普通初中	18696.71	18696.71	10999.58	7697.12	
#农村	11106.45	11106.45	10143.17	963.28	
2.成人中学					
四、小　学	10991.38	10991.38	7804.09	3187.30	
1.普通小学	10991.38	10991.38	7804.09	3187.30	
#农村	8390.62	8390.62	6751.87	1638.75	
2.成人小学					
五、特殊教育					
1.特殊教育学校					
2.工读学校					
六、幼儿园	1018.32	1018.32	714.27	304.05	
#农村	2014.22	2014.22	1799.51	214.71	

1-46　各级各类学校生均教育经费支出(地方教育和其他部门)

单位：元

学校类别	教育经费支出	个人和公用部分支出			基本建设支出
			个人部分	公用部分	
总　计	**16478.95**	**16191.74**	**10641.29**	**5550.44**	**287.21**
一、高等学校	27308.77	26683.36	14441.58	12241.78	625.41
1.普通高等学校	27791.02	27151.89	14679.03	12472.86	639.13
高等本科学校	30460.28	29704.08	16098.56	13605.53	756.19
高职高专学校	22235.73	21840.23	11724.71	10115.52	395.50
2.成人高等学校	15377.85	15091.92	8566.94	6524.98	285.94
二、中等职业学校	18362.29	17989.12	10400.73	7588.39	373.17
1.中等专业学校	17542.73	17129.34	9770.23	7359.12	413.38
2.职业高中	19360.17	18997.16	11142.58	7854.59	363.01
#农村	15689.13	15316.52	9039.21	6277.31	372.60
3.技工学校	15732.25	15427.26	8282.77	7144.50	304.99
4.成人中专学校	41549.85	41493.77	29416.66	12077.11	56.09
三、中　学	17881.05	17607.91	12487.75	5120.15	273.15
1.普通中学	17887.93	17614.49	12493.81	5120.68	273.44
普通高中	18519.72	18165.56	12558.61	5606.95	354.16
#农村	14610.14	14324.09	10066.43	4257.66	286.05
普通初中	17543.08	17313.69	12458.45	4855.25	229.39
#农村	15514.66	15356.19	11340.44	4015.75	158.47
2.成人中学	11485.03	11485.03	6849.11	4635.92	
四、小　学	12176.30	12022.20	8656.99	3365.20	154.11
1.普通小学	12176.29	12022.18	8656.98	3365.21	154.11
#农村	11365.24	11250.24	8351.60	2898.64	115.00
2.成人小学	13462.34	13462.34	10378.18	3084.16	
五、特殊教育	63073.48	62284.42	40979.84	21304.58	789.06
1.特殊教育学校	62342.67	61538.85	40690.42	20848.43	803.82
2.工读学校	80707.69	80274.90	47963.54	32311.36	432.79
六、幼儿园	9740.75	9444.43	5655.63	3788.80	296.31
#农村	6897.31	6662.53	3994.27	2668.26	234.78

1-47 各级各类学校生均一般公共预算教育事业费和基本建设支出(地方教育和其他部门)

单位：元

学校类别	一般公共预算教育事业费和基本建设支出	事业费支出	个人部分	公用部分	基本建设支出
总　计	**12887.86**	**12616.79**	**8741.56**	**3875.23**	**271.07**
一、高等学校	18608.12	17943.35	10237.20	7706.15	664.78
1.普通高等学校	18379.49	17722.19	10076.92	7645.26	657.30
高等本科学校	20096.33	19286.75	11029.89	8256.87	809.57
高职高专学校	15055.62	14693.13	8231.95	6461.18	362.49
2.成人高等学校	54763.86	52916.76	35582.20	17334.56	1847.09
二、中等职业学校	13597.49	13269.26	8361.31	4907.95	328.23
1.中等专业学校	12778.62	12423.25	7721.02	4702.23	355.38
2.职业高中	14800.35	14479.06	9372.40	5106.67	321.29
#农村	12610.56	12273.19	7813.10	4460.08	337.37
3.技工学校	11129.82	10839.80	6146.33	4693.46	290.03
4.成人中专学校	31916.18	31860.09	23619.49	8240.61	56.09
三、中　学	14575.52	14316.13	10672.52	3643.62	259.39
1.普通中学	14582.70	14323.03	10677.64	3645.39	259.67
普通高中	14077.20	13745.22	10364.58	3380.64	331.98
#农村	11447.06	11170.80	8552.45	2618.35	276.25
普通初中	14858.63	14638.42	10848.52	3789.91	220.21
#农村	13601.20	13447.14	10040.36	3406.77	154.06
2.成人中学	7898.82	7898.82	5909.16	1989.66	
四、小　学	10344.42	10198.75	7466.91	2731.85	145.67
1.普通小学	10344.40	10198.73	7466.89	2731.84	145.67
#农村	9879.17	9768.62	7272.75	2495.87	110.56
2.成人小学	12814.30	12814.30	9730.14	3084.16	
五、特殊教育	52699.90	51971.31	34825.66	17145.65	728.60
1.特殊教育学校	52425.33	51676.47	34669.29	17007.18	748.85
2.工读学校	59325.36	59085.63	38598.86	20486.77	239.73
六、幼儿园	6482.92	6219.59	3979.95	2239.64	263.34
#农村	4836.39	4634.75	3017.48	1617.26	201.64

第二部分

各地区按来源分类教育经费收入

2-1 教育经费总收入

单位：千元

地区	总计			教育部门和其他部门			企业办学			民办学校
	合计	中央	地方	合计	中央	地方	合计	中央	地方	地方
合计	**4210784690**	**345783179**	**3865001511**	**3771506833**	**334452241**	**3437054592**	**19570319**	**11330938**	**8239382**	**419707538**
北京	233802315	108674852	125127463	222671208	108658605	114012602	425102	16247	408855	10706006
天津	67830683	9324444	58506239	63775347	9307276	54468070	496804	17168	479636	3558533
河北	161504921	2120135	159384786	145008521	2039988	142968533	692188	80147	612042	15804211
山西	85516204	179588	85336616	76727712	179588	76548124	349045		349045	8439447
内蒙古	76277737	264371	76013365	73322113	264371	73057742	125467		125467	2830157
辽宁	105639447	9120521	96518926	96282058	9120521	87161537	364580		364580	8992809
吉林	74169994	8303140	65866855	68311586	8303140	60008446	106936		106936	5751472
黑龙江	86571811	11117491	75454320	80895320	9882368	71012952	1772975	1235123	537853	3903516
上海	153640730	32595169	121045560	140603299	32564052	108039246	292652	31117	261535	12744779
江苏	283495095	23888644	259606452	259936834	23863878	236072957	254473	24766	229707	23303788
浙江	223565591	10286930	213278662	189592384	10286930	179305455	36631		36631	33936576
安徽	144916457	7400785	137515672	131026727	7399783	123626944	431922	1001	430920	13457808
福建	120370767	6461016	113909750	108216738	6461016	101755721	18795		18795	12135234
江西	117440225	261739	117178486	106499865	254429	106245436	116465	7309	109155	10823895
山东	249788203	10327991	239460213	226932707	10327991	216604717	1542396		1542396	21313100
河南	216339534	872041	215467493	182833495	770290	182063205	526068	101751	424316	32979971
湖北	163818909	25600565	138218344	148492003	25385020	123106983	419196	215545	203651	14907710
湖南	159422614	7765718	151656896	140557040	7756652	132800388	263822	9066	254756	18601751
广东	399639908	13536599	386103308	320787411	13267163	307520248	378240	269437	108803	78474257
广西	119127075	209269	118917806	109507031	209269	109297762	38468		38468	9581576
海南	33954255	51542	33902713	28890311	51542	28838769	64811		64811	4999133
重庆	102283185	7447926	94835259	91354162	7446747	83907415	44325	1179	43146	10884698
四川	210274057	17528917	192745140	185941394	17266673	168674721	697021	262244	434777	23635642
贵州	125037133	157081	124880051	116969573	157081	116812492	98047		98047	7969513
云南	133319602	398723	132920879	123628121	398723	123229398	378815		378815	9312666
西藏	23902879	26298	23876580	23732264	26298	23705966				170615
陕西	123401230	17942611	105458619	109345655	17942611	91403044	359367		359367	13696208
甘肃	74709739	3834273	70875466	72121672	3834273	68287399	80042		80042	2508025
青海	23501095	66404	23434691	22770068	66404	22703664	32988		32988	698039
宁夏	23649914	765911	22884003	21939495	765911	21173584	74063		74063	1636356
新疆	93873385	9252487	84620899	82834721	193648	82641073	9088616	9058838	29778	1950047
大连	15329695	40781	15288914	14038084	40781	13997303	18552		18552	1273060
宁波	29717708	9220	29708488	24470569	9220	24461349				5247139
厦门	16044687	11388	16033298	14040952	11388	14029564				2003734
青岛	30265827		30265827	27075276		27075276	159032		159032	3031519
深圳	73991727	378216	73613511	58817827	378216	58439611				15173900

注：辽宁数据包含大连，浙江数据包含宁波，福建数据包含厦门，山东数据包含青岛，广东数据包含深圳，以下同。

2-2 国家财政性教育经费

单位：千元

地区	总计			教育部门和其他部门			企业办学			民办学校
	合计	中央	地方	合计	中央	地方	合计	中央	地方	地方
合计	**3375359455**	**226392846**	**3148966610**	**3309984510**	**216674613**	**3093309897**	**13607890**	**9718233**	**3889657**	**51767055**
北京	176297243	67663303	108633940	175865206	67651539	108213667	269966	11764	258202	162071
天津	56076820	6563146	49513674	55558749	6550063	49008686	322528	13083	309444	195543
河北	135259683	1511992	133747691	132947243	1482368	131464874	287428	29623	257805	2025012
山西	71152028	172863	70979165	69851774	172863	69678912	196693		196693	1103561
内蒙古	67665568	258066	67407502	67202002	258066	66943936	64937		64937	398629
辽宁	84008726	6516013	77492713	83633977	6516013	77117965	144418		144418	230330
吉林	61052404	5925072	55127332	60546108	5925072	54621036	77017		77017	429279
黑龙江	72402050	6635363	65766687	71059513	5659953	65399560	1255459	975410	280049	87078
上海	118811275	19415262	99396013	117336909	19384448	97952462	172728	30814	141914	1301637
江苏	225991385	16555749	209435635	223780964	16546949	207234016	108511	8801	99710	2101910
浙江	165777632	6179425	159598207	160548249	6179425	154368824	3987		3987	5225396
安徽	120057882	6052808	114005075	118650684	6051810	112598874	138787	997	137790	1268411
福建	95119732	3969407	91150324	94220027	3969407	90250619	15982		15982	883723
江西	98809079	259311	98549768	97729096	254429	97474667	36312	4881	31431	1043671
山东	204412164	6440839	197971325	200047140	6440839	193606301	859776		859776	3505248
河南	169294615	751417	168543198	164704639	703020	164001619	204793	48397	156396	4385183
湖北	128375722	17965225	110410497	127492394	17916322	109576072	136782	48904	87878	746547
湖南	123675178	5135597	118539581	121653700	5129388	116524312	136814	6209	130605	1884664
广东	296782305	8850902	287931404	284250823	8616969	275633854	256052	233933	22119	12275431
广西	99365510	208736	99156775	98560415	208736	98351679	8186		8186	796910
海南	27347237	30587	27316650	27019992	30587	26989405	45079		45079	282166
重庆	80554610	4603430	75951180	78817567	4602683	74214884	29527	747	28781	1707516
四川	168275395	10339377	157936018	165020864	10176027	154844837	343807	163350	180458	2910723
贵州	98059634	157081	97902552	97168149	157081	97011067	26597		26597	864888
云南	115294158	389608	114904550	113790707	389608	113401099	121231		121231	1382220
西藏	23626435	26298	23600136	23504018	26298	23477720				122417
陕西	96148603	11847887	84300716	93148024	11847887	81300137	160845		160845	2839734
甘肃	66696734	2968827	63727906	66138550	2968827	63169723	11791		11791	546392
青海	21367047	56806	21310241	21133584	56806	21076778	12123		12123	221340
宁夏	20524539	629608	19894931	20310925	629608	19681317	10259		10259	203355
新疆	87078063	8312839	78765223	78292517	171521	78120997	8149474	8141319	8155	636072
大连	13353694	14814	13338880	13314018	14814	13299204	5793		5793	33883
宁波	22954132	9220	22944912	22007386	9220	21998166				946747
厦门	13478730	7688	13471042	13162268	7688	13154580				316461
青岛	26341116		26341116	25962738		25962738	61004		61004	317374
深圳	59374961	378216	58996745	54867146	378216	54488930				4507815

2-3 一般公共预算安排的教育经费

单位：千元

地区	总计			教育部门和其他部门			企业办学			民办学校
	合计	中央	地方	合计	中央	地方	合计	中央	地方	地方
合计	**3295747700**	**184006314**	**3111741386**	**3234281394**	**175756974**	**3058524420**	**10297102**	**8249340**	**2047762**	**51169204**
北京	162799083	55911671	106887412	162508257	55911671	106596586	128756		128756	162071
天津	52715235	5181395	47533840	52262629	5181395	47081233	257082		257082	195525
河北	131324906	1224121	130100784	129139554	1224121	127915433	208167		208167	1977185
山西	68156524	84202	68072322	67041359	84202	66957156	13153		13153	1102013
内蒙古	67133449	102056	67031393	66722791	102056	66620735	12029		12029	398629
辽宁	81860796	5220172	76640624	81612932	5220172	76392760	20881		20881	226983
吉林	60323877	5765710	54558166	59894911	5765710	54129200	2353		2353	426613
黑龙江	70697173	5137686	65559486	69841458	4637426	65204032	768658	500260	268399	87056
上海	114181479	15670343	98511136	112770392	15670343	97100050	115505		115505	1295581
江苏	219732592	12576411	207156181	217559070	12570550	204988520	81970	5861	76109	2091551
浙江	159578194	3754655	155823539	154552752	3754655	150798097	1282		1282	5024161
安徽	116163400	4279824	111883575	114818315	4278827	110539488	78409	997	77412	1266675
福建	93518430	3235180	90283249	92644898	3235180	89409718	327		327	873204
江西	98227800	21843	98205957	97178952	21276	97157676	9386	567	8819	1039462
山东	200588483	5301936	195286547	196788172	5301936	191486236	296780		296780	3503531
河南	166721685	203027	166518657	162310995	202827	162108167	40441	200	40241	4370249
湖北	124669394	14997379	109672015	123837634	14963026	108874608	89367	34353	55014	742393
湖南	122460541	4495839	117964703	120507654	4489876	116017778	114783	5963	108820	1838105
广东	293756125	7860544	285895582	281490135	7665088	273825047	206222	195456	10767	12059768
广西	98683712	14365	98669347	97882182	14365	97867817	7282		7282	794248
海南	26753942	13554	26740388	26470935	13554	26457381	4820		4820	278188
重庆	78684239	3972971	74711269	76957850	3972224	72985626	19353	747	18607	1707036
四川	165076301	8703098	156373204	161908027	8567239	153340789	269966	135859	134107	2898308
贵州	97100288	8690	97091598	96209916	8690	96201226	25483		25483	864888
云南	114419077	32496	114386581	112988623	32496	112956127	49667		49667	1380787
西藏	23410969	16560	23394409	23288552	16560	23271992				122417
陕西	93374776	9629904	83744872	90456868	9629904	80826964	82215		82215	2835693
甘肃	66114215	2628101	63486114	65565375	2628101	62937274	2608		2608	546232
青海	21211934	487	21211447	20979417	487	20978929	11177		11177	221340
宁夏	20387831	577506	19810325	20176272	577506	19598766	8205		8205	203355
新疆	85921252	7384586	78536666	77914517	15509	77899008	7370777	7369078	1699	635959
大连	13331709	2110	13329599	13292032	2110	13289922	5793		5793	33883
宁波	22620346	9220	22611125	21703548	9220	21694328				916797
厦门	13316270	1200	13315070	13004582	1200	13003382				311688
青岛	26223827		26223827	25897674		25897674	8828		8828	317325
深圳	58793789		58793789	54285975		54285975				4507815

2–4 一般公共预算教育经费

单位：千元

地区	总计			教育部门和其他部门			企业办学			民办学校
	合计	中央	地方	合计	中央	地方	合计	中央	地方	地方
合计	**2991978381**	**161975008**	**2830003372**	**2932645742**	**154155913**	**2778489829**	**9759127**	**7819096**	**1940032**	**49573512**
北京	146100002	50529936	95570067	145809993	50529936	95280057	127999		127999	162011
天津	48090231	4629000	43461231	47669400	4629000	43040400	225306		225306	195525
河北	125805156	1142273	124662882	123627078	1142273	122484804	208167		208167	1969911
山西	61808700	168	61808532	60710327	168	60710159	13135		13135	1085238
内蒙古	54637002	60375	54576627	54229603	60375	54169228	12029		12029	395370
辽宁	69688868	4946902	64741966	69450620	4946902	64503718	20881		20881	217367
吉林	55355381	4975231	50380150	54929820	4975231	49954589	2130		2130	423431
黑龙江	63644466	4137265	59507202	62827208	3639266	59187942	730821	497999	232822	86437
上海	96789122	13224469	83564653	95419383	13224469	82194914	93337		93337	1276402
江苏	209046559	11119073	197927486	206895318	11113212	195782106	81840	5861	75979	2069402
浙江	144617646	3303164	141314482	139813667	3303164	136510503	1282		1282	4802697
安徽	104010007	2757965	101252042	102671517	2756968	99914549	75294	997	74297	1263196
福建	87956224	2909489	85046735	87086048	2909489	84176559	327		327	869848
江西	93950020	8129	93941891	92962100	7562	92954538	9336	567	8769	978584
山东	193600713	4717916	188882797	189875631	4717916	185157715	296240		296240	3428842
河南	144304283	163162	144141121	140078560	162962	139915598	33916	200	33716	4191808
湖北	116887495	13177713	103709782	116065191	13143360	102921831	89367	34353	55014	732937
湖南	115802110	3819243	111982868	113863454	3813280	110050175	114783	5963	108820	1823873
广东	257786194	5531629	252254566	246226021	5337210	240888811	204641	194418	10222	11355533
广西	91199915	7714	91192201	90401409	7714	90393696	7282		7282	791223
海南	22086847	13554	22073293	21806185	13554	21792631	4041		4041	276621
重庆	65237391	3783296	61454095	63550816	3782549	59768266	19353	747	18607	1667222
四川	147812046	8093353	139718694	144746851	7974794	136772057	249078	118559	130519	2816117
贵州	90674208	7789	90666419	89797269	7789	89789480	23542		23542	853397
云南	98880769	6223	98874547	97515999	6223	97509776	49667		49667	1315104
西藏	21652969	16560	21636409	21530553	16560	21513992				122417
陕西	90269605	8858236	81411370	87364719	8858236	78506484	82215		82215	2822671
甘肃	59233692	2497503	56736188	58688109	2497503	56190606	2608		2608	542975
青海	18663374	487	18662886	18432906	487	18432418	11177		11177	219291
宁夏	17242619	562676	16679943	17050876	562676	16488200	8205		8205	183538
新疆	79144766	6974515	72170250	71549112	15084	71534028	6961131	6959432	1699	634523
大连	10914884	2110	10912774	10875207	2110	10873098	5793		5793	33883
宁波	20608051	3000	20605051	19707804	3000	19704804				900247
厦门	12261061	1200	12259861	11949416	1200	11948216				311645
青岛	25161279		25161279	24835276		24835276	8828		8828	317175
深圳	46525767		46525767	42564477		42564477				3961290

2–5 教育事业费

单位：千元

地区	总计			教育部门和其他部门			企业办学			民办学校
	合计	中央	地方	合计	中央	地方	合计	中央	地方	地方
合计	**2789263167**	**155284821**	**2633978346**	**2734866287**	**148099370**	**2586766917**	**9050930**	**7185452**	**1865478**	**45345951**
北京	138518094	48590066	89928029	138244641	48590066	89654575	127999		127999	145455
天津	46051054	4599000	41452054	45644014	4599000	41045014	213864		213864	193175
河北	120650248	1092218	119558031	118602293	1092218	117510075	208167		208167	1839789
山西	58730640	168	58730472	57652172	168	57652004	12306		12306	1066162
内蒙古	50882707	60375	50822332	50514427	60375	50454052	2029		2029	366251
辽宁	65225373	4714502	60510871	64997559	4714502	60283057	18179		18179	209635
吉林	51956464	4812011	47144453	51613678	4812011	46801667	2109		2109	340677
黑龙江	61088118	4090385	56997734	60270861	3592386	56678475	730821	497999	232822	86436
上海	79548846	12277249	67271597	78576691	12277249	66299443	93337		93337	878818
江苏	192285901	10731747	181554154	190313122	10725886	179587237	81549	5861	75688	1891229
浙江	131771696	3260384	128511312	127476638	3260384	124216254	1282		1282	4293776
安徽	96274645	2723195	93551449	94983897	2722198	92261699	74792	997	73795	1215956
福建	82011423	2769489	79241934	81197711	2769489	78428222	322		322	813390
江西	89534894	8129	89526765	88574485	7562	88566923	9336	567	8769	951073
山东	179540985	4360986	175179998	176034435	4360986	171673449	276023		276023	3230526
河南	136662470	163162	136499308	132515376	162962	132352414	33916	200	33716	4113178
湖北	116156505	12446723	103709782	115334201	12412370	102921831	89367	34353	55014	732937
湖南	108799811	3655243	105144569	106935341	3649280	103286061	112583	5963	106620	1751888
广东	232488754	5276627	227212128	222625788	5082208	217543580	203919	194418	9501	9659047
广西	85788088	7714	85780374	84993512	7714	84985798	3862		3862	790714
海南	20546645	13554	20533091	20265983	13554	20252428	4041		4041	276621
重庆	61526113	3737816	57788297	59889293	3737069	56152224	19353	747	18607	1617466
四川	139202731	7892093	131310638	136283735	7773534	128510201	229078	118559	110519	2689918
贵州	86174044	7789	86166255	85304482	7789	85296693	22809		22809	846752
云南	94252462	6223	94246240	93050853	6223	93044630	49544		49544	1152065
西藏	18392760	16560	18376199	18270366	16560	18253806				122393
陕西	85080595	8655256	76425340	82258333	8655256	73603077	80867		80867	2741395
甘肃	56364573	2412123	53952450	55820799	2412123	53408676	2608		2608	541166
青海	17078186	487	17077699	16877011	487	16876523	11177		11177	189999
宁夏	15957920	562676	15395244	15786177	562676	15223501	8205		8205	163538
新疆	70720421	6340871	64379550	63958411	15084	63943328	6327487	6325788	1699	434523
大连	10019975	2110	10017865	9980779	2110	9978670	5781		5781	33414
宁波	18590873	3000	18587873	17794854	3000	17791854				796019
厦门	10758482	1200	10757282	10474022	1200	10472822				284460
青岛	21855918		21855918	21534506		21534506	8828		8828	312584
深圳	33414229		33414229	30509646		30509646				2904583

2-6 基本建设经费

单位：千元

地区	总计			教育部门和其他部门			企业办学			民办学校
	合计	中央	地方	合计	中央	地方	合计	中央	地方	地方
合计	**62247537**	**6690187**	**55557350**	**61209539**	**6056543**	**55152996**	**663644**	**633644**	**30000**	**374354**
北京	4126614	1939870	2186744	4126614	1939870	2186744				
天津	220842	30000	190842	220842	30000	190842				
河北	1004336	50056	954280	1004336	50056	954280				
山西	667102		667102	667102		667102				
内蒙古	916230		916230	906230		906230	10000		10000	
辽宁	975975	232400	743575	975975	232400	743575				
吉林	1062434	163220	899214	983934	163220	820714				78500
黑龙江	790408	46880	743528	790408	46880	743528				
上海	4142672	947220	3195452	4142672	947220	3195452				
江苏	1188449	387326	801123	1187749	387326	800423				700
浙江	2478597	42780	2435817	2468597	42780	2425817				10000
安徽	1885020	34770	1850250	1885020	34770	1850250				
福建	898690	140000	758690	898690	140000	758690				
江西	1319696		1319696	1319696		1319696				
山东	1277699	356930	920769	1277699	356930	920769				
河南	2361469		2361469	2338776		2338776				22694
湖北	730990	730990		730990	730990					
湖南	1155606	164000	991606	1154606	164000	990606				1000
广东	9821164	255002	9566162	9821164	255002	9566162				
广西	2892642		2892642	2892642		2892642				
海南	731658		731658	731658		731658				
重庆	1485428	45480	1439948	1485428	45480	1439948				
四川	2632457	201260	2431197	2607315	201260	2406055	20000		20000	5142
贵州	1528688		1528688	1528688		1528688				
云南	1620594		1620594	1620594		1620594				
西藏	3003128		3003128	3003128		3003128				
陕西	2461711	202980	2258731	2449711	202980	2246731				12000
甘肃	1167525	85380	1082145	1167397	85380	1082017				129
青海	1148655		1148655	1124466		1124466				24189
宁夏	737000		737000	717000		717000				20000
新疆	5814055	633644	5180411	4980411		4980411	633644	633644		200000
大连	114215		114215	114215		114215				
宁波	179070		179070	179070		179070				
厦门	96321		96321	96321		96321				
青岛										
深圳	7713496		7713496	7713496		7713496				

2-7 教育费附加

单位：千元

地区	总计			教育部门和其他部门			企业办学			民办学校
	合计	中央	地方	合计	中央	地方	合计	中央	地方	地方
合计	**140467676**		**140467676**	**136569916**		**136569916**	**44554**		**44554**	**3853207**
北京	3455294		3455294	3438738		3438738				16556
天津	1818335		1818335	1804543		1804543	11442		11442	2350
河北	4150571		4150571	4020449		4020449				130123
山西	2410957		2410957	2391052		2391052	829		829	19076
内蒙古	2838065		2838065	2808947		2808947				29119
辽宁	3487520		3487520	3477086		3477086	2702		2702	7732
吉林	2336483		2336483	2332208		2332208	21		21	4254
黑龙江	1765940		1765940	1765939		1765939				1
上海	13097604		13097604	12700019		12700019				397584
江苏	15572209		15572209	15394446		15394446	291		291	177472
浙江	10367353		10367353	9868432		9868432				498921
安徽	5850343		5850343	5802600		5802600	502		502	47240
福建	5046111		5046111	4989647		4989647	5		5	56459
江西	3095430		3095430	3067918		3067918				27511
山东	12782029		12782029	12563496		12563496	20217		20217	198316
河南	5280344		5280344	5224408		5224408				55936
湖北										
湖南	5846693		5846693	5773508		5773508	2200		2200	70985
广东	15476276		15476276	13779069		13779069	722		722	1696485
广西	2519185		2519185	2515255		2515255	3420		3420	509
海南	808544		808544	808544		808544				
重庆	2225849		2225849	2176094		2176094				49755
四川	5976858		5976858	5855801		5855801				121057
贵州	2971476		2971476	2964099		2964099	732		732	6644
云南	3007713		3007713	2844552		2844552	122		122	163039
西藏	257082		257082	257058		257058				23
陕西	2727299		2727299	2656676		2656676	1348		1348	69276
甘肃	1701593		1701593	1699913		1699913				1680
青海	436532		436532	431429		431429				5103
宁夏	547699		547699	547699		547699				
新疆	2610289		2610289	2610289		2610289				
大连	780694		780694	780213		780213	12		12	469
宁波	1838108		1838108	1733880		1733880				104228
厦门	1406258		1406258	1379074		1379074				27184
青岛	3305361		3305361	3300770		3300770				4591
深圳	5398042		5398042	4341335		4341335				1056707

2-8　其他一般公共预算安排的教育经费

单位：千元

地区	总计			教育部门和其他部门			企业办学			民办学校
	合计	中央	地方	合计	中央	地方	合计	中央	地方	地方
合计	**303769320**	**22031305**	**281738014**	**301635652**	**21601061**	**280034591**	**537975**	**430244**	**107730**	**1595693**
北京	16699081	5381736	11317346	16698264	5381736	11316529	757		757	60
天津	4625004	552395	4072609	4593229	552395	4040834	31775		31775	
河北	5519750	81848	5437902	5512477	81848	5430629				7273
山西	6347824	84034	6263790	6331031	84034	6246997	18		18	16775
内蒙古	12496447	41681	12454766	12493187	41681	12451507				3259
辽宁	12171928	273270	11898658	12162312	273270	11889043				9616
吉林	4968496	790480	4178016	4965091	790480	4174611	223		223	3182
黑龙江	7052706	1000421	6052285	7014250	998160	6016090	37837	2261	35577	619
上海	17392357	2445874	14946483	17351009	2445874	14905135	22168		22168	19179
江苏	10686033	1457338	9228694	10663752	1457338	9206414	130		130	22150
浙江	14960549	451491	14509057	14739085	451491	14287594				221464
安徽	12153392	1521859	10631533	12146798	1521859	10624939	3115		3115	3479
福建	5562206	325691	5236514	5558850	325691	5233158				3356
江西	4277780	13714	4264066	4216852	13714	4203138	50		50	60878
山东	6987769	584019	6403750	6912541	584019	6328521	540		540	74689
河南	22417401	39865	22377536	22232435	39865	22192570	6525		6525	178441
湖北	7781899	1819666	5962233	7772443	1819666	5952777				9456
湖南	6658431	676596	5981835	6644200	676596	5967603				14232
广东	35969931	2328915	33641016	35264114	2327878	32936236	1582	1037	544	704235
广西	7483797	6652	7477146	7480773	6652	7474121				3025
海南	4667095		4667095	4664750		4664750	778		778	1567
重庆	13446849	189675	13257174	13407034	189675	13217360				39814
四川	17264255	609745	16654510	17161177	592445	16568731	20888	17300	3588	82191
贵州	6426080	901	6425179	6412647	901	6411746	1942		1942	11491
云南	15538308	26273	15512034	15472624	26273	15446351				65683
西藏	1758000		1758000	1758000		1758000				
陕西	3105171	771668	2333502	3092149	771668	2320480				13022
甘肃	6880523	130598	6749926	6877266	130598	6746669				3257
青海	2548560		2548560	2546511		2546511				2049
宁夏	3145212	14830	3130382	3125396	14830	3110566				19816
新疆	6776487	410071	6366416	6365405	425	6364980	409646	409646		1435
大连	2416825		2416825	2416825		2416825				
宁波	2012295	6220	2006074	1995744	6220	1989524				16551
厦门	1055209		1055209	1055165		1055165				43
青岛	1062549		1062549	1062399		1062399				150
深圳	12268022		12268022	11721498		11721498				546525

2-9 科研经费

单位：千元

地区	总计			教育部门和其他部门			企业办学			民办学校
	合计	中央	地方	合计	中央	地方	合计	中央	地方	地方
合计	**19827042**	**12133136**	**7693906**	**19673588**	**12110481**	**7563107**	**22705**	**22655**	**50**	**130749**
北京	2384842	2053433	331409	2384842	2053433	331409				
天津	350859	242595	108264	350859	242595	108264				
河北	203607	27672	175935	203607	27672	175935				
山西	330912	70379	260533	330912	70379	260533				
内蒙古	172647	37749	134897	172647	37749	134897				
辽宁	129026	98204	30822	129026	98204	30822				
吉林	734162	613250	120912	734052	613250	120802				110
黑龙江	876317	816308	60009	876317	816308	60009				
上海	2582005	1874346	707660	2582005	1874346	707660				
江苏	786585	540665	245920	786553	540665	245888				32
浙江	611814	158164	453650	592328	158164	434164				19486
安徽	1480991	1416701	64290	1480991	1416701	64290				
福建	355977	159562	196415	355617	159562	196055				360
江西	218629	12930	205699	218134	12930	205204	50		50	445
山东	1013040	104075	908964	1012510	104075	908434				530
河南	222133	25132	197001	221697	25132	196565				436
湖北	833765	740097	93668	832579	740097	92482				1186
湖南	787399	514748	272650	786347	514748	271598				1052
广东	4297324	1980927	2316396	4194714	1980927	2213786				102610
广西	82452	6652	75801	80707	6652	74055				1746
海南	76796		76796	76272		76272				525
重庆	114695	51778	62917	114695	51778	62917				
四川	200930	118719	82211	200896	118719	82178				34
贵州	91090		91090	90960		90960				130
云南	184217		184217	182407		182407				1810
西藏	44186		44186	44186		44186				
陕西	421155	406613	14542	421155	406613	14542				
甘肃	83380	39779	43601	83122	39779	43343				258
青海	750		750	750		750				
宁夏	101623		101623	101623		101623				
新疆	53733	22655	31078	31078		31078	22655	22655		
大连	1062		1062	1062		1062				
宁波	29707		29707	20987		20987				8720
厦门	16		16	16		16				
青岛	86357		86357	86207		86207				150
深圳	505464		505464	413568		413568				91896

2-10 其他经费

单位：千元

地区	总计			教育部门和其他部门			企业办学			民办学校
	合计	中央	地方	合计	中央	地方	合计	中央	地方	地方
合计	**283942278**	**9898169**	**274044108**	**281962065**	**9490580**	**272471484**	**515270**	**407589**	**107680**	**1464943**
北京	14314239	3328302	10985937	14313422	3328302	10985120	757		757	60
天津	4274146	309800	3964346	4242370	309800	3932570	31775		31775	
河北	5316143	54176	5261967	5308870	54176	5254694				7273
山西	6016912	13655	6003257	6000119	13655	5986464	18		18	16775
内蒙古	12323800	3931	12319869	12320541	3931	12316610				3259
辽宁	12042902	175066	11867836	12033286	175066	11858220				9616
吉林	4234334	177230	4057104	4231039	177230	4053809	223		223	3072
黑龙江	6176389	184113	5992276	6137933	181852	5956081	37837	2261	35577	619
上海	14810351	571528	14238823	14769004	571528	14197476	22168		22168	19179
江苏	9899448	916674	8982774	9877199	916674	8960526	130		130	22118
浙江	14348734	293327	14055408	14146757	293327	13853430				201977
安徽	10672402	105158	10567243	10665808	105158	10560649	3115		3115	3479
福建	5206228	166129	5040099	5203233	166129	5037103				2996
江西	4059151	784	4058367	3998718	784	3997934				60433
山东	5974730	479944	5494786	5900031	479944	5420087	540		540	74159
河南	22195268	14733	22180535	22010737	14733	21996005	6525		6525	178005
湖北	6948134	1079568	5868565	6939864	1079568	5860295				8270
湖南	5871033	161848	5709185	5857853	161848	5696005				13180
广东	31672608	347988	31324619	31069401	346951	30722450	1582	1037	544	601625
广西	7401345		7401345	7400066		7400066				1279
海南	4590299		4590299	4588479		4588479	778		778	1042
重庆	13332153	137896	13194257	13292339	137896	13154443				39814
四川	17063325	491026	16572299	16960280	473726	16486554	20888	17300	3588	82157
贵州	6334990	901	6334089	6321687	901	6320786	1942		1942	11362
云南	15354091	26273	15327818	15290218	26273	15263945				63873
西藏	1713814		1713814	1713814		1713814				
陕西	2684016	365056	2318960	2670994	365056	2305938				13022
甘肃	6797143	90818	6706325	6794144	90818	6703325				2999
青海	2547810		2547810	2545761		2545761				2049
宁夏	3043589	14830	3028759	3023773	14830	3008943				19816
新疆	6722754	387416	6335338	6334327	425	6333902	386991	386991		1435
大连	2415763		2415763	2415763		2415763				
宁波	1982588	6220	1976367	1974757	6220	1968537				7831
厦门	1055193		1055193	1055149		1055149				43
青岛	976192		976192	976192		976192				
深圳	11762559		11762559	11307930		11307930				454629

2-11 政府性基金预算安排的教育经费

单位：千元

地 区	总 计			教育部门和其他部门			企业办学			民办学校
	合 计	中 央	地 方	合 计	中 央	地 方	合 计	中 央	地 方	地 方
合 计	**27385567**	**3036781**	**24348785**	**26893487**	**3023569**	**23869918**	**13217**	**13213**	**4**	**478863**
北 京	2186895	2052845	134050	2186895	2052845	134050				
天 津	1924337	129680	1794657	1924337	129680	1794657				
河 北	3565034	92804	3472229	3517766	92804	3424962				47268
山 西	2629124	2400	2626724	2628912	2400	2626512				212
内蒙古	259773		259773	259773		259773				
辽 宁	536330		536330	534451		534451				1880
吉 林	112555		112555	112555		112555				
黑龙江	100576	180	100396	100396		100396	180	180		
上 海	722994	537250	185744	722994	537250	185744				
江 苏	938594		938594	938514		938514				80
浙 江	2929015		2929015	2778504		2778504				150510
安 徽	789883		789883	789343		789343	4		4	536
福 建	584143		584143	582547		582547				1596
江 西	257837		257837	255177		255177				2660
山 东	1613004		1613004	1611705		1611705				1299
河 南	1642582		1642582	1636302		1636302				6280
湖 北	303424		303424	302164		302164				1260
湖 南	350919		350919	304882		304882				46038
广 东	1554368	170860	1383508	1346753	170860	1175893				207616
广 西	177240		177240	177240		177240				
海 南	527722		527722	527714		527714				8
重 庆	1050399		1050399	1049959		1049959				440
四 川	1046641	37730	1008911	1036552	37730	998822				10089
贵 州	609490		609490	609490		609490				
云 南	280964		280964	279985		279985				980
西 藏	195692		195692	195692		195692				
陕 西	105961		105961	105961		105961				
甘 肃	89704		89704	89704		89704				
青 海	28361		28361	28361		28361				
宁 夏	71117		71117	71117		71117				
新 疆	200888	13033	187856	187743		187743	13033	13033		113
大 连	8212		8212	8212		8212				
宁 波	271034		271034	270784		270784				250
厦 门	129489		129489	128194		128194				1296
青 岛	65113		65113	65064		65064				49
深 圳	52163		52163	52163		52163				

2-12 彩票公益金

单位：千元

地区	总计			教育部门和其他部门			企业办学			民办学校
	合计	中央	地方	合计	中央	地方	合计	中央	地方	地方
合计	**5707295**	**2106628**	**3600666**	**5687818**	**2093903**	**3593915**	**12729**	**12725**	**4**	**6747**
北京	2020639	1998970	21669	2020639	1998970	21669				
天津	9967		9967	9967		9967				
河北	206753	92533	114220	206703	92533	114170				50
山西	97294	2400	94894	97082	2400	94682				212
内蒙古	171076		171076	171076		171076				
辽宁	122306		122306	120426		120426				1880
吉林	82252		82252	82252		82252				
黑龙江	98704	180	98524	98524		98524	180	180		
上海	38138		38138	38138		38138				
江苏	269135		269135	269055		269055				80
浙江	131588		131588	131125		131125				463
安徽	332647		332647	332313		332313	4		4	330
福建	69328		69328	69028		69028				300
江西	158523		158523	157863		157863				660
山东	231873		231873	231723		231723				150
河南	286424		286424	286144		286144				280
湖北	57040		57040	57040		57040				
湖南	199638		199638	199374		199374				264
广东	201802		201802	201560		201560				242
广西	75003		75003	75003		75003				
海南	28199		28199	28191		28191				8
重庆	80506		80506	80146		80146				360
四川	289846		289846	288599		288599				1247
贵州	54313		54313	54313		54313				
云南	140943		140943	140834		140834				109
西藏	12982		12982	12982		12982				
陕西	77205		77205	77205		77205				
甘肃	55012		55012	55012		55012				
青海	7190		7190	7190		7190				
宁夏	42399		42399	42399		42399				
新疆	58570	12545	46025	45912		45912	12545	12545		113
大连	8142		8142	8142		8142				
宁波	16096		16096	16096		16096				
厦门	9974		9974	9974		9974				
青岛	2068		2068	2068		2068				
深圳	37538		37538	37538		37538				

2-13 企业办学中的企业拨款

单位：千元

地区	总计			教育部门和其他部门			企业办学			民办学校
	合计	中央	地方	合计	中央	地方	合计	中央	地方	地方
合计	**3051920**	**1343340**	**1708580**				**3051920**	**1343340**	**1708580**	
北京	134146	11291	122855				134146	11291	122855	
天津	48742		48742				48742		48742	
河北	63762	27979	35783				63762	27979	35783	
山西	169779		169779				169779		169779	
内蒙古	44252		44252				44252		44252	
辽宁	121227		121227				121227		121227	
吉林	74664		74664				74664		74664	
黑龙江	486621	474971	11651				486621	474971	11651	
上海	11186		11186				11186		11186	
江苏	26540	2939	23601				26540	2939	23601	
浙江	2706		2706				2706		2706	
安徽	58074		58074				58074		58074	
福建	15655		15655				15655		15655	
江西	12818	4315	8504				12818	4315	8504	
山东	549990		549990				549990		549990	
河南	153570	46840	106731				153570	46840	106731	
湖北	32510	1898	30612				32510	1898	30612	
湖南	21180		21180				21180		21180	
广东	30569	19217	11352				30569	19217	11352	
广西	904		904				904		904	
海南	40260		40260				40260		40260	
重庆	10147		10147				10147		10147	
四川	50417	22850	27567				50417	22850	27567	
贵州	1114		1114				1114		1114	
云南	64420		64420				64420		64420	
西藏										
陕西	78630		78630				78630		78630	
甘肃	7538		7538				7538		7538	
青海	946		946				946		946	
宁夏	2055		2055				2055		2055	
新疆	737497	731041	6456				737497	731041	6456	
大连										
宁波										
厦门										
青岛	52176		52176				52176		52176	
深圳										

2-14 校办产业和社会服务收入用于教育的经费

单位：千元

地区	总计			教育部门和其他部门			企业办学			民办学校
	合计	中央	地方	合计	中央	地方	合计	中央	地方	地方
合计	**2997139**	**1547845**	**1449294**	**2767383**	**1448635**	**1318748**	**229756**	**99210**	**130546**	
北京	598498	487130	111369	591434	486656	104777	7064	473	6591	
天津	62391	33054	29338	45687	19971	25716	16704	13083	3621	
河北	21090	2297	18793	5591	652	4938	15499	1645	13855	
山西	16441		16441	2681		2681	13761		13761	
内蒙古	18164		18164	9507		9507	8657		8657	
辽宁	156150	151276	4874	153839	151276	2563	2311		2311	
吉林	59969		59969	59969		59969				
黑龙江	44418	22180	22237	44418	22180	22237				
上海	274944	239570	35374	228907	208756	20152	46036	30814	15222	
江苏	254366	42130	212236	254366	42130	212236				
浙江	128559	13770	114790	128559	13770	114790				
安徽	146205	126308	19897	146205	126308	19897				
福建	50024	24412	25613	50024	24412	25613				
江西	15427		15427	1319		1319	14108		14108	
山东	170270	83582	86689	157264	83582	73683	13006		13006	
河南	120904	1358	119546	110123		110123	10781	1358	9424	
湖北	170231	161288	8942	155326	148635	6691	14905	12653	2252	
湖南	70156	26685	43471	69525	26439	43086	631	246	385	
广东	140382	23339	117043	121122	4079	117043	19260	19260		
广西	63693		63693	63693		63693				
海南	288		288	288		288				
重庆	33557	8097	25460	33530	8097	25433	27		27	
四川	113638	22791	90847	90217	18150	72066	23421	4641	18780	
贵州	12518		12518	12518		12518				
云南	104871		104871	97727		97727	7145		7145	
西藏										
陕西	53906	15653	38253	53906	15653	38253				
甘肃	58042	47889	10154	56640	47889	8751	1403		1403	
青海	4836		4836	4836		4836				
宁夏	5588		5588	5588		5588				
新疆	27611	15037	12574	12574		12574	15037	15037		
大连	23		23	23		23				
宁波	23848		23848	23848		23848				
厦门	7774		7774	7774		7774				
青岛										
深圳	1954		1954	1954		1954				

2-15 其他属于国家财政性教育经费

单位：千元

地区	总计			教育部门和其他部门			企业办学			民办学校
	合计	中央	地方	合计	中央	地方	合计	中央	地方	地方
合计	**46177129**	**36458565**	**9718564**	**46042245**	**36445435**	**9596811**	**15896**	**13131**	**2765**	**118988**
北京	10578620	9200367	1378253	10578620	9200367	1378253				
天津	1326115	1219017	107097	1326097	1219017	107079				18
河北	284892	164790	120101	284332	164790	119541				560
山西	180159	86260	93899	178823	86260	92563				1336
内蒙古	209931	156010	53921	209931	156010	53921				
辽宁	1334223	1144565	189658	1332756	1144565	188191				1468
吉林	481340	159362	321978	478673	159362	319312				2667
黑龙江	1073263	1000346	72917	1073242	1000346	72895				22
上海	3620673	2968099	652573	3614616	2968099	646517				6057
江苏	5039292	3934269	1105023	5029014	3934269	1094745				10278
浙江	3139158	2411000	728158	3088433	2411000	677433				50725
安徽	2900321	1646675	1253646	2896821	1646675	1250146	2300		2300	1200
福建	951480	709815	241665	942557	709815	232742				8923
江西	295197	233154	62043	293648	233154	60495				1549
山东	1490418	1055322	435096	1489999	1055322	434677				419
河南	655874	500193	155682	647220	500193	147027				8654
湖北	3200163	2804660	395503	3197270	2804660	392609				2893
湖南	772381	613073	159308	771639	613073	158566	220		220	522
广东	1300860	776941	523919	1292813	776941	515871				8047
广西	439962	194370	245591	437300	194370	242930				2662
海南	25026	17033	7993	21056	17033	4023				3970
重庆	776268	622362	153905	776228	622362	153865				40
四川	1988397	1552908	435489	1986068	1552908	433160	3		3	2326
贵州	336224	148391	187832	336224	148391	187832				
云南	424825	357112	67713	424372	357112	67260				453
西藏	19774	9738	10036	19774	9738	10036				
陕西	2535329	2202330	333000	2531289	2202330	328959				4041
甘肃	427234	292838	134396	426831	292838	133994	242		242	160
青海	120970	56319	64651	120970	56319	64651				
宁夏	57948	52102	5846	57948	52102	5846				
新疆	190814	169143	21671	177683	156012	21671	13131	13131		
大连	13751	12704	1047	13751	12704	1047				
宁波	38905		38905	9206		9206				29699
厦门	25197	6488	18709	21719	6488	15231				3478
青岛										
深圳	527055	378216	148839	527055	378216	148839				

2-16 民办学校中举办者投入

单位：千元

地区	总计			教育部门和其他部门			企业办学			民办学校
	合计	中央	地方	合计	中央	地方	合计	中央	地方	地方
合计	**22500611**		**22500611**							**22500611**
北京	63679		63679							63679
天津	38260		38260							38260
河北	797210		797210							797210
山西	382820		382820							382820
内蒙古	166247		166247							166247
辽宁	145890		145890							145890
吉林	239969		239969							239969
黑龙江	104271		104271							104271
上海	81643		81643							81643
江苏	947636		947636							947636
浙江	2270496		2270496							2270496
安徽	911353		911353							911353
福建	793211		793211							793211
江西	199844		199844							199844
山东	1284481		1284481							1284481
河南	2084306		2084306							2084306
湖北	892202		892202							892202
湖南	1247156		1247156							1247156
广东	3577254		3577254							3577254
广西	658409		658409							658409
海南	1050420		1050420							1050420
重庆	930157		930157							930157
四川	1320692		1320692							1320692
贵州	781353		781353							781353
云南	617275		617275							617275
西藏	1625		1625							1625
陕西	595553		595553							595553
甘肃	79872		79872							79872
青海	83654		83654							83654
宁夏	101405		101405							101405
新疆	52269		52269							52269
大连	33429		33429							33429
宁波	49072		49072							49072
厦门	252199		252199							252199
青岛	160485		160485							160485
深圳	253520		253520							253520

2–17 捐赠收入

单位：千元

地区	总计			教育部门和其他部门			企业办学			民办学校
	合计	中央	地方	合计	中央	地方	合计	中央	地方	地方
合计	**8499744**	**3596364**	**4903379**	**7047429**	**3563250**	**3484178**	**48269**	**33114**	**15155**	**1404046**
北京	1753672	1660264	93407	1681686	1660264	21421	207		207	71779
天津	108440	55080	53361	82607	55080	27527	105		105	25729
河北	84862	2259	82603	73235	2259	70975				11628
山西	23367		23367	22876		22876	64		64	427
内蒙古	53541		53541	51035		51035	3		3	2503
辽宁	35722	20739	14983	32381	20739	11642				3341
吉林	89154	50759	38395	72688	50759	21929				16466
黑龙江	26493	17540	8954	24913	17510	7403	40	30	10	1540
上海	603070	483612	119458	491758	483612	8146				111312
江苏	954828	151928	802900	682286	151928	530357	501		501	272041
浙江	633617	228252	405365	451570	228252	223318				182047
安徽	114543	18692	95851	97287	18692	78595				17256
福建	635957	296583	339374	589496	296583	292913				46461
江西	127380		127380	87671		87671	43		43	39666
山东	236010	36620	199390	143666	36620	107046	13756		13756	78589
河南	275557		275557	245948		245948	23		23	29586
湖北	209862	141303	68559	201945	141303	60642	68		68	7848
湖南	148365	58902	89463	142038	58902	83137				6327
广东	984309	141131	843177	815428	141111	674317	29	21	9	168852
广西	95484		95484	55580		55580				39904
海南	9332		9332	5020		5020				4312
重庆	237125	20726	216399	94516	20726	73790				142609
四川	440126	71903	368223	369042	71903	297139	25		25	71059
贵州	83890		83890	82719		82719				1171
云南	212395		212395	180226		180226	280		280	31889
西藏	16104		16104	16104		16104				
陕西	150634	100740	49895	140615	100740	39875	63		63	9957
甘肃	38723	6269	32454	37673	6269	31404				1050
青海	14772		14772	14697		14697				75
宁夏	45464		45464	37084		37084				8380
新疆	56946	33063	23883	23641		23641	33063	33063		241
大连	5260	1445	3815	4536	1445	3090				724
宁波	78963		78963	52396		52396				26567
厦门	14436		14436	13572		13572				865
青岛	36387		36387	36233		36233	1		1	153
深圳	89469		89469	49576		49576				39893

2-18 港澳台及海外捐赠

单位：千元

地区	总计			教育部门和其他部门			企业办学			民办学校
	合计	中央	地方	合计	中央	地方	合计	中央	地方	地方
合计	**593108**	**109702**	**483406**	**527130**	**109702**	**417428**				**65978**
北京	31603	30633	970	30633	30633					970
天津	1657	1487	170	1657	1487	170				
河北	842		842	191		191				651
山西	35		35	35		35				
内蒙古	210		210	210		210				
辽宁	1209	689	520	1173	689	484				36
吉林	3895		3895	3895		3895				
黑龙江	500		500	500		500				
上海	53928	48089	5838	48513	48089	424				5415
江苏	33959	421	33537	1721	421	1300				32237
浙江	21037	20	21018	20834	20	20814				203
安徽										
福建	32417	7377	25040	31446	7377	24069				971
江西	675		675	675		675				
山东	423	323	100	423	323	100				
河南	11035		11035	10935		10935				100
湖北	1822	1175	647	1822	1175	647				
湖南	11775	100	11675	11775	100	11675				
广东	322658	2479	320179	300257	2479	297778				22401
广西	7861		7861	4888		4888				2973
海南	62		62	62		62				
重庆	2192	2192		2192	2192					
四川	30550	13890	16661	30550	13890	16661				
贵州	2537		2537	2537		2537				
云南	15347		15347	15347		15347				
西藏										
陕西	1970	424	1546	1950	424	1526				20
甘肃	2040	402	1638	2040	402	1638				
青海										
宁夏	868		868	868		868				
新疆										
大连										
宁波	20425		20425	20382		20382				43
厦门	2517		2517	2517		2517				
青岛										
深圳	10		10							10

2-19　事业收入

单位：千元

地　区	总　计			教育部门和其他部门			企业办学			民办学校
	合　计	中　央	地　方	合　计	中　央	地　方	合　计	中　央	地　方	地　方
合　计	**695757339**	**90697795**	**605059544**	**356454983**	**89432480**	**267022503**	**5258743**	**1265315**	**3993427**	**334043613**
北　京	41692666	26905109	14787558	31522766	26900631	4622134	139402	4477	134924	10030499
天　津	10504143	2464133	8040010	7102384	2460049	4642335	159439	4084	155354	3242321
河　北	24401238	523683	23877555	11122215	473247	10648968	386494	50436	336058	12892529
山　西	13342977	6298	13336679	6307694	6298	6301396	152198		152198	6883085
内蒙古	6330560	6305	6324254	4038993	6305	4032688	50631		50631	2240935
辽　宁	20634148	2331462	18302686	11986181	2331462	9654719	204546		204546	8443421
吉　林	11342582	1903016	9439566	6371121	1903016	4468105	23297		23297	4948165
黑龙江	12758981	3539703	9219278	8623456	3289261	5334195	464190	250442	213748	3671335
上　海	28214080	10656057	17558023	17690340	10655859	7034480	99846	197	99649	10423894
江　苏	47692584	6034164	41658420	28331121	6024372	22306748	133279	9791	123487	19228185
浙　江	44484313	3114521	41369792	19687112	3114521	16572591	32159		32159	24765043
安　徽	21685134	935863	20749272	10423550	935861	9487689	278559	2	278557	10983025
福　建	20656561	1910187	18746375	10521218	1910187	8611032	2802		2802	10132541
江　西	17332308	697	17331611	7912678		7912678	76573	697	75876	9343057
山　东	40489868	3495547	36994320	23667355	3495547	20171808	597782		597782	16224731
河　南	41543459	108054	41435405	15483971	54700	15429271	314372	53354	261018	25745116
湖　北	30540012	6021269	24518743	17244469	5861859	11382610	251415	159409	92005	13044128
湖　南	30640634	1919492	28721142	15402766	1917534	13485233	122810	1959	120852	15115058
广　东	90741779	3575821	87165959	29479152	3547548	25931604	110694	28273	82421	61151933
广　西	17456406	533	17455873	9597068	533	9596535	30132		30132	7829206
海　南	4925472	17828	4907644	1342101	17828	1324273	16942		16942	3566429
重　庆	17975105	2502277	15472828	10256751	2501844	7754907	6973	433	6540	7711381
四　川	36956682	6155602	30801079	17969026	6061450	11907576	333987	94152	239835	18653669
贵　州	12104384		12104384	5920484		5920484	71033		71033	6112867
云　南	13940403	9115	13931288	6566108	9115	6556992	242217		242217	7132078
西　藏	227074		227074	180793		180793				46281
陕　西	23470138	5084077	18386062	13531272	5084077	8447196	182150		182150	9756716
甘　肃	6298318	717201	5581117	4375349	717201	3658148	67164		67164	1855804
青　海	1159613	6326	1153287	760980	6326	754653	16392		16392	382241
宁　夏	2394363	134853	2259509	1057974	134853	923120	62035		62035	1274354
新　疆	3821353	618602	3202751	1978537	10993	1967544	629232	607609	21623	1213584
大　连	1869136	24481	1844655	660207	24481	635725	12758		12758	1196172
宁　波	6008513		6008513	1929710		1929710				4078803
厦　门	2012323	3700	2008622	632034	3700	628334				1380288
青　岛	3567505		3567505	974852		974852	74014		74014	2518639
深　圳	12285942		12285942	2136203		2136203				10149739

2-20 学费

单位：千元

地区	总计			教育部门和其他部门			企业办学			民办学校
	合计	中央	地方	合计	中央	地方	合计	中央	地方	地方
合计	**529328150**	**31431950**	**497896200**	**220174173**	**30618417**	**189555756**	**3809295**	**813532**	**2995763**	**305344682**
北京	20311096	8294951	12016145	10663266	8294246	2369020	112794	705	112089	9535036
天津	7796734	1030149	6766585	4561196	1028660	3532535	128083	1488	126595	3107455
河北	20733158	313388	20419771	8599070	264258	8334812	256857	49130	207727	11877232
山西	10931548	4413	10927135	4581651	4413	4577238	134367		134367	6215530
内蒙古	5219056	6305	5212750	3029625	6305	3023319	49335		49335	2140097
辽宁	15860899	1096190	14764709	7874208	1096190	6778017	134513		134513	7852179
吉林	8989362	820002	8169361	4300149	820002	3480147	23297		23297	4665917
黑龙江	8744638	698097	8046540	5031764	562356	4469408	320491	135741	184750	3392382
上海	17633021	3115054	14517967	7560373	3114860	4445514	57538	194	57344	10015109
江苏	35236810	1997532	33239278	17360663	1989864	15370799	94694	7668	87026	17781454
浙江	33868181	696702	33171478	11175585	696702	10478883	31486		31486	22661109
安徽	17427721	525157	16902565	7330755	525157	6805598	160885		160885	9936082
福建	16049051	608556	15440495	6602558	608556	5994002	2802		2802	9443690
江西	14192669	550	14192119	5792752		5792752	70047	550	69497	8329869
山东	32883099	1046304	31836795	17496212	1046304	16449908	427700		427700	14959186
河南	35254827	101488	35153339	11742925	49716	11693209	298436	51772	246664	23213466
湖北	23022387	2909591	20112795	11063015	2802819	8260196	179794	106773	73022	11779577
湖南	24023938	804896	23219042	10462348	803666	9658683	66177	1230	64947	13495412
广东	76014599	1427634	74586965	20104093	1407362	18696731	91731	20271	71460	55818775
广西	13988276	533	13987742	6750752	533	6750219	30125		30125	7207398
海南	3927421	15817	3911604	922181	15817	906364	6551		6551	2998690
重庆	13251939	1130193	12121746	6066275	1129766	4936509	6539	427	6113	7179125
四川	26881538	2266865	24614673	9819631	2187393	7632238	241041	79472	161569	16820866
贵州	9458004		9458004	4261317		4261317	45934		45934	5150753
云南	11297318	7117	11290201	4486798	7117	4479681	203115		203115	6607406
西藏	167624		167624	121342		121342				46281
陕西	15728660	1514460	14214200	6781824	1514460	5267364	173747		173747	8773089
甘肃	5064838	542299	4522539	3271422	542299	2729123	63739		63739	1729677
青海	753427	3936	749491	376694	3936	372757	9292		9292	367442
宁夏	1910626	86252	1824374	708920	86252	622668	8520		8520	1193186
新疆	2705685	367520	2338166	1274810	9408	1265402	379663	358112	21552	1051212
大连	1664265	24481	1639784	508941	24481	484460	12758		12758	1142566
宁波	5197316		5197316	1389800		1389800				3807516
厦门	1820090	3700	1816389	521032	3700	517331				1299058
青岛	3259573		3259573	833772		833772	46167		46167	2379635
深圳	10662365		10662365	1322639		1322639				9339726

2–21 其他教育经费

单位：千元

地区	总计			教育部门和其他部门			企业办学			民办学校
	合计	中央	地方	合计	中央	地方	合计	中央	地方	地方
合计	**108667542**	**25096174**	**83571368**	**98019912**	**24781898**	**73238013**	**655417**	**314275**	**341141**	**9992213**
北京	13995055	12446176	1548879	13601550	12446171	1155380	15527	5	15522	377977
天津	1103020	242085	860935	1031607	242085	789522	14732		14732	56681
河北	961928	82201	879727	865830	82114	783716	18266	87	18179	77832
山西	615011	427	614584	545367	427	544940	90		90	69554
内蒙古	2061821		2061821	2030083		2030083	9896		9896	21842
辽宁	814961	252307	562654	629518	252307	377212	15616		15616	169827
吉林	1445885	424292	1021592	1321669	424292	897376	6622		6622	117593
黑龙江	1280016	924885	355130	1187438	915645	271793	53286	9241	44045	39292
上海	5930663	2040239	3890424	5084292	2040134	3044158	20079	106	19973	826293
江苏	7908662	1146802	6761860	7142464	1140629	6001835	12183	6174	6009	754016
浙江	10399533	764732	9634801	8905454	764732	8140722	485		485	1493594
安徽	2147544	393422	1754122	1855206	393420	1461786	14575	2	14573	277763
福建	3165306	284840	2880466	2885997	284840	2601157	11		11	279298
江西	971614	1731	969883	770420		770420	3537	1731	1805	197658
山东	3365681	354984	3010697	3074547	354984	2719562	71083		71083	220051
河南	3141597	12570	3129027	2398937	12570	2386367	6881		6881	735779
湖北	3801111	1472768	2328343	3553194	1465536	2087658	30932	7232	23700	216985
湖南	3711280	651726	3059554	3358535	650828	2707707	4198	899	3299	348547
广东	7554261	968746	6585515	6242008	961536	5280473	11465	7210	4255	1300788
广西	1551266		1551266	1293968		1293968	150		150	257148
海南	621794	3127	618667	523198	3127	520071	2790		2790	95806
重庆	2586187	321494	2264694	2185328	321494	1863834	7826		7826	393034
四川	3281163	962035	2319128	2582462	957293	1625169	19202	4742	14460	679499
贵州	14007872		14007872	13798222		13798222	416		416	209234
云南	3255371		3255371	3091080		3091080	15087		15087	149204
西藏	31642		31642	31350		31350				292
陕西	3036301	909908	2126393	2525745	909908	1615837	16308		16308	494248
甘肃	1596092	141975	1454117	1570099	141975	1428124	1087		1087	24906
青海	876008	3271	872737	860807	3271	857536	4472		4472	10729
宁夏	584143	1449	582694	533512	1449	532063	1769		1769	48862
新疆	2864754	287982	2576772	2540025	11135	2528891	276847	276847		47881
大连	68175	40	68135	59323	40	59283				8852
宁波	627028		627028	481077		481077				145950
厦门	286999		286999	233078		233078				53921
青岛	160333		160333	101452		101452	24013		24013	34869
深圳	1987834		1987834	1764902		1764902				222933

第三部分

各地区各级各类教育机构教育经费收入

3-1 教育经费收入情况

地区	总计	国家财政性教育经费	一般公共预算安排的教育经费	一般公共预算教育经费	教育事业费	基本建设经费	教育费附加	科研经费	其他
合计	**4210784690**	**3375359455**	**3295747700**	**2991978381**	**2789263167**	**62247537**	**140467676**	**19827042**	**283942278**
北京	233802315	176297243	162799083	146100002	138518094	4126614	3455294	2384842	14314239
天津	67830683	56076820	52715235	48090231	46051054	220842	1818335	350859	4274146
河北	161504921	135259683	131324906	125805156	120650248	1004336	4150571	203607	5316143
山西	85516204	71152028	68156524	61808700	58730640	667102	2410957	330912	6016912
内蒙古	76277737	67665568	67133449	54637002	50882707	916230	2838065	172647	12323800
辽宁	105639447	84008726	81860796	69688868	65225373	975975	3487520	129026	12042902
吉林	74169994	61052404	60323877	55355381	51956464	1062434	2336483	734162	4234334
黑龙江	86571811	72402050	70697173	63644466	61088118	790408	1765940	876317	6176389
上海	153640730	118811275	114181479	96789122	79548846	4142672	13097604	2582005	14810351
江苏	283495095	225991385	219732592	209046559	192285901	1188449	15572209	786585	9899448
浙江	223565591	165777632	159578194	144617646	131771696	2478597	10367353	611814	14348734
安徽	144916457	120057882	116163400	104010007	96274645	1885020	5850343	1480991	10672402
福建	120370767	95119732	93518430	87956224	82011423	898690	5046111	355977	5206228
江西	117440225	98809079	98227800	93950020	89534894	1319696	3095430	218629	4059151
山东	249788203	204412164	200588483	193600713	179540985	1277699	12782029	1013040	5974730
河南	216339534	169294615	166721685	144304283	136662470	2361469	5280344	222133	22195268
湖北	163818909	128375722	124669394	116887495	116156505	730990		833765	6948134
湖南	159422614	123675178	122460541	115802110	108799811	1155606	5846693	787399	5871033
广东	399639908	296782305	293756125	257786194	232488754	9821164	15476276	4297324	31672608
广西	119127075	99365510	98683712	91199915	85788088	2892642	2519185	82452	7401345
海南	33954255	27347237	26753942	22086847	20546645	731658	808544	76796	4590299
重庆	102283185	80554610	78684239	65237391	61526113	1485428	2225849	114695	13332153
四川	210274057	168275395	165076301	147812046	139202731	2632457	5976858	200930	17063325
贵州	125037133	98059634	97100288	90674208	86174044	1528688	2971476	91090	6334990
云南	133319602	115294158	114419077	98880769	94252462	1620594	3007713	184217	15354091
西藏	23902879	23626435	23410969	21652969	18392760	3003128	257082	44186	1713814
陕西	123401230	96148603	93374776	90269605	85080595	2461711	2727299	421155	2684016
甘肃	74709739	66696734	66114215	59233692	56364573	1167525	1701593	83380	6797143
青海	23501095	21367047	21211934	18663374	17078186	1148655	436532	750	2547810
宁夏	23649914	20524539	20387831	17242619	15957920	737000	547699	101623	3043589
新疆	93873385	87078063	85921252	79144766	70720421	5814055	2610289	53733	6722754
大连	15329695	13353694	13331709	10914884	10019975	114215	780694	1062	2415763
宁波	29717708	22954132	22620346	20608051	18590873	179070	1838108	29707	1982588
厦门	16044687	13478730	13316270	12261061	10758482	96321	1406258	16	1055193
青岛	30265827	26341116	26223827	25161279	21855918		3305361	86357	976192
深圳	73991727	59374961	58793789	46525767	33414229	7713496	5398042	505464	11762559

(各级各类教育机构)

单位：千元

政府性基金预算安排的教育经费	#彩票公益金	企业办学中的企业拨款	校办产业和社会服务收入中用于教育的经费	其他属于国家财政性教育经费	民办学校中举办者投入	捐赠收入	事业收入	#学费	其他教育经费
27385567	**5707295**	**3051920**	**2997139**	**46177129**	**22500611**	**8499744**	**695757339**	**529328150**	**108667542**
2186895	2020639	134146	598498	10578620	63679	1753672	41692666	20311096	13995055
1924337	9967	48742	62391	1326115	38260	108440	10504143	7796734	1103020
3565034	206753	63762	21090	284892	797210	84862	24401238	20733158	961928
2629124	97294	169779	16441	180159	382820	23367	13342977	10931548	615011
259773	171076	44252	18164	209931	166247	53541	6330560	5219056	2061821
536330	122306	121227	156150	1334223	145890	35722	20634148	15860899	814961
112555	82252	74664	59969	481340	239969	89154	11342582	8989362	1445885
100576	98704	486621	44418	1073263	104271	26493	12758981	8744638	1280016
722994	38138	11186	274944	3620673	81643	603070	28214080	17633021	5930663
938594	269135	26540	254366	5039292	947636	954828	47692584	35236810	7908662
2929015	131588	2706	128559	3139158	2270496	633617	44484313	33868181	10399533
789883	332647	58074	146205	2900321	911353	114543	21685134	17427721	2147544
584143	69328	15655	50024	951480	793211	635957	20656561	16049051	3165306
257837	158523	12818	15427	295197	199844	127380	17332308	14192669	971614
1613004	231873	549990	170270	1490418	1284481	236010	40489868	32883099	3365681
1642582	286424	153570	120904	655874	2084306	275557	41543459	35254827	3141597
303424	57040	32510	170231	3200163	892202	209862	30540012	23022387	3801111
350919	199638	21180	70156	772381	1247156	148365	30640634	24023938	3711280
1554368	201802	30569	140382	1300860	3577254	984309	90741779	76014599	7554261
177240	75003	904	63693	439962	658409	95484	17456406	13988276	1551266
527722	28199	40260	288	25026	1050420	9332	4925472	3927421	621794
1050399	80506	10147	33557	776268	930157	237125	17975105	13251939	2586187
1046641	289846	50417	113638	1988397	1320692	440126	36956682	26881538	3281163
609490	54313	1114	12518	336224	781353	83890	12104384	9458004	14007872
280964	140943	64420	104871	424825	617275	212395	13940403	11297318	3255371
195692	12982			19774	1625	16104	227074	167624	31642
105961	77205	78630	53906	2535329	595553	150634	23470138	15728660	3036301
89704	55012	7538	58042	427234	79872	38723	6298318	5064838	1596092
28361	7190	946	4836	120970	83654	14772	1159613	753427	876008
71117	42399	2055	5588	57948	101405	45464	2394363	1910626	584143
200888	58570	737497	27611	190814	52269	56946	3821353	2705685	2864754
8212	8142		23	13751	33429	5260	1869136	1664265	68175
271034	16096		23848	38905	49072	78963	6008513	5197316	627028
129489	9974		7774	25197	252199	14436	2012323	1820090	286999
65113	2068	52176			160485	36387	3567505	3259573	160333
52163	37538		1954	527055	253520	89469	12285942	10662365	1987834

3-2 教育经费收入情况

地区	总计	国家财政性教育经费	一般公共预算安排的教育经费	一般公共预算教育经费	教育事业费	基本建设经费	教育费附加	科研经费	其他
合计	**3852090171**	**3136055269**	**3098053223**	**2820078982**	**2624408350**	**55491190**	**140179442**	**6308358**	**271665882**
北京	122224594	105731071	104650933	94250395	88608358	2186744	3455294	95818	10304720
天津	56604749	47612183	47175288	43108250	41099073	190842	1818335	165115	3901924
河北	159680950	134043856	130144305	124675818	119570967	954280	4150571	203607	5264880
山西	85508978	71151527	68156023	61808679	58730619	667102	2410957	330912	6016432
内蒙古	76270838	67664974	67132855	54637002	50882707	916230	2838065	172647	12323207
辽宁	96815771	77789558	76646434	64760956	60532981	740455	3487520	34851	11850627
吉林	65638664	54899141	54505266	50327250	47091553	899214	2336483	120912	4057104
黑龙江	75362778	65675145	65453124	59401032	56891564	743528	1765940	60009	5992083
上海	116914561	95265014	93831580	80233693	64052682	3180152	13000858	124831	13473056
江苏	259596087	209425271	206552575	197367168	181009014	786383	15571771	208120	8977287
浙江	212102448	158421993	154835008	140512094	127894305	2435817	10181973	294643	14028271
安徽	136478722	112968125	111793740	101132445	93431853	1850250	5850343	82463	10578832
福建	113765377	91005951	89989903	84838283	79039152	758690	5040441	148529	5003091
江西	117432483	98803766	98226801	93949453	89534327	1319696	3095430	218629	4058719
山东	239440659	197951771	195133359	188740149	175037351	920769	12782029	954219	5438990
河南	215991072	169066777	166543189	144140521	136498707	2361469	5280344	222133	22180535
湖北	137496388	109688540	109185729	103331676	103331676			142110	5711944
湖南	151595499	118478184	117902854	111908533	105070234	991606	5846693	384619	5609703
广东	383555263	285383358	282617686	250033554	224991116	9566162	15476276	1518289	31065843
广西	119126542	99365510	98683712	91199915	85788088	2892642	2519185	82452	7401345
海南	33920892	27334829	26741534	22074439	20534237	731658	808544	76796	4590299
重庆	94750941	75866862	74625696	61367388	57701591	1439948	2225849	62917	13195391
四川	192574798	157765676	156265632	139609847	131201791	2431197	5976858	82211	16573574
贵州	125036422	98058922	97099576	90674208	86174044	1528688	2971476	91090	6334279
云南	133307010	115290681	114415600	98878396	94250089	1620594	3007713	184217	15352987
西藏	23902879	23626435	23410969	21652969	18392760	3003128	257082	44186	1713814
陕西	104819043	83661140	83279267	81165013	76211984	2225731	2727299	24982	2089271
甘肃	70994766	63847206	63519169	56772899	53989161	1082145	1701593	43601	6702669
青海	23491010	21366560	21211447	18662886	17077699	1148655	436532	750	2547810
宁夏	22898780	19909708	19773000	16679943	15395244	737000	547699	101623	2991435
新疆	84791212	78935537	78550968	72184127	64393427	5180411	2610289	31078	6335763
大连	15294577	13344543	13322557	10905732	10010823	114215	780694	1062	2415763
宁波	29717708	22954132	22620346	20608051	18590873	179070	1838108	29707	1982588
厦门	16039786	13477530	13315070	12259861	10757282	96321	1406258	16	1055193
青岛	30265827	26341116	26223827	25161279	21855918		3305361	86357	976192
深圳	73991727	59374961	58793789	46525767	33414229	7713496	5398042	505464	11762559

(地方各级各类教育机构)

单位：千元

政府性基金预算安排的教育经费	#彩　票公益金	企业办学中的企业拨款	校办产业和社会服务收入中用于教育的经费	其　他属于国家财 政 性教育经费	民办学校中举办者投入	捐赠收入	事业收入	#学　费	其　他教育经费
22743989	**3695599**	**1708580**	**1449294**	**12100183**	**22500611**	**4903379**	**605059544**	**497896200**	**83571368**
134050	21669	122855	111369	711863	63679	93407	14787558	12016145	1548879
94657	9967	48742	29338	264158	38260	53361	8040010	6766585	860935
3565034	206753	35783	18793	279941	797210	82603	23877555	20419771	879727
2629124	97294	169779	16441	180159	382820	23367	13336679	10927135	614584
259773	171076	44252	18164	209931	166247	53541	6324254	5212750	2061821
536330	122306	121227	4874	480693	145890	14983	18302686	14764709	562654
112555	82252	74664	59969	146688	239969	38395	9439566	8169361	1021592
100396	98524	11651	22237	87737	104271	8954	9219278	8046540	355130
185744	38138	11186	35374	1201130	81643	119458	17558023	14517967	3890424
938594	269135	23601	212236	1698264	947636	802900	41658420	33239278	6761860
2929015	131588	2706	114790	540475	2270496	405365	41369792	33171478	9634801
789883	332647	58074	19897	306531	911353	95851	20749272	16902565	1754122
584143	69328	15655	25613	390637	793211	339374	18746375	15440495	2880466
257837	158523	8504	15427	295197	199844	127380	17331611	14192119	969883
1613004	231873	549990	86689	568730	1284481	199390	36994320	31836795	3010697
1642582	286424	106731	119546	654729	2084306	275557	41435405	35153339	3129027
303424	57040	30612	8942	159832	892202	68559	24518743	20112795	2328343
350919	199638	21180	43471	159760	1247156	89463	28721142	23219042	3059554
1383508	201802	11352	117043	1253769	3577254	843177	87165959	74586965	6585515
177240	75003	904	63693	439962	658409	95484	17455873	13987742	1551266
527722	28199	40260	288	25026	1050420	9332	4907644	3911604	618667
1050399	80506	10147	25460	155159	930157	216399	15472828	12121746	2264694
1008911	289846	27567	90847	372718	1320692	368223	30801079	24614673	2319128
609490	54313	1114	12518	336224	781353	83890	12104384	9458004	14007872
280964	140943	64420	104871	424825	617275	212395	13931288	11290201	3255371
195692	12982			19774	1625	16104	227074	167624	31642
105961	77205	78630	38253	159028	595553	49895	18386062	14214200	2126393
89704	55012	7538	10154	220641	79872	32454	5581117	4522539	1454117
28361	7190	946	4836	120970	83654	14772	1153287	749491	872737
71117	42399	2055	5588	57948	101405	45464	2259509	1824374	582694
187856	46025	6456	12574	177683	52269	23883	3202751	2338166	2576772
8212	8142		23	13751	33429	3815	1844655	1639784	68135
271034	16096		23848	38905	49072	78963	6008513	5197316	627028
129489	9974		7774	25197	252199	14436	2008622	1816389	286999
65113	2068	52176			160485	36387	3567505	3259573	160333
52163	37538		1954	527055	253520	89469	12285942	10662365	1987834

3-3 教育经费收入情况

地区	总计	国家财政性教育经费	一般公共预算安排的教育经费	一般公共预算教育经费	教育事业费	基本建设经费	教育费附加	科研经费	其他
合计	**1110807491**	**689907182**	**632764603**	**571339913**	**545948388**	**20652145**	**4739381**	**19387478**	**42037211**
北京	122766936	81870421	70685856	65177620	62756935	2341203	79482	2162188	3346047
天津	28058505	19457381	16260870	14525461	14346183	170842	8436	350779	1384630
河北	31622538	20292544	19646118	19252160	18960205	251019	40936	203327	190631
山西	19604753	13193402	11087549	9855903	9647464	187902	20536	326818	904829
内蒙古	14827052	11219690	10982115	9156067	8932859	192812	30396	171105	1654943
辽宁	35798464	22097128	20086152	17365918	16640876	654156	70887	128434	2591800
吉林	24733308	16330017	15839174	14601736	13879199	587508	135029	732725	504713
黑龙江	26800002	16306771	14905342	13550858	13178958	315038	56862	876257	478227
上海	67399544	45631887	41248627	35084663	31258951	3784930	40781	2560805	3603158
江苏	79135528	48769058	43235718	40329587	39206403	461626	661558	782823	2123307
浙江	54683442	30643733	26402131	22256174	20490431	598649	1167094	599637	3546320
安徽	34460680	24336512	21163884	18057642	16836245	1079682	141715	1479164	1627079
福建	29642556	16868990	15662491	14003318	13239792	208500	555025	333807	1325367
江西	26026925	16919063	16584328	15926140	15675349	205328	45463	216374	441813
山东	54318863	31989905	30082242	28139871	27318454	636945	184472	1009329	933041
河南	44503318	26981494	26137333	23489292	22958593	427851	102848	221235	2426806
湖北	55221227	33584136	30204924	27882808	27151818	730990		804866	1517249
湖南	37183338	22117651	21279501	19396565	18835218	253283	308064	784842	1098094
广东	88001688	54398611	52428948	44641739	40753753	3315257	572729	4291419	3495791
广西	24522375	14329598	13847550	13051838	12500795	480015	71028	77685	718027
海南	5997748	3032976	3004044	2571533	2138832	432701		69685	362827
重庆	27153992	14387689	13538828	12620520	12402784	214940	2796	55699	862609
四川	47738457	26308377	24036318	22269535	21620802	557174	91558	193462	1573321
贵州	28572293	12034516	11637630	10918352	10748588	82936	86828	73070	646208
云南	18540217	10709538	10169555	9499920	9288547	160745	50629	181294	488341
西藏	1926900	1738219	1718445	1587762	1337463	250299		44186	86497
陕西	45699480	27808659	25224954	23228597	22454335	736952	37310	420695	1575662
甘肃	16387140	12182079	11701311	10667690	10331117	265030	71543	81870	951751
青海	3336392	2572763	2446957	2050089	2020659	29430			396867
宁夏	4796942	3476740	3414503	2909871	2745137	130000	34734	101623	403010
新疆	11346888	8317634	8101205	7270683	6291639	908402	70643	52275	778247
大连	1055283	790376	776604	640308	540217	52214	47877	1062	135235
宁波	4923277	2149234	2071554	1751665	1708674	41976	1015	29707	290182
厦门	2626368	1578446	1547434	1352412	981534	54500	316378		195022
青岛	2100113	1018366	970680	785204	740785		44419	86057	99419
深圳	14087889	12226325	11698639	9429545	6194195	2887577	347773	505463	1763631

(高等学校)

单位：千元

政府性基金预算安排的教育经费	#彩票公益金	企业办学中的企业拨款	校办产业和社会服务收入中用于教育的经费	其他属于国家财政性教育经费	民办学校中举办者投入	捐赠收入	事业收入	#学费	其他教育经费
7988002	**590295**	**800701**	**2176747**	**46177129**	**3797948**	**4643111**	**349046635**	**233227684**	**63412615**
83347	27170	12664	509934	10578620		1024865	28349812	10734273	11521838
1836720	7040		33677	1326115	2700	73638	7714136	5186366	810649
346856	7404		14679	284892	5579	6795	10847099	8942067	470522
1896204	31270	14770	14720	180159	10000	569	6203887	4899098	196894
20295	12513		7349	209931	3841	7705	3221790	2578904	374026
430237	27237	94632	151884	1334223	20600	27551	13081990	9115145	571194
400	400	3184	5919	481340	23000	56734	7546312	5531230	777245
2179	2179	298207	27780	1073263	32215	20892	9365903	5681356	1074221
548813	11563		213774	3620673		565360	17854990	8064019	3347308
337229	53341		156819	5039292	130284	522941	24973756	15912126	4739488
1014644	6119		87800	3139158	191803	382736	19439946	12104268	4025225
110535	110535	28986	132786	2900321	76798	33044	8690629	6486385	1323697
214177	20725		40842	951480	270683	455239	10658429	7263489	1389215
25320	3210		14218	295197	7365	17576	8611538	6929150	471383
62650	28595	253943	100652	1490418	387504	116455	19928125	14597961	1896873
101838	20021		86448	655874	104242	67697	14973512	12531520	2376374
11674	11674	1898	165477	3200163	243239	162419	18818796	13060946	2412636
17507	16610		48262	772381	115000	63097	13170237	9716445	1717353
586797	11509		82006	1300860	301000	604257	29807449	22099504	2890371
2460	2445		39627	439962	331800	23030	9062819	7086356	775129
3619	3619		288	25026	767466	4428	2054142	1593499	138736
44260	5660		28333	776268	517178	87840	10429781	7157418	1731504
173101	124909	35616	74944	1988397	182565	95737	19318964	12263288	1832815
57045			3617	336224	72595	39948	4262030	3320796	12163204
24725	20127	53681	36751	424825	490	27511	6917934	5341742	884744
				19774		100	165936	115636	22646
27929	16980		20447	2535329		129193	16009908	9417098	1751720
		3120	50414	427234		10430	3736626	2935464	458006
			4836	120970		21	563432	295668	200176
			4289	57948		1031	1216403	896680	102767
7440	7440		18176	190814		14271	2050326	1369789	964657
21	21			13751			261285	170751	3621
23567			15208	38905		48338	2450038	1899107	275668
			5815	25197		5745	906013	746854	136164
		47686					1033248	881902	48499
			632	527055		80922	1645812	1052027	134830

3—4　教育经费收入情况

地　区	总　计	国家财政性教育经费	一般公共预算安排的教育经费	一般公共预算教育经费	教育事业费	基本建设经费	教育费附加	科研经费	其　他
合　计	**780155482**	**470783971**	**452140708**	**414398425**	**395686227**	**14201423**	**4510775**	**6077794**	**31664489**
北　京	27531193	21840357	21060715	20288930	19808115	401333	79482	82163	689621
天　津	16947717	11058510	10773605	9579089	9429812	140842	8436	165035	1029481
河　北	29912568	19118547	18477724	18131317	17889418	200963	40936	203327	143080
山　西	19604753	13193402	11087549	9855903	9647464	187902	20536	326818	904829
内蒙古	14827052	11219690	10982115	9156067	8932859	192812	30396	171105	1654943
辽　宁	27086963	15892866	14886696	12447190	11957667	418636	70887	34259	2405247
吉　林	16370537	10277253	10121063	9673204	9113888	424288	135029	119475	328384
黑龙江	16362960	10306914	10211398	9832277	9507257	268158	56862	59949	319172
上　海	31714769	22612482	21392639	18926935	16100860	2822410	3665	103631	2362074
江　苏	55403250	32263508	30113326	28680883	27960203	59560	661120	204359	1228084
浙　江	43228682	23291597	21662448	18150623	16613040	555869	981714	282465	3229360
安　徽	26034464	17248513	16795982	15181334	13994707	1044912	141715	80636	1534013
福　建	23236759	12807017	12185772	10931514	10313659	68500	549355	126359	1127899
江　西	26026925	16919063	16584328	15926140	15675349	205328	45463	216374	441813
山　东	43977813	25536007	24633613	23279308	22814820	280015	184472	950509	403797
河　南	44330104	26833758	25990742	23342701	22812002	427851	102848	221235	2426806
湖　北	29345555	15213061	15037366	14626368	14626368			113211	297787
湖　南	29415722	16954271	16755181	15534217	15136870	89283	308064	382062	838902
广　东	72199675	43233599	41485966	37083518	33450535	3060255	572729	1512384	2890064
广　西	24522375	14329598	13847550	13051838	12500795	480015	71028	77685	718027
海　南	5997748	3032976	3004044	2571533	2138832	432701		69685	362827
重　庆	19815594	9826611	9606956	8875829	8703572	169460	2796	3921	727206
四　川	30190974	15869486	15290986	14101566	13654093	355914	91558	74744	1114677
贵　州	28572293	12034516	11637630	10918352	10748588	82936	86828	73070	646208
云　南	18540217	10709538	10169555	9499920	9288547	160745	50629	181294	488341
西　藏	1926900	1738219	1718445	1587762	1337463	250299		44186	86497
陕　西	27403412	15560899	15369148	14349057	13810775	500972	37310	24522	995569
甘　肃	12721980	9372787	9146501	8240645	7989452	179650	71543	42091	863765
青　海	3336392	2572763	2446957	2050089	2020659	29430			396867
宁　夏	4046803	2861910	2799672	2347194	2182461	130000	34734	101623	350855
新　疆	9523331	7054255	6865036	6177123	5526096	580383	70643	29620	658294
大　连	1055283	790376	776604	640308	540217	52214	47877	1062	135235
宁　波	4923277	2149234	2071554	1751665	1708674	41976	1015	29707	290182
厦　门	2626368	1578446	1547434	1352412	981534	54500	316378		195022
青　岛	2100113	1018366	970680	785204	740785		44419	86057	99419
深　圳	14087889	12226325	11698639	9429545	6194195	2887577	347773	505463	1763631

(地方高等学校)

单位：千元

政府性基金预算安排的教育经费	#彩票公益金	企业办学中的企业拨款	校办产业和社会服务收入中用于教育的经费	其他属于国家财政性教育经费	民办学校中举办者投入	捐赠收入	事业收入	#学费	其他教育经费
5331637	**563325**	**478596**	**732846**	**12100183**	**3797948**	**1722424**	**263424693**	**203313936**	**40426447**
2502	200	12664	52613	711863		1730	5016264	3009929	672842
7040	7040		13706	264158	2700	18645	5293573	4197191	574290
346856	7404		14026	279941	5579	4535	10395498	8689403	388408
1896204	31270	14770	14720	180159	10000	569	6203887	4899098	196894
20295	12513		7349	209931	3841	7705	3221790	2578904	374026
430237	27237	94632	608	480693	20600	8277	10843167	8106331	322053
400	400	3184	5919	146688	23000	6225	5693991	4761859	370069
2179	2179		5600	87737	32215	3353	5871137	5027054	149342
11563	11563		7150	1201130		82270	7678454	5120592	1341564
337229	53341		114689	1698264	130284	371113	19009458	13973109	3628888
1014644	6119		74030	540475	191803	154484	16327457	11409598	3263341
110535	110535	28986	6478	306531	76798	14352	7763153	5969613	931649
214177	20725		16430	390637	270683	159386	8892470	6670262	1107203
25320	3210		14218	295197	7365	17576	8611538	6929150	471383
62650	28595	253943	17071	568730	387504	79836	16432578	13551657	1541889
101838	20021		86448	654729	104242	67697	14955873	12516122	2368534
11674	11674		4188	159832	243239	21787	12881241	10212899	986227
17507	16610		21822	159760	115000	5167	11261801	8921022	1079483
415937	11509		77927	1253769	301000	463146	26272225	20702788	1929705
2460	2445		39627	439962	331800	23030	9062819	7086356	775129
3619	3619		288	25026	767466	4428	2054142	1593499	138736
44260	5660		20236	155159	517178	68631	7956683	6052878	1446491
135371	124909	13616	56794	372718	182565	27821	13209346	10040165	901757
57045			3617	336224	72595	39948	4262030	3320796	12163204
24725	20127	53681	36751	424825	490	27511	6917934	5341742	884744
				19774		100	165936	115636	22646
27929	16980		4794	159028		28784	10944114	7917306	869614
		3120	2526	220641		4161	3028899	2402581	316133
			4836	120970		21	563432	295668	200176
			4289	57948		1031	1082545	811423	101317
7440	7440		4096	177683		9106	1551261	1089307	908710
21	21			13751			261285	170751	3621
23567			15208	38905		48338	2450038	1899107	275668
			5815	25197		5745	906013	746854	136164
		47686					1033248	881902	48499
			632	527055		80922	1645812	1052027	134830

3-5 教育经费收入情况

地区	总计	国家财政性教育经费	一般公共预算安排的教育经费	一般公共预算教育经费	教育事业费	基本建设经费	教育费附加	科研经费	其他
合计	**1094699644**	**679893881**	**623141015**	**563095945**	**538305928**	**20409916**	**4380101**	**19383553**	**40661517**
北京	120718942	80699911	69616598	64255237	61887554	2333807	33876	2162188	3199174
天津	27668168	19155192	15967135	14308895	14132695	170842	5358	350779	1307460
河北	31011624	19869284	19222927	18843110	18555636	251019	36456	203197	176620
山西	19340247	13003617	10920764	9708976	9500638	187902	20435	326798	884991
内蒙古	14664035	11126962	10889387	9087994	8864786	192812	30396	171105	1630288
辽宁	35283246	21819867	19809461	17150423	16438608	644526	67288	128434	2530605
吉林	24123324	15850593	15362934	14168432	13470502	579690	118241	732645	461857
黑龙江	26308163	15956002	14555669	13261554	12905356	315038	41160	876257	417858
上海	66255813	44792072	40415701	34374719	30552672	3784930	37117	2560805	3480176
江苏	78878569	48606081	43072741	40173938	39078293	461626	634020	782823	2115979
浙江	53262364	29754228	25558700	21480622	19932856	405149	1142617	599422	3478657
安徽	33926548	24032519	20859891	17817275	16595878	1079682	141715	1479164	1563452
福建	29144633	16605958	15399814	13768215	13047617	198500	522097	333807	1297792
江西	25567854	16629134	16294399	15638955	15388164	205328	45463	216324	439121
山东	54070477	31854681	29947102	28012512	27193075	636945	182492	1009269	925321
河南	44202062	26816725	25972565	23359944	22829508	427851	102585	218955	2393665
湖北	55087375	33506955	30127743	27818098	27087108	730990		804866	1504779
湖南	36585406	21842708	21019921	19157676	18635860	253283	268533	784752	1077493
广东	86589137	53526593	51557884	43871858	40037356	3314758	519744	4291419	3394607
广西	23901192	13924032	13444899	12666980	12116087	480015	70878	77685	700233
海南	5911809	2989367	2960436	2534290	2101589	432701		69685	356461
重庆	27082141	14328863	13518430	12604834	12387097	214940	2796	55699	857897
四川	46539799	25499783	23364160	21968054	21377058	543790	47206	193312	1202794
贵州	28378744	11947556	11550670	10840100	10676011	82936	81152	73070	637500
云南	18174701	10518716	9978733	9312204	9100831	160745	50629	180444	486086
西藏	1926900	1738219	1718445	1587762	1337463	250299		44186	86497
陕西	45075639	27488863	24906628	22922565	22184186	736952	1428	420695	1563367
甘肃	16178445	12088620	11610972	10593590	10257517	265030	71043	81870	935512
青海	3293380	2545261	2419454	2030325	2000895	29430			389129
宁夏	4796942	3476740	3414503	2909871	2745137	130000	34734	101623	403010
新疆	10751967	7898778	7682348	6866937	5887893	908402	70643	52275	763136
大连	884706	677058	663308	555100	456294	51715	47092	1062	107146
宁波	4590663	1923838	1850438	1551565	1509588	41976		29707	269166
厦门	2625402	1577480	1546467	1351623	980756	54500	316367		194844
青岛	2034999	989748	942062	764258	721819		42439	86057	91748
深圳	13967611	12143479	11615793	9356669	6157522	2887078	312068	505463	1753661

(普通高等学校)

单位：千元

政府性基金预算安排的教育经费	#彩票公益金	企业办学中的企业拨款	校办产业和社会服务收入中用于教育的经费	其他属于国家财政性教育经费	民办学校中举办者投入	捐赠收入	事业收入	#学费	其他教育经费
7703136	**467264**	**781553**	**2093018**	**46175160**	**3797948**	**4641479**	**343626120**	**229598715**	**62740215**
29472	27170	12664	462556	10578620		1024865	27579789	10159275	11414377
1836720	7040		25222	1326115	2700	73638	7645588	5122645	791051
346786	7364		14679	284892	5579	6722	10660875	8778105	469165
1873204	31270	14770	14720	180159	10000	569	6129528	4852724	196532
20295	12513		7349	209931	3841	7705	3151508	2518651	374019
430216	27216	94422	151545	1334223	20600	27551	12846705	9062221	568523
400	400		5919	481340	23000	56734	7462837	5461762	730160
2179	2179	298207	26684	1073263	32215	20882	9266627	5624905	1032436
548813	11563		206886	3620673		565357	17596613	7993243	3301771
337229	53341		156819	5039292	130284	522941	24881585	15862300	4737678
968571	6119		87800	3139158	191803	382736	19025102	11848627	3908495
110535	110535	28986	132786	2900321	76798	32994	8466429	6333864	1317808
213823	20725		40842	951480	270683	454925	10468128	7092108	1344939
25320	3210		14218	295197	7365	17198	8464180	6793248	449977
62650	28595	253943	100652	1490334	387504	116455	19818141	14498996	1893696
101838	20021		86448	655874	104242	67697	14866467	12490282	2346932
11674	11674	1898	165477	3200163	243239	162419	18762999	13027850	2411763
17507	16610		32898	772381	115000	63097	12863942	9497757	1700660
586715	11502		81904	1300089	301000	604151	29284520	21761913	2872873
2460	2445		37827	438847	331800	23030	8867179	6946823	755151
3619	3619		288	25026	767466	4428	2027643	1574097	122904
5832	5660		28333	776268	517178	87840	10416755	7144786	1731504
50139	1946	22982	74106	1988397	182565	95737	19004771	12028412	1756943
57045			3617	336224	72595	39948	4155889	3217990	12162756
24725	20127	53681	36751	424825	490	27511	6743796	5305743	884188
				19774		100	165936	115636	22646
27929	16980		18977	2535329		129193	15726786	9181563	1730797
			50414	427234		10430	3626184	2842238	453211
			4836	120970		21	549097	281333	199001
			4289	57948		1031	1216403	896680	102767
7440	7440		18176	190814		13576	1884120	1282938	955493
				13751			204087	152090	3560
19287			15208	38905		48338	2357945	1832559	260542
			5815	25197		5745	906013	746854	136164
		47686					996751	851533	48499
			632	527055		80922	1608920	1016539	134290

3-6 教育经费收入情况

地区	总计	国家财政性教育经费	一般公共预算安排的教育经费	一般公共预算教育经费	教育事业费	基本建设经费	教育费附加	科研经费	其他
合计	**765126560**	**461083515**	**442748766**	**406313804**	**388203114**	**13959195**	**4151496**	**6073870**	**30361092**
北京	26484604	20943993	20184404	19487195	19059382	393937	33876	82163	615045
天津	16557381	10756320	10479870	9362524	9216323	140842	5358	165035	952311
河北	29301654	18695287	18054534	17722268	17484849	200963	36456	203197	129069
山西	19340247	13003617	10920764	9708976	9500638	187902	20435	326798	884991
内蒙古	14664035	11126962	10889387	9087994	8864786	192812	30396	171105	1630288
辽宁	26578223	15615604	14610005	12231694	11755399	409006	67288	34259	2344052
吉林	15760554	9797829	9644823	9239901	8705190	416470	118241	119395	285527
黑龙江	15871121	9956145	9861725	9542973	9233656	268158	41160	59949	258803
上海	30571037	21772668	20559713	18216991	15394581	2822410		103631	2239091
江苏	55146291	32100530	29950348	28525234	27832093	59560	633581	204359	1220756
浙江	41807604	22402093	20819017	17375070	16055464	362369	957237	282250	3161697
安徽	25500332	16944519	16491989	14940967	13754340	1044912	141715	80636	1470386
福建	22738836	12543985	11923095	10696411	10121484	58500	516427	126359	1100324
江西	25567854	16629134	16294399	15638955	15388164	205328	45463	216324	439121
山东	43729428	25400783	24498474	23151948	22689441	280015	182492	950449	396076
河南	44028848	26668989	25825974	23213353	22682917	427851	102585	218955	2393665
湖北	29211704	15135880	14960186	14561657	14561657			113211	285317
湖南	28817790	16679327	16495601	15295328	14937512	89283	268533	381972	818301
广东	70787124	42361580	40614902	36313638	32734138	3059756	519744	1512384	2788880
广西	23901192	13924032	13444899	12666980	12116087	480015	70878	77685	700233
海南	5911809	2989367	2960436	2534290	2101589	432701		69685	356461
重庆	19743743	9767785	9586557	8860142	8687886	169460	2796	3921	722494
四川	28992316	15060892	14618828	13800085	13410349	342530	47206	74594	744150
贵州	28378744	11947556	11550670	10840100	10676011	82936	81152	73070	637500
云南	18174701	10518716	9978733	9312204	9100831	160745	50629	180444	486086
西藏	1926900	1738219	1718445	1587762	1337463	250299		44186	86497
陕西	26779571	15241103	15050822	14043025	13540625	500972	1428	24522	983275
甘肃	12513284	9279328	9056162	8166544	7915851	179650	71043	42091	847526
青海	3293380	2545261	2419454	2030325	2000895	29430			389129
宁夏	4046803	2861910	2799672	2347194	2182461	130000	34734	101623	350855
新疆	8999452	6674097	6484878	5812075	5161049	580383	70643	29620	643183
大连	884706	677058	663308	555100	456294	51715	47092	1062	107146
宁波	4590663	1923838	1850438	1551565	1509588	41976		29707	269166
厦门	2625402	1577480	1546467	1351623	980756	54500	316367		194844
青岛	2034999	989748	942062	764258	721819		42439	86057	91748
深圳	13967611	12143479	11615793	9356669	6157522	2887078	312068	505463	1753661

(地方普通高等学校)

单位：千元

政府性基金预算安排的教育经费	#彩票公益金	企业办学中的企业拨款	校办产业和社会服务收入中用于教育的经费	其他属于国家财政性教育经费	民办学校中举办者投入	捐赠收入	事业收入	#学费	其他教育经费
5100646	**440294**	**459448**	**676442**	**12098213**	**3797948**	**1720792**	**258683047**	**200171989**	**39841258**
2502	200	12664	32560	711863		1730	4886783	2890377	652098
7040	7040		5252	264158	2700	18645	5225024	4133470	554692
346786	7364		14026	279941	5579	4462	10209275	8525441	387051
1873204	31270	14770	14720	180159	10000	569	6129528	4852724	196532
20295	12513		7349	209931	3841	7705	3151508	2518651	374019
430216	27216	94422	269	480693	20600	8277	10614114	8059052	319627
400	400		5919	146688	23000	6225	5610516	4692392	322983
2179	2179		4504	87737	32215	3342	5771862	4970604	107557
11563	11563		261	1201130		82266	7420077	5049816	1296027
337229	53341		114689	1698264	130284	371113	18917286	13923283	3627078
968571	6119		74030	540475	191803	154484	15912613	11153957	3146611
110535	110535	28986	6478	306531	76798	14302	7538953	5817091	925760
213823	20725		16430	390637	270683	159072	8702169	6498881	1062927
25320	3210		14218	295197	7365	17198	8464180	6793248	449977
62650	28595	253943	17071	568646	387504	79836	16322594	13452692	1538711
101838	20021		86448	654729	104242	67697	14848828	12474884	2339092
11674	11674		4188	159832	243239	21787	12825444	10179802	985354
17507	16610		6458	159760	115000	5167	10955506	8702334	1062790
415855	11502		77825	1252998	301000	463040	25749296	20365196	1912207
2460	2445		37827	438847	331800	23030	8867179	6946823	755151
3619	3619		288	25026	767166	4428	2027643	1574097	122904
5832	5660		20236	155159	517178	68631	7943658	6040247	1446491
12409	1946	982	55956	372718	182565	27821	12895153	9805290	825885
57045			3617	336224	72595	39948	4155889	3217990	12162756
24725	20127	53681	36751	424825	490	27511	6743796	5305743	884188
				19774		100	165936	115636	22646
27929	16980		3324	159028		28784	10660992	7681771	848691
			2526	220641		4161	2918457	2309354	311338
			4836	120970		21	549097	281333	199001
			4289	57948		1031	1082545	811423	101317
7440	7440		4096	177683		8410	1417150	1028388	899795
				13751			204087	152090	3560
19287			15208	38905		48338	2357945	1832559	260542
			5815	25197		5745	906013	746854	136164
		47686					996751	851533	48499
			632	527055		80922	1608920	1016539	134290

3-7 教育经费收入情况

地 区	总 计	国家财政性教育经费	一般公共预算安排的教育经费	一般公共预算教育经费	教育事业费	基本建设经费	教育费附加	科研经费	其 他
合 计	**892173237**	**548826719**	**495677410**	**444583660**	**425271335**	**17378837**	**1933488**	**19210841**	**31882909**
北 京	116246007	76926002	65864759	60686437	58578787	2107650		2158535	3019788
天 津	24030950	16713060	13530773	12086420	11925578	160842		350629	1093724
河 北	23701232	15266434	14637326	14313252	14057066	251019	5167	201552	122523
山 西	15054468	9933720	8002554	7019725	6831822	187902		325538	657292
内蒙古	9699487	7304221	7078796	5867357	5784518	66839	15999	169275	1042164
辽 宁	29690689	17820834	16319140	14192565	13702742	459819	30005	128184	1998391
吉 林	21339226	14037978	13552779	12435080	11905325	529754		732645	385054
黑龙江	22442131	13444607	12239107	11041573	10752049	289138	385	876257	321277
上 海	61265670	41373786	37548807	31712798	28670751	3004930	37117	2560805	3275204
江 苏	62564786	38027510	32807665	30284280	29421291	452066	410922	745418	1777967
浙 江	42801471	23768018	20016284	17065043	15908214	326403	830426	574271	2376970
安 徽	25002892	17661545	14630480	11941319	11207546	727682	6092	1476463	1212698
福 建	23719947	13301319	12175444	10724917	10152090	194500	378327	332417	1118110
江 西	19195325	11972029	11654528	11149321	10963826	143962	41533	203665	301542
山 东	40437784	23488251	21887806	20110740	19501114	581945	27681	1005372	771695
河 南	32247948	18182602	17444853	15651562	15403442	248120		208113	1585178
湖 北	46181534	27762179	24406174	22229120	21498130	730990		804177	1372877
湖 南	26465662	15510212	14708965	13183131	12960799	213108	9224	781119	744714
广 东	67023509	41891187	40438009	33784673	30754811	3015750	14113	4246909	2406427
广 西	17355797	10041455	9574730	8915153	8483238	431429	486	72529	587048
海 南	4016552	2446573	2421598	2123661	1698960	424701		69123	228814
重 庆	20275439	11231452	10428148	9736893	9588617	145480	2796	53888	637366
四 川	37685933	20515556	18413613	17352352	16880610	454210	17532	189807	871454
贵 州	23114021	8123439	7727858	7244146	7175064	39536	29546	67597	416115
云 南	14373052	8189091	7729213	7136090	6954617	160745	20728	179366	413757
西 藏	1532782	1386382	1366608	1237419	1004370	233049		44186	85003
陕 西	38791063	23555526	20983627	19321523	18699623	621900		419400	1242703
甘 肃	12102288	8896877	8421835	7606879	7317799	236880	52200	81163	733793
青 海	2401198	1782298	1661447	1328900	1300270	28630			332547
宁 夏	3758043	2695128	2635715	2270797	2140797	130000		100463	264456
新 疆	7656349	5577452	5368768	4830535	4047466	779859	3210	51975	486259
大 连	638398	482444	468719	393610	325637	51715	16259	1062	74047
宁 波	3594846	1269971	1200125	996570	976570	20000		27591	175964
厦 门	2059622	1385215	1356454	1173923	840247	54500	279176		182531
青 岛	1439728	662093	662093	527942	524942		3000	86057	48094
深 圳	11369642	9882164	9380291	7636225	4874222	2760990	1013	496668	1247398

(普通高等本科学校)

单位：千元

政府性基金预算安排的教育经费	#彩票公益金	企业办学中的企业拨款	校办产业和社会服务收入中用于教育的经费	其他属于国家财政性教育经费	民办学校中举办者投入	捐赠收入	事业收入	#学费	其他教育经费
5029886	**192424**	**116252**	**1926222**	**46076949**	**1131019**	**4434337**	**280433632**	**178437812**	**57347529**
11400	11400	12664	459446	10577732		1021632	26984602	9718491	11313771
1836720	7040		20257	1325309		68330	6538650	4189744	710910
341440	7344		3015	284652		5406	8057739	6660313	371654
1749566	22200		1450	180149	10000	550	4965569	3896321	144630
8594	926		7349	209481		6937	2117182	1686963	271147
15950	15950		151545	1334198	20560	26644	11307659	7820155	514993
400	400		3459	481340		55913	6562823	4659775	682513
2064	2064	103588	26584	1073263	32215	20317	7978072	4571094	966920
			206624	3618355		561559	16157040	6806158	3173285
52944	52944		149248	5017653	130278	485777	19742129	11914622	4179093
551315	590		73681	3126739	190000	373817	15272781	9049889	3196855
630	630		132775	2897660	60055	32398	6170392	4539705	1078503
137767	730		37759	950349	125333	448348	8596229	5561945	1248719
22320	210		110	295072		11184	6812623	5425089	399489
26268	26268		85547	1488630	34032	96824	15264928	10768555	1553749
12306	9171		70619	654823	4652	55991	11868760	9934170	2135944
4628	4628		152824	3198554	228239	161826	15799357	10712644	2229932
2557	1660		26529	772161		59869	9514970	6788131	1380611
120622	2274		77390	1255165	95000	598150	21773158	15455094	2666015
1565	1550		27158	438003		21733	6706499	5134881	586109
				24976		610	1520258	1175630	49111
832	660		28333	774139	75000	31032	7761622	4978998	1176333
50139	1946		63484	1988320	56000	85652	15437400	9094195	1591326
56910			3617	335052	69595	39104	2902128	2216343	11979755
5019	4859		30034	424825	60	25198	5382594	4156915	776110
				19774		100	126052	88284	20247
17929	16980		18972	2534998		126763	13500916	7379721	1607858
			49012	426030		8431	2900784	2251408	296197
				120850			460599	225591	158302
			1464	57948		72	983516	767437	79328
			17936	190747		4171	1266605	809552	808121
				13726			152393	111500	3560
16300			15208	38337		46654	2055044	1589477	223177
			3694	25067		4922	567684	462921	101801
							754108	690153	23527
			632	501241		80572	1277453	777500	129452

3-8 教育经费收入情况

地区	总计	国家财政性教育经费							
			一般公共预算安排的教育经费						
				一般公共预算教育经费				科研经费	其他
					教育事业费	基本建设经费	教育费附加		
合计	**565735133**	**332383669**	**316696940**	**289168378**	**275874104**	**11589391**	**1704883**	**5901157**	**21627405**
北京	22341122	17472982	16719590	16187193	15838303	348890		78510	453886
天津	12920162	8314188	8043508	7140048	7009206	130842		164885	738575
河北	21991262	14092437	13468933	13192409	12986279	200963	5167	201552	74972
山西	15054468	9933720	8002554	7019725	6831822	187902		325538	657292
内蒙古	9699487	7304221	7078796	5867357	5784518	66839	15999	169275	1042164
辽宁	20985665	11616571	11119684	9273837	9019533	224299	30005	34009	1811839
吉林	12976456	7985214	7834667	7506548	7140014	366534		119395	208724
黑龙江	12402609	7707730	7613525	7391354	7148710	242258	385	59949	162222
上海	26678502	19363527	18164714	16021093	13598683	2422410		103631	2039990
江苏	38832508	21521959	19685272	18635575	18175091	50000	410484	166953	882744
浙江	31346711	16415883	15276601	12959492	12030823	283623	645046	257099	2060011
安徽	16576677	10573545	10262578	9065011	8366008	692912	6092	77935	1119632
福建	17314150	9239345	8698725	7653114	7225956	54500	372657	124969	920642
江西	19195325	11972029	11654528	11149321	10963826	143962	41533	203665	301542
山东	30096734	17034353	16439178	15250176	14997480	225015	27681	946552	242450
河南	32074734	18034866	17298262	15504971	15256851	248120		208113	1585178
湖北	20521102	9434367	9267328	9001392	9001392			112522	153415
湖南	18821531	10382527	10220340	9352956	9294624	49108	9224	378339	489045
广东	51781459	31158033	29755643	26487069	23612209	2860748	14113	1467873	1800700
广西	17355797	10041455	9574730	8915153	8483238	431429	486	72529	587048
海南	4016552	2446573	2421598	2123661	1698960	424701		69123	228814
重庆	12937042	6670374	6496275	5992201	5889405	100000	2796	2110	501964
四川	20377558	10250078	9819691	9318493	9048011	252950	17532	71088	430110
贵州	23114021	8123439	7727858	7244146	7175064	39536	29546	67597	416115
云南	14373052	8189091	7729213	7136090	6954617	160745	20728	179366	413757
西藏	1532782	1386382	1366608	1237419	1004370	233049		44186	85003
陕西	20494994	11307766	11127821	10441983	10056062	385920		23227	662611
甘肃	8437128	6087585	5867025	5179834	4976134	151500	52200	41384	645807
青海	2401198	1782298	1661447	1328900	1300270	28630			332547
宁夏	3007905	2080297	2020884	1708121	1578121	130000		100463	212301
新疆	6076438	4460835	4279362	3883737	3428521	452006	3210	29320	366305
大连	638398	482444	468719	393610	325637	51715	16259	1062	74047
宁波	3594846	1269971	1200125	996570	976570	20000		27591	175964
厦门	2059622	1385215	1356454	1173923	840247	54500	279176		182531
青岛	1439728	662093	662093	527942	524942		3000	86057	48094
深圳	11369642	9882164	9380291	7636225	4874222	2760990	1013	496668	1247398

(地方普通高等本科学校)

单位：千元

政府性基金预算安排的教育经费	#彩票公益金	企业办学中的企业拨款	校办产业和社会服务收入中用于教育的经费	其他属于国家财政性教育经费	民办学校中举办者投入	捐赠收入	事业收入	#学费	其他教育经费
3151276	**181224**	**12664**	**522783**	**12000006**	**1131019**	**1520941**	**196215708**	**149502395**	**34483795**
200	200	12664	29552	710976		702	4311609	2466959	555828
7040	7040		286	263353		13337	4118086	3200569	474552
341440	7344		2363	279701		3146	7606138	6407649	289540
1749566	22200		1450	180149	10000	550	4965569	3896321	144630
8594	926		7349	209481		6937	2117182	1686963	271147
15950	15950		269	480668	20560	7370	9075067	6816986	266097
400	400		3459	146688		5403	4710502	3890404	275337
2064	2064		4404	87737	32215	2777	4613228	3963113	46659
				1198812		78468	6061840	3914709	1174667
52944	52944		107118	1676625	130278	333948	13777830	9975605	3068493
551315	590		59911	528055	190000	145565	12160292	8355219	2434971
630	630		6467	303870	60055	13706	5242915	4022933	686455
137767	730		13347	389507	125333	152495	6830270	4968718	966707
22320	210		110	295072		11184	6812623	5425089	399489
26268	26268		1965	566942	34032	60204	11769381	9722251	1198765
12306	9171		70619	653678	4652	55991	11851121	9918772	2128104
4628	4628		4188	158223	228239	21194	10025951	7972210	811350
2557	1660		89	159540		1940	7694323	6063538	742741
120622	2274		73693	1208074	95000	457040	18361476	14164262	1709911
1565	1550		27158	438003		21733	6706499	5134881	586109
				24976		610	1520258	1175630	49111
832	660		20236	153031	75000	11823	5288524	3874458	891321
12409	1946		45334	372645	56000	17736	9390521	6920695	663223
56910			3617	335052	69595	39104	2902128	2216343	11979755
5019	4859		30034	424825	60	25198	5382594	4156915	776110
				19774		100	126052	88284	20247
17929	16980		3319	158697		26353	8435122	5879929	725753
			1123	219438		2162	2193057	1718525	154324
				120850			460599	225591	158302
			1464	57948		72	849658	682180	77878
			3856	177617		4091	855291	596695	756221
				13726			152393	111500	3560
16300			15208	38337		46654	2055044	1589477	223177
			3694	25067		4922	567684	462921	101801
							754108	690153	23527
			632	501241		80572	1277453	777500	129452

3-9 教育经费收入情况

地区	总计	国家财政性教育经费	一般公共预算安排的教育经费	一般公共预算教育经费	教育事业费	基本建设经费	教育费附加	科研经费	其他
合计	**202526407**	**131067162**	**127463604**	**118512285**	**113034592**	**3031079**	**2446613**	**172712**	**8778607**
北京	4472935	3773909	3751839	3568800	3308767	226157	33876	3653	179386
天津	3637218	2442132	2436361	2222475	2207117	10000	5358	150	213736
河北	7310392	4602849	4585601	4529858	4498570		31289	1646	54097
山西	4285778	3069897	2918210	2689251	2668816		20435	1260	227699
内蒙古	4964548	3822741	3810590	3220637	3080268	125973	14396	1830	588124
辽宁	5592557	3999033	3490321	2957857	2735866	184708	37283	250	532213
吉林	2784097	1812615	1810156	1733353	1565176	49935	118241		76803
黑龙江	3866032	2511396	2316562	2219981	2153307	25900	40774		96581
上海	4990143	3418286	2866894	2661922	1881922	780000			204972
江苏	16313783	10578572	10265076	9889659	9657002	9560	223097	37406	338012
浙江	10460892	5986210	5542416	4415579	4024641	78746	312191	25151	1101687
安徽	8923655	6370974	6229411	5875955	5388332	352000	135624	2701	350755
福建	5424686	3304640	3224370	3043298	2895528	4000	143770	1390	179682
江西	6372529	4657105	4639872	4489634	4424338	61366	3930	12659	137579
山东	13632693	8366430	8059296	7901773	7691961	55000	154812	3897	153626
河南	11954114	8634123	8527711	7708382	7426066	179731	102585	10842	808488
湖北	8905842	5744776	5721569	5588978	5588978			689	131902
湖南	10119744	6332496	6310957	5974545	5675061	40175	259310	3633	332778
广东	19565627	11635406	11119875	10087185	9282545	299008	505632	44510	988180
广西	6545396	3882577	3870168	3751828	3632850	48586	70392	5155	113185
海南	1895256	542794	538838	410629	402629	8000		561	127647
重庆	6806702	3097411	3090282	2867941	2798481	69460		1811	220531
四川	8853866	4984228	4950547	4615702	4496448	89580	29674	3506	331340
贵州	5264723	3824118	3822811	3595954	3500948	43400	51606	5472	221385
云南	3801649	2329625	2249521	2176114	2146214		29901	1078	72328
西藏	394118	351837	351837	350343	333092	17250			1494
陕西	6284577	3933337	3923001	3601042	3484563	115052	1428	1295	320664
甘肃	4076156	3191743	3189137	2986711	2939718	28150	18843	707	201719
青海	892181	762963	758007	701425	700625	800			56582
宁夏	1038898	781613	778788	639074	604340		34734	1160	138554
新疆	3095618	2321326	2313580	2036402	1840426	128543	67433	300	276878
大连	246308	194614	194589	161491	130657		30833		33098
宁波	995817	653868	650313	554995	533018	21976		2116	93203
厦门	565779	192264	190014	177700	140509		37191		12314
青岛	595271	327655	279969	236316	196877		39439		43654
深圳	2597969	2261315	2235502	1720444	1283300	126088	311056	8794	506263

(普通高职高专学校)

单位：千元

政府性基金预算安排的教育经费	#彩票公益金	企业办学中的企业拨款	校办产业和社会服务收入中用于教育的经费	其他属于国家财政性教育经费	民办学校中举办者投入	捐赠收入	事业收入	#学费	其他教育经费
2673250	**274840**	**665301**	**166797**	**98211**	**2666929**	**207141**	**63192488**	**51160904**	**5392686**
18072	15770		3110	888		3233	595187	440784	100606
			4965	805	2700	5308	1106938	932901	80141
5346	20		11664	239	5579	1316	2603136	2117792	97511
123638	9070	14770	13269	10		19	1163959	956403	51903
11701	11587			450	3841	767	1034326	831688	102872
414266	11266	94422		25	40	907	1539047	1242067	53530
			2460		23000	821	900015	801987	47646
114	114	194619	100			565	1288555	1053812	65516
548813	11563		261	2318		3798	1439573	1187086	128486
284285	397		7571	21639	7	37164	5139456	3947677	558585
417255	5529		14119	12420	1803	8919	3752321	2798738	711640
109905	109905	28986	11	2661	16743	596	2296037	1794158	239305
76056	19995		3083	1131	145350	6577	1871899	1530164	96220
3000	3000		14108	125	7365	6014	1651557	1368159	50489
36382	2327	253943	15105	1704	353472	19631	4553213	3730442	339946
89532	10850		15828	1051	99590	11705	2997707	2556112	210988
7047	7047	1898	12653	1609	15000	593	2963642	2315206	181830
14950	14950		6369	220	115000	3227	3348972	2709627	320049
466093	9228		4515	44924	206000	6001	7511362	6306818	206859
895	895		10669	844	331800	1297	2160679	1811942	169042
3619	3619		288	50	767166	3818	507385	398467	73793
5000	5000			2129	442178	56808	2655133	2165789	555171
		22982	10622	77	126565	10085	3567372	2934218	165617
135				1171	3000	844	1253761	1001647	183001
19706	15268	53681	6718		430	2313	1361202	1148828	108078
							39883	27352	2398
10000			5	331		2431	2225870	1801842	122939
			1403	1203		1999	725400	590829	157014
			4836	120		21	88498	55742	40699
			2825			959	232887	129243	23439
7440	7440		240	67		9404	617515	473386	147372
				25			51694	40590	
2987				568		1684	302901	243082	37365
			2121	130		823	338329	283933	34363
		47686					242644	161380	24973
				25813		350	331467	239040	4837

3-10 教育经费收入情况

地区	总计	国家财政性教育经费	一般公共预算安排的教育经费	一般公共预算教育经费	教育事业费	基本建设经费	教育费附加	科研经费	其他
合计	199391427	128699846	126051825	117145426	112329010	2369803	2446613	172712	8733687
北京	4143482	3471011	3464814	3300002	3221079	45047	33876	3653	161159
天津	3637218	2442132	2436361	2222475	2207117	10000	5358	150	213736
河北	7310392	4602849	4585601	4529858	4498570		31289	1646	54097
山西	4285778	3069897	2918210	2689251	2668816		20435	1260	227699
内蒙古	4964548	3822741	3810590	3220637	3080268	125973	14396	1830	588124
辽宁	5592557	3999033	3490321	2957857	2735866	184708	37283	250	532213
吉林	2784097	1812615	1810156	1733353	1565176	49935	118241		76803
黑龙江	3468512	2248415	2248201	2151619	2084945	25900	40774		96581
上海	3892535	2409141	2394999	2195898	1795898	400000			199101
江苏	16313783	10578572	10265076	9889659	9657002	9560	223097	37406	338012
浙江	10460892	5986210	5542416	4415579	4024641	78746	312191	25151	1101687
安徽	8923655	6370974	6229411	5875955	5388332	352000	135624	2701	350755
福建	5424686	3304640	3224370	3043298	2895528	4000	143770	1390	179682
江西	6372529	4657105	4639872	4489634	4424338	61366	3930	12659	137579
山东	13632693	8366430	8059296	7901773	7691961	55000	154812	3897	153626
河南	11954114	8634123	8527711	7708382	7426066	179731	102585	10842	808488
湖北	8690602	5701513	5692858	5560266	5560266			689	131902
湖南	9996259	6296800	6275261	5942372	5642887	40175	259310	3633	329256
广东	19005664	11203548	10859259	9826569	9121929	199008	505632	44510	988180
广西	6545396	3882577	3870168	3751828	3632850	48586	70392	5155	113185
海南	1895256	542794	538838	410629	402629	8000		561	127647
重庆	6806702	3097411	3090282	2867941	2798481	69460		1811	220531
四川	8614758	4810815	4799137	4481592	4362338	89580	29674	3506	314040
贵州	5264723	3824118	3822811	3595954	3500948	43400	51606	5472	221385
云南	3801649	2329625	2249521	2176114	2146214		29901	1078	72328
西藏	394118	351837	351837	350343	333092	17250			1494
陕西	6284577	3933337	3923001	3601042	3484563	115052	1428	1295	320664
甘肃	4076156	3191743	3189137	2986711	2939718	28150	18843	707	201719
青海	892181	762963	758007	701425	700625	800			56582
宁夏	1038898	781613	778788	639074	604340		34734	1160	138554
新疆	2923014	2213262	2205516	1928338	1732528	128377	67433	300	276878
大连	246308	194614	194589	161491	130657		30833		33098
宁波	995817	653868	650313	554995	533018	21976		2116	93203
厦门	565779	192264	190014	177700	140509		37191		12314
青岛	595271	327655	279969	236316	196877		39439		43654
深圳	2597969	2261315	2235502	1720444	1283300	126088	311056	8794	506263

(地方普通高职高专学校)

单位：千元

政府性基金预算安排的教育经费	#彩票公益金	企业办学中的企业拨款	校办产业和社会服务收入中用于教育的经费	其他属于国家财政性教育经费	民办学校中举办者投入	捐赠收入	事业收入	#学费	其他教育经费
1949370	**259070**	**446784**	**153659**	**98208**	**2666929**	**199851**	**62467339**	**50669594**	**5357463**
2302			3007	888		1028	575173	423418	96269
			4965	805	2700	5308	1106938	932901	80141
5346	20		11664	239	5579	1316	2603136	2117792	97511
123638	9070	14770	13269	10		19	1163959	956403	51903
11701	11587			450	3841	767	1034326	831688	102872
414266	11266	94422		25	40	907	1539047	1242067	53530
			2460		23000	821	900015	801987	47646
114	114		100			565	1158634	1007491	60898
11563	11563		261	2318		3798	1358236	1135108	121360
284285	397		7571	21639	7	37164	5139456	3947677	558585
417255	5529		14119	12420	1803	8919	3752321	2798738	711640
109905	109905	28986	11	2661	16743	596	2296037	1794158	239305
76056	19995		3083	1131	145350	6577	1871899	1530164	96220
3000	3000		14108	125	7365	6014	1651557	1368159	50489
36382	2327	253943	15105	1704	353472	19631	4553213	3730442	339946
89532	10850		15828	1051	99590	11705	2997707	2556112	210988
7047	7047			1609	15000	593	2799492	2207592	174003
14950	14950		6369	220	115000	3227	3261183	2638796	320049
295233	9228		4132	44924	206000	6001	7387820	6200934	202296
895	895		10669	844	331800	1297	2160679	1811942	169042
3619	3619		288	50	767466	3818	507385	398467	73793
5000	5000			2129	442178	56808	2655133	2165789	555171
		982	10622	74	126565	10085	3504632	2884595	162662
135				1171	3000	844	1253761	1001647	183001
19706	15268	53681	6718		430	2313	1361202	1148828	108078
							39883	27352	2398
10000			5	331		2431	2225870	1801842	122939
			1403	1203		1999	725400	590829	157014
			4836	120		21	88498	55742	40699
			2825			959	232887	129243	23439
7440	7440		240	67		4319	561859	431693	143574
				25			51694	40590	
2987				568		1684	302901	243082	37365
			2121	130		823	338329	283933	34363
		47686					242644	161380	24973
				25813		350	331467	239040	4837

3-11 教育经费收入情况

地区	总计	国家财政性教育经费	一般公共预算安排的教育经费	一般公共预算教育经费	教育事业费	基本建设经费	教育费附加	科研经费	其他
合计	**16107847**	**10013301**	**9623588**	**8243968**	**7642460**	**242228**	**359280**	**3925**	**1375695**
北京	2047994	1170510	1069258	922384	869381	7396	45606		146874
天津	390337	302190	293736	216566	213488		3077		77170
河北	610914	423260	423190	409050	404570		4480	130	14011
山西	264506	189785	166785	146927	146826		101	20	19838
内蒙古	163017	92728	92728	68073	68073				24655
辽宁	515218	277261	276691	215496	202268	9630	3598		61195
吉林	609984	479424	476240	433304	408698	7819	16787	80	42856
黑龙江	491839	350768	349672	289304	273602		15702		60368
上海	1143732	839814	832926	709944	706279		3665		122982
江苏	256959	162977	162977	155649	128110		27539		7328
浙江	1421078	889504	843431	775553	557576	193500	24477	215	67663
安徽	534132	303993	303993	240367	240367				63627
福建	497923	263032	262678	235103	192175	10000	32928		27575
江西	459071	289929	289929	287185	287185			50	2693
山东	248385	135224	135140	127359	125379		1980	60	7721
河南	301255	164769	164769	129348	129085		263	2280	33141
湖北	133851	77181	77181	64710	64710				12470
湖南	597932	274944	259580	238889	199358		39530	90	20601
广东	1412551	872018	871064	769880	716396	499	52985		101184
广西	621183	405566	402651	384858	384708		150		17794
海南	85940	43608	43608	37243	37243				6366
重庆	71851	58826	20398	15686	15686				4712
四川	1198658	808593	672158	301481	243744	13385	44352	150	370527
贵州	193550	86960	86960	78252	72576		5676		8708
云南	365515	190822	190822	187716	187716			850	2256
西藏									
陕西	623841	319796	318326	306032	270149		35883		12294
甘肃	208696	93459	90339	74100	73600		500		16238
青海	43012	27502	27502	19764	19764				7738
宁夏									
新疆	594922	418856	418856	403746	403746				15110
大连	170577	113318	113297	85207	83923	500	785		28089
宁波	332614	225395	221115	200100	199086		1015		21015
厦门	966	966	966	789	779		10		177
青岛	65114	28617	28617	20946	18966		1980		7671
深圳	120279	82846	82846	72876	36673	499	35704		9970

(成人高等学校)

单位：千元

政府性基金预算安排的教育经费	#彩票公益金	企业办学中的企业拨款	校办产业和社会服务收入中用于教育的经费	其他属于国家财政性教育经费	民办学校中举办者投入	捐赠收入	事业收入	#学费	其他教育经费
284866	**123030**	**19148**	**83728**	**1970**		**1632**	**5420515**	**3628969**	**672400**
53875			47378				770023	574999	107461
			8454				68549	63721	19598
70	40					73	186223	163962	1357
23000							74359	46374	362
							70282	60253	7
21	21	210	339				235285	52924	2671
		3184					83474	69467	47086
			1096			10	99275	56450	41785
			6888			4	258377	70776	45537
							92172	49826	1810
46073							414845	255641	116729
						50	224200	152521	5889
355						314	190301	171381	44276
						378	147358	135902	21406
				84			109984	98965	3177
							107045	41238	29442
							55797	33097	874
			15364				306295	218688	16693
82	6		101	771		106	522929	337591	17498
			1800	1115			195640	139533	19977
							26499	19402	15832
38428							13025	12631	
122963	122963	12634	838				314193	234875	75872
							106142	102806	448
							174138	36000	556
			1470				283122	235534	20923
		3120					110442	93226	4795
							14335	14335	1175
						696	166206	86851	9163
21	21						57198	18661	62
4280							92093	66548	15126
							36497	30369	
							36893	35488	540

3–12 教育经费收入情况

地区	总计	国家财政性教育经费	一般公共预算安排的教育经费	一般公共预算教育经费	教育事业费	基本建设经费	教育费附加	科研经费	其他
合计	**15028922**	**9700456**	**9391943**	**8084621**	**7483113**	**242228**	**359280**	**3925**	**1303397**
北京	1046589	896364	876311	801735	748733	7396	45606		74576
天津	390337	302190	293736	216566	213488		3077		77170
河北	610914	423260	423190	409050	404570		4480	130	14011
山西	264506	189785	166785	146927	146826		101	20	19838
内蒙古	163017	92728	92728	68073	68073				24655
辽宁	508740	277261	276691	215496	202268	9630	3598		61195
吉林	609984	479424	476240	433304	408698	7819	16787	80	42856
黑龙江	491839	350768	349672	289304	273602		15702		60368
上海	1143732	839814	832926	709944	706279		3665		122982
江苏	256959	162977	162977	155649	128110		27539		7328
浙江	1421078	889504	843431	775553	557576	193500	24477	215	67663
安徽	534132	303993	303993	240367	240367				63627
福建	497923	263032	262678	235103	192175	10000	32928		27575
江西	459071	289929	289929	287185	287185			50	2693
山东	248385	135224	135140	127359	125379		1980	60	7721
河南	301255	164769	164769	129348	129085		263	2280	33141
湖北	133851	77181	77181	64710	64710				12470
湖南	597932	274944	259580	238889	199358		39530	90	20601
广东	1412551	872018	871064	769880	716396	499	52985		101184
广西	621183	405566	402651	384858	384708		150		17794
海南	85940	43608	43608	37243	37243				6366
重庆	71851	58826	20398	15686	15686				4712
四川	1198658	808593	672158	301481	243744	13385	44352	150	370527
贵州	193550	86960	86960	78252	72576		5676		8708
云南	365515	190822	190822	187716	187716			850	2256
西藏									
陕西	623841	319796	318326	306032	270149		35883		12294
甘肃	208696	93459	90339	74100	73600		500		16238
青海	43012	27502	27502	19764	19764				7738
宁夏									
新疆	523880	380158	380158	365047	365047				15110
大连	170577	113318	113297	85207	83923	500	785		28089
宁波	332614	225395	221115	200100	199086		1015		21015
厦门	966	966	966	789	779		10		177
青岛	65114	28617	28617	20946	18966		1980		7671
深圳	120279	82846	82846	72876	36673	499	35704		9970

(地方成人高等学校)

单位：千元

政府性基金预算安排的教育经费	#彩票公益金	企业办学中的企业拨款	校办产业和社会服务收入中用于教育的经费	其他属于国家财政性教育经费	民办学校中举办者投入	捐赠收入	事业收入	#学费	其他教育经费
230991	**123030**	**19148**	**56404**	**1970**		**1632**	**4741646**	**3141946**	**585189**
			20053				129481	119552	20744
			8454				68549	63721	19598
70	40					73	186223	163962	1357
23000							74359	46374	362
							70282	60253	7
21	21	210	339				229053	47279	2426
		3184					83474	69467	47086
			1096			10	99275	56450	41785
			6888			4	258377	70776	45537
							92172	49826	1810
46073							414845	255641	116729
						50	224200	152521	5889
355						314	190301	171381	44276
						378	147358	135902	21406
				84			109984	98965	3177
							107045	41238	29442
							55797	33097	874
			15364				306295	218688	16693
82	6		101	771		106	522929	337591	17498
			1800	1115			195640	139533	19977
							26499	19402	15832
38428							13025	12631	
122963	122963	12634	838				314193	234875	75872
							106142	102806	448
							174138	36000	556
			1470				283122	235534	20923
		3120					110442	93226	4795
							14335	14335	1175
						696	134111	60919	8915
21	21						57198	18661	62
4280							92093	66548	15126
							36497	30369	
							36893	35488	540

3-13 教育经费收入情况

地区	总计	国家财政性教育经费	一般公共预算安排的教育经费	一般公共预算教育经费	教育事业费	基本建设经费	教育费附加	科研经费	其他
合计	**232014691**	**203891630**	**201017072**	**183074315**	**161780758**	**3720068**	**17573489**		**17942757**
北京	7049027	6618899	6538038	5803772	5539723	10858	253191		734266
天津	2821856	2614347	2551411	2278909	2065597		213311		272502
河北	11229700	10105633	9753113	9366062	8408425	166899	790738		387051
山西	5538151	5122664	4912839	4406263	4203058	22000	181205		506576
内蒙古	4394216	4017820	3976992	3319616	3034311	128055	157251		657376
辽宁	5634286	5059104	5029903	4116752	3416183	105141	595428		913151
吉林	4229898	4004442	3991184	3643007	3311158	52419	279430		348177
黑龙江	4170270	3768764	3742260	3299023	3031051	34510	233462		443237
上海	6677800	6076589	5998272	5270112	3015907	786	2253419		728160
江苏	18374029	15866960	15595523	14304370	12780886	60647	1462836		1291153
浙江	14363259	12786237	12542057	11350666	9946967	289094	1114604		1191391
安徽	8182683	7164818	7002275	6510187	5557134	79023	874031		492088
福建	6816155	6252958	6165830	5780614	4609075	48740	1122799		385215
江西	4851416	4071397	4059147	3919268	3633672	85529	200067		139879
山东	17493227	16102305	15796837	15156523	12723453	99494	2333576		640314
河南	12174994	10736759	10613080	9116664	8368754	136291	611619		1496416
湖北	7335629	6475321	6453199	6041058	6041058				412141
湖南	9061571	7251268	7236289	6951463	6135462	144028	671973		284826
广东	25307713	21425418	21186673	19342937	16893585	359821	2089531		1843737
广西	7100700	6279748	6271232	5719507	5185239	326012	208256		551724
海南	2001955	1881781	1840538	1590549	1486541	52268	51740		249989
重庆	5853146	4831628	4786117	4009830	3682043	61431	266357		776287
四川	10499609	8801160	8751266	7783155	7268089	172886	342180		968111
贵州	5829853	4910958	4766668	4470226	3824148	321525	324553		296442
云南	8100990	6927932	6847564	5967617	5590112	87081	290425		879947
西藏	1160905	1159779	1116224	1072819	826619	246200			43405
陕西	4629746	3549613	3502508	3388669	3195512	106557	86601		113838
甘肃	3515057	3242449	3230906	2884191	2706328	106537	71325		346715
青海	1496268	1340281	1337286	1230099	1113534	108553	8012		107187
宁夏	1344202	1177011	1168577	1003264	817991	161600	23673		165313
新疆	4776379	4267588	4253265	3977121	3369142	146083	461896		276144
大连	1124084	1067146	1066972	906089	778516	22312	105261		160883
宁波	2552761	2451179	2436845	2153076	2034368	19044	99665		283769
厦门	1106313	1067584	1046342	958594	735799	6500	216294		87749
青岛	3203609	3033911	3018549	2766904	1881257		885647		251646
深圳	3312880	2936246	2932255	2390646	1719227	165041	506378		541609

（中等职业学校）

单位：千元

政府性基金预算安排的教育经费	#彩票公益金	企业办学中的企业拨款	校办产业和社会服务收入中用于教育的经费	其他属于国家财政性教育经费	民办学校中举办者投入	捐赠收入	事业收入	#学费	其他教育经费
2247618	**640385**	**283103**	**343837**		**836728**	**164678**	**20848824**	**12010334**	**6272831**
54521	4754	11291	15050		4503	5837	341862	199846	77925
1100		48742	13094			95	129695	102192	77719
335106	32964	11548	5867		62756	8679	889074	575346	163558
167462	7900	42363			35566	12328	323091	112138	44502
21195	16537	9249	10385		1992	586	194969	134792	178850
27030	26637	200	1972		30180		481104	317487	63898
8780	8780	4302	176		4179	1655	152276	123689	67347
23130	23130	1200	2174		5785	356	352991	278818	42374
23527	23527	11186	43604			130	357447	288077	243634
264105	86772	3941	3392		17582	17141	1785693	1051814	686652
235642	23716		8539		64163	9473	841477	307755	661908
149561	89559	202	12779		49289	15804	865042	505206	87730
78341			8788		16661	4677	324853	80848	217005
7269	6600	4315	666		7887	10955	716385	457677	44793
207759	35738	28324	69384		55029	3607	1144263	616625	188023
47430	43505	52102	24147		53916	1614	1186329	678904	196376
19870	16338		2252		8389	2777	702886	386167	146257
7337	6915	7395	246		87627	4484	1496766	914084	221428
189355	34106	2717	46673		99088	16033	3081784	2018295	685389
5107	4807	89	3320		25126	647	579304	153140	215875
12515		28727			9039	2047	63858	26955	45230
34443	21503	7547	3521		20649	9342	691290	282944	300237
30675	20540	847	18372		102026	9654	1371155	843783	215614
137723	4453	280	6287		12764	2608	393643	126902	509880
67691	59998		12677		36519	8358	910288	567419	217893
43555	1042						1105		22
11227	11136	5820	30057		11617	463	951572	612056	116481
11472	6737		72		9614	504	192985	109291	69505
2995	2995				800	567	54564	17166	100056
8433	8433				3981	3444	87034	44916	72731
13264	11264	716	344			10811	184040	76002	313939
175	175				100		54764	25415	2073
14334	10053				100	330	65891	24799	35260
19293			1949		5285		23283	7367	10162
15361					2000		146145	94495	21554
3991	3991						300505	198740	76129

3-14 教育经费收入情况

地区	总计	国家财政性教育经费	一般公共预算安排的教育经费	一般公共预算教育经费	教育事业费	基本建设经费	教育费附加	科研经费	其他
合计	**231029920**	**203125664**	**200349538**	**182497959**	**161234903**	**3689568**	**17573489**		**17851579**
北京	6897527	6515712	6448615	5718407	5454358	10858	253191		730208
天津	2786477	2583053	2533200	2276072	2062760		213311		257129
河北	11189675	10096765	9747689	9360639	8403002	166899	790738		387051
山西	5538151	5122664	4912839	4406263	4203058	22000	181205		506576
内蒙古	4394216	4017820	3976992	3319616	3034311	128055	157251		657376
辽宁	5634286	5059104	5029903	4116752	3416183	105141	595428		913151
吉林	4229898	4004442	3991184	3643007	3311158	52419	279430		348177
黑龙江	4118157	3717672	3692368	3249131	2981159	34510	233462		443237
上海	6644452	6043545	5996042	5267882	3013677	786	2253419		728160
江苏	18347653	15857930	15589432	14298279	12774795	60647	1462836		1291153
浙江	14363259	12786237	12542057	11350666	9946967	289094	1114604		1191391
安徽	8181682	7163821	7001278	6509190	5556137	79023	874031		492088
福建	6816155	6252958	6165830	5780614	4609075	48740	1122799		385215
江西	4844107	4066515	4058580	3918701	3633105	85529	200067		139879
山东	17493227	16102305	15796837	15156523	12723453	99494	2333576		640314
河南	12169079	10735401	10613080	9116664	8368754	136291	611619		1496416
湖北	7312897	6469806	6447684	6035543	6035543				412141
湖南	9052505	7245059	7230327	6945500	6129499	144028	671973		284826
广东	25235952	21365725	21146240	19302504	16853152	359821	2089531		1843737
广西	7100700	6279748	6271232	5719507	5185239	326012	208256		551724
海南	2001955	1881781	1840538	1590549	1486541	52268	51740		249989
重庆	5851967	4830881	4785370	4009084	3681296	61431	266357		776287
四川	10429201	8761234	8715980	7749216	7234150	172886	342180		966765
贵州	5829853	4910958	4766668	4470226	3824148	321525	324553		296442
云南	8100990	6927932	6847564	5967617	5590112	87081	290425		879947
西藏	1160905	1159779	1116224	1072819	826619	246200			43405
陕西	4629746	3549613	3502508	3388669	3195512	106557	86601		113838
甘肃	3514809	3242259	3230716	2884001	2706138	106537	71325		346715
青海	1496268	1340281	1337286	1230099	1113534	108553	8012		107187
宁夏	1344202	1177011	1168577	1003264	817991	161600	23673		165313
新疆	4319968	3857654	3846698	3640954	3063476	115583	461896		205743
大连	1124084	1067146	1066972	906089	778516	22312	105261		160883
宁波	2552761	2451179	2436845	2153076	2034368	19044	99665		283769
厦门	1106313	1067584	1046342	958594	735799	6500	216294		87749
青岛	3203609	3033911	3018549	2766904	1881257		885647		251646
深圳	3312880	2936246	2932255	2390646	1719227	165041	506378		541609

(地方中等职业学校)

单位：千元

政府性基金预算安排的教育经费	#彩票公益金	企业办学中的企业拨款	校办产业和社会服务收入中用于教育的经费	其他属于国家财政性教育经费	民办学校中举办者投入	捐赠收入	事业收入	#学费	其他教育经费
2242968	**635735**	**260842**	**272315**		**836728**	**160678**	**20686906**	**11917124**	**6219945**
52521	2754		14577		4503	5837	307027	185533	64446
1100		48742	11			95	125610	100703	77719
335106	32964	9748	4222		62756	8679	858004	555635	163471
167462	7900	42363			35566	12328	323091	112138	44502
21195	16537	9249	10385		1992	586	194969	134792	178850
27030	26637	200	1972		30180		481104	317487	63898
8780	8780	4302	176		4179	1655	152276	123689	67347
23130	23130		2174		5785	356	351970	277810	42374
23527	23527	11186	12790			130	357250	287883	243528
264105	86772	1001	3392		17582	17141	1774522	1042765	680478
235642	23716		8539		64163	9473	841477	307755	661908
149561	89559	202	12779		49289	15804	865040	505206	87728
78341			8788		16661	4677	324853	80848	217005
7269	6600		666		7887	10955	715688	457127	43062
207759	35738	28324	69384		55029	3607	1144263	616625	188023
47430	43505	52102	22789		53916	1614	1181772	675929	196376
19870	16338		2252		8389	2777	690261	384353	141664
7337	6915	7395			87627	4484	1494807	912854	220529
189355	34106	2717	27413		99088	16033	3075356	2015675	679749
5107	4807	89	3320		25126	647	579304	153140	215875
12515		28727			9039	2047	63858	26955	45230
34443	21503	7547	3521		20649	9342	690858	282518	300237
30675	20540	847	13731		102026	9654	1342460	816651	213828
137723	4453	280	6287		12764	2608	393643	126902	509880
67691	59998		12677		36519	8358	910288	567419	217893
43555	1042						1105		22
11227	11136	5820	30057		11617	463	951572	612056	116481
11472	6737		72		9614	504	192927	109291	69505
2995	2995				800	567	54564	17166	100056
8433	8433				3981	3444	87034	44916	72731
10614	8614		342			6811	159953	65303	295550
175	175				100		54764	25415	2073
14334	10053				100	330	65891	24799	35260
19293			1949		5285		23283	7367	10162
15361					2000		146145	94495	21554
3991	3991						300505	198740	76129

3-15 教育经费收入情况

地区	总计	国家财政性教育经费	一般公共预算安排的教育经费	一般公共预算教育经费	教育事业费	基本建设经费	教育费附加	科研经费	其他
合计	**107787743**	**94868623**	**93426472**	**84791527**	**74275753**	**1999502**	**8516272**		**8634945**
北京	2287220	2115248	2108667	1772226	1769378	2649	199		336442
天津	1652537	1549607	1523313	1379095	1274508		104587		144218
河北	3507283	2820271	2751785	2659564	2359906	109899	189760		92221
山西	2371956	2185092	2061793	1783300	1724278	4000	55021		278493
内蒙古	1787581	1563541	1551889	1276720	1187546	68056	21117		275169
辽宁	2963589	2723199	2701460	2150402	1655051	94431	400920		551058
吉林	1410385	1307774	1301094	1196857	1061976	20000	114881		104237
黑龙江	1401364	1145834	1125019	980163	932199	3054	44910		144856
上海	4274702	3957272	3900387	3451873	1758259		1693615		448514
江苏	12768400	11194884	10984594	9971063	8815403	35055	1120605		1013531
浙江	2306480	1979906	1938828	1655578	1538061	17041	100476		283250
安徽	5297664	4673439	4590094	4247375	3630375	79023	537977		342719
福建	5127825	4729272	4649642	4320361	3514268	24240	781853		329282
江西	2233539	1894634	1883145	1807831	1713741	57555	36536		75314
山东	8008750	7318651	7109856	6806085	5818111	32984	954990		303771
河南	4924415	4424148	4377743	3775476	3440486	112667	222322		602267
湖北	4847784	4223512	4201390	3933652	3933652				267738
湖南	1706897	1237645	1234853	1182618	1071652	24600	86366		52235
广东	11518766	10157196	10011065	9217524	7870185	113836	1233504		793541
广西	5166042	4642014	4634559	4227669	3781084	276384	170200		406890
海南	1077786	1026144	997417	866693	845376	21317			130723
重庆	904630	625054	614525	526871	505188	15562	6121		87654
四川	3903586	3110269	3082383	2712439	2587349	63051	62039		369945
贵州	2521507	2195952	2174442	2068103	1711537	230632	125934		106339
云南	3572406	2833856	2769805	2474987	2365456	65561	43971		294818
西藏	1160405	1159279	1115724	1072319	826119	246200			43405
陕西	810258	654643	644167	598973	596866	2107			45194
甘肃	2679852	2474932	2464009	2180768	2087492	60297	32978		283241
青海	1489099	1338642	1335648	1228663	1112098	108553	8012		106985
宁夏	633026	512349	505495	402797	394648		8150		102698
新疆	3472010	3094362	3081681	2863481	2393505	110748	359228		218199
大连	382834	367270	367197	304670	264008	14602	26060		62527
宁波	596761	579783	569296	482576	481245	541	790		86719
厦门	966744	935081	915118	837991	639842		198149		77127
青岛	440722	404944	389669	307259	179644		127615		82410
深圳	816616	745988	743433	577551	365790	37435	174327		165882

（中等专业学校）

单位：千元

政府性基金预算安排的教育经费	#彩票公益金	企业办学中的企业拨款	校办产业和社会服务收入中用于教育的经费	其他属于国家财政性教育经费	民办学校中举办者投入	捐赠收入	事业收入	#学费	其他教育经费
1201378	**469895**	**99048**	**141725**		**333845**	**76113**	**9664266**	**5519444**	**2844896**
4754	4754		1827			247	135859	84177	35866
1100		25182	11			95	71818	55538	31017
63931	8749	2088	2467		48265	1373	569895	430391	67479
99374	5260	23924			464	265	166387	32252	19749
9924	9924		1728		759	215	131812	99854	91254
21739	21739						204915	138765	35475
6680	6680					1030	80339	64441	21242
20736	20736		79		5535	328	217576	173092	32091
23527	23527		33359				223054	168023	94375
207096	73463		3195		2381	16000	1075472	662593	479663
40711	22751		367			233	215407	95402	110934
73144	13152	202	9999		14300	8407	549560	355566	51958
73103			6526		14071	4458	206421	36725	173605
6509	5920	4315	666		500	3300	308803	177016	26301
157377	32721	13694	37725		25085	2792	567930	296013	94292
39399	36634	200	6807		26395	78	347476	172794	126317
19870	16338		2252		1911	640	513818	277558	107902
2792	2500				2000	3	383221	244287	84028
125471	32382		20661		52902	8428	1146606	676593	153635
4807	4807		2648		25126	616	352205	83788	146079
		28727				2047	30595	9970	19000
10529	9753				2416	374	198698	80894	78088
26318	19983		1568		80411	7158	610775	359519	94974
15223	4223		6287		2039	2174	188828	57265	132513
60571	56452		3480		20771	1255	647328	415908	69196
43555	1042						1105		22
10476	10476					25	101285	63483	54306
10852	6117		72		3733	50	154079	85724	47059
2995	2995				800	567	54047	17166	95043
6853	6853				3981	3404	60680	34541	52612
11964	9964	716	2			10553	148274	70105	218820
74	74						15301	6233	262
10488	9988						12668	3067	4310
19293			671		5285		16881	5666	9498
15274							35535	21906	243
2554	2554						16489	10176	54140

3-16 教育经费收入情况

地区	总计	国家财政性教育经费	一般公共预算安排的教育经费	一般公共预算教育经费	教育事业费	基本建设经费	教育费附加	科研经费	其他
合计	**107026570**	**94265504**	**92887912**	**84326775**	**73841501**	**1969002**	**8516272**		**8561137**
北京	2151966	2023825	2019244	1686860	1684013	2649	199		332384
天津	1652537	1549607	1523313	1379095	1274508		104587		144218
河北	3467258	2811403	2746362	2654141	2354483	109899	189760		92221
山西	2371956	2185092	2061793	1783300	1724278	4000	55021		278493
内蒙古	1787581	1563541	1551889	1276720	1187546	68056	21117		275169
辽宁	2963589	2723199	2701460	2150402	1655051	94431	400920		551058
吉林	1410385	1307774	1301094	1196857	1061976	20000	114881		104237
黑龙江	1401364	1145834	1125019	980163	932199	3054	44910		144856
上海	4241355	3924228	3898157	3449643	1756029		1693615		448514
江苏	12768400	11194884	10984594	9971063	8815403	35055	1120605		1013531
浙江	2306480	1979906	1938828	1655578	1538061	17041	100476		283250
安徽	5297664	4673439	4590094	4247375	3630375	79023	537977		342719
福建	5127825	4729272	4649642	4320361	3514268	24240	781853		329282
江西	2226229	1889753	1882578	1807264	1713174	57555	36536		75314
山东	8008750	7318651	7109856	6806085	5818111	32984	954990		303771
河南	4918500	4422791	4377743	3775476	3440486	112667	222322		602267
湖北	4825051	4217997	4195875	3928137	3928137				267738
湖南	1706897	1237645	1234853	1182618	1071652	24600	86366		52235
广东	11447006	10097503	9970632	9177091	7829752	113836	1233504		793541
广西	5166042	4642014	4634559	4227669	3781084	276384	170200		406890
海南	1077786	1026144	997417	866693	845376	21317			130723
重庆	904630	625054	614525	526871	505188	15562	6121		87654
四川	3891666	3098922	3071036	2701092	2576002	63051	62039		369945
贵州	2521507	2195952	2174442	2068103	1711537	230632	125934		106339
云南	3572406	2833856	2769805	2474987	2365456	65561	43971		294818
西藏	1160405	1159279	1115724	1072319	826119	246200			43405
陕西	810258	654643	644167	598973	596866	2107			45194
甘肃	2679604	2474742	2463819	2180578	2087302	60297	32978		283241
青海	1489099	1338642	1335648	1228663	1112098	108553	8012		106985
宁夏	633026	512349	505495	402797	394648		8150		102698
新疆	3039348	2707563	2698249	2549800	2110323	80248	359228		148449
大连	382834	367270	367197	304670	264008	14602	26060		62527
宁波	596761	579783	569296	482576	481245	541	790		86719
厦门	966744	935081	915118	837991	639842		198149		77127
青岛	440722	404944	389669	307259	179644		127615		82410
深圳	816616	745988	743433	577551	365790	37435	174327		165882

(地方中等专业学校)

单位：千元

政府性基金预算安排的教育经费	#彩票公益金	企业办学中的企业拨款	校办产业和社会服务收入中用于教育的经费	其他属于国家财政性教育经费	民办学校中举办者投入	捐赠收入	事业收入	#学费	其他教育经费
1196728	**465245**	**92217**	**88646**		**333845**	**72113**	**9554167**	**5467821**	**2800940**
2754	2754		1827			247	105502	70569	22392
1100		25182	11			95	71818	55538	31017
63931	8749	288	822		48265	1373	538825	410680	67393
99374	5260	23924			464	265	166387	32252	19749
9924	9924		1728		759	215	131812	99854	91254
21739	21739						204915	138765	35475
6680	6680					1030	80339	64441	21242
20736	20736		79		5535	328	217576	173092	32091
23527	23527		2545				222857	167829	94270
207096	73463		3195		2381	16000	1075472	662593	479663
40711	22751		367			233	215407	95402	110934
73144	13152	202	9999		14300	8407	549560	355566	51958
73103			6526		14071	4458	206421	36725	173605
6509	5920		666		500	3300	308106	176466	24570
157377	32721	13694	37725		25085	2792	567930	296013	94292
39399	36634	200	5449		26395	78	342919	169819	126317
19870	16338		2252		1911	640	501193	275743	103310
2792	2500				2000	3	383221	244287	84028
125471	32382		1400		52902	8428	1140178	673973	147995
4807	4807		2648		25126	616	352205	83788	146079
		28727				2047	30595	9970	19000
10529	9753				2416	374	198698	80894	78088
26318	19983		1568		80411	7158	610202	359519	94974
15223	4223		6287		2039	2174	188828	57265	132513
60571	56452		3480		20771	1255	647328	415908	69196
43555	1042						1105		22
10476	10476					25	101285	63483	54306
10852	6117		72		3733	50	154021	85724	47059
2995	2995				800	567	54047	17166	95043
6853	6853				3981	3404	60680	34541	52612
9314	7314					6553	124736	59956	200495
74	74						15301	6233	262
10488	9988						12668	3067	4310
19293			671		5285		16881	5666	9498
15274							35535	21906	243
2554	2554						16489	10176	54140

3-17 教育经费收入情况

地区	总计	国家财政性教育经费	一般公共预算安排的教育经费	一般公共预算教育经费	教育事业费	基本建设经费	教育费附加	科研经费	其他
合计	**83052834**	**75839263**	**74885028**	**68720509**	**59950215**	**1198372**	**7571923**		**6164519**
北京	3059246	2919854	2870019	2494513	2250919	8209	235384		375507
天津	629452	594350	594350	533721	456493		77228		60629
河北	5764115	5556282	5327650	5142188	4539702	57000	545486		185462
山西	2354144	2171981	2095817	1964797	1832393	18000	114403		131020
内蒙古	2097765	1976885	1965924	1707072	1524989	49803	132279		258852
辽宁	2195888	1953723	1948232	1674808	1485822	3000	185985		273425
吉林	1675940	1584901	1582625	1466288	1333572	32119	100597		116337
黑龙江	1706605	1658512	1656118	1506323	1411885	31456	62982		149795
上海	1925965	1762312	1762312	1527456	1013737	786	512933		234856
江苏	3061402	2807099	2755311	2665300	2450996	15763	198541		90011
浙江	10089921	9117868	8960982	8263532	7157958	148306	957268		697450
安徽	2481266	2168716	2089671	1967886	1652766		315120		121785
福建	855881	831146	826146	812741	506025		306716		13405
江西	1992533	1622380	1622380	1578061	1389360	27974	160726		44319
山东	5845056	5529870	5468992	5262336	3937368	20000	1304967		206656
河南	4409267	4078492	4053546	3491591	3151732	3851	336009		561955
湖北	1944681	1784575	1784575	1680881	1680881				103694
湖南	6185007	5136231	5131737	4951675	4276661	119428	555586		180062
广东	5143132	4819207	4789021	4170555	3671231	105592	393731		618467
广西	104934	98938	98938	87035	81395	1741	3899		11903
海南	639764	589303	576788	510196	458325	131	51740		66592
重庆	3328413	3110973	3093675	2662116	2417130	39694	205292		431559
四川	5250717	4768802	4764855	4280553	3944589	74835	261130		484301
贵州	2918792	2475138	2352638	2168065	1888963	81692	197410		184573
云南	2835542	2620110	2615615	2232226	2071899	15700	144627		383389
西藏	500	500	500	500	500				
陕西	2295798	1969781	1969120	1939480	1756490	103450	79540		29641
甘肃	728878	687054	686434	638588	554038	46240	38309		47846
青海	2262	1638	1638	1436	1436				202
宁夏	711175	664662	663082	600467	423344	161600	15523		62615
新疆	818793	777979	776336	738124	627613	32000	78511		38213
大连	636103	597307	597206	513924	437177		76747		83283
宁波	1495611	1458821	1458269	1317133	1230312	1800	85021		141136
厦门									
青岛	2489190	2382915	2382828	2238430	1480398		758032		144398
深圳	1435543	1363432	1361995	1114235	830047	105331	178857		247761

(职业高中)

单位：千元

政府性基金预算安排的教育经费	#彩票公益金	企业办学中的企业拨款	校办产业和社会服务收入中用于教育的经费	其他属于国家财政性教育经费	民办学校中举办者投入	捐赠收入	事业收入	#学费	其他教育经费
893388	**137613**	**22156**	**38690**		**377939**	**61942**	**5106493**	**2975380**	**1667197**
49767			67		4503	66	120165	98021	14658
							27324	26145	7778
227672	875		960		10137	7014	158482	74956	32201
57725	230	18439			35103		134939	73895	12120
10961	6613				1233	301	38753	22804	80595
5291	4897	200			2180		228758	162909	11228
2100	2100		176		4167	53	60635	49706	26185
2394	2394					18	45882	35179	2193
						130	83871	76540	79652
51788	8188				14581	500	146474	65767	92748
156886	935				64063	9110	421922	130633	476957
76417	76407		2629		26481	7398	264386	136578	14284
5000						95	19056	7487	5584
					7387	4576	347733	261135	10459
39760	2394	2317	18801		26924	215	244536	151112	43511
8032	6872	1200	15715		16065	21	282376	151076	32312
					80	2107	128407	79919	29512
4495	4365				70227	4391	889972	562301	84186
30185	1724				7889	7160	226779	138088	82097
							842	128	5153
12515					9039		21751	16927	16668
17297	11247				14493	8719	146307	53707	47920
3948	437				21615	2434	398138	233792	59727
122500	230				10725	434	183520	69143	248975
4495	3545				15548	6415	106057	68765	87412
661	661				9620	33	302580	192766	13784
620	620				5882	455	31577	21093	3910
							517		107
1580	1580					40	26354	10375	20119
1300	1300		342			258	15396	4436	25161
101	101				100		36885	18929	1810
552	35					230	20990	1652	15569
87					2000		89225	63942	15049
1437	1437						53038	38122	19073

3-18 教育经费收入情况

地区	总计	国家财政性教育经费	一般公共预算安排的教育经费	一般公共预算教育经费	教育事业费	基本建设经费	教育费附加	科研经费	其他
合计	**83038339**	**75824780**	**74870546**	**68706027**	**59935732**	**1198372**	**7571923**		**6164519**
北京	3059246	2919854	2870019	2494513	2250919	8209	235384		375507
天津	629452	594350	594350	533721	456493		77228		60629
河北	5764115	5556282	5327650	5142188	4539702	57000	545486		185462
山西	2354144	2171981	2095817	1964797	1832393	18000	114403		131020
内蒙古	2097765	1976885	1965924	1707072	1524989	49803	132279		258852
辽宁	2195888	1953723	1948232	1674808	1485822	3000	185985		273425
吉林	1675940	1584901	1582625	1466288	1333572	32119	100597		116337
黑龙江	1692109	1644029	1641635	1491840	1397403	31456	62982		149795
上海	1925965	1762312	1762312	1527456	1013737	786	512933		234856
江苏	3061402	2807099	2755311	2665300	2450996	15763	198541		90011
浙江	10089921	9117868	8960982	8263532	7157958	148306	957268		697450
安徽	2481266	2168716	2089671	1967886	1652766		315120		121785
福建	855881	831146	826146	812741	506025		306716		13405
江西	1992533	1622380	1622380	1578061	1389360	27974	160726		44319
山东	5845056	5529870	5468992	5262336	3937368	20000	1304967		206656
河南	4409267	4078492	4053546	3491591	3151732	3851	336009		561955
湖北	1944681	1784575	1784575	1680881	1680881				103694
湖南	6185007	5136231	5131737	4951675	4276661	119428	555586		180062
广东	5143132	4819207	4789021	4170555	3671231	105592	393731		618467
广西	104934	98938	98938	87035	81395	1741	3899		11903
海南	639764	589303	576788	510196	458325	131	51740		66592
重庆	3328413	3110973	3093675	2662116	2417130	39694	205292		431559
四川	5250717	4768802	4764855	4280553	3944589	74835	261130		484301
贵州	2918792	2475138	2352638	2168065	1888963	81692	197410		184573
云南	2835542	2620110	2615615	2232226	2071899	15700	144627		383389
西藏	500	500	500	500	500				
陕西	2295798	1969781	1969120	1939480	1756490	103450	79540		29641
甘肃	728878	687054	686434	638588	554038	46240	38309		47846
青海	2262	1638	1638	1436	1436				202
宁夏	711175	664662	663082	600467	423344	161600	15523		62615
新疆	818793	777979	776336	738124	627613	32000	78511		38213
大连	636103	597307	597206	513924	437177		76747		83283
宁波	1495611	1458821	1458269	1317133	1230312	1800	85021		141136
厦门									
青岛	2489190	2382915	2382828	2238430	1480398		758032		144398
深圳	1435543	1363432	1361995	1114235	830047	105331	178857		247761

(地方职业高中)

单位：千元

政府性基金预算安排的教育经费	#彩票公益金	企业办学中的企业拨款	校办产业和社会服务收入中用于教育的经费	其他属于国家财政性教育经费	民办学校中举办者投入	捐赠收入	事业收入	#学费	其他教育经费
893388	**137613**	**22156**	**38690**		**377939**	**61942**	**5106480**	**2975380**	**1667197**
49767			67		4503	66	120165	98021	14658
							27324	26145	7778
227672	875		960		10137	7014	158482	74956	32201
57725	230	18439			35103		134939	73895	12120
10961	6613				1233	301	38753	22804	80595
5291	4897	200			2180		228758	162909	11228
2100	2100		176		4167	53	60635	49706	26185
2394	2394					18	45869	35179	2193
						130	83871	76540	79652
51788	8188				14581	500	146474	65767	92748
156886	935				64063	9110	421922	130633	476957
76417	76407		2629		26481	7398	264386	136578	14284
5000						95	19056	7487	5584
					7387	4576	347733	261135	10459
39760	2394	2317	18801		26924	215	244536	151112	43511
8032	6872	1200	15715		16065	21	282376	151076	32312
					80	2107	128407	79919	29512
4495	4365				70227	4391	889972	562301	84186
30185	1724				7889	7160	226779	138088	82097
							842	128	5153
12515					9039		24754	16927	16668
17297	11247				14493	8719	146307	53707	47920
3948	437				21615	2434	398138	233792	59727
122500	230				10725	434	183520	69143	248975
4495	3545				15548	6415	106057	68765	87412
661	661				9620	33	302580	192766	13784
620	620				5882	455	31577	21093	3910
							517		107
1580	1580					40	26354	10375	20119
1300	1300		342			258	15396	4436	25161
101	101				100		36885	18929	1810
552	35					230	20990	1652	15569
87					2000		89225	63942	15049
1437	1437						53038	38122	19073

3-19 教育经费收入情况

地区	总计	国家财政性教育经费	一般公共预算安排的教育经费	一般公共预算教育经费	教育事业费	基本建设经费	教育费附加	科研经费	其他
合计	**36593038**	**33582224**	**33193635**	**30821548**	**27646337**	**673040**	**2502171**		**2372087**
北京	218933	181462	181462	150155	150155				31307
天津									
河北	2936344	2854706	2754865	2666485	2402406	40200	223879		88380
山西	1480608	1375158	1325162	1240379	1157315	18000	65064		84783
内蒙古	1362200	1307991	1304313	1164295	1030027	36214	98054		140018
辽宁	526677	471538	471498	413124	391694	1500	19931		58374
吉林	673193	645701	645701	619048	556720	28119	34209		26653
黑龙江	677773	663249	663216	617862	576981	14578	26303		45355
上海	185694	147722	147722	122810	84833		37977		24912
江苏	1577052	1428644	1376860	1322384	1222151	8963	91270		54476
浙江	3834135	3560659	3538632	3314563	2941023	54473	319068		224068
安徽	1559973	1387349	1386339	1302108	1129013		173095		84231
福建	195016	189833	184833	183977	77653		106324		855
江西	1244346	1091565	1091565	1060458	895142	24000	141317		31107
山东	1547761	1475793	1467569	1445521	1204018		241503		22048
河南	2712164	2529256	2521471	2140296	1934475	551	205270		381174
湖北	650835	592190	592190	575623	575623				16567
湖南	3204148	2709713	2708393	2618786	2271000	91428	256359		89606
广东	573565	534397	534237	491792	451112		40680		42446
广西	101014	95018	95018	83115	77475	1741	3899		11903
海南	222896	220520	216013	189587	167620		21967		26426
重庆	1293063	1219827	1214764	1059465	1024301	24287	10878		155298
四川	2922893	2584190	2580559	2295617	2189914	34830	70873		284942
贵州	1860079	1569914	1447644	1359239	1185331	61692	112217		88405
云南	1891806	1760635	1759076	1514217	1441841	15700	56676		244859
西藏	500	500	500	500	500				
陕西	1514231	1433326	1432768	1419229	1276417	95450	47362		13539
甘肃	559077	533594	533494	496120	452602	16314	27203		37374
青海	2262	1638	1638	1436	1436				202
宁夏	421926	393947	393947	357001	262102	93000	1899		36945
新疆	642874	622187	622187	596354	515459	12000	68895		25834
大连	74939	74939	74899	56520	55963		557		18379
宁波	494931	481769	481358	434450	406107	1800	26543		46908
厦门									
青岛	46057	43925	43925	43925	31333		12592		
深圳									

(农村职业高中)

单位：千元

政府性基金预算安排的教育经费	#彩票公益金	企业办学中的企业拨款	校办产业和社会服务收入中用于教育的经费	其他属于国家财政性教育经费	民办学校中举办者投入	捐赠收入	事业收入	#学费	其他教育经费
362809	**19327**	**18439**	**7341**		**166771**	**40854**	**2082729**	**1074305**	**720459**
					4503		23112	19049	9855
98881	605		960		2337	6815	66158	21305	6329
31557	230	18439			22508		75784	37691	7157
3678	210				300	29	24840	15574	29041
40	40						53905	30182	1233
					700	53	21513	15320	5226
33	33						13733	9879	791
									37972
51784	8184				12000		58654	22655	77754
22028	738				8226	8253	178973	70850	78024
10			1000		13570	3390	146409	81170	9257
5000							5150	4119	33
					2871	4576	137494	87020	7841
8224	1005				3180	149	57425	28632	11214
2405	2305		5381		4871	21	166038	78984	11977
						2056	48453	26499	8136
1321	1321				53444	4391	384491	200794	52109
160	160				3950	25	32522	22507	2671
							842	128	5153
4507					1316		730	429	330
5063	3108				306	2762	49249	9966	20920
3632	121				13292	2163	280445	177742	42802
122270					9905	10	86784	23675	193466
1559	610				1896	5776	54688	34640	68811
558	558				3997	33	71976	35019	4899
100	100				3598	55	18498	9399	3332
							517		107
						40	19337	6993	8603
						258	5010	4086	15418
40	40								
412	5					11	9853	1303	3298
					500		1631	1121	2

3-20 教育经费收入情况

地区	总计	国家财政性教育经费	一般公共预算安排的教育经费	一般公共预算教育经费	教育事业费	基本建设经费	教育费附加	科研经费	其他
合计	**36580753**	**33569952**	**33181363**	**30809276**	**27634065**	**673040**	**2502171**		**2372087**
北京	218933	181462	181462	150155	150155				31307
天津									
河北	2936344	2854706	2754865	2666485	2402406	40200	223879		88380
山西	1480608	1375158	1325162	1240379	1157315	18000	65064		84783
内蒙古	1362200	1307991	1304313	1164295	1030027	36214	98054		140018
辽宁	526677	471538	471498	413124	391694	1500	19931		58374
吉林	673193	645701	645701	619048	556720	28119	34209		26653
黑龙江	665488	650977	650944	605589	564708	14578	26303		45355
上海	185694	147722	147722	122810	84833		37977		24912
江苏	1577052	1428644	1376860	1322384	1222151	8963	91270		54476
浙江	3834135	3560659	3538632	3314563	2941023	54473	319068		224068
安徽	1559973	1387349	1386339	1302108	1129013		173095		84231
福建	195016	189833	184833	183977	77653		106324		855
江西	1244346	1091565	1091565	1060458	895142	24000	141317		31107
山东	1547761	1475793	1467569	1445521	1204018		241503		22048
河南	2712164	2529256	2521471	2140296	1934475	551	205270		381174
湖北	650835	592190	592190	575623	575623				16567
湖南	3204148	2709713	2708393	2618786	2271000	91428	256359		89606
广东	573565	534397	534237	491792	451112		40680		42446
广西	101014	95018	95018	83115	77475	1741	3899		11903
海南	222896	220520	216013	189587	167620		21967		26426
重庆	1293063	1219827	1214764	1059465	1024301	24287	10878		155298
四川	2922893	2584190	2580559	2295617	2189914	34830	70873		284942
贵州	1860079	1569914	1447644	1359239	1185331	61692	112217		88405
云南	1891806	1760635	1759076	1514217	1441841	15700	56676		244859
西藏	500	500	500	500	500				
陕西	1514231	1433326	1432768	1419229	1276417	95450	47362		13539
甘肃	559077	533594	533494	496120	452602	16314	27203		37374
青海	2262	1638	1638	1436	1436				202
宁夏	421926	393947	393947	357001	262102	93000	1899		36945
新疆	642874	622187	622187	596354	515459	12000	68895		25834
大连	74939	74939	74899	56520	55963		557		18379
宁波	494931	481769	481358	434450	406107	1800	26543		46908
厦门									
青岛	46057	43925	43925	43925	31333		12592		
深圳									

(地方农村职业高中)

单位：千元

政府性基金预算安排的教育经费	#彩票公益金	企业办学中的企业拨款	校办产业和社会服务收入中用于教育的经费	其他属于国家财政性教育经费	民办学校中举办者投入	捐赠收入	事业收入	#学费	其他教育经费
362809	**19327**	**18439**	**7341**		**166771**	**40854**	**2082716**	**1074305**	**720459**
					4503		23112	19049	9855
98881	605		960		2337	6815	66158	21305	6329
31557	230	18439			22508		75784	37691	7157
3678	210				300	29	24840	15574	29041
40	40						53905	30182	1233
					700	53	21513	15320	5226
33	33						13720	9879	791
									37972
51784	8184				12000		58654	22655	77754
22028	738				8226	8253	178973	70850	78024
10			1000		13570	3390	146409	81170	9257
5000							5150	4119	33
					2871	4576	137494	87020	7841
8224	1005				3180	149	57425	28632	11214
2405	2305		5381		4871	21	166038	78984	11977
						2056	48453	26499	8136
1321	1321				53444	4391	384491	200794	52109
160	160				3950	25	32522	22507	2671
							842	128	5153
4507					1316		730	429	330
5063	3108				306	2762	49249	9966	20920
3632	121				13292	2163	280445	177742	42802
122270					9905	10	86784	23675	193466
1559	610				1896	5776	54688	34640	68811
558	558				3997	33	71976	35019	4899
100	100				3598	55	18498	9399	3332
							517		107
						40	19337	6993	8603
						258	5010	4086	15418
40	40								
412	5					11	9853	1303	3298
					500		1631	1121	2

3-21 教育经费收入情况

地 区	总 计	国家财政性教育经费	一般公共预算安排的教育经费	一般公共预算教育经费	教育事业费	基本建设经费	教育费附加	科研经费	其 他
合 计	**30632005**	**24344136**	**23927770**	**21814505**	**20070205**	**509464**	**1234835**		**2113266**
北 京	1587490	1485152	1460706	1447062	1447062				13643
天 津	467673	402477	378917	318076	286668		31408		60842
河 北	815183	676148	644248	613171	577228		35943		31077
山 西	424906	386932	376570	325571	321191		4379		50999
内蒙古	157254	141543	123637	103471	93422	10000	49		20166
辽 宁	437078	347161	345190	278194	261964	7710	8520		66995
吉 林	265664	251940	251940	216531	158910	300	57322		35409
黑龙江	703670	616196	612901	502754	383891		118863		110147
上 海	288242	196725	175293	144917	99035		45882		30376
江 苏	2099498	1536196	1531958	1365127	1226415	9830	128883		166830
浙 江	1403026	1210341	1166719	994527	840424	123747	30356		172192
安 徽	190516	159825	159674	148946	139613		9333		10727
福 建	799450	664121	661621	619416	560691	24500	34224		42206
江 西	153555	122907	122907	121455	121455				1452
山 东	3177404	2849442	2815028	2696513	2598434	46510	51569		118516
河 南	1633381	1455653	1408925	1210828	1152105	19773	38951		198097
湖 北	447981	395315	395315	364957	364957				30358
湖 南	511670	350138	342496	318396	296811		21585		24100
广 东	8289363	6134133	6071705	5678901	5101870	140393	436638		392803
广 西	1767837	1481668	1480907	1365629	1283586	47886	34157		115278
海 南	273224	260029	260029	209003	178183	30820			51026
重 庆	950597	563527	547065	399867	364644	6175	29047		147198
四 川	731163	551980	537182	471505	423559	35000	12945		65677
贵 州	291314	165788	165788	165788	164579		1209		
云 南	1236935	1031723	1019941	904327	819066	5820	79442		115614
西 藏									
陕 西	1179113	638128	602159	573080	572080	1000			29079
甘 肃	5088	4668	4668	4668	4668				
青 海									
宁 夏									
新 疆	343727	264280	264280	251822	227693		24129		12458
大 连	99422	96844	96844	82352	72191	7710	2452		14492
宁 波	142699	120306	119606	83636	66933	16703			35970
厦 门	139568	132503	131224	120603	95958	6500	18145		10621
青 岛	271254	243752	243752	219733	219733				24019
深 圳	1034224	800822	800822	677510	502039	22276	153194		123312

(技工学校)

单位：千元

政府性基金预算安排的教育经费	#彩票公益金	企业办学中的企业拨款	校办产业和社会服务收入中用于教育的经费	其他属于国家财政性教育经费	民办学校中举办者投入	捐赠收入	事业收入	#学费	其他教育经费
117920	**2411**	**150960**	**147485**		**82697**	**17903**	**4677437**	**2737210**	**1509832**
		11291	13155				77951	17218	24387
		23559					27282	18204	37914
20000		9460	2440		4034	292	87950	50132	46759
10362	2410					12063	14877	5118	11033
		9249	8657			40	15492	11344	180
			1972		28000		47239	15621	14678
					12	34	8331	7577	5346
		1200	2095		250		80138	64443	7086
		11186	10245				37693	31949	53825
101	1	3941	197		620	550	463992	282724	98140
35450			8172			30	156297	77466	36359
			152				12860	1657	17831
238			2262		2590	125	94821	35787	37793
						3079	23813	11554	3756
10000		11557	12857		2020	200	279692	144098	46050
		45102	1625		1000		148769	20238	27960
						30	48419	23458	4217
		7395	246				116699	54910	44833
33699		2717	26013		38297	281	1680842	1193770	435810
		89	672			30	222161	65886	63978
							8510	58	4685
5395		7547	3521		3676	218	231325	107677	151851
		847	13951				135689	88609	43495
									125526
2585			9197		200	525	147229	81510	57258
91		5820	30057		1997	405	495037	325287	43546
							420	400	
							13908	515	65539
							2578	254	
700							22007	19890	386
			1278				6402	1702	664
							21242	8562	6260
							230498	149962	2904

3–22　教育经费收入情况

地区	总计	国家财政性教育经费	一般公共预算安排的教育经费	一般公共预算教育经费	教育事业费	基本建设经费	教育费附加	科研经费	其他
合计	**30464401**	**24234896**	**23839321**	**21742776**	**19998477**	**509464**	**1234835**		**2096545**
北京	1571243	1473388	1460706	1447062	1447062				13643
天津	445519	384266	360707	315239	283831		31408		45468
河北	815183	676148	644248	613171	577228		35943		31077
山西	424906	386932	376570	325571	321191		4379		50999
内蒙古	157254	141543	123637	103471	93422	10000	49		20166
辽宁	437078	347161	345190	278194	261964	7710	8520		66995
吉林	265664	251940	251940	216531	158910	300	57322		35409
黑龙江	668968	582264	580169	470022	351159		118863		110147
上海	288242	196725	175293	144917	99035		45882		30376
江苏	2074733	1527396	1526097	1359266	1220553	9830	128883		166830
浙江	1403026	1210341	1166719	994527	840424	123747	30356		172192
安徽	189515	158828	158676	147949	138616		9333		10727
福建	799450	664121	661621	619416	560691	24500	34224		42206
江西	153555	122907	122907	121455	121455				1452
山东	3177404	2849442	2815028	2696513	2598434	46510	51569		118516
河南	1633381	1455653	1408925	1210828	1152105	19773	38951		198097
湖北	447981	395315	395315	364957	364957				30358
湖南	502604	343929	336534	312434	290848		21585		24100
广东	8289363	6134133	6071705	5678901	5101870	140393	436638		392803
广西	1767837	1481668	1480907	1365629	1283586	47886	34157		115278
海南	273224	260029	260029	209003	178183	30820			51026
重庆	949418	562780	546318	399120	363898	6175	29047		147198
四川	672674	523400	513243	448913	400968	35000	12945		64330
贵州	291314	165788	165788	165788	164579		1209		
云南	1236935	1031723	1019941	904327	819066	5820	79442		115614
西藏									
陕西	1179113	638128	602159	573080	572080	1000			29079
甘肃	5088	4668	4668	4668	4668				
青海									
宁夏									
新疆	343727	264280	264280	251822	227693		24129		12458
大连	99422	96844	96844	82352	72191	7710	2452		14492
宁波	142699	120306	119606	83636	66933	16703			35970
厦门	139568	132503	131224	120603	95958	6500	18145		10621
青岛	271254	243752	243752	219733	219733				24019
深圳	1034224	800822	800822	677510	502039	22276	153194		123312

(地方技工学校)

单位：千元

政府性基金预算安排的教育经费	#彩票公益金	企业办学中的企业拨款	校办产业和社会服务收入中用于教育的经费	其他属于国家财政性教育经费	民办学校中举办者投入	捐赠收入	事业收入	#学费	其他教育经费
117920	**2411**	**135530**	**142125**		**82697**	**17903**	**4627939**	**2697907**	**1500966**
			12682				73474	16513	24382
		23559					23339	16833	37914
20000		9460	2440		4034	292	87950	50132	46759
10362	2410					12063	14877	5118	11033
		9249	8657			40	15492	11344	180
			1972		28000		47239	15621	14678
					12	34	8331	7577	5346
			2095		250		79368	63673	7086
		11186	10245				37693	31949	53825
101	1	1001	197		620	550	454201	275056	91966
35450			8172			30	156297	77466	36359
			152				12858	1657	17829
238			2262		2590	125	94821	35787	37793
						3079	23813	11554	3756
10000		11557	12857		2020	200	279692	144098	46050
		45102	1625		1000		148769	20238	27960
						30	48419	23458	4217
		7395					114741	53680	43935
33699		2717	26013		38297	281	1680842	1193770	435810
		89	672			30	222161	65886	63978
							8510	58	4685
5395		7547	3521		3676	218	230893	107251	151851
		847	9310				107566	61477	41708
									125526
2585			9197		200	525	147229	81510	57258
91		5820	30057		1997	405	495037	325287	43546
							420	400	
							13908	515	65539
							2578	254	
700							22007	19890	386
			1278				6402	1702	664
							21242	8562	6260
							230498	149962	2904

3-23 教育经费收入情况

地区	总计	国家财政性教育经费	一般公共预算安排的教育经费	一般公共预算教育经费	教育事业费	基本建设经费	教育费附加	科研经费	其他
合计	**10542109**	**8839608**	**8777801**	**7747774**	**7484585**	**12730**	**250459**		**1030027**
北京	115071	98646	98646	89971	72364		17608		8674
天津	72194	67914	54831	48016	47929		88		6814
河北	1143119	1052933	1029429	951139	931589		19549		78291
山西	387146	378659	378659	332596	325195		7401		46063
内蒙古	351616	335852	335543	232354	228354	195	3805		103189
辽宁	37731	35021	35021	13348	13345		3		21673
吉林	877909	859826	855524	763331	756700		6630		92194
黑龙江	358631	348222	348222	309783	303076		6707		38439
上海	188890	160279	160279	145866	144876		990		14414
江苏	444728	328780	323660	302879	288072		14807		20781
浙江	563832	478122	475528	437029	410524		26505		38498
安徽	213237	162837	162837	145980	134379		11601		16857
福建	32999	28419	28419	28097	28091		6		323
江西	471789	431476	430716	411921	409116		2805		18795
山东	462017	404341	402961	391589	369540		22050		11372
河南	1207931	778466	772866	638769	624432		14337		134096
湖北	95184	71918	71918	61567	61567				10351
湖南	657997	527253	527203	498774	490338		8436		28429
广东	356452	314882	314882	275956	250299		25657		38926
广西	61888	57127	56827	39174	39174				17653
海南	11181	6305	6305	4657	4657				1648
重庆	669506	532074	530852	420976	395080		25896		109876
四川	614143	370109	366846	318658	312592		6066		48188
贵州	98241	74079	73799	68270	59069	9201			5530
云南	456107	442243	442203	356076	333691		22385		86127
西藏									
陕西	344576	287061	287061	277136	270075		7061		9925
甘肃	101239	75795	75795	60167	60130		38		15628
青海	4907								
宁夏									
新疆	141848	130967	130967	123693	120332	3334	28		7273
大连	5725	5724	5724	5143	5141		3		581
宁波	317689	292268	289674	269731	255877		13854		19943
厦门									
青岛	2443	2299	2299	1482	1482				818
深圳	26496	26005	26005	21350	21350				4654

(成人中等专业学校)

单位：千元

政府性基金预算安排的教育经费	#彩票公益金	企业办学中的企业拨款	校办产业和社会服务收入中用于教育的经费	其他属于国家财政性教育经费	民办学校中举办者投入	捐赠收入	事业收入	#学费	其他教育经费
34932	**30466**	**10939**	**15937**		**42247**	**8719**	**1400628**	**778301**	**250906**
						5524	7886	429	3015
			13083				3271	2305	1010
23503	23340				321		72746	19867	17119
							6888	873	1599
309						30	8912	790	6822
							192	192	2518
		4302				538	2971	1965	14574
						10	9395	6104	1004
							12829	11565	15781
5120	5120					91	99755	40729	16102
2595	30				100	100	47852	4254	37658
					8508		38236	11405	3656
							4556	850	24
760	680						36036	7972	4277
623	623	757			1000	400	52106	25403	4170
		5600			10456	1514	407708	334797	9787
					6398		12242	5233	4626
50	50				15400	90	106873	52586	8381
						165	27557	9844	13847
300							4095	3338	665
									4876
1222	503				64	31	114960	40666	22378
409	120		2853			62	226554	161864	17418
		280					21294	494	2867
40						163	9674	1236	4027
							52670	30520	4845
							6908	2074	18536
									4907
							6462	947	4419
									1
2595	30				100	100	10227	190	14994
							143	85	1
							480	480	12

3–24 教育经费收入情况

地区	总计	国家财政性教育经费	一般公共预算安排的教育经费	一般公共预算教育经费	教育事业费	基本建设经费	教育费附加	科研经费	其他
合计	**10500610**	**8800483**	**8751759**	**7722382**	**7459193**	**12730**	**250459**		**1029377**
北京	115071	98646	98646	89971	72364		17608		8674
天津	58970	54831	54831	48016	47929		88		6814
河北	1143119	1052933	1029429	951139	931589		19549		78291
山西	387146	378659	378659	332596	325195		7401		46063
内蒙古	351616	335852	335543	232354	228354	195	3805		103189
辽宁	37731	35021	35021	13348	13345		3		21673
吉林	877909	859826	855524	763331	756700		6630		92194
黑龙江	355716	345545	345545	307106	300399		6707		38439
上海	188890	160279	160279	145866	144876		990		14414
江苏	443118	328550	323430	302649	287842		14807		20781
浙江	563832	478122	475528	437029	410524		26505		38498
安徽	213237	162837	162837	145980	134379		11601		16857
福建	32999	28419	28419	28097	28091		6		323
江西	471789	431476	430716	411921	409116		2805		18795
山东	462017	404341	402961	391589	369540		22050		11372
河南	1207931	778466	772866	638769	624432		14337		134096
湖北	95184	71918	71918	61567	61567				10351
湖南	657997	527253	527203	498774	490338		8436		28429
广东	356452	314882	314882	275956	250299		25657		38926
广西	61888	57127	56827	39174	39174				17653
海南	11181	6305	6305	4657	4657				1648
重庆	669506	532074	530852	420976	395080		25896		109876
四川	614143	370109	366846	318658	312592		6066		48188
贵州	98241	74079	73799	68270	59069	9201			5530
云南	456107	442243	442203	356076	333691		22385		86127
西藏									
陕西	344576	287061	287061	277136	270075		7061		9925
甘肃	101239	75795	75795	60167	60130		38		15628
青海	4907								
宁夏									
新疆	118099	107832	107832	101209	97847	3334	28		6623
大连	5725	5724	5724	5143	5141		3		581
宁波	317689	292268	289674	269731	255877		13854		19943
厦门									
青岛	2443	2299	2299	1482	1482				818
深圳	26496	26005	26005	21350	21350				4654

(地方成人中等专业学校)

单位：千元

政府性基金预算安排的教育经费	#彩票公益金	企业办学中的企业拨款	校办产业和社会服务收入中用于教育的经费	其他属于国家财政性教育经费	民办学校中举办者投入	捐赠收入	事业收入	#学费	其他教育经费
34932	**30466**	**10939**	**2853**		**42247**	**8719**	**1398319**	**776016**	**250843**
						5524	7886	429	3015
							3130	2188	1010
23503	23340				321		72746	19867	17119
							6888	873	1599
309						30	8912	790	6822
							192	192	2518
		4302				538	2971	1965	14574
						10	9157	5866	1004
							12829	11565	15781
5120	5120					91	98375	39349	16102
2595	30				100	100	47852	4254	37658
					8508		38236	11405	3656
							4556	850	24
760	680						36036	7972	4277
623	623	757			1000	400	52106	25403	4170
		5600			10456	1514	407708	334797	9787
					6398		12242	5233	4626
50	50				15400	90	106873	52586	8381
						165	27557	9844	13847
300							4095	3338	665
									4876
1222	503				64	31	114960	40666	22378
409	120		2853			62	226554	161864	17418
		280					21294	494	2867
40						163	9674	1236	4027
							52670	30520	4845
							6908	2074	18536
									4907
							5912	397	4355
									1
2595	30				100	100	10227	190	14994
							143	85	1
							480	480	12

3-25 教育经费收入情况

地 区	总 计	国家财政性教育经费	一般公共预算安排的教育经费	一般公共预算教育经费	教育事业费	基本建设经费	教育费附加	科研经费	其 他
合 计	**1164490934**	**1030302751**	**1022856975**	**931532251**	**863575974**	**15507011**	**52449265**		**91324724**
北 京	32962209	29383858	29244908	25644018	23356452	1004766	1282800		3600890
天 津	15350885	14499022	14412924	13251400	12594288		657112		1161524
河 北	48099439	42802852	41105868	39359884	37399439	361425	1599020		1745984
山 西	25440068	21950665	21753709	19968183	18738016	187350	1042817		1785526
内蒙古	21457145	20327713	20243324	17252523	16028840	209889	1013795		2990801
辽 宁	26720623	24645343	24631472	21109623	19752052	90067	1267504		3521849
吉 林	18056578	16614575	16514773	15231788	14109766	199835	922188		1282985
黑龙江	24517636	23412413	23370799	21106837	19920019	264082	922736		2263962
上 海	30468210	26060658	26059645	22081786	16657181	318627	5105978		3977860
江 苏	75677173	67935597	67757561	64519734	58589476	284139	5646119		3237827
浙 江	62574806	49855387	49181687	45032463	41588948	661805	2781710		4149224
安 徽	44084218	36712963	36495674	33173371	30273931	400356	2499084		3322303
福 建	32920865	28878247	28714951	27230344	25519666	215145	1495533		1484607
江 西	35541094	32208202	32130384	30683050	28946690	437950	1298409		1447335
山 东	80176961	73002191	72369541	69976041	64669228	200965	5105847		2393500
河 南	68123785	58617793	57963160	49604547	46501585	921948	2181014		8358614
湖 北	43833340	39066922	38888435	36690927	36690927				2197507
湖 南	49065405	41849058	41699741	39694080	36705436	390245	2598400		2005661
广 东	110876206	91133101	90847967	80250630	73638743	1941640	4670248		10597337
广 西	34892298	32273832	32184908	29654468	27572857	979780	1101831		2530440
海 南	10411306	9495867	9245825	7627697	7086206	145440	396051		1618128
重 庆	30617652	27470870	26907181	21868558	20280212	719858	868488		5038623
四 川	61396212	54080202	53918361	47649741	45209937	544181	1895623		6268619
贵 州	37633541	33529789	33322383	30931863	29235492	528967	1167404		2390520
云 南	42686970	39551688	39494255	34056331	32352239	672799	1031293		5437923
西 藏	7199330	7185486	7042339	6477811	5215382	1042339	220089		564528
陕 西	28855307	26067272	26044430	25664506	23795196	726466	1142844		379924
甘 肃	21165651	19903817	19884739	18307452	17132539	330639	844274		1577286
青 海	7442563	6997124	6985673	6065122	5486694	348549	229880		920551
宁 夏	7572382	7044650	7019888	5903914	5370282	329040	204593		1115974
新 疆	28671074	27745594	27420471	25463557	23158258	1048719	1256580		1956914
大 连	5527824	5068776	5064464	4052280	3815200		237081		1012184
宁 波	8699424	7211163	7155055	6598452	6031924	35550	530978		556603
厦 门	4246203	3824273	3755832	3403539	2988479	2225	412835		352293
青 岛	10464668	9566318	9556559	9231362	8273179		958183		325197
深 圳	19830834	16731044	16715169	12584907	9696027	1580788	1308092		4130262

(中学)

单位：千元

政府性基金预算安排的教育经费	#彩票公益金	企业办学中的企业拨款	校办产业和社会服务收入中用于教育的经费	其他属于国家财政性教育经费	民办学校中举办者投入	捐赠收入	事业收入	#学费	其他教育经费
6919460	**797469**	**410595**	**115722**		**7671922**	**1754014**	**109436107**	**88539596**	**15326140**
59525	9259	55447	23978		11301	74741	2707572	2354174	784737
83790	200		2308		11000	16440	711037	669994	113386
1696984	64338				323268	29674	4769408	3910607	174238
193511	4727	2845	600		136320	3691	3191464	2664510	157928
84245	56227		144		5395	33407	445356	297406	645274
13871	9286				35323	3047	1960538	1694889	76373
49656	20879		50146		11144	4359	1195129	1043284	231371
30580	30565	336	10699		29218	946	978514	880128	96544
1012	1012				39747	20569	3600882	3456750	746354
178036	51144				354625	232095	6193960	5156857	960896
672752	21793		948		1041934	163708	9314682	7831596	2199095
209411	65326	7877			544466	36733	6486330	5176798	303727
163296	14526				185415	97725	3058465	2687833	701013
73090	42837	4197	531		51472	66208	3034569	2267848	180644
632650	69791				356488	59558	6310812	5437952	447913
646322	64310	7703	608		1117090	175917	7995409	6131904	217576
176303	10409	185	2000		262136	24845	3941713	3068478	537723
130667	63433		18649		534562	49347	5836119	4069340	796319
268334	53828	16496	304		1053161	193110	16735960	13919861	1760874
88924	11356				53141	47004	2295219	1671151	223101
246572	14601	3470			56226	2688	705783	538320	150741
561986	16888		1703		115252	102743	2613337	1852952	315450
159742	25108		2100		352985	141101	6331645	4643263	490279
207406	10292				359019	19603	3055357	2266222	669773
56886	10061	547			236318	70717	2266031	1885408	562217
143147	3550					2000	6886	5300	4959
21831	12458	952	60		275298	15823	2015875	1573921	481039
19078	13154				800	17552	799316	693356	444166
11451	1431				43491	8606	128993	83131	264349
24761	12762				69083	21690	307126	267381	129833
13638	11918	310541	944		6244	18368	442620	338982	458249
4312	4303				14565	1149	416876	378048	26457
55754	1701		354		21746	24356	1319911	1211039	122248
68441	3959				97736	6273	250771	236834	67150
9758	358				126260	24494	698771	632275	48825
15875	15047				41131	1672	2166803	1915383	890186

3-26 教育经费收入情况

地区	总计	国家财政性教育经费	一般公共预算安排的教育经费	一般公共预算教育经费	教育事业费	基本建设经费	教育费附加	科研经费	其他
合计	**1159045595**	**1025785167**	**1018672089**	**927466777**	**859639522**	**15434619**	**52392637**		**91205312**
北京	31700706	28664184	28525859	24934500	22646934	1004766	1282800		3591359
天津	15350885	14499022	14412924	13251400	12594288		657112		1161524
河北	48099439	42802852	41105868	39359884	37399439	361425	1599020		1745984
山西	25440068	21950665	21753709	19968183	18738016	187350	1042817		1785526
内蒙古	21457145	20327713	20243324	17252523	16028840	209889	1013795		2990801
辽宁	26720623	24645343	24631472	21109623	19752052	90067	1267504		3521849
吉林	17918736	16514976	16415174	15132189	14010167	199835	922188		1282985
黑龙江	24282620	23181529	23139915	20876332	19689514	264082	922736		2263583
上海	30226807	25880900	25879888	21923720	16555744	318627	5049350		3956167
江苏	75677173	67935597	67757561	64519734	58589476	284139	5646119		3237827
浙江	62574806	49855387	49181687	45032463	41588948	661805	2781710		4149224
安徽	44084218	36712963	36495674	33173371	30273931	400356	2499084		3322303
福建	32920865	28878247	28714951	27230344	25519666	215145	1495533		1484607
江西	35541094	32208202	32130384	30683050	28946690	437950	1298409		1447335
山东	80176961	73002191	72369541	69976041	64669228	200965	5105847		2393500
河南	68117535	58612112	57957480	49602218	46499256	921948	2181014		8355263
湖北	43581304	38874241	38695754	36498246	36498246				2197507
湖南	49044622	41833472	41684155	39678494	36689850	390245	2598400		2005661
广东	110784567	91053036	90784399	80187537	73575650	1941640	4670248		10596861
广西	34892298	32273832	32184908	29654468	27572857	979780	1101831		2530440
海南	10410249	9495867	9245825	7627697	7086206	145440	396051		1618128
重庆	30481171	27371842	26808154	21769530	20181185	719858	868488		5038623
四川	61382313	54080202	53918361	47649741	45209937	544181	1895623		6268619
贵州	37633541	33529789	33322383	30931863	29235492	528967	1167404		2390520
云南	42686970	39551688	39494255	34056331	32352239	672799	1031293		5437923
西藏	7199330	7185486	7042339	6477811	5215382	1042339	220089		564528
陕西	28696290	25936782	25913939	25534015	23664705	726466	1142844		379924
甘肃	21156008	19894636	19875558	18298271	17123358	330639	844274		1577286
青海	7442563	6997124	6985673	6065122	5486694	348549	229880		920551
宁夏	7572382	7044650	7019888	5903914	5370282	329040	204593		1115974
新疆	25792305	24990636	24981089	23108158	20875251	976326	1256580		1872931
大连	5527824	5068776	5064464	4052280	3815200		237081		1012184
宁波	8699424	7211163	7155055	6598452	6031924	35550	530978		556603
厦门	4246203	3824273	3755832	3403539	2988479	2225	412835		352293
青岛	10464668	9566318	9556559	9231362	8273179		958183		325197
深圳	19830834	16731044	16715169	12584907	9696027	1580788	1308092		4130262

(地方中学)

单位：千元

政府性基金预算安排的教育经费	#彩票公益金	企业办学中的企业拨款	校办产业和社会服务收入中用于教育的经费	其他属于国家财政性教育经费	民办学校中举办者投入	捐赠收入	事业收入	#学费	其他教育经费
6914424	**792585**	**83558**	**115095**		**7671922**	**1730213**	**109152093**	**88366797**	**14706201**
59525	9259	55447	23352		11301	66985	2605650	2336747	352587
83790	200		2308		11000	16440	711037	669994	113386
1696984	64338				323268	29674	4769408	3910607	174238
193511	4727	2845	600		136320	3691	3191464	2664510	157928
84245	56227		144		5395	33407	445356	297406	645274
13871	9286				35323	3047	1960538	1694889	76373
49656	20879		50146		11144	4359	1168092	1016312	220164
30580	30565	336	10699		29218	946	974385	877127	96542
1012	1012				39747	20277	3543602	3401248	742280
178036	51144				354625	232095	6193960	5156857	960896
672752	21793		948		1041934	163708	9314682	7831596	2199095
209411	65326	7877			544466	36733	6486330	5176798	303727
163296	14526				185415	97725	3058465	2687833	701013
73090	42837	4197	531		51472	66208	3034569	2267848	180644
632650	69791				356488	59558	6310812	5437952	447913
646322	64310	7703	608		1117090	175917	7995409	6131904	217006
176303	10409	185	2000		262136	24815	3914792	3049165	505320
130667	63433		18649		534562	49347	5833785	4067097	793456
268334	53828		304		1053161	193099	16725526	13912208	1759744
88924	11356				53141	47004	2295219	1671151	223101
246572	14601	3470			56226	2688	704782	538180	150686
561986	16888		1703		115252	102743	2595882	1838717	295452
159742	25108		2100		352985	141101	6330666	4642963	477358
207406	10292				359019	19603	3055357	2266222	669773
56886	10061	547			236318	70717	2266031	1885408	562217
143147	3550					2000	6886	5300	4959
21831	12458	952	60		275298	15523	2004909	1566171	463778
19078	13154				800	17552	798934	692974	444086
11451	1431				43491	8606	128993	83131	264349
24761	12762				69083	21690	307126	267381	129833
8603	7035		944		6244	2955	419447	321101	373024
4312	4303				14565	1149	416876	378048	26457
55754	1701		354		21746	24356	1319911	1211039	122248
68441	3959				97736	6273	250771	236834	67150
9758	358				126260	24494	698771	632275	48825
15875	15047				41131	1672	2166803	1915383	890186

3-27 教育经费收入情况

地区	总计	国家财政性教育经费	一般公共预算安排的教育经费	一般公共预算教育经费	教育事业费	基本建设经费	教育费附加	科研经费	其他
合计	**1163685913**	**1029609530**	**1022164215**	**930875751**	**863014610**	**15478438**	**52382703**		**91288464**
北京	32902578	29332690	29193739	25601071	23326512	1004766	1269793		3592668
天津	15318168	14466308	14380209	13222034	12564922		657112		1158175
河北	48098779	42802192	41105208	39359224	37398779	361425	1599020		1745984
山西	25440068	21950665	21753709	19968183	18738016	187350	1042817		1785526
内蒙古	21457145	20327713	20243324	17252523	16028840	209889	1013795		2990801
辽宁	26720112	24644832	24630961	21109112	19751897	90067	1267149		3521849
吉林	18052375	16610377	16510575	15227882	14105860	199835	922188		1282692
黑龙江	24517636	23412413	23370799	21106837	19920019	264082	922736		2263962
上海	30433537	26026980	26025967	22053476	16631386	318627	5103464		3972491
江苏	75481262	67782023	67603987	64370813	58467734	284139	5618941		3233174
浙江	62282428	49612926	48939462	44795262	41373352	661805	2760105		4144201
安徽	44084218	36712963	36495674	33173371	30273931	400356	2499084		3322303
福建	32920865	28878247	28714951	27230344	25519666	215145	1495533		1484607
江西	35541094	32208202	32130384	30683050	28946690	437950	1298409		1447335
山东	80157236	72982489	72349839	69956339	64649526	200965	5105847		2393500
河南	68123785	58617793	57963160	49604547	46501585	921948	2181014		8358614
湖北	43825512	39059095	38880607	36683100	36683100				2197507
湖南	49062171	41847238	41697921	39692549	36703904	390245	2598400		2005372
广东	110722803	90988344	90703434	80115160	73533748	1913066	4668346		10588274
广西	34892298	32273832	32184908	29654468	27572857	979780	1101831		2530440
海南	10411306	9495867	9245825	7627697	7086206	145440	396051		1618128
重庆	30617652	27470870	26907181	21868558	20280212	719858	868488		5038623
四川	61396212	54080202	53918361	47649741	45209937	544181	1895623		6268619
贵州	37633541	33529789	33322383	30931863	29235492	528967	1167404		2390520
云南	42686970	39551688	39494255	34056331	32352239	672799	1031293		5437923
西藏	7199330	7185486	7042339	6477811	5215382	1042339	220089		564528
陕西	28855307	26067272	26044430	25664506	23795196	726466	1142844		379924
甘肃	21165651	19903817	19884739	18307452	17132539	330639	844274		1577286
青海	7442563	6997124	6985673	6065122	5486694	348549	229880		920551
宁夏	7572382	7044650	7019888	5903914	5370282	329040	204593		1115974
新疆	28670926	27745446	27420322	25463409	23158110	1048719	1256580		1956914
大连	5527824	5068776	5064464	4052280	3815200		237081		1012184
宁波	8697790	7209529	7153421	6597098	6030574	35550	530974		556322
厦门	4246203	3824273	3755832	3403539	2988479	2225	412835		352293
青岛	10464668	9566318	9556559	9231362	8273179		958183		325197
深圳	19830834	16731044	16715169	12584907	9696027	1580788	1308092		4130262

(普通中学)

单位：千元

政府性基金预算安排的教育经费	#彩票公益金	企业办学中的企业拨款	校办产业和社会服务收入中用于教育的经费	其他属于国家财政性教育经费	民办学校中举办者投入	捐赠收入	事业收入	#学费	其他教育经费
6918999	**797384**	**410595**	**115722**		**7671922**	**1753033**	**109368883**	**88528689**	**15282545**
59525	9259	55447	23978		11301	74741	2699134	2347763	784712
83790	200		2308		11000	16440	711037	669994	113383
1696984	64338				323268	29674	4769408	3910607	174238
193511	4727	2845	600		136320	3691	3191464	2664510	157928
84245	56227		144		5395	33407	445356	297406	645274
13871	9286				35323	3047	1960538	1694889	76373
49656	20879		50146		11144	4359	1195129	1043284	231366
30580	30565	336	10699		29218	946	978514	880128	96544
1012	1012				39747	20569	3599888	3456564	746354
178036	51144				354625	231396	6154069	5155053	959150
672516	21708		948		1041934	163434	9305343	7831028	2158792
209411	65326	7877			544466	36733	6486330	5176798	303727
163296	14526				185415	97725	3058465	2687833	701013
73090	42837	4197	531		51472	66208	3034569	2267848	180644
632650	69791				356488	59551	6310812	5437952	447897
646322	64310	7703	608		1117090	175917	7995409	6131904	217576
176303	10409	185	2000		262136	24845	3941713	3068478	537723
130667	63433		18649		534562	49347	5834705	4068044	796319
268109	53828	16496	304		1053161	193110	16728813	13919219	1759375
88924	11356				53141	47004	2295219	1671151	223101
246572	14601	3470			56226	2688	705783	538320	150741
561986	16888		1703		115252	102743	2613337	1852952	315450
159742	25108		2100		352985	141101	6331645	4643263	490279
207406	10292				359019	19603	3055357	2266222	669773
56886	10061	547			236318	70717	2266031	1885408	562217
143147	3550					2000	6886	5300	4959
21831	12458	952	60		275298	15823	2015875	1573921	481039
19078	13154				800	17552	799316	693356	444166
11451	1431				43491	8606	128993	83131	264349
24761	12762				69083	21690	307126	267381	129833
13638	11918	310541	944		6244	18368	442620	338982	458249
4312	4303				14565	1149	416876	378048	26457
55754	1701		354		21746	24356	1319911	1211039	122248
68441	3959				97736	6273	250771	236834	67150
9758	358				126260	24494	698771	632275	48825
15875	15047				41131	1672	2166803	1915383	890186

3–28 教育经费收入情况

地区	总计	国家财政性教育经费	一般公共预算安排的教育经费	一般公共预算教育经费	教育事业费	基本建设经费	教育费附加	科研经费	其他
合计	**1158240575**	**1025091946**	**1017979329**	**926810278**	**859078158**	**15406045**	**52326075**		**91169051**
北京	31641075	28613015	28474691	24891554	22616995	1004766	1269793		3583137
天津	15318168	14466308	14380209	13222034	12564922		657112		1158175
河北	48098779	42802192	41105208	39359224	37398779	361425	1599020		1745984
山西	25440068	21950665	21753709	19968183	18738016	187350	1042817		1785526
内蒙古	21457145	20327713	20243324	17252523	16028840	209889	1013795		2990801
辽宁	26720112	24644832	24630961	21109112	19751897	90067	1267149		3521849
吉林	17914532	16510778	16410976	15128283	14006261	199835	922188		1282692
黑龙江	24282620	23181529	23139915	20876332	19689514	264082	922736		2263583
上海	30192135	25847222	25846210	21895411	16529949	318627	5046836		3950798
江苏	75481262	67782023	67603987	64370813	58467734	284139	5618941		3233174
浙江	62282428	49612926	48939462	44795262	41373352	661805	2760105		4144201
安徽	44084218	36712963	36495674	33173371	30273931	400356	2499084		3322303
福建	32920865	28878247	28714951	27230344	25519666	215145	1495533		1484607
江西	35541094	32208202	32130384	30683050	28946690	437950	1298409		1447335
山东	80157236	72982489	72349839	69956339	64649526	200965	5105847		2393500
河南	68117535	58612112	57957480	49602218	46499256	921948	2181014		8355263
湖北	43573476	38866414	38687926	36490419	36490419				2197507
湖南	49041388	41831652	41682336	39676963	36688319	390245	2598400		2005372
广东	110631163	90908279	90639866	80052067	73470655	1913066	4668346		10587798
广西	34892298	32273832	32184908	29654468	27572857	979780	1101831		2530440
海南	10410249	9495867	9245825	7627697	7086206	145440	396051		1618128
重庆	30481171	27371842	26808154	21769530	20181185	719858	868488		5038623
四川	61382313	54080202	53918361	47649741	45209937	544181	1895623		6268619
贵州	37633541	33529789	33322383	30931863	29235492	528967	1167404		2390520
云南	42686970	39551688	39494255	34056331	32352239	672799	1031293		5437923
西藏	7199330	7185486	7042339	6477811	5215382	1042339	220089		564528
陕西	28696290	25936782	25913939	25534015	23664705	726466	1142844		379924
甘肃	21156008	19894636	19875558	18298271	17123358	330639	844274		1577286
青海	7442563	6997124	6985673	6065122	5486694	348549	229880		920551
宁夏	7572382	7044650	7019888	5903914	5370282	329040	204593		1115974
新疆	25792157	24990487	24980941	23108010	20875103	976326	1256580		1872931
大连	5527824	5068776	5064464	4052280	3815200		237081		1012184
宁波	8697790	7209529	7153421	6597098	6030574	35550	530974		556322
厦门	4246203	3824273	3755832	3403539	2988479	2225	412835		352293
青岛	10464668	9566318	9556559	9231362	8273179		958183		325197
深圳	19830834	16731044	16715169	12584907	9696027	1580788	1308092		4130262

(地方普通中学)

单位：千元

政府性基金预算安排的教育经费	#彩票公益金	企业办学中的企业拨款	校办产业和社会服务收入中用于教育的经费	其他属于国家财政性教育经费	民办学校中举办者投入	捐赠收入	事业收入	#学费	其他教育经费
6913963	**792500**	**83558**	**115095**		**7671922**	**1729233**	**109084869**	**88355890**	**14662606**
59525	9259	55447	23352		11301	66985	2597212	2330337	352562
83790	200		2308		11000	16440	711037	669994	113383
1696984	64338				323268	29674	4769408	3910607	174238
193511	4727	2845	600		136320	3691	3191464	2664510	157928
84245	56227		144		5395	33407	445356	297406	645274
13871	9286				35323	3047	1960538	1694889	76373
49656	20879		50146		11144	4359	1168092	1016312	220159
30580	30565	336	10699		29218	946	974385	877127	96542
1012	1012				39747	20277	3542608	3401062	742280
178036	51144				354625	231396	6154069	5155053	959150
672516	21708		948		1041934	163434	9305343	7831028	2158792
209411	65326	7877			544466	36733	6486330	5176798	303727
163296	14526				185415	97725	3058465	2687833	701013
73090	42837	4197	531		51472	66208	3034569	2267848	180644
632650	69791				356488	59551	6310812	5437952	447897
646322	64310	7703	608		1117090	175917	7995409	6131904	217006
176303	10409	185	2000		262136	24815	3914792	3049165	505320
130667	63433		18649		534562	49347	5832371	4065801	793456
268109	53828		304		1053161	193099	16718379	13911566	1758245
88924	11356				53141	47004	2295219	1671151	223101
246572	14601	3470			56226	2688	704782	538100	150686
561986	16888		1703		115252	102743	2595882	1838717	295452
159742	25108		2100		352985	141101	6330666	4642963	477358
207406	10292				359019	19603	3055357	2266222	669773
56886	10061	547			236318	70717	2266031	1885408	562217
143147	3550					2000	6886	5300	4959
21831	12458	952	60		275298	15523	2004909	1566171	463778
19078	13154				800	17552	798934	692974	444086
11451	1431				43491	8606	128993	83131	264349
24761	12762				69083	21690	307126	267381	129833
8603	7035		944		6244	2955	419447	321101	373024
4312	4303				14565	1149	416876	378048	26457
55754	1701		354		21746	24356	1319911	1211039	122248
68441	3959				97736	6273	250771	236834	67150
9758	358				126260	24494	698771	632275	48825
15875	15047				41131	1672	2166803	1915383	890186

3-29 教育经费收入情况

地区	总计	国家财政性教育经费	一般公共预算安排的教育经费	一般公共预算教育经费	教育事业费	基本建设经费	教育费附加	科研经费	其他
合计	**431775265**	**356033628**	**352415669**	**320121485**	**293819030**	**7191930**	**19110526**		**32294184**
北京	14282494	12218855	12161749	10756057	9369415	706940	679703		1405691
天津	6334728	5811898	5809590	5328273	5208020		120253		481317
河北	18025565	14996822	14017056	13459684	12614223	238451	607010		557372
山西	10325228	8403936	8351325	7631378	7079067	109142	443169		719947
内蒙古	8499077	7914503	7882530	6816519	6401644	90196	324679		1066012
辽宁	9723573	8125644	8118398	7054471	6413858	58356	582257		1063926
吉林	6078442	5253345	5194189	4789180	4333365	152040	303774		405009
黑龙江	8107330	7375649	7361512	6657443	6214755	210886	231803		704069
上海	11235275	9294221	9294221	7928465	5714498	191401	2022566		1365756
江苏	27394853	23605947	23525983	22174564	19918540	88257	2167768		1351419
浙江	23941843	17346915	17064181	15464528	14362966	199540	902022		1599653
安徽	16530905	12297336	12229941	11142953	9828945	195290	1118718		1086988
福建	12122956	9757967	9686144	9189953	8597561	78093	514299		496191
江西	13203736	10932130	10896748	10394007	9674170	176479	543357		502741
山东	27788795	23321421	23092939	21972382	20385570	94600	1492212		1120557
河南	22757777	17647563	17379479	15221854	14287504	256280	678070		2157625
湖北	16312912	13218701	13108675	12345953	12345953				762722
湖南	18106206	13676010	13621509	12978469	11713770	171199	1093500		643040
广东	44376585	34226175	34037213	29727767	27656194	647210	1424363		4309446
广西	12070717	10256600	10211640	9309207	8412504	572689	324014		902433
海南	3958920	3391837	3286671	2738811	2613114	71777	53919		547860
重庆	12317338	10374375	9904754	8042535	7394667	276151	371717		1862219
四川	21714798	17874047	17767281	15721027	14904622	165658	650747		2046253
贵州	14233245	11560900	11438454	10554963	9638943	274083	641936		883491
云南	13840924	11994867	11988793	10159283	9394982	412055	352245		1829510
西藏	3037636	3027613	2939933	2761026	1879581	720447	160998		178907
陕西	11823987	10582587	10581075	10437630	9524958	350966	561707		143444
甘肃	8393117	7475735	7470254	6821580	6294759	179491	347331		648674
青海	2728520	2436413	2432918	2128554	1902426	156395	69733		304364
宁夏	2890931	2572842	2571374	2092972	1961007	74310	57655		478403
新疆	9616851	9060772	8989141	8319998	7777449	273549	269000		669144
大连	1997736	1604957	1601936	1248901	1170266		78634		353035
宁波	3385860	2553151	2550443	2336177	2179398		156779		214265
厦门	1544684	1270648	1267070	1124317	985783	437	138097		142753
青岛	3598999	3018945	3018828	2815398	2567272		248126		203430
深圳	7862421	6225548	6220534	4580023	3688392	480181	411450		1640511

(普通高中)

单位：千元

政府性基金预算安排的教育经费	#彩票公益金	企业办学中的企业拨款	校办产业和社会服务收入中用于教育的经费	其他属于国家财政性教育经费	民办学校中举办者投入	捐赠收入	事业收入	#学费	其他教育经费
3377461	**269572**	**124776**	**115722**		**2279333**	**881546**	**65690988**	**51047671**	**6889770**
3725	3725	29404	23978		5606	29695	1519140	1312463	509199
			2308		2317	5737	435673	405087	79103
979767	49330				31153	13312	2898781	2300292	85497
52011	707		600		7794	1516	1832667	1463481	79314
31829	23701		144		2098	5741	269693	138412	307042
7246	3022				10949	2483	1537445	1317791	47052
9010	9010		50146		8970	2101	713967	591595	100059
3439	3439		10699		26775	546	666946	585408	37414
					6959	6939	1565356	1477914	361801
79964	32719				133034	129698	3125031	2536219	401143
281785	2043		948		348428	97133	5451747	4462495	697620
63426	18558	3969			48855	29106	3985727	3055350	169882
71822	3348				102324	62366	1802614	1538403	397686
34852	14416		531		6491	30161	2125194	1547271	109759
228482	11888				83499	35751	4139942	3530438	208182
263633	17658	3844	608		120555	28823	4859802	3488632	101033
108026	2624		2000		94060	19665	2697348	2007685	283138
35852	15300		18649		288064	20456	3828131	2638262	293544
172162	17639	16496	304		362770	117922	8822010	7092548	847708
44960	7090				8201	34582	1654860	1171957	116473
102633	12599	2532			38097	107	463241	351975	65638
467918	1411		1703		632	19900	1738424	1110224	184007
104666	7060		2100		84213	101706	3438132	2253789	216701
122447	2546				160160	8951	2160417	1583470	342817
6073	1516				95325	19974	1562284	1270215	168474
87680							6031	4962	3992
1452	1452		60		161063	10834	969391	657362	100112
5481	3315				600	16633	724269	627130	175880
3495	105					8243	122858	80248	161006
1468	1468				36463	12690	197355	161315	71581
2156	1886	68531	944		3877	8777	376511	285277	166914
3022	3022				1540	1059	368934	337631	21246
2354	140		354		16746	13381	751671	679426	50910
3578	429				56035	3274	184219	170356	30508
117	75				60546	19220	463279	411638	37009
5014	4733				4085	49	1195433	1006254	437307

3-30 教育经费收入情况

地区	总计	国家财政性教育经费	一般公共预算安排的教育经费	一般公共预算教育经费	教育事业费	基本建设经费	教育费附加	科研经费	其他
合计	**428990726**	**353911821**	**350381184**	**318152135**	**291915631**	**7172870**	**19063634**		**32229050**
北京	13424393	11719532	11663052	10264229	8877587	706940	679703		1398823
天津	6334728	5811898	5809590	5328273	5208020		120253		481317
河北	18025565	14996822	14017056	13459684	12614223	238451	607010		557372
山西	10325228	8403936	8351325	7631378	7079067	109142	443169		719947
内蒙古	8499077	7914503	7882530	6816519	6401644	90196	324679		1066012
辽宁	9723573	8125644	8118398	7054471	6413858	58356	582257		1063926
吉林	5989429	5202576	5143420	4738411	4282596	152040	303774		405009
黑龙江	8000804	7273252	7259115	6555047	6112358	210886	231803		704069
上海	11036369	9155669	9155669	7810426	5643351	191401	1975674		1345243
江苏	27394853	23605947	23525983	22174564	19918540	88257	2167768		1351419
浙江	23941843	17346915	17064181	15464528	14362966	199540	902022		1599653
安徽	16530905	12297336	12229941	11142953	9828945	195290	1118718		1086988
福建	12122956	9757967	9686144	9189953	8597561	78093	514299		496191
江西	13203736	10932130	10896748	10394007	9674170	176479	543357		502741
山东	27788795	23321421	23092939	21972382	20385570	94600	1492212		1120557
河南	22757777	17647563	17379479	15221854	14287504	256280	678070		2157625
湖北	16093501	13057421	12947395	12184673	12184673				762722
湖南	18092990	13666847	13612346	12969306	11704607	171199	1093500		643040
广东	44349234	34208715	34036249	29726803	27655230	647210	1424363		4309446
广西	12070717	10256600	10211640	9309207	8412504	572689	324014		902433
海南	3958185	3391837	3286671	2738811	2613114	71777	53919		547860
重庆	12233073	10318790	9849169	7986950	7339082	276151	371717		1862219
四川	21709149	17874047	17767281	15721027	14904622	165658	650747		2046253
贵州	14233245	11560900	11438454	10554963	9638943	274083	641936		883491
云南	13840924	11994867	11988793	10159283	9394982	412055	352245		1829510
西藏	3037636	3027613	2939933	2761026	1879581	720447	160998		178907
陕西	11708992	10494872	10493360	10349916	9437243	350966	561707		143444
甘肃	8389035	7472074	7466593	6817919	6291098	179491	347331		648674
青海	2728520	2436413	2432918	2128554	1902426	156395	69733		304364
宁夏	2890931	2572842	2571374	2092972	1961007	74310	57655		478403
新疆	8554564	8064870	8063438	7432048	6908559	254489	269000		631390
大连	1997736	1604957	1601936	1248901	1170266		78634		353035
宁波	3385860	2553151	2550443	2336177	2179398		156779		214265
厦门	1544684	1270648	1267070	1124317	985783	437	138097		142753
青岛	3598999	3018945	3018828	2815398	2567272		248126		203430
深圳	7862421	6225548	6220534	4580023	3688392	480181	411450		1640511

(地方普通高中)

单位：千元

政府性基金预算安排的教育经费	#彩票公益金	企业办学中的企业拨款	校办产业和社会服务收入中用于教育的经费	其他属于国家财政性教育经费	民办学校中举办者投入	捐赠收入	事业收入	#学费	其他教育经费
3375793	**267910**	**39749**	**115095**		**2279333**	**866956**	**65440661**	**50874879**	**6491955**
3725	3725	29404	23352		5606	22220	1447348	1295036	229688
			2308		2317	5737	435673	405087	79103
979767	49330				31153	13312	2898781	2300292	85497
52011	707		600		7794	1516	1832667	1463481	79314
31829	23701		144		2098	5741	269693	138412	307042
7246	3022				10949	2483	1537445	1317791	47052
9010	9010		50146		8970	2101	686930	564623	88852
3439	3439		10699		26775	546	662816	582407	37414
					6959	6917	1508076	1422412	358748
79964	32719				133034	129698	3125031	2536219	401143
281785	2043		948		348428	97133	5451747	4462495	697620
63426	18558	3969			48855	29106	3985727	3055350	169882
71822	3348				102324	62366	1802614	1538403	397686
34852	14416		531		6491	30161	2125194	1547271	109759
228482	11888				83499	35751	4139942	3530438	208182
263633	17658	3844	608		120555	28823	4859802	3488632	101033
108026	2624		2000		94060	19635	2670426	1988372	251958
35852	15300		18649		288064	20456	3825798	2636020	291824
172162	17639		304		362770	117922	8812797	7084902	847030
44960	7090				8201	34582	1654860	1171957	116473
102633	12599	2532			38097	107	462539	351835	65605
467918	1411		1703		632	19900	1720969	1095989	172782
104666	7060		2100		84213	101706	3437153	2253488	212030
122447	2546				160160	8951	2160417	1583470	342817
6073	1516				95325	19974	1562284	1270215	168474
87680							6031	4962	3992
1452	1452		60		161063	10534	958940	649612	83582
5481	3315				600	16633	723886	626747	175842
3495	105					8243	122858	80248	161006
1468	1468				36463	12690	197355	161315	71581
488	224		944		3877	2014	354860	267396	128944
3022	3022				1540	1059	368934	337631	21246
2354	140		354		16746	13381	751671	679426	50910
3578	429				56035	3274	184219	170356	30508
117	75				60546	19220	463279	411638	37009
5014	4733				4085	49	1195433	1006254	437307

3–31 教育经费收入情况

地区	总计	国家财政性教育经费	一般公共预算安排的教育经费	一般公共预算教育经费	教育事业费	基本建设经费	教育费附加	科研经费	其他
合计	**177113608**	**147149102**	**145635426**	**134017088**	**125992611**	**3122612**	**4901865**		**11618338**
北京	1053594	747664	747659	648259	615135		33125		99400
天津	832297	780343	780343	700728	681929		18799		79615
河北	9648428	8001159	7309101	7055566	6611379	201311	242875		253535
山西	5195095	4276482	4247745	3955419	3760365	44612	150441		292325
内蒙古	3921796	3728570	3719517	3289495	3082549	15233	191714		430022
辽宁	2183397	1715503	1715463	1519593	1466742	20000	32851		195870
吉林	1906545	1744461	1741095	1651177	1533756	51190	66231		89918
黑龙江	3132699	2891436	2878826	2734225	2556163	151738	26324		144601
上海	847519	713843	713843	575909	491439		84470		137934
江苏	9397321	8059286	8017413	7664020	7080962		583058		353392
浙江	9271713	7005649	6911953	6370151	5898085	77535	394531		541802
安徽	9603354	6884977	6826132	6360420	5962133	73330	324957		465712
福建	5818654	4843518	4821467	4615541	4453227	21200	141114		205926
江西	7108559	5897652	5873533	5581024	5214843	50205	315975		292509
山东	10011957	8080788	8044356	7625871	7095071	79600	451200		418485
河南	12854892	9697524	9537925	8443916	8025777	128884	289255		1094009
湖北	4916663	3951644	3947531	3788263	3788263				159269
湖南	10108214	7627293	7597183	7190610	6794754	124315	271541		406573
广东	9358511	7440122	7402755	6749604	6584706	4740	160159		653150
广西	5732957	4906914	4895719	4497123	4215520	228860	52743		398596
海南	1639330	1493405	1444863	1215299	1152738	54546	8015		229564
重庆	4395346	3870334	3772010	3127082	2891431	200671	34980		644928
四川	11309846	9643729	9625922	8501267	8130899	116393	253975		1124654
贵州	8605158	7002099	6972770	6350971	5988021	197653	165297		621799
云南	7693622	6857169	6853310	5747718	5460230	166177	121311		1105592
西藏	1590479	1589019	1589019	1506758	929066	531819	45873		82261
陕西	6621836	6262193	6262059	6214357	5704975	279301	230081		47702
甘肃	5127686	4622457	4621284	4243917	4017807	129691	96420		377367
青海	1726783	1525136	1521746	1336692	1245586	57760	33346		185054
宁夏	890299	778538	778510	625357	594689	19400	11268		153153
新疆	4609058	4510195	4464374	4130753	3964371	96447	69936		333621
大连	378643	168462	168422	124889	123046		1843		43533
宁波	1148197	888323	886194	831650	781465		50185		54544
厦门	149676	138265	137985	113785	96588		17198		24200
青岛	369619	330656	330648	323461	317465		5996		7187
深圳									

(农村高中)

单位：千元

政府性基金预算安排的教育经费	#彩票公益金	企业办学中的企业拨款	校办产业和社会服务收入中用于教育的经费	其他属于国家财政性教育经费	民办学校中举办者投入	捐赠收入	事业收入	#学费	其他教育经费
1423711	**100143**	**65301**	**24664**		**973744**	**381833**	**26484265**	**19896312**	**2124663**
4	4				1000	11327	289259	266536	4344
						180	50571	42572	1203
692058	22318				13320	7110	1573591	1223405	53248
28137	576		600		5273	1287	886553	672917	25500
8909	4308		144		255	3831	82859	15688	106282
40	40				1276	255	457282	383536	9080
3220	3220		146			829	145813	115364	15442
1912	1912		10699		25680	217	185682	146746	29684
						82	123050	110583	10544
41873	12223				103919	53551	1108598	902994	71966
93155	763		541		228522	20751	1779071	1493290	237720
58845	15429				31419	5820	2592040	2017896	89098
22051	1091				44300	35728	813013	675366	82095
24120	3684				4596	3484	1171795	813390	31031
36431	4461				16112	12029	1794884	1520936	108145
155151	15954	3844	605		73285	26198	3014652	2097681	43233
4112	810				11200	5800	881866	628198	66154
20281	6315		9829		97775	17946	2138598	1472459	226602
20872	1456	16496			55040	30320	1786743	1398870	46286
11195	992					23415	711505	490079	91123
48542	339				30235		71706	52620	43984
98324	205				632	5014	509901	284443	9466
15707	1211		2100		35635	64082	1497279	938469	69120
29329	776				134622	6072	1214464	897466	247900
3859	329				2618	8103	705625	598064	120106
							1317	1204	143
134	134				21673	4875	310197	148059	22898
1173	973					16413	420384	371026	68432
3390						6192	45959	21887	149495
28	28				35013	9947	59956	51908	6844
859	590	44962			344	974	60050	42656	37495
40	40					250	203060	187611	6871
2129	35					4443	239288	211176	16143
280							9727	8679	1684
8	8				2780	304	35573	30343	305

3-32 教育经费收入情况

地区	总计	国家财政性教育经费	一般公共预算安排的教育经费	一般公共预算教育经费	教育事业费	基本建设经费	教育费附加	科研经费	其他
合计	**176419676**	**146526691**	**145074875**	**133466302**	**125441825**	**3122612**	**4901865**		**11608572**
北京	1053594	747664	747659	648259	615135		33125		99400
天津	832297	780343	780343	700728	681929		18799		79615
河北	9648428	8001159	7309101	7055566	6611379	201311	242875		253535
山西	5195095	4276482	4247745	3955419	3760365	44612	150441		292325
内蒙古	3921796	3728570	3719517	3289495	3082549	15233	191714		430022
辽宁	2183397	1715503	1715463	1519593	1466742	20000	32851		195870
吉林	1906545	1744461	1741095	1651177	1533756	51190	66231		89918
黑龙江	3105806	2865506	2852895	2708294	2530232	151738	26324		144601
上海	847519	713843	713843	575909	491439		84470		137934
江苏	9397321	8059286	8017413	7664020	7080962		583058		353392
浙江	9271713	7005649	6911953	6370151	5898085	77535	394531		541802
安徽	9603354	6884977	6826132	6360420	5962133	73330	324957		465712
福建	5818654	4843518	4821467	4615541	4453227	21200	141114		205926
江西	7108559	5897652	5873533	5581024	5214843	50205	315975		292509
山东	10011957	8080788	8044356	7625871	7095071	79600	451200		418485
河南	12854892	9697524	9537925	8443916	8025777	128884	289255		1094009
湖北	4789395	3868557	3864445	3705177	3705177				159269
湖南	10108214	7627293	7597183	7190610	6794754	124315	271541		406573
广东	9331160	7422662	7401790	6748640	6583742	4740	160159		653150
广西	5732957	4906914	4895719	4497123	4215520	228860	52743		398596
海南	1638595	1493405	1444863	1215299	1152738	54546	8015		229564
重庆	4395346	3870334	3772010	3127082	2891431	200671	34980		644928
四川	11309846	9643729	9625922	8501267	8130899	116393	253975		1124654
贵州	8605158	7002099	6972770	6350971	5988021	197653	165297		621799
云南	7693622	6857169	6853310	5747718	5460230	166177	121311		1105592
西藏	1590479	1589019	1589019	1506758	929066	531819	45873		82261
陕西	6621836	6262193	6262059	6214357	5704975	279301	230081		47702
甘肃	5123605	4618796	4617623	4240256	4014146	129691	96420		377367
青海	1726783	1525136	1521746	1336692	1245586	57760	33346		185054
宁夏	890299	778538	778510	625357	594689	19400	11268		153153
新疆	4101455	4017923	4017465	3693610	3527227	96447	69936		323855
大连	378643	168462	168422	124889	123046		1843		43533
宁波	1148197	888323	886194	831650	781465		50185		54544
厦门	149676	138265	137985	113785	96588		17198		24200
青岛	369619	330656	330648	323461	317465		5996		7187
深圳									

(地方农村高中)

单位：千元

政府性基金预算安排的教育经费	#彩票公益金	企业办学中的企业拨款	校办产业和社会服务收入中用于教育的经费	其他属于国家财政性教育经费	民办学校中举办者投入	捐赠收入	事业收入	#学费	其他教育经费
1423309	**99747**	**3844**	**24664**		**973744**	**381780**	**26447884**	**19867970**	**2089577**
4	4				1000	11327	289259	266536	4344
						180	50571	42572	1203
692058	22318				13320	7110	1573591	1223405	53248
28137	576		600		5273	1287	886553	672917	25500
8909	4308		144		255	3831	82859	15688	106282
40	40				1276	255	457282	383536	9080
3220	3220		146			829	145813	115364	15442
1912	1912		10699		25680	217	184719	145928	29684
						82	123050	110583	10544
41873	12223				103919	53551	1108598	902994	71966
93155	763		541		228522	20751	1779071	1493290	237720
58845	15429				31419	5820	2592040	2017896	89098
22051	1091				44300	35728	813013	675366	82095
24120	3684				4596	3484	1171795	813390	31031
36431	4461				16112	12029	1794884	1520936	108145
155151	15954	3844	605		73285	26198	3014652	2097681	43233
4112	810				11200	5770	866866	616298	37001
20281	6315		9829		97775	17946	2138598	1472459	226602
20872	1456				55040	30320	1777530	1391224	45608
11195	992					23415	711505	490079	91123
40542	339				30235		71004	52480	43951
98324	205				632	5014	509901	284443	9466
15707	1211		2100		35635	64082	1497279	938469	69120
29329	776				134622	6072	1214464	897466	247900
3859	329				2618	8103	705625	598064	120106
							1317	1204	143
134	134				21673	4875	310197	148059	22898
1173	973					16413	420002	370643	68394
3390						6192	45959	21887	149495
28	28				35013	9947	59956	51908	6844
458	194				344	951	49929	35201	32309
40	40					250	203060	187611	6871
2129	35					4443	239288	211176	16143
280							9727	8679	1684
8	8				2780	304	35573	30343	305

3–33 教育经费收入情况

地区	总计	国家财政性教育经费	一般公共预算安排的教育经费	一般公共预算教育经费					
					教育事业费	基本建设经费	教育费附加	科研经费	其他
合计	**731910648**	**673575903**	**669748546**	**610754266**	**569195581**	**8286507**	**33272177**		**58994280**
北京	18620084	17113834	17031991	14845014	13957097	297827	590090		2186977
天津	8983440	8654410	8570620	7893761	7356903		536859		676858
河北	30073214	27805369	27088152	25899540	24784556	122974	992010		1188612
山西	15114840	13546728	13402384	12336805	11658949	78207	599649		1065579
内蒙古	12958068	12413209	12360794	10436005	9627196	119694	689116		1924789
辽宁	16996539	16519188	16512563	14054641	13338038	31710	684892		2457922
吉林	11973933	11357032	11316386	10438703	9772495	47794	618414		877683
黑龙江	16410305	16036764	16009287	14449393	13705264	53197	690933		1559894
上海	19198262	16732759	16731747	14125012	10916888	127226	3080898		2606735
江苏	48086409	44176076	44078004	42196249	38549194	195882	3451173		1881755
浙江	38340585	32266011	31875281	29330733	27010386	462265	1858082		2544547
安徽	27553313	24415627	24265734	22030419	20444986	205067	1380367		2235315
福建	20797909	19120280	19028806	18040391	16922105	137053	981234		988415
江西	22337358	21276072	21233636	20289043	19272520	261471	755052		944593
山东	52368441	49661068	49256900	47983957	44263956	106365	3613635		1272943
河南	45366008	40970229	40583681	34382692	32214081	665668	1502944		6200989
湖北	27512600	25840394	25771933	24337147	24337147				1434786
湖南	30955965	28171228	28076412	26714080	24990135	219046	1504900		1362332
广东	66346218	56762168	56666221	50387393	45877554	1265857	3243983		6278828
广西	22821581	22017232	21973268	20345261	19160353	407091	777817		1628007
海南	6452386	6104031	5959154	4888886	4473092	73663	342132		1070268
重庆	18300314	17096495	17002427	13826023	12885545	443707	496771		3176404
四川	39681414	36206155	36151080	31928714	30305316	378522	1244876		4222366
贵州	23400296	21968889	21883929	20376900	19596548	254883	525468		1507029
云南	28846046	27556821	27505461	23897049	22957257	260744	679048		3608413
西藏	4161695	4157873	4102406	3716785	3335801	321892	59092		385621
陕西	17031320	15484686	15463355	15226875	14270238	375500	581137		236479
甘肃	12772535	12428082	12414485	11485872	10837780	151149	496944		928612
青海	4714043	4560711	4552755	3936569	3584268	192154	160147		616187
宁夏	4681450	4471808	4448514	3810943	3409275	254730	146938		637571
新疆	19054075	18684673	18431181	17143411	15380660	775170	987580		1287770
大连	3530088	3463819	3462529	2803379	2644933		158446		659149
宁波	5311931	4656378	4602978	4260921	3851176	35550	374195		342057
厦门	2701519	2553624	2488762	2279221	2002696	1787	274738		209541
青岛	6865670	6547373	6537731	6415964	5705907		710057		121767
深圳	11968414	10505496	10494636	8004884	6007634	1100607	896642		2489752

(普通初中)

单位：千元

政府性基金预算安排的教育经费	#彩　票公益金	企业办学中的企业拨款	校办产业和社会服务收入中用于教育的经费	其　他属于国家财政性教育经费	民办学校中举办者投入	捐赠收入	事业收入	#学　费	其　他教育经费
3541538	**527811**	**285819**			**5392589**	**871487**	**43677896**	**37481018**	**8392775**
55800	5534	26043			5696	45047	1179994	1035300	275513
83790	200				8683	10703	275364	264907	34281
717217	15007				292115	16362	1870626	1610315	88741
141499	4020	2845			128527	2174	1358797	1201029	78614
52415	32526				3297	27666	175663	158994	338232
6625	6264				24373	564	423093	377098	29321
40646	11870				2175	2257	481162	451689	131307
27141	27126	336			2442	401	311569	294720	59130
1012	1012				32789	13629	2034532	1978650	384553
98072	18425				221591	101698	3029037	2618834	558007
390731	19665				693506	66301	3853596	3368533	1461172
145985	46769	3908			495611	7627	2500603	2121448	133845
91474	11178				83092	35359	1255852	1149430	303326
38239	28421	4197			44980	36047	909374	720577	70885
404168	57903				272989	23800	2170869	1907514	239715
382689	46652	3859			996535	147094	3135607	2643273	116544
68276	7785	185			168076	5179	1244365	1060793	254585
94815	48133				246498	28891	2006574	1429782	502775
95947	36188				690391	75188	7906802	6826670	911668
43964	4266				44940	12422	640359	499195	106627
143939	2002	938			18129	2581	242543	186345	85103
94068	15477				114620	82843	874913	742729	131443
55076	18047				268772	39395	2893513	2389474	273579
84959	7745				198859	10652	894940	682751	326956
50813	8546	547			140992	50743	703747	615192	393743
55467	3550					2000	854	338	967
20379	11006	952			114235	4989	1046484	916559	380927
13597	9839				200	919	75047	66227	268287
7956	1326				43491	363	6135	2883	103343
23294	11295				32620	9000	109771	106066	58252
11483	10032	242009			2367	9591	66109	53705	291335
1291	1282				13025	90	47942	40417	5211
53400	1561				5000	10975	568240	531613	71337
64862	3530				41701	2999	66552	66478	36642
9642	283				65714	5274	235492	220637	11816
10860	10315				37046	1623	971370	909129	452879

3-34 教育经费收入情况

地区	总计	国家财政性教育经费	一般公共预算安排的教育经费	一般公共预算教育经费	教育事业费	基本建设经费	教育费附加	科研经费	其他
合计	**729249849**	**671180125**	**667598145**	**608658143**	**567162527**	**8233175**	**33262441**		**58940002**
北京	18216682	16893483	16811639	14627325	13739408	297827	590090		2184315
天津	8983440	8654410	8570620	7893761	7356903		536859		676858
河北	30073214	27805369	27088152	25899540	24784556	122974	992010		1188612
山西	15114840	13546728	13402384	12336805	11658949	78207	599649		1065579
内蒙古	12958068	12413209	12360794	10436005	9627196	119694	689116		1924789
辽宁	16996539	16519188	16512563	14054641	13338038	31710	684892		2457922
吉林	11925103	11308202	11267556	10389873	9723665	47794	618414		877683
黑龙江	16281817	15908277	15880800	14321285	13577156	53197	690933		1559514
上海	19155765	16691552	16690540	14084985	10886598	127226	3071162		2605555
江苏	48086409	44176076	44078004	42196249	38549194	195882	3451173		1881755
浙江	38340585	32266011	31875281	29330733	27010386	462265	1858082		2544547
安徽	27553313	24415627	24265734	22030419	20444986	205067	1380367		2235315
福建	20797909	19120280	19028806	18040391	16922105	137053	981234		988415
江西	22337358	21276072	21233636	20289043	19272520	261471	755052		944593
山东	52368441	49661068	49256900	47983957	44263956	106365	3613635		1272943
河南	45359758	40964549	40578001	34380363	32211751	665668	1502944		6197638
湖北	27479976	25808993	25740532	24305746	24305746				1434786
湖南	30948398	28164804	28069989	26707657	24983712	219046	1504900		1362332
广东	66281929	56699564	56603617	50325265	45815425	1265857	3243983		6278352
广西	22821581	22017232	21973268	20345261	19160353	407091	777817		1628007
海南	6452065	6104031	5959154	4888886	4473092	73663	342132		1070268
重庆	18248098	17053052	16958984	13782580	12842102	443707	496771		3176404
四川	39673164	36206155	36151080	31928714	30305316	378522	1244876		4222366
贵州	23400296	21968889	21883929	20376900	19596548	254883	525468		1507029
云南	28846046	27556821	27505461	23897049	22957257	260744	679048		3608413
西藏	4161695	4157873	4102406	3716785	3335801	321892	59092		385621
陕西	16987299	15441909	15420578	15184099	14227462	375500	581137		236479
甘肃	12766973	12422562	12408965	11480352	10832260	151149	496944		928612
青海	4714043	4560711	4552755	3936569	3584268	192154	160147		616187
宁夏	4681450	4471808	4448514	3810943	3409275	254730	146938		637571
新疆	17237593	16925618	16917502	15675962	13966544	721838	987580		1241540
大连	3530088	3463819	3462529	2803379	2644933		158446		659149
宁波	5311931	4656378	4602978	4260921	3851176	35550	374195		342057
厦门	2701519	2553624	2488762	2279221	2002696	1787	274738		209541
青岛	6865670	6547373	6537731	6415964	5705907		710057		121767
深圳	11968414	10505496	10494636	8004884	6007634	1100607	896642		2489752

(地方普通初中)

单位：千元

政府性基金预算安排的教育经费	#彩票公益金	企业办学中的企业拨款	校办产业和社会服务收入中用于教育的经费	其他属于国家财政性教育经费	民办学校中举办者投入	捐赠收入	事业收入	#学费	其他教育经费
3538171	**524590**	**43810**			**5392589**	**862276**	**43644208**	**37481011**	**8170651**
55800	5534	26043			5696	44765	1149864	1035300	122874
83790	200				8683	10703	275364	264907	34281
717217	15007				292115	16362	1870626	1610315	88741
141499	4020	2845			128527	2174	1358797	1201029	78614
52415	32526				3297	27666	175663	158994	338232
6625	6264				24373	564	423093	377098	29321
40646	11870				2175	2257	481162	451689	131307
27141	27126	336			2442	401	311569	294720	59128
1012	1012				32789	13360	2034532	1978650	383532
98072	18425				221591	101698	3029037	2618834	558007
390731	19665				693506	66301	3853596	3368533	1461172
145985	46769	3908			495611	7627	2500603	2121448	133845
91474	11178				83092	35359	1255852	1149430	303326
38239	28421	4197			44980	36047	909374	720577	70885
404168	57903				272989	23800	2170869	1907514	239715
382689	46652	3859			996535	147094	3135607	2643273	115973
68276	7785	185			168076	5179	1244365	1060793	253362
94815	48133				246498	28891	2006574	1429782	501631
95947	36188				690391	75177	7905582	6826664	911215
43964	4266				44940	12422	640359	499195	106627
143939	2002	938			18129	2581	242243	186345	85081
94068	15477				114620	82843	874913	742729	122670
55076	18047				268772	39395	2893513	2389474	265328
84959	7745				198859	10652	894940	682751	326956
50813	8546	547			140992	50743	703747	615192	393743
55467	3550					2000	854	338	967
20379	11006	952			114235	4989	1045969	916559	380196
13597	9839				200	919	75047	66227	268244
7956	1326				43491	363	6135	2883	103343
23294	11295				32620	9000	109771	106066	58252
8115	6811				2367	942	64586	53705	244080
1291	1282				13025	90	47942	40417	5211
53400	1561				5000	10975	568240	531613	71337
64862	3530				41701	2999	66552	66478	36642
9642	283				65714	5274	235492	220637	11816
10860	10315				37046	1623	971370	909129	452879

3-35 教育经费收入情况

地区	总计	国家财政性教育经费	一般公共预算安排的教育经费	一般公共预算教育经费	教育事业费	基本建设经费	教育费附加	科研经费	其他
合计	**421431492**	**399953485**	**398235297**	**365631107**	**349895133**	**3828797**	**11907176**		**32604190**
北京	3539451	3349856	3349661	3008831	2915794	15157	77880		340830
天津	2369527	2330491	2330291	2173811	2138494		35317		156480
河北	20471173	19145444	18771528	18021010	17386381	91405	543224		750517
山西	9722910	8904030	8811248	8179053	7824926	42891	311236		632194
内蒙古	7975469	7807973	7784015	6620047	6196084	57905	366059		1163967
辽宁	6972028	6896303	6892921	6037745	5846499	28225	163020		855177
吉林	6741450	6530216	6520379	6064779	5813896	44406	206476		455600
黑龙江	8895063	8789283	8782145	8237986	8097266	53093	87628		544159
上海	2266589	2092992	2092239	1659147	1423587		235559		433093
江苏	22283502	20803020	20779397	20146722	18948366	1118	1197238		632675
浙江	18158057	16410525	16288037	15037880	13908691	367455	761735		1250156
安徽	20931632	18729057	18695054	16981263	16057480	183210	740573		1713791
福建	12035944	11348752	11272442	10863601	10442112	65658	355830		408841
江西	16348800	15719269	15692112	14954263	14365991	174686	413586		737849
山东	29447148	28262410	28113024	27532465	25653662	103735	1775067		580559
河南	31989831	28744360	28644652	24170949	23071043	275021	824885		4473703
湖北	15135595	14793337	14739207	14058150	14058150				681057
湖南	21725536	20136208	20077867	19100710	18230007	152326	718377		977157
广东	23615878	22276974	22242895	20214533	19844280	49556	320697		2028362
广西	16188208	15881950	15873840	14655507	14173929	199173	282404		1218333
海南	4084287	4008554	3904774	3185603	2864102	57376	264125		719171
重庆	10547125	10356231	10323907	8467696	8171167	123599	172929		1856211
四川	27711139	26509601	26467755	23353465	22510046	295671	547748		3114290
贵州	18246797	17486356	17463320	16214158	15742591	194501	277066		1249162
云南	22499124	22015276	21985316	19142560	18574544	178039	389977		2842756
西藏	2724649	2721944	2719894	2425184	2397529	20391	7264		294710
陕西	10912710	10539915	10534996	10367585	9899023	201119	267443		167411
甘肃	9687815	9510084	9502598	8838692	8516371	133520	188800		663906
青海	3241845	3146505	3138634	2806228	2625010	115316	65902		332407
宁夏	2623455	2541509	2522054	2104526	2014238	35530	54758		417528
新疆	12338756	12165064	11919096	11006958	10183875	568711	254372		912138
大连	774515	772116	771968	650170	623691		26479		121798
宁波	1994941	1906704	1877011	1721973	1551088		170885		155037
厦门	440462	433102	376724	335342	309462	100	25781		41382
青岛	2089120	2085506	2085316	2057723	1847821		209902		27594
深圳									

（农村初中）

单位：千元

政府性基金预算安排的教育经费	#彩票公益金	企业办学中的企业拨款	校办产业和社会服务收入中用于教育的经费	其他属于国家财政性教育经费	民办学校中举办者投入	捐赠收入	事业收入	#学费	其他教育经费
1473610	**275847**	**244579**			**3009271**	**484924**	**14596537**	**11921815**	**3387275**
194	194				1442	31577	133752	118511	22825
200	200					3	37438	33321	1595
373917	9971				273334	14135	1013351	864918	24908
91124	2991	1658			108460	2050	666849	552318	41522
23958	14728				2760	25086	23483	19286	116168
3381	3325				41	248	73705	64172	1731
9837	9837					2057	138875	129155	70303
6802	6787	336				264	60363	51872	45152
752	752					1445	140103	132233	32049
23622	5668				139930	18566	1149196	927430	172791
122488	7045				173196	40415	1051577	936550	482344
34003	19226				473291	6110	1676329	1436445	46845
76311	4468				13604	23816	482394	415276	167378
27157	23339				35797	16107	537186	389587	40441
149386	31543				143926	5572	908767	775396	126472
95849	25584	3859			926067	139050	2121866	1733687	58489
53945	2975	185			16889	4811	223997	181105	96561
58341	32410				115553	26580	1032343	736536	414851
34079	4172				200241	28136	1033979	870504	76548
8109	2181				3428	10896	218209	153477	73725
103781	581				4072	2538	28336	20493	40786
32324	13828				12146	6180	145507	91080	27062
41845	12257				151414	26738	922196	715436	101192
23036	5925				130735	10217	397807	287913	221682
29413	5993	547			1700	29538	160509	115481	292102
2050	2050					2000	338	338	367
4918	4918				48767	1961	185707	142741	136361
7486	5736					863	9242	7463	167626
7871	1241					254	1146	629	93940
19454	8399				32320	6816	18535	16675	24275
7974	7523	237994			157	896	3452	1785	169188
148	148					74	1946	1946	380
29694	790					1617	61979	57878	24640
56377	1237						6374	6374	986
189	189				519	944	1551	1396	600

3-36 教育经费收入情况

地区	总计	国家财政性教育经费	一般公共预算安排的教育经费	一般公共预算教育经费	教育事业费	基本建设经费	教育费附加	科研经费	其他
合计	**419858549**	**398420262**	**396942939**	**364364484**	**348680449**	**3776859**	**11907176**		**32578455**
北京	3539451	3349856	3349661	3008831	2915794	15157	77880		340830
天津	2369527	2330491	2330291	2173811	2138494		35317		156480
河北	20471173	19145444	18771528	18021010	17386381	91405	543224		750517
山西	9722910	8904030	8811248	8179053	7824926	42891	311236		632194
内蒙古	7975469	7807973	7784015	6620047	6196084	57905	366059		1163967
辽宁	6972028	6896303	6892921	6037745	5846499	28225	163020		855177
吉林	6741450	6530216	6520379	6064779	5813896	44406	206476		455600
黑龙江	8831312	8725532	8718394	8174615	8033894	53093	87628		543780
上海	2266589	2092992	2092239	1659147	1423587		235559		433093
江苏	22283502	20803020	20779397	20146722	18948366	1118	1197238		632675
浙江	18158057	16410525	16288037	15037880	13908691	367455	761735		1250156
安徽	20931632	18729057	18695054	16981263	16057480	183210	740573		1713791
福建	12035944	11348752	11272442	10863601	10442112	65658	355830		408841
江西	16348800	15719269	15692112	14954263	14365991	174686	413586		737849
山东	29447148	28262410	28113024	27532465	25653662	103735	1775067		580559
河南	31989831	28744360	28644652	24170949	23071043	275021	824885		4473703
湖北	15135595	14793337	14739207	14058150	14058150				681057
湖南	21725536	20136208	20077867	19100710	18230007	152326	718377		977157
广东	23558700	22220825	22186747	20158861	19788607	49556	320697		2027886
广西	16188208	15881950	15873840	14655507	14173929	199173	282404		1218333
海南	4083965	4008554	3904774	3185603	2864102	57376	264125		719171
重庆	10547125	10356231	10323907	8467696	8171167	123599	172929		1856211
四川	27711139	26509601	26467755	23353465	22510046	295671	547748		3114290
贵州	18246797	17486356	17463320	16214158	15742591	194501	277066		1249162
云南	22499124	22015276	21985316	19142560	18574544	178039	389977		2842756
西藏	2724649	2721944	2719894	2425184	2397529	20391	7264		294710
陕西	10912710	10539915	10534996	10367585	9899023	201119	267443		167411
甘肃	9682253	9504564	9497078	8833172	8510851	133520	188800		663906
青海	3241845	3146505	3138634	2806228	2625010	115316	65902		332407
宁夏	2623455	2541509	2522054	2104526	2014238	35530	54758		417528
新疆	10892624	10757259	10752157	9864899	9093754	516773	254372		887258
大连	774515	772116	771968	650170	623691		26479		121798
宁波	1994941	1906704	1877011	1721973	1551088		170885		155037
厦门	440462	433102	376724	335342	309462	100	25781		41382
青岛	2089120	2085506	2085316	2057723	1847821		209902		27594
深圳									

(地方农村初中)

单位：千元

政府性基金预算安排的教育经费	#彩票公益金	企业办学中的企业拨款	校办产业和社会服务收入中用于教育的经费	其他属于国家财政性教育经费	民办学校中举办者投入	捐赠收入	事业收入	#学费	其他教育经费
1470738	**273122**	**6585**			**3009271**	**484811**	**14594958**	**11921809**	**3349247**
194	194				1442	31577	133752	118511	22825
200	200					3	37438	33321	1595
373917	9971				273334	14135	1013351	864918	24908
91124	2991	1658			108460	2050	666849	552318	41522
23958	14728				2760	25086	23483	19286	116168
3381	3325				41	248	73705	64172	1731
9837	9837					2057	138875	129155	70303
6802	6787	336				264	60363	51872	45152
752	752					1445	140103	132233	32049
23622	5668				139930	18566	1149196	927430	172791
122488	7045				173196	40415	1051577	936550	482344
34003	19226				473291	6110	1676329	1436445	46845
76311	4468				13604	23816	482394	415276	167378
27157	23339				35797	16107	537186	389587	40441
149386	31543				143926	5572	908767	775396	126472
95849	25584	3859			926067	139050	2121866	1733687	58489
53945	2975	185			16889	4811	223997	181105	96561
58341	32410				115553	26580	1032343	736536	414851
34079	4172				200241	28129	1033272	870498	76232
8109	2181				3428	10896	218209	153477	73725
103781	581				4072	2538	28037	20493	40764
32324	13828				12146	6180	145507	91080	27062
41845	12257				151414	26738	922196	715436	101192
23036	5925				130735	10217	397807	287913	221682
29413	5993	547			1700	29538	160509	115481	292102
2050	2050					2000	338	338	367
4918	4918				48767	1961	185707	142741	136361
7486	5736					863	9242	7463	167584
7871	1241					254	1146	629	93940
19454	8399				32320	6816	18535	16675	24275
5102	4798				157	790	2880	1785	131539
148	148					74	1946	1946	380
29694	790					1617	61979	57878	24640
56377	1237						6374	6374	986
189	189				519	944	1551	1396	600

3-37 教育经费收入情况

地区	总计	国家财政性教育经费	一般公共预算安排的教育经费	一般公共预算教育经费	教育事业费	基本建设经费	教育费附加	科研经费	其他
合计	**805020**	**693221**	**692760**	**656500**	**561364**	**28574**	**66562**		**36261**
北京	59631	51169	51169	42947	29940		13007		8222
天津	32717	32715	32715	29366	29366				3349
河北	660	660	660	660	660				
山西									
内蒙古									
辽宁	511	511	511	511	156		356		
吉林	4203	4199	4199	3906	3906				293
黑龙江									
上海	34673	33678	33678	28309	25795		2514		5369
江苏	195910	153574	153574	148921	121742		27179		4653
浙江	292377	242461	242224	237201	215596		21605		5023
安徽									
福建									
江西									
山东	19725	19702	19702	19702	19702				
河南									
湖北	7827	7827	7827	7827	7827				
湖南	3234	1820	1820	1531	1531				289
广东	153403	144757	144533	135470	104995	28574	1902		9063
广西									
海南									
重庆									
四川									
贵州									
云南									
西藏									
陕西									
甘肃									
青海									
宁夏									
新疆	148	148	148	148	148				
大连									
宁波	1634	1634	1634	1354	1350		4		280
厦门									
青岛									
深圳									

(成人中学)

单位：千元

政府性基金预算安排的教育经费	#彩票公益金	企业办学中的企业拨款	校办产业和社会服务收入中用于教育的经费	其他属于国家财政性教育经费	民办学校中举办者投入	捐赠收入	事业收入	#学费	其他教育经费
461	**85**					**980**	**67223**	**10907**	**43595**
							8438	6410	25
									2
									5
							995	186	
						699	39891	1804	1746
236	85					275	9339	569	40303
						7			16
							1414	1296	
224							7147	642	1499

3–38 教育经费收入情况

地区	总计	国家财政性教育经费	一般公共预算安排的教育经费	一般公共预算教育经费	教育事业费	基本建设经费	教育费附加	科研经费	其他
合计	**1188807217**	**1124566470**	**1119284542**	**1014429818**	**951016659**	**13710930**	**49702229**		**104854724**
北京	32532523	30073203	30019460	26301627	24488889	579027	1233711		3717832
天津	13880544	13521053	13518973	12525214	11884234	50000	590980		993759
河北	53439852	51146099	50209947	47743797	46007790	178411	1557596		2466150
山西	25764844	24721317	24570413	22355762	21215049	171628	969085		2214651
内蒙古	25261765	24466789	24380567	18687663	17255941	232539	1199183		5692905
辽宁	25710632	25306887	25286257	21337016	20043860	98190	1194966		3949241
吉林	20062525	19500369	19463727	17719104	16721958	121292	875854		1744623
黑龙江	23050254	22905541	22881849	20540853	20009343	82959	448551		2340996
上海	24963300	22245205	22129827	18703878	14578235	8669	4116974		3425948
江苏	76709266	72925451	72808344	70499165	64620400	222682	5656083		2309180
浙江	58360667	52027476	51492951	47391928	43264691	788289	3338948		4101023
安徽	45076558	43595197	43370207	38845285	36665346	288930	1891008		4524922
福建	34014965	32716403	32606408	31109698	29332261	265917	1511520		1496710
江西	39403880	38575120	38472623	36733042	34937508	475741	1319792		1739581
山东	71072459	67905894	67391664	65888145	61067933	212222	4607989		1503519
河南	67056607	61908570	61507477	52881609	50011720	803318	2066571		8625868
湖北	40943327	39290099	39227336	37083064	37083064				2144271
湖南	46812484	44518315	44401643	42261550	40028029	334664	1898857		2140093
广东	121879164	105059255	104891390	91472146	82942294	2610657	5919195		13419244
广西	40724025	39779846	39722694	36591431	34817321	732784	1041326		3131263
海南	11443260	10657853	10431831	8365631	7985954	76305	303371		2066200
重庆	29781053	29179888	28800769	22758855	21411677	424257	922921		6041914
四川	63525572	60664508	60537681	53885168	50698822	860117	2326229		6652514
贵州	39216849	37926006	37769890	35358016	33888811	496305	972900		2411873
云南	49551037	48096870	48001273	40671399	39094316	378050	1199032		7329875
西藏	9612560	9597269	9590879	8785661	8043039	711271	31351		805218
陕西	28724818	27287797	27260974	26832501	25147054	673402	1012044		428473
甘肃	24783653	24350382	24306981	20988958	20070537	340320	578101		3318023
青海	7931928	7737877	7723962	6842242	6182372	483921	175949		881719
宁夏	7432382	7168646	7136704	5995311	5614102	116360	264850		1141393
新疆	30084463	29711287	29369843	27274102	25904107	892703	477292		2095741
大连	5086491	4967942	4964548	4081356	3750299	38848	292209		883192
宁波	8450339	7790249	7707243	7114927	6320138	39500	755290		592316
厦门	4926744	4612609	4576709	4264302	3854520	22416	387367		312407
青岛	10148212	9818648	9789279	9648168	8309411		1338756		141111
深圳	25645109	21665937	21645289	16902693	12334237	2230150	2338305		4742596

(小学)

单位：千元

政府性基金预算安排的教育经费	#彩票公益金	企业办学中的企业拨款	校办产业和社会服务收入中用于教育的经费	其他属于国家财政性教育经费	民办学校中举办者投入	捐赠收入	事业收入	#学费	其他教育经费
4879933	**975607**	**401995**			**4435259**	**908815**	**46730832**	**41344410**	**12165841**
17396	9414	36348			11962	11471	2061677	1954206	374210
2080	2080				5000	16474	306967	297100	31051
931947	71931	4206			264868	33530	1938424	1699781	56930
144866	17954	6038			138582	5440	817500	692151	82004
86222	48552				10400	5283	112454	102125	666838
20630	15445				22106	2421	321995	265179	57223
36642	36415				3507	22276	365860	348537	170514
20004	18147	3687			3518	1662	101145	92409	38388
115378	1946				21050	12330	1970673	1923103	714042
117107	53052				218352	133594	2637019	2375929	794851
534525	36308				264668	54346	4059642	3551734	1954535
220270	29004	4720			93981	15696	1195938	1040268	175746
109995	28339				98555	65478	644903	597536	489627
99940	62973	2557			68137	20829	624775	496124	115019
507498	63495	6732			384759	26484	2318599	2029619	436723
390214	44250	10880			408136	24106	4561559	3792137	154235
62763	12721				217127	15922	1043700	853949	376478
116672	51960				214948	26560	1407294	1011524	645368
165648	62438	2217			1085797	116958	14302940	13233988	1314214
57152	40849				143730	17079	642057	522266	141314
226022	5024				53693	60	382062	449603	119591
379119	35965				37826	18303	435807	345127	109229
126827	67499				251824	150527	2105957	1860190	352757
156116	35995				191361	13121	637607	501410	448754
94164	36389	1433			50597	48629	414862	349950	940079
6390	6090					9881	4186	3207	1225
21405	14735	5418			146606	3220	988626	867074	298569
43401	28136				2678	8426	30462	24156	391705
13915	2764				20069	5344	4961	4096	163678
31942	15223				169	16986	28328	24045	218252
23685	20512	317759			1252	6379	62854	35887	302693
3394	3363				14030	1584	84490	71120	18445
83006	3777					4485	542188	508341	113417
35900	6015				73104	2314	193392	193288	45325
29369	1377				25360	9404	287107	277803	7693
20648	17900				121347	1924	3139632	3026007	716270

3-39 教育经费收入情况

地区	总计	国家财政性教育经费	一般公共预算安排的教育经费	一般公共预算教育经费	教育事业费	基本建设经费	教育费附加	科研经费	其他
合计	**1184910857**	**1121007843**	**1116051748**	**1011284945**	**947957868**	**13627848**	**49699229**		**104766803**
北京	32097855	29847326	29793582	26077300	24264562	579027	1233711		3716282
天津	13847077	13490369	13488289	12494531	11853551	50000	590980		993759
河北	53439852	51146099	50209947	47743797	46007790	178411	1557596		2466150
山西	25764844	24721317	24570413	22355762	21215049	171628	969085		2214651
内蒙古	25261765	24466789	24380567	18687663	17255941	232539	1199183		5692905
辽宁	25710632	25306887	25286257	21337016	20043860	98190	1194966		3949241
吉林	20062525	19500369	19463727	17719104	16721958	121292	875854		1744623
黑龙江	22889062	22744349	22721167	20381956	19850445	82959	448551		2339211
上海	24949539	22231495	22116116	18691114	14568471	8669	4113974		3425002
江苏	76709266	72925451	72808344	70499165	64620400	222682	5656083		2309180
浙江	58360667	52027476	51492951	47391928	43264691	788289	3338948		4101023
安徽	45076558	43595197	43370207	38845285	36665346	288930	1891008		4524922
福建	34014965	32716403	32606408	31109698	29332261	265917	1511520		1496710
江西	39403880	38575120	38472623	36733042	34937508	475741	1319792		1739581
山东	71072459	67905894	67391664	65888145	61067933	212222	4607989		1503519
河南	67044841	61898687	61497594	52877556	50007667	803318	2066571		8620038
湖北	40836374	39190240	39127477	36983206	36983206				2144271
湖南	46798222	44511602	44394931	42254837	40021316	334664	1898857		2140093
广东	121784030	104965583	104799936	91381253	82851402	2610657	5919195		13418683
广西	40724025	39779846	39722694	36591431	34817321	732784	1041326		3131263
海南	11442228	10657853	10431831	8365631	7985954	76305	303371		2066200
重庆	29752555	29152992	28773873	22733318	21386140	424257	922921		6040554
四川	63516050	60664392	60537565	53885051	50698705	860117	2326229		6652514
贵州	39216849	37926006	37769890	35358016	33888811	496305	972900		2411873
云南	49551037	48096870	48001273	40671399	39094316	378050	1199032		7329875
西藏	9612560	9597269	9590879	8785661	8043039	711271	31351		805218
陕西	28630087	27195865	27169042	26740569	25055123	673402	1012044		428473
甘肃	24768754	24335505	24292104	20974081	20055661	340320	578101		3318023
青海	7931928	7737877	7723962	6842242	6182372	483921	175949		881719
宁夏	7432382	7168646	7136704	5995311	5614102	116360	264850		1141393
新疆	27207986	26928069	26909731	24889878	23602966	809620	477292		2019853
大连	5086491	4967942	4964548	4081356	3750299	38848	292209		883192
宁波	8450339	7790249	7707243	7114927	6320138	39500	755290		592316
厦门	4926744	4612609	4576709	4264302	3854520	22416	387367		312407
青岛	10148212	9818648	9789279	9648168	8309411		1338756		141111
深圳	25645109	21665937	21645289	16902693	12334237	2230150	2338305		4742596

(地方小学)

单位：千元

政府性基金预算安排的教育经费	#彩票公益金	企业办学中的企业拨款	校办产业和社会服务收入中用于教育的经费	其他属于国家财政性教育经费	民办学校中举办者投入	捐赠收入	事业收入	#学费	其他教育经费
4874406	**970415**	**81690**			**4435259**	**902448**	**46721646**	**41344401**	**11843661**
17396	9414	36348			11962	10471	2061677	1954206	166419
2080	2080				5000	16474	306967	297100	28267
931947	71931	4206			264868	33530	1938424	1699781	56930
144866	17954	6038			138582	5440	817500	692151	82004
86222	48552				10400	5283	112454	102125	666838
20630	15445				22106	2421	321995	265179	57223
36642	36415				3507	22276	365860	348537	170514
19824	17967	3358			3518	1662	101145	92409	38388
115378	1946				21050	12280	1970673	1923103	714042
117107	53052				218352	133594	2637019	2375929	794851
534525	36308				264668	54346	4059642	3551734	1954535
220270	29004	4720			93981	15696	1195938	1040268	175746
109995	28339				98555	65478	644903	597536	489627
99940	62973	2557			68137	20829	624775	496124	115019
507498	63495	6732			384759	26484	2318599	2029619	436723
390214	44250	10880			408136	24106	4561559	3792137	152352
62763	12721				217127	15640	1043700	853949	369665
116672	51960				214948	25588	1407294	1011524	638790
165648	62438				1085797	116948	14301923	13233978	1313778
57152	40849				143730	17079	642057	522266	141314
226022	5024				53693	60	581102	449603	149519
379119	35965				37826	18217	435507	345127	108014
126827	67499				251824	150527	2105957	1860190	343351
156116	35995				191361	13121	637607	501410	448754
94164	36389	1433			50597	48629	414862	349950	940079
6390	6090					9881	4186	3207	1225
21405	14735	5418			146606	3200	988626	867074	295790
43401	28136				2678	8426	30462	24156	391682
13915	2764				20069	5344	4961	4096	163678
31942	15223				169	16986	28328	24045	218252
18338	15501				1252	2432	55945	35887	220290
3394	3363				14030	1584	84490	71120	18445
83006	3777					4485	542188	508341	113417
35900	6015				73104	2314	193392	193288	45325
29369	1377				25360	9404	287107	277803	7693
20648	17900				121347	1924	3139632	3026007	716270

3-40 教育经费收入情况

地区	总计	国家财政性教育经费	一般公共预算安排的教育经费	一般公共预算教育经费	教育事业费	基本建设经费	教育费附加	科研经费	其他
合计	**1188797093**	**1124556346**	**1119274418**	**1014420182**	**951007022**	**13710930**	**49702229**		**104854236**
北京	32532523	30073203	30019460	26301627	24488889	579027	1233711		3717832
天津	13880544	13521053	13518973	12525214	11884234	50000	590980		993759
河北	53439852	51146099	50209947	47743797	46007790	178411	1557596		2466150
山西	25764844	24721317	24570413	22355762	21215049	171628	969085		2214651
内蒙古	25261765	24466789	24380567	18687663	17255941	232539	1199183		5692905
辽宁	25710632	25306887	25286257	21337016	20043860	98190	1194966		3949241
吉林	20062525	19500369	19463727	17719104	16721958	121292	875854		1744623
黑龙江	23050254	22905541	22881849	20540853	20009343	82959	448551		2340996
上海	24963300	22245205	22129827	18703878	14578235	8669	4116974		3425948
江苏	76709266	72925451	72808344	70499165	64620400	222682	5656083		2309180
浙江	58360667	52027476	51492951	47391928	43264691	788289	3338948		4101023
安徽	45076558	43595197	43370207	38845285	36665346	288930	1891008		4524922
福建	34008450	32709888	32599893	31103182	29325746	265917	1511520		1496710
江西	39403880	38575120	38472623	36733042	34937508	475741	1319792		1739581
山东	71072459	67905894	67391664	65888145	61067933	212222	4607989		1503519
河南	67056607	61908570	61507477	52881609	50011720	803318	2066571		8625868
湖北	40943327	39290099	39227336	37083064	37083064				2144271
湖南	46812484	44518315	44401643	42261550	40028029	334664	1898857		2140093
广东	121879164	105059255	104891390	91472146	82942294	2610657	5919195		13419244
广西	40723284	39779104	39721953	36590690	34816579	732784	1041326		3131263
海南	11443260	10657853	10431831	8365631	7985954	76305	303371		2066200
重庆	29778185	29177020	28797901	22756475	21409297	424257	922921		6041427
四川	63525572	60664508	60537681	53885168	50698822	860117	2326229		6652514
贵州	39216849	37926006	37769890	35358016	33888811	496305	972900		2411873
云南	49551037	48096870	48001273	40671399	39094316	378050	1199032		7329875
西藏	9612560	9597269	9590879	8785661	8043039	711271	31351		805218
陕西	28724818	27287797	27260974	26832501	25147054	673402	1012044		428473
甘肃	24783653	24350382	24306981	20988958	20070537	340320	578101		3318023
青海	7931928	7737877	7723962	6842242	6182372	483921	175949		881719
宁夏	7432382	7168646	7136704	5995311	5614102	116360	264850		1141393
新疆	30084463	29711287	29369843	27274102	25904107	892703	477292		2095741
大连	5086491	4967942	4964548	4081356	3750299	38848	292209		883192
宁波	8450339	7790249	7707243	7114927	6320138	39500	755290		592316
厦门	4926744	4612609	4576709	4264302	3854520	22416	387367		312407
青岛	10148212	9818648	9789279	9648168	8309411		1338756		141111
深圳	25645109	21665937	21645289	16902693	12334237	2230150	2338305		4742596

(普通小学)

单位：千元

政府性基金预算安排的教育经费	#彩票公益金	企业办学中的企业拨款	校办产业和社会服务收入中用于教育的经费	其他属于国家财政性教育经费	民办学校中举办者投入	捐赠收入	事业收入	#学费	其他教育经费
4879933	**975607**	**401995**			**4435259**	**908815**	**46730832**	**41344410**	**12165841**
17396	9414	36348			11962	11471	2061677	1954206	374210
2080	2080				5000	16474	306967	297100	31051
931947	71931	4206			264868	33530	1938424	1699781	56930
144866	17954	6038			138582	5440	817500	692151	82004
86222	48552				10400	5283	112454	102125	666838
20630	15445				22106	2421	321995	265179	57223
36642	36415				3507	22276	365860	348537	170514
20004	18147	3687			3518	1662	101145	92409	38388
115378	1946				21050	12330	1970673	1923103	714042
117107	53052				218352	133594	2637019	2375929	794851
534525	36308				264668	54346	4059642	3551734	1954535
220270	29004	4720			93981	15696	1195938	1040268	175746
109995	28339				98555	65478	644903	597536	489627
99940	62973	2557			68137	20829	624775	496124	115019
507498	63495	6732			384759	26484	2318599	2029619	436723
390214	44250	10880			408136	24106	4561559	3792137	154235
62763	12721				217127	15922	1043700	853949	376478
116672	51960				214948	26560	1407294	1011524	645368
165648	62438	2217			1085797	116958	14302940	13233988	1314214
57152	40849				143730	17079	642057	522266	141314
226022	5024				53693	60	582062	449603	149591
379119	35965				37826	18303	435807	345127	109229
126827	67499				251824	150527	2105957	1860190	352757
156116	35995				191361	13121	637607	501410	448754
94164	36389	1433			50597	48629	414862	349950	940079
6390	6090					9881	4186	3207	1225
21405	14735	5418			146606	3220	988626	867074	298569
43401	28136				2678	8426	30462	24156	391705
13915	2764				20069	5344	4961	4096	163678
31942	15223				169	16986	28328	24045	218252
23685	20512	317759			1252	6379	62854	35887	302693
3394	3363				14030	1584	84490	71120	18445
83006	3777					4485	542188	508341	113417
35900	6015				73104	2314	193392	193288	45325
29369	1377				25360	9404	287107	277803	7693
20648	17900				121347	1924	3139632	3026007	716270

3-41 教育经费收入情况

地区	总计	国家财政性教育经费	一般公共预算安排的教育经费	一般公共预算教育经费	教育事业费	基本建设经费	教育费附加	科研经费	其他
合计	**1184900733**	**1120997719**	**1116041624**	**1011275308**	**947948231**	**13627848**	**49699229**		**104766316**
北京	32097855	29847326	29793582	26077300	24264562	579027	1233711		3716282
天津	13847077	13490369	13488289	12494531	11853551	50000	590980		993759
河北	53439852	51146099	50209947	47743797	46007790	178411	1557596		2466150
山西	25764844	24721317	24570413	22355762	21215049	171628	969085		2214651
内蒙古	25261765	24466789	24380567	18687663	17255941	232539	1199183		5692905
辽宁	25710632	25306887	25286257	21337016	20043860	98190	1194966		3949241
吉林	20062525	19500369	19463727	17719104	16721958	121292	875854		1744623
黑龙江	22889062	22744349	22721167	20381956	19850445	82959	448551		2339211
上海	24949539	22231495	22116116	18691114	14568471	8669	4113974		3425002
江苏	76709266	72925451	72808344	70499165	64620400	222682	5656083		2309180
浙江	58360667	52027476	51492951	47391928	43264691	788289	3338948		4101023
安徽	45076558	43595197	43370207	38845285	36665346	288930	1891008		4524922
福建	34008450	32709888	32599893	31103182	29325746	265917	1511520		1496710
江西	39403880	38575120	38472623	36733042	34937508	475741	1319792		1739581
山东	71072459	67905894	67391664	65888145	61067933	212222	4607989		1503519
河南	67044841	61898687	61497594	52877556	50007667	803318	2066571		8620038
湖北	40836374	39190240	39127477	36983206	36983206				2144271
湖南	46798222	44511602	44394931	42254837	40021316	334664	1898857		2140093
广东	121784030	104965583	104799936	91381253	82851402	2610657	5919195		13418683
广西	40723284	39779104	39721953	36590690	34816579	732784	1041326		3131263
海南	11442228	10657853	10431831	8365631	7985954	76305	303371		2066200
重庆	29749688	29150124	28771005	22730938	21383760	424257	922921		6040067
四川	63516050	60664392	60537565	53885051	50698705	860117	2326229		6652514
贵州	39216849	37926006	37769890	35358016	33888811	496305	972900		2411873
云南	49551037	48096870	48001273	40671399	39094316	378050	1199032		7329875
西藏	9612560	9597269	9590879	8785661	8043039	711271	31351		805218
陕西	28630087	27195865	27169042	26740569	25055123	673402	1012044		428473
甘肃	24768754	24335505	24292104	20974081	20055661	340320	578101		3318023
青海	7931928	7737877	7723962	6842242	6182372	483921	175949		881719
宁夏	7432382	7168646	7136704	5995311	5614102	116360	264850		1141393
新疆	27207986	26928069	26909731	24889878	23602966	809620	477292		2019853
大连	5086491	4967942	4964548	4081356	3750299	38848	292209		883192
宁波	8450339	7790249	7707243	7114927	6320138	39500	755290		592316
厦门	4926744	4612609	4576709	4264302	3854520	22416	387367		312407
青岛	10148212	9818648	9789279	9648168	8309411		1338756		141111
深圳	25645109	21665937	21645289	16902693	12334237	2230150	2338305		4742596

(地方普通小学)

单位：千元

政府性基金预算安排的教育经费	#彩票公益金	企业办学中的企业拨款	校办产业和社会服务收入中用于教育的经费	其他属于国家财政性教育经费	民办学校中举办者投入	捐赠收入	事业收入	#学费	其他教育经费
4874406	**970415**	**81690**			**4435259**	**902448**	**46721646**	**41344401**	**11843661**
17396	9414	36348			11962	10471	2061677	1954206	166419
2080	2080				5000	16474	306967	297100	28267
931947	71931	4206			264868	33530	1938424	1699781	56930
144866	17954	6038			138582	5440	817500	692151	82004
86222	48552				10400	5283	112454	102125	666838
20630	15445				22106	2421	321995	265179	57223
36642	36415				3507	22276	365860	348537	170514
19824	17967	3358			3518	1662	101145	92409	38388
115378	1946				21050	12280	1970673	1923103	714042
117107	53052				218352	133594	2637019	2375929	794851
534525	36308				264668	54346	4059642	3551734	1954535
220270	29004	4720			93981	15696	1195938	1040268	175746
109995	28339				98555	65478	644903	597536	489627
99940	62973	2557			68137	20829	624775	496124	115019
507498	63495	6732			384759	26484	2318599	2029619	436723
390214	44250	10880			408136	24106	4561559	3792137	152352
62763	12721				217127	15640	1043700	853949	369665
116672	51960				214948	25588	1407294	1011524	638790
165648	62438				1085797	116948	14301923	13233978	1313778
57152	40849				143730	17079	642057	522266	141314
226022	5021				53693	60	581102	449603	149519
379119	35965				37826	18217	435507	345127	108014
126827	67499				251824	150527	2105957	1860190	343351
156116	35995				191361	13121	637607	501410	448754
94164	36389	1433			50597	48629	414862	349950	940079
6390	6090					9881	4186	3207	1225
21405	14735	5418			146606	3200	988626	867074	295790
43401	28136				2678	8426	30462	24156	391682
13915	2764				20069	5344	4961	4096	163678
31942	15223				169	16986	28328	24045	218252
18338	15501				1252	2432	55945	35887	220290
3394	3363				14030	1584	84490	71120	18445
83006	3777					4485	542188	508341	113417
35900	6015				73104	2314	193392	193288	45325
29369	1377				25360	9404	287107	277803	7693
20648	17900				121347	1924	3139632	3026007	716270

3-42 教育经费收入情况

地区	总计	国家财政性教育经费	一般公共预算安排的教育经费	一般公共预算教育经费	教育事业费	基本建设经费	教育费附加	科研经费	其他
合计	**731433499**	**708436010**	**705732377**	**640093979**	**613947026**	**7155770**	**18991183**		**65638398**
北京	5694919	5397130	5387149	4795165	4573800	113873	107493		591984
天津	3374224	3334204	3332804	3122655	3086014		36642		210149
河北	40875135	39179105	38689057	36836899	35649094	149253	1038553		1852158
山西	17944621	17376798	17257307	15691232	15064722	86551	539958		1566075
内蒙古	18233447	17856772	17793843	13256552	12282001	163423	811128		4537292
辽宁	11837950	11766756	11754668	9859519	9479713	46216	333589		1895149
吉林	12712222	12429925	12398602	11369904	10937201	77069	355634		1028698
黑龙江	14515450	14478793	14460632	13394753	13230381	64342	100031		1065879
上海	3161682	2852646	2851789	2271061	1912821		358240		580728
江苏	37337847	35951923	35923426	35015549	32980831	2682	2032036		907877
浙江	29575749	27815390	27563441	25489667	23286825	570793	1632049		2073773
安徽	35618744	34544637	34489648	30711489	29407871	271430	1032188		3778159
福建	20051744	19517600	19462796	18804192	18039788	172672	591732		658605
江西	29992755	29531350	29471841	28030222	27103178	274053	652992		1441618
山东	41964499	40312454	40142622	39408201	37250927	85980	2071294		734421
河南	49665208	45995865	45788992	39148795	37851826	314979	981990		6640197
湖北	23397247	22918211	22890298	21790592	21790592				1099707
湖南	32714150	31374832	31296218	29821841	28623328	259073	939440		1474377
广东	44589113	42402970	42339666	37031750	36204162	48074	779514		5307916
广西	30702156	30415217	30380919	27891237	27037696	347698	505843		2489682
海南	8157225	7908149	7717203	6107814	5878802	70405	158607		1609388
重庆	18124389	18005227	17958978	14149437	13704305	120742	324389		3809541
四川	47448148	46406412	46304654	41143372	39293057	701859	1148456		5161282
贵州	31393767	30655047	30568148	28447880	27693685	327163	427032		2120269
云南	40732550	39814767	39726905	33587198	32662586	251786	672826		6139708
西藏	8218310	8205124	8198824	7499012	6773720	704900	20392		699813
陕西	19920618	19396602	19381306	19051448	17978623	499211	573615		329857
甘肃	20054133	19705401	19675104	16842436	16285282	296582	260572		2832668
青海	6222663	6072515	6058940	5412396	4921068	391614	99713		646544
宁夏	4868911	4694416	4681082	3891851	3721426	43020	127404		789231
新疆	22333921	22119771	21785514	20219860	19241703	700328	277829		1565654
大连	1052053	1036878	1036624	865978	822990	3180	39808		170646
宁波	3620451	3455077	3415090	3164303	2714177		450127		250787
厦门	849978	839627	833181	771808	691131	5980	74696		61374
青岛	3094508	3079332	3078065	3033951	2680167		353783		44115
深圳									

（农村小学）

单位：千元

政府性基金预算安排的教育经费	#彩票公益金	企业办学中的企业拨款	校办产业和社会服务收入中用于教育的经费	其他属于国家财政性教育经费	民办学校中举办者投入	捐赠收入	事业收入	#学费	其他教育经费
2368828	**686790**	**334805**			**1970405**	**433336**	**14607029**	**12267922**	**5986719**
9981	1999				2278	3938	254068	238066	37506
1400	1400					235	38672	34555	1113
490048	39657				217770	24718	1410471	1246630	43070
115519	16795	3972			124694	5104	399230	321775	38796
62929	43186				6352	2486	25939	19712	341898
12088	9868				33	1246	65194	51311	4721
31323	31096				1268	14397	171122	159191	95510
14473	13944	3687			390	1346	10893	8930	24029
857	857					275	117340	113336	191421
28497	24848				106512	9580	989238	849005	280595
251949	23113				39634	29053	919316	818338	772356
54990	22554				79975	14451	943615	827432	36065
54803	18792				4456	28894	204776	177298	296018
59509	48340				48690	11154	333933	240266	67628
169401	45074	430			213237	10025	1102716	926550	326067
195993	34469	10880			315728	18161	3289421	2667680	46033
27913	11537				47190	13343	294878	236860	123624
78614	37307				139493	21959	678273	505553	499594
63304	16457				217169	31239	1809680	1618035	128056
34298	25312				5421	7286	185399	122069	88833
190946	4948				31049	50	132525	90235	85452
46250	29532				4740	5924	62098	42266	46400
101758	59540				119356	87709	634168	556152	200503
86899	27445				125680	12241	247894	191164	352905
86429	28654	1433			6662	38372	64530	36211	808219
6300	6000					9881	3207	3207	98
13937	11532	1360			110922	1883	190258	148628	220952
30297	20910				1708	7923	8366	6483	330735
13575	2424					5192	163	144	144793
13334	10613					12788	7845	6554	153862
21214	18588	313043				2482	11801	4283	199866
254	254					857	11842	9024	2475
39987	2066					1473	116310	109714	47590
6445	181						10330	10330	21
1267	963					2399	11170	10441	1606

3-43 教育经费收入情况

地区	总计	国家财政性教育经费	一般公共预算安排的教育经费	一般公共预算教育经费	教育事业费	基本建设经费	教育费附加	科研经费	其他
合计	728792674	705879325	703493994	637908359	611841418	7075758	18991183		65585635
北京	5694919	5397130	5387149	4795165	4573800	113873	107493		591984
天津	3374224	3334204	3332804	3122655	3086014		36642		210149
河北	40875135	39179105	38689057	36836899	35649094	149253	1038553		1852158
山西	17944621	17376798	17257307	15691232	15064722	86551	539958		1566075
内蒙古	18233447	17856772	17793843	13256552	12282001	163423	811128		4537292
辽宁	11837950	11766756	11754668	9859519	9479713	46216	333589		1895149
吉林	12712222	12429925	12398602	11369904	10937201	77069	355634		1028698
黑龙江	14405931	14369274	14351623	13287528	13123155	64342	100031		1064095
上海	3161682	2852646	2851789	2271061	1912821		358240		580728
江苏	37337847	35951923	35923426	35015549	32980831	2682	2032036		907877
浙江	29575749	27815390	27563441	25489667	23286825	570793	1632049		2073773
安徽	35618744	34544637	34489648	30711489	29407871	271430	1032188		3778159
福建	20051744	19517600	19462796	18804192	18039788	172672	591732		658605
江西	29992755	29531350	29471841	28030222	27103178	274053	652992		1441618
山东	41964499	40312454	40142622	39408201	37250927	85980	2071294		734421
河南	49665208	45995865	45788992	39148795	37851826	314979	981990		6640197
湖北	23397247	22918211	22890298	21790592	21790592				1099707
湖南	32714150	31374832	31296218	29821841	28623328	259073	939440		1474377
广东	44504220	42319540	42256236	36948866	36121278	48074	779514		5307370
广西	30702156	30415217	30380919	27891237	27037696	347698	505843		2489682
海南	8156193	7908149	7717203	6107814	5878802	70405	158607		1609388
重庆	18124389	18005227	17958978	14149437	13704305	120742	324389		3809541
四川	47448148	46406412	46304654	41143372	39293057	701859	1148456		5161282
贵州	31393767	30655047	30568148	28447880	27693685	327163	427032		2120269
云南	40732550	39814767	39726905	33587198	32662586	251786	672826		6139708
西藏	8218310	8205124	8198824	7499012	6773720	704900	20392		699813
陕西	19920618	19396602	19381306	19051448	17978623	499211	573615		329857
甘肃	20039233	19690524	19660227	16827560	16270406	296582	260572		2832668
青海	6222663	6072515	6058940	5412396	4921068	391614	99713		646544
宁夏	4868911	4694416	4681082	3891851	3721426	43020	127404		789231
新疆	19903439	19770912	19754447	18239225	17341080	620316	277829		1515222
大连	1052053	1036878	1036624	865978	822990	3180	39808		170646
宁波	3620451	3455077	3415090	3164303	2714177		450127		250787
厦门	849978	839627	833181	771808	691131	5980	74696		61374
青岛	3094508	3079332	3078065	3033951	2680167		353783		44115
深圳									

(地方农村小学)

单位：千元

政府性基金预算安排的教育经费	#彩票公益金	企业办学中的企业拨款	校办产业和社会服务收入中用于教育的经费	其他属于国家财政性教育经费	民办学校中举办者投入	捐赠收入	事业收入	#学费	其他教育经费
2363898	**682196**	**21433**			**1970405**	**433127**	**14598945**	**12267912**	**5910872**
9981	1999				2278	3938	254068	238066	37506
1400	1400					235	38672	34555	1113
490048	39657				217770	24718	1410471	1246630	43070
115519	16795	3972			124694	5104	399230	321775	38796
62929	43186				6352	2486	25939	19712	341898
12088	9868				33	1246	65194	51311	4721
31323	31096				1268	14397	171122	159191	95510
14293	13764	3358			390	1346	10893	8930	24029
857	857					275	117340	113336	191421
28497	24848				106512	9580	989238	849005	280595
251949	23113				39634	29053	919316	818338	772356
54990	22554				79975	14451	943615	827432	36065
54803	18792				4456	28894	204776	177298	296018
59509	48340				48690	11154	333933	240266	67628
169401	45074	430			213237	10025	1102716	926550	326067
195993	34469	10880			315728	18161	3289421	2667680	46033
27913	11537				47190	13343	294878	236860	123624
78614	37307				139493	21959	678273	505553	499594
63304	16457				217169	31229	1808663	1618026	127619
34298	25312				5421	7286	185399	122069	88833
190946	4948				31049	50	131565	90235	85381
46250	29532				4740	5924	62098	42266	46400
101758	59540				119356	87709	634168	556152	200503
86899	27445				125680	12241	247894	191164	352905
86429	28654	1433			6662	38372	64530	36211	808219
6300	6000					9881	3207	3207	98
13937	11532	1360			110922	1883	190258	148628	220952
30297	20910				1708	7923	8366	6483	330712
13575	2424					5192	163	144	144793
13334	10613					12788	7845	6554	153862
16464	14174					2283	5695	4283	124550
254	254					857	11842	9024	2475
39987	2066					1473	116310	109714	47590
6445	181						10330	10330	21
1267	963					2399	11170	10441	1606

3-44 教育经费收入情况

地区	总计	国家财政性教育经费	一般公共预算安排的教育经费	一般公共预算教育经费	教育事业费	基本建设经费	教育费附加	科研经费	其他
合计	**10124**	**10124**	**10124**	**9636**	**9636**				**487**
北京									
天津									
河北									
山西									
内蒙古									
辽宁									
吉林									
黑龙江									
上海									
江苏									
浙江									
安徽									
福建	6515	6515	6515	6515	6515				
江西									
山东									
河南									
湖北									
湖南									
广东									
广西	741	741	741	741	741				
海南									
重庆	2867	2867	2867	2380	2380				487
四川									
贵州									
云南									
西藏									
陕西									
甘肃									
青海									
宁夏									
新疆									
大连									
宁波									
厦门									
青岛									
深圳									

(成人小学)

单位：千元

政府性基金预算安排的教育经费	#彩　票公益金	企业办学中的企业拨款	校办产业和社会服务收入中用于教育的经费	其　　他属于国家财政性教育经费	民办学校中举办者投入	捐赠收入	事业收入	#学　费	其　　他教育经费

3-45 教育经费收入情况

地区	总计	国家财政性教育经费	一般公共预算安排的教育经费	一般公共预算教育经费	教育事业费	基本建设经费	教育费附加	科研经费	其他
合计	**15309117**	**14981190**	**14844857**	**13411614**	**12435629**	**185443**	**790543**		**1433242**
北京	547635	544204	543936	470898	458180	315	12403		73038
天津	266238	264850	264850	240841	233847		6994		24009
河北	561750	554015	532837	510214	501057	221	8937		22623
山西	319080	316563	307259	284709	274758		9951		22550
内蒙古	286756	284974	282921	240088	238882		1206		42833
辽宁	588626	586819	577928	480002	468887		11115		97925
吉林	343405	335808	335781	297379	262358	24800	10221		38402
黑龙江	440786	440192	439852	392214	388094		4120		47638
上海	781477	769971	769971	638948	559885	2629	76434		131023
江苏	1104561	1085937	1083848	1018385	905683	19355	93347		65463
浙江	970085	908508	859958	789711	651514	6391	131806		70248
安徽	459655	448972	448942	416081	405118	200	10763		32861
福建	664040	654456	653004	619136	576875	11400	30861		33868
江西	382566	375142	374696	361804	312729	5079	43997		12892
山东	1127764	1105367	1096256	1045392	926451	33272	85669		50863
河南	596660	590117	588385	496702	479705		16998		91682
湖北	464171	460396	460016	421554	421554				38462
湖南	564266	549293	547477	531938	463249		68689		15539
广东	1670856	1630472	1625846	1401235	1310612	51000	39623		224611
广西	324995	321631	314306	293851	285137	4435	4279		20456
海南	78060	77100	77100	67165	60746	1196	5223		9936
重庆	285597	281920	280155	232825	223370		9455		47330
四川	665667	655264	645275	569317	537783	3500	28034		75957
贵州	390504	378079	378079	348290	338393	590	9307		29788
云南	433135	423915	422500	374665	372039		2626		47835
西藏	85498	85456	85456	78467	76847	1620			6990
陕西	300150	275862	275124	268906	242260		26646		6218
甘肃	199999	196898	196548	184704	143544	14500	26660		11844
青海	92798	91119	91119	81381	78306	3000	75		9737
宁夏	85767	83367	83367	70193	70193				13174
新疆	226571	204522	202065	184618	167577	1940	15101		17447
大连	114302	113649	113629	87932	87626		306		25697
宁波	198972	197204	197204	187199	109824		77375		10005
厦门	85746	84420	84420	79191	72524		6667		5229
青岛	209727	208018	205831	191260	163207		28053		14571
深圳	275358	274959	274806	224108	160795	51000	12312		50699

(特殊教育)

单位：千元

政府性基金预算安排的教育经费	#彩票公益金	企业办学中的企业拨款	校办产业和社会服务收入中用于教育的经费	其他属于国家财政性教育经费	民办学校中举办者投入	捐赠收入	事业收入	#学费	其他教育经费
136064	**52911**		**269**		**13879**	**27439**	**85808**	**48587**	**200800**
			269			247	1385	342	1798
						315			1073
21178	161				1360	240	4945	4945	1190
9304	244				86	609	747	505	1075
2053	147					387	355	350	1040
8892	8892					16	1116		675
27	27				40	1726	371	371	5459
340	340					226	28		340
						25	100		11382
2089	2089				1500	2387	2421	1333	12316
48550	9526					861	17472	2135	43244
30	30				512	3222	864	607	6085
1452	388					1310	1911		6363
446	446				3000	1195	452	97	2778
9111	4146				6619	2230	9036	8357	4513
1732	1033					61	2356	1740	4125
380	380					1135	50		2590
1816	1337					783	5903	3534	8287
4626	1774					1060	27758	21650	11566
7324	7012					368	1402	321	1594
							10		950
1765	265					2824	58		795
9989	9714					827	156	13	9420
						1652	85		10687
1415	1414					2410	914	442	5896
						23			19
738	738				763	1118	5362	1773	17045
350	350					7	105		2989
							50		1630
						128	285	44	1986
2457	2457					45	113	26	21892
20	20						614		39
						123			1646
									1326
2187						110			1598
153	153						167		232

3-46 教育经费收入情况

地区	总计	国家财政性教育经费	一般公共预算安排的教育经费	一般公共预算教育经费	教育事业费	基本建设经费	教育费附加	科研经费	其他
合计	**14527697**	**14233422**	**14129415**	**12787949**	**11867165**	**184538**	**736247**		**1341465**
北京	441089	437975	437832	381424	373990		7434		56408
天津	240321	238961	238961	217163	210168		6994		21799
河北	561750	554015	532837	510214	501057	221	8937		22623
山西	290532	288098	278794	257613	251096		6517		21181
内蒙古	286756	284974	282921	240088	238882		1206		42833
辽宁	534304	532498	523606	438050	429018		9031		85556
吉林	333189	325593	325566	287798	256092	24800	6906		37768
黑龙江	433811	433219	432879	387144	383023		4120		45735
上海	625883	616627	616627	510650	442133	2629	65888		105977
江苏	1104561	1085937	1083848	1018385	905683	19355	93347		65463
浙江	913355	851783	834567	766056	636230	6391	123435		68511
安徽	443331	432648	432638	403640	393580	200	9860		28998
福建	664040	654456	653004	619136	576875	11400	30861		33868
江西	366877	359453	359007	347296	304598	5079	37620		11710
山东	1127764	1105367	1096256	1045392	926451	33272	85669		50863
河南	578455	572075	570343	481228	467075		14152		89115
湖北	446680	442906	442526	405825	405825				36701
湖南	525587	513612	511796	496258	428058		68200		15539
广东	1613836	1577184	1572711	1353650	1266664	51000	35986		219061
广西	318892	315836	309069	288971	280257	4435	4279		20098
海南	78060	77100	77100	67165	60746	1196	5223		9936
重庆	274255	270578	268813	223535	216886		6649		45278
四川	613142	608366	598513	528309	496893	3500	27916		70204
贵州	334478	322655	322655	298358	293258		5100		24297
云南	417308	408115	406701	360166	357545		2621		46535
西藏	85498	85456	85456	78467	76847	1620			6990
陕西	273736	266956	266218	260000	233542		26458		6218
甘肃	199999	196898	196548	184704	143544	14500	26660		11844
青海	92798	91119	91119	81381	78306	3000	75		9737
宁夏	85767	83367	83367	70193	70193				13174
新疆	221643	199594	197138	179691	162649	1940	15101		17447
大连	105949	105295	105275	81686	81380		306		23590
宁波	198972	197204	197204	187199	109824		77375		10005
厦门	85746	84420	84420	79191	72524		6667		5229
青岛	209727	208018	205831	191260	163207		28053		14571
深圳	264550	264280	264280	215643	153088	51000	11555		48637

(特殊教育学校)

单位：千元

政府性基金预算安排的教育经费	#彩票公益金	企业办学中的企业拨款	校办产业和社会服务收入中用于教育的经费	其他属于国家财政性教育经费	民办学校中举办者投入	捐赠收入	事业收入	#学费	其他教育经费
103864	**52154**		**143**		**13879**	**27421**	**76795**	**42822**	**176179**
			143			247	1129	342	1737
						315			1044
21178	161				1360	240	4945	4945	1190
9304	244				86	609	667	505	1073
2053	147					387	355	350	1040
8892	8892					16	1116		675
27	27				40	1726	371	371	5458
340	340					226	28		339
						19	92		9145
2089	2089				1500	2387	2421	1333	12316
17217	9526					861	17472	2135	43239
10	10				512	3222	864	607	6085
1452	388					1310	1911		6363
446	446				3000	1195	452	97	2778
9111	4146				6619	2230	9036	8357	4513
1732	1033					59	2356	1740	3964
380	380					1135	50		2590
1816	1337					783	2904	550	8287
4473	1622					1060	24027	18868	11564
6767	6454					368	1399	321	1290
							10		950
1765	265					2824	58		795
9853	9688					827	156	13	3793
						1642	85		10095
1415	1414					2410	887	442	5896
						23			19
738	738				763	1118	3453	1773	1445
350	350					7	105		2989
							50		1630
						128	285	44	1986
2457	2457					45	113	26	21892
20	20						614		39
						123			1646
									1326
2187						110			1598
							40		230

3-47 教育经费收入情况

地区	总计	国家财政性教育经费	一般公共预算安排的教育经费	一般公共预算教育经费	教育事业费	基本建设经费	教育费附加	科研经费	其他
合计	**781420**	**747767**	**715442**	**623665**	**568464**	**905**	**54296**		**91777**
北京	106546	106229	106104	89474	84190	315	4969		16630
天津	25917	25889	25889	23679	23679				2210
河北									
山西	28548	28465	28465	27097	23662		3434		1369
内蒙古									
辽宁	54322	54322	54322	41952	39869		2084		12369
吉林	10216	10215	10215	9581	6266		3315		634
黑龙江	6974	6973	6973	5070	5070				1903
上海	155594	153344	153344	128298	117752		10546		25046
江苏									
浙江	56730	56725	25392	23654	15283		8371		1737
安徽	16325	16325	16305	12441	11537		904		3864
福建									
江西	15690	15690	15690	14508	8130		6377		1182
山东									
河南	18204	18042	18042	15475	12629		2846		2567
湖北	17490	17490	17490	15729	15729				1761
湖南	38679	35680	35680	35680	35191		489		
广东	57020	53287	53134	47584	43947		3637		5550
广西	6103	5795	5237	4880	4880				357
海南									
重庆	11342	11342	11342	9290	6483		2806		2052
四川	52526	46898	46762	41008	40890		118		5754
贵州	56026	55424	55424	49932	45135	590	4207		5491
云南	15827	15800	15800	14499	14494		5		1301
西藏									
陕西	26414	8905	8905	8905	8717		188		
甘肃									
青海									
宁夏									
新疆	4928	4928	4928	4928	4928				
大连	8353	8353	8353	6246	6246				2107
宁波									
厦门									
青岛									
深圳	10809	10680	10527	8465	7708		757		2062

（工读学校）

单位：千元

政府性基金预算安排的教育经费	#彩票公益金	企业办学中的企业拨款	校办产业和社会服务收入中用于教育的经费	其他属于国家财政性教育经费	民办学校中举办者投入	捐赠收入	事业收入	#学费	其他教育经费
32200	**757**		**125**			**18**	**9013**	**5766**	**24621**
			125				257		60
									28
							80		2
									1
									1
						6	7		2237
31333									5
20	20								
						2			160
							2999	2984	
153	153						3731	2782	2
558	558						4		304
136	26								5628
						10			592
							27		
							1909		15600
153	153						127		2

3-48 教育经费收入情况

地区	总计	国家财政性教育经费	一般公共预算安排的教育经费	一般公共预算教育经费	教育事业费	基本建设经费	教育费附加	科研经费	其他
合计	**325605431**	**156357101**	**154606791**	**144004831**	**129383746**	**5226610**	**9394475**		**10601960**
北京	13991831	8613794	8593770	7832803	7434807	77668	320327		760967
天津	4551339	2973024	2973024	2706634	2615665		90968		266390
河北	12352136	6547415	6450552	6218344	6049351	15648	153345		232209
山西	5146239	2406981	2264439	2117297	2034899	10294	72105		147142
内蒙古	6424142	4027044	3983405	3469561	3093692	141623	234247		513844
辽宁	6393523	1741399	1713950	1583756	1378710	1572	203474		130194
吉林	4013711	1704452	1636044	1547117	1486750	21430	38937		88927
黑龙江	3712385	1764867	1577978	1421428	1352371	5598	63459		156550
上海	15582994	11344228	11327709	9614869	8179114	202	1435553		1712839
江苏	23379039	11799770	11768500	11503346	9687329	80000	1736017		265153
浙江	22160520	10560041	10464695	9849362	8836828	87769	924765		615333
安徽	8189097	3743968	3715096	3532614	3227956	3195	301463		182482
福建	11365913	5431619	5409722	5223598	4925185	67628	230785		186124
江西	8127045	3742438	3738046	3605428	3334423	107269	163736		132617
山东	17050496	6615046	6344125	6150620	5817431	4800	328389		193505
河南	17401777	4367219	4271220	3813693	3610262	30726	172705		457527
湖北	9724977	3578816	3527117	3338407	3338407				188710
湖南	11685039	2821957	2801627	2695249	2443351	1735	250164		106379
广东	36445952	8520753	8465122	8006833	6934299	230239	842296		458288
广西	7866277	3027714	3022352	2817295	2645011	111606	60678		205057
海南	2982162	1300318	1259048	1136883	1062271	23748	50864		122165
重庆	6043512	2114457	2102133	1882549	1829947	14301	38301		219584
四川	17216001	9020328	8985231	8413271	7371656	341910	699705		571960
贵州	8879956	5118951	5080540	4778896	4618025	37403	123468		301645
云南	8005382	4350453	4336715	3788775	3473434	128832	186509		547940
西藏	2613941	2564978	2564478	2432809	1681557	749300	1952		131669
陕西	10392120	6835769	6765708	6732501	6256126	128834	347541		33207
甘肃	5780521	4258363	4247885	4008365	3890583	69899	47883		239520
青海	1710927	1242977	1242031	1171792	1075413	76486	19893		70239
宁夏	1669715	929288	927234	838428	821077		17351		88805
新疆	14746762	13288671	13047297	11772307	8877816	2656896	237595		1274990
大连	1695861	633193	632971	580873	542575	72	38226		52097
宁波	3667014	2005595	1989466	1842526	1539013	3000	300513		146940
厦门	1991486	1268630	1262774	1211433	1171328	10680	29426		51341
青岛	2901293	1496718	1489228	1427259	1378911		48348		61969
深圳	7347024	2165395	2164594	2119229	1552161	121659	445409		45365

(幼儿园)

单位：千元

政府性基金预算安排的教育经费	#彩票公益金	企业办学中的企业拨款	校办产业和社会服务收入中用于教育的经费	其他属于国家财政性教育经费	民办学校中举办者投入	捐赠收入	事业收入	#学费	其他教育经费
581758	**55604**	**1149571**	**18981**		**5744875**	**296056**	**158702317**	**153777574**	**4505082**
1328	42	18396	300		35913	32076	5093657	4977500	216391
					19560	274	1543510	1532683	14971
48854	5242	48008			139379	3655	5642808	5572950	18879
37690	5540	103763	1089		62265	731	2630129	2562763	46133
8636	3980	35003			144619	1764	2123757	2074691	126959
600	600	26395	454		37681	2687	4581723	4468198	30032
1231	8	67178			198099	705	1989822	1942232	120632
192	192	183191	3506		33536	1481	1901134	1811926	11366
16019			501		20845	4338	3918859	3901072	294724
8560	1434	22600	111		225294	44714	10929371	10717440	379889
90839	2674	2706	1802		707928	18425	10192553	10057189	681573
11943	6766	16289	640		146307	6163	4243011	4211622	49647
6243		15655			221897	10145	5518112	5412653	184139
2642	2550	1750			61983	658	4226270	4041773	95696
9929	1451	260990	3		94083	27364	10215006	10141724	98997
12839	2242	82886	274		400922	5523	12572737	12112177	55376
20819	13	30427	453		161310	1675	5823678	5649949	159498
6120	3290	13785	425		295020	3375	8488126	8265675	76561
43824	9573	9139	2669		1038207	50042	26223041	24693666	613909
4548	620	815			104612	2361	4641219	4554096	90370
33208	7	8062			163995	108	1472802	1319044	44938
9724	84	2600			239252	9191	3632494	3604420	48118
18045	4830	13954	3097		431293	35761	7517346	7251797	211274
37577	110	834			145613	2651	3534658	3240285	78083
4695	819	8759	284		293351	17952	3284740	3152357	58885
500	500				1625	3500	43531	43481	307
3620	1947	66441			161269	458	3343400	3255695	51224
6059	870	4419			66779	1074	1353068	1302064	101237
		946			19294	2	362209	353367	86446
		2055			28172	1254	680747	669238	30254
135474	220	102526	3373		44774	5948	978796	883849	428572
200	200		23		4734	2527	1039173	1018930	16233
16129	6				27225	1331	1571538	1554030	61325
5856					76074	105	636224	635747	10453
3000		4490			6865	2259	1375935	1373098	19516
801	61				91042	4951	4959446	4470208	126189

3-49 教育经费收入情况

地区	总计	国家财政性教育经费	一般公共预算安排的教育经费	一般公共预算教育经费				科研经费	其他
					教育事业费	基本建设经费	教育费附加		
合计	323001079	155264577	153860171	143295808	128754422	5146910	9394475		10564363
北京	13348513	8591486	8571689	7823569	7425574	77668	320327		748120
天津	4506583	2970782	2970782	2704545	2613577		90968		266237
河北	12281873	6518165	6447481	6215272	6046279	15648	153345		232209
山西	5139493	2406960	2264418	2117276	2034878	10294	72105		147142
内蒙古	6417837	4027044	3983405	3469561	3093692	141623	234247		513844
辽宁	6284828	1729973	1702524	1574572	1369526	1572	203474		127952
吉林	3983894	1704452	1636044	1547117	1486750	21430	38937		88927
黑龙江	3453776	1546050	1534395	1378387	1309331	5598	63459		156008
上海	15394041	11282805	11266285	9562493	8126738	202	1435553		1703792
江苏	23265621	11775174	11743904	11478750	9662733	80000	1736017		265153
浙江	22155640	10560041	10464695	9849362	8836828	87769	924765		615333
安徽	8179084	3743711	3714839	3532357	3227699	3195	301463		182482
福建	11355134	5430419	5408522	5222398	4923985	67628	230785		186124
江西	8127045	3742438	3738046	3605428	3334423	107269	163736		132617
山东	17050496	6615046	6344125	6150620	5817431	4800	328389		193505
河南	17255152	4308730	4259571	3802903	3599472	30726	172705		456668
湖北	9676577	3577491	3525792	3337082	3337082				188710
湖南	11671790	2818990	2798660	2692281	2440383	1735	250164		106379
广东	36421854	8520247	8465120	8006831	6934297	230239	842296		458288
广西	7865743	3027714	3022352	2817295	2645011	111606	60678		205057
海南	2950887	1287910	1246640	1124475	1049863	23748	50864		122165
重庆	6015823	2114457	2102133	1882549	1829947	14301	38301		219584
四川	17187816	9019303	8985056	8413096	7371481	341910	699705		571960
贵州	8879956	5118951	5080540	4778896	4618025	37403	123468		301645
云南	7993894	4348080	4334342	3786402	3471061	128832	186509		547940
西藏	2613941	2564978	2564478	2432809	1681557	749300	1952		131669
陕西	10374401	6833140	6763080	6729872	6253497	128834	347541		33207
甘肃	5761438	4248313	4237835	3998865	3881083	69899	47883		238970
青海	1700842	1242489	1241543	1171305	1074926	76486	19893		70239
宁夏	1668720	929288	927234	838428	821077		17351		88805
新疆	14018387	12659947	12514643	11251007	8436216	2577196	237595		1263636
大连	1660742	624042	623819	571722	533423	72	38226		52097
宁波	3667014	2005595	1989466	1842526	1539013	3000	300513		146940
厦门	1986585	1267430	1261574	1210233	1170128	10680	29426		51341
青岛	2901293	1496718	1489228	1427259	1378911		48348		61969
深圳	7347024	2165395	2164594	2119229	1552161	121659	445409		45365

(地方幼儿园)

单位：千元

政府性基金预算安排的教育经费	#彩票公益金	企业办学中的企业拨款	校办产业和社会服务收入中用于教育的经费	其他属于国家财政性教育经费	民办学校中举办者投入	捐赠收入	事业收入	#学费	其他教育经费
581758	**55604**	**803893**	**18754**		**5744875**	**257923**	**157448024**	**152622137**	**4285680**
1328	42	18396	74		35913	6890	4582257	4528908	131968
					19560	188	1504024	1493198	12028
48854	5242	21829			139379	3655	5601795	5531937	18879
37690	5540	103763	1089		62265	731	2623831	2558350	45706
8636	3980	35003			144619	1764	2117452	2068385	126959
600	600	26395	454		37681	1222	4489085	4380821	26867
1231	8	67178			198099	455	1966164	1918574	114723
192	192	7957	3506		33536	1481	1861348	1772140	11362
16019			501		20845	4338	3802929	3785142	283124
8560	1434	22600	111		225294	44614	10870677	10667973	349861
90839	2674	2706	1802		707928	18425	10190521	10055157	678726
11943	6766	16289	640		146307	6163	4234627	4203237	48275
6243		15655			221897	9425	5509253	5403793	184139
2642	2550	1750			61983	658	4226270	4041773	95696
9929	1451	260990	3		94083	27364	10215006	10141724	98997
12839	2242	36046	274		400922	5523	12486878	12029063	53099
20819	13	30427	453		161310	1315	5779511	5609532	156948
6120	3290	13785	425		295020	3375	8481362	8259675	73044
43824	9573	8635	2669		1038207	50042	26200323	24673031	613035
4548	620	815			104612	2361	4640686	4553563	90370
33208	7	8062			163995	108	1456935	1303367	41939
9724	84	2600			239252	7760	3621503	3593429	32851
18045	4830	13104	3097		431293	31773	7501036	7235487	204410
37577	110	834			145613	2651	3534658	3240285	78083
4695	819	8759	284		293351	17952	3275625	3145240	58885
500	500				1625	3500	43531	43481	307
3620	1947	66441			161269	448	3336083	3248777	43462
6059	870	4419			66779	1074	1344035	1293030	101237
		946			19294	2	355883	349431	83175
		2055			28172	1254	679752	668243	30254
135474	220	6456	3373		44774	1410	914986	825391	397271
200	200		23		4734	1082	1014692	994449	16193
16129	6				27225	1331	1571538	1554030	61325
5856					76074	105	632524	632047	10453
3000		4490			6865	2259	1375935	1373098	19516
801	61				91042	4951	4959446	4470208	126189

3-50 教育经费收入情况

地区	总计	国家财政性教育经费	一般公共预算安排的教育经费	一般公共预算教育经费	教育事业费	基本建设经费	教育费附加	科研经费	其他
合计	**146563055**	**80027171**	**79385109**	**74682005**	**68815648**	**2929383**	**2936974**		**4703103**
北京	2247522	1976923	1976907	1846354	1794725	32630	18999		130553
天津	505587	383586	383586	370541	358013		12528		13045
河北	8091859	4712761	4672811	4529644	4395171	14860	119613		143167
山西	2687448	1503482	1443325	1363170	1334095	5000	24075		80155
内蒙古	3640457	2627963	2619477	2310135	2057310	81152	171673		309342
辽宁	1265909	445553	445153	420475	338835	500	81141		24677
吉林	1584945	847571	787446	750434	732934	10153	7348		37012
黑龙江	1451860	809356	805789	754232	740883	5598	7752		51556
上海	1820216	1474026	1474026	1206036	1084719		121317		267989
江苏	8552875	4465069	4463327	4409971	3836636		573335		53356
浙江	9096644	4392316	4355976	4133237	3780563	34324	318350		222739
安徽	5186758	2525800	2515950	2398158	2264501	195	133462		117792
福建	5333768	2647036	2641309	2565271	2451582	41856	71833		76038
江西	5310165	2686837	2686495	2582790	2423061	57469	102260		103704
山东	7407306	3205115	3159201	3123146	2983352	4800	134993		36055
河南	10204665	2380148	2347469	2102694	2008090	4543	90061		244774
湖北	3970209	1453704	1431894	1370117	1370117				61777
湖南	7042815	1832905	1826267	1778945	1724322	1735	52889		47323
广东	8610546	2223945	2207868	2100982	2039783	920	60279		106886
广西	4559859	1811214	1808653	1689256	1623046	34428	31781		119397
海南	1621338	941461	923391	834912	786889	14448	33575		88479
重庆	2137884	1011823	1011739	934468	921264	4493	8712		77271
四川	9565029	5903580	5888638	5562418	5002282	284879	275257		326220
贵州	6116635	3887850	3883312	3632864	3532066	29953	70846		250447
云南	4412700	2663309	2659507	2318612	2238666	19018	60928		340895
西藏	1908845	1905345	1905345	1807714	1121916	685500	298		97631
陕西	6240203	4939110	4932847	4917875	4654271	107864	155740		14972
甘肃	3965653	3309935	3301554	3180226	3094010	61149	25068		121328
青海	1194214	994004	994004	949501	869488	62266	17747		44503
宁夏	824956	532600	530546	489110	484507		4603		41436
新疆	10004188	9532842	9301297	8248714	6768551	1329652	150511		1052583
大连	156509	97470	97470	92880	71192		21688		4590
宁波	1299412	704633	690072	638713	565727		72986		51359
厦门	181892	137831	135169	128450	122041		6409		6720
青岛	446470	328730	328730	328710	318250		10460		20
深圳									

(农村幼儿园)

单位：千元

政府性基金预算安排的教育经费	#彩票公益金	企业办学中的企业拨款	校办产业和社会服务收入中用于教育的经费	其他属于国家财政性教育经费	民办学校中举办者投入	捐赠收入	事业收入	#学费	其他教育经费
314818	**27095**	**322644**	**4601**		**2452994**	**81350**	**62601464**	**60471296**	**1400076**
15	15				6258	371	239444	236816	24526
						91	121850	121505	60
32882	2942	7069			90726	3612	3273722	3240178	11037
30297	147	29860			16824	678	1143321	1122692	23143
8486	3980				75793	960	886998	883457	48743
400	400				1210	180	807347	796589	11619
8	8	60116			55854	454	662865	651740	18201
62	62		3506		8416	5	627940	605853	6143
					4100	413	313852	313852	27826
1114	1114	517	111		80311	9692	3927861	3892232	69942
36340	423				472758	3601	3967850	3917149	260118
6450	6390	3160	240		70591	830	2570999	2552895	18537
2662		3065			72504	4621	2540825	2460290	68783
342	250				19538	156	2584880	2490324	18754
775	708	45138			29355	13509	4118324	4088737	41003
3597	2090	29082			171784	2568	7641034	7314227	9131
413	13	21397			77398	913	2411764	2321716	26429
2190	1930	4448			182139	2833	4980848	4854471	44089
13919	82	1414	744		292341	3913	6009595	5413850	80752
2562	620				62703	2246	2656179	2590913	27517
10108	7	7962			66252	12	598491	522349	15122
84	84				77826	1473	1039531	1033974	7231
14696	3907	247			202215	10536	3384311	3283845	64385
4110	110	429			68471	2556	2099069	1928302	58688
1629	753	2174			109172	8519	1602381	1522660	29318
						3500			
725	552	5538			65062	153	1220925	1190184	14953
5479	290	2902			53820	792	552149	529761	48956
					2946	2	132529	130788	64733
		2055			12161	249	268905	264579	11040
135474	220	96070			4462	1914	215673	195367	249296
					100	60	51882	51882	6997
14561	1				13977	351	559211	554088	21240
2662					3157		40667	40634	236
					800	336	116512	116512	92

3−51 教育经费收入情况

地区	总计	国家财政性教育经费	一般公共预算安排的教育经费	一般公共预算教育经费	教育事业费	基本建设经费	教育费附加	科研经费	其他
合计	**145844411**	**79410387**	**78888112**	**74193563**	**68406906**	**2849683**	**2936974**		**4694549**
北京	2242608	1976397	1976382	1845829	1794200	32630	18999		130553
天津	503359	383586	383586	370541	358013		12528		13045
河北	8079536	4706366	4672811	4529644	4395171	14860	119613		143167
山西	2687393	1503482	1443325	1363170	1334095	5000	24075		80155
内蒙古	3640457	2627963	2619477	2310135	2057310	81152	171673		309342
辽宁	1265909	445553	445153	420475	338835	500	81141		24677
吉林	1584945	847571	787446	750434	732934	10153	7348		37012
黑龙江	1423776	782002	778434	726975	713626	5598	7752		51459
上海	1820216	1474026	1474026	1206036	1084719		121317		267989
江苏	8552875	4465069	4463327	4409971	3836636		573335		53356
浙江	9096644	4392316	4355976	4133237	3780563	34324	318350		222739
安徽	5186758	2525800	2515950	2398158	2264501	195	133462		117792
福建	5332423	2647036	2641309	2565271	2451582	41856	71833		76038
江西	5310165	2686837	2686495	2582790	2423061	57469	102260		103704
山东	7407306	3205115	3159201	3123146	2983352	4800	134993		36055
河南	10170008	2363295	2347434	2102660	2008056	4543	90061		244774
湖北	3969901	1453704	1431894	1370117	1370117				61777
湖南	7042603	1832853	1826215	1778893	1724270	1735	52889		47323
广东	8600170	2223439	2207866	2100980	2039781	920	60279		106886
广西	4559859	1811214	1808653	1689256	1623046	34428	31781		119397
海南	1620963	941461	923391	834912	786889	14448	33575		88479
重庆	2137884	1011823	1011739	934468	921264	4493	8712		77271
四川	9564331	5903580	5888638	5562418	5002282	284879	275257		326220
贵州	6116635	3887850	3883312	3632864	3532066	29953	70846		250447
云南	4412700	2663309	2659507	2318612	2238666	19018	60928		340895
西藏	1908845	1905345	1905345	1807714	1121916	685500	298		97631
陕西	6239502	4939017	4932754	4917782	4654178	107864	155740		14972
甘肃	3954872	3300691	3292310	3171532	3085315	61149	25068		120778
青海	1194214	994004	994004	949501	869488	62266	17747		44503
宁夏	824956	532600	530546	489110	484507		4603		41436
新疆	9392599	8977081	8841607	7796930	6396467	1249952	150511		1044676
大连	156509	97470	97470	92880	71192		21688		4590
宁波	1299412	704633	690072	638713	565727		72986		51359
厦门	181892	137831	135169	128450	122041		6409		6720
青岛	446470	328730	328730	328710	318250		10460		20
深圳									

(地方农村幼儿园)

单位：千元

政府性基金预算安排的教育经费	#彩票公益金	企业办学中的企业拨款	校办产业和社会服务收入中用于教育的经费	其他属于国家财政性教育经费	民办学校中举办者投入	捐赠收入	事业收入	#学费	其他教育经费
314818	**27095**	**202855**	**4601**		**2452994**	**80437**	**62520035**	**60393019**	**1380559**
15	15				6258	371	235120	232492	24463
						91	119622	119277	60
32882	2942	674			90726	3612	3267794	3234250	11037
30297	147	29860			16824	678	1143266	1122637	23143
8486	3980				75793	960	886998	883457	48743
400	400				1210	180	807347	796589	11619
8	8	60116			55854	454	662865	651740	18201
62	62		3506		8416	5	627210	605124	6143
					4100	413	313852	313852	27826
1114	1114	517	111		80311	9692	3927861	3892232	69942
36340	423				472758	3601	3967850	3917149	260118
6450	6390	3160	240		70591	830	2570999	2552895	18537
2662		3065			72504	4621	2539480	2458945	68783
342	250				19538	156	2584880	2490324	18754
775	708	45138			29355	13509	4118324	4088737	41003
3597	2090	12264			171784	2568	7623230	7296424	9131
413	13	21397			77398	913	2411456	2321408	26429
2190	1930	4448			182139	2833	4980688	4854311	44089
13919	82	910	744		292341	3913	5999729	5404539	80749
2562	620				62703	2246	2656179	2590913	27517
10108	7	7962			66252	12	598115	521973	15122
84	84				77826	1473	1039531	1033974	7231
14696	3907	247			202215	10536	3383647	3283181	64352
4110	110	429			68471	2556	2099069	1928302	58688
1629	753	2174			109172	8519	1602381	1522660	29318
						3500			
725	552	5538			65062	153	1220867	1190126	14403
5479	290	2902			53820	792	550613	528224	48956
					2946	2	132529	130788	64733
		2055			12161	249	268905	264579	11040
135474	220				4462	1001	179626	161917	230429
					100	60	51882	51882	6997
14561	1				13977	351	559211	554088	21240
2662					3157		40667	40634	236
					800	336	116512	116512	92

3-52 教育经费收入情况

地区	总计	国家财政性教育经费	一般公共预算安排的教育经费	一般公共预算教育经费	教育事业费	基本建设经费	教育费附加	科研经费	其他
合计	40128655	37805840	37423003	33212381	30941348	793302	1477731		4210622
北京	959948	952571	952571	705050	696258		8792		247521
天津	344266	338666	338666	315901	315901				22766
河北	821293	805745	801161	743470	743470				57691
山西	1156628	1099663	1074778	912804	903828		8976		161974
内蒙古	982014	928447	922050	671540	634309	5912	31319		250510
辽宁	700042	697378	696468	528679	525350		3329		167789
吉林	510489	493930	493930	457696	447959		9737		36233
黑龙江	1472148	1460252	1446973	1326846	1298782	27390	674		120127
上海	354286	327401	327401	243729	243729				83672
江苏	1894544	1804895	1796070	1671719	1575533		96187		124351
浙江	1627289	1450840	1427946	1279656	1182945		96711		148290
安徽	1361805	1295569	1246297	1081448	1006027		75420		164849
福建	873322	816458	816063	773681	765833		7847		42382
江西	770267	739186	731807	695545	686646		8899		36262
山东	2594044	2417996	2390858	2278565	2242666		35900		112293
河南	1514555	1453131	1399903	1227499	1166424		61075		172404
湖北	1592492	1497455	1493795	1353755	1353755				140039
湖南	2322167	2153887	2133847	1998182	1979864		18318		135665
广东	5539173	5376587	5317485	4712974	3614861	668948	429165		604511
广西	480009	459926	459926	411771	411771				48155
海南	539546	476173	475813	389753	389753				86060
重庆	827067	781755	779027	661657	545110	38580	77967		117370
四川	2539952	2480350	2431366	2098661	1862787		235873		332705
贵州	2080417	1927855	1916319	1767402	1626492	5100	135810		148917
云南	2168738	1735835	1726188	1428713	1302287	17190	109236		297475
西藏	306357	306357	306357	288275	288275				18082
陕西	727536	698840	697600	677929	644951	19000	13978		19671
甘肃	1293884	1215072	1210432	1081615	1062515	8300	10801		128817
青海	432756	404536	404536	353139	353139				51397
宁夏	218667	204930	204930	172071	170555		1516		32859
新疆	1122955	1004153	1002440	902657	899575	2882	200		99782
大连	123908	122776	122746	81356	80456		900		41390
宁波	169071	163868	163020	136881	130577		6304		26140
厦门	282515	279964	279964	270672	269430		1242		9292
青岛	417389	412700	409717	372493	372493				37224
深圳	1519550	1498393	1488299	1367356	589077	641814	136465		120943

(教育行政单位)

单位：千元

政府性基金预算安排的教育经费	#彩票公益金	企业办学中的企业拨款	校办产业和社会服务收入中用于教育的经费	其他属于国家财政性教育经费	民办学校中举办者投入	捐赠收入	事业收入	#学费	其他教育经费
382795	**178077**	**42**				**45254**	**183330**		**2094230**
									7376
							471		5129
4584	3186						1192		14356
24885	1629						7618		49347
6397	3433					1895	9021		42651
910	50						749		1915
						770			15789
13280	13280					273			11623
									26885
8825	7557					420			89229
22894	10128					3787	5011		167651
49272	9872					2963	12649		50625
395						300	2519		54046
7378	6744					8776			22305
27138	4483					99	39279		136670
53228	51397					4	5448		55973
3660	350					709	5916		88412
20040	19217						13555		154726
59102	13110					2207			160380
									20083
360									63374
2728	88					400	11313		33599
48984	20203					3415	1808		54379
11536	1420					4307	44039		104216
9647	5980					12463	21381		399059
1240	1240					289			28407
4640	3211					730	399		77683
						232	139		27849
						400	203		13134
1672	1500	42				818	622		117362
30							740		392
848							1600		3603
									2551
2983									4689
10094	386								21157

3−53 教育经费收入情况

地区	总计	国家财政性教育经费	一般公共预算安排的教育经费	一般公共预算教育经费	教育事业费	基本建设经费	教育费附加	科研经费	其他
合计	**39752061**	**37436335**	**37053539**	**32986995**	**30715962**	**793302**	**1477731**		**4066544**
北京	645073	637708	637708	533600	524808		8792		104107
天津	344266	338666	338666	315901	315901				22766
河北	821293	805745	801161	743470	743470				57691
山西	1156628	1099663	1074778	912804	903828		8976		161974
内蒙古	982014	928447	922050	671540	634309	5912	31319		250510
辽宁	700042	697378	696468	528679	525350		3329		167789
吉林	510489	493930	493930	457696	447959		9737		36233
黑龙江	1453187	1441292	1428012	1307885	1279822	27390	674		120127
上海	354286	327401	327401	243729	243729				83672
江苏	1894544	1804895	1796070	1671719	1575533		96187		124351
浙江	1627289	1450840	1427946	1279656	1182945		96711		148290
安徽	1361805	1295569	1246297	1081448	1006027		75420		164849
福建	873322	816458	816063	773681	765833		7847		42382
江西	770267	739186	731807	695545	686646		8899		36262
山东	2594044	2417996	2390858	2278565	2242666		35900		112293
河南	1514555	1453131	1399903	1227499	1166424		61075		172404
湖北	1592492	1497455	1493795	1353755	1353755				140039
湖南	2322167	2153887	2133847	1998182	1979864		18318		135665
广东	5539173	5376587	5317485	4712974	3614861	668948	429165		604511
广西	480009	459926	459926	411771	411771				48155
海南	539546	476173	475813	389753	389753				86060
重庆	827067	781755	779027	661657	545110	38580	77967		117370
四川	2539952	2480350	2431366	2098661	1862787		235873		332705
贵州	2080417	1927855	1916319	1767402	1626492	5100	135810		148917
云南	2168738	1735835	1726188	1428713	1302287	17190	109236		297475
西藏	306357	306357	306357	288275	288275				18082
陕西	727536	698840	697600	677929	644951	19000	13978		19671
甘肃	1293884	1215072	1210432	1081615	1062515	8300	10801		128817
青海	432756	404536	404536	353139	353139				51397
宁夏	218667	204930	204930	172071	170555		1516		32859
新疆	1080195	968472	966800	867682	864600	2882	200		99118
大连	123908	122776	122746	81356	80456		900		41390
宁波	169071	163868	163020	136881	130577		6304		26140
厦门	282515	279964	279964	270672	269430		1242		9292
青岛	417389	412700	409717	372493	372493				37224
深圳	1519550	1498393	1488299	1367356	589077	641814	136465		120943

(地方教育行政单位)

单位：千元

政府性基金预算安排的教育经费	#彩票公益金	企业办学中的企业拨款	校办产业和社会服务收入中用于教育的经费	其他属于国家财政性教育经费	民办学校中举办者投入	捐赠收入	事业收入	#学费	其他教育经费
382795	**178077**					**45254**	**183330**		**2087141**
									7365
							471		5129
4584	3186						1192		14356
24885	1629						7618		49347
6397	3433					1895	9021		42651
910	50						749		1915
						770			15789
13280	13280					273			11623
									26885
8825	7557					420			89229
22894	10128					3787	5011		167651
49272	9872					2963	12649		50625
395						300	2519		54046
7378	6744					8776			22305
27138	4483					99	39279		136670
53228	51397					4	5448		55973
3660	350					709	5916		88412
20040	19217						13555		154726
59102	13110					2207			160380
									20083
360									63374
2728	88					400	11313		33599
48984	20203					3415	1808		54379
11536	1420					4307	44039		104216
9647	5980					12463	21381		399059
1240	1240					289			28407
4640	3211					730	399		77683
						232	139		27849
						400	203		13134
1672	1500					818	622		110284
30							740		392
848							1600		3603
									2551
2983									4689
10094	386								21157

3–54 教育经费收入情况

地区	总计	国家财政性教育经费	一般公共预算安排的教育经费	一般公共预算教育经费	教育事业费	基本建设经费	教育费附加	科研经费	其他
合计	**82043438**	**69818848**	**66610177**	**59814503**	**56359625**	**637666**	**2817211**		**6795675**
北京	15495495	11475131	9456164	8663161	8362448	43194	257519		793003
天津	1623793	1491471	1485266	1369119	1313192		55927		116147
河北	2307058	2004050	1953984	1813116	1813116				140868
山西	1647127	1484501	1408292	1196728	1086432	23691	86606		211564
内蒙古	1868749	1694852	1664278	1310356	1141129	400	168827		353922
辽宁	2821502	2640858	2606619	2132583	2011740	592	120251		474037
吉林	1498641	1368204	1348750	1265225	1185137	15000	65088		83525
黑龙江	1679224	1618161	1607331	1406115	1315217	55140	35759		201216
上海	6003177	5290978	5263485	4313359	4244016	879	68463		950127
江苏	4838945	3682811	3572794	3289653	3057891	60000	171762		283141
浙江	5740350	4786958	4617200	4302761	3676394		626367		314439
安徽	1765266	1563086	1541532	1409726	1347150	9500	53076		131805
福建	2705495	2373122	2366246	2269674	2171540	9600	88534		96572
江西	1514480	1435195	1402139	1331311	1316970		14340		70828
山东	3024715	2538587	2509798	2422873	2364195		58677		86925
河南	3027872	2769005	2648599	2282503	2218634		63869		366096
湖北	2541795	2307351	2302196	2127440	2127440				174756
湖南	1367778	1161665	1119213	1068332	1040851	3600	23881		50881
广东	6687362	6166222	5935323	5247169	4471909	257314	517947		688154
广西	1684555	1411268	1402971	1267494	1267494				135477
海南	248553	188581	183535	144368	143073		1295		39167
重庆	1132686	946077	933747	802472	753358	9850	39264		131275
四川	2923423	2642679	2594449	2254323	2144947	23520	85856		340126
贵州	632823	532099	531197	502269	434779		67490		28928
云南	2027817	1803168	1754927	1606543	1471485	39529	95529		148385
西藏	718417	709927	707827	655273	651585		3689		52554
陕西	2027189	1665702	1645019	1613952	1521140	70000	22813		31067
甘肃	644150	507872	497583	402973	381733	2300	18939		94610
青海	368366	330409	330409	272268	264487	7058	723		58141
宁夏	273592	223599	217619	170535	169553		983		47084
新疆	1203041	1005259	1001684	900828	890590	6500	3738		100855
大连	445651	437843	437783	362455	304619		57835		75328
宁波	754201	696357	684094	625497	558528		66969		58597
厦门	681917	665815	665815	638461	602411		36050		27354
青岛	572669	546174	543720	517130	515174		1955		26591
深圳	1559235	1489388	1488786	1198400	875606	21871	300923		290386

(教育事业单位)

单位：千元

政府性基金预算安排的教育经费	#彩票公益金	企业办学中的企业拨款	校办产业和社会服务收入中用于教育的经费	其他属于国家财政性教育经费	民办学校中举办者投入	捐赠收入	事业收入	#学费	其他教育经费
2935364	**2403387**	**316**	**272991**			**652356**	**8133591**		**3438642**
1970000	1970000		48967			603434	2778106		638824
647	647		5558			1200	87834		43288
49522	21529		544			2290	254547		46171
76176	28030		32				134770		27857
30574	29686					985	148238		24674
32398	32398		1840				174357		6288
15819	15743		3635			880	82702		46854
10571	10571		259			377	55875		4811
18244	90		9248			138	187487		524574
15973	13152		94044			1536	975059		179539
142320	15917		27438			281	427648		525462
21555	21555					686	92830		108664
6492	4750		384			842	240931		90601
33043	33043		13			1184	47875		30227
28590	23722		200			213	400400		85515
110977	59666		9428			635	194215		64017
5105	5105		49			380	177055		57009
39878	36878		2575			718	140761		64634
223888	15436		7011			619	442535		77986
8097	7914		200			845	193884		78558
5046	4948						46565		13408
12330	50					6482	145659		34468
33940	16496		14290			3085	198166		79493
902	902						93464		7260
11864	4224		36376			24315	53803		146531
2100	1800					600	5431		2459
17341	17341		3342			70	81659		279758
2733	2553		7556				120682		15596
							28390		9567
5980	5980					530	39101		10361
3259	3259	316				33	83563		114187
60	60						6955		853
3979	560		8285				48570		9274
							2640		13462
2454	333					120	25318		1057
602							49496		20350

3-55 教育经费收入情况

地区	总计	国家财政性教育经费	一般公共预算安排的教育经费	一般公共预算教育经费	教育事业费	基本建设经费	教育费附加	科研经费	其他
合计	**72086960**	**63575253**	**62365380**	**55824349**	**52369472**	**637666**	**2817211**		**6541030**
北京	5616636	5305690	5285205	4744242	4443530	43194	257519		540962
天津	1623793	1491471	1485266	1369119	1313192		55927		116147
河北	2307058	2004050	1953984	1813116	1813116				140868
山西	1647127	1484501	1408292	1196728	1086432	23691	86606		211564
内蒙古	1868749	1694852	1664278	1310356	1141129	400	168827		353922
辽宁	2821502	2640858	2606619	2132583	2011740	592	120251		474037
吉林	1498641	1368204	1348750	1265225	1185137	15000	65088		83525
黑龙江	1658395	1597332	1586502	1385286	1294388	55140	35759		201216
上海	6003177	5290978	5263485	4313359	4244016	879	68463		950127
江苏	4838945	3682811	3572794	3289653	3057891	60000	171762		283141
浙江	5740350	4786958	4617200	4302761	3676394		626367		314439
安徽	1765266	1563086	1541532	1409726	1347150	9500	53076		131805
福建	2705495	2373122	2366246	2269674	2171540	9600	88534		96572
江西	1514480	1435195	1402139	1331311	1316970		14340		70828
山东	3024715	2538587	2509798	2422873	2364195		58677		86925
河南	3027872	2769005	2648599	2282503	2218634		63869		366096
湖北	2541795	2307351	2302196	2127440	2127440				174756
湖南	1367778	1161665	1119213	1068332	1040851	3600	23881		50881
广东	6687362	6166222	5935323	5247169	4471909	257314	517947		688154
广西	1684555	1411268	1402971	1267494	1267494				135477
海南	248553	188581	183535	144368	143073		1295		39167
重庆	1132686	946077	933747	802472	753358	9850	39264		131275
四川	2923423	2642679	2594449	2254323	2144947	23520	85856		340126
贵州	632823	532099	531197	502269	434779		67490		28928
云南	2027817	1803168	1754927	1606543	1471485	39529	95529		148385
西藏	718417	709927	707827	655273	651585		3689		52554
陕西	2027189	1665702	1645019	1613952	1521140	70000	22813		31067
甘肃	644150	507872	497583	402973	381733	2300	18939		94610
青海	368366	330409	330409	272268	264487	7058	723		58141
宁夏	273592	223599	217619	170535	169553		983		47084
新疆	1146251	951933	948674	850422	840184	6500	3738		98251
大连	445651	437843	437783	362455	304619		57835		75328
宁波	754201	696357	684094	625497	558528		66969		58597
厦门	681917	665815	665815	638461	602411		36050		27354
青岛	572669	546174	543720	517130	515174		1955		26591
深圳	1559235	1489388	1488786	1198400	875606	21871	300923		290386

(地方教育事业单位)

单位：千元

政府性基金预算安排的教育经费	#彩票公益金	企业办学中的企业拨款	校办产业和社会服务收入中用于教育的经费	其他属于国家财政性教育经费	民办学校中举办者投入	捐赠收入	事业收入	#学费	其他教育经费
965364	**433387**		**244509**			**50169**	**5547768**		**2913770**
			20485			1247	192392		117307
647	647		5558			1200	87834		43288
49522	21529		544			2290	254547		46171
76176	28030		32				134770		27857
30574	29686					985	148238		24674
32398	32398		1840				174357		6288
15819	15743		3635			880	82702		46854
10571	10571		259			377	55875		4811
18244	90		9248			138	187487		524574
15973	13152		94044			1536	975059		179539
142320	15917		27438			281	427648		525462
21555	21555					686	92830		108664
6492	4750		384			842	240931		90601
33043	33043		13			1184	47875		30227
28590	23722		200			213	400400		85515
110977	59666		9428			635	194215		64017
5105	5105		49			380	177055		57009
39878	36878		2575			718	140761		64634
223888	15436		7011			619	442535		77986
8097	7914		200			845	193884		78558
5046	4948						46565		13408
12330	50					6482	145659		34468
33940	16496		14290			3085	198166		79493
902	902						93464		7260
11864	4224		36376			24315	53803		146531
2100	1800					600	5431		2459
17341	17341		3342			70	81659		279758
2733	2553		7556				120682		15596
							28390		9567
5980	5980					530	39101		10361
3259	3259					33	83453		110832
60	60						6955		853
3979	560		8285				48570		9274
							2640		13462
2454	333					120	25318		1057
602							49496		20350

3-56 教育经费收入情况

地区	总计	国家财政性教育经费	一般公共预算安排的教育经费	一般公共预算教育经费	教育事业费	基本建设经费	教育费附加	科研经费	其他
合计	**51577716**	**47728442**	**46339681**	**41158753**	**37821040**	**1814362**	**1523351**	**439564**	**4741363**
北京	7496711	6765160	6764382	5501053	5424402	69582	7068	222655	1040675
天津	933258	917005	909251	876752	682145		194607	80	32419
河北	1071155	1001330	871327	798108	767395	30714		280	72939
山西	899314	856272	777245	711050	627136	64237	19677	4095	62100
内蒙古	775898	698238	697796	529587	522744	5000	1843	1541	166667
辽宁	1271748	1233809	1232047	1034539	987715	26258	20566	593	196916
吉林	721440	700606	700513	592329	552179	40150		1437	106748
黑龙江	729108	725089	724789	600292	594284	5691	317	60	124436
上海	1409942	1064359	1056542	837778	811828	25950		21200	197564
江苏	2382011	2120903	2114234	1910600	1862300		48300	3762	199872
浙江	3085173	2758452	2589569	2364924	2132977	46600	185347	12178	212468
安徽	1336493	1196798	1179492	983653	955738	24134	3781	1827	194012
福建	1367455	1127478	1123715	946161	871195	71760	3206	22170	155384
江西	822550	743338	734630	694432	690907	2800	725	2255	37943
山东	2929673	2734873	2607162	2542683	2411174	90000	41509	3710	60769
河南	1939966	1870528	1592528	1391775	1346793	41335	3647	898	199855
湖北	2161952	2115228	2112378	1948481	1948481			28899	134997
湖南	1360565	1252085	1241202	1204751	1168352	28051	8348	2556	33895
广东	3231793	3071886	3057371	2710532	1928700	386289	395542	5905	340935
广西	1531840	1481947	1457773	1392260	1102463	258011	31786	4767	60746
海南	251664	236587	236208	193269	193269			7112	35827
重庆	588481	560326	556282	400125	397613	2211	300	58996	97161
四川	3769162	3622527	3176354	2888877	2487907	129171	271799	7468	280010
贵州	1800897	1701382	1697582	1598893	1459315	55862	83716	18020	80669
云南	1805316	1694758	1666099	1486805	1308003	136368	42434	2923	176370
西藏	278970	278964	278964	274094	271994	2099			4871
陕西	2044882	1959089	1958459	1862044	1824022	500	37522	460	95955
甘肃	939684	839802	837831	707744	645678	30000	32066	1510	128577
青海	689095	649963	649963	597241	503583	91658	2000	750	51972
宁夏	256266	216307	215009	179031	179031				35978
新疆	1695251	1533354	1522983	1398892	1161717	149930	87245	1459	122633
大连	156290	151993	151993	122235	120467	768	1000		29758
宁波	302649	289283	215866	197827	157827	40000			18038
厦门	97395	96989	96979	82457	82457			16	14506
青岛	248147	240264	240264	221499	221499			300	18464
深圳	413846	387273	385951	308883	292903	13595	2385	1	77067

(其他教育机构)

单位：千元

政府性基金预算安排的教育经费	#彩票公益金	企业办学中的企业拨款	校办产业和社会服务收入中用于教育的经费	其他属于国家财政性教育经费	民办学校中举办者投入	捐赠收入	事业收入	#学费	其他教育经费
1314572	**13561**	**5597**	**68593**			**8021**	**2589893**	**379963**	**1251360**
778						1000	358595	90755	371956
			7754			4	10494	8400	5755
130003							53742	27462	16084
79027							33773	383	9270
156			285			1530	74620	30789	1510
1762	1762						30575		7363
			93			50	10111	20	10673
300	300					280	3390		348
			7817			180	323642		21761
6670	593						195305	21311	65802
166850	5406		2033				185882	13504	140839
17306						231	97841	6836	41623
3753	600		10			241	206439	6692	33298
8708	120						70445		8768
127679	452		32				124347	50860	70453
278000							51893	6444	17545
2850	50						26217	2897	20508
10882							81875	43336	26606
12796	28		1719			23	120312	27636	39573
3628			20546			4150	40502	945	5241
380							250		14827
4045	3						15367	9078	12788
445337	546		835			20	111485	19204	35131
1185	1140		2614				83501	2390	16014
9877	1930		18783			40	70450		40067
									6
630	630						73736	1043	12057
1971							64675	507	35207
							16876		22257
			1299				35134	8322	4825
		5597	4774			273	18419	1150	143205
							4237		61
73418							8777		4589
			10						406
							982		6902
			1322				24081		2491

3-57 教育经费收入情况

地区	总计	国家财政性教育经费	一般公共预算安排的教育经费	一般公共预算教育经费	教育事业费	基本建设经费	教育费附加	科研经费	其他
合计	**46799100**	**44095272**	**42715193**	**38912109**	**35614346**	**1774412**	**1523351**	**230564**	**3572520**
北京	3839456	3784403	3783625	3658948	3582297	69582	7068	13655	111022
天津	931712	915460	907705	876752	682145		194607	80	30873
河北	1067443	997618	867615	798108	767395	30714		280	69227
山西	898834	855792	776765	711050	627136	64237	19677	4095	61620
内蒙古	775304	697644	697203	529587	522744	5000	1843	1541	166074
辽宁	1268268	1230329	1228567	1034539	987715	26258	20566	593	193436
吉林	720540	699706	699613	592329	552179	40150		1437	105848
黑龙江	703833	699814	699514	597563	591555	5691	317	60	101891
上海	846012	825438	819752	665513	639563	25950		21200	133040
江苏	2355074	2093967	2087297	1910600	1862300		48300	3762	172936
浙江	3081669	2754948	2586065	2364924	2132977	46600	185347	12178	208964
安徽	1335989	1196294	1178988	983653	955738	24134	3781	1827	193508
福建	1178641	1076870	1073107	901224	826257	71760	3206	22170	149714
江西	822118	742906	734198	694432	690907	2800	725	2255	37511
山东	2923179	2728378	2600667	2542683	2411174	90000	41509	3710	54274
河南	1935274	1865836	1587836	1391775	1346793	41335	3647	898	195163
湖北	2145224	2098500	2095650	1948481	1948481			28899	118269
湖南	1358427	1249946	1239064	1204751	1168352	28051	8348	2556	31757
广东	3231793	3071886	3057371	2710532	1928700	386289	395542	5905	340935
广西	1531840	1481947	1457773	1392260	1102463	258011	31786	4767	60746
海南	251664	236587	236208	193269	193269			7112	35827
重庆	588481	560326	556282	400125	397613	2211	300	58996	97161
四川	3739402	3592767	3146594	2888877	2487907	129171	271799	7468	250250
贵州	1800186	1700670	1696871	1598893	1459315	55862	83716	18020	79958
云南	1804212	1693654	1664995	1486805	1308003	136368	42434	2923	175266
西藏	278970	278964	278964	274094	271994	2099			4871
陕西	2030230	1944437	1943807	1862044	1824022	500	37522	460	81303
甘肃	933745	833864	831892	707744	645678	30000	32066	1510	122639
青海	689095	649963	649963	597241	503583	91658	2000	750	51972
宁夏	256266	216307	215009	179031	179031				35978
新疆	1476217	1320051	1316232	1214285	1017060	109980	87245	1459	100489
大连	156290	151993	151993	122235	120467	768	1000		29758
宁波	302649	289283	215866	197827	157827	40000			18038
厦门	97395	96989	96979	82457	82457			16	14506
青岛	248147	240264	240264	221499	221499			300	18464
深圳	413846	387273	385951	308883	292903	13595	2385	1	77067

(地方其他教育机构)

单位：千元

政府性基金预算安排的教育经费	#彩票公益金	企业办学中的企业拨款	校办产业和社会服务收入中用于教育的经费	其他属于国家财政性教育经费	民办学校中举办者投入	捐赠收入	事业收入	#学费	其他教育经费
1314572	**13561**		**65507**			**6831**	**1809275**	**283218**	**887722**
778							20905	480	34148
			7754			4	10494	8400	5755
130003							53742	27462	16084
79027							33773	383	9270
156			285			1530	74620	30789	1510
1762	1762						30575		7363
			93			50	10111	20	10673
300	300					280	3390		348
			5686				17529		3045
6670	593						195305	21311	65802
166850	5406		2033				185882	13504	140839
17306						231	97841	6836	41623
3753	600		10			231	71070	222	30470
8708	120						70445		8768
127679	452		32				124347	50860	70453
278000							51893	6444	17545
2850	50						26217	2897	20508
10882							81875	43336	26606
12796	28		1719			23	120312	27636	39573
3628			20546			4150	40502	945	5241
380							250		14827
4045	3						15367	9078	12788
445337	546		835			20	111485	19204	35131
1185	1140		2614				83501	2390	16014
9877	1930		18783			40	70450		40067
									6
630	630						73736	1043	12057
1971							64675	507	35207
							16876		22257
			1299				35134	8322	4825
			3819			273	16973	1150	138920
							4237		61
73418							8777		4589
			10						406
							982		6902
			1322				24081		2491

第四部分

各地区各级各类教育机构教育经费支出明细

4-1 教育经费支出明细

地区	合计	个人部分	工资福利支出	对个人和家庭的补助支出	#助学金
合计	**4121171655**	**2569619556**	**1893121850**	**676497706**	**175879218**
北京	222090119	115024095	77935533	37088562	15204141
天津	68168500	41761688	27567639	14194049	1771912
河北	158242952	106097197	77053243	29043954	5076801
山西	84837575	56579689	43492696	13086994	3225619
内蒙古	75279103	50875208	34452188	16423020	3737160
辽宁	102518073	68961497	47815986	21145511	3205316
吉林	71253277	45468899	29839086	15629813	2263262
黑龙江	85010294	56731554	35218287	21513267	2523866
上海	145809871	76092607	66699967	9392640	4976875
江苏	278029069	180282357	123043670	57238687	8132512
浙江	222255595	138992609	116086648	22905961	5831582
安徽	141308577	86622771	59485036	27137735	5996788
福建	117927442	72535667	58768783	13766884	3090567
江西	113325068	64899129	50416270	14482858	4610609
山东	247020909	158076993	120287707	37789286	6560189
河南	211190590	126387727	99792620	26595106	9606662
湖北	161125022	105554873	74888590	30666284	6167000
湖南	156754268	98436705	76753534	21683172	7345647
广东	394110021	251200880	172864691	78336189	10354720
广西	116696818	69914630	53080126	16834504	7051029
海南	32913821	19032105	16043626	2988479	1048271
重庆	100563039	62867278	48379678	14487600	5086094
四川	207972702	133288833	102848685	30440147	12951599
贵州	118992205	73870069	53107100	20762969	8481671
云南	131209204	91376850	71725463	19651387	9843463
西藏	23625431	14586625	10000466	4586159	2616357
陕西	120884787	66920736	49704939	17215797	7172498
甘肃	73004536	48980941	28520343	20460598	4439434
青海	22483171	14384040	10614148	3769891	1204821
宁夏	22601375	13461849	10523260	2938589	1093134
新疆	93968240	60353455	46111844	14241612	5209619
大连	15313793	10889341	8927210	1962131	174425
宁波	29997887	20173148	16958346	3214802	730639
厦门	15675767	9497168	6923440	2573728	192776
青岛	30064810	19201019	14082217	5118801	359636
深圳	73984658	43795702	29887307	13908395	1506282

(各级各类教育机构)

单位：千元

公用部分	商品和服务支出	其他资本性支出	专项公用支出	专项项目支出	基本建设支出
1486145941	**796831628**	**689314313**	**251536017**	**437778296**	**65406158**
103183350	76639509	26543841	16576203	9967638	3882674
26118776	14452421	11666355	5360652	6305703	288036
51232457	26409565	24822892	8695374	16127518	913298
27491263	14590372	12900891	4540354	8360537	766623
23485877	11800450	11685427	4364126	7321301	918018
32335677	21867690	10467988	5165759	5302229	1220899
25039976	13422655	11617321	4392504	7224817	744402
27493589	17250968	10242621	4313046	5929574	785151
65340680	46546898	18793783	10521470	8272313	4376584
96601800	47710302	48891498	15079404	33812094	1144912
80176608	42843069	37333539	12065166	25268373	3086378
52421535	21816692	30604843	10094082	20510761	2264271
44384670	20874747	23509924	9120938	14388986	1007105
46967159	15365209	31601950	7740349	23861601	1458781
87785120	40201566	47583554	14383823	33199730	1158796
82208701	42123179	40085522	12099312	27986210	2594163
54856617	30509762	24346855	8173278	16173577	713532
57134299	31187887	25946411	9818325	16128086	1183264
133222141	83950229	49271911	25968466	23303446	9687000
43801004	18067511	25733493	11208111	14525382	2981184
13151053	5817684	7333369	2833304	4500064	730664
35710728	21102716	14608012	5332905	9275107	1985033
71896343	38505302	33391041	11429279	21961762	2787526
43294516	16907747	26386769	5988092	20398677	1827619
38189970	18601355	19588615	4939009	14649606	1642384
6038293	2003740	4034553	922330	3112224	3000513
51533679	27270353	24263325	7953323	16310003	2430373
22886357	9789387	13096969	3967425	9129544	1137239
6722395	2989603	3732792	1314066	2418726	1376737
8406286	3650651	4755634	1947753	2807882	733240
27035024	12562411	14472613	5227790	9244824	6579760
4255397	2853081	1402316	707309	695007	169055
9624280	5429913	4194367	1405084	2789282	200459
5955667	3289034	2666633	1647313	1019321	222932
10863791	4749065	6114726	1678826	4435900	
22458350	17114072	5344278	4447975	896303	7730606

4-2 教育经费支出明细

地区	合计	个人部分	工资福利支出	对个人和家庭的补助支出	#助学金
合计	**3792464727**	**2408706358**	**1800655369**	**608050989**	**144813642**
北京	120900029	67718588	55599318	12119270	1463552
天津	56844415	37137338	24979860	12157478	1148886
河北	156433350	105055708	76342421	28713287	4987741
山西	84828735	56572378	43486174	13086204	3225598
内蒙古	75268197	50866386	34443817	16422569	3737160
辽宁	93764804	64588422	45209787	19378635	2473677
吉林	63747360	41459839	27367715	14092123	1655501
黑龙江	75008431	52185089	32369659	19815430	1855580
上海	113885877	62435858	56266775	6169083	2774100
江苏	255400298	168261764	116956225	51305540	6092040
浙江	212226244	135053249	113443211	21610038	5247289
安徽	135024721	83713969	57962345	25751624	5200763
福建	111762989	69517866	56899303	12618563	2588606
江西	113317362	64893881	50411807	14482074	4610515
山东	237940863	153690031	117825789	35864242	5917353
河南	210741363	126141785	99590436	26551348	9601398
湖北	135797735	91937178	67328266	24608912	3929575
湖南	149827294	94479943	74273287	20206655	6656596
广东	379379822	243606622	168757243	74849379	9404272
广西	116696280	69914333	53079854	16834479	7051029
海南	32857802	18988665	16007436	2981229	1047190
重庆	93201659	59092598	46095326	12997272	4505588
四川	191625294	124014962	96879280	27135683	11573099
贵州	118991493	73870069	53107100	20762969	8481671
云南	131197234	91367437	71716703	19650734	9843463
西藏	23625431	14586625	10000466	4586159	2616357
陕西	103223768	58296207	44388764	13907444	5879519
甘肃	69390555	46935716	27181111	19754605	4124760
青海	22472460	14374993	10606504	3768489	1204426
宁夏	21898066	13127117	10293396	2833721	1047447
新疆	85184798	54821743	41785991	13035752	4868891
大连	15271999	10855586	8897003	1958583	174390
宁波	29997887	20173148	16958346	3214802	730639
厦门	15670839	9493640	6920312	2573328	192776
青岛	30064810	19201019	14082217	5118801	359636
深圳	73984658	43795702	29887307	13908395	1506282

(地方各级各类教育机构)

单位：千元

公用部分	商品和服务支出	其他资本性支出	专项公用支出	专项项目支出	基本建设支出
1324459230	**678669066**	**645790164**	**225442240**	**420347924**	**59299138**
50945597	36258705	14686893	10184562	4502331	2235843
19430557	11146767	8283790	4183695	4100096	276520
50532343	25992003	24540340	8530190	16010150	845299
27489734	14589059	12900675	4540155	8360520	766623
23483793	11799171	11684622	4363961	7320661	918018
28202316	19051383	9150932	4317306	4833627	974066
21608129	10646946	10961183	3805177	7156006	679392
22100612	13262210	8838401	3370377	5468025	722730
48044610	34059527	13985083	7890717	6094366	3405409
86363705	40019912	46343793	13178262	33165531	774828
74112207	38558091	35554116	10992470	24561646	3060788
49156699	19653383	29503315	9132294	20371022	2154053
41382818	19081505	22301313	8581198	13720116	862304
46964700	15363208	31601492	7740342	23861149	1458781
83419764	36902472	46517292	13694652	32822640	831068
82094130	42044164	40049967	12066437	27983530	2505448
43809561	22100491	21709070	6361512	15347558	50996
54277753	28903038	25374715	9357420	16017296	1069598
126264303	78879641	47384662	24269186	23115476	9508897
43800763	18067270	25733493	11208111	14525382	2981184
13138474	5811142	7327331	2830252	4497079	730664
32169509	18265375	13904134	4778776	9125358	1939553
65025340	33274967	31750373	10161810	21588563	2584991
43293805	16907035	26386769	5988092	20398677	1827619
38187413	18599213	19588200	4938839	14649360	1642384
6038293	2003740	4034553	922330	3112224	3000513
42686268	20748089	21938179	6420263	15517916	2241292
21414170	8817705	12596465	3707099	8889366	1040669
6720730	2987949	3732781	1314055	2418726	1376737
8037709	3475897	4561812	1833507	2728305	733240
24263425	11399008	12864418	4779194	8085223	6099630
4247358	2846923	1400436	706262	694173	169055
9624280	5429913	4194367	1405084	2789282	200459
5954267	3287634	2666633	1647313	1019321	222932
10863791	4749065	6114726	1678826	4435900	
22458350	17114072	5344278	4447975	896303	7730606

4-3 教育经费支出明细

地区	合计	个人部分	工资福利支出	对个人和家庭的补助支出	#助学金
合计	**1046440246**	**531067809**	**345094036**	**185973773**	**80850048**
北京	112206610	57118551	29909288	27209262	14801752
天津	29203720	13060178	7901581	5158597	1546615
河北	29696822	17076631	11158370	5918261	2158852
山西	18956742	9979481	7190809	2788672	1435491
内蒙古	14368488	8106636	4734160	3372476	1764460
辽宁	33640351	18026849	11494277	6532572	2327148
吉林	22477517	11699640	7297296	4402343	1495784
黑龙江	24912658	12087683	6839834	5247848	1723459
上海	60792382	25766519	20290222	5476298	3664720
江苏	75950164	40878928	23591023	17287906	5295815
浙江	53089786	25741804	19531087	6210717	2791130
安徽	31905346	17000738	10681666	6319072	2625977
福建	27745182	13723226	9543849	4179377	1905305
江西	22352308	13256956	8933531	4323425	1726789
山东	52381413	29069850	18760741	10309109	3508789
河南	42035850	20783623	14498299	6285325	2831518
湖北	52913845	28609121	18256317	10352803	3874547
湖南	34813296	19511372	14043181	5468191	2570179
广东	83941872	40819546	25203260	15616286	4532496
广西	22865545	10040782	6980850	3059932	1976916
海南	5361303	2532826	1954339	578486	395829
重庆	25315072	12098526	7803574	4294952	2450752
四川	47311193	25381163	18190406	7190757	3770229
贵州	24430643	8325879	5195871	3130008	1932981
云南	18191618	9931678	7551621	2380057	1534062
西藏	1867176	1099621	737577	362044	204612
陕西	43531647	21702307	14908850	6793457	3353038
甘肃	15944792	7829571	4659060	3170512	1380979
青海	3043659	1546865	1076823	470042	140482
宁夏	4199741	2102827	1500684	602143	310641
新疆	10993505	6158430	4675588	1482842	818701
大连	1043604	564876	423176	141700	40987
宁波	5195572	2738548	2062708	675840	292984
厦门	2573668	1091486	706666	384820	96412
青岛	2099065	765590	572136	193454	70862
深圳	13623198	4995752	3712278	1283474	438512

(高等学校)

单位：千元

公用部分	商品和服务支出	其他资本性支出	专项公用支出	专项项目支出	基本建设支出
494562601	**290622885**	**203939716**	**103696929**	**100242787**	**20809835**
52934896	37966891	14968005	9012079	5955926	2153163
16023648	8379111	7644537	3691672	3952865	119894
12370859	7185774	5185086	2860374	2324711	249331
8756834	4022727	4734108	1686544	3047564	220426
6055480	2870174	3185306	1682126	1503179	206372
14845010	9793345	5051665	2819478	2232187	768492
10546458	6599607	3946851	2084964	1861888	231420
12515928	8677060	3838868	2220460	1618408	309048
31551853	23327084	8224770	5173422	3051348	3474009
34653566	22456374	12197193	6397642	5799551	417670
26474837	15416349	11058488	4743134	6315354	873145
13668623	6667215	7001407	3775575	3225832	1235985
13806604	7245623	6560981	4017600	2543381	215352
8906069	4798417	4107652	2236275	1871377	189284
22785223	13230103	9555120	5474177	4080944	526340
20490052	10339703	10150349	5516468	4633881	762174
23599092	15066886	8532206	4202377	4329829	705632
15025615	9064720	5960894	3339610	2621284	276309
39929493	22834204	17095290	9788237	7307053	3192833
12360068	5191963	7168104	4795348	2372756	464695
2407700	1362228	1045473	625189	420283	420777
12952423	7212324	5740098	2275474	3464625	264123
21282009	12429157	8852852	4588322	4264530	648021
15657940	3147418	12510522	1472536	11037985	446823
8122138	4543175	3578963	1286653	2292310	137802
519075	343803	175272	155629	19643	248480
21127640	13234360	7893280	4165191	3728089	701701
7876839	3128605	4748234	1685148	3063087	238382
1420519	629298	791221	422447	368774	76275
1966914	1083273	883641	543229	340412	130000
3929195	2375913	1553282	959551	593730	905880
437953	249803	188149	122331	65818	40775
2415047	1512200	902847	427154	475692	41976
1430386	509323	921063	624032	297031	51795
1333475	641047	692429	297727	394702	
5739828	3888134	1851694	1821563	30131	2887618

4-4 教育经费支出明细

地区	合计	个人部分	工资福利支出	对个人和家庭的补助支出	#助学金
合计	**744988558**	**381052390**	**261152014**	**119900376**	**50057581**
北京	26639203	13328551	10140128	3188423	1090652
天津	18019864	8545056	5399906	3145150	923735
河北	28012293	16128502	10538013	5590489	2069801
山西	18956742	9979481	7190809	2788672	1435491
内蒙古	14368488	8106636	4734160	3372476	1764460
辽宁	25036279	13771313	8993701	4777612	1595576
吉林	15153531	7813491	4926524	2886967	888100
黑龙江	15708001	8128472	4446412	3682060	1061794
上海	29776674	12434982	10153005	2281977	1465208
江苏	53494018	28982187	17611427	11370761	3261291
浙江	43071866	21808413	16892576	4915838	2206837
安徽	25648632	14113508	9178595	4934913	1830211
福建	21769627	10748920	7712355	3036566	1404653
江西	22352308	13256956	8933531	4323425	1726789
山东	43307862	24682888	16298822	8384066	2865953
河南	41778389	20692163	14434637	6257526	2827463
湖北	28091810	15341956	10970179	4371777	1639995
湖南	27951478	15587915	11594128	3993787	1881473
广东	69488233	33436018	21279771	12156247	3585153
广西	22865545	10040782	6980850	3059932	1976916
海南	5361303	2532826	1954339	578486	395829
重庆	18177723	8476713	5649498	2827215	1871087
四川	31116620	16190428	12290785	3899643	2397142
贵州	24430643	8325879	5195871	3130008	1932981
云南	18191618	9931678	7551621	2380057	1534062
西藏	1867176	1099621	737577	362044	204612
陕西	26170818	13296102	9780724	3515377	2060955
甘肃	12383345	5821704	3353962	2467742	1067302
青海	3043659	1546865	1076823	470042	140482
宁夏	3498976	1770446	1272840	497607	264954
新疆	9255836	5131935	3878444	1253491	686624
大连	1043604	564876	423176	141700	40987
宁波	5195572	2738548	2062708	675840	292984
厦门	2573668	1091486	706666	384820	96412
青岛	2099065	765590	572136	193454	70862
深圳	13623198	4995752	3712278	1283474	438512

(地方高等学校)

单位：千元

公用部分	商品和服务支出	其他资本性支出			基本建设支出
			专项公用支出	专项项目支出	
348867559	**186125205**	**162742354**	**78552577**	**84189777**	**15068609**
12799814	9110361	3689453	3062901	626552	510838
9366430	5099794	4266636	2518774	1747863	108378
11702458	6797724	4904735	2696663	2208071	181333
8756834	4022727	4734108	1686544	3047564	220426
6055480	2870174	3185306	1682126	1503179	206372
10743308	6998057	3745251	1974529	1770721	521659
7173630	3868223	3305407	1508276	1797131	166410
7332902	4856893	2476009	1295924	1180085	246627
14838858	11312536	3526322	2585493	940829	2502834
24464245	14810759	9653486	4499284	5154202	47586
20415898	11135476	9280422	3670570	5609853	847554
10409357	4506495	5902861	2815710	3087151	1125767
10950155	5584272	5365883	3491107	1874776	70551
8906069	4798417	4107652	2236275	1871377	189284
18426362	9937503	8488859	4785005	3703853	198612
20412767	10296145	10116622	5484295	4632328	673459
12706758	6779932	5926825	2420062	3506763	43096
12200920	6806210	5394710	2881632	2513078	162643
33037485	17817010	15220475	8095394	7125082	3014730
12360068	5191963	7168104	4795348	2372756	464695
2407700	1362228	1045473	625189	420283	420777
9482367	4421655	5060712	1737933	3322779	218643
14480705	7266020	7214685	3321656	3893029	445486
15657940	3147418	12510522	1472536	11037985	446823
8122138	4543175	3578963	1286653	2292310	137802
519075	343803	175272	155629	19643	248480
12362096	6782275	5579820	2642444	2937376	512620
6419828	2167059	4252769	1426756	2826013	141813
1420519	629298	791221	422447	368774	76275
1598530	908712	689819	428984	260835	130000
3336864	1952891	1383973	846439	537533	787038
437953	249803	188149	122331	65818	40775
2415047	1512200	902847	427154	475692	41976
1430386	509323	921063	624032	297031	51795
1333475	641047	692429	297727	394702	
5739828	3888134	1851694	1821563	30131	2887618

4-5 教育经费支出明细

地区	合计	个人部分	工资福利支出	对个人和家庭的补助支出	#助学金
合计	**1031334393**	**522715940**	**338795950**	**183919990**	**80637606**
北京	110482833	56184872	29211466	26973406	14801459
天津	28819231	12795669	7723919	5071750	1544157
河北	29150298	16692507	10865547	5826960	2151816
山西	18696538	9800513	7049268	2751245	1428147
内蒙古	14216642	8020344	4675566	3344777	1760577
辽宁	33135343	17736746	11278375	6458371	2326545
吉林	21913398	11318514	7078296	4240218	1476093
黑龙江	24433140	11738914	6640314	5098600	1720953
上海	59663870	25221121	19788995	5432127	3661629
江苏	75696815	40766353	23507210	17259143	5292097
浙江	51659585	25118904	18999178	6119726	2779125
安徽	31351396	16661837	10442085	6219752	2617797
福建	27309731	13516400	9371049	4145351	1904611
江西	21915065	12981386	8746136	4235249	1695520
山东	52142115	28946968	18672570	10274399	3506574
河南	41740704	20601704	14362788	6238915	2829855
湖北	52784997	28512825	18189518	10323306	3868128
湖南	34273707	19263992	13848546	5415446	2564020
广东	82542902	40020129	24693676	15326453	4519735
广西	22285559	9767612	6763965	3003646	1953833
海南	5288111	2491116	1920706	570410	390962
重庆	25242920	12081973	7790170	4291803	2450752
四川	46178395	24760020	17652925	7107094	3767819
贵州	24244320	8237592	5133298	3104294	1922160
云南	17806038	9733914	7389176	2344738	1512121
西藏	1867176	1099621	737577	362044	204612
陕西	42917363	21386854	14652105	6734749	3336943
甘肃	15760524	7714059	4580137	3133922	1380118
青海	2999257	1521125	1059150	461974	140482
宁夏	4199741	2102827	1500684	602143	310641
新疆	10616677	5919532	4471553	1447978	818326
大连	878617	466928	342114	124814	40887
宁波	4874738	2566005	1918421	647584	287500
厦门	2572701	1090647	706165	384482	96412
青岛	2054500	744290	558148	186142	70862
深圳	13498328	4925726	3665651	1260075	435838

(普通高等学校)

单位：千元

公用部分	商品和服务支出	其他资本性支出			基本建设支出
			专项公用支出	专项项目支出	
488071204	**285843452**	**202227752**	**102749611**	**99478142**	**20547249**
52152194	37251046	14901149	8950161	5950988	2145767
15903669	8300563	7603105	3668719	3934386	119894
12208460	7047451	5161009	2841807	2319202	249331
8675599	3978841	4696758	1649212	3047546	220426
5990426	2820513	3169914	1674679	1495235	205872
14644649	9616640	5028010	2798161	2229849	753948
10370578	6471230	3899348	2054849	1844500	224306
12385178	8574459	3810719	2207856	1602864	309048
30968740	22834990	8133750	5111836	3021914	3474009
34512792	22395482	12117310	6370009	5747301	417670
25876644	15094868	10781776	4664743	6117033	664037
13453575	6514655	6938920	3745657	3193263	1235985
13587979	7065948	6522031	4007310	2514720	205352
8744395	4687312	4057084	2203784	1853299	189284
22668807	13130198	9538609	5457969	4080640	526340
20376826	10254470	10122357	5509835	4612522	762174
23566541	15039653	8526887	4199248	4327639	705632
14733406	8820182	5913224	3318844	2594380	276309
39330440	22391999	16938441	9690922	7247519	3192334
12053294	5075025	6978269	4613625	2364643	464654
2376218	1340866	1035353	615306	420047	420777
12896824	7195655	5701169	2252017	3449152	264123
20783740	12089088	8694651	4551892	4142760	634636
15559905	3090215	12469690	1438592	11031098	446823
7934322	4383898	3550425	1268753	2281671	137802
519075	343803	175272	155629	19643	248480
20828808	13006148	7822660	4140378	3682283	701701
7808083	3071116	4736966	1677851	3059115	238382
1401858	612413	789444	420670	368774	76275
1966914	1083273	883641	543229	340412	130000
3791265	2261452	1529813	946068	583745	905880
371414	191042	180372	114554	65818	40276
2266757	1438066	828690	404498	424192	41976
1430259	509199	921060	624029	297031	51795
1310210	619908	690302	295656	394646	
5685484	3852265	1833219	1807406	25813	2887119

4-6 教育经费支出明细

地区	合计	个人部分	工资福利支出	对个人和家庭的补助支出	#助学金
合计	**730721594**	**373087233**	**255124341**	**117962892**	**49845140**
北京	25671500	12730032	9665520	3064512	1090358
天津	17635375	8280547	5222243	3058304	921278
河北	27465770	15744379	10245190	5499189	2062764
山西	18696538	9800513	7049268	2751245	1428147
内蒙古	14216642	8020344	4675566	3344777	1760577
辽宁	24543375	13490501	8787015	4703486	1594973
吉林	14589412	7432365	4707524	2724841	868409
黑龙江	15228483	7779704	4246891	3532812	1059288
上海	28648162	11889584	9651777	2237806	1462118
江苏	53240669	28869612	17527614	11341998	3257573
浙江	41641665	21185514	16360667	4824847	2194832
安徽	25094682	13774607	8939014	4835593	1822030
福建	21334175	10542094	7539554	3002540	1403960
江西	21915065	12981386	8746136	4235249	1695520
山东	43068564	24560006	16210651	8349355	2863738
河南	41483243	20510243	14299127	6211116	2825800
湖北	27962962	15245660	10903380	4342280	1633576
湖南	27411889	15340535	11399494	3941041	1875314
广东	68089263	32636601	20770187	11866414	3572392
广西	22285559	9767612	6763965	3003646	1953833
海南	5288111	2491116	1920706	570410	390962
重庆	18105571	8460160	5636095	2824065	1871087
四川	29983821	15569285	11753305	3815980	2394731
贵州	24244320	8237592	5133298	3104294	1922160
云南	17806038	9733914	7389176	2344738	1512121
西藏	1867176	1099621	737577	362044	204612
陕西	25556533	12980649	9523979	3456670	2044859
甘肃	12199076	5706191	3275039	2431153	1066441
青海	2999257	1521125	1059150	461974	140482
宁夏	3498976	1770446	1272840	497607	264954
新疆	8949718	4935297	3712393	1222905	686250
大连	878617	466928	342114	124814	40887
宁波	4874738	2566005	1918421	647584	287500
厦门	2572701	1090647	706165	384482	96412
青岛	2054500	744290	558148	186142	70862
深圳	13498328	4925726	3665651	1260075	435838

(地方普通高等学校)

单位：千元

公用部分	商品和服务支出	其他资本性支出	专项公用支出	专项项目支出	基本建设支出
342828337	**181775872**	**161052466**	**77626514**	**83425952**	**14806023**
12438027	8796260	3641767	3019833	621934	503442
9246450	5021246	4225204	2495820	1729384	108378
11540059	6659401	4880658	2678096	2202562	181333
8675599	3978841	4696758	1649212	3047546	220426
5990426	2820513	3169914	1674679	1495235	205872
10545759	6823164	3722595	1953712	1768883	507115
6997750	3739846	3257904	1478161	1779743	159296
7202152	4754292	2447860	1283319	1164541	246627
14255744	10820442	3435302	2523907	911395	2502834
24323471	14749867	9573603	4471651	5101952	47586
19817705	10813995	9003710	3592179	5411532	638446
10194309	4353935	5840374	2785791	3054582	1125767
10731530	5404597	5326933	3480817	1846115	60551
8744395	4687312	4057084	2203784	1853299	189284
18309946	9837598	8472348	4768798	3703550	198612
20299541	10210911	10088630	5477661	4610968	673459
12674206	6752699	5921507	2416934	3504573	43096
11908711	6561671	5347040	2860866	2486174	162643
32438432	17374805	15063626	7998079	7065547	3014231
12053294	5075025	6978269	4613625	2364643	464654
2376218	1340866	1035353	615306	420047	420777
9426768	4404986	5021783	1714476	3307306	218643
13982436	6925952	7056484	3285226	3771258	432101
15559905	3090215	12469690	1438592	11031098	446823
7934322	4383898	3550425	1268753	2281671	137802
519075	343803	175272	155629	19643	248480
12063264	6554063	5509201	2617631	2891570	512620
6351072	2109571	4241501	1419459	2822042	141813
1401858	612413	789444	420670	368774	76275
1598530	908712	689819	428984	260835	130000
3227383	1864973	1362410	834862	527548	787038
371414	191042	180372	114554	65818	40276
2266757	1438066	828690	404498	424192	41976
1430259	509199	921060	624029	297031	51795
1310210	619908	690302	295656	394646	
5685484	3852265	1833219	1807406	25813	2887119

4-7 教育经费支出明细

地区	合计	个人部分	工资福利支出	对个人和家庭的补助支出	#助学金
合计	**837159560**	**424911719**	**270377473**	**154534246**	**68581467**
北京	106308784	53910800	27408027	26502773	14681087
天津	25199317	10785036	6438218	4346818	1372586
河北	22210913	12845124	8178983	4666141	1748413
山西	14592446	7522670	5397212	2125457	1163789
内蒙古	9150456	5317056	3060429	2256627	1197440
辽宁	28180450	15211665	9554170	5657495	2082125
吉林	19502062	10061412	6304895	3756517	1353826
黑龙江	20572746	9561797	5336026	4225771	1526599
上海	54850761	23784868	18530578	5254290	3566118
江苏	59532382	32301196	17865419	14435776	4522129
浙江	40664127	19645868	14605971	5039897	2315829
安徽	23139917	12563018	7679515	4883504	2063494
福建	22011120	11022742	7530945	3491797	1567489
江西	16395980	9836623	6786547	3050076	1256719
山东	39498485	21941774	14113788	7827985	2404725
河南	31126228	15419434	10674990	4744444	2119301
湖北	44163112	24045302	15136486	8908816	3417698
湖南	24569330	13885756	9756896	4128859	2025266
广东	63285314	30208680	18032009	12176671	3580870
广西	16226463	7255337	4916839	2338498	1524133
海南	3893776	1918841	1492687	426153	304334
重庆	19319093	9472320	5977368	3494952	1904737
四川	36595939	20148676	14137035	6011641	3125365
贵州	18969556	5908428	3625536	2282893	1398871
云南	14337191	7806912	5909864	1897047	1210314
西藏	1525149	868358	564782	303576	174449
陕西	36928545	18418826	12427415	5991412	2922166
甘肃	11288745	6290266	3857782	2432484	1074518
青海	2237338	1197158	821514	375644	116110
宁夏	3351041	1601977	1105826	496151	275882
新疆	7532795	4153798	3149719	1004079	585084
大连	643273	351947	259264	92684	28722
宁波	3830854	2005601	1485524	520076	238882
厦门	2015971	825375	494152	331222	75804
青岛	1483582	437169	330492	106677	50107
深圳	10869012	3264540	2342591	921949	325967

(普通高等本科学校)

单位：千元

公用部分	商品和服务支出	其他资本性支出	专项公用支出	专项项目支出	基本建设支出
395129382	**244384095**	**150745287**	**79178340**	**71566947**	**17118459**
50357535	36040488	14317047	8456145	5860902	2040449
14307387	7404892	6902496	3151936	3750560	106894
9116458	5527002	3589456	2000198	1589258	249331
6874480	3102126	3772354	1238449	2533906	195296
3778165	1995159	1783006	959092	823914	55235
12433158	8376581	4056577	2276936	1779641	535627
9229541	5894823	3334718	1772233	1562485	211109
10737934	7398672	3339262	1956866	1382396	273015
28419052	21283409	7135643	4869853	2265790	2646841
26822280	18452211	8370069	4767655	3602414	408906
20475369	12574044	7901325	3781076	4120249	542890
9711046	5228327	4482718	2617002	1865717	865853
10789252	5914251	4875001	3149710	1725291	199125
6449578	3719660	2729918	1629720	1100197	109779
17040223	10415836	6624387	4224798	2399589	516488
15176684	8187290	6989394	3752151	3237243	530110
19455274	13240801	6214472	3246406	2968067	662536
10460446	6743481	3716966	2252778	1464188	223127
30154141	18189887	11964254	6915875	5048379	2922493
8548580	3874883	4673697	3004417	1669280	422546
1568449	1006602	561847	476744	85103	406487
9701778	5922667	3779110	1618096	2161014	144995
15998557	10215320	5783237	3509413	2273824	448705
12708124	2435188	10272936	927049	9345887	353004
6431488	3693094	2738394	1030989	1707405	98792
425562	278652	146909	129295	17614	231230
17901718	11686073	6215645	3328783	2886862	608001
4787362	2569216	2218146	853895	1364251	211117
965396	445369	520027	207872	312154	74784
1619064	886034	733030	428436	304594	130000
2685303	1682056	1003247	644472	358774	693694
251050	109308	141742	81722	60020	40276
1805254	1158696	646557	346974	299584	20000
1138801	341258	797543	558549	238995	51795
1046413	420087	626326	246161	380164	
4843482	3332937	1510544	1484731	25813	2760990

4-8 教育经费支出明细

地区	合计	个人部分			
			工资福利支出	对个人和家庭的补助支出	
					#助学金
合计	539318199	276402419	187579319	88823100	37859948
北京	21660496	10525687	7902303	2623384	976249
天津	14015461	6269914	3936543	2333371	749707
河北	20526385	11896995	7558626	4338370	1659362
山西	14592446	7522670	5397212	2125457	1163789
内蒙古	9150456	5317056	3060429	2256627	1197440
辽宁	19588482	10965420	7062810	3902611	1350553
吉林	12178075	6175263	3934123	2241141	746142
黑龙江	11811025	5868189	3174106	2694083	869152
上海	24894984	10549532	8470980	2078552	1372960
江苏	37076235	20404455	11885823	8518632	2487605
浙江	30646207	15712478	11967460	3745018	1731536
安徽	16883202	9675788	6176444	3499345	1267727
福建	16035564	8048437	5699451	2348986	1066838
江西	16395980	9836623	6786547	3050076	1256719
山东	30424934	17554811	11651869	5902942	1761889
河南	30868767	15327974	10611329	4716645	2115246
湖北	19547539	10913149	7953657	2959492	1204121
湖南	17848884	10075805	7407914	2667891	1338082
广东	49200575	23016477	14250735	8765742	2645644
广西	16226463	7255337	4916839	2338498	1524133
海南	3893776	1918841	1492687	426153	304334
重庆	12181744	5850507	3823292	2027215	1325073
四川	20630104	11090294	8322306	2767989	1766009
贵州	18969556	5908428	3625536	2282893	1398871
云南	14337191	7806912	5909864	1897047	1210314
西藏	1525149	868358	564782	303576	174449
陕西	19567715	10012621	7299289	2713332	1630083
甘肃	7727297	4282398	2552684	1729715	760842
青海	2237338	1197158	821514	375644	116110
宁夏	2650276	1269596	877982	391614	230196
新疆	6025892	3285246	2484184	801063	458775
大连	643273	351947	259264	92684	28722
宁波	3830854	2005601	1485524	520076	238882
厦门	2015971	825375	494152	331222	75804
青岛	1483582	437169	330492	106677	50107
深圳	10869012	3264540	2342591	921949	325967

(地方普通高等本科学校)

单位：千元

公用部分	商品和服务支出	其他资本性支出	专项公用支出	专项项目支出	基本建设支出
251077327	**140824818**	**110252509**	**54142604**	**56109905**	**11838453**
10705317	7640987	3064330	2532482	531848	429492
7650169	4125574	3524595	1979037	1545558	95378
8448057	5138952	3309105	1836487	1472618	181333
6874480	3102126	3772354	1238449	2533906	195296
3778165	1995159	1783006	959092	823914	55235
8334267	5583105	2751162	1432487	1318675	288795
5856713	3163439	2693274	1195546	1497728	146099
5732241	3709156	2023085	1042180	980905	210594
12289787	9316227	2973561	2289724	683837	2055666
16632958	10806596	5826362	2869297	2957065	38822
14416430	8293171	6123259	2708512	3414747	517299
6451780	3067607	3384172	1657136	1727036	755634
7932803	4252900	3679903	2623217	1056686	54324
6449578	3719660	2729918	1629720	1100197	109779
12681362	7123237	5558125	3535626	2022499	188760
15099398	8143731	6955667	3719977	3235690	441395
8634390	5018107	3616283	1468737	2147546	
7663617	4511186	3152431	1796449	1355982	109462
23389996	13237418	10152578	5258966	4893612	2794102
8548580	3874883	4673697	3004417	1669280	422546
1568449	1006602	561847	476744	85103	406487
6231722	3131998	3099724	1080555	2019169	99515
9293639	5140847	4152791	2250469	1902322	246171
12708124	2435188	10272936	927049	9345887	353004
6431488	3693094	2738394	1030989	1707405	98792
425562	278652	146909	129295	17614	231230
9136174	5233989	3902185	1806036	2096149	418920
3330352	1607671	1722681	595503	1127178	114548
965396	445369	520027	207872	312154	74784
1250681	711473	539208	314190	225017	130000
2165654	1316714	848940	546363	302577	574992
251050	109308	141742	81722	60020	40276
1805254	1158696	646557	346974	299584	20000
1138801	341258	797543	558549	238995	51795
1046413	420087	626326	246161	380164	
4843482	3332937	1510544	1484731	25813	2760990

4-9 教育经费支出明细

地区	合计				
		个人部分			
			工资福利支出	对个人和家庭的补助支出	
					#助学金
合计	**194174833**	**97804221**	**68418477**	**29385744**	**12056139**
北京	4174049	2274072	1803440	470632	120372
天津	3619914	2010633	1285700	724933	171571
河北	6939385	3847383	2686564	1160819	403403
山西	4104092	2277844	1652056	625787	264357
内蒙古	5066186	2703287	1615137	1088150	563137
辽宁	4954893	2525081	1724205	800876	244420
吉林	2411337	1257102	773402	483700	122267
黑龙江	3860395	2177116	1304287	872829	194354
上海	4813109	1436253	1258416	177836	95511
江苏	16164434	8465157	5641791	2823367	769968
浙江	10995458	5473036	4393207	1079829	463295
安徽	8211480	4098818	2762570	1336249	554303
福建	5298611	2493657	1840104	653554	337122
江西	5519084	3144762	1959589	1185173	438801
山东	12643630	7005195	4558781	2446413	1101849
河南	10614476	5182270	3687798	1494471	710554
湖北	8621886	4467523	3053033	1414490	450430
湖南	9704377	5378236	4091650	1286586	538754
广东	19257588	9811448	6661667	3149782	938865
广西	6059096	2512274	1847126	665148	429701
海南	1394335	572275	428019	144256	86628
重庆	5923827	2609653	1812803	796850	546015
四川	9582456	4611343	3515890	1095453	642453
贵州	5274764	2329163	1507762	821401	523289
云南	3468847	1927002	1479312	447691	301808
西藏	342027	231263	172795	58469	30163
陕西	5988818	2968028	2224690	743338	414776
甘肃	4471779	1423793	722355	701438	305600
青海	761919	323967	237637	86330	24372
宁夏	848700	500851	394858	105992	34759
新疆	3083881	1765733	1321834	443900	233242
大连	235344	114981	82850	32130	12165
宁波	1043883	560404	432897	127507	48618
厦门	556730	265272	212013	53259	20608
青岛	570918	307121	227656	79465	20756
深圳	2629317	1661186	1323060	338126	109871

(普通高职高专学校)

单位：千元

公用部分	商品和服务支出	其他资本性支出			基本建设支出
			专项公用支出	专项项目支出	
92941822	**41459357**	**51482465**	**23571271**	**27911194**	**3428790**
1794660	1210558	584102	494016	90086	105318
1596281	895672	700610	516783	183827	13000
3092002	1520449	1571553	841609	729944	
1801119	876715	924404	410764	513640	25130
2212261	825353	1386908	715587	671321	150637
2211492	1240059	971433	521225	450208	218320
1141037	576407	564631	282616	282015	13197
1647245	1175787	471457	250990	220468	36033
2549688	1551580	998107	241983	756124	827168
7690512	3943271	3747241	1602354	2144887	8764
5401275	2520824	2880451	883666	1996785	121147
3742529	1286327	2456201	1128655	1327547	370133
2798726	1151697	1647030	857600	789429	6228
2294818	967652	1327166	574064	753102	79504
5628584	2714361	2914223	1233172	1681051	9852
5200143	2067180	3132963	1757684	1375279	232064
4111267	1798852	2312415	952843	1359572	43096
4272959	2076702	2196258	1066066	1130192	53182
9176299	4202112	4974187	2775047	2199140	269841
3504714	1200142	2304572	1609208	695363	42108
807770	334264	473506	138562	334944	14290
3195046	1272988	1922059	633921	1288138	119128
4785182	1873768	2911414	1042479	1868936	185930
2851782	655028	2196754	511543	1685211	93819
1502835	690804	812030	237764	574266	39010
93514	65151	28363	26334	2029	17250
2927090	1320074	1607016	811594	795421	93700
3020720	501900	2518820	823957	1694864	27265
436462	167044	269417	212797	56620	1491
347850	197239	150611	114793	35818	
1105962	579396	526566	301596	224970	212186
120364	81734	38630	32832	5798	
461503	279370	182133	57524	124609	21976
291458	167941	123517	65481	58036	
263797	199820	63977	49495	14482	
842002	519327	322675	322675		126129

4-10 教育经费支出明细

地区	合计	个人部分	工资福利支出	对个人和家庭的补助支出	#助学金
合计	**191403394**	**96684814**	**67545022**	**29139792**	**11985191**
北京	4011004	2204345	1763217	441128	114109
天津	3619914	2010633	1285700	724933	171571
河北	6939385	3847383	2686564	1160819	403403
山西	4104092	2277844	1652056	625787	264357
内蒙古	5066186	2703287	1615137	1088150	563137
辽宁	4954893	2525081	1724205	800876	244420
吉林	2411337	1257102	773402	483700	122267
黑龙江	3417459	1911514	1072785	838729	190135
上海	3753178	1340052	1180797	159255	89158
江苏	16164434	8465157	5641791	2823367	769968
浙江	10995458	5473036	4393207	1079829	463295
安徽	8211480	4098818	2762570	1336249	554303
福建	5298611	2493657	1840104	653554	337122
江西	5519084	3144762	1959589	1185173	438801
山东	12643630	7005195	4558781	2446413	1101849
河南	10614476	5182270	3687798	1494471	710554
湖北	8415424	4332511	2949723	1382788	429455
湖南	9563006	5264730	3991579	1273150	537233
广东	18888689	9620124	6519452	3100672	926748
广西	6059096	2512274	1847126	665148	429701
海南	1394335	572275	428019	144256	86628
重庆	5923827	2609653	1812803	796850	546015
四川	9353718	4478990	3430999	1047992	628722
贵州	5274764	2329163	1507762	821401	523289
云南	3468847	1927002	1479312	447691	301808
西藏	342027	231263	172795	58469	30163
陕西	5988818	2968028	2224690	743338	414776
甘肃	4471779	1423793	722355	701438	305600
青海	761919	323967	237637	86330	24372
宁夏	848700	500851	394858	105992	34759
新疆	2923826	1650051	1228209	421842	227475
大连	235344	114981	82850	32130	12165
宁波	1043883	560404	432897	127507	48618
厦门	556730	265272	212013	53259	20608
青岛	570918	307121	227656	79465	20756
深圳	2629317	1661186	1323060	338126	109871

(地方普通高职高专学校)

单位：千元

公用部分	商品和服务支出	其他资本性支出			基本建设支出
			专项公用支出	专项项目支出	
91751011	**40951054**	**50799956**	**23483909**	**27316047**	**2967570**
1732709	1155273	577437	487351	90086	73950
1596281	895672	700610	516783	183827	13000
3092002	1520449	1571553	841609	729944	
1801119	876715	924404	410764	513640	25130
2212261	825353	1386908	715587	671321	150637
2211492	1240059	971433	521225	450208	218320
1141037	576407	564631	282616	282015	13197
1469911	1045136	424775	241139	183636	36033
1965957	1504215	461742	234184	227558	447168
7690512	3943271	3747241	1602354	2144887	8764
5401275	2520824	2880451	883666	1996785	121147
3742529	1286327	2456201	1128655	1327547	370133
2798726	1151697	1647030	857600	789429	6228
2294818	967652	1327166	574064	753102	79504
5628584	2714361	2914223	1233172	1681051	9852
5200143	2067180	3132963	1757684	1375279	232064
4039817	1734592	2305224	948197	1357027	43096
4245094	2050486	2194609	1064417	1130192	53182
9048436	4137388	4911048	2739113	2171935	220128
3504714	1200142	2304572	1609208	695363	42108
807770	334264	473506	138562	334944	14290
3195046	1272988	1922059	633921	1288138	119128
4688797	1785104	2903693	1034757	1868936	185930
2851782	655028	2196754	511543	1685211	93819
1502835	690804	812030	237764	574266	39010
93514	65151	28363	26334	2029	17250
2927090	1320074	1607016	811594	795421	93700
3020720	501900	2518820	823957	1694864	27265
436462	167044	269417	212797	56620	1491
347850	197239	150611	114793	35818	
1061729	548260	513470	288499	224970	212046
120364	81734	38630	32832	5798	
461503	279370	182133	57524	124609	21976
291458	167941	123517	65481	58036	
263797	199820	63977	49495	14482	
842002	519327	322675	322675		126129

4-11 教育经费支出明细

地区	合计	个人部分	工资福利支出	对个人和家庭的补助支出	#助学金
合计	**15105852**	**8351869**	**6298086**	**2053783**	**212442**
北京	1723777	933679	697822	235857	294
天津	384489	264509	177663	86846	2457
河北	546524	384124	292823	91301	7037
山西	260203	178968	141541	37428	7345
内蒙古	151846	86292	58593	27699	3883
辽宁	505008	290103	215902	74201	603
吉林	564119	381126	219000	162126	19691
黑龙江	479518	348769	199521	149248	2506
上海	1128512	545398	501227	44171	3091
江苏	253349	112575	83813	28762	3718
浙江	1430201	622900	531909	90991	12005
安徽	553950	338902	239582	99320	8181
福建	435452	206826	172800	34026	693
江西	437243	275570	187395	88175	31268
山东	239298	122881	88171	34711	2215
河南	295146	181920	135510	46409	1663
湖北	128847	96296	66799	29497	6419
湖南	539589	247380	194635	52745	6158
广东	1398970	799417	509584	289833	12761
广西	579985	273171	216885	56285	23082
海南	73192	41710	33633	8077	4868
重庆	72152	16553	13404	3149	
四川	1132798	621144	537481	83663	2410
贵州	186322	88288	62573	25714	10822
云南	385580	197765	162445	35319	21941
西藏					
陕西	614284	315453	256745	58708	16096
甘肃	184269	115513	78923	36589	861
青海	44402	25741	17673	8068	
宁夏					
新疆	376828	238898	204035	34863	375
大连	164986	97948	81062	16886	100
宁波	320834	172544	144287	28257	5484
厦门	966	839	501	338	
青岛	44566	21300	13988	7312	
深圳	124869	70026	46628	23398	2674

(成人高等学校)

单位：千元

公用部分					基本建设支出
	商品和服务支出	其他资本性支出			
			专项公用支出	专项项目支出	
6491397	**4779433**	**1711964**	**947319**	**764645**	**262586**
782702	715846	66856	61918	4938	7396
119980	78548	41432	22953	18478	
162400	138323	24077	18568	5509	
81235	43886	37350	37331	18	
65053	49661	15392	7447	7945	500
200361	176706	23656	21317	2338	14544
175880	128377	47503	30115	17388	7114
130749	102601	28149	12605	15544	
583114	492094	91020	61586	29434	
140774	60891	79883	27633	52250	
598193	321481	276712	78391	198321	209108
215048	152561	62487	29919	32569	
218625	179675	38950	10289	28661	10000
161673	111105	50568	32490	18078	
116416	99905	16511	16207	304	
113226	85233	27993	6633	21359	
32551	27233	5318	3128	2190	
292209	244538	47671	20766	26905	
599053	442205	156849	97315	59534	499
306774	116938	189836	181723	8113	41
31482	21362	10120	9884	236	
55599	16669	38929	23456	15473	
498270	340069	158201	36430	121770	13385
98034	57203	40832	33945	6887	
187816	159277	28538	17900	10639	
298831	228212	70619	24813	45806	
68756	57488	11268	7296	3972	
18661	16885	1777	1777		
137929	114461	23469	13483	9986	
66539	58761	7777	7777		500
148290	74134	74156	22656	51500	
127	124	3	3		
23265	21139	2127	2071	56	
54344	35869	18475	14157	4318	499

4-12 教育经费支出明细

地 区	合 计	个人部分	工资福利支出	对个人和家庭的补助支出	#助学金
合 计	**14266965**	**7965157**	**6027673**	**1937484**	**212441**
北 京	967703	598519	474608	123910	294
天 津	384489	264509	177663	86846	2457
河 北	546524	384124	292823	91301	7037
山 西	260203	178968	141541	37428	7345
内蒙古	151846	86292	58593	27699	3883
辽 宁	492904	280812	206686	74126	603
吉 林	564119	381126	219000	162126	19691
黑龙江	479518	348769	199521	149248	2506
上 海	1128512	545398	501227	44171	3091
江 苏	253349	112575	83813	28762	3718
浙 江	1430201	622900	531909	90991	12005
安 徽	553950	338902	239582	99320	8181
福 建	435452	206826	172800	34026	693
江 西	437243	275570	187395	88175	31268
山 东	239298	122881	88171	34711	2215
河 南	295146	181920	135510	46409	1663
湖 北	128847	96296	66799	29497	6419
湖 南	539589	247380	194635	52745	6158
广 东	1398970	799417	509584	289833	12761
广 西	579985	273171	216885	56285	23082
海 南	73192	41710	33633	8077	4868
重 庆	72152	16553	13404	3149	
四 川	1132798	621144	537481	83663	2410
贵 州	186322	88288	62573	25714	10822
云 南	385580	197765	162445	35319	21941
西 藏					
陕 西	614284	315453	256745	58708	16096
甘 肃	184269	115513	78923	36589	861
青 海	44402	25741	17673	8068	
宁 夏					
新 疆	306118	196637	166051	30586	374
大 连	164986	97948	81062	16886	100
宁 波	320834	172544	144287	28257	5484
厦 门	966	839	501	338	
青 岛	44566	21300	13988	7312	
深 圳	124869	70026	46628	23398	2674

（地方成人高等学校）

单位：千元

公用部分	商品和服务支出	其他资本性支出	专项公用支出	专项项目支出	基本建设支出
6039222	**4349334**	**1689889**	**926063**	**763825**	**262586**
361788	314101	47686	43068	4618	7396
119980	78548	41432	22953	18478	
162400	138323	24077	18568	5509	
81235	43886	37350	37331	18	
65053	49661	15392	7447	7945	500
197549	174893	22656	20817	1838	14544
175880	128377	47503	30115	17388	7114
130749	102601	28149	12605	15544	
583114	492094	91020	61586	29434	
140774	60891	79883	27633	52250	
598193	321481	276712	78391	198321	209108
215048	152561	62487	29919	32569	
218625	179675	38950	10289	28661	10000
161673	111105	50568	32490	18078	
116416	99905	16511	16207	304	
113226	85233	27993	6633	21359	
32551	27233	5318	3128	2190	
292209	244538	47671	20766	26905	
599053	442205	156849	97315	59534	499
306774	116938	189836	181723	8113	41
31482	21362	10120	9884	236	
55599	16669	38929	23456	15473	
498270	340069	158201	36430	121770	13385
98034	57203	40832	33945	6887	
187816	159277	28538	17900	10639	
298831	228212	70619	24813	45806	
68756	57488	11268	7296	3972	
18661	16885	1777	1777		
109481	87918	21563	11577	9986	
66539	58761	7777	7777		500
148290	74134	74156	22656	51500	
127	124	3	3		
23265	21139	2127	2071	56	
54344	35869	18475	14157	4318	499

4-13 教育经费支出明细

地区	合计	个人部分	工资福利支出	对个人和家庭的补助支出	#助学金
合计	**230719118**	**130211764**	**94783470**	**35428294**	**9879787**
北京	7146315	3821384	3037359	784026	78283
天津	2884383	2085252	1355847	729405	73793
河北	10919437	6814382	5103958	1710423	320237
山西	5672585	3427573	2653940	773633	195572
内蒙古	4366048	2737381	1797660	939721	326747
辽宁	5776430	3441173	2335160	1106013	189715
吉林	4315511	2615190	1562882	1052308	124962
黑龙江	4184290	2820409	1680042	1140367	113750
上海	6785802	3149685	2730959	418725	221119
江苏	17786622	10574228	7718347	2855881	278945
浙江	14550959	8513500	7272118	1241382	223420
安徽	8106190	3984797	2542209	1442588	552990
福建	6856667	3455539	2805729	649810	111152
江西	5020960	2472957	1745690	727267	366047
山东	17357344	9316938	7096461	2220477	278851
河南	11857029	6314806	4942860	1371946	454029
湖北	7253213	4107030	2909061	1197969	272382
湖南	8815742	4748699	3583591	1165108	527944
广东	25020074	14704381	9631336	5073045	544993
广西	7087239	3534660	2711757	822902	388467
海南	2057107	992842	794811	198031	102438
重庆	6044653	3421171	2430717	990454	549763
四川	10420105	6277184	4731030	1546153	893585
贵州	6106733	3079608	2011903	1067705	625592
云南	7941912	5003795	3639322	1364473	815011
西藏	1167344	478743	293183	185560	121477
陕西	4440777	2586071	1936556	649515	314386
甘肃	3404886	2136338	1226348	909990	200119
青海	1171488	566849	380040	186809	100404
宁夏	1399555	544276	401663	142613	71252
新疆	4801717	2484923	1720930	763993	442364
大连	1170574	641505	520153	121352	21906
宁波	2598182	1634200	1405341	228859	21246
厦门	1159695	598213	414659	183554	11907
青岛	3155530	1735778	1279568	456210	43280
深圳	3295006	1715950	1093811	622140	68375

(中等职业学校)

单位：千元

公用部分	商品和服务支出	其他资本性支出	专项公用支出	专项项目支出	基本建设支出
96084300	**46563940**	**49520360**	**21527398**	**27992962**	**4423054**
3309745	1629892	1679853	867868	811986	15185
799031	484907	314124	257296	56828	100
3997943	1913248	2084695	670105	1414590	107112
2198962	1120801	1078161	490884	587277	46051
1515555	832294	683261	301635	381626	113111
2203568	1482731	720836	354367	366469	131689
1594949	622450	972499	439681	532818	105371
1310584	811842	498743	250475	248268	53296
3635332	2591159	1044173	592055	452118	786
7123724	3190760	3932964	1294485	2638479	88670
5631500	2814918	2816582	1268731	1547851	405960
3924319	1366548	2557771	1013222	1544549	197073
3280075	1196953	2083123	884305	1198818	121053
2459306	793614	1665692	524116	1141576	88697
7944675	3080191	4864484	1582774	3281710	95730
5376442	2669758	2706684	1146852	1559832	165781
3146183	1173716	1972467	709908	1262559	
3934121	2175479	1758642	722214	1036428	132922
9953206	5721109	4232098	2463339	1768759	362486
3149545	1113850	2035695	1394167	641528	403035
1012224	521843	490381	332492	157889	52041
2495128	1527618	967510	368594	598916	128353
3924138	2248020	1676118	848419	827699	218784
2640603	1018896	1621707	509394	1112312	386523
2802215	1424688	1377527	527983	849544	135902
442401	76819	365582	92485	273096	246200
1744351	1085495	658857	225607	433250	110355
1168840	574456	594384	263175	331208	99709
513597	217099	296498	191646	104852	91043
693680	243014	450666	265975	184691	161600
2158356	839770	1318585	673147	645438	158437
510825	267540	243285	103944	139341	18243
931937	605765	326172	180562	145610	32045
465430	262314	203116	150095	53022	96051
1419752	531221	888531	296416	592115	
1414015	981608	432406	374222	58184	165041

4−14 教育经费支出明细

地区	合计	个人部分	工资福利支出	对个人和家庭的补助支出	#助学金
合计	**229833519**	**129717393**	**94422695**	**35294698**	**9839566**
北京	6978911	3718012	2970050	747962	73012
天津	2859935	2070505	1342427	728079	73686
河北	10869108	6785043	5076683	1708360	320228
山西	5672585	3427573	2653940	773633	195572
内蒙古	4366048	2737381	1797660	939721	326747
辽宁	5776430	3441173	2335160	1106013	189715
吉林	4315511	2615190	1562882	1052308	124962
黑龙江	4121978	2773589	1650626	1122962	111278
上海	6762152	3139301	2721693	417607	221119
江苏	17760247	10552238	7703327	2848911	273174
浙江	14550959	8513500	7272118	1241382	223420
安徽	8105076	3983811	2541478	1442332	552734
福建	6856667	3455539	2805729	649810	111152
江西	5013686	2467710	1741227	726484	365954
山东	17357344	9316938	7096461	2220477	278851
河南	11851090	6310099	4938285	1371814	454029
湖北	7231823	4092434	2900882	1191552	269512
湖南	8806628	4744713	3579912	1164801	527759
广东	24955629	14674130	9609368	5064761	543938
广西	7087239	3534660	2711757	822902	388467
海南	2057107	992842	794811	198031	102438
重庆	6043429	3420208	2429829	990379	549732
四川	10360428	6245473	4705248	1540225	888259
贵州	6106733	3079608	2011903	1067705	625592
云南	7941912	5003795	3639322	1364473	815011
西藏	1167344	478743	293183	185560	121477
陕西	4440777	2586071	1936556	649515	314386
甘肃	3404828	2136338	1226348	909990	200119
青海	1171488	566849	380040	186809	100404
宁夏	1399555	544276	401663	142613	71252
新疆	4440872	2309654	1592126	717528	425589
大连	1170574	641505	520153	121352	21906
宁波	2598182	1634200	1405341	228859	21246
厦门	1159695	598213	414659	183554	11907
青岛	3155530	1735778	1279568	456210	43280
深圳	3295006	1715950	1093811	622140	68375

(地方中等职业学校)

单位：千元

公用部分	商品和服务支出	其他资本性支出			基本建设支出
			专项公用支出	专项项目支出	
95721775	**46285813**	**49435962**	**21476906**	**27959057**	**4394351**
3245714	1572559	1673155	862581	810574	15185
789330	476228	313102	256866	56236	100
3976953	1894325	2082628	668762	1413866	107112
2198962	1120801	1078161	490884	587277	46051
1515555	832294	683261	301635	381626	113111
2203568	1482731	720836	354367	366469	131689
1594949	622450	972499	439681	532818	105371
1295093	798245	496849	249672	247177	53296
3622065	2577892	1044173	592055	452118	786
7119338	3186428	3932910	1294431	2638479	88670
5631500	2814918	2816582	1268731	1547851	405960
3924192	1366421	2557771	1013222	1544549	197073
3280075	1196953	2083123	884305	1198818	121053
2457279	792046	1665234	524109	1141124	88697
7944675	3080191	4864484	1582774	3281710	95730
5375211	2668527	2706684	1146852	1559832	165781
3139389	1167388	1972001	709442	1262559	
3928993	2173590	1755403	721332	1034070	132922
9919013	5688843	4230170	2461870	1768300	362486
3149545	1113850	2035695	1394167	641528	403035
1012224	521843	490381	332492	157889	52041
2494868	1527358	967510	368594	598916	128353
3896172	2220363	1675809	848110	827699	218784
2640603	1018896	1621707	509394	1112312	386523
2802215	1424688	1377527	527983	849544	135902
442401	76819	365582	92485	273096	246200
1744351	1085495	658857	225607	433250	110355
1168782	574398	594384	263175	331208	99709
513597	217099	296498	191646	104852	91043
693680	243014	450666	265975	184691	161600
2001484	749159	1252325	633705	618620	129734
510825	267540	243285	103944	139341	18243
931937	605765	326172	180562	145610	32045
465430	262314	203116	150095	53022	96051
1419752	531221	888531	296416	592115	
1414015	981608	432406	374222	58184	165041

4-15 教育经费支出明细

地区	合计	个人部分	工资福利支出	对个人和家庭的补助支出	#助学金
合计	**107292438**	**59598410**	**42197656**	**17400755**	**5249026**
北京	2305915	1398593	1094769	303824	52328
天津	1720789	1191116	805730	385386	38891
河北	3368957	2160610	1565561	595049	170341
山西	2495541	1418615	1081363	337252	79255
内蒙古	1762315	1032881	645788	387093	185787
辽宁	3119017	1788886	1175724	613162	94853
吉林	1484625	847330	503147	344183	45339
黑龙江	1399493	882219	523446	358773	84576
上海	4310580	1848157	1605838	242319	132699
江苏	12304084	7438161	5391258	2046903	191268
浙江	2325576	1448770	1232735	216034	46191
安徽	5279602	2697278	1710628	986650	364885
福建	5140878	2622012	2125921	496091	88271
江西	2451287	1326813	836028	490785	250216
山东	8001883	4248029	3184336	1063693	162411
河南	4693881	2383253	1756941	626312	219267
湖北	4791336	2458578	1768523	690055	184481
湖南	1606007	883173	640116	243057	127057
广东	11505222	6938056	4497243	2440812	329418
广西	5145637	2551279	1949246	602034	283409
海南	1152161	559780	456426	103355	55951
重庆	931790	516676	356313	160364	86824
四川	3889656	2355221	1647198	708022	461813
贵州	2756714	1270169	797889	472280	283223
云南	3471328	2128149	1447160	680990	455326
西藏	1166844	478743	293183	185560	121477
陕西	775466	455954	335158	120796	51428
甘肃	2608360	1592721	910878	681843	133662
青海	1165541	561771	375832	185939	100258
宁夏	702728	294756	214480	80275	44149
新疆	3459226	1820661	1268797	551864	323971
大连	417624	252959	204257	48702	9526
宁波	604656	379653	324914	54739	3420
厦门	1010527	530453	377894	152559	9852
青岛	433755	222890	154765	68124	8361
深圳	812795	463677	309949	153728	13665

(中等专业学校)

单位：千元

公用部分	商品和服务支出	其他资本性支出	专项公用支出	专项项目支出	基本建设支出
45293962	**22336944**	**22957018**	**10460211**	**12496807**	**2400065**
904673	620152	284521	229635	54886	2649
529609	339364	190246	155823	34422	63
1137515	729064	408451	177396	231055	70832
1050320	507198	543121	192284	350837	26605
669385	364020	305365	129527	175838	60050
1204151	906342	297810	182389	115420	125979
619427	264516	354910	174219	180692	17869
510364	356123	154241	99153	55089	6910
2462423	1870281	592142	389392	202749	
4802845	2172519	2630327	882603	1747724	63077
844252	499699	344552	200513	144040	32555
2385251	914764	1470487	657742	812745	197073
2407431	893476	1513955	701011	812944	111435
1063752	432233	631519	299347	332172	60722
3720870	1425309	2295560	571997	1723563	32984
2168471	1108523	1059948	474558	585390	142157
2332759	847742	1485017	499510	985507	
709340	439971	269369	109788	159581	13494
4453331	2576791	1876539	1178090	698449	113836
2277966	801788	1476179	974859	501320	316392
570139	301823	268316	181978	86338	22241
392144	282716	109428	75595	33833	22969
1458313	887779	570534	280274	290260	76122
1211299	441497	769801	224350	545451	275247
1249103	692543	556560	232316	324244	94076
441901	76319	365582	92485	273096	246200
313607	191911	121696	41014	80681	5905
962171	472258	489912	232852	257060	53468
512727	216493	296234	191382	104852	91043
407972	134869	273103	124264	148839	
1520452	568859	951592	503864	447728	118112
147632	115526	32105	21916	10189	17033
222411	124299	98112	52553	45559	2592
390512	219458	171054	128028	43026	89561
210865	83767	127098	22350	104747	
311684	197040	114644	104741	9904	37435

4-16 教育经费支出明细

地区	合计	个人部分	工资福利支出	对个人和家庭的补助支出	#助学金
合计	**106597686**	**59240150**	**41938168**	**17301982**	**5221954**
北京	2152472	1308118	1037284	270834	47224
天津	1720789	1191116	805730	385386	38891
河北	3318629	2131271	1538286	592985	170333
山西	2495541	1418615	1081363	337252	79255
内蒙古	1762315	1032881	645788	387093	185787
辽宁	3119017	1788886	1175724	613162	94853
吉林	1484625	847330	503147	344183	45339
黑龙江	1399493	882219	523446	358773	84576
上海	4286929	1837773	1596572	241201	132699
江苏	12304084	7438161	5391258	2046903	191268
浙江	2325576	1448770	1232735	216034	46191
安徽	5279602	2697278	1710628	986650	364885
福建	5140878	2622012	2125921	496091	88271
江西	2444013	1321566	831565	490001	250123
山东	8001883	4248029	3184336	1063693	162411
河南	4687942	2378546	1752366	626180	219267
湖北	4769946	2443981	1760343	683638	181611
湖南	1606007	883173	640116	243057	127057
广东	11440777	6907804	4475276	2432528	328364
广西	5145637	2551279	1949246	602034	283409
海南	1152161	559780	456426	103355	55951
重庆	931790	516676	356313	160364	86824
四川	3878012	2353559	1647198	706361	460151
贵州	2756714	1270169	797889	472280	283223
云南	3471328	2128149	1447160	680990	455326
西藏	1166844	478743	293183	185560	121477
陕西	775466	455954	335158	120796	51428
甘肃	2608302	1592721	910878	681843	133662
青海	1165541	561771	375832	185939	100258
宁夏	702728	294756	214480	80275	44149
新疆	3102645	1649062	1142520	506542	307691
大连	417624	252959	204257	48702	9526
宁波	604656	379653	324914	54739	3420
厦门	1010527	530453	377894	152559	9852
青岛	433755	222890	154765	68124	8361
深圳	812795	463677	309949	153728	13665

(地方中等专业学校)

单位：千元

公用部分					基本建设支出
	商品和服务支出	其他资本性支出			
			专项公用支出	专项项目支出	
44986174	**22107009**	**22879164**	**10412221**	**12466943**	**2371362**
841705	563881	277825	224350	53475	2649
529609	339364	190246	155823	34422	63
1116525	710141	406384	176053	230332	70832
1050320	507198	543121	192284	350837	26605
669385	364020	305365	129527	175838	60050
1204151	906342	297810	182389	115420	125979
619427	264516	354910	174219	180692	17869
510364	356123	154241	99153	55089	6910
2449156	1857014	592142	389392	202749	
4802845	2172519	2630327	882603	1747724	63077
844252	499699	344552	200513	144040	32555
2385251	914764	1470487	657742	812745	197073
2407431	893476	1513955	701011	812944	111435
1061725	430665	631060	299340	331720	60722
3720870	1425309	2295560	571997	1723563	32984
2167240	1107291	1059948	474558	585390	142157
2325965	841414	1484551	499044	985507	
709340	439971	269369	109788	159581	13494
4419137	2544526	1874611	1176621	697990	113836
2277966	801788	1476179	974859	501320	316392
570139	301823	268316	181978	86338	22241
392144	282716	109428	75595	33833	22969
1448331	877797	570534	280274	290260	76122
1211299	441497	769801	224350	545451	275247
1249103	692543	556560	232316	324244	94076
441901	76319	365582	92485	273096	246200
313607	191911	121696	41014	80681	5905
962113	472200	489912	232852	257060	53468
512727	216493	296234	191382	104852	91043
407972	134869	273103	124264	148839	
1364174	478820	885354	464444	420910	89409
147632	115526	32105	21916	10189	17033
222411	124299	98112	52553	45559	2592
390512	219458	171054	128028	43026	89561
210865	83767	127098	22350	104747	
311684	197040	114644	104741	9904	37435

4-17 教育经费支出明细

地区	合计	个人部分	工资福利支出	对个人和家庭的补助支出	#助学金
合计	**82410422**	**47283059**	**35516886**	**11766172**	**3378126**
北京	3143952	1638268	1294074	344193	10430
天津	605993	486560	294170	192390	17787
河北	5613690	3220199	2464798	755402	121753
山西	2394742	1431130	1138335	292795	98409
内蒙古	2094386	1277116	863096	414021	137457
辽宁	2208574	1359325	961709	397616	83877
吉林	1675549	907405	589879	317526	23125
黑龙江	1722759	1175402	703678	471723	24448
上海	1933817	1064934	916921	148013	76768
江苏	3028617	1830579	1361661	468918	39588
浙江	10259606	6054547	5193245	861302	155981
安徽	2414576	1028224	707689	320535	113968
福建	831675	352997	285942	67055	6745
江西	1963589	806830	623742	183088	112485
山东	5738391	3179291	2491573	687719	62587
河南	4328257	2393941	1912505	481437	190131
湖北	1918811	1319459	891509	427950	79183
湖南	6080241	3197979	2412661	785318	364025
广东	5074583	3317376	2146732	1170644	63104
广西	96633	64068	41123	22945	8465
海南	627516	306891	233151	73740	36468
重庆	3403590	2100415	1494490	605926	382429
四川	5227096	3142893	2466622	676272	341563
贵州	2772626	1377696	923832	453864	269557
云南	2805178	1868057	1402301	465756	245798
西藏	500				
陕西	2184486	1230800	946363	284437	134928
甘肃	688562	467771	276092	191679	65314
青海	2159	1632	1379	253	146
宁夏	696827	249520	187183	62337	27103
新疆	873440	431753	290433	141319	84505
大连	652865	332300	273132	59168	8223
宁波	1534039	1000029	862998	137031	15217
厦门					
青岛	2448084	1376616	1023156	353460	27369
深圳	1441356	761911	458819	303092	22753

(职业高中)

单位：千元

公用部分	商品和服务支出	其他资本性支出	专项公用支出	专项项目支出	基本建设支出
33675180	**14766436**	**18908744**	**7173348**	**11735396**	**1452184**
1493148	552132	941016	223411	717605	12537
119433	62832	56602	48470	8132	
2362308	824861	1537446	404981	1132466	31184
944167	469318	474849	262736	212114	19445
774403	406775	367627	162899	204729	42867
844750	455282	389468	153670	235798	4500
680642	219260	461382	192357	269025	87503
503074	237911	265163	121098	144065	44283
868097	520355	347742	158498	189244	786
1182275	441517	740758	240470	500288	15763
3956351	1866542	2089809	868490	1221319	248708
1386351	352828	1033523	334084	699439	
478678	96560	382118	78137	303981	
1128784	264480	864304	200214	664090	27974
2538203	846612	1691591	570824	1120767	20897
1930465	765155	1165310	406987	758323	3851
599352	237647	361705	180319	181386	
2762834	1403406	1359429	549156	810273	119428
1650588	1100901	549687	386599	163088	106619
30824	10676	20148	8860	11288	1741
320495	158441	162053	100228	61826	131
1210018	728482	481536	183094	298442	93157
1979143	981049	998094	498877	499217	105060
1292856	484075	808781	246410	562371	102074
921360	431164	490196	183481	306715	15760
500	500				
850236	467085	383151	133049	250102	103450
174551	90218	84333	29685	54648	46240
527	264	264	264		
285707	108145	177562	141711	35851	161600
405061	181964	223097	104293	118804	36626
320566	109683	210882	81731	129152	
522210	339379	182831	95442	87389	11800
1071468	352416	719052	255631	463421	
574114	436122	137992	114600	23392	105331

4-18 教育经费支出明细

地区	合计	个人部分	工资福利支出	对个人和家庭的补助支出	#助学金
合计	**82395641**	**47273861**	**35510092**	**11763769**	**3377459**
北京	3143952	1638268	1294074	344193	10430
天津	605993	486560	294170	192390	17787
河北	5613690	3220199	2464798	755402	121753
山西	2394742	1431130	1138335	292795	98409
内蒙古	2094386	1277116	863096	414021	137457
辽宁	2208574	1359325	961709	397616	83877
吉林	1675549	907405	589879	317526	23125
黑龙江	1707977	1166204	696884	469320	23781
上海	1933817	1064934	916921	148013	76768
江苏	3028617	1830579	1361661	468918	39588
浙江	10259606	6054547	5193245	861302	155981
安徽	2414576	1028224	707689	320535	113968
福建	831675	352997	285942	67055	6745
江西	1963589	806830	623742	183088	112485
山东	5738391	3179291	2491573	687719	62587
河南	4328257	2393941	1912505	481437	190131
湖北	1918811	1319459	891509	427950	79183
湖南	6080241	3197979	2412661	785318	364025
广东	5074583	3317376	2146732	1170644	63104
广西	96633	64068	41123	22945	8465
海南	627516	306891	233151	73740	36468
重庆	3403590	2100415	1494490	605926	382429
四川	5227096	3142893	2466622	676272	341563
贵州	2772626	1377696	923832	453864	269557
云南	2805178	1868057	1402301	465756	245798
西藏	500				
陕西	2184486	1230800	946363	284437	134928
甘肃	688562	467771	276092	191679	65314
青海	2159	1632	1379	253	146
宁夏	696827	249520	187183	62337	27103
新疆	873440	431753	290433	141319	84505
大连	652865	332300	273132	59168	8223
宁波	1534039	1000029	862998	137031	15217
厦门					
青岛	2448084	1376616	1023156	353460	27369
深圳	1441356	761911	458819	303092	22753

(地方职业高中)

单位：千元

公用部分	商品和服务支出	其他资本性支出			基本建设支出
			专项公用支出	专项项目支出	
33669597	**14761993**	**18907604**	**7173299**	**11734305**	**1452184**
1493148	552132	941016	223411	717605	12537
119433	62832	56602	48470	8132	
2362308	824861	1537446	404981	1132466	31184
944167	469318	474849	262736	212114	19445
774403	406775	367627	162899	204729	42867
844750	455282	389468	153670	235798	4500
680642	219260	461382	192357	269025	87503
497490	233468	264022	121048	142974	44283
868097	520355	347742	158498	189244	786
1182275	441517	740758	240470	500288	15763
3956351	1866542	2089809	868490	1221319	248708
1386351	352828	1033523	334084	699439	
478678	96560	382118	78137	303981	
1128784	264480	864304	200214	664090	27974
2538203	846612	1691591	570824	1120767	20897
1930465	765155	1165310	406987	758323	3851
599352	237647	361705	180319	181386	
2762834	1403406	1359429	549156	810273	119428
1650588	1100901	549687	386599	163088	106619
30824	10676	20148	8860	11288	1741
320495	138441	162053	100228	61826	131
1210018	728482	481536	183094	298442	93157
1979143	981049	998094	498877	499217	105060
1292856	484075	808781	246410	562371	102074
921360	431164	490196	183481	306715	15760
500	500				
850236	467085	383151	133049	250102	103450
174551	90218	84333	29685	54648	46240
527	264	264	264		
285707	108145	177562	141711	35851	161600
405061	181964	223097	104293	118804	36626
320566	109683	210882	81731	129152	
522210	339379	182831	95442	87389	11800
1071468	352416	719052	255631	463421	
574114	436122	137992	114600	23392	105331

4-19 教育经费支出明细

地区	合计	个人部分	工资福利支出	对个人和家庭的补助支出	#助学金
合计	**36182175**	**20835270**	**16055162**	**4780108**	**1741736**
北京	269790	138127	121550	16577	2733
天津					
河北	2885132	1805039	1377754	427285	88152
山西	1495024	903841	723791	180050	56258
内蒙古	1363069	827039	575394	251646	86192
辽宁	513884	359137	269011	90125	15990
吉林	624234	348324	238973	109352	9927
黑龙江	659719	453158	292254	160904	10075
上海	214111	101831	90223	11608	6822
江苏	1527231	931343	701159	230184	27446
浙江	3856873	2507201	2151217	355984	84011
安徽	1538888	677567	470589	206977	72493
福建	190051	58592	50499	8094	1314
江西	1247288	500677	395188	105490	60297
山东	1529213	880621	752715	127906	16929
河南	2663377	1395830	1148794	247036	93570
湖北	641367	399198	290267	108931	40240
湖南	3155622	1589037	1219820	369217	187048
广东	577185	365818	265765	100053	11745
广西	92713	61088	41123	19965	5485
海南	207801	109587	85921	23666	9907
重庆	1332194	807040	603107	203933	135077
四川	2886141	1809526	1440794	368733	198547
贵州	1799731	867733	603209	264525	144288
云南	1855150	1260191	967776	292416	150327
西藏	500				
陕西	1407537	793262	614867	178395	82502
甘肃	534463	385585	226418	159167	48627
青海	2159	1632	1379	253	146
宁夏	416640	148606	109772	38834	18277
新疆	695089	348640	225835	122805	77309
大连	74939	62582	52774	9809	14
宁波	504798	350366	309988	40378	7029
厦门					
青岛	46057	29120	22277	6843	1232
深圳					

(农村职业高中)

单位：千元

公用部分	商品和服务支出	其他资本性支出	专项公用支出	专项项目支出	基本建设支出
14535608	**6280740**	**8254868**	**2998334**	**5256533**	**811297**
129241	69041	60200	17971	42229	2422
1048910	455104	593806	166869	426938	31184
571738	279349	292388	163039	129349	19445
506752	265218	241534	108743	132791	29278
151748	100356	51392	22768	28624	3000
212407	79615	132792	60881	71910	63503
185715	107580	78135	41415	36720	20847
112280	51080	61199	11475	49724	
586926	168901	418025	138387	279638	8963
1222198	674689	547509	266497	281013	127474
861322	244779	616542	242151	374391	
131459	20326	111133	12483	98650	
722611	156910	565701	142829	422872	24000
648592	226152	422441	164599	257841	
1266996	421298	845699	218237	627462	551
242169	87628	154541	70785	83756	
1475157	725186	749971	242225	507746	91428
211367	124539	86828	55717	31112	
29884	10676	19208	7944	11264	1741
98214	46833	51381	28364	23017	
480867	306292	174575	87832	86743	44287
1038981	525816	513166	191585	321580	37633
883360	327021	556338	157860	398478	48638
579258	264410	314849	130408	184441	15700
500	500				
518825	255540	263285	88852	174433	95450
132564	74094	58469	23566	34903	16314
527	264	264	264		
175034	69687	105347	73353	31994	93000
310008	141858	168150	61234	106915	36441
12357	11547	809	809		
152631	83279	69352	22061	47291	1800
16937	4585	12352	315	12037	

4-20 教育经费支出明细

地 区	合 计	个人部分	工资福利支出	对个人和家庭的补助支出	#助学金
合 计	36169604	20826670	16048368	4778302	1741667
北 京	269790	138127	121550	16577	2733
天 津					
河 北	2885132	1805039	1377754	427285	88152
山 西	1495024	903841	723791	180050	56258
内蒙古	1363069	827039	575394	251646	86192
辽 宁	513884	359137	269011	90125	15990
吉 林	624234	348324	238973	109352	9927
黑龙江	647149	444558	285460	159098	10006
上 海	214111	101831	90223	11608	6822
江 苏	1527231	931343	701159	230184	27446
浙 江	3856873	2507201	2151217	355984	84011
安 徽	1538888	677567	470589	206977	72493
福 建	190051	58592	50499	8094	1314
江 西	1247288	500677	395188	105490	60297
山 东	1529213	880621	752715	127906	16929
河 南	2663377	1395830	1148794	247036	93570
湖 北	641367	399198	290267	108931	40240
湖 南	3155622	1589037	1219820	369217	187048
广 东	577185	365818	265765	100053	11745
广 西	92713	61088	41123	19965	5485
海 南	207801	109587	85921	23666	9907
重 庆	1332194	807040	603107	203933	135077
四 川	2886141	1809526	1440794	368733	198547
贵 州	1799731	867733	603209	264525	144288
云 南	1855150	1260191	967776	292416	150327
西 藏	500				
陕 西	1407537	793262	614867	178395	82502
甘 肃	534463	385585	226418	159167	48627
青 海	2159	1632	1379	253	146
宁 夏	416640	148606	109772	38834	18277
新 疆	695089	348640	225835	122805	77309
大 连	74939	62582	52774	9809	14
宁 波	504798	350366	309988	40378	7029
厦 门					
青 岛	46057	29120	22277	6843	1232
深 圳					

(地方农村职业高中)

单位：千元

公用部分	商品和服务支出	其他资本性支出	专项公用支出	专项项目支出	基本建设支出
14531637	**6277910**	**8253727**	**2998285**	**5255442**	**811297**
129241	69041	60200	17971	42229	2422
1048910	455104	593806	166869	426938	31184
571738	279349	292388	163039	129349	19445
506752	265218	241534	108743	132791	29278
151748	100356	51392	22768	28624	3000
212407	79615	132792	60881	71910	63503
181744	104750	76994	41366	35629	20847
112280	51080	61199	11475	49724	
586926	168901	418025	138387	279638	8963
1222198	674689	547509	266497	281013	127474
861322	244779	616542	242151	374391	
131459	20326	111133	12483	98650	
722611	156910	565701	142829	422872	24000
648592	226152	422441	164599	257841	
1266996	421298	845699	218237	627462	551
242169	87628	154541	70785	83756	
1475157	725186	749971	242225	507746	91428
211367	124539	86828	55717	31112	
29884	10676	19208	7944	11264	1741
98214	46833	51381	28364	23017	
480867	306292	174575	87832	86743	44287
1038981	525816	513166	191585	321580	37633
883360	327021	556338	157860	398478	48638
579258	264410	314849	130408	184441	15700
500	500				
518825	255540	263285	88852	174433	95450
132564	74094	58469	23566	34903	16314
527	264	264	264		
175034	69687	105347	73353	31994	93000
310008	141858	168150	61234	106915	36441
12357	11547	809	809		
152631	83279	69352	22061	47291	1800
16937	4585	12352	315	12037	

4-21 教育经费支出明细

地区	合计				
		个人部分			
			工资福利支出	对个人和家庭的补助支出	
					#助学金
合计	**30563251**	**16140742**	**11776684**	**4364059**	**1072463**
北京	1577960	723656	599452	124203	13911
天津	488162	350277	217914	132363	16826
河北	797260	505548	377678	127870	26518
山西	395185	250273	189198	61075	16596
内蒙古	158108	114210	86156	28053	3483
辽宁	410241	262979	179428	83551	10258
吉林	290948	160122	64334	95788	56081
黑龙江	692799	459304	282161	177143	3128
上海	348727	175316	152253	23063	11543
江苏	2011994	1010600	770870	239730	40583
浙江	1381273	646836	540773	106063	19899
安徽	195172	128076	54513	73563	54499
福建	848782	465790	380857	84933	16009
江西	134674	83621	66391	17230	2502
山东	3173651	1570670	1172004	398667	50305
河南	1642258	811945	657664	154281	24103
湖北	445378	272156	210796	61360	7432
湖南	482941	277504	232848	44656	20318
广东	8080518	4256056	2865485	1390571	149591
广西	1784775	877823	690300	187523	96542
海南	267787	122158	101653	20505	10020
重庆	1031159	401316	277495	123822	54237
四川	725097	389066	315551	73515	39858
贵州	487995	392741	258307	134434	70534
云南	1221640	639072	470594	168478	113888
西藏					
陕西	1133137	639510	454358	185152	123053
甘肃	6880	2104	1023	1080	903
青海					
宁夏					
新疆	348753	152013	106627	45386	19844
大连	93894	52682	39760	12923	4158
宁波	134961	47569	40794	6775	1963
厦门	149168	67760	36765	30994	2055
青岛	271249	134667	100195	34472	7441
深圳	1004840	465258	307292	157967	29594

(技工学校)

单位：千元

公用部分	商品和服务支出	其他资本性支出	专项公用支出	专项项目支出	基本建设支出
13864434	**7109823**	**6754611**	**3526537**	**3228074**	**558075**
854304	418715	435589	398645	36945	
137848	72530	65318	51043	14274	37
286615	187650	98965	62126	36839	5096
144912	90042	54869	31734	23136	
33899	27229	6670	6670		10000
146051	112800	33252	18001	15250	1210
130826	30862	99964	32484	67480	
231391	169227	62164	23892	38273	2103
173411	71854	101556	41432	60124	
991564	476025	515539	140594	374946	9830
609740	258206	351534	181543	169991	124697
67096	34593	32502	13800	18702	
373374	202635	170739	98479	72259	9618
51053	22444	28609	13513	15096	
1561132	740535	820596	416232	404364	41848
810540	427593	382947	218073	164874	19773
173222	70563	102658	25611	77047	
205437	137767	67670	38086	29585	
3682431	1976075	1706356	880928	825428	142032
822050	283987	538063	409893	128170	84902
115960	57282	58678	50143	8535	29669
617615	282226	335389	89122	246267	12227
298429	218192	80237	57406	22831	37602
95254	71444	23810	23810		
556502	240864	315638	101890	213748	26066
492627	366598	126030	39190	86839	1000
4776	3776	1000		1000	
196376	58109	138266	62196	76070	365
40001	39800	202	202		1210
69739	44290	25449	23418	2031	17653
74918	42856	32063	22067	9996	6490
136582	94241	42340	18394	23946	
517306	339055	178250	153362	24889	22276

4-22 教育经费支出明细

地 区	合 计	个人部分	工资福利支出	对个人和家庭的补助支出	#助学金
合 计	**30408507**	**16031293**	**11696924**	**4334369**	**1060506**
北 京	1563998	710758	589629	121129	13743
天 津	476245	345561	213762	131799	16719
河 北	797260	505548	377678	127870	26518
山 西	395185	250273	189198	61075	16596
内蒙古	158108	114210	86156	28053	3483
辽 宁	410241	262979	179428	83551	10258
吉 林	290948	160122	64334	95788	56081
黑龙江	648183	424033	261247	162786	1323
上 海	348727	175316	152253	23063	11543
江 苏	1987229	990020	757080	232940	34842
浙 江	1381273	646836	540773	106063	19899
安 徽	194058	127090	53783	73307	54243
福 建	848782	465790	380857	84933	16009
江 西	134674	83621	66391	17230	2502
山 东	3173651	1570670	1172004	398667	50305
河 南	1642258	811945	657664	154281	24103
湖 北	445378	272156	210796	61360	7432
湖 南	473827	273519	229170	44349	20133
广 东	8080518	4256056	2865485	1390571	149591
广 西	1784775	877823	690300	187523	96542
海 南	267787	122158	101653	20505	10020
重 庆	1029935	400352	276607	123746	54206
四 川	677063	359017	289768	69249	36193
贵 州	487995	392741	258307	134434	70534
云 南	1221640	639072	470594	168478	113888
西 藏					
陕 西	1133137	639510	454358	185152	123053
甘 肃	6880	2104	1023	1080	903
青 海					
宁 夏					
新 疆	348753	152013	106627	45386	19844
大 连	93894	52682	39760	12923	4158
宁 波	134961	47569	40794	6775	1963
厦 门	149168	67760	36765	30994	2055
青 岛	271249	134667	100195	34472	7441
深 圳	1004840	465258	307292	157967	29594

(地方技工学校)

单位：千元

公用部分	商品和服务支出	其他资本性支出			基本建设支出
			专项公用支出	专项项目支出	
13819140	**7069449**	**6749691**	**3524567**	**3225124**	**558075**
853240	417653	435587	398643	36945	
130648	65923	64725	51043	13682	37
286615	187650	98965	62126	36839	5096
144912	90042	54869	31734	23136	
33899	27229	6670	6670		10000
146051	112800	33252	18001	15250	1210
130826	30862	99964	32484	67480	
222047	160605	61442	23169	38273	2103
173411	71854	101556	41432	60124	
987379	471893	515485	140539	374946	9830
609740	258206	351534	181543	169991	124697
66968	34466	32502	13800	18702	
373374	202635	170739	98479	72259	9618
51053	22444	28609	13513	15096	
1561132	740535	820596	416232	404364	41848
810540	427593	382947	218073	164874	19773
173222	70563	102658	25611	77047	
200308	135878	64431	37204	27227	
3682431	1976075	1706356	880928	825428	142032
822050	283987	538063	409893	128170	84902
115960	57282	58678	50143	8535	29669
617355	281966	335389	89122	246267	12227
280444	200516	79928	57097	22831	37602
95254	71444	23810	23810		
556502	240864	315638	101890	213748	26066
492627	366598	126030	39190	86839	1000
4776	3776	1000		1000	
196376	58109	138266	62196	76070	365
40001	39800	202	202		1210
69739	44290	25449	23418	2031	17653
74918	42856	32063	22067	9996	6490
136582	94241	42340	18394	23946	
517306	339055	178250	153362	24889	22276

4-23 教育经费支出明细

地区	合计				
		个人部分			
			工资福利支出	对个人和家庭的补助支出	
					#助学金
合计	**10453007**	**7189552**	**5292244**	**1897308**	**180171**
北京	118488	60868	49063	11805	1614
天津	69439	57299	38032	19267	289
河北	1139529	928024	695921	232103	1625
山西	387118	327554	245044	82511	1312
内蒙古	351239	313174	202620	110554	20
辽宁	38598	29983	18299	11684	727
吉林	864388	700334	405523	294811	417
黑龙江	369240	303485	170757	132728	1598
上海	192679	61277	55947	5330	110
江苏	441928	294888	194558	100330	7506
浙江	584505	363348	305366	57982	1350
安徽	216840	131219	69378	61840	19637
福建	35332	14739	13009	1730	127
江西	471411	255693	219529	36164	844
山东	443419	318948	248549	70399	3548
河南	1192633	725667	615751	109916	20528
湖北	97687	56837	38233	18604	1285
湖南	646552	390043	297965	92078	16544
广东	359751	192894	121876	71018	2880
广西	60194	41490	31088	10401	50
海南	9643	4013	3581	432	
重庆	678114	402763	302420	100343	26273
四川	578257	390003	301659	88344	50351
贵州	89398	39002	31875	7127	2277
云南	443766	368517	319267	49249	
西藏					
陕西	347688	259807	200677	59129	4976
甘肃	101084	73742	38355	35387	240
青海	3788	3446	2829	617	
宁夏					
新疆	120298	80497	55073	25424	14044
大连	6191	3564	3004	560	
宁波	324526	206949	176635	30314	646
厦门					
青岛	2442	1605	1452	153	109
深圳	36015	25104	17751	7353	2363

(成人中等专业学校)

单位：千元

公用部分	商品和服务支出	其他资本性支出	专项公用支出	专项项目支出	基本建设支出
3250724	**2350738**	**899986**	**367302**	**532685**	**12730**
57620	38893	18727	16177	2549	
12141	10182	1959	1959		
211506	171673	39832	25603	14229	
59564	54242	5321	4131	1191	
37869	34270	3599	2540	1060	195
8615	8308	307	307		
164055	107812	56243	40622	15621	
65755	48581	17174	6333	10841	
131401	128668	2733	2733		
147039	100699	46340	30818	15522	
221157	190471	30686	18185	12501	
85622	64362	21259	7596	13663	
20593	4281	16312	6678	9634	
215718	74457	141261	11043	130218	
124471	67735	56736	23721	33016	
466966	368487	98479	47234	51245	
40850	17764	23086	4468	18619	
256510	194336	62174	25185	36990	
166857	67342	99515	17722	81793	
18705	17400	1305	555	750	
5630	4297	1333	143	1190	
275350	234194	41156	20783	20373	
188253	161001	27253	11862	15390	
41195	21881	19314	14824	4490	9201
75249	60117	15132	10295	4837	
87882	59902	27980	12353	15627	
27342	8204	19138	638	18500	
342	342				
36467	30838	5629	2793	2836	3334
2627	2531	96	96		
117577	97797	19780	9149	10630	
837	797	41	41		
10911	9391	1520	1520		

4-24 教育经费支出明细

地区	合计	个人部分	工资福利支出	对个人和家庭的补助支出	#助学金
合计	**10431685**	**7172089**	**5277511**	**1894578**	**179647**
北京	118488	60868	49063	11805	1614
天津	56907	47268	28765	18504	289
河北	1139529	928024	695921	232103	1625
山西	387118	327554	245044	82511	1312
内蒙古	351239	313174	202620	110554	20
辽宁	38598	29983	18299	11684	727
吉林	864388	700334	405523	294811	417
黑龙江	366325	301133	169049	132084	1598
上海	192679	61277	55947	5330	110
江苏	440318	293478	193328	100150	7476
浙江	584505	363348	305366	57982	1350
安徽	216840	131219	69378	61840	19637
福建	35332	14739	13009	1730	127
江西	471411	255693	219529	36164	844
山东	443419	318948	248549	70399	3548
河南	1192633	725667	615751	109916	20528
湖北	97687	56837	38233	18604	1285
湖南	646552	390043	297965	92078	16544
广东	359751	192894	121876	71018	2880
广西	60194	41490	31088	10401	50
海南	9643	4013	3581	432	
重庆	678114	402763	302420	100343	26273
四川	578257	390003	301659	88344	50351
贵州	89398	39002	31875	7127	2277
云南	443766	368517	319267	49249	
西藏					
陕西	347688	259807	200677	59129	4976
甘肃	101084	73742	38355	35387	240
青海	3788	3446	2829	617	
宁夏					
新疆	116034	76826	52546	24281	13550
大连	6191	3564	3004	560	
宁波	324526	206949	176635	30314	646
厦门					
青岛	2442	1605	1452	153	109
深圳	36015	25104	17751	7353	2363

(地方成人中等专业学校)

单位：千元

公用部分	商品和服务支出	其他资本性支出	专项公用支出	专项项目支出	基本建设支出
3246865	**2347362**	**899503**	**366819**	**532685**	**12730**
57620	38893	18727	16177	2549	
9639	8110	1529	1529		
211506	171673	39832	25603	14229	
59564	54242	5321	4131	1191	
37869	34270	3599	2540	1060	195
8615	8308	307	307		
164055	107812	56243	40622	15621	
65192	48049	17143	6302	10841	
131401	128668	2733	2733		
146839	100499	46340	30818	15522	
221157	190471	30686	18185	12501	
85622	64362	21259	7596	13663	
20593	4281	16312	6678	9634	
215718	74457	141261	11043	130218	
124471	67735	56736	23721	33016	
466966	368487	98479	47234	51245	
40850	17764	23086	4468	18619	
256510	194336	62174	25185	36990	
166857	67342	99515	17722	81793	
18705	17400	1305	555	750	
5630	4297	1333	143	1190	
275350	234194	41156	20783	20373	
188253	161001	27253	11862	15390	
41195	21881	19314	14824	4490	9201
75249	60117	15132	10295	4837	
87882	59902	27980	12353	15627	
27342	8204	19138	638	18500	
342	342				
35873	30266	5607	2771	2836	3334
2627	2531	96	96		
117577	97797	19780	9149	10630	
837	797	41	41		
10911	9391	1520	1520		

4-25　教育经费支出明细

地区	合计	个人部分	工资福利支出	对个人和家庭的补助支出	#助学金
合　计	**1155508080**	**794305475**	**608581813**	**185723662**	**41411502**
北　京	33404937	19951704	16458690	3493013	133260
天　津	15174317	11605368	7956567	3648801	86449
河　北	48002817	32652565	24607702	8044862	1536576
山　西	25478136	18375111	14726819	3648293	866170
内蒙古	21389779	15054452	11059438	3995014	944625
辽　宁	26324002	20367769	14960018	5407752	341901
吉　林	17799537	12502760	8595806	3906954	364259
黑龙江	24830533	18287720	12455849	5831871	426257
上　海	30055353	18384352	16972265	1412087	467213
江　苏	74883388	54260712	39329595	14931117	1271364
浙　江	62598605	44021146	37695132	6326015	1287214
安　徽	43361630	28348139	20926269	7421870	1543501
福　建	32684660	22674014	18916484	3757530	592489
江　西	35346776	20114377	16002940	4111437	1305823
山　东	79636543	54943627	42859742	12083885	1481663
河　南	66912522	41885781	32955604	8930177	3179321
湖　北	43641648	32827097	24268668	8558428	1003054
湖　南	48764470	32641425	25784169	6857255	1992926
广　东	109974590	78038416	55127155	22911260	2142991
广　西	34441942	22266675	16872049	5394626	2661355
海　南	10066067	6045779	5112468	933310	303465
重　庆	30577326	21323318	17422174	3901145	1126144
四　川	60715144	43862329	34844383	9017946	3841294
贵　州	37081167	25786958	18814311	6972647	2980133
云　南	41958286	31103623	24562225	6541398	3575998
西　藏	7109835	4515281	3165663	1349618	769146
陕　西	28726646	17453616	13600248	3853368	1564033
甘　肃	20777569	15162864	9372738	5790125	1139066
青　海	7198955	5017903	3836738	1181165	366898
宁　夏	7337037	4787557	3793953	993604	334892
新　疆	29253863	20043040	15525951	4517088	1782023
大　连	5505185	4387752	3587799	799954	52318
宁　波	8600198	6376301	5365373	1010928	235379
厦　门	4041541	2822128	2033332	788796	34159
青　岛	10365924	7221297	5248147	1973150	102591
深　圳	19791905	13542771	8860815	4681956	228946

(中学)

单位：千元

公用部分	商品和服务支出	其他资本性支出			基本建设支出
			专项公用支出	专项项目支出	
345001784	**163090873**	**181910910**	**51241210**	**130669701**	**16200822**
12524161	8248920	4275241	2668190	1607050	929072
3568563	2056499	1512064	474804	1037260	386
15023689	6568928	8454761	2118426	6336335	326563
6898564	3831313	3067252	958298	2108954	204461
6111238	3020146	3091092	869551	2221541	224089
5878465	3947494	1930971	789171	1141801	77767
5081006	2374965	2706041	746281	1959760	215771
6250149	3260548	2989601	779593	2210008	292664
11159514	7024087	4135427	1821886	2313541	511487
20364589	7534793	12829796	3024832	9804963	258087
17849913	8515787	9334126	2371271	6962855	727547
14537503	5565822	8971681	2246504	6725177	475988
9806928	4064274	5742654	1707505	4035149	203719
14650260	3594723	11055536	2152968	8902569	582139
24495280	9012658	15482622	3076100	12406522	197635
24217605	11213160	13004446	2439517	10564929	809136
10814551	5092858	5721693	1351289	4370405	
15728334	7913229	7815105	2357333	5457772	394711
30007201	19519727	10487475	5022788	5464687	1928974
11201270	4256906	6944364	2110419	4833945	973997
3855890	1393900	2461991	697084	1764907	164398
8379178	4842320	3536858	1259159	2277699	874830
16251316	8350968	7900348	2395735	5504613	601499
10837950	5144135	5693815	2049062	3644754	456260
10250859	4546638	5704221	1149740	4554481	603804
1553010	451712	1101299	249771	851527	1041543
10546449	4575587	5970861	1330659	4640202	726581
5293985	2216617	3077368	771917	2305451	320721
1670041	722311	947730	257961	689769	511012
2224200	824189	1400010	583262	816749	325280
7970124	3405662	4564462	1410135	3154327	1240699
1106016	811220	294796	147168	147628	11417
2187545	1130538	1057006	302874	754133	36352
1213343	749342	464001	305632	158369	6071
3144626	1141341	2003285	448057	1555228	
4656326	3598996	1057330	849111	208218	1592808

4-26 教育经费支出明细

地区	合计	个人部分	工资福利支出	对个人和家庭的补助支出	#助学金
合 计	**1149819960**	**790591082**	**605734017**	**184857066**	**41304013**
北 京	31909059	19106903	15860491	3246412	129286
天 津	15174317	11605368	7956567	3648801	86449
河 北	48002817	32652565	24607702	8044862	1536576
山 西	25478136	18375111	14726819	3648293	866170
内蒙古	21389779	15054452	11059438	3995014	944625
辽 宁	26324002	20367769	14960018	5407752	341901
吉 林	17651019	12405469	8518729	3886741	364182
黑龙江	24598046	18100973	12321247	5779726	422658
上 海	29818554	18239476	16837199	1402277	466363
江 苏	74883388	54260712	39329595	14931117	1271364
浙 江	62598605	44021146	37695132	6326015	1287214
安 徽	43361630	28348139	20926269	7421870	1543501
福 建	32684660	22674014	18916484	3757530	592489
江 西	35346776	20114377	16002940	4111437	1305823
山 东	79636543	54943627	42859742	12083885	1481663
河 南	66905760	41880555	32953540	8927015	3179321
湖 北	43362441	32622319	24118181	8504138	1003050
湖 南	48738324	32628695	25771986	6856709	1992766
广 东	109882892	77962564	55061370	22901194	2141256
广 西	34441942	22266675	16872049	5394626	2661355
海 南	10055448	6036102	5104940	931162	303465
重 庆	30425066	21223100	17337257	3885843	1125334
四 川	60701245	43850309	34835754	9014555	3841218
贵 州	37081167	25786958	18814311	6972647	2980133
云 南	41958286	31103623	24562225	6541398	3575998
西 藏	7109835	4515281	3165663	1349618	769146
陕 西	28566258	17334793	13499671	3835121	1563386
甘 肃	20767683	15154097	9364360	5789737	1138987
青 海	7198955	5017903	3836738	1181165	366898
宁 夏	7337037	4787557	3793953	993604	334892
新 疆	26430291	18150451	14063649	4086802	1686543
大 连	5505185	4387752	3587799	799954	52318
宁 波	8600198	6376301	5365373	1010928	235379
厦 门	4041541	2822128	2033332	788796	34159
青 岛	10365924	7221297	5248147	1973150	102591
深 圳	19791905	13542771	8860815	4681956	228946

(地方中学)

单位：千元

公用部分	商品和服务支出	其他资本性支出	专项公用支出	专项项目支出	基本建设支出
343105321	**162123684**	**180981637**	**50812507**	**130169130**	**16123556**
11873083	7824124	4048960	2441909	1607050	929072
3568563	2056499	1512064	474804	1037260	386
15023689	6568928	8454761	2118426	6336335	326563
6898564	3831313	3067252	958298	2108954	204461
6111238	3020146	3091092	869551	2221541	224089
5878465	3947494	1930971	789171	1141801	77767
5029778	2335862	2693916	736838	1957078	215771
6204410	3226469	2977940	770629	2207311	292664
11067591	6958858	4108733	1798791	2309941	511487
20364589	7534793	12829796	3024832	9804963	258087
17849913	8515787	9334126	2371271	6962855	727547
14537503	5565822	8971681	2246504	6725177	475988
9806928	4064274	5742654	1707505	4035149	203719
14650260	3594723	11055536	2152968	8902569	582139
24495280	9012658	15482622	3076100	12406522	197635
24216070	11211644	13004426	2439497	10564929	809136
10740122	5030282	5709840	1339435	4370405	
15714917	7900773	7814144	2356421	5457723	394711
29991354	19509528	10481826	5020229	5461597	1928974
11201270	4256906	6944364	2110419	4833945	973997
3854948	1392984	2461964	697057	1764907	164398
8327136	4809272	3517864	1248018	2269846	874830
16249436	8349199	7900237	2395624	5504613	601499
10837950	5144135	5693815	2049062	3644754	456260
10250859	4546638	5704221	1149740	4554481	603804
1553010	451712	1101299	249771	851527	1041543
10504884	4541268	5963616	1323413	4640202	726581
5292866	2216092	3076774	771623	2305151	320721
1670041	722311	947730	257961	689769	511012
2224200	824189	1400010	583262	816749	325280
7116405	3159003	3957402	1283376	2674026	1163434
1106016	811220	294796	147168	147628	11417
2187545	1130538	1057006	302874	754133	36352
1213343	749342	464001	305632	158369	6071
3144626	1141341	2003285	448057	1555228	
4656326	3598996	1057330	849111	208218	1592808

4-27 教育经费支出明细

地区	合计	个人部分			
			工资福利支出	对个人和家庭的补助支出	
					#助学金
合计	**1154782016**	**793872485**	**608239013**	**185633472**	**41411266**
北京	33324051	19925454	16437539	3487915	133260
天津	15142781	11574152	7933897	3640255	86449
河北	48002157	32652565	24607702	8044862	1536576
山西	25478136	18375111	14726819	3648293	866170
内蒙古	21389779	15054452	11059438	3995014	944625
辽宁	26323601	20367769	14960018	5407752	341901
吉林	17795353	12498843	8594488	3904355	364259
黑龙江	24830533	18287720	12455849	5831871	426257
上海	30020756	18358976	16948776	1410200	466977
江苏	74689016	54153318	39253451	14899867	1271364
浙江	62308013	43853966	37547746	6306220	1287214
安徽	43361630	28348139	20926269	7421870	1543501
福建	32684660	22674014	18916484	3757530	592489
江西	35346776	20114377	16002940	4111437	1305823
山东	79616818	54924337	42843746	12080592	1481663
河南	66912522	41885781	32955604	8930177	3179321
湖北	43633820	32820598	24262619	8557979	1003054
湖南	48761237	32638859	25781892	6856967	1992926
广东	109916687	77995261	55100964	22894297	2142991
广西	34441942	22266675	16872049	5394626	2661355
海南	10066067	6045779	5112468	933310	303465
重庆	30577326	21323318	17422174	3901145	1126144
四川	60715144	43862329	34844383	9017946	3841294
贵州	37081167	25786958	18814311	6972647	2980133
云南	41958286	31103623	24562225	6541398	3575998
西藏	7109835	4515281	3165663	1349618	769146
陕西	28726646	17453616	13600248	3853368	1564033
甘肃	20777569	15162864	9372738	5790125	1139066
青海	7198955	5017903	3836738	1181165	366898
宁夏	7337037	4787557	3793953	993604	334892
新疆	29253715	20042892	15525825	4517067	1782023
大连	5505185	4387752	3587799	799954	52318
宁波	8598490	6374961	5364356	1010605	235379
厦门	4041541	2822128	2033332	788796	34159
青岛	10365924	7221297	5248147	1973150	102591
深圳	19791905	13542771	8860815	4681956	228946

(普通中学)

单位：千元

公用部分	商品和服务支出	其他资本性支出	专项公用支出	专项项目支出	基本建设支出
344708709	**162911280**	**181797429**	**51187423**	**130610006**	**16200822**
12469525	8222584	4246942	2652493	1594448	929072
3568243	2056478	1511765	474505	1037260	386
15023029	6568268	8454761	2118426	6336335	326563
6898564	3831313	3067252	958298	2108954	204461
6111238	3020146	3091092	869551	2221541	224089
5878064	3947093	1930971	789171	1141801	77767
5080739	2374731	2706008	746248	1959760	215771
6250149	3260548	2989601	779593	2210008	292664
11150293	7015343	4134950	1821409	2313541	511487
20277611	7476176	12801435	3017412	9784023	258087
17726500	8442232	9284268	2343511	6940758	727547
14537503	5565822	8971681	2246504	6725177	475988
9806928	4064274	5742654	1707505	4035149	203719
14650260	3594723	11055536	2152968	8902569	582139
24494845	9012272	15482573	3076051	12406522	197635
24217605	11213160	13004446	2439517	10564929	809136
10813222	5091925	5721298	1351011	4370287	
15727666	7912564	7815102	2357331	5457772	394711
29992453	19510687	10481766	5021016	5460750	1928974
11201270	4256906	6944364	2110419	4833945	973997
3855890	1393900	2461991	697084	1764907	164398
8379178	4842320	3536858	1259159	2277699	874830
16251316	8350968	7900348	2395735	5504613	601499
10837950	5144135	5693815	2049062	3644754	456260
10250859	4546638	5704221	1149740	4554481	603804
1553010	451712	1101299	249771	851527	1041543
10546449	4575587	5970861	1330659	4640202	726581
5293985	2216617	3077368	771917	2305451	320721
1670041	722311	947730	257961	689769	511012
2224200	824189	1400010	583262	816749	325280
7970124	3405662	4564462	1410135	3154327	1240699
1106016	811220	294796	147168	147628	11417
2187178	1130175	1057003	302870	754133	36352
1213343	749342	464001	305632	158369	6071
3144626	1141341	2003285	448057	1555228	
4656326	3598996	1057330	849111	208218	1592808

4-28 教育经费支出明细

地区	合计	个人部分	工资福利支出	对个人和家庭的补助支出	#助学金
合计	**1149093895**	**790158093**	**605391217**	**184766876**	**41303777**
北京	31828173	19080653	15839339	3241314	129286
天津	15142781	11574152	7933897	3640255	86449
河北	48002157	32652565	24607702	8044862	1536576
山西	25478136	18375111	14726819	3648293	866170
内蒙古	21389779	15054452	11059438	3995014	944625
辽宁	26323601	20367769	14960018	5407752	341901
吉林	17646835	12401553	8517411	3884142	364182
黑龙江	24598046	18100973	12321247	5779726	422658
上海	29783958	18214100	16813711	1400389	466127
江苏	74689016	54153318	39253451	14899867	1271364
浙江	62308013	43853966	37547746	6306220	1287214
安徽	43361630	28348139	20926269	7421870	1543501
福建	32684660	22674014	18916484	3757530	592489
江西	35346776	20114377	16002940	4111437	1305823
山东	79616818	54924337	42843746	12080592	1481663
河南	66905760	41880555	32953540	8927015	3179321
湖北	43354614	32615820	24112131	8503689	1003050
湖南	48735090	32626129	25769709	6856421	1992766
广东	109824989	77919409	55035178	22884231	2141256
广西	34441942	22266675	16872049	5394626	2661355
海南	10055448	6036102	5104940	931162	303465
重庆	30425066	21223100	17337257	3885843	1125334
四川	60701245	43850309	34835754	9014555	3841218
贵州	37081167	25786958	18814311	6972647	2980133
云南	41958286	31103623	24562225	6541398	3575998
西藏	7109835	4515281	3165663	1349618	769146
陕西	28566258	17334793	13499671	3835121	1563386
甘肃	20767683	15154097	9364360	5789737	1138987
青海	7198955	5017903	3836738	1181165	366898
宁夏	7337037	4787557	3793953	993604	334892
新疆	26430143	18150303	14063523	4086781	1686543
大连	5505185	4387752	3587799	799954	52318
宁波	8598490	6374961	5364356	1010605	235379
厦门	4041541	2822128	2033332	788796	34159
青岛	10365924	7221297	5248147	1973150	102591
深圳	19791905	13542771	8860815	4681956	228946

(地方普通中学)

单位：千元

公用部分	商品和服务支出	其他资本性支出			基本建设支出
			专项公用支出	专项项目支出	
342812246	**161944090**	**180868156**	**50758721**	**130109435**	**16123556**
11818448	7797787	4020661	2426212	1594448	929072
3568243	2056478	1511765	474505	1037260	386
15023029	6568268	8454761	2118426	6336335	326563
6898564	3831313	3067252	958298	2108954	204461
6111238	3020146	3091092	869551	2221541	224089
5878064	3947093	1930971	789171	1141801	77767
5029511	2335627	2693884	736806	1957078	215771
6204410	3226469	2977940	770629	2207311	292664
11058370	6950114	4108256	1798315	2309941	511487
20277611	7476176	12801435	3017412	9784023	258087
17726500	8442232	9284268	2343511	6940758	727547
14537503	5565822	8971681	2246504	6725177	475988
9806928	4064274	5742654	1707505	4035149	203719
14650260	3594723	11055536	2152968	8902569	582139
24494845	9012272	15482573	3076051	12406522	197635
24216070	11211644	13004426	2439497	10564929	809136
10738793	5029349	5709444	1339158	4370287	
15714249	7900108	7814141	2356418	5457723	394711
29976606	19500488	10476118	5018457	5457660	1928974
11201270	4256906	6944364	2110419	4833945	973997
3854948	1392984	2461964	697057	1764907	164398
8327136	4809272	3517864	1248018	2269846	874830
16249436	8349199	7900237	2395624	5504613	601499
10837950	5144135	5693815	2049062	3644754	456260
10250859	4546638	5704221	1149740	4554481	603804
1553010	451712	1101299	249771	851527	1041543
10504884	4541268	5963616	1323413	4640202	726581
5292866	2216092	3076774	771623	2305151	320721
1670041	722311	947730	257961	689769	511012
2224200	824189	1400010	583262	816749	325280
7116405	3159003	3957402	1283376	2674026	1163434
1106016	811220	294796	147168	147628	11417
2187178	1130175	1057003	302870	754133	36352
1213343	749342	464001	305632	158369	6071
3144626	1141341	2003285	448057	1555228	
4656326	3598996	1057330	849111	208218	1592808

4–29 教育经费支出明细

地 区	合 计	个人部分	工资福利支出	对个人和家庭的补助支出	#助学金
合 计	**424691194**	**284267803**	**220775468**	**63492334**	**13470789**
北 京	14370105	8241951	6686351	1555600	36027
天 津	6258778	4640246	3194424	1445822	29881
河 北	18133277	11884868	9098972	2785896	566321
山 西	10341860	7213490	5751195	1462295	402493
内蒙古	8569077	5843418	4231081	1612337	505619
辽 宁	9417468	6799525	5212669	1586856	161395
吉 林	5986835	4043008	2828496	1214511	172217
黑龙江	8295894	5905747	4187358	1718390	172467
上 海	10773313	6423658	5982281	441377	99258
江 苏	26710018	19246941	14410074	4836867	276736
浙 江	23811283	16642686	14433181	2209506	309652
安 徽	16193466	10657248	8133115	2524133	539169
福 建	11816415	8110574	6801130	1309445	144284
江 西	13104479	7179307	5545750	1633557	456525
山 东	27391252	18547866	14662886	3884980	414190
河 南	22017765	13192901	10699929	2492972	937493
湖 北	16179528	11740272	9022966	2717307	385101
湖 南	17680175	11485565	9395799	2089766	563077
广 东	43900198	30378420	21465070	8913350	650825
广 西	11754463	7225540	5626143	1599397	726769
海 南	3715567	2126981	1809276	317705	106915
重 庆	12247400	8409144	6832917	1576227	529431
四 川	21371861	15297790	12469365	2828426	1237195
贵 州	13641445	8895216	6460695	2434521	1065316
云 南	13127248	9473067	7662673	1810394	732758
西 藏	2981200	1562406	1115849	446557	253072
陕 西	11681604	6667464	5290867	1376598	562074
甘 肃	8225048	5792818	3613081	2179738	403337
青 海	2616143	1791514	1373587	417927	125427
宁 夏	2683568	1903200	1518493	384706	120325
新 疆	9694459	6944971	5259798	1685174	785440
大 连	1967114	1511218	1253941	257276	25909
宁 波	3294452	2387221	2030166	357055	77475
厦 门	1499264	1051603	758729	292874	8842
青 岛	3573862	2379151	1770690	608461	46746
深 圳	7778245	5236743	3389830	1846912	68408

(普通高中)

单位：千元

公用部分	商品和服务支出	其他资本性支出	专项公用支出	专项项目支出	基本建设支出
133036155	**67504157**	**65531998**	**20792329**	**44739668**	**7387237**
5418984	3476641	1942343	1229285	713058	709170
1618533	1048219	570314	252242	318072	
6032430	2674277	3358154	702687	2655467	215979
3005995	1783294	1222701	339524	883177	122375
2620269	1401301	1218968	346579	872388	105390
2576021	1771325	804697	318142	486554	41921
1765060	924378	840681	253290	587392	178768
2170197	1309113	861084	240491	620593	219951
4131394	2572111	1559283	711774	847509	218261
7398036	3136693	4261343	1143245	3118098	65042
6940310	3593885	3346424	1104648	2241777	228287
5265368	2247651	3017717	774555	2243162	270850
3641816	1687527	1954289	611368	1342922	64025
5656710	1560505	4096204	1041975	3054229	268463
8752117	3979989	4772128	1139307	3632820	91270
8618553	4612164	4006389	1010639	2995750	206310
4439256	2137857	2301399	619140	1682258	
6025892	3180266	2845626	903157	1942469	168719
12868363	8280479	4587884	2196016	2391868	653415
3973235	1515902	2457332	756039	1701293	555689
1493338	561201	931357	333472	597884	93028
3486943	1944637	1542306	657650	884656	351314
5866869	3367803	2499066	888339	1610727	207202
4523928	2038191	2485738	1060224	1425514	222300
3345156	1624691	1720465	417598	1302867	309024
699143	172030	527114	105656	421458	719651
4663173	2231521	2431652	563650	1868002	350966
2258231	966660	1291572	359060	932512	173998
625190	282931	342259	88594	253665	199439
706058	302781	403277	180227	223050	74310
2447367	1115135	1332232	443755	888477	302121
444479	340737	103742	38924	64818	11417
907231	477429	429802	133500	296302	
446069	314753	131316	94271	37045	1592
1194711	547493	647217	194995	452222	
2053493	1615982	437511	363629	73883	488009

4-30 教育经费支出明细

地 区	合 计	个人部分	工资福利支 出	对个人和家庭的补助支出	#助学金
合 计	**421564284**	**282263261**	**219266100**	**62997161**	**13413481**
北 京	13236829	7590817	6221080	1369737	32605
天 津	6258778	4640246	3194424	1445822	29881
河 北	18133277	11884868	9098972	2785896	566321
山 西	10341860	7213490	5751195	1462295	402493
内蒙古	8569077	5843418	4231081	1612337	505619
辽 宁	9417468	6799525	5212669	1586856	161395
吉 林	5890567	3981851	2783748	1198104	172175
黑龙江	8190318	5821341	4132029	1689312	169152
上 海	10575209	6304481	5871147	433333	98408
江 苏	26710018	19246941	14410074	4836867	276736
浙 江	23811283	16642686	14433181	2209506	309652
安 徽	16193466	10657248	8133115	2524133	539169
福 建	11816415	8110574	6801130	1309445	144284
江 西	13104479	7179307	5545750	1633557	456525
山 东	27391252	18547866	14662886	3884980	414190
河 南	22017765	13192901	10699929	2492972	937493
湖 北	15931803	11555463	8888648	2666814	385098
湖 南	17664831	11478019	9388584	2089435	562972
广 东	43871971	30354382	21445952	8908430	649411
广 西	11754463	7225540	5626143	1599397	726769
海 南	3709211	2121189	1804769	316419	106915
重 庆	12161003	8351958	6784320	1567638	528976
四 川	21366212	15292874	12465934	2826941	1237195
贵 州	13641445	8895216	6460695	2434521	1065316
云 南	13127248	9473067	7662673	1810394	732758
西 藏	2981200	1562406	1115849	446557	253072
陕 西	11566072	6580383	5216614	1363768	561652
甘 肃	8220913	5789262	3609752	2179510	403299
青 海	2616143	1791514	1373587	417927	125427
宁 夏	2683568	1903200	1518493	384706	120325
新 疆	8610138	6231228	4721676	1509552	738199
大 连	1967114	1511218	1253941	257276	25909
宁 波	3294452	2387221	2030166	357055	77475
厦 门	1499264	1051603	758729	292874	8842
青 岛	3573862	2379151	1770690	608461	46746
深 圳	7778245	5236743	3389830	1846912	68408

(地方普通高中)

单位：千元

公用部分	商品和服务支出	其他资本性支出	专项公用支出	专项项目支出	基本建设支出
131933480	**66862034**	**65071446**	**20534861**	**44536585**	**7367543**
4936842	3144572	1792270	1079212	713058	709170
1618533	1048219	570314	252242	318072	
6032430	2674277	3358154	702687	2655467	215979
3005995	1783294	1222701	339524	883177	122375
2620269	1401301	1218968	346579	872388	105390
2576021	1771325	804697	318142	486554	41921
1729948	899359	830589	245879	584710	178768
2149026	1290983	858043	238404	619639	219951
4052467	2516498	1535969	692060	843909	218261
7398036	3136693	4261343	1143245	3118098	65042
6940310	3593885	3346424	1104648	2241777	228287
5265368	2247651	3017717	774555	2243162	270850
3641816	1687527	1954289	611368	1342922	64025
5656710	1560505	4096204	1041975	3054229	268463
8752117	3979989	4772128	1139307	3632820	91270
8618553	4612164	4006389	1010639	2995750	206310
4376341	2084034	2292307	610048	1682258	
6018093	3173100	2844993	902556	1942437	168719
12864174	8277179	4586995	2195129	2391866	653415
3973235	1515902	2457332	756039	1701293	555689
1494994	563653	931341	333456	597884	93028
3457731	1926087	1531644	651396	880248	351314
5866136	3367119	2499017	888290	1610727	207202
4523928	2038191	2485738	1060224	1425514	222300
3345156	1624691	1720465	417598	1302867	309024
699143	172030	527114	105656	421458	719651
4634723	2207155	2427568	559566	1868002	350966
2257653	966340	1291313	358928	932385	173998
625190	282931	342259	88594	253665	199439
706058	302781	403277	180227	223050	74310
2096484	1012599	1083885	386689	697196	282427
444479	340737	103742	38924	64818	11417
907231	477429	429802	133500	296302	
446069	314753	131316	94271	37045	1592
1194711	547493	647217	194995	452222	
2053493	1615982	437511	363629	73883	488009

4-31 教育经费支出明细

地区	合计	个人部分	工资福利支出	对个人和家庭的补助支出	#助学金
合计	**175008930**	**119148549**	**93868840**	**25279710**	**7810279**
北京	1154901	667867	525919	141948	1320
天津	842921	690999	506676	184322	3789
河北	9666122	6076494	4706578	1369916	336447
山西	5159748	3748790	3011194	737596	233895
内蒙古	3916313	2679168	1948803	730366	258735
辽宁	2119466	1610796	1301404	309392	40842
吉林	1867019	1286605	940957	345648	57988
黑龙江	3262629	2146382	1556204	590178	77633
上海	839441	610869	571941	38928	11234
江苏	9153162	6896060	5309607	1586452	126825
浙江	9220109	6783245	5876818	906427	151411
安徽	9522478	6233602	4830086	1403516	336185
福建	5797009	4209143	3590044	619099	85030
江西	7125335	3829788	3102134	727654	275707
山东	10050224	6793867	5665416	1128451	181767
河南	12472689	7302552	5930558	1371994	596923
湖北	4853412	3567052	2822880	744172	196535
湖南	9882313	6524188	5380992	1143196	403259
广东	9449629	6552723	4914099	1638624	240976
广西	5596476	3776825	2891399	885426	435954
海南	1522591	854657	713280	141377	61410
重庆	4340652	3089311	2430569	658741	282112
四川	11192413	8226052	6596992	1629060	774545
贵州	8247326	5526316	3966307	1560009	783997
云南	7446203	5745521	4648994	1096527	508200
西藏	1590275	820893	598582	222310	114498
陕西	6503051	3706282	2913705	792577	376522
甘肃	5083370	3759218	2461976	1297242	301823
青海	1640051	1150334	865261	285072	95947
宁夏	862951	673661	537122	136539	38849
新疆	4628651	3609290	2752342	856948	419921
大连	320111	246409	219922	26486	811
宁波	1097220	853619	727825	125794	37217
厦门	144960	107212	64325	42887	787
青岛	369305	266767	204120	62647	3998
深圳					

(农村高中)

单位：千元

公用部分	商品和服务支出	其他资本性支出	专项公用支出	专项项目支出	基本建设支出
52710911	**26080109**	**26630802**	**7108878**	**19521924**	**3149470**
412704	317511	95193	86761	8432	74330
151923	81459	70464	27818	42646	
3411399	1420350	1991049	397162	1593887	178230
1354839	864479	490360	153153	337207	56119
1217372	661107	556265	179164	377102	19773
508670	384122	124548	42186	82362	
509946	262934	247012	60086	186927	70468
962637	543684	418953	104484	314469	153610
228572	182716	45856	29470	16386	
2257103	952244	1304859	332329	972530	
2347014	1218894	1128120	280461	847659	89850
3215546	1404661	1810885	490308	1320576	73330
1568467	692157	876311	263889	612421	19399
3233399	957550	2275849	489878	1785971	62149
3176757	1346304	1830453	402593	1427860	79600
5091493	2745599	2345895	520458	1825437	78644
1286360	622314	664046	137583	526463	
3236290	1793103	1443187	428454	1014733	121835
2892166	1784150	1108016	450424	657592	4740
1618349	749082	869267	253665	615602	201301
614328	187812	426515	145003	281512	53606
1044970	577379	467591	108265	359326	206371
2808963	1695748	1113215	247063	866152	157398
2598340	1243556	1354785	478515	876269	122670
1597761	843520	754241	207252	546988	102921
237563	68057	169506	66005	103501	531819
2517467	1224252	1293215	243564	1049651	279301
1184561	577555	607007	200140	406866	139591
402975	160443	242531	51321	191210	86742
169889	98970	70919	15162	55757	19400
853088	418398	434690	216262	218429	166273
73703	58045	15658	7005	8652	
243601	132549	111053	36328	74724	
37749	20700	17049	6900	10149	
102538	74179	28359	13923	14436	

4-32 教育经费支出明细

地区	合计	个人部分	工资福利支出	对个人和家庭的补助支出	#助学金
合计	**174294102**	**118634674**	**93483782**	**25150892**	**7788497**
北京	1154901	667867	525919	141948	1320
天津	842921	690999	506676	184322	3789
河北	9666122	6076494	4706578	1369916	336447
山西	5159748	3748790	3011194	737596	233895
内蒙古	3916313	2679168	1948803	730366	258735
辽宁	2119466	1610796	1301404	309392	40842
吉林	1867019	1286605	940957	345648	57988
黑龙江	3235727	2127533	1540595	586938	76788
上海	839441	610869	571941	38928	11234
江苏	9153162	6896060	5309607	1586452	126825
浙江	9220109	6783245	5876818	906427	151411
安徽	9522478	6233602	4830086	1403516	336185
福建	5797009	4209143	3590044	619099	85030
江西	7125335	3829788	3102134	727654	275707
山东	10050224	6793867	5665416	1128451	181767
河南	12472689	7302552	5930558	1371994	596923
湖北	4706161	3449104	2738025	711079	196535
湖南	9882313	6524188	5380992	1143196	403259
广东	9421402	6528685	4894981	1633704	239561
广西	5596476	3776825	2891399	885426	435954
海南	1516235	848865	708774	140091	61410
重庆	4340652	3089311	2430569	658741	282112
四川	11192413	8226052	6596992	1629060	774545
贵州	8247326	5526316	3966307	1560009	783997
云南	7446203	5745521	4648994	1096527	508200
西藏	1590275	820893	598582	222310	114498
陕西	6503051	3706282	2913705	792577	376522
甘肃	5079235	3755662	2458648	1297014	301785
青海	1640051	1150334	865261	285072	95947
宁夏	862951	673661	537122	136539	38849
新疆	4126693	3265598	2494701	770897	400436
大连	320111	246409	219922	26486	811
宁波	1097220	853619	727825	125794	37217
厦门	144960	107212	64325	42887	787
青岛	369305	266767	204120	62647	3998
深圳					

(地方农村高中)

单位：千元

公用部分	商品和服务支出	其他资本性支出	专项公用支出	专项项目支出	基本建设支出
52513092	**25995222**	**26517871**	**7059877**	**19457993**	**3146336**
412704	317511	95193	86761	8432	74330
151923	81459	70464	27818	42646	
3411399	1420350	1991049	397162	1593887	178230
1354839	864479	490360	153153	337207	56119
1217372	661107	556265	179164	377102	19773
508670	384122	124548	42186	82362	
509946	262934	247012	60086	186927	70468
954584	538130	416454	102880	313574	153610
228572	182716	45856	29470	16386	
2257103	952244	1304859	332329	972530	
2347014	1218894	1128120	280461	847659	89850
3215546	1404661	1810885	490308	1320576	73330
1568467	692157	876311	263889	612421	19399
3233399	957550	2275849	489878	1785971	62149
3176757	1346304	1830453	402593	1427860	79600
5091493	2745599	2345895	520458	1825437	78644
1257057	596469	660588	134125	526463	
3236290	1793103	1443187	428454	1014733	121835
2887977	1780850	1107127	449537	657590	4740
1618349	749082	869267	253665	615602	201301
613763	187264	426499	144987	281512	53606
1044970	577379	467591	108265	359326	206371
2808963	1695748	1113215	247063	866152	157398
2598340	1243556	1354785	478515	876269	122670
1597761	843520	754241	207252	546988	102921
237563	68057	169506	66005	103501	531819
2517467	1224252	1293215	243564	1049651	279301
1183983	577235	606748	200008	406740	139591
402975	160443	242531	51321	191210	86742
169889	98970	70919	15162	55757	19400
697956	369076	328880	173358	155522	163138
73703	58045	15658	7005	8652	
243601	132549	111053	36328	74724	
37749	20700	17049	6900	10149	
102538	74179	28359	13923	14436	

4—33 教育经费支出明细

地区	合计	个人部分			
			工资福利支出	对个人和家庭的补助支出	
					#助学金
合计	**730090821**	**509604682**	**387463545**	**122141137**	**27940477**
北京	18953947	11683503	9751187	1932316	97233
天津	8884003	6933906	4739473	2194433	56569
河北	29868879	20767696	15508730	5258966	970255
山西	15136276	11161622	8975624	2185998	463677
内蒙古	12820702	9211034	6828356	2382677	439005
辽宁	16906132	13568244	9747348	3820896	180506
吉林	11808518	8455836	5765992	2689844	192041
黑龙江	16534639	12381973	8268491	4113482	253789
上海	19247442	11935318	10966496	968823	367719
江苏	47978998	34906378	24843377	10063001	994628
浙江	38496730	27211280	23114565	4096715	977562
安徽	27168164	17690892	12793154	4897737	1004332
福建	20868245	14563439	12115354	2448085	448205
江西	22242296	12935070	10457190	2477880	849298
山东	52225565	36376472	28180860	8195612	1067473
河南	44894758	28692880	22255675	6437205	2241829
湖北	27454292	21080325	15239653	5840672	617952
湖南	31081061	21153295	16386094	4767201	1429848
广东	66016489	47616841	33635894	13980947	1492166
广西	22687478	15041135	11245906	3795229	1934587
海南	6350500	3918798	3303193	615605	196550
重庆	18329926	12914175	10589257	2324918	596713
四川	39343283	28564538	22375018	6189520	2604100
贵州	23439723	16891741	12353616	4538125	1914818
云南	28831039	21630555	16899551	4731004	2843240
西藏	4128635	2952875	2049814	903061	516075
陕西	17045042	10786151	8309381	2476770	1001959
甘肃	12552522	9370045	5759658	3610387	735729
青海	4582812	3226389	2463150	763239	241471
宁夏	4653469	2884357	2275460	608898	214567
新疆	19559256	13097920	10266027	2831894	996583
大连	3538071	2876535	2333857	542678	26409
宁波	5304038	3987739	3334190	653549	157904
厦门	2542277	1770525	1274603	495922	25317
青岛	6792062	4842146	3477457	1364689	55845
深圳	12013660	8306028	5470984	2835044	160538

(普通初中)

单位：千元

公用部分	商品和服务支出	其他资本性支出	专项公用支出	专项项目支出	基本建设支出
211672554	**95407123**	**116265432**	**30395094**	**85870338**	**8813585**
7050541	4745943	2304599	1423208	881390	219902
1949711	1008260	941451	222263	719188	386
8990599	3893992	5096607	1415739	3680868	110585
3892569	2048019	1844550	618773	1225777	82086
3490969	1618844	1872125	522972	1349153	118699
3302043	2175768	1126275	471028	655246	35846
3315679	1450352	1865327	492959	1372368	37003
4079952	1951436	2128517	539102	1589415	72713
7018899	4443231	2575667	1109635	1466032	293226
12879575	4339483	8540091	1874166	6665925	193046
10786190	4848347	5937844	1238863	4698981	499259
9272135	3318171	5953964	1471949	4482016	205138
6165112	2376747	3788365	1096137	2692227	139694
8993550	2034218	6959332	1110993	5848339	313677
15742728	5032283	10710445	1936744	8773701	106365
15599052	6600995	8998056	1428878	7569179	602825
6373967	2954068	3419899	731871	2688028	
9701775	4732298	4969477	1454173	3515303	225992
17124090	11230207	5893882	2825000	3068882	1275558
7228035	2741004	4487032	1354380	3132651	418308
2360333	829698	1530634	363612	1167023	71370
4892235	2897683	1994552	601510	1393042	523516
10384447	4983166	5401281	1507396	3893886	394298
6314022	3105944	3208077	988838	2219239	233960
6905703	2921947	3983756	732142	3251614	294780
853867	279682	574185	144116	430069	321892
5883276	2344066	3539210	767009	2772200	375615
3035754	1249958	1785796	412857	1372940	146723
1044851	439380	605471	169367	436104	311573
1518141	521408	996734	403035	593699	250970
5522757	2290527	3232230	966380	2265851	938578
661536	470482	191054	108244	82811	
1279947	652746	627200	169370	457831	36352
767273	434588	332685	211361	121324	4478
1949916	593848	1356068	253062	1103005	
2602833	1983014	619819	485483	134336	1104800

4-34 教育经费支出明细

地区	合计	个人部分	工资福利支出	对个人和家庭的补助支出	#助学金
合计	**727529611**	**507894832**	**386125117**	**121769715**	**27890296**
北京	18591344	11489836	9618259	1871577	96682
天津	8884003	6933906	4739473	2194433	56569
河北	29868879	20767696	15508730	5258966	970255
山西	15136276	11161622	8975624	2185998	463677
内蒙古	12820702	9211034	6828356	2382677	439005
辽宁	16906132	13568244	9747348	3820896	180506
吉林	11756268	8419701	5733663	2686039	192007
黑龙江	16407728	12279631	8189218	4090413	253506
上海	19208748	11909620	10942564	967056	367719
江苏	47978998	34906378	24843377	10063001	994628
浙江	38496730	27211280	23114565	4096715	977562
安徽	27168164	17690892	12793154	4897737	1004332
福建	20868245	14563439	12115354	2448085	448205
江西	22242296	12935070	10457190	2477880	849298
山东	52225565	36376472	28180860	8195612	1067473
河南	44887996	28687654	22253611	6434043	2241829
湖北	27422811	21060358	15223483	5836875	617952
湖南	31070259	21148110	16381124	4766986	1429794
广东	65953018	47565027	33589226	13975801	1491845
广西	22687478	15041135	11245906	3795229	1934587
海南	6346237	3914913	3300171	614743	196550
重庆	18264063	12871142	10552937	2318205	596357
四川	39335033	28557435	22369820	6187614	2604023
贵州	23439723	16891741	12353616	4538125	1914818
云南	28831039	21630555	16899551	4731004	2843240
西藏	4128635	2952875	2049814	903061	516075
陕西	17000186	10754410	8283057	2471353	1001734
甘肃	12546770	9364835	5754608	3610227	735688
青海	4582812	3226389	2463150	763239	241471
宁夏	4653469	2884357	2275460	608898	214567
新疆	17820004	11919075	9341846	2577229	948344
大连	3538071	2876535	2333857	542678	26409
宁波	5304038	3987739	3334190	653549	157904
厦门	2542277	1770525	1274603	495922	25317
青岛	6792062	4842146	3477457	1364689	55845
深圳	12013660	8306028	5470984	2835044	160538

（地方普通初中）

单位：千元

公用部分	商品和服务支出	其他资本性支出	专项公用支出	专项项目支出	基本建设支出
210878766	**95082057**	**115796710**	**30223859**	**85572850**	**8756013**
6881605	4653215	2228390	1347000	881390	219902
1949711	1008260	941451	222263	719188	386
8990599	3893992	5096607	1415739	3680868	110585
3892569	2048019	1844550	618773	1225777	82086
3490969	1618844	1872125	522972	1349153	118699
3302043	2175768	1126275	471028	655246	35846
3299563	1436268	1863295	490927	1372368	37003
4055384	1935486	2119897	532226	1587671	72713
7005903	4433616	2572287	1106255	1466032	293226
12879575	4339483	8540091	1874166	6665925	193046
10786190	4848347	5937844	1238863	4698981	499259
9272135	3318171	5953964	1471949	4482016	205138
6165112	2376747	3788365	1096137	2692227	139694
8993550	2034218	6959332	1110993	5848339	313677
15742728	5032283	10710445	1936744	8773701	106365
15597516	6599480	8998037	1428858	7569179	602825
6362453	2945315	3417138	729110	2688028	
9696156	4727008	4969149	1453862	3515287	225992
17112432	11223309	5889123	2823328	3065794	1275558
7228035	2741004	4487032	1354380	3132651	418308
2359954	829331	1530624	363601	1167023	71370
4869405	2883185	1986220	596622	1389597	523516
10383300	4982080	5401220	1507334	3893886	394298
6314022	3105944	3208077	988838	2219239	233960
6905703	2921947	3983756	732142	3251614	294780
853867	279682	574185	144116	430069	321892
5870161	2334113	3536048	763847	2772200	375615
3035213	1249752	1785461	412695	1372766	146723
1044851	439380	605471	169367	436104	311573
1518141	521408	996734	403035	593699	250970
5019922	2146404	2873517	896687	1976830	881007
661536	470482	191054	108244	82811	
1279947	652746	627200	169370	457831	36352
767273	434588	332685	211361	121324	4478
1949916	593848	1356068	253062	1103005	
2602833	1983014	619819	485483	134336	1104800

4-35 教育经费支出明细

地区	合计	个人部分			
			工资福利支出	对个人和家庭的补助支出	
					#助学金
合计	**421316891**	**303626119**	**232155022**	**71471097**	**19726055**
北京	3817078	2322798	2015290	307508	30085
天津	2368509	2055152	1472322	582830	134
河北	20298362	14028002	10513411	3514591	801476
山西	9792331	7285855	5902131	1383724	353069
内蒙古	7824209	5748025	4234434	1513591	306454
辽宁	6894148	5734896	4156497	1578399	101518
吉林	6794657	4979903	3508227	1471676	114376
黑龙江	9032895	6645070	4602254	2042816	98794
上海	2322809	1803387	1656951	146436	51706
江苏	22303868	16637039	12094771	4542268	153501
浙江	18355315	13606952	11537058	2069894	528681
安徽	20547777	13606861	9722904	3883958	823037
福建	12384522	9223488	7715304	1508184	364591
江西	16405250	9665207	7882990	1782217	733607
山东	29642134	20899206	16582435	4316771	663714
河南	31673867	20490773	15722310	4768463	1657064
湖北	15112209	11861269	8638233	3223036	494160
湖南	21656519	15238808	11843832	3394976	924788
广东	23593345	17534035	13109867	4424168	425733
广西	16114807	11432623	8453951	2978672	1601921
海南	3983208	2511413	2090674	420739	140484
重庆	10613544	7869933	6427330	1442604	469309
四川	27457723	20516672	16058053	4458619	1807866
贵州	18323801	13665525	9952664	3712861	1770294
云南	22502959	17693538	13703251	3990287	2468840
西藏	2726168	2225632	1532771	692861	404651
陕西	10923385	7399158	5631709	1767449	772401
甘肃	9604245	7347369	4635351	2712018	675442
青海	3179349	2358690	1773026	585664	213702
宁夏	2577142	1862814	1452152	410662	158481
新疆	12490754	9376025	7532867	1843158	616175
大连	772816	692284	567687	124598	7664
宁波	2026585	1545703	1299329	246374	61193
厦门	426344	286228	180754	105474	7152
青岛	2089370	1579236	1134738	444498	9375
深圳					

(农村初中)

单位：千元

公用部分	商品和服务支出	其他资本性支出	专项公用支出	专项项目支出	基本建设支出
113550373	**48930062**	**64620311**	**14774227**	**49846084**	**4140399**
1422424	861086	561338	271248	290089	71857
313357	184471	128886	32009	96877	
6177798	2738646	3439152	977494	2461658	92561
2464622	1267584	1197038	403849	793189	41854
2010343	936068	1074275	287659	786616	65841
1138328	738681	399647	152783	246865	20923
1778738	737850	1040888	268098	772790	36015
2315216	1134037	1181178	292631	888547	72610
519422	429071	90351	66115	24236	
5666103	1832356	3833747	911548	2922200	726
4353959	2189339	2164620	582748	1581872	394404
6757634	2438138	4319496	1027330	3292166	183282
3095006	1249521	1845485	522169	1323317	66028
6566497	1496578	5069920	729334	4340586	173545
8639194	2594837	6044357	1104843	4939513	103735
10922921	4543427	6379494	852085	5527409	260173
3250940	1251456	1999485	289036	1710449	
6258439	3130331	3128108	696247	2431861	159273
6028738	3742694	2286044	929372	1356672	30571
4470690	1940027	2530663	613446	1917217	211495
1416715	468886	947829	202484	745345	55080
2599528	1547879	1051649	334121	717527	144083
6630672	3092163	3538509	706826	2831683	310379
4467849	2334485	2133364	664021	1469343	190427
4620094	2031577	2588517	488500	2100017	189327
480145	206405	273740	84406	189334	20391
3322993	1332023	1990970	405818	1585152	201235
2115427	909754	1205673	270646	935027	141449
658724	304237	354487	135526	218961	161935
678798	295401	383397	103431	279966	35530
2409058	971055	1438003	368403	1069600	705671
80532	62037	18495	8965	9530	
480882	259693	221189	79076	142113	
139597	48114	91483	32153	59330	519
510133	117273	392861	65998	326863	

4-36 教育经费支出明细

地区	合计	个人部分	工资福利支出	对个人和家庭的补助支出	#助学金
合计	**419802681**	**302576445**	**231328685**	**71247761**	**19687863**
北京	3817078	2322798	2015290	307508	30085
天津	2368509	2055152	1472322	582830	134
河北	20298362	14028002	10513411	3514591	801476
山西	9792331	7285855	5902131	1383724	353069
内蒙古	7824209	5748025	4234434	1513591	306454
辽宁	6894148	5734896	4156497	1578399	101518
吉林	6794657	4979903	3508227	1471676	114376
黑龙江	8969145	6594792	4563320	2031472	98713
上海	2322809	1803387	1656951	146436	51706
江苏	22303868	16637039	12094771	4542268	153501
浙江	18355315	13606952	11537058	2069894	528681
安徽	20547777	13606861	9722904	3883958	823037
福建	12384522	9223488	7715304	1508184	364591
江西	16405250	9665207	7882990	1782217	733607
山东	29642134	20899206	16582435	4316771	663714
河南	31673867	20490773	15722310	4768463	1657064
湖北	15112209	11861269	8638233	3223036	494160
湖南	21656519	15238808	11843832	3394976	924788
广东	23536984	17487276	13067550	4419726	425412
广西	16114807	11432623	8453951	2978672	1601921
海南	3978945	2507528	2087652	419876	140484
重庆	10613544	7869933	6427330	1442604	469309
四川	27457723	20516672	16058053	4458619	1807866
贵州	18323801	13665525	9952664	3712861	1770294
云南	22502959	17693538	13703251	3990287	2468840
西藏	2726168	2225632	1532771	692861	404651
陕西	10923385	7399158	5631709	1767449	772401
甘肃	9598494	7342158	4630301	2711858	675401
青海	3179349	2358690	1773026	585664	213702
宁夏	2577142	1862814	1452152	410662	158481
新疆	11106671	8432484	6795853	1636631	578427
大连	772816	692284	567687	124598	7664
宁波	2026585	1545703	1299329	246374	61193
厦门	426344	286228	180754	105474	7152
青岛	2089370	1579236	1134738	444498	9375
深圳					

(地方农村初中)

单位：千元

公用部分	商品和服务支出	其他资本性支出	专项公用支出	专项项目支出	基本建设支出
113139002	**48806699**	**64332302**	**14710379**	**49621923**	**4087234**
1422424	861086	561338	271248	290089	71857
313357	184471	128886	32009	96877	
6177798	2738646	3439152	977494	2461658	92561
2464622	1267584	1197038	403849	793189	41854
2010343	936068	1074275	287659	786616	65841
1138328	738681	399647	152783	246865	20923
1778738	737850	1040888	268098	772790	36015
2301743	1126010	1175733	287555	888179	72610
519422	429071	90351	66115	24236	
5666103	1832356	3833747	911548	2922200	726
4353959	2189339	2164620	582748	1581872	394404
6757634	2438138	4319496	1027330	3292166	183282
3095006	1249521	1845485	522169	1323317	66028
6566497	1496578	5069920	729334	4340586	173545
8639194	2594837	6044357	1104843	4939513	103735
10922921	4543427	6379494	852085	5527409	260173
3250940	1251456	1999485	289036	1710449	
6258439	3130331	3128108	696247	2431861	159273
6019137	3736684	2282453	927850	1354603	30571
4470690	1940027	2530663	613446	1917217	211495
1416337	468518	947819	202473	745345	55080
2599528	1547879	1051649	334121	717527	144083
6630672	3092163	3538509	706826	2831683	310379
4467849	2334485	2133364	664021	1469343	190427
4620094	2031577	2588517	488500	2100017	189327
480145	206405	273740	84406	189334	20391
3322993	1332023	1990970	405818	1585152	201235
2114886	909548	1205338	270485	934854	141449
658724	304237	354487	135526	218961	161935
678798	295401	383397	103431	279966	35530
2021681	862305	1159377	311327	848050	652505
80532	62037	18495	8965	9530	
480882	259693	221189	79076	142113	
139597	48114	91483	32153	59330	519
510133	117273	392861	65998	326863	

4-37 教育经费支出明细

地区	合计	个人部分			
			工资福利支出	对个人和家庭的补助支出	
					#助学金
合计	**726065**	**432989**	**342799**	**90190**	**236**
北京	80885	26250	21152	5098	
天津	31536	31216	22670	8546	
河北	660				
山西					
内蒙古					
辽宁	401				
吉林	4184	3917	1318	2599	
黑龙江					
上海	34597	25376	23488	1888	236
江苏	194372	107394	76144	31250	
浙江	290592	167180	147386	19794	
安徽					
福建					
江西					
山东	19725	19289	15996	3293	
河南					
湖北	7827	6499	6050	449	
湖南	3234	2566	2277	288	
广东	57903	43155	26192	16963	
广西					
海南					
重庆					
四川					
贵州					
云南					
西藏					
陕西					
甘肃					
青海					
宁夏					
新疆	148	148	127	21	
大连					
宁波	1708	1341	1017	323	
厦门					
青岛					
深圳					

(成人中学)

单位：千元

公用部分					基本建设支出
	商品和服务支出	其他资本性支出			
			专项公用支出	专项项目支出	
293075	**179594**	**113481**	**53787**	**59695**	
54636	26337	28299	15697	12602	
320	20	299	299		
660	660				
401	401				
267	235	32	32		
9221	8744	476	476		
86978	58617	28361	7421	20940	
123412	73555	49858	27760	22098	
435	387	49	49		
1329	933	396	278	118	
668	665	3	3		
14748	9040	5709	1772	3937	
367	363	4	4		

4-38 教育经费支出明细

地区	合计	个人部分			
			工资福利支出	对个人和家庭的补助支出	#助学金
合计	**1184056605**	**832616077**	**611283171**	**221332906**	**37535660**
北京	32585115	20306460	17023729	3282730	166040
天津	13313438	10455730	7052650	3403079	62615
河北	52931645	38203111	26878820	11324291	1023095
山西	25676924	19206640	14433314	4773327	619440
内蒙古	25006112	18777402	12185120	6592282	569644
辽宁	25462946	19898468	13346933	6551534	287285
吉林	19913026	14521448	9280276	5241172	256067
黑龙江	23260653	18655452	10836387	7819064	240072
上海	24620568	15994999	14634763	1360236	549271
江苏	76484153	54350258	35871781	18478477	1073064
浙江	58801199	41776252	34769009	7007242	1443396
安徽	44852564	30020908	19295588	10725320	1149389
福建	34019023	23241446	19056764	4184682	423735
江西	39254944	23071889	18666525	4405364	1090333
山东	70760339	48975489	38129948	10845542	975482
河南	66443285	43559225	34987151	8572074	2929443
湖北	40915753	29876306	21201212	8675094	922176
湖南	47087307	31490588	24597087	6893502	1950840
广东	122377610	87649003	58389817	29259186	2599527
广西	40653776	27613659	20839994	6773665	1891174
海南	11393859	7442177	6407483	1034694	193271
重庆	29776111	21331228	16706245	4624982	784226
四川	63155716	44370201	33783687	10586514	3845370
贵州	38587480	28690621	20743143	7947478	2479010
云南	49061254	37940479	29715440	8225039	3734799
西藏	9579611	6392660	4308700	2083961	1252382
陕西	28763243	17284087	12533579	4750509	1649256
甘肃	24212365	18519790	9930732	8589058	1244941
青海	7803743	5559983	4110174	1449809	500973
宁夏	7224518	4748985	3742338	1006647	323433
新疆	30078325	22691131	17824779	4866352	1305913
大连	5082154	3711749	3020452	691297	38262
宁波	8562547	6225130	5209782	1015348	170910
厦门	4730052	3430505	2459682	970824	46324
青岛	10078506	6883865	4801098	2082767	116933
深圳	25895363	17450420	11456815	5993605	604863

（小学）

单位：千元

公用部分	商品和服务支出	其他资本性支出			基本建设支出
			专项公用支出	专项项目支出	
337239044	**157953977**	**179285066**	**48587796**	**130697271**	**14201484**
11688530	8718707	2969823	2098918	870905	590126
2807708	1776059	1031649	434741	596908	50000
14540635	6975728	7564907	2462564	5102343	187898
6333111	3486623	2846488	986775	1859712	137172
6001338	2607856	3393482	1003742	2389741	227373
5429151	3542136	1887015	767826	1119189	135327
5281985	2288585	2993400	752057	2241343	109593
4543020	2469419	2073601	674281	1399320	62181
8616900	5584145	3032755	1517620	1515135	8669
21912118	7403617	14508501	2749350	11759151	221776
16132208	7760207	8372001	1982172	6389830	892740
14522397	5306079	9216318	2203567	7012751	309258
10486592	4257167	6229424	1646880	4582544	290986
15700595	3770722	11929873	2147089	9782784	482461
21572239	8084159	13488080	3000568	10487511	212611
22087869	10809273	11278597	1999183	9279414	796191
11039147	5058414	5980733	1155429	4825304	300
15254374	6978906	8275468	2573671	5701797	342344
32104659	21126499	10978160	5265257	5712904	2623948
12276958	4638658	7638300	2005841	5632458	763158
3875376	1369615	2505762	808577	1697184	76305
7802386	4394862	3407524	1081560	2325963	642497
17934058	8165676	9768382	2355523	7412859	851456
9407519	4661931	4745588	1349467	3396122	489340
10662634	4762530	5900104	1205249	4694856	458140
2475680	618184	1857496	300976	1556519	711271
10805753	4475519	6330234	1496424	4833811	673402
5356655	2162595	3194059	814811	2379248	335920
1697849	722734	975115	244621	730493	545912
2359173	928697	1430476	407891	1022585	116360
6530426	3048674	3481752	1095164	2386588	856769
1293705	872062	421643	220009	201634	76700
2296213	1045597	1250615	290303	960312	41205
1242162	721206	520955	349985	170971	57385
3194641	1393099	1801542	424089	1377453	
6212503	4926118	1286384	950206	336179	2232441

4-39 教育经费支出明细

地区	合计	个人部分	工资福利支出	对个人和家庭的补助支出	#助学金
合计	**1180316902**	**830003932**	**609212736**	**220791197**	**37463284**
北京	32256777	20079004	16845454	3233550	165431
天津	13275765	10423729	7035150	3388579	62615
河北	52931645	38203111	26878820	11324291	1023095
山西	25676924	19206640	14433314	4773327	619440
内蒙古	25006112	18777402	12185120	6592282	569644
辽宁	25462946	19898468	13346933	6551534	287285
吉林	19913026	14521448	9280276	5241172	256067
黑龙江	23099709	18524302	10742268	7782034	239844
上海	24603761	15983522	14625109	1358413	549271
江苏	76484153	54350258	35871781	18478477	1073064
浙江	58801199	41776252	34769009	7007242	1443396
安徽	44852564	30020908	19295588	10725320	1149389
福建	34019023	23241446	19056764	4184682	423735
江西	39254944	23071889	18666525	4405364	1090333
山东	70760339	48975489	38129948	10845542	975482
河南	66431520	43550131	34983559	8566572	2929443
湖北	40793964	29798382	21136344	8662038	922176
湖南	47073068	31481567	24588967	6892600	1950840
广东	122282766	87565825	58313761	29252064	2599214
广西	40653776	27613659	20839994	6773665	1891174
海南	11380280	7429812	6397882	1031929	193271
重庆	29741461	21304865	16685241	4619624	784226
四川	63145306	44360492	33774958	10585535	3845360
贵州	38587480	28690621	20743143	7947478	2479010
云南	49061254	37940479	29715440	8225039	3734799
西藏	9579611	6392660	4308700	2083961	1252382
陕西	28668534	17209571	12468646	4740924	1649256
甘肃	24196540	18508263	9919790	8588473	1244850
青海	7803743	5559983	4110174	1449809	500973
宁夏	7224518	4748985	3742338	1006647	323433
新疆	27294194	20794768	16321739	4473029	1234786
大连	5082154	3711749	3020452	691297	38262
宁波	8562547	6225130	5209782	1015348	170910
厦门	4730052	3430505	2459682	970824	46324
青岛	10078506	6883865	4801098	2082767	116933
深圳	25895363	17450420	11456815	5993605	604863

(地方小学)

单位：千元

公用部分	商品和服务支出	其他资本性支出	专项公用支出	专项项目支出	基本建设支出
336194636	**157529814**	**178664822**	**48414766**	**130250056**	**14118334**
11587647	8639619	2948029	2077123	870905	590126
2802036	1773577	1028459	431551	596908	50000
14540635	6975728	7564907	2462564	5102343	187898
6333111	3486623	2846488	986775	1859712	137172
6001338	2607856	3393482	1003742	2389741	227373
5429151	3542136	1887015	767826	1119189	135327
5281985	2288585	2993400	752057	2241343	109593
4513226	2450116	2063110	667503	1395607	62181
8611571	5581093	3030477	1515342	1515135	8669
21912118	7403617	14508501	2749350	11759151	221776
16132208	7760207	8372001	1982172	6389830	892740
14522397	5306079	9216318	2203567	7012751	309258
10486592	4257167	6229424	1646880	4582544	290986
15700595	3770722	11929873	2147089	9782784	482461
21572239	8084159	13488080	3000568	10487511	212611
22085198	10806635	11278562	1999148	9279414	796191
10995282	5031117	5964164	1141219	4822945	300
15249157	6974195	8274962	2573165	5701797	342344
32092992	21118543	10974449	5263382	5711067	2623948
12276958	4638658	7638300	2005841	5632458	763158
3874163	1368436	2505727	808543	1697184	76305
7794099	4389147	3404952	1078989	2325963	642497
17933358	8164979	9768379	2355520	7412859	851456
9407519	4661931	4745588	1349467	3396122	489340
10662634	4762530	5900104	1205249	4694856	458140
2475680	618184	1857496	300976	1556519	711271
10785562	4458688	6326873	1494227	4832646	673402
5352357	2161573	3190784	813786	2376998	335920
1697849	722734	975115	244621	730493	545912
2359173	928697	1430476	407891	1022585	116360
5725808	2796482	2929326	978630	1950696	773618
1293705	872062	421643	220009	201634	76700
2296213	1045597	1250615	290303	960312	41205
1242162	721206	520955	349985	170971	57385
3194641	1393099	1801542	424089	1377453	
6212503	4926118	1286384	950206	336179	2232441

4-40 教育经费支出明细

地区	合计	个人部分	工资福利支出	对个人和家庭的补助支出	#助学金
合计	**1184046481**	**832608273**	**611275994**	**221332278**	**37535660**
北京	32585115	20306460	17023729	3282730	166040
天津	13313438	10455730	7052650	3403079	62615
河北	52931645	38203111	26878820	11324291	1023095
山西	25676924	19206640	14433314	4773327	619440
内蒙古	25006112	18777402	12185120	6592282	569644
辽宁	25462946	19898468	13346933	6551534	287285
吉林	19913026	14521448	9280276	5241172	256067
黑龙江	23260653	18655452	10836387	7819064	240072
上海	24620568	15994999	14634763	1360236	549271
江苏	76484153	54350258	35871781	18478477	1073064
浙江	58801199	41776252	34769009	7007242	1443396
安徽	44852564	30020908	19295588	10725320	1149389
福建	34012508	23236163	19051873	4184290	423735
江西	39254944	23071889	18666525	4405364	1090333
山东	70760339	48975489	38129948	10845542	975482
河南	66443285	43559225	34987151	8572074	2929443
湖北	40915753	29876306	21201212	8675094	922176
湖南	47087307	31490588	24597087	6893502	1950840
广东	122377610	87649003	58389817	29259186	2599527
广西	40653034	27613659	20839994	6773665	1891174
海南	11393859	7442177	6407483	1034694	193271
重庆	29773244	21328706	16703959	4624747	784226
四川	63155716	44370201	33783687	10586514	3845370
贵州	38587480	28690621	20743143	7947478	2479010
云南	49061254	37940479	29715440	8225039	3734799
西藏	9579611	6392660	4308700	2083961	1252382
陕西	28763243	17284087	12533579	4750509	1649256
甘肃	24212365	18519790	9930732	8589058	1244941
青海	7803743	5559983	4110174	1449809	500973
宁夏	7224518	4748985	3742338	1006647	323433
新疆	30078325	22691131	17824779	4866352	1305913
大连	5082154	3711749	3020452	691297	38262
宁波	8562547	6225130	5209782	1015348	170910
厦门	4730052	3430505	2459682	970824	46324
青岛	10078506	6883865	4801098	2082767	116933
深圳	25895363	17450420	11456815	5993605	604863

(普通小学)

单位：千元

公用部分	商品和服务支出	其他资本性支出			基本建设支出
			专项公用支出	专项项目支出	
337236724	**157952198**	**179284526**	**48587796**	**130696731**	**14201484**
11688530	8718707	2969823	2098918	870905	590126
2807708	1776059	1031649	434741	596908	50000
14540635	6975728	7564907	2462564	5102343	187898
6333111	3486623	2846488	986775	1859712	137172
6001338	2607856	3393482	1003742	2389741	227373
5429151	3542136	1887015	767826	1119189	135327
5281985	2288585	2993400	752057	2241343	109593
4543020	2469419	2073601	674281	1399320	62181
8616900	5584145	3032755	1517620	1515135	8669
21912118	7403617	14508501	2749350	11759151	221776
16132208	7760207	8372001	1982172	6389830	892740
14522397	5306079	9216318	2203567	7012751	309258
10485359	4256475	6228884	1646880	4582004	290986
15700595	3770722	11929873	2147089	9782784	482461
21572239	8084159	13488080	3000568	10487511	212611
22087869	10809273	11278597	1999183	9279414	796191
11039147	5058414	5980733	1155429	4825304	300
15254374	6978906	8275468	2573671	5701797	342344
32104659	21126499	10978160	5265257	5712904	2623948
12276217	4637917	7638300	2005841	5632458	763158
3873376	1369615	2505762	808577	1697184	76305
7802040	4394517	3407524	1081560	2325963	642497
17934058	8165676	9768382	2355523	7412859	851456
9407519	4661931	4745588	1349467	3396122	489340
10662634	4762530	5900104	1205249	4694856	458140
2475680	618184	1857496	300976	1556519	711271
10805753	4475519	6330234	1496424	4833811	673402
5356655	2162595	3194059	814811	2379248	335920
1697849	722734	975115	244621	730493	545912
2359173	928697	1430476	407891	1022585	116360
6530426	3048674	3481752	1095164	2386588	856769
1293705	872062	421643	220009	201634	76700
2296213	1045597	1250615	290303	960312	41205
1242162	721206	520955	349985	170971	57385
3194641	1393099	1801542	424089	1377453	
6212503	4926118	1286384	950206	336179	2232441

4-41 教育经费支出明细

地区	合计	个人部分	工资福利支出	对个人和家庭的补助支出	#助学金
合计	**1180306779**	**829996128**	**609205559**	**220790569**	**37463284**
北京	32256777	20079004	16845454	3233550	165431
天津	13275765	10423729	7035150	3388579	62615
河北	52931645	38203111	26878820	11324291	1023095
山西	25676924	19206640	14433314	4773327	619440
内蒙古	25006112	18777402	12185120	6592282	569644
辽宁	25462946	19898468	13346933	6551534	287285
吉林	19913026	14521448	9280276	5241172	256067
黑龙江	23099709	18524302	10742268	7782034	239844
上海	24603761	15983522	14625109	1358413	549271
江苏	76484153	54350258	35871781	18478477	1073064
浙江	58801199	41776252	34769009	7007242	1443396
安徽	44852564	30020908	19295588	10725320	1149389
福建	34012508	23236163	19051873	4184290	423735
江西	39254944	23071889	18666525	4405364	1090333
山东	70760339	48975489	38129948	10845542	975482
河南	66431520	43550131	34983559	8566572	2929443
湖北	40793964	29798382	21136344	8662038	922176
湖南	47073068	31481567	24588967	6892600	1950840
广东	122282766	87565825	58313761	29252064	2599214
广西	40653034	27613659	20839994	6773665	1891174
海南	11380280	7429812	6397882	1031929	193271
重庆	29738594	21302343	16682955	4619388	784226
四川	63145306	44360492	33774958	10585535	3845360
贵州	38587480	28690621	20743143	7947478	2479010
云南	49061254	37940479	29715440	8225039	3734799
西藏	9579611	6392660	4308700	2083961	1252382
陕西	28668534	17209571	12468646	4740924	1649256
甘肃	24196540	18508263	9919790	8588473	1244850
青海	7803743	5559983	4110174	1449809	500973
宁夏	7224518	4748985	3742338	1006647	323433
新疆	27294194	20794768	16321739	4473029	1234786
大连	5082154	3711749	3020452	691297	38262
宁波	8562547	6225130	5209782	1015348	170910
厦门	4730052	3430505	2459682	970824	46324
青岛	10078506	6883865	4801098	2082767	116933
深圳	25895363	17450420	11456815	5993605	604863

(地方普通小学)

单位：千元

公用部分	商品和服务支出	其他资本性支出			基本建设支出
			专项公用支出	专项项目支出	
336192317	**157528035**	**178664282**	**48414766**	**130249516**	**14118334**
11587647	8639619	2948029	2077123	870905	590126
2802036	1773577	1028459	431551	596908	50000
14540635	6975728	7564907	2462564	5102343	187898
6333111	3486623	2846488	986775	1859712	137172
6001338	2607856	3393482	1003742	2389741	227373
5429151	3542136	1887015	767826	1119189	135327
5281985	2288585	2993400	752057	2241343	109593
4513226	2450116	2063110	667503	1395607	62181
8611571	5581093	3030477	1515342	1515135	8669
21912118	7403617	14508501	2749350	11759151	221776
16132208	7760207	8372001	1982172	6389830	892740
14522397	5306079	9216318	2203567	7012751	309258
10485359	4256475	6228884	1646880	4582004	290986
15700595	3770722	11929873	2147089	9782784	482461
21572239	8084159	13488080	3000568	10487511	212611
22085198	10806635	11278562	1999148	9279414	796191
10995282	5031117	5964164	1141219	4822945	300
15249157	6974195	8274962	2573165	5701797	342344
32092992	21118543	10974449	5263382	5711067	2623948
12276217	4637917	7638300	2005841	5632458	763158
3874163	1368436	2505727	808543	1697184	76305
7793754	4388801	3404952	1078989	2325963	642497
17933358	8164979	9768379	2355520	7412859	851456
9407519	4661931	4745588	1349467	3396122	489340
10662634	4762530	5900104	1205249	4694856	458140
2475680	618184	1857496	300976	1556519	711271
10785562	4458688	6326873	1494227	4832646	673402
5352357	2161573	3190784	813786	2376998	335920
1697849	722734	975115	244621	730493	545912
2359173	928697	1430476	407891	1022585	116360
5725808	2796482	2929326	978630	1950696	773618
1293705	872062	421643	220009	201634	76700
2296213	1045597	1250615	290303	960312	41205
1242162	721206	520955	349985	170971	57385
3194641	1393099	1801542	424089	1377453	
6212503	4926118	1286384	950206	336179	2232441

4-42 教育经费支出明细

地区	合计	个人部分			
			工资福利支出	对个人和家庭的补助支出	
					#助学金
合计	**730805218**	**533058275**	**389758346**	**143299929**	**28341942**
北京	5766528	3818624	3260109	558515	55268
天津	3391209	2817470	1956142	861328	207
河北	40439185	29235306	20594313	8640993	896184
山西	17993880	13795357	10368186	3427172	479807
内蒙古	18168847	14060364	8817858	5242507	435309
辽宁	11671888	9752277	6335865	3416413	165939
吉林	12880601	9799413	6418261	3381152	163837
黑龙江	14628937	11785657	6915833	4869824	102007
上海	3213452	2453773	2250327	203445	68433
江苏	37282750	27761123	18004903	9756221	317585
浙江	30079150	21855356	17945863	3909494	816130
安徽	35176925	24130122	15099010	9031112	999526
福建	20146317	14722016	12004154	2717861	357581
江西	30071368	18145684	14756237	3389447	1007841
山东	42144426	30099811	23957659	6142152	551517
河南	49403490	33263074	26801808	6461266	2125484
湖北	23422376	17678957	12578542	5100415	781777
湖南	32766865	22888856	18059874	4828982	1456605
广东	45142230	33964959	22300811	11664148	956541
广西	30718887	22230855	16636894	5593961	1674574
海南	8110029	5552754	4745682	807072	174886
重庆	18157740	13702670	10620418	3082252	671500
四川	47170810	34035447	25674941	8360506	3100055
贵州	31108155	24157719	17470615	6687104	2313761
云南	40700977	32645023	25349825	7295197	3445246
西藏	8198674	5402131	3619912	1782219	1073700
陕西	19943519	12604254	8884470	3719784	1332980
甘肃	19671275	15350898	8349309	7001589	1164492
青海	6098467	4398169	3215880	1182289	480327
宁夏	4751765	3378177	2678237	699940	218622
新疆	22384496	17571978	14086410	3485568	954218
大连	1051936	901811	736956	164855	9681
宁波	3733200	2672499	2228723	443776	86636
厦门	866122	686535	383208	303328	8738
青岛	3086559	2248600	1556325	692275	15760
深圳					

(农村小学)

单位：千元

公用部分	商品和服务支出	其他资本性支出	专项公用支出	专项项目支出	基本建设支出
190522536	**84314106**	**106208429**	**25347578**	**80860851**	**7224407**
1800985	1164004	636981	371833	265148	146919
573739	377757	195982	63085	132897	
11044663	5300920	5743743	1788050	3955693	159215
4153110	2197218	1955892	648104	1307788	45412
3951231	1629713	2321518	622488	1699030	157252
1889188	1193402	695786	233504	462282	30423
3007467	1275637	1731830	439901	1291928	73721
2793329	1545264	1248065	338685	909380	49951
759679	637338	122341	85114	37227	
9519851	3376097	6143754	1219544	4924210	1776
7541642	3610274	3931367	924952	3006415	682152
10755045	3985854	6769191	1709590	5059601	291758
5227563	2283400	2944164	733420	2210744	196737
11651117	2833274	8817843	1623738	7194106	274567
11958247	4354532	7603714	1679684	5924031	86369
15825646	7987868	7837778	1278695	6559083	314770
5743118	2255256	3487862	458262	3029600	300
9611205	4709379	4901826	1042862	3858964	266803
11160197	6607916	4552280	1987991	2564290	17074
8143849	3479498	4664350	1088138	3576212	344184
2486870	885074	1601796	574024	1027771	70405
4318981	2403592	1915390	578229	1337161	136089
12444567	5522402	6922164	1363186	5558978	690796
6661991	3548403	3113588	801229	2312359	288445
7733260	3320739	4412521	872759	3539762	322695
2091643	554098	1537545	230120	1307425	704900
6840054	2617472	4222582	811964	3410618	499211
4031195	1701027	2330168	593848	1736321	289182
1319087	522615	796471	208722	587749	381212
1330568	576708	753860	210693	543167	43020
4153450	1857375	2296075	765165	1530911	659069
150126	120598	29527	19513	10015	
1060702	420900	639801	149166	490636	
156784	88388	68396	42532	25864	22803
837959	331026	506933	124701	382232	

4-43　教育经费支出明细

地区	合计	个人部分	工资福利支出	对个人和家庭的补助支出	#助学金
合计	**728223845**	**531242040**	**388320753**	**142921288**	**28279100**
北京	5766528	3818624	3260109	558515	55268
天津	3391209	2817470	1956142	861328	207
河北	40439185	29235306	20594313	8640993	896184
山西	17993880	13795357	10368186	3427172	479807
内蒙古	18168847	14060364	8817858	5242507	435309
辽宁	11671888	9752277	6335865	3416413	165939
吉林	12880601	9799413	6418261	3381152	163837
黑龙江	14519418	11699350	6852503	4846847	101823
上海	3213452	2453773	2250327	203445	68433
江苏	37282750	27761123	18004903	9756221	317585
浙江	30079150	21855356	17945863	3909494	816130
安徽	35176925	24130122	15099010	9031112	999526
福建	20146317	14722016	12004154	2717861	357581
江西	30071368	18145684	14756237	3389447	1007841
山东	42144426	30099811	23957659	6142152	551517
河南	49403490	33263074	26801808	6461266	2125484
湖北	23422376	17678957	12578542	5100415	781777
湖南	32766865	22888856	18059874	4828982	1456605
广东	45057539	33891248	22233522	11657726	956244
广西	30718887	22230855	16636894	5593961	1674574
海南	8096450	5540388	4736081	804307	174886
重庆	18157740	13702670	10620418	3082252	671500
四川	47170810	34035447	25674941	8360506	3100055
贵州	31108155	24157719	17470615	6687104	2313761
云南	40700977	32645023	25349825	7295197	3445246
西藏	8198674	5402131	3619912	1782219	1073700
陕西	19943519	12604254	8884470	3719784	1332980
甘肃	19655449	15339371	8338367	7001004	1164402
青海	6098467	4398169	3215880	1182289	480327
宁夏	4751765	3378177	2678237	699940	218622
新疆	20026738	15939654	12799977	3139676	891949
大连	1051936	901811	736956	164855	9681
宁波	3733200	2672499	2228723	443776	86636
厦门	866122	686535	383208	303328	8738
青岛	3086559	2248600	1556325	692275	15760
深圳					

(地方农村小学)

单位：千元

公用部分	商品和服务支出	其他资本性支出	专项公用支出	专项项目支出	基本建设支出
189834549	**84084949**	**105749600**	**25240011**	**80509589**	**7147256**
1800985	1164004	636981	371833	265148	146919
573739	377757	195982	63085	132897	
11044663	5300920	5743743	1788050	3955693	159215
4153110	2197218	1955892	648104	1307788	45412
3951231	1629713	2321518	622488	1699030	157252
1889188	1193402	695786	233504	462282	30423
3007467	1275637	1731830	439901	1291928	73721
2770117	1531237	1238880	333033	905846	49951
759679	637338	122341	85114	37227	
9519851	3376097	6143754	1219544	4924210	1776
7541642	3610274	3931367	924952	3006415	682152
10755045	3985854	6769191	1709590	5059601	291758
5227563	2283400	2944164	733420	2210744	196737
11651117	2833274	8817843	1623738	7194106	274567
11958247	4354532	7603714	1679684	5924031	86369
15825646	7987868	7837778	1278695	6559083	314770
5743118	2255256	3487862	458262	3029600	300
9611205	4709379	4901826	1042862	3858964	266803
11149217	6600627	4548590	1986137	2562453	17074
8143849	3479498	4664350	1088138	3576212	344184
2485656	883895	1601761	573990	1027771	70405
4318981	2403592	1915390	578229	1337161	136089
12444567	5522402	6922164	1363186	5558978	690796
6661991	3548403	3113588	801229	2312359	288445
7733260	3320739	4412521	872759	3539762	322695
2091643	554098	1537545	230120	1307425	704900
6840054	2617472	4222582	811964	3410618	499211
4026897	1700004	2326893	592822	1734071	289182
1319087	522615	796471	208722	587749	381212
1330568	576708	753860	210693	543167	43020
3505166	1651735	1853431	666163	1187268	581918
150126	120598	29527	19513	10015	
1060702	420900	639801	149166	490636	
156784	88388	68396	42532	25864	22803
837959	331026	506933	124701	382232	

4-44 教育经费支出明细

地区	合计	个人部分	工资福利支出	对个人和家庭的补助支出	#助学金
合计	**10124**	**7804**	**7177**	**628**	
北京					
天津					
河北					
山西					
内蒙古					
辽宁					
吉林					
黑龙江					
上海					
江苏					
浙江					
安徽					
福建	6515	5283	4891	392	
江西					
山东					
河南					
湖北					
湖南					
广东					
广西	741				
海南					
重庆	2867	2522	2286	236	
四川					
贵州					
云南					
西藏					
陕西					
甘肃					
青海					
宁夏					
新疆					
大连					
宁波					
厦门					
青岛					
深圳					

(成人小学)

单位：千元

公用部分	商品和服务支出	其他资本性支出			基本建设支出
			专项公用支出	专项项目支出	
2319	**1779**	**540**		**540**	
1233	693	540		540	
741	741				
345	345				

4–45 教育经费支出明细

地区	合计	个人部分	工资福利支出	对个人和家庭的补助支出	#助学金
合计	**15033741**	**9761421**	**7414951**	**2346471**	**299859**
北京	536429	379873	313335	66538	2717
天津	261280	187607	125210	62397	312
河北	536208	399838	312496	87343	7185
山西	327812	213586	172715	40871	4178
内蒙古	286805	198099	152844	45255	6005
辽宁	593898	444952	296613	148339	13553
吉林	338715	235984	143419	92565	4780
黑龙江	433844	324151	189316	134835	6847
上海	775137	544889	504455	40434	11473
江苏	1090890	753990	517456	236534	17745
浙江	894493	555415	472449	82967	14670
安徽	467804	244956	175366	69590	11341
福建	638886	338033	273564	64469	17414
江西	388266	179243	138446	40797	6238
山东	1090215	771213	575714	195499	32395
河南	595550	430672	361074	69598	11524
湖北	460499	333122	240081	93041	9252
湖南	568380	330389	269241	61148	14167
广东	1643757	951791	632386	319405	9692
广西	319905	190471	155051	35420	9318
海南	76697	46261	36918	9344	4972
重庆	285361	182436	146649	35787	10738
四川	640436	412490	335772	76717	21983
贵州	376606	266940	202196	64743	10408
云南	442665	273064	224812	48252	18043
西藏	83937	59730	48568	11162	5012
陕西	300077	168545	138518	30028	5741
甘肃	164863	109897	69419	40478	3531
青海	84706	43424	33110	10314	1863
宁夏	96101	52733	43737	8996	2088
新疆	233518	137626	114019	23607	4673
大连	115644	93039	76836	16203	1521
宁波	130236	82309	69051	13259	2706
厦门	84472	38410	28596	9814	1506
青岛	205539	147706	100056	47650	7378
深圳	275090	152948	87152	65797	7

（特殊教育）

单位：千元

公用部分	商品和服务支出	其他资本性支出	专项公用支出	专项项目支出	基本建设支出
5085782	**2538080**	**2547702**	**971758**	**1575944**	**186537**
154891	92656	62235	40123	22112	1665
73673	39508	34166	29997	4169	
136149	85867	50282	37570	12712	221
111377	56057	55320	29478	25842	2849
88707	52006	36701	24685	12016	
148946	108446	40500	16807	23693	
81750	50988	30762	23131	7631	20981
109665	60700	48965	31105	17860	28
227619	171541	56078	34312	21766	2629
318191	156509	161683	39307	122376	18709
321168	171274	149895	48266	101629	17910
221516	74278	147238	29111	118127	1332
298803	73625	225178	26825	198354	2050
203560	61271	142290	30315	111975	5463
298085	146635	151450	57428	94022	20917
164877	101468	63409	28369	35040	
127378	66061	61317	18596	42721	
237991	81967	156025	59351	96674	
640967	319222	321745	142623	179122	51000
124999	63174	61825	26898	34927	4435
29239	12001	17238	12302	4935	1196
102926	59747	43178	16929	26249	
224446	147499	76948	34408	42539	3500
106633	74351	32281	14331	17951	3033
169601	71858	97743	27297	70446	
22587	7754	14833	4883	9950	1620
131532	50469	81063	21059	60004	
37745	25175	12570	11544	1026	17221
33012	12002	21010	7356	13654	8270
43367	12472	30896	27045	3851	
94382	31503	62879	20306	42573	1510
22605	20118	2487	2487		
47927	26091	21836	6877	14958	
45412	12423	32989	3110	29878	650
57833	28645	29188	7207	21981	
71142	59451	11691	11691		51000

4-46 教育经费支出明细

地区	合计	个人部分	工资福利支出	对个人和家庭的补助支出	#助学金
合计	**14265705**	**9305293**	**7057301**	**2247992**	**295150**
北京	437127	305598	253472	52126	2097
天津	239727	168772	113821	54950	312
河北	536208	399838	312496	87343	7185
山西	299265	202597	164053	38543	4082
内蒙古	286805	198099	152844	45255	6005
辽宁	539062	401016	267604	133412	13538
吉林	328596	229240	139935	89304	4416
黑龙江	426810	319983	186923	133060	6827
上海	615499	439979	406887	33092	10417
江苏	1090890	753990	517456	236534	17745
浙江	837967	544211	463462	80749	14480
安徽	451479	232657	166458	66199	11341
福建	638886	338033	273564	64469	17414
江西	372576	174081	133931	40151	6238
山东	1090215	771213	575714	195499	32395
河南	577622	420193	352612	67581	11452
湖北	443009	321306	233078	88228	8880
湖南	529558	315633	258777	56856	14167
广东	1585705	923499	617063	306436	9692
广西	314316	186353	151280	35074	9318
海南	76697	46261	36918	9344	4972
重庆	274019	175796	141142	34655	10669
四川	593261	381519	308208	73311	21660
贵州	321721	229820	173693	56127	9486
云南	426827	262484	215916	46568	17665
西藏	83937	59730	48568	11162	5012
陕西	273663	161125	132314	28812	5741
甘肃	164863	109897	69419	40478	3531
青海	84706	43424	33110	10314	1863
宁夏	96101	52733	43737	8996	2088
新疆	228590	136213	112847	23367	4460
大连	107343	85882	70976	14906	1521
宁波	130236	82309	69051	13259	2706
厦门	84472	38410	28596	9814	1506
青岛	205539	147706	100056	47650	7378
深圳	264255	146628	83566	63062	7

(特殊教育学校)

单位：千元

公用部分	商品和服务支出	其他资本性支出			基本建设支出
			专项公用支出	专项项目支出	
4777947	**2379089**	**2398858**	**930113**	**1468744**	**182466**
131530	73525	58005	36455	21550	
70955	37013	33942	29773	4169	
136149	85867	50282	37570	12712	221
93819	52277	41542	26827	14715	2849
88707	52006	36701	24685	12016	
138045	100269	37777	15536	22240	
78375	48773	29602	21971	7631	20981
106799	59355	47444	30802	16642	28
172891	126573	46318	24842	21476	2629
318191	156509	161683	39307	122376	18709
275846	166536	109310	39787	69523	17910
217491	71242	146249	28975	117274	1332
298803	73625	225178	26825	198354	2050
193032	59167	133866	30035	103831	5463
298085	146635	151450	57428	94022	20917
157429	98335	59094	27161	31933	
121703	60865	60837	18117	42721	
213925	79706	134219	59231	74988	
611206	298800	312406	136695	175711	51000
123528	61928	61600	26672	34927	4435
29239	12001	17238	12302	4935	1196
98223	57874	40349	16907	23443	
208243	134496	73746	31331	42415	3500
91274	63061	28213	12151	16063	627
164343	70147	94197	26734	67462	
22587	7754	14833	4883	9950	1620
112538	47117	65421	20858	44563	
37745	25175	12570	11544	1026	17221
33012	12002	21010	7356	13654	8270
43367	12472	30896	27045	3851	
90867	27988	62879	20306	42573	1510
21461	18981	2480	2480		
47927	26091	21836	6877	14958	
45412	12423	32989	3110	29878	650
57833	28645	29188	7207	21981	
66627	56184	10444	10444		51000

4-47 教育经费支出明细

地区	合计	个人部分	工资福利支出	对个人和家庭的补助支出	#助学金
合计	**768035**	**456128**	**357650**	**98478**	**4709**
北京	99302	74276	59863	14412	620
天津	21553	18835	11388	7447	
河北					
山西	28548	10989	8662	2328	95
内蒙古					
辽宁	54837	43936	29009	14927	15
吉林	10119	6744	3484	3260	364
黑龙江	7034	4168	2392	1776	20
上海	159638	104910	97568	7342	1056
江苏					
浙江	56526	11204	8987	2217	190
安徽	16325	12300	8909	3391	
福建					
江西	15690	5161	4515	646	
山东					
河南	17928	10480	8463	2017	72
湖北	17490	11816	7003	4813	371
湖南	38823	14756	10464	4292	
广东	58053	28292	15323	12969	
广西	5589	4118	3771	346	
海南					
重庆	11342	6639	5507	1133	69
四川	47175	30971	27564	3407	322
贵州	54884	37120	28503	8617	922
云南	15838	10580	8896	1684	378
西藏					
陕西	26414	7420	6204	1216	
甘肃					
青海					
宁夏					
新疆	4928	1413	1173	240	213
大连	8301	7157	5859	1298	
宁波					
厦门					
青岛					
深圳	10835	6320	3585	2735	

（工读学校）

单位：千元

公用部分	商品和服务支出	其他资本性支出	专项公用支出	专项项目支出	基本建设支出
307836	**158991**	**148845**	**41645**	**107200**	**4071**
23361	19131	4230	3668	561	1665
2718	2495	224	224		
17558	3780	13778	2651	11128	
10901	8178	2723	1271	1453	
3375	2214	1160	1160		
2866	1345	1521	303	1218	
54728	44968	9760	9469	291	
45322	4737	40584	8478	32106	
4025	3036	989	135	854	
10528	2104	8424	280	8144	
7448	3133	4315	1209	3106	
5675	5196	479	479		
24066	2261	21806	120	21686	
29761	20422	9339	5928	3411	
1472	1246	226	226		
4702	1873	2829	23	2806	
16204	13002	3202	3077	125	
15358	11290	4068	2180	1888	2406
5258	1712	3546	563	2983	
18994	3353	15641	201	15441	
3515	3515				
1144	1137	7	7		
4515	3268	1247	1247		

4-48 教育经费支出明细

地区	合计	个人部分	工资福利支出	对个人和家庭的补助支出	#助学金
合计	**323485166**	**195228224**	**172532688**	**22695536**	**5871653**
北京	13612093	8001176	7164646	836530	1628
天津	4461771	2848456	2185135	663321	2128
河北	12181345	8142854	7086008	1056846	30856
山西	5133458	3253715	2832509	421206	104768
内蒙古	6402204	3808718	3138937	669781	125680
辽宁	6138558	3753255	3446865	306390	45713
吉林	3780814	2290514	1997239	293275	17410
黑龙江	3712307	2434113	2080231	353882	13481
上海	15677210	9486758	9052153	434605	59741
江苏	23232880	14907026	13127864	1779163	194873
浙江	22268606	13885864	12841084	1044780	70787
安徽	8262653	4810996	4331664	479332	113591
福建	11305781	7032226	6506765	525461	39165
江西	7987582	4172441	3806902	365539	115379
山东	17104201	10669646	9692560	977086	283009
河南	17128838	10446339	9896141	550198	200826
湖北	9764266	6269026	5660316	608710	84893
湖南	11659371	6897293	6351687	545606	288382
广东	36348142	23201999	20667401	2534598	523916
广西	7759438	4794173	4387703	406470	123798
海南	2919695	1542505	1427226	115279	48295
重庆	6039082	3392805	3067350	325455	164470
四川	16916474	9182296	8085381	1096916	578220
贵州	8710571	5875793	4772481	1103312	453547
云南	8065538	4821539	4314888	506651	165549
西藏	2610562	1291322	862012	429310	263729
陕西	10407651	5794201	5132150	662051	286044
甘肃	5764944	3691439	2493974	1197464	470799
青海	1774693	909912	700425	209487	94202
宁夏	1654621	802533	701589	100944	50828
新疆	14699816	6817291	4721402	2095889	855946
大连	1675473	1021981	928899	93082	19431
宁波	3688071	2482549	2319287	163261	7414
厦门	2007075	1234665	1090871	143794	2469
青岛	2919290	1686935	1537219	149716	18593
深圳	7635620	4600266	3800754	799512	165579

（幼儿园）

单位：千元

公用部分	商品和服务支出	其他资本性支出			基本建设支出
			专项公用支出	专项项目支出	
122525136	**75413904**	**47111233**	**14889947**	**32221285**	**5731806**
5550503	4286900	1263603	854324	409279	60415
1613315	937793	675522	180565	494958	
4027033	2804734	1222299	425981	796318	11459
1857067	1225069	631997	216205	415792	22676
2461747	1572069	889678	318753	570925	131739
2358558	1846463	512095	235410	276685	26745
1468830	836967	631863	168918	462945	21470
1268829	920760	348069	127326	220743	9364
6190249	4636724	1553526	850983	702542	202
8245854	3964107	4281747	1136360	3145387	80000
8275084	4782292	3492792	976189	2516603	107658
3448462	1617464	1830998	454842	1376156	3195
4208751	2319056	1889694	644379	1245315	64804
3708022	1416551	2291471	489792	1801679	107119
6429755	4058232	2371523	723431	1648092	4800
6654942	4931229	1723713	467067	1256646	27557
3495240	2351320	1143920	459585	684335	
4756752	3338435	1418316	466906	951411	5326
12942182	9830370	3111812	1653786	1458026	203961
2857106	1664336	1192770	379571	813199	108159
1361244	641644	719600	291750	427850	15947
2627510	1910965	716546	245942	470604	18766
7415995	3855149	3560846	725701	2835145	318183
2798833	1668070	1130763	317291	813472	35945
3118163	1549108	1569055	399144	1169910	125836
569940	229345	340595	59900	280694	749300
4484616	2612926	1871690	532906	1338784	128834
1988819	1069075	919744	252897	666847	84687
817579	338704	478876	102746	376130	47202
852088	376843	475245	90230	385015	
4672068	1821203	2850865	641066	2209799	3210458
632340	453650	178690	59838	118852	21152
1196641	741619	455022	146270	308752	8881
761431	412946	348484	171071	177413	10980
1232354	688244	544110	120000	424110	
2913627	2544196	369431	214703	154728	121727

4-49 教育经费支出明细

地区	合计	个人部分	工资福利支出	对个人和家庭的补助支出	#助学金
合计	**320468707**	**193048545**	**170576935**	**22471610**	**5841952**
北京	12703761	7277598	6513352	764246	1591
天津	4385209	2785975	2129952	656023	2088
河北	12110313	8078832	7022818	1056013	30856
山西	5125098	3246404	2825987	420417	104747
内蒙古	6391891	3799896	3130567	669329	125680
辽宁	5992840	3635716	3341242	294474	45646
吉林	3748301	2264893	1973718	291174	17410
黑龙江	3435914	2237383	1902134	335250	13158
上海	15491088	9390540	8960939	429601	59741
江苏	23113568	14805164	13035034	1770131	194697
浙江	22260678	13879895	12836159	1043736	70787
安徽	8237129	4790411	4312775	477636	113588
福建	11293421	7022969	6498144	524825	39165
江西	7987582	4172441	3806902	365539	115379
山东	17104201	10669646	9692560	977086	283009
河南	16966229	10310884	9767850	543034	199617
湖北	9698128	6215793	5609667	606126	84893
湖南	11645852	6889724	6344475	545249	288382
广东	36322570	23180549	20647252	2533298	523914
广西	7758899	4793875	4387431	406445	123798
海南	2887874	1521107	1408165	112942	47215
重庆	6003185	3367482	3043884	323599	164470
四川	16877387	9152600	8058737	1093863	578220
贵州	8710571	5875793	4772481	1103312	453547
云南	8054673	4812126	4306128	505998	165549
西藏	2610562	1291322	862012	429310	263729
陕西	10377210	5769218	5109608	659609	285794
甘肃	5744119	3674375	2479161	1195214	469970
青海	1763981	900865	692780	208084	93807
宁夏	1652077	800182	699569	100613	50828
新疆	14014398	6434885	4405453	2029432	830676
大连	1633679	988226	898692	89534	19396
宁波	3688071	2482549	2319287	163261	7414
厦门	2002147	1231137	1087743	143394	2469
青岛	2919290	1686935	1537219	149716	18593
深圳	7635620	4600266	3800754	799512	165579

(地方幼儿园)

单位：千元

公用部分	商品和服务支出	其他资本性支出	专项公用支出	专项项目支出	基本建设支出
121764021	**74934616**	**46829405**	**14824011**	**32005394**	**5656141**
5365748	4127138	1238610	835541	403069	60415
1599234	924164	675070	180126	494945	
4020023	2797857	1222165	425851	796314	11459
1856018	1224237	631781	216006	415775	22676
2460256	1571384	888872	318588	570285	131739
2330379	1828924	501455	231906	269548	26745
1461938	832645	629294	167721	461572	21470
1189167	848048	341118	126804	214314	9364
6100346	4598022	1502324	848780	653544	202
8228403	3950600	4277803	1133630	3144173	80000
8273125	4781691	3491434	976057	2515377	107658
3443523	1615507	1828016	452919	1375097	3195
4205648	2316404	1889243	644194	1245050	64804
3708022	1416551	2291471	489792	1801679	107119
6429755	4058232	2371523	723431	1648092	4800
6627788	4905849	1721939	466419	1255519	27557
3482335	2341931	1140404	456664	683740	
4750802	3333291	1417511	466278	951233	5326
12938060	9827396	3110664	1653251	1457413	203961
2856865	1664095	1192770	379571	813199	108159
1350821	637197	713624	288759	424865	15947
2616936	1903316	713620	243066	470554	18766
7406604	3847835	3558769	725321	2833448	318183
2798833	1668070	1130763	317291	813472	35945
3116710	1548071	1568639	398975	1169664	125836
569940	229345	340595	59900	280694	749300
4479158	2608548	1870610	532036	1338574	128834
1985058	1066483	918575	252283	666292	84687
815915	337050	478864	102735	376130	47202
851895	376650	475245	90230	385015	
4444719	1748086	2696634	619885	2076748	3134793
624301	447492	176810	58791	118018	21152
1196641	741619	455022	146270	308752	8881
760031	411546	348484	171071	177413	10980
1232354	688244	544110	120000	424110	
2913627	2544196	369431	214703	154728	121727

4-50 教育经费支出明细

地 区	合 计	个人部分	工资福利支出	对个人和家庭的补助支出	#助学金
合 计	**145357641**	**88275530**	**76584686**	**11690844**	**4321228**
北 京	2123199	1234636	1118812	115823	648
天 津	505367	353018	273305	79713	592
河 北	7933174	5327486	4648371	679115	17475
山 西	2681522	1739169	1508922	230247	78526
内蒙古	3616552	2146296	1730212	416084	77400
辽 宁	1245754	752264	697911	54353	8168
吉 林	1483117	952384	840931	111454	5907
黑龙江	1484105	979886	856377	123509	7345
上 海	1901347	1343454	1285919	57535	7377
江 苏	8504727	5442036	4865517	576519	122806
浙 江	9095675	5548698	5100790	447907	58032
安 徽	5185315	3011932	2725878	286054	76837
福 建	5279397	3294747	3040595	254152	29042
江 西	5311018	2612776	2396697	216079	98988
山 东	7397035	4683519	4199906	483613	181298
河 南	10125451	6296306	6013401	282906	124306
湖 北	3953974	2605457	2367006	238451	65414
湖 南	7015695	4200357	3828863	371494	226791
广 东	8234580	5500416	4999211	501205	224041
广 西	4532243	2869058	2583887	285171	111356
海 南	1612076	803268	728654	74614	31477
重 庆	2148416	1186452	1034211	152241	106545
四 川	9313191	5103129	4313468	789661	482732
贵 州	6031720	4341312	3442827	898485	398355
云 南	4521346	2762263	2420884	341379	128161
西 藏	1908821	898212	567725	330487	214152
陕 西	6246679	3548259	3073401	474858	211737
甘 肃	3965968	2570109	1733096	837012	308546
青 海	1197485	598126	434057	164069	79923
宁 夏	825012	365547	316067	49480	25010
新 疆	9977679	5204959	3437784	1767175	812242
大 连	156694	89341	82600	6741	625
宁 波	1325721	847305	796526	50778	3417
厦 门	173438	96506	77079	19427	270
青 岛	446214	283874	262006	21869	8895
深 圳					

(农村幼儿园)

单位：千元

公用部分	商品和服务支出	其他资本性支出			基本建设支出
			专项公用支出	专项项目支出	
53772602	**30105916**	**23666686**	**6272845**	**17393840**	**3309509**
861546	533544	328001	230644	97357	27018
152349	99405	52944	9644	43300	
2595017	1723009	872008	246506	625502	10671
932275	568133	364142	100261	263881	10077
1390944	822165	568779	177040	391739	79312
471911	364783	107128	50296	56832	21580
520780	301430	219350	58195	161155	9953
494855	331749	163107	40493	122614	9364
557893	447586	110307	79260	31047	
3062692	1331562	1731129	372922	1358207	
3498654	1774604	1724050	460291	1263759	48324
2173188	1048310	1124878	260248	864630	195
1942793	1037918	904875	270316	634559	41856
2640923	915907	1725016	375510	1349506	57319
2708715	1694087	1014629	302100	712528	4800
3824601	2916147	908453	180065	728389	4543
1348518	850594	497923	133737	364186	
2813603	2013161	800442	239806	560636	1735
2733240	1807382	925858	462136	463721	925
1628979	947275	681704	211940	469764	34206
794359	307077	487282	177755	309528	14448
956565	670895	285670	85491	200179	5399
3948440	1937106	2011334	352627	1658707	261622
1659813	1090096	569717	187535	382182	30595
1745384	807262	938122	211425	726696	13699
325110	113050	212060	34776	177284	685500
2590557	1433828	1156730	297106	859624	107864
1325811	665861	659950	160190	499760	70049
567000	178557	388443	81347	307096	32358
459465	202927	256538	31439	225099	
3046622	1170505	1876117	391743	1484374	1726097
46273	36243	10030	6408	3622	21080
478416	269199	209217	58405	150812	
76932	56554	20378	17485	2893	
162340	84986	77354	27666	49687	

4-51 教育经费支出明细

地区	合计	个人部分	工资福利支出	对个人和家庭的补助支出	#助学金
合计	**144659219**	**87886335**	**76251388**	**11634947**	**4296448**
北京	2113895	1227169	1111377	115792	648
天津	499024	347830	268666	79164	592
河北	7920618	5315944	4636829	679115	17475
山西	2681467	1739169	1508922	230247	78526
内蒙古	3616552	2146296	1730212	416084	77400
辽宁	1245754	752264	697911	54353	8168
吉林	1483117	952384	840931	111454	5907
黑龙江	1456030	961296	839795	121500	7134
上海	1901347	1343454	1285919	57535	7377
江苏	8504727	5442036	4865517	576519	122806
浙江	9095675	5548698	5100790	447907	58032
安徽	5185315	3011932	2725878	286054	76837
福建	5277715	3293554	3039502	254052	29042
江西	5311018	2612776	2396697	216079	98988
山东	7397035	4683519	4199906	483613	181298
河南	10075793	6255637	5974068	281569	124272
湖北	3953666	2605177	2366736	238441	65414
湖南	7015483	4200182	3828689	371493	226791
广东	8225793	5493211	4992186	501025	224039
广西	4532243	2869058	2583887	285171	111356
海南	1611708	803000	728386	74613	31477
重庆	2148416	1186452	1034211	152241	106545
四川	9312494	5102490	4312843	789647	482732
贵州	6031720	4341312	3442827	898485	398355
云南	4521346	2762263	2420884	341379	128161
西藏	1908821	898212	567725	330487	214152
陕西	6245978	3547641	3072844	474797	211728
甘肃	3954758	2560328	1723762	836566	308523
青海	1197485	598126	434057	164069	79923
宁夏	825012	365547	316067	49480	25010
新疆	9409213	4919377	3203363	1716014	787741
大连	156694	89341	82600	6741	625
宁波	1325721	847305	796526	50778	3417
厦门	173438	96506	77079	19427	270
青岛	446214	283874	262006	21869	8895
深圳					

(地方农村幼儿园)

单位：千元

公用部分	商品和服务支出	其他资本性支出			基本建设支出
			专项公用支出	专项项目支出	
53539040	**30031502**	**23507538**	**6252130**	**17255408**	**3233844**
859708	532757	326951	229594	97357	27018
151194	98250	52944	9644	43300	
2594003	1721995	872008	246506	625502	10671
932220	568078	364142	100261	263881	10077
1390944	822165	568779	177040	391739	79312
471911	364783	107128	50296	56832	21580
520780	301430	219350	58195	161155	9953
485370	328553	156817	40072	116745	9364
557893	447586	110307	79260	31047	
3062692	1331562	1731129	372922	1358207	
3498654	1774604	1724050	460291	1263759	48324
2173188	1048310	1124878	260248	864630	195
1942305	1037798	904507	270188	634319	41856
2640923	915907	1725016	375510	1349506	57319
2708715	1694087	1014629	302100	712528	4800
3815612	2907159	908453	180065	728389	4543
1348490	850566	497923	133737	364186	
2813566	2013135	800431	239795	560636	1735
2731657	1806113	925544	461915	463629	925
1628979	947275	681704	211940	469764	34206
794260	307069	487191	177663	309528	14448
956565	670895	285670	85491	200179	5399
3948382	1937047	2011334	352627	1658707	261622
1659813	1090096	569717	187535	382182	30595
1745384	807262	938122	211425	726696	13699
325110	113050	212060	34776	177284	685500
2590473	1433745	1156728	297104	859624	107864
1324382	665461	658921	159665	499255	70049
567000	178557	388443	81347	307096	32358
459465	202927	256538	31439	225099	
2839403	1113278	1726125	373477	1352648	1650433
46273	36243	10030	6408	3622	21080
478416	269199	209217	58405	150812	
76932	56554	20378	17485	2893	
162340	84986	77354	27666	49687	

4-52 教育经费支出明细

地区	合计	个人部分	工资福利支出	对个人和家庭的补助支出	#助学金
合计	**38128456**	**20859736**	**13827429**	**7032306**	
北京	957248	637009	516484	120525	
天津	341160	269912	171376	98536	
河北	816523	602817	366059	236758	
山西	1032588	750786	527401	223386	
内蒙古	957667	561295	316699	244596	
辽宁	697595	508399	271995	236404	
吉林	422285	249618	145143	104475	
黑龙江	1333073	616619	306453	310166	
上海	363100	231557	176078	55479	
江苏	1759891	1067359	645823	421536	
浙江	1546121	862400	694727	167673	
安徽	1342340	668028	387549	280479	
福建	849051	405535	324027	81507	
江西	739213	424090	277541	146549	
山东	2519987	1560794	1170869	389926	
河南	1461902	602401	448276	154126	
湖北	1470944	967738	630830	336908	
湖南	2333772	1371264	992498	378765	
广东	5288107	2102041	1033428	1068612	
广西	439472	262949	198254	64695	
海南	535211	245603	148726	96877	
重庆	804908	346528	234567	111960	
四川	2434953	1180689	826148	354540	
贵州	1900638	1092953	798277	294676	
云南	1940867	886249	664462	221787	
西藏	305029	227321	186010	41311	
陕西	716177	330114	252386	77728	
甘肃	1159719	717124	335304	381820	
青海	368939	264924	131897	133027	
宁夏	204484	119147	95238	23909	
新疆	1085493	726474	552903	173570	
大连	124533	102218	67133	35085	
宁波	167769	122001	101962	20039	
厦门	304000	46351	31375	14976	
青岛	413591	262586	209173	53413	
深圳	1509639	349726	193571	156154	

(教育行政单位)

单位：千元

公用部分	商品和服务支出	其他资本性支出			基本建设支出
			专项公用支出	专项项目支出	
16486194	**12875906**	**3610288**	**1982950**	**1627338**	**782526**
320239	310167	10072	7944	2128	
71249	63129	8120	7286	834	
213706	193566	20140	15902	4237	
281802	243898	37904	31482	6422	
386977	269093	117884	62984	54899	9396
189196	163737	25459	13595	11864	
172667	142349	30318	22495	7823	
713034	423132	289902	153619	136283	3420
131542	124564	6979	3401	3577	
692532	579976	112556	90741	21815	
682975	539214	143761	38460	105301	746
674312	421056	253257	122995	130262	
443516	403350	40165	23190	16976	
315124	256890	58234	44138	14096	
959193	748684	210508	151895	58613	
859501	761930	97571	33360	64211	
503206	396269	106937	70217	36720	
962508	781056	181453	89302	92151	
2508563	1874061	634502	389007	245496	677502
176523	154579	21944	17771	4173	
289607	237254	52353	44605	7749	
419801	374333	45468	14629	30839	38580
1254264	1003538	250727	165660	85066	
803885	579688	224197	84579	139618	3799
1035828	855356	180472	77909	102563	18790
77708	58631	19077	16669	2408	
367063	279437	87625	19074	68551	19000
434294	241774	192520	93851	98669	8300
103905	84332	19573	14328	5245	110
85337	43449	41887	2580	39307	
356137	267414	88723	59282	29442	2882
22316	21708	608	608		
45768	40983	4786	4786		
257648	238235	19413	6225	13188	
151005	106609	44396	39409	4987	
518102	373613	144488	112604	31884	641812

4-53 教育经费支出明细

地区	合计	个人部分	工资福利支出	对个人和家庭的补助支出	#助学金
合计	**37750837**	**20637093**	**13642354**	**6994739**	
北京	634266	442559	352786	89773	
天津	341160	269912	171376	98536	
河北	816523	602817	366059	236758	
山西	1032588	750786	527401	223386	
内蒙古	957667	561295	316699	244596	
辽宁	697595	508399	271995	236404	
吉林	422285	249618	145143	104475	
黑龙江	1314110	610630	302458	308172	
上海	363100	231557	176078	55479	
江苏	1759891	1067359	645823	421536	
浙江	1546121	862400	694727	167673	
安徽	1342340	668028	387549	280479	
福建	849051	405535	324027	81507	
江西	739213	424090	277541	146549	
山东	2519987	1560794	1170869	389926	
河南	1461902	602401	448276	154126	
湖北	1470944	967738	630830	336908	
湖南	2333772	1371264	992498	378765	
广东	5288107	2102041	1033428	1068612	
广西	439472	262949	198254	64695	
海南	535211	245603	148726	96877	
重庆	804908	346528	234567	111960	
四川	2434953	1180689	826148	354540	
贵州	1900638	1092953	798277	294676	
云南	1940867	886249	664462	221787	
西藏	305029	227321	186010	41311	
陕西	716177	330114	252386	77728	
甘肃	1159719	717124	335304	381820	
青海	368939	264924	131897	133027	
宁夏	204484	119147	95238	23909	
新疆	1049820	704270	535521	168749	
大连	124533	102218	67133	35085	
宁波	167769	122001	101962	20039	
厦门	304000	46351	31375	14976	
青岛	413591	262586	209173	53413	
深圳	1509639	349726	193571	156154	

(地方教育行政单位)

单位：千元

公用部分	商品和服务支出	其他资本性支出	专项公用支出	专项项目支出	基本建设支出
16331218	**12737182**	**3594036**	**1975894**	**1618142**	**782526**
191707	185480	6227	4099	2128	
71249	63129	8120	7286	834	
213706	193566	20140	15902	4237	
281802	243898	37904	31482	6422	
386977	269093	117884	62984	54899	9396
189196	163737	25459	13595	11864	
172667	142349	30318	22495	7823	
700060	420367	279693	152606	127087	3420
131542	124564	6979	3401	3577	
692532	579976	112556	90741	21815	
682975	539214	143761	38460	105301	746
674312	421056	253257	122995	130262	
443516	403350	40165	23190	16976	
315124	256890	58234	44138	14096	
959193	748684	210508	151895	58613	
859501	761930	97571	33360	64211	
503206	396269	106937	70217	36720	
962508	781056	181453	89302	92151	
2508563	1874061	634502	389007	245496	677502
176523	154579	21944	17771	4173	
289607	237254	52353	44605	7749	
419801	374333	45468	14629	30839	38580
1254264	1003538	250727	165660	85066	
803885	579688	224197	84579	139618	3799
1035828	855356	180472	77909	102563	18790
77708	58631	19077	16669	2408	
367063	279437	87625	19074	68551	19000
434294	241774	192520	93851	98669	8300
103905	84332	19573	14328	5245	110
85337	43449	41887	2580	39307	
342668	256143	86525	57084	29442	2882
22316	21708	608	608		
45768	40983	4786	4786		
257648	238235	19413	6225	13188	
151005	106609	44396	39409	4987	
518102	373613	144488	112604	31884	641812

4-54 教育经费支出明细

地区	合计	个人部分	工资福利支出	对个人和家庭的补助支出	#助学金
合计	**78289837**	**38382493**	**27867089**	**10515404**	
北京	14245356	3641375	2935936	705438	
天津	1558792	996331	663560	332771	
河北	2202185	1595699	1117444	478255	
山西	1635139	964046	647888	316159	
内蒙古	1769308	1182365	782370	399995	
辽宁	2697144	1941788	1324866	616922	
吉林	1470614	880044	519273	360770	
黑龙江	1640502	1091659	604970	486689	
上海	5443499	2172193	2030336	141857	
江苏	4673198	2529328	1658814	870514	
浙江	5535562	2660169	2187350	472819	
安徽	1693967	1054732	836096	218636	
福建	2592823	1179325	962021	217304	
江西	1439581	810876	596295	214581	
山东	2963729	1774330	1258042	516287	
河南	2961983	1739196	1197018	542177	
湖北	2554625	1628945	1093938	535007	
湖南	1351291	735461	563303	172158	
广东	6340702	2637918	1575848	1062070	
广西	1567979	868383	654918	213465	
海南	254693	116232	102484	13748	
重庆	1095724	517935	373693	144242	
四川	2815384	1705770	1373332	332438	
贵州	687262	217313	166210	51103	
云南	1936554	755294	534038	221256	
西藏	644830	408432	300093	108338	
陕西	2042969	1037189	762014	275175	
甘肃	617549	396447	205107	191340	
青海	348540	250468	196091	54377	
宁夏	261645	185023	147942	37081	
新疆	1246709	708228	495799	212430	
大连	440807	283570	243413	40157	
宁波	757130	421372	347537	73835	
厦门	682374	179433	125883	53550	
青岛	580225	361198	237749	123448	
深圳	1550996	782638	559379	223259	

(教育事业单位)

单位：千元

公用部分	商品和服务支出	其他资本性支出			基本建设支出
			专项公用支出	专项项目支出	
38858355	**28873460**	**9984895**	**4765033**	**5219862**	**1048989**
10594752	9821713	773039	637616	135423	9229
487763	342693	145070	71486	73584	74698
606486	460498	145988	81279	64709	
652779	351663	301116	98200	202915	18314
586005	373879	212126	69166	142959	938
707800	530974	176825	128268	48557	47557
590570	357552	233018	122412	110607	
499385	410263	89122	61214	27909	49458
2924438	2269192	655246	485157	170089	346868
2083870	1676769	407100	236337	170763	60000
2861320	1667379	1193941	283514	910427	14073
629735	418377	211359	128159	83200	9500
1403898	923268	480631	130527	350104	9600
627886	425472	202414	86126	116288	819
1189400	868967	320433	137307	183126	
1222787	781401	441386	238518	202867	
925680	714015	211665	140279	71386	
612230	410309	201921	127207	74714	3600
3444983	1903426	1541557	735292	806265	257801
699596	531615	167980	101287	66693	
138461	118596	19865	13225	6640	
567939	475373	92566	61083	31482	9850
1086631	822748	263883	129414	134469	22982
469449	322692	146757	105854	40902	500
1151207	575232	575975	82741	493234	30053
236399	175300	61098	31397	29701	
935780	424081	511699	115693	396006	70000
218802	157738	61064	28269	32795	2300
93105	72965	20140	11330	8810	4966
76622	70018	6604	5401	1203	
532600	419290	113309	81276	32034	5881
157237	99170	58067	36333	21734	
335758	266086	69672	43076	26596	
502941	347845	155096	35846	119249	
219027	153980	65047	42580	22467	
746000	572120	173880	99660	74220	22358

4-55 教育经费支出明细

地 区	合 计	个人部分	工资福利支出	对个人和家庭的补助支出	#助学金
合 计	**69274515**	**37424903**	**27151358**	**10273545**	
北 京	5341999	2736468	2259248	477220	
天 津	1558792	996331	663560	332771	
河 北	2202185	1595699	1117444	478255	
山 西	1635139	964046	647888	316159	
内蒙古	1769308	1182365	782370	399995	
辽 宁	2697144	1941788	1324866	616922	
吉 林	1470614	880044	519273	360770	
黑龙江	1619673	1073855	591547	482308	
上 海	5443499	2172193	2030336	141857	
江 苏	4673198	2529328	1658814	870514	
浙 江	5535562	2660169	2187350	472819	
安 徽	1693967	1054732	836096	218636	
福 建	2592823	1179325	962021	217304	
江 西	1439581	810876	596295	214581	
山 东	2963729	1774330	1258042	516287	
河 南	2961983	1739196	1197018	542177	
湖 北	2554625	1628945	1093938	535007	
湖 南	1351291	735461	563303	172158	
广 东	6340702	2637918	1575848	1062070	
广 西	1567979	868383	654918	213465	
海 南	254693	116232	102484	13748	
重 庆	1095724	517935	373693	144242	
四 川	2815384	1705770	1373332	332438	
贵 州	687262	217313	166210	51103	
云 南	1936554	755294	534038	221256	
西 藏	644830	408432	300093	108338	
陕 西	2042969	1037189	762014	275175	
甘 肃	617549	396447	205107	191340	
青 海	348540	250468	196091	54377	
宁 夏	261645	185023	147942	37081	
新 疆	1155573	673349	470179	203170	
大 连	440807	283570	243413	40157	
宁 波	757130	421372	347537	73835	
厦 门	682374	179433	125883	53550	
青 岛	580225	361198	237749	123448	
深 圳	1550996	782638	559379	223259	

(地方教育事业单位)

单位：千元

公用部分	商品和服务支出	其他资本性支出	专项公用支出	专项项目支出	基本建设支出
30807932	**20975520**	**9832412**	**4635263**	**5197149**	**1041680**
2600807	1942755	658052	528481	129571	4724
487763	342693	145070	71486	73584	74698
606486	460498	145988	81279	64709	
652779	351663	301116	98200	202915	18314
586005	373879	212126	69166	142959	938
707800	530974	176825	128268	48557	47557
590570	357552	233018	122412	110607	
496359	407270	89089	61180	27909	49458
2924438	2269192	655246	485157	170089	346868
2083870	1676769	407100	236337	170763	60000
2861320	1667379	1193941	283514	910427	14073
629735	418377	211359	128159	83200	9500
1403898	923268	480631	130527	350104	9600
627886	425472	202414	86126	116288	819
1189400	868967	320433	137307	183126	
1222787	781401	441386	238518	202867	
925680	714015	211665	140279	71386	
612230	410309	201921	127207	74714	3600
3444983	1903426	1541557	735292	806265	257801
699596	531615	167980	101287	66693	
138461	118596	19865	13225	6640	
567939	475373	92566	61083	31482	9850
1086631	822748	263883	129414	134469	22982
469449	322692	146757	105854	40902	500
1151207	575232	575975	82741	493234	30053
236399	175300	61098	31397	29701	
935780	424081	511699	115693	396006	70000
218802	157738	61064	28269	32795	2300
93105	72965	20140	11330	8810	4966
76622	70018	6604	5401	1203	
479147	403300	75846	60674	15172	3077
157237	99170	58067	36333	21734	
335758	266086	69672	43076	26596	
502941	347845	155096	35846	119249	
219027	153980	65047	42580	22467	
746000	572120	173880	99660	74220	22358

4-56 教育经费支出明细

地区	合计	个人部分	工资福利支出	对个人和家庭的补助支出	#助学金
合计	**49510407**	**17186557**	**11737204**	**5449353**	**30709**
北京	7396016	1166564	576066	590498	20462
天津	969639	252856	155714	97142	
河北	955971	609301	422384	186916	
山西	924190	408750	307302	101448	
内蒙古	732692	448861	284961	163900	
辽宁	1187149	578844	339259	239584	
吉林	735258	473701	297750	175951	
黑龙江	702433	413748	225204	188544	
上海	1296821	361655	308736	52919	3337
江苏	2167881	960526	582967	377559	706
浙江	2970264	976060	623692	352368	965
安徽	1316083	489476	308628	180848	
福建	1235369	486324	379580	106743	1310
江西	795438	396300	248401	147899	
山东	3207139	995105	743631	251474	
河南	1793631	625682	506197	119486	
湖北	2150230	936490	628165	308324	697
湖南	1360639	710214	568776	141438	1210
广东	3175167	1095786	604058	491728	1105
广西	1561523	342879	279549	63330	
海南	249190	67880	59170	8710	
重庆	624803	253331	194708	58623	
四川	3563296	916711	678545	238166	917
贵州	1111105	534004	402707	131298	
云南	1670509	661128	518656	142473	
西藏	257108	113515	98661	14854	
陕西	1955600	564605	440639	123966	
甘肃	957849	417470	227659	189811	
青海	688449	223712	148852	74861	
宁夏	223673	118767	96115	22652	
新疆	1575293	586312	480472	105840	
大连	155819	82650	59349	23302	
宁波	298182	90737	77305	13433	
厦门	92891	55977	32375	23602	
青岛	247140	136064	97071	38993	
深圳	407840	205231	122732	82498	

(其他教育机构)

单位：千元

公用部分	商品和服务支出	其他资本性支出			基本建设支出
			专项公用支出	专项项目支出	
30302745	**18898603**	**11404142**	**3872996**	**7531146**	**2021104**
6105634	5563662	541971	389141	152830	123819
673825	372722	301103	212806	88297	42958
315956	221222	94735	23172	71563	30714
400766	252221	148546	42488	106058	114674
278831	202933	75898	31484	44414	5000
574984	452363	122621	40836	81785	33321
221761	149193	72569	32566	40003	39796
282994	217245	65749	14973	50776	5691
903233	818402	84831	42635	42196	31934
1207355	747396	459959	110349	349609	
1947604	1175650	771954	353430	418524	46600
794668	379854	414814	120107	294707	31939
649504	391431	258073	39727	218346	99542
396338	247550	148788	29531	119257	2800
2111271	971937	1139334	180143	959191	100762
1134624	515256	619368	229977	389390	33325
1206140	590223	615917	65597	550320	7600
622373	443787	178587	82731	95856	28051
1690886	821613	869273	508139	361134	388495
954939	452429	502510	376807	125702	263706
181310	160605	20705	8079	12627	
363438	305173	58265	9535	48730	8033
2523484	1482546	1040938	186096	854842	123101
571704	290564	281140	85578	195562	5397
877325	272769	604556	182293	422263	132056
141493	42191	99302	10618	88684	2099
1390495	532479	858016	46710	811306	500
510378	213352	297026	45813	251213	30000
372788	190159	182630	61631	120998	91948
104905	68696	36210	22140	14070	
791738	352981	438756	287863	150893	197243
72401	57810	14591	14591		768
167444	61033	106412	3183	103229	40000
36914	35399	1515	1315	200	
111076	64879	46197	3339	42858	
186809	169834	16974	14216	2758	15801

4-57 教育经费支出明细

地区	合计	个人部分	工资福利支出	对个人和家庭的补助支出	#助学金
合　计	44977987	16469599	11348310	5121289	7387
北　京	3899625	649620	344475	305145	863
天　津	968093	252856	155714	97142	
河　北	952259	609301	422384	186916	
山　西	923710	408750	307302	101448	
内蒙古	732099	448861	284961	163900	
辽　宁	1183669	578844	339259	239584	
吉　林	734358	473701	297750	175951	
黑龙江	677154	411734	223651	188082	
上　海	851913	299399	257961	41438	924
江　苏	2140945	960526	582967	377559	706
浙　江	2966760	976060	623692	352368	965
安　徽	1315579	489476	308628	180848	
福　建	1058832	452086	350217	101869	
江　西	795006	396300	248401	147899	
山　东	3200644	995105	743631	251474	
河　南	1788939	625682	506197	119486	
湖　北	2133502	936490	628165	308324	697
湖　南	1358501	710214	568776	141438	1210
广　东	3175167	1095786	604058	491728	1105
广　西	1561523	342879	279549	63330	
海　南	249190	67880	59170	8710	
重　庆	624803	253331	194708	58623	
四　川	3533536	916711	678545	238166	917
贵　州	1110394	534004	402707	131298	
云　南	1669405	661128	518656	142473	
西　藏	257108	113515	98661	14854	
陕　西	1940948	564605	440639	123966	
甘　肃	951910	417470	227659	189811	
青　海	688449	223712	148852	74861	
宁　夏	223673	118767	96115	22652	
新　疆	1310296	484806	404860	79945	
大　连	155819	82650	59349	23302	
宁　波	298182	90737	77305	13433	
厦　门	92891	55977	32375	23602	
青　岛	247140	136064	97071	38993	
深　圳	407840	205231	122732	82498	

(地方其他教育机构)

单位：千元

公用部分					基本建设支出
	商品和服务支出	其他资本性支出			
			专项公用支出	专项项目支出	
26580985	**15419151**	**11161833**	**3778558**	**7383275**	**1927404**
3126186	2764014	362172	331803	30369	123819
672279	371177	301103	212806	88297	42958
312244	217509	94735	23172	71563	30714
400286	251741	148546	42488	106058	114674
278238	202340	75898	31484	44414	5000
571504	448883	122621	40836	81785	33321
220861	148293	72569	32566	40003	39796
259730	194101	65629	14952	50676	5691
520581	465829	54752	27386	27366	31934
1180418	720460	459959	110349	349609	
1944100	1172146	771954	353430	418524	46600
794164	379350	414814	120107	294707	31939
507204	262192	245011	26666	218346	99542
395906	247118	148788	29531	119257	2800
2104776	965442	1139334	180143	959191	100762
1129932	510564	619368	229977	389390	33325
1189412	573495	615917	65597	550320	7600
620235	441648	178587	82731	95856	28051
1690886	821613	869273	508139	361134	388495
954939	452429	502510	376807	125702	263706
181310	160605	20705	8079	12627	
363438	305173	58265	9535	48730	8033
2493724	1452786	1040938	186096	854842	123101
570993	289853	281140	85578	195562	5397
876221	271665	604556	182293	422263	132056
141493	42191	99302	10618	88684	2099
1375843	517827	858016	46710	811306	500
504440	207413	297026	45813	251213	30000
372788	190159	182630	61631	120998	91948
104905	68696	36210	22140	14070	
721948	302440	419508	279094	140414	103543
72401	57810	14591	14591		768
167444	61033	106412	3183	103229	40000
36914	35399	1515	1315	200	
111076	64879	46197	3339	42858	
186809	169834	16974	14216	2758	15801

第五部分

各地区各级各类教育机构财政补助支出明细

5-1 财政补助支出明细

地区	合计	个人部分	工资福利支出	对个人和家庭的补助支出	#助学金
合计	**3291721732**	**2168819316**	**1560560802**	**608258515**	**155213853**
北京	163106764	91863588	60307687	31555900	13090481
天津	54442107	35062432	22628707	12433725	1346898
河北	132433733	91924249	65024425	26899824	4605569
山西	70515230	48918045	36615931	12302114	2961258
内蒙古	66746168	48206614	32094053	16112561	3620007
辽宁	81207901	59112144	39573692	19538452	2618900
吉林	59123514	39729379	25096183	14633195	1738910
黑龙江	70570580	51275145	30873059	20402085	2099913
上海	112195354	62440462	55024308	7416154	3691149
江苏	218072344	148132355	100145430	47986925	6232628
浙江	162731808	109065744	89860860	19204884	4722066
安徽	115137577	71823789	47263230	24560559	5158034
福建	93523574	60409558	48438089	11971469	2434677
江西	95017247	54711414	42204362	12507052	4251732
山东	201372283	137437960	102841428	34596532	5746519
河南	166378471	102941993	78780129	24161864	8912288
湖北	124695474	86543068	59627445	26915623	5005496
湖南	122507379	82000510	62544044	19456466	6654126
广东	291623867	197332415	128243108	69089308	8387731
广西	97921924	59059383	43382009	15677373	6682874
海南	27180756	15937173	13174444	2762729	972585
重庆	80229969	53674531	40642539	13031993	4515078
四川	165613290	112036721	84604119	27432602	11822964
贵州	95401900	67161707	47460577	19701130	8035731
云南	113379515	83960597	65411432	18549165	9356900
西藏	23414491	14522814	9966643	4556171	2602543
陕西	95708317	55412858	40224529	15188329	6414305
甘肃	64729519	45183565	25424052	19759513	4261013
青海	20541097	13620339	10057007	3563332	1155623
宁夏	19748032	12237760	9386902	2850857	1061794
新疆	86451546	57081007	43640380	13440628	5054058
大连	13422331	9856860	7965393	1891467	153958
宁波	22498777	15734608	13071261	2663348	492834
厦门	13260811	8284467	5905010	2379457	109490
青岛	26098899	17246464	12271009	4975455	338714
深圳	58617874	35346857	22947340	12399517	1240724

(各级各类教育机构)

单位：千元

公用部分	商品和服务支出	其他资本性支出			基本建设支出
			专项公用支出	专项项目支出	
1057496258	**520721876**	**536774382**	**198496456**	**338277926**	**65406158**
67360502	48237949	19122553	13922499	5200054	3882674
19091639	9426250	9665390	4450049	5215341	288036
39596186	18049548	21546638	7376221	14170417	913298
20830562	10223271	10607291	3772122	6835169	766623
17621537	8773757	8847780	3540696	5307084	918018
20874858	13789907	7084951	3828965	3255986	1220899
18649733	9289505	9360228	3756546	5603682	744402
18510284	10350324	8159960	3366110	4793850	785151
45378308	31154986	14223322	8626614	5596707	4376584
68795077	28929884	39865192	11728505	28136687	1144912
50579685	25135080	25444605	8548424	16896181	3086378
41049517	14974741	26074776	8312193	17762583	2264271
32106911	13733773	18373138	7120097	11253041	1007105
38847053	10681690	28165363	6365613	21799750	1458781
62775527	24340672	38434855	10566942	27867914	1158796
60842315	28842381	31999934	9495762	22504172	2594163
37438874	18944362	18494512	5803223	12691288	713532
39323605	19675499	19648105	7130219	12517887	1183264
84604452	50424137	34180315	19325358	14854957	9687000
35881357	12750735	23130622	9839130	13291492	2981184
10512919	4234237	6278682	2394962	3883720	730664
24570405	14480303	10090102	4240644	5849459	1985033
50789043	25075346	25713697	8623555	17090142	2787526
26412573	12271557	14141017	4903495	9237522	1827619
27776534	12452878	15323656	3737581	11586075	1642384
5891165	1881452	4009712	904651	3105061	3000513
37865087	19488265	18376822	6143895	12232926	2430373
18408716	7481182	10927534	3285904	7641630	1137239
5544021	2316990	3227031	1206412	2020619	1376737
6777033	2780073	3996960	1709162	2287798	733240
22790779	10531141	12259638	4470907	7788732	6579760
3396417	2141880	1254537	609683	644854	169055
6563710	3259016	3304694	961497	2343196	200459
4753412	2493127	2260285	1441030	819255	222932
8852435	3423842	5428594	1419480	4009114	
15540411	11495652	4044760	3570385	474375	7730606

5-2 财政补助支出明细

地区	合计	个人部分	工资福利支出	对个人和家庭的补助支出	#助学金
合计	**3094433969**	**2061705717**	**1503869099**	**557836618**	**130890375**
北京	103864608	59371194	48147509	11223686	1217001
天津	47442363	32489885	21335240	11154644	962602
河北	131245489	91209442	64525667	26683774	4564380
山西	70514729	48918024	36615931	12302093	2961237
内蒙古	66745575	48206614	32094053	16112561	3620007
辽宁	75942748	56160773	37927387	18233385	2094569
吉林	54018493	36925303	23379235	13546068	1462984
黑龙江	65837876	48520109	29400937	19119172	1623301
上海	92608367	53411108	48382589	5028519	2031369
江苏	205224515	140816177	96237969	44578208	4865863
浙江	158160158	106455037	88056786	18398252	4269268
安徽	111044580	69623162	46006656	23616506	4696752
福建	90029390	58503516	47360937	11142580	2008520
江西	95016248	54711320	42204362	12506959	4251639
山东	196002722	134355606	101309663	33045943	5222824
河南	166092601	102829868	78704272	24125595	8907024
湖北	109613213	78096714	55501475	22595239	3508580
湖南	118230794	79528449	61339547	18188902	6069963
广东	282704151	192915583	125695978	67219605	7687594
广西	97921924	59059383	43382009	15677373	6682874
海南	27171368	15930389	13168740	2761648	971504
重庆	76237394	50956330	39137867	11818463	4055817
四川	156958853	106795119	81538247	25256872	10858929
贵州	95401189	67161707	47460577	19701130	8035731
云南	113376211	83958743	65409675	18549068	9356900
西藏	23414491	14522814	9966643	4556171	2602543
陕西	82515325	48747756	36174478	12573278	5354003
甘肃	62242339	43639984	24426265	19213719	4009072
青海	20540702	13619944	10057007	3562937	1155228
宁夏	19164718	11914416	9159060	2755356	1016842
新疆	79150835	52351249	39762338	12588911	4765452
大连	13412614	9848530	7957508	1891022	153923
宁波	22498777	15734608	13071261	2663348	492834
厦门	13259311	8283017	5903860	2379157	109490
青岛	26098899	17246464	12271009	4975455	338714
深圳	58617874	35346857	22947340	12399517	1240724

(地方各级各类教育机构)

单位：千元

公用部分	商品和服务支出	其他资本性支出	专项公用支出	专项项目支出	基本建设支出
973429115	**463068333**	**510360782**	**179814948**	**330545834**	**59299138**
42257571	29308476	12949094	9440396	3508698	2235843
14675958	7967341	6708617	3584162	3124455	276520
39190748	17845229	21345520	7231702	14113817	845299
20830082	10222791	10607291	3772122	6835169	766623
17620944	8773164	8847780	3540696	5307084	918018
18807909	12500620	6307289	3160660	3146628	974066
16413798	7529342	8884455	3314220	5570235	679392
16595037	9200326	7394711	2943819	4450892	722730
35791850	24148220	11643630	6785834	4857796	3405409
63633510	25614198	38019311	10224269	27795042	774828
48644333	23828813	24815520	7933774	16881746	3060788
39267365	13827818	25439547	7676964	17762583	2154053
30663570	12824620	17838950	6734718	11104232	862304
38846147	10680784	28165363	6365613	21799750	1458781
60816049	23093826	37722223	10061174	27661049	831068
60757285	28791211	31966074	9463515	22502559	2505448
31465503	14737403	16728100	4386048	12342052	50996
37632746	18371661	19261085	6745972	12515114	1069598
80279672	47248872	33030800	18230655	14800145	9508897
35881357	12750735	23130622	9839130	13291492	2981184
10510315	4233529	6276787	2394962	3881825	730664
23341511	13611883	9729628	3881063	5848564	1939553
47578742	22926904	24651839	7715545	16936294	2584991
26411862	12270845	14141017	4903495	9237522	1827619
27775083	12451503	15323580	3737535	11586045	1642384
5891165	1881452	4009712	904651	3105061	3000513
31526276	14920745	16605531	4843707	11761824	2241292
17561686	6883700	10677985	3109581	7568405	1040669
5544021	2316990	3227031	1206412	2020619	1376737
6517062	2643646	3873417	1600673	2272744	733240
20699957	9661685	11038272	4081882	6956390	6099630
3395030	2140526	1254503	609649	644854	169055
6563710	3259016	3304694	961497	2343196	200459
4753362	2493077	2260285	1441030	819255	222932
8852435	3423842	5428594	1419480	4009114	
15540411	11495652	4044760	3570385	474375	7730606

5-3 财政补助支出明细

地　区	合　计	个人部分	工资福利支出	对个人和家庭的补助支出	#助学金
合　计	**630682503**	**350851289**	**216081973**	**134769316**	**63698448**
北　京	69758954	41394366	19146102	22248264	12712209
天　津	18574622	7940225	4359875	3580350	1125471
河　北	19125642	10528054	6383424	4144630	1800028
山　西	12662859	6595992	4396056	2199937	1225357
内蒙古	10799459	7090879	3955907	3134972	1656096
辽　宁	19960338	12189232	7032684	5156549	1783868
吉　林	14986191	8214854	4674277	3540577	1011696
黑龙江	14683053	8900933	4541418	4359515	1332350
上　海	39828458	18185993	14396683	3789311	2505125
江　苏	42850467	24475913	15090630	9385284	3515231
浙　江	28021729	14864183	10968328	3895855	1962534
安　徽	20915753	11010721	6532925	4477797	1998046
福　建	16192089	8022876	5303423	2719453	1323628
江　西	13598618	8587125	5570933	3016192	1520883
山　东	30534061	20818474	12810424	8008049	2768759
河　南	26077712	13151833	8808098	4343735	2296050
湖　北	30408251	17746108	10520742	7225366	2827328
湖　南	21008867	13722046	9670814	4051232	2091188
广　东	50150045	25598752	15474845	10123908	3100218
广　西	13472745	4720872	2502983	2217889	1697651
海　南	3128938	1357541	903305	454236	343421
重　庆	13720151	7947236	4761458	3185778	2007186
四　川	24622954	15259016	10456007	4803009	2867341
贵　州	11031909	6693119	3920867	2772253	1772049
云　南	9937383	6521176	4845691	1675484	1199169
西　藏	1741656	1052622	717821	334801	191643
陕　西	27769971	14980757	9966251	5014505	2674082
甘　肃	11445068	5399766	2695322	2704444	1229041
青　海	2403227	1354343	923575	430768	130310
宁　夏	3046911	1646467	1085892	560574	299740
新　疆	8224420	4879815	3665216	1214599	730749
大　连	794077	477730	353027	124703	27993
宁　波	2078894	1065176	706298	358878	140710
厦　门	1550952	632564	383670	248894	25827
青　岛	970573	332057	183419	148637	59330
深　圳	11568354	4232470	3309675	922795	270443

(高等学校)

单位：千元

公用部分	商品和服务支出	其他资本性支出	专项公用支出	专项项目支出	基本建设支出
259021378	**144922770**	**114098608**	**73223096**	**40875512**	**20809835**
26211424	17077548	9133876	6970111	2163765	2153163
10514504	4532644	5981860	2935438	3046422	119894
8348256	4177905	4170351	2331027	1839323	249331
5846441	2360289	3486151	1312139	2174012	220426
3502208	1630259	1871949	1203407	668542	206372
7002614	4647580	2355034	1852128	502906	768492
6539917	3967813	2572104	1685404	886700	231420
5473072	3296470	2176602	1421140	755462	309048
18168456	13388979	4779476	3852956	926520	3474009
17956884	10334884	7622000	4617906	3004094	417670
12284401	6403707	5880694	3030625	2850069	873145
8669047	4039053	4629994	2719115	1910879	1235985
7953861	3906880	4046981	2980714	1066267	215352
4822209	2667785	2154424	1437667	716757	189284
9189248	4958283	4230965	3155856	1075109	526340
12163705	6615796	5547909	4113746	1434163	762174
11956511	7151247	4805264	2640349	2164915	705632
7010513	4073691	2936822	1773526	1163296	276309
21358460	11442759	9915702	6978417	2937285	3192833
8287178	2680374	5606805	3972813	1633992	464695
1350620	832989	517631	462709	54922	420777
5508793	3348674	2160119	1533011	627108	264123
8715917	5185821	3530096	2567538	962558	648021
3891966	1644138	2247828	1023947	1223881	446823
3278405	1542428	1735978	657545	1078433	137802
440554	275041	165514	147278	18235	248480
12087514	7987210	4100305	2803014	1297291	701701
5806920	2191097	3615823	1482612	2133210	238382
972610	344021	628589	381274	247315	76275
1270445	738258	532186	451140	81047	130000
2438725	1479148	959577	728545	231032	905880
275572	118434	157138	91320	65818	40775
971742	460022	511720	186790	324930	41976
866593	184880	681713	539226	142488	51795
638516	234513	404003	192816	211187	
4448266	2812217	1636049	1628545	7504	2887618

5-4 财政补助支出明细

地区	合计	个人部分	工资福利支出	对个人和家庭的补助支出	#助学金
合计	**452387444**	**250715063**	**164776277**	**85938786**	**39633579**
北京	21098580	10489452	7972937	2516515	863893
天津	11615210	5398633	3085904	2312729	741282
河北	17949604	9821421	5892116	3929304	1758840
山西	12662859	6595992	4396056	2199937	1225357
内蒙古	10799459	7090879	3955907	3134972	1656096
辽宁	14714934	9252475	5400117	3852358	1259604
吉林	9985699	5479368	3011754	2467614	735836
黑龙江	10509891	6565599	3369685	3195914	862342
上海	20714122	9331828	7916051	1415776	847957
江苏	30059575	17180581	11196470	5984111	2154413
浙江	23453583	12253476	9164253	3089223	1509736
安徽	16824514	8810968	5276968	3534000	1537020
福建	12768199	6127668	4232517	1895151	898660
江西	13598618	8587125	5570933	3016192	1520883
山东	25170995	17736119	11278659	6457460	2245064
河南	25823746	13062205	8744437	4317768	2291995
湖北	15644360	9494844	6544365	2950478	1333284
湖南	16767529	11275264	8489941	2785322	1507210
广东	41423230	21339578	13066608	8272970	2401797
广西	13472745	4720872	2502983	2217889	1697651
海南	3128938	1357541	903305	454236	343421
重庆	9854246	5314260	3325560	1988700	1548758
四川	16034151	10034902	7401689	2633213	1908638
贵州	11031909	6693119	3920867	2772253	1772049
云南	9937383	6521176	4845691	1675484	1199169
西藏	1741656	1052622	717821	334801	191643
陕西	14816660	8482723	6055283	2427439	1614518
甘肃	8998064	3885673	1725259	2160414	978084
青海	2403227	1354343	923575	430768	130310
宁夏	2463597	1323123	858050	465073	254788
新疆	6920160	4081237	3030514	1050723	643279
大连	794077	477730	353027	124703	27993
宁波	2078894	1065176	706298	358878	140710
厦门	1550952	632564	383670	248894	25827
青岛	970573	332057	183419	148637	59330
深圳	11568354	4232470	3309675	922795	270443

(地方高等学校)

单位：千元

公用部分	商品和服务支出	其他资本性支出	专项公用支出	专项项目支出	基本建设支出
186603772	**97274116**	**89329656**	**55282221**	**34047435**	**15068609**
10098290	6765186	3333104	2832881	500223	510838
6108198	3079980	3028219	2072682	955536	108378
7946851	3977619	3969232	2186509	1782724	181333
5846441	2360289	3486151	1312139	2174012	220426
3502208	1630259	1871949	1203407	668542	206372
4940800	3363395	1577405	1183857	393548	521659
4339921	2232716	2107205	1250765	856440	166410
3697664	2245866	1451799	1016068	435731	246627
8879461	6637029	2242431	2042610	199821	2502834
12831408	7052825	5778583	3115672	2662912	47586
10352553	5100944	5251609	2415975	2835634	847554
6887780	2892938	3994841	2083962	1910879	1125767
6569980	3050597	3519383	2601925	917458	70551
4822209	2667785	2154424	1437667	716757	189284
7236264	3717932	3518332	2650088	868244	198612
12088083	6573737	5514346	4081736	1432610	673459
6106420	3040066	3066354	1248321	1818033	43096
5329622	2778403	2551219	1389996	1161223	162643
17068923	8292733	8776190	5888339	2887851	3014730
8287178	2680374	5606805	3972813	1633992	464695
1350620	832989	517631	462709	54922	420777
4321343	2513229	1808114	1181901	626214	218643
5553763	3085216	2468547	1659836	808710	445486
3891966	1644138	2247828	1023947	1223881	446823
3278405	1542428	1735978	657545	1078433	137802
440554	275041	165514	147278	18235	248480
5821317	3484332	2336985	1509632	827353	512620
4970579	1600970	3369609	1306673	2062935	141813
972610	344021	628589	381274	247315	76275
1010474	601831	408643	342650	65993	130000
2051885	1209250	842635	621362	221272	787038
275572	118434	157138	91320	65818	40775
971742	460022	511720	186790	324930	41976
866593	184880	681713	539226	142488	51795
638516	234513	404003	192816	211187	
4448266	2812217	1636049	1628545	7504	2887618

5-5 财政补助支出明细

地区	合计	个人部分	工资福利支出	对个人和家庭的补助支出	#助学金
合计	**621122206**	**344733391**	**211581325**	**133152066**	**63522531**
北京	68710045	40749009	18687209	22061800	12712139
天津	18266577	7706624	4204263	3502361	1123396
河北	18756622	10229540	6159194	4070346	1793366
山西	12472628	6466647	4295810	2170837	1219582
内蒙古	10710363	7024211	3915029	3109182	1653649
辽宁	19679146	11959286	6871952	5087334	1783364
吉林	14532608	7890689	4504346	3386343	992760
黑龙江	14329615	8610118	4385692	4224426	1330117
上海	38994084	17703755	13949912	3753844	2504908
江苏	42691944	24389275	15028307	9360968	3511668
浙江	27107981	14414941	10581232	3833710	1954183
安徽	20614329	10826046	6426579	4399468	1991113
福建	15970087	7884159	5183679	2700479	1323033
江西	13315310	8392665	5426359	2966306	1500664
山东	30398935	20721792	12745785	7976007	2766579
河南	25911570	13029067	8715435	4313632	2294392
湖北	30330470	17676105	10474529	7201576	2820909
湖南	20751530	13556888	9542455	4014433	2085721
广东	49260436	25001300	15101877	9899423	3090600
广西	13093845	4582673	2405126	2177547	1677054
海南	3067838	1327911	881751	446160	338554
重庆	13661326	7935033	4752405	3182628	2007186
四川	23818487	14805168	10046929	4758238	2865601
贵州	10945867	6626819	3878350	2748469	1761516
云南	9776054	6372776	4723633	1649143	1180987
西藏	1741656	1052622	717821	334801	191643
陕西	27422514	14793597	9821184	4972412	2658528
甘肃	11355932	5331022	2656205	2674817	1228532
青海	2379381	1332728	909916	422813	130310
宁夏	3046911	1646467	1085892	560574	299740
新疆	8008117	4694457	3502471	1191986	730738
大连	685763	388618	279824	108794	27993
宁波	1851729	943220	602187	341033	137948
厦门	1549986	631724	383169	248555	25827
青岛	941956	311344	169431	141912	59330
深圳	11485508	4194580	3280342	914238	267770

(普通高等学校)

单位：千元

公用部分	商品和服务支出	其他资本性支出	专项公用支出	专项项目支出	基本建设支出
255841565	**142866863**	**112974702**	**72519993**	**40454709**	**20547249**
25815269	16729417	9085852	6927024	2158828	2145767
10440059	4492157	5947901	2913958	3033944	119894
8277750	4123197	4154553	2319549	1835004	249331
5785555	2335359	3450196	1276184	2174012	220426
3480281	1616026	1864255	1198855	665399	205872
6965912	4619706	2346206	1843301	502906	753948
6417613	3881186	2536427	1656963	879464	224306
5410449	3253496	2156953	1411883	745070	309048
17816320	13102459	4713861	3810099	903762	3474009
17884999	10312766	7572233	4596786	2975447	417670
12029003	6291682	5737321	2982444	2754878	664037
8552297	3963683	4588614	2692168	1896447	1235985
7880576	3839868	4040708	2976237	1064471	205352
4733361	2602764	2130597	1414677	715920	189284
9150804	4929695	4221109	3146200	1074909	526340
12120329	6579450	5540879	4108525	1432354	762174
11948733	7145095	4803637	2639654	2163984	705632
6918333	4011899	2906434	1762876	1143558	276309
21066802	11275030	9791772	6901979	2889793	3192334
8046518	2626118	5420400	3794377	1626024	464654
1319150	811626	507524	452838	54686	420777
5462170	3340479	2121691	1509989	611702	264123
8378683	4952385	3426298	2539149	887148	634636
3872224	1631463	2240761	1022133	1218628	446823
3265476	1532105	1733371	654937	1078433	137802
440554	275041	165514	147278	18235	248480
11927216	7884027	4043190	2782567	1260623	701701
5786527	2173828	3612699	1479489	2133210	238382
970377	343146	627231	379916	247315	76275
1270445	738258	532186	451140	81047	130000
2407781	1453453	954328	726819	227509	905880
256869	101960	154909	89091	65818	40276
866532	424816	441716	168287	273429	41976
866466	184756	681710	539223	142488	51795
630612	228589	402023	190836	211187	
4403809	2786049	1617760	1614575	3186	2887119

5-6 财政补助支出明细

地区	合计	个人部分	工资福利支出	对个人和家庭的补助支出	#助学金
合计	**443102300**	**244752689**	**160355114**	**84397575**	**39457663**
北京	20286429	9966738	7561449	2405289	863823
天津	11307164	5165033	2930292	2234740	739206
河北	17580585	9522907	5667887	3855020	1752177
山西	12472628	6466647	4295810	2170837	1219582
内蒙古	10710363	7024211	3915029	3109182	1653649
辽宁	14433742	9022528	5239385	3783143	1259101
吉林	9532116	5155204	2841824	2313380	716901
黑龙江	10156453	6274785	3213959	3060826	860109
上海	19879748	8849589	7469280	1380309	847740
江苏	29901052	17093943	11134147	5959796	2150851
浙江	22539836	11804234	8777157	3027077	1501385
安徽	16523090	8626293	5170622	3455671	1530087
福建	12546197	5988951	4112774	1876177	898066
江西	13315310	8392665	5426359	2966306	1500664
山东	25035869	17639437	11214019	6425418	2242884
河南	25657604	12939439	8651774	4287664	2290337
湖北	15566579	9424841	6498153	2926688	1326865
湖南	16510192	11110106	8361582	2748524	1501743
广东	40533620	20742125	12693640	8048485	2392178
广西	13093845	4582673	2405126	2177547	1677054
海南	3067838	1327911	881751	446160	338554
重庆	9795421	5302058	3316507	1985551	1548758
四川	15229683	9581053	6992611	2588442	1906898
贵州	10945867	6626819	3878350	2748469	1761516
云南	9776054	6372776	4723633	1649143	1180987
西藏	1741656	1052622	717821	334801	191643
陕西	14469202	8295563	5910216	2385346	1598964
甘肃	8908929	3816929	1686143	2130787	977574
青海	2379381	1332728	909916	422813	130310
宁夏	2463597	1323123	858050	465073	254788
新疆	6742252	3928759	2899849	1028910	643269
大连	685763	388618	279824	108794	27993
宁波	1851729	943220	602187	341033	137948
厦门	1549986	631724	383169	248555	25827
青岛	941956	311344	169431	141912	59330
深圳	11485508	4194580	3280342	914238	267770

(地方普通高等学校)

单位：千元

公用部分	商品和服务支出	其他资本性支出	专项公用支出	专项项目支出	基本建设支出
183543587	**95333741**	**88209846**	**54582895**	**33626952**	**14806023**
9816250	6527073	3289176	2793571	495605	503442
6033754	3039494	2994260	2051202	943058	108378
7876346	3922911	3953435	2175030	1778404	181333
5785555	2335359	3450196	1276184	2174012	220426
3480281	1616026	1864255	1198855	665399	205872
4904098	3335520	1568578	1175030	393548	507115
4217616	2146089	2071527	1222323	849204	159296
3635041	2202891	1432150	1006811	425339	246627
8527325	6350509	2176816	1999754	177062	2502834
12759523	7030706	5728816	3094552	2634265	47586
10097155	4988919	5108236	2367794	2740443	638446
6771030	2817569	3953461	2057015	1896447	1125767
6496695	2983584	3513110	2597448	915662	60551
4733361	2602764	2130597	1414677	715920	189284
7197820	3689343	3508477	2640433	868044	198612
12044707	6537391	5507316	4076516	1430800	673459
6098642	3033914	3064728	1247627	1817101	43096
5237442	2716611	2520832	1379346	1141486	162643
16777265	8125005	8652260	5811901	2840359	3014231
8046518	2626118	5420400	3794377	1626024	464654
1319150	811626	507524	452838	54686	420777
4274720	2505034	1769687	1158879	610808	218643
5216529	2851781	2364748	1631448	733300	432101
3872224	1631463	2240761	1022133	1218628	446823
3265476	1532105	1733371	654937	1078433	137802
440554	275041	165514	147278	18235	248480
5661019	3381149	2279870	1489185	790685	512620
4950186	1583701	3366485	1303550	2062935	141813
970377	343146	627231	379916	247315	76275
1010474	601831	408643	342650	65993	130000
2026455	1189070	837385	619636	217749	787038
256869	101960	154909	89091	65818	40276
866532	424816	441716	168287	273429	41976
866466	184756	681710	539223	142488	51795
630612	228589	402023	190836	211187	
4403809	2786049	1617760	1614575	3186	2887119

5-7 财政补助支出明细

地区	合计	个人部分	工资福利支出	对个人和家庭的补助支出	#助学金
合计	**494204805**	**275694069**	**165297224**	**110396844**	**53346899**
北京	65277441	38843389	17175416	21667973	12616863
天津	15788003	6206074	3278932	2927141	974864
河北	14163252	7754803	4552546	3202257	1438408
山西	9502674	4824007	3195663	1628344	982300
内蒙古	6742123	4561393	2510742	2050651	1098750
辽宁	16265850	10097968	5721728	4376240	1568648
吉林	12847376	6908531	3977553	2930978	884870
黑龙江	11949762	7058211	3582429	3475782	1151433
上海	35551625	16933600	13268838	3664762	2462793
江苏	32196849	18722513	11005839	7716674	2969650
浙江	20937024	11028712	7965088	3063624	1588796
安徽	14724726	8137651	4804159	3333492	1515281
福建	12701741	6471495	4171545	2299950	1115734
江西	9502962	5893276	3884601	2008674	1083787
山东	22551268	15173790	9259576	5914215	1809149
河南	18131156	9073568	6032509	3041059	1650248
湖北	24462539	14511537	8371768	6139770	2419000
湖南	14358874	9447833	6438527	3009306	1633083
广东	37786993	18491375	10806373	7685002	2422968
广西	9444619	3392356	1706089	1686267	1313007
海南	2528970	1048129	707537	340592	257800
重庆	10449942	6265398	3664210	2601188	1562494
四川	18724218	11806222	7885069	3921153	2314156
贵州	7158718	4743636	2726380	2017256	1289482
云南	7525093	4946325	3669792	1276533	911887
西藏	1417810	834801	551019	283782	162622
陕西	23824997	12760412	8306605	4453807	2320283
甘肃	8023855	4270627	2213123	2057503	943417
青海	1700232	1046702	704545	342157	107109
宁夏	2345037	1243530	781427	462104	267572
新疆	5619079	3196206	2377596	818610	510444
大连	502184	277830	196973	80857	20022
宁波	1205764	569486	323541	245945	98669
厦门	1362665	546093	324317	221776	10604
青岛	662093	138466	51082	87384	41724
深圳	9242925	2704060	2060821	643238	189914

(普通高等本科学校)

单位：千元

公用部分					基本建设支出
	商品和服务支出	其他资本性支出			
			专项公用支出	专项项目支出	
201392278	**119271183**	**82121095**	**55824054**	**26297041**	**17118459**
24393603	15821869	8571734	6466735	2104999	2040449
9475035	3945278	5529757	2563166	2966590	106894
6159118	3261572	2897546	1679299	1218247	249331
4483371	1807750	2675621	932941	1742680	195296
2125495	1147817	977678	632334	345344	55235
5632254	3932978	1699276	1447799	251478	535627
5727737	3530628	2197108	1418145	778963	211109
4618536	2740843	1877693	1213621	664072	273015
15971184	11980201	3990983	3636014	354969	2646841
13065430	7894130	5171300	3459216	1712083	408906
9365422	5048877	4316545	2342500	1974045	542890
5721223	3068976	2652247	1753293	898954	865853
6031121	3136063	2895058	2263362	631696	199125
3499907	1967936	1531971	1091081	440890	109779
6860990	3657750	3203240	2637264	565976	516488
8527478	5194628	3332850	2770195	562655	530110
9288466	6151652	3136814	2010529	1126285	662536
4687914	3043537	1644377	1131068	513309	223127
16373124	9424847	6948277	4891636	2056642	2922493
5629716	1890845	3738872	2487368	1251504	422546
1074354	664448	409906	376497	33409	406487
4039549	2610348	1429202	1064873	364329	144995
6469291	3950604	2518687	2016405	502282	448705
2062078	1200790	861288	708021	153267	353004
2479976	1231493	1248483	512578	735905	98792
351779	213073	138706	122500	16206	231230
10456585	7066173	3390411	2386809	1003602	608001
3542111	1846162	1695949	741026	954922	211117
578746	201226	377520	184361	193159	74784
971507	564286	407221	348749	58471	130000
1729179	1074404	654776	534670	120105	693694
184078	63191	120887	60866	60020	40276
616277	296147	320130	124405	195726	20000
764776	131399	633378	500917	132461	51795
523627	181213	342415	145709	196706	
3777875	2411091	1366784	1363599	3186	2760990

5-8 财政补助支出明细

地区	合计	个人部分			
			工资福利支出	对个人和家庭的补助支出	
					#助学金
合计	**317998877**	**176216211**	**114424671**	**61791540**	**29338898**
北京	16996702	8117729	6083114	2034615	773455
天津	8828590	3664482	2004962	1659521	590674
河北	12987215	7048169	4061238	2986931	1397220
山西	9502674	4824007	3195663	1628344	982300
内蒙古	6742123	4561393	2510742	2050651	1098750
辽宁	11020445	7161210	4089161	3072049	1044385
吉林	7846884	4173045	2315031	1858015	609011
黑龙江	7846374	4781242	2438704	2342537	685156
上海	17436519	8130633	6832263	1298370	807806
江苏	19405957	11427181	7111679	4315502	1608832
浙江	16368879	8418005	6161013	2256992	1135998
安徽	10633488	5937897	3548203	2389695	1054255
福建	9277851	4576287	3100640	1475647	690766
江西	9502962	5893276	3884601	2008674	1083787
山东	17188202	12091436	7727810	4363625	1285453
河南	17877190	8983939	5968847	3015092	1646193
湖北	9728916	6284968	4397631	1887336	945931
湖南	10154445	7031678	5287162	1744515	1049105
广东	29324920	14328709	8477910	5850799	1730849
广西	9444619	3392356	1706089	1686267	1313007
海南	2528970	1048129	707537	340592	257800
重庆	6584037	3632422	2228312	1404110	1104067
四川	10286824	6680541	4896463	1784078	1368725
贵州	7158718	4743636	2726380	2017256	1289482
云南	7525093	4946325	3669792	1276533	911887
西藏	1417810	834801	551019	283782	162622
陕西	10871685	6262378	4395637	1866741	1260719
甘肃	5576851	2756534	1243061	1513473	692459
青海	1700232	1046702	704545	342157	107109
宁夏	1761723	920186	553584	366602	222620
新疆	4471980	2516916	1845876	671039	428475
大连	502184	277830	196973	80857	20022
宁波	1205764	569486	323541	245945	98669
厦门	1362665	546093	324317	221776	10604
青岛	662093	138466	51082	87384	41724
深圳	9242925	2704060	2060821	643238	189914

(地方普通高等本科学校)

单位：千元

公用部分	商品和服务支出	其他资本性支出			基本建设支出
			专项公用支出	专项项目支出	
129944212	**71968140**	**57976071**	**37950858**	**20025213**	**11838453**
8449481	5668089	2781392	2339616	441777	429492
5068730	2492615	2576115	1700410	875705	95378
5757713	3061285	2696428	1534780	1161647	181333
4483371	1807750	2675621	932941	1742680	195296
2125495	1147817	977678	632334	345344	55235
3570441	2648792	921648	779528	142120	288795
3527740	1795531	1732209	983506	748703	146099
2854539	1701227	1153312	808813	344499	210594
7250220	5261003	1989218	1832382	156836	2055666
7939954	4612071	3327883	1956981	1370901	38822
7433574	3746114	3687460	1727850	1959610	517299
3939956	1922862	2017094	1118140	898954	755634
4647240	2279780	2367460	1884573	482888	54324
3499907	1967936	1531971	1091081	440890	109779
4908006	2417398	2490608	2131496	359111	188760
8451855	5152569	3299286	2738185	561101	441395
3443948	2043654	1400294	620891	779403	
3013306	1754532	1258774	747538	511236	109462
12202108	6330634	5871474	3837062	2034412	2794102
5629716	1890845	3738872	2487368	1251504	422546
1074354	664448	409906	376497	33409	406487
2852100	1774903	1077197	713763	363434	99515
3360112	1901783	1458329	1109894	348434	246171
2062078	1200790	861288	708021	153267	353004
2479976	1231493	1248483	512578	735905	98792
351779	213073	138706	122500	16206	231230
4190387	2563296	1627092	1093427	533664	418920
2705770	1256035	1449735	565087	884648	114548
578746	201226	377520	184361	193159	74784
711536	427859	283678	240260	43418	130000
1380072	830733	549339	438994	110345	574992
184078	63191	120887	60866	60020	40276
616277	296147	320130	124405	195726	20000
764776	131399	633378	500917	132461	51795
523627	181213	342415	145709	196706	
3777875	2411091	1366784	1363599	3186	2760990

5-9 财政补助支出明细

地 区	合 计	个人部分	工资福利支出	对个人和家庭的补助支出	#助学金
合 计	**126917401**	**69039323**	**46284101**	**22755222**	**10175632**
北 京	3432604	1905620	1511793	393827	95276
天 津	2478574	1500550	925331	575220	148532
河 北	4593370	2474738	1606649	868089	354957
山 西	2969954	1642640	1100147	542493	237282
内蒙古	3968240	2462818	1404286	1058531	554899
辽 宁	3413296	1861318	1150224	711094	214716
吉 林	1685232	982158	526793	455365	107890
黑龙江	2379853	1551907	803263	748644	178684
上 海	3442459	770155	681073	89082	42115
江 苏	10495095	5666763	4022468	1644294	542019
浙 江	6170957	3386229	2616144	770086	365387
安 徽	5889603	2688396	1622420	1065976	475832
福 建	3268346	1412664	1012134	400530	207299
江 西	3812348	2499390	1541758	957632	416877
山 东	7847667	5548002	3486209	2061793	957431
河 南	7780415	3955499	2682927	1272573	644144
湖 北	5867931	3164568	2102761	1061807	401909
湖 南	6392656	4109055	3103927	1005127	452638
广 东	11473443	6509925	4295504	2214421	667632
广 西	3649227	1190317	699037	491280	364047
海 南	538868	279782	174214	105568	80754
重 庆	3211384	1669636	1088195	581441	444692
四 川	5094269	2998946	2161860	837086	551445
贵 州	3787149	1883184	1151970	731214	472033
云 南	2250961	1426451	1053840	372610	269100
西 藏	323847	217820	166802	51019	29021
陕 西	3597516	2033185	1514579	518606	338246
甘 肃	3332077	1060395	443082	617314	285115
青 海	679149	286027	205371	80656	23201
宁 夏	701874	402937	304466	98471	32168
新 疆	2389038	1498250	1124874	373376	220294
大 连	183579	110787	82850	27937	7972
宁 波	645965	373734	278647	95087	39278
厦 门	187321	85631	58851	26780	15223
青 岛	279862	172878	118350	54528	17606
深 圳	2242583	1490521	1219521	270999	77856

(普通高职高专学校)

单位：千元

公用部分	商品和服务支出	其他资本性支出	专项公用支出	专项项目支出	基本建设支出
54449288	**23595680**	**30853608**	**16695939**	**14157668**	**3428790**
1421666	907548	514118	460290	53828	105318
965024	546879	418145	350791	67353	13000
2118633	861625	1257007	640250	616757	
1302184	527609	774575	343243	431332	25130
1354786	468209	886576	566521	320056	150637
1333658	686728	646930	395502	251428	218320
689876	350558	339318	238817	100501	13197
791913	512653	279261	198262	80999	36033
1845136	1122257	722878	174086	548792	827168
4819569	2418635	2400934	1137570	1263363	8764
2663581	1242805	1420776	639944	780832	121147
2831074	894707	1936367	938875	997492	370133
1849454	703804	1145650	712876	432775	6228
1233454	634828	598626	323596	275030	79504
2289814	1271945	1017869	508936	508933	9852
3592851	1384822	2208030	1338330	869699	232064
2660267	993443	1666824	629125	1037699	43096
2230419	968362	1262057	631808	630249	53182
4693678	1850184	2843494	2010343	833151	269841
2416802	735273	1681529	1307009	374520	42108
244796	147178	97618	76341	21276	14290
1422620	730131	692489	445116	247373	119128
1909392	1001782	907611	522745	384866	185930
1810146	430673	1379473	314112	1065361	93819
785500	300612	484888	142359	342529	39010
88776	61968	26808	24779	2029	17250
1470632	817853	652778	395758	257021	93700
2244417	327666	1916751	738463	1178288	27265
391631	141920	249711	195555	54156	1491
298938	173972	124966	102391	22575	
678602	379050	299552	192148	107404	212186
72791	38769	34022	28224	5798	
250255	128669	121586	43882	77704	21976
101690	53357	48333	38306	10027	
106985	47376	59609	45127	14482	
625934	374958	250976	250976		126129

5-10 财政补助支出明细

地 区	合 计	个人部分	工资福利支出	对个人和家庭的补助支出	#助学金
合 计	**125103423**	**68536478**	**45930443**	**22606035**	**10118764**
北 京	3289727	1849008	1478335	370673	90368
天 津	2478574	1500550	925331	575220	148532
河 北	4593370	2474738	1606649	868089	354957
山 西	2969954	1642640	1100147	542493	237282
内蒙古	3968240	2462818	1404286	1058531	554899
辽 宁	3413296	1861318	1150224	711094	214716
吉 林	1685232	982158	526793	455365	107890
黑龙江	2310079	1493543	775255	718289	174953
上 海	2443229	718956	637018	81939	39935
江 苏	10495095	5666763	4022468	1644294	542019
浙 江	6170957	3386229	2616144	770086	365387
安 徽	5889603	2688396	1622420	1065976	475832
福 建	3268346	1412664	1012134	400530	207299
江 西	3812348	2499390	1541758	957632	416877
山 东	7847667	5548002	3486209	2061793	957431
河 南	7780415	3955499	2682927	1272573	644144
湖 北	5837663	3139873	2100521	1039352	380934
湖 南	6355746	4078428	3074420	1004008	452638
广 东	11208701	6413416	4215730	2197686	661329
广 西	3649227	1190317	699037	491280	364047
海 南	538868	279782	174214	105568	80754
重 庆	3211384	1669636	1088195	581441	444692
四 川	4942859	2900511	2096147	804364	538173
贵 州	3787149	1883184	1151970	731214	472033
云 南	2250961	1426451	1053840	372610	269100
西 藏	323847	217820	166802	51019	29021
陕 西	3597516	2033185	1514579	518606	338246
甘 肃	3332077	1060395	443082	617314	285115
青 海	679149	286027	205371	80656	23201
宁 夏	701874	402937	304466	98471	32168
新 疆	2270272	1411844	1053973	357871	214793
大 连	183579	110787	82850	27937	7972
宁 波	645965	373734	278647	95087	39278
厦 门	187321	85631	58851	26780	15223
青 岛	279862	172878	118350	54528	17606
深 圳	2242583	1490521	1219521	270999	77856

(地方普通高职高专学校)

单位：千元

公用部分	商品和服务支出	其他资本性支出	专项公用支出	专项项目支出	基本建设支出
53599376	**23365601**	**30233775**	**16632036**	**13601739**	**2967570**
1366769	858985	507784	453956	53828	73950
965024	546879	418145	350791	67353	13000
2118633	861625	1257007	640250	616757	
1302184	527609	774575	343243	431332	25130
1354786	468209	886576	566521	320056	150637
1333658	686728	646930	395502	251428	218320
689876	350558	339318	238817	100501	13197
780502	501664	278838	197998	80840	36033
1277104	1089506	187598	167372	20227	447168
4819569	2418635	2400934	1137570	1263363	8764
2663581	1242805	1420776	639944	780832	121147
2831074	894707	1936367	938875	997492	370133
1849454	703804	1145650	712876	432775	6228
1233454	634828	598626	323596	275030	79504
2289814	1271945	1017869	508936	508933	9852
3592851	1384822	2208030	1338330	869699	232064
2654694	990260	1664434	626735	1037699	43096
2224136	962079	1262057	631808	630249	53182
4575156	1794371	2780786	1974839	805946	220128
2416802	735273	1681529	1307009	374520	42108
244796	147178	97618	76341	21276	14290
1422620	730131	692489	445116	247373	119128
1856417	949997	906420	521554	384866	185930
1810146	430673	1379473	314112	1065361	93819
785500	300612	484888	142359	342529	39010
88776	61968	26808	24779	2029	17250
1470632	817853	652778	395758	257021	93700
2244417	327666	1916751	738463	1178288	27265
391631	141920	249711	195555	54156	1491
298938	173972	124966	102391	22575	
646383	358337	288046	180642	107404	212046
72791	38769	34022	28224	5798	
250255	128669	121586	43882	77704	21976
101690	53357	48333	38306	10027	
106985	47376	59609	45127	14482	
625934	374958	250976	250976		126129

5-11 财政补助支出明细

地区	合计	个人部分	工资福利支出	对个人和家庭的补助支出	#助学金
合 计	**9560297**	**6117898**	**4500648**	**1617250**	**175918**
北 京	1048909	645357	458893	186464	70
天 津	308046	233601	155612	77989	2076
河 北	369019	298514	224230	74284	6662
山 西	190231	129345	100246	29100	5776
内蒙古	89095	66669	40878	25790	2447
辽 宁	281192	229946	160732	69215	503
吉 林	453583	324164	169931	154234	18935
黑龙江	353438	290815	155726	135088	2233
上 海	834374	482238	446771	35467	217
江 苏	158523	86638	62322	24315	3563
浙 江	913748	449242	387096	62146	8351
安 徽	301424	184675	106346	78329	6933
福 建	222002	138717	119743	18974	594
江 西	283308	194460	144574	49886	20219
山 东	135126	96681	64640	32042	2180
河 南	166142	122766	92663	30104	1658
湖 北	77781	70003	46213	23790	6419
湖 南	257338	165158	128359	36798	5467
广 东	889610	597452	372968	224485	9619
广 西	378900	138199	97857	40342	20598
海 南	61101	29631	21554	8077	4868
重 庆	58826	12203	9053	3149	
四 川	804468	453849	409078	44771	1740
贵 州	86042	66300	42517	23783	10534
云 南	161329	148400	122059	26341	18182
西 藏					
陕 西	347458	187160	145067	42093	15554
甘 肃	89136	68743	39116	29627	509
青 海	23847	21614	13659	7955	
宁 夏					
新 疆	216303	185359	162745	22613	11
大 连	108315	89112	73203	15909	
宁 波	227165	121956	104110	17846	2763
厦 门	966	839	501	338	
青 岛	28617	20713	13988	6725	
深 圳	82846	37890	29332	8557	2674

(成人高等学校)

单位：千元

公用部分					基本建设支出
	商品和服务支出	其他资本性支出			
			专项公用支出	专项项目支出	
3179813	**2055907**	**1123906**	**703103**	**420803**	**262586**
396155	348131	48024	43086	4938	7396
74445	40486	33959	21481	12478	
70506	54708	15798	11478	4319	
60886	24931	35955	35955		
21927	14233	7694	4552	3142	500
36702	27874	8827	8827		14544
122305	86627	35677	28442	7236	7114
62623	42974	19649	9257	10392	
352136	286521	65615	42857	22759	
71885	22118	49767	21120	28647	
255398	112025	143373	48182	95191	209108
116750	75370	41380	26947	14432	
73285	67013	6273	4477	1796	10000
88848	65021	23827	22991	837	
38444	28589	9856	9656	200	
43376	36346	7030	5220	1810	
7778	6152	1626	695	932	
92180	61792	30388	10650	19737	
291658	167728	123930	76438	47492	499
240660	54256	186404	178436	7969	41
31470	21362	10108	9872	236	
46623	8195	38428	23022	15406	
337234	233436	103798	28388	75410	13385
19742	12675	7067	1814	5253	
12930	10322	2607	2607		
160298	103183	57115	20447	36668	
20392	17269	3123	3123		
2232	875	1358	1358		
30944	25694	5250	1726	3524	
18703	16474	2230	2230		500
105210	35206	70004	18504	51500	
127	124	3	3		
7904	5924	1980	1980		
44457	26168	18289	13970	4318	499

5-12 财政补助支出明细

地区	合计	个人部分			
			工资福利支出	对个人和家庭的补助支出	
					#助学金
合计	**9285144**	**5962374**	**4421163**	**1541211**	**175917**
北京	812151	522715	411488	111227	70
天津	308046	233601	155612	77989	2076
河北	369019	298514	224230	74284	6662
山西	190231	129345	100246	29100	5776
内蒙古	89095	66669	40878	25790	2447
辽宁	281192	229946	160732	69215	503
吉林	453583	324164	169931	154234	18935
黑龙江	353438	290815	155726	135088	2233
上海	834374	482238	446771	35467	217
江苏	158523	86638	62322	24315	3563
浙江	913748	449242	387096	62146	8351
安徽	301424	184675	106346	78329	6933
福建	222002	138717	119743	18974	594
江西	283308	194460	144574	49886	20219
山东	135126	96681	64640	32042	2180
河南	166142	122766	92663	30104	1658
湖北	77781	70003	46213	23790	6419
湖南	257338	165158	128359	36798	5467
广东	889610	597452	372968	224485	9619
广西	378900	138199	97857	40342	20598
海南	61101	29631	21554	8077	4868
重庆	58826	12203	9053	3149	
四川	804468	453849	409078	44771	1740
贵州	86042	66300	42517	23783	10534
云南	161329	148400	122059	26341	18182
西藏					
陕西	347458	187160	145067	42093	15554
甘肃	89136	68743	39116	29627	509
青海	23847	21614	13659	7955	
宁夏					
新疆	177908	152477	130665	21812	10
大连	108315	89112	73203	15909	
宁波	227165	121956	104110	17846	2763
厦门	966	839	501	338	
青岛	28617	20713	13988	6725	
深圳	82846	37890	29332	8557	2674

(地方成人高等学校)

单位：千元

公用部分	商品和服务支出	其他资本性支出	专项公用支出	专项项目支出	基本建设支出
3060184	**1940375**	**1119810**	**699327**	**420483**	**262586**
282040	238112	43928	39310	4618	7396
74445	40486	33959	21481	12478	
70506	54708	15798	11478	4319	
60886	24931	35955	35955		
21927	14233	7694	4552	3142	500
36702	27874	8827	8827		14544
122305	86627	35677	28442	7236	7114
62623	42974	19649	9257	10392	
352136	286521	65615	42857	22759	
71885	22118	49767	21120	28647	
255398	112025	143373	48182	95191	209108
116750	75370	41380	26947	14432	
73285	67013	6273	4477	1796	10000
88848	65021	23827	22991	837	
38444	28589	9856	9656	200	
43376	36346	7030	5220	1810	
7778	6152	1626	695	932	
92180	61792	30388	10650	19737	
291658	167728	123930	76438	47492	499
240660	54256	186404	178436	7969	41
31470	21362	10108	9872	236	
46623	8195	38428	23022	15406	
337234	233436	103798	28388	75410	13385
19742	12675	7067	1814	5253	
12930	10322	2607	2607		
160298	103183	57115	20447	36668	
20392	17269	3123	3123		
2232	875	1358	1358		
25430	20181	5250	1726	3524	
18703	16474	2230	2230		500
105210	35206	70004	18504	51500	
127	124	3	3		
7904	5924	1980	1980		
44457	26168	18289	13970	4318	499

5-13 财政补助支出明细

地区	合计	个人部分	工资福利支出	对个人和家庭的补助支出	#助学金
合计	**201363898**	**117876875**	**84597202**	**33279674**	**9380982**
北京	6584703	3529927	2798386	731541	64445
天津	2567246	1928035	1259956	668078	72797
河北	9687131	6302297	4663873	1638425	299513
山西	5222780	3219928	2464954	754974	192895
内蒙古	3944674	2579363	1658510	920853	324758
辽宁	5226518	3233235	2156975	1076261	178740
吉林	4044360	2557242	1512624	1044618	121840
黑龙江	3766635	2628508	1520041	1108467	99887
上海	6038463	2978666	2602015	376651	190870
江苏	15261402	9614438	6981976	2632462	243202
浙江	12728193	7866897	6695970	1170928	213597
安徽	6990714	3448070	2097544	1350526	528414
福建	6228379	3288278	2660407	627871	106612
江西	4081142	2073983	1472783	601200	327043
山东	15852418	8671109	6537471	2133639	263304
河南	10303726	5617985	4313024	1304961	429975
湖北	6382923	3688326	2571210	1117116	258133
湖南	7124235	3999640	2954837	1044802	503855
广东	21286690	13232131	8507429	4724702	509230
广西	6326797	3125395	2357289	768106	372573
海南	1881641	918555	727276	191279	101146
重庆	5050537	2944515	2042582	901934	530145
四川	8834303	5420870	3945661	1475209	863584
贵州	4800026	2463384	1539182	924203	588720
云南	6903717	4608778	3297719	1311059	792011
西藏	1166217	478003	292453	185550	121477
陕西	3394253	2118729	1534901	583828	297891
甘肃	3142088	2027329	1139340	887989	198492
青海	1063025	529046	349541	179505	96329
宁夏	1233744	490336	351365	138971	70203
新疆	4245217	2293879	1589912	703967	419303
大连	1108632	607897	490084	117813	20897
宁波	2412129	1593634	1368340	225294	20880
厦门	1114661	592540	410222	182318	10884
青岛	2984338	1651597	1204926	446671	38889
深圳	2937269	1612410	1026379	586031	67086

(中等职业学校)

单位：千元

公用部分	商品和服务支出	其他资本性支出			基本建设支出
			专项公用支出	专项项目支出	
79063968	**36274084**	**42789884**	**18969229**	**23820655**	**4423054**
3039590	1409262	1630328	838613	791715	15185
639111	366086	273026	245268	27758	100
3277722	1402639	1875083	573412	1301671	107112
1956802	943885	1012917	460530	552387	46051
1252200	670495	581705	292308	289397	113111
1861593	1187090	674504	324696	349808	131689
1381747	493383	888364	424647	463717	105371
1084830	628822	456008	233840	222168	53296
3059011	2259392	799619	478999	320620	786
5558294	2446290	3112005	1090533	2021472	88670
4455336	2232398	2222938	1064178	1158760	405960
3345571	968064	2377507	935578	1441929	197073
2819048	1008643	1810405	757194	1053211	121053
1918463	565340	1353123	335015	1018108	88697
7085578	2538788	4546790	1460833	3085957	95730
4519961	2056463	2463498	1002018	1461480	165781
2694597	912047	1782550	619270	1163280	
2991674	1598221	1393452	602001	791451	132922
7692073	4275965	3416108	2162597	1253511	362486
2798368	873826	1924543	1321906	602636	403035
911046	462439	448607	315537	133069	52041
1977669	1129943	847725	311909	535816	128353
3194650	1708575	1486075	767872	718203	218784
1950119	840139	1109980	378220	731760	386523
2159037	1040266	1118771	450490	668280	135902
442015	76433	365582	92485	273096	246200
1165169	668693	496476	171863	324613	110355
1015050	460079	554971	248755	306216	99709
442936	173381	269555	183152	86403	91043
581808	199457	382351	235577	146774	161600
1792900	677582	1115318	589931	525388	158437
482492	243460	239032	102805	136227	18243
786450	493775	292675	164774	127901	32045
426071	238032	188039	140062	47977	96051
1332741	454779	877962	288994	588967	
1159818	751328	408489	353669	54821	165041

5-14 财政补助支出明细

地区	合计	个人部分	工资福利支出	对个人和家庭的补助支出	#助学金
合计	**200775408**	**117523244**	**84354130**	**33169114**	**9343490**
北京	6493262	3461289	2752788	708501	60698
天津	2560930	1923775	1255803	667971	72690
河北	9681708	6297189	4659488	1637701	299513
山西	5222780	3219928	2464954	754974	192895
内蒙古	3944674	2579363	1658510	920853	324758
辽宁	5226518	3233235	2156975	1076261	178740
吉林	4044360	2557242	1512624	1044618	121840
黑龙江	3705804	2582909	1491847	1091062	97415
上海	6036233	2976436	2599785	376651	190870
江苏	15255311	9608667	6981976	2626691	237432
浙江	12728193	7866897	6695970	1170928	213597
安徽	6989717	3447196	2096926	1350270	528158
福建	6228379	3288278	2660407	627871	106612
江西	4080576	2073890	1472783	601107	326949
山东	15852418	8671109	6537471	2133639	263304
河南	10303726	5617985	4313024	1304961	429975
湖北	6376088	3681516	2570626	1110890	255264
湖南	7118272	3996062	2951444	1044617	503670
广东	21248248	13206202	8488447	4717755	508750
广西	6326797	3125395	2357289	768106	372573
海南	1881641	918555	727276	191279	101146
重庆	5049791	2943969	2042066	901903	530114
四川	8798721	5403389	3934107	1469281	858257
贵州	4800026	2463384	1539182	924203	588720
云南	6903717	4608778	3297719	1311059	792011
西藏	1166217	478003	292453	185550	121477
陕西	3394253	2118729	1534901	583828	297891
甘肃	3142088	2027329	1139340	887989	198492
青海	1063025	529046	349541	179505	96329
宁夏	1233744	490336	351365	138971	70203
新疆	3918192	2127166	1467047	660119	403149
大连	1108632	607897	490084	117813	20897
宁波	2412129	1593634	1368340	225294	20880
厦门	1114661	592540	410222	182318	10884
青岛	2984338	1651597	1204926	446671	38889
深圳	2937269	1612410	1026379	586031	67086

(地方中等职业学校)

单位：千元

公用部分	商品和服务支出	其他资本性支出	专项公用支出	专项项目支出	基本建设支出
78857813	**36127284**	**42730530**	**18928374**	**23802155**	**4394351**
3016788	1388351	1628437	838134	790303	15185
637056	364030	273026	245268	27758	100
3277407	1402324	1875083	573412	1301671	107112
1956802	943885	1012917	460530	552387	46051
1252200	670495	581705	292308	289397	113111
1861593	1187090	674504	324696	349808	131689
1381747	493383	888364	424647	463717	105371
1069598	615471	454127	233050	221077	53296
3059011	2259392	799619	478999	320620	786
5557974	2445969	3112005	1090533	2021472	88670
4455336	2232398	2222938	1064178	1158760	405960
3345448	967941	2377507	935578	1441929	197073
2819048	1008643	1810405	757194	1053211	121053
1917989	564866	1353123	335015	1018108	88697
7085578	2538788	4546790	1460833	3085957	95730
4519961	2056463	2463498	1002018	1461480	165781
2694572	912022	1782550	619270	1163280	
2989288	1596536	1392752	602001	790751	132922
7679560	4265045	3414514	2161462	1253052	362486
2798368	873826	1924543	1321906	602636	403035
911046	462439	448607	315537	133069	52041
1977469	1129743	847725	311909	535816	128353
3176549	1690784	1485765	767562	718203	218784
1950119	840139	1109980	378220	731760	386523
2159037	1040266	1118771	450490	668280	135902
442015	76433	365582	92485	273096	246200
1165169	668693	496476	171863	324613	110355
1015050	460079	554971	248755	306216	99709
442936	173381	269555	183152	86403	91043
581808	199457	382351	235577	146774	161600
1661291	598952	1062339	551789	510550	129734
482492	243460	239032	102805	136227	18243
786450	493775	292675	164774	127901	32045
426071	238032	188039	140062	47977	96051
1332741	454779	877962	288994	588967	
1159818	751328	408489	353669	54821	165041

5-15 财政补助支出明细

地区	合计	个人部分			
			工资福利支出	对个人和家庭的补助支出	
					#助学金
合计	**93599957**	**53750469**	**37559628**	**16190840**	**4943047**
北京	2071396	1272678	1003201	269477	43248
天津	1558136	1113992	753796	360196	38276
河北	2604391	1805807	1259460	546348	152903
山西	2277664	1317393	992129	325264	77292
内蒙古	1530042	926024	551569	374455	184619
辽宁	2875690	1697983	1105985	591997	84955
吉林	1330826	829915	490396	339519	42662
黑龙江	1157811	765040	428517	336523	71604
上海	3940026	1756237	1543149	213088	112378
江苏	10705389	6842413	4975496	1866916	165414
浙江	1975257	1285611	1090108	195503	43814
安徽	4588351	2370467	1451628	918839	348347
福建	4697277	2516483	2037580	478903	84016
江西	1921183	1094845	710000	384845	213501
山东	7293333	3949007	2929421	1019586	153423
河南	4142055	2143377	1552116	591262	208623
湖北	4204579	2171577	1543507	628070	171050
湖南	1169673	683874	470971	212904	122549
广东	10160882	6296353	4041157	2255195	309535
广西	4682356	2292820	1711546	581274	281060
海南	1038235	512651	414100	98551	55392
重庆	642644	359433	220121	139312	83730
四川	3146536	1947493	1281058	666435	444383
贵州	2117118	1101396	671981	429415	266318
云南	2856788	1859928	1204777	655151	445694
西藏	1165717	478003	292453	185550	121477
陕西	639872	410133	305971	104162	44161
甘肃	2416722	1508654	845962	662692	132083
青海	1061387	527414	348162	179252	96183
宁夏	569563	252531	174245	78287	43360
新疆	3059061	1660937	1159067	501870	300993
大连	400084	244637	196884	47753	8681
宁波	587452	375501	320962	54539	3220
厦门	967323	524780	373457	151323	8829
青岛	405090	206311	138757	67554	8185
深圳	744781	422174	297610	124564	13643

(中等专业学校)

单位：千元

公用部分	商品和服务支出	其他资本性支出			基本建设支出
			专项公用支出	专项项目支出	
37449423	**17668093**	**19781331**	**9257861**	**10523469**	**2400065**
796069	532463	263606	216561	47045	2649
444080	271082	172999	153833	19166	63
727751	423158	304593	135105	169489	70832
933666	416421	517245	178968	338276	26605
543968	278038	265930	125588	140342	60050
1051728	767865	283863	175473	108390	125979
483043	198616	284427	169747	114680	17869
385861	246265	139596	95231	44366	6910
2183788	1688041	495748	316667	179080	
3799899	1678751	2121148	762222	1358925	63077
657091	370762	286329	156887	129442	32555
2020810	664217	1356593	611771	744822	197073
2069359	780530	1288829	610737	678092	111435
765616	357409	408206	162451	245756	60722
3311342	1161032	2150309	512473	1637837	32984
1856521	941893	914628	401075	513553	142157
2033002	673306	1359696	446034	913662	
472305	290213	182092	73197	108895	13494
3750693	2056094	1694599	1077098	617501	113836
2073145	653288	1419857	942363	477494	316392
503342	256118	247224	172512	74712	22241
260242	173574	86667	55509	31158	22969
1122921	675230	447691	238661	209029	76122
740475	356834	383641	153650	229992	275247
902785	445246	457538	204125	253413	94076
441515	75933	365582	92485	273096	246200
223834	122016	101817	33745	68073	5905
854600	381661	472939	220601	252338	53468
442930	173374	269555	183152	86403	91043
317031	102023	215008	104085	110923	
1280012	456639	823373	475855	347518	118112
138415	107347	31068	21273	9795	17033
209359	115018	94341	50554	43787	2592
352982	197006	155976	117996	37981	89561
198779	72250	126530	21782	104747	
285172	170854	114318	104437	9881	37435

5-16 财政补助支出明细

地区	合计	个人部分	工资福利支出	对个人和家庭的补助支出	#助学金
合计	93120014	53476418	37367201	16109216	4918535
北京	1979955	1204040	957602	246438	39501
天津	1558136	1113992	753796	360196	38276
河北	2598968	1800699	1255075	545624	152903
山西	2277664	1317393	992129	325264	77292
内蒙古	1530042	926024	551569	374455	184619
辽宁	2875690	1697983	1105985	591997	84955
吉林	1330826	829915	490396	339519	42662
黑龙江	1157811	765040	428517	336523	71604
上海	3937796	1754007	1540919	213088	112378
江苏	10705389	6842413	4975496	1866916	165414
浙江	1975257	1285611	1090108	195503	43814
安徽	4588351	2370467	1451628	918839	348347
福建	4697277	2516483	2037580	478903	84016
江西	1920616	1094752	710000	384751	213408
山东	7293333	3949007	2929421	1019586	153423
河南	4142055	2143377	1552116	591262	208623
湖北	4197744	2164767	1542923	621844	168181
湖南	1169673	683874	470971	212904	122549
广东	10122439	6270423	4022175	2248248	309055
广西	4682356	2292820	1711546	581274	281060
海南	1038235	512651	414100	98551	55392
重庆	642644	359433	220121	139312	83730
四川	3134892	1945831	1281058	664773	442722
贵州	2117118	1101396	671981	429415	266318
云南	2856788	1859928	1204777	655151	445694
西藏	1165717	478003	292453	185550	121477
陕西	639872	410133	305971	104162	44161
甘肃	2416722	1508654	845962	662692	132083
青海	1061387	527414	348162	179252	96183
宁夏	569563	252531	174245	78287	43360
新疆	2735700	1497357	1038420	458937	285334
大连	400084	244637	196884	47753	8681
宁波	587452	375501	320962	54539	3220
厦门	967323	524780	373457	151323	8829
青岛	405090	206311	138757	67554	8185
深圳	744781	422174	297610	124564	13643

(地方中等专业学校)

单位：千元

公用部分	商品和服务支出	其他资本性支出	专项公用支出	专项项目支出	基本建设支出
37272235	**17547346**	**19724889**	**9218128**	**10506761**	**2371362**
773267	511551	261715	216082	45633	2649
444080	271082	172999	153833	19166	63
727436	422843	304593	135105	169489	70832
933666	416421	517245	178968	338276	26605
543968	278038	265930	125588	140342	60050
1051728	767865	283863	175473	108390	125979
483043	198616	284427	169747	114680	17869
385861	246265	139596	95231	44366	6910
2183788	1688041	495748	316667	179080	
3799899	1678751	2121148	762222	1358925	63077
657091	370762	286329	156887	129442	32555
2020810	664217	1356593	611771	744822	197073
2069359	780530	1288829	610737	678092	111435
765142	356936	408206	162451	245756	60722
3311342	1161032	2150309	512473	1637837	32984
1856521	941893	914628	401075	513553	142157
2032977	673281	1359696	446034	913662	
472305	290213	182092	73197	108895	13494
3738180	2045175	1693006	1075963	617042	113836
2073145	653288	1419857	942363	477494	316392
503342	256118	247224	172512	74712	22241
260242	173574	86667	55509	31158	22969
1112939	665248	447691	238661	209029	76122
740475	356834	383641	153650	229992	275247
902785	445246	457538	204125	253413	94076
441515	75933	365582	92485	273096	246200
223834	122016	101817	33745	68073	5905
854600	381661	472939	220601	252338	53468
442930	173374	269555	183152	86403	91043
317031	102023	215008	104085	110923	
1148934	378518	770416	437735	332681	89409
138415	107347	31068	21273	9795	17033
209359	115018	94341	50554	43787	2592
352982	197006	155976	117996	37981	89561
198779	72250	126530	21782	104747	
285172	170854	114318	104437	9881	37435

5-17 财政补助支出明细

地区	合计	个人部分	工资福利支出	对个人和家庭的补助支出	#助学金
合计	**75162417**	**44544330**	**33094098**	**11450232**	**3275567**
北京	2988593	1572975	1233247	339729	7266
天津	575899	478621	287031	191590	17428
河北	5391010	3153475	2412346	741129	119325
山西	2204079	1336317	1047442	288875	97715
内蒙古	1963300	1260874	847586	413288	136917
辽宁	1976462	1274605	881856	392750	83105
吉林	1592814	877570	561805	315765	22684
黑龙江	1662594	1159548	690295	469253	23775
上海	1762894	1053231	909636	143595	72594
江苏	2740743	1769206	1308826	460380	37336
浙江	9123246	5729088	4903929	825159	148908
安徽	2092161	859272	558851	300421	108309
福建	810603	345563	280012	65550	6736
江西	1626229	671897	496999	174898	110569
山东	5394104	3017765	2342807	674958	58516
河南	3979195	2220744	1747243	473501	186792
湖北	1748586	1250480	829951	420528	78977
湖南	5086459	2750684	2037311	713372	346721
广东	4738924	3216823	2064102	1152721	59784
广西	95612	63598	40816	22782	8465
海南	579532	285503	212401	73102	35888
重庆	3198067	2025366	1425323	600043	377421
四川	4753118	2894407	2231067	663340	334381
贵州	2456772	1264273	846615	417657	249590
云南	2614260	1815389	1360794	454595	240496
西藏	500				
陕西	1867811	1090319	817467	272851	129192
甘肃	645411	445263	256205	189058	65266
青海	1638	1632	1379	253	146
宁夏	664181	237804	177120	60684	26843
新疆	827619	422038	283634	138404	84422
大连	611160	307035	250437	56599	8079
宁波	1435350	985260	849235	136025	15108
厦门					
青岛	2333196	1309455	964637	344819	23469
深圳	1365048	747634	447133	300501	21757

(职业高中)

单位：千元

公用部分	商品和服务支出	其他资本性支出			基本建设支出
			专项公用支出	专项项目支出	
29165903	**12131830**	**17034073**	**6456347**	**10577726**	**1452184**
1403081	480235	922846	217663	705183	12537
97278	41104	56174	48043	8132	
2206352	739452	1466899	372545	1094354	31184
848317	402223	446094	251539	194555	19445
659559	353928	305631	157635	147996	42867
697357	330445	366912	137134	229778	4500
627742	175361	452381	185844	266536	87503
458763	212593	246169	115387	130782	44283
708877	433965	274912	133372	141539	786
955774	380862	574912	213984	360928	15763
3145450	1533056	1612394	742342	870052	248708
1232889	243162	989727	312472	677255	
465040	89681	375359	71477	303882	
926357	139881	786476	156802	629674	27974
2355442	724026	1631416	547552	1083864	20897
1754600	640756	1113843	365207	748637	3851
498107	177274	320833	151332	169501	
2216347	1082138	1134209	481816	652393	119428
1415482	925848	489634	337873	151761	106619
30273	10263	20010	8722	11288	1741
293899	148831	145067	96435	48632	131
1079543	627523	452020	168991	283029	93157
1753651	797366	956286	477358	478928	105060
1090425	398365	692060	190781	501279	102074
783111	365732	417379	153507	263872	15760
500	500				
674042	342816	331227	107632	223595	103450
153907	73166	80741	27863	52878	46240
6	6				
264777	97434	167344	131492	35851	161600
368955	163838	205118	93548	111570	36626
304125	96458	207667	81235	126432	
438290	280627	157663	82703	74960	11800
1023741	311207	712534	250448	462086	
512084	380445	131639	109564	22074	105331

5-18 财政补助支出明细

地区	合计	个人部分	工资福利支出	对个人和家庭的补助支出	#助学金
合计	**75147648**	**44535132**	**33087304**	**11447828**	**3274900**
北京	2988593	1572975	1233247	339729	7266
天津	575899	478621	287031	191590	17428
河北	5391010	3153475	2412346	741129	119325
山西	2204079	1336317	1047442	288875	97715
内蒙古	1963300	1260874	847586	413288	136917
辽宁	1976462	1274605	881856	392750	83105
吉林	1592814	877570	561805	315765	22684
黑龙江	1647826	1150350	683501	466849	23108
上海	1762894	1053231	909636	143595	72594
江苏	2740743	1769206	1308826	460380	37336
浙江	9123246	5729088	4903929	825159	148908
安徽	2092161	859272	558851	300421	108309
福建	810603	345563	280012	65550	6736
江西	1626229	671897	496999	174898	110569
山东	5394104	3017765	2342807	674958	58516
河南	3979195	2220744	1747243	473501	186792
湖北	1748586	1250480	829951	420528	78977
湖南	5086459	2750684	2037311	713372	346721
广东	4738924	3216823	2064102	1152721	59784
广西	95612	63598	40816	22782	8465
海南	579532	285503	212401	73102	35888
重庆	3198067	2025366	1425323	600043	377421
四川	4753118	2894407	2231067	663340	334381
贵州	2456772	1264273	846615	417657	249590
云南	2614260	1815389	1360794	454595	240496
西藏	500				
陕西	1867811	1090319	817467	272851	129192
甘肃	645411	445263	256205	189058	65266
青海	1638	1632	1379	253	146
宁夏	664181	237804	177120	60684	26843
新疆	827619	422038	283634	138404	84422
大连	611160	307035	250437	56599	8079
宁波	1435350	985260	849235	136025	15108
厦门					
青岛	2333196	1309455	964637	344819	23469
深圳	1365048	747634	447133	300501	21757

（地方职业高中）

单位：千元

公用部分					基本建设支出
	商品和服务支出	其他资本性支出			
			专项公用支出	专项项目支出	
29160333	**12127401**	**17032932**	**6456298**	**10576634**	**1452184**
1403081	480235	922846	217663	705183	12537
97278	41104	56174	48043	8132	
2206352	739452	1466899	372545	1094354	31184
848317	402223	446094	251539	194555	19445
659559	353928	305631	157635	147996	42867
697357	330445	366912	137134	229778	4500
627742	175361	452381	185844	266536	87503
453192	208164	245029	115338	129691	44283
708877	433965	274912	133372	141539	786
955774	380862	574912	213984	360928	15763
3145450	1533056	1612394	742342	870052	248708
1232889	243162	989727	312472	677255	
465040	89681	375359	71477	303882	
926357	139881	786476	156802	629674	27974
2355442	724026	1631416	547552	1083864	20897
1754600	640756	1113843	365207	748637	3851
498107	177274	320833	151332	169501	
2216347	1082138	1134209	481816	652393	119428
1415482	925848	489634	337873	151761	106619
30273	10263	20010	8722	11288	1741
293899	148831	145067	96435	48632	131
1079543	627523	452020	168991	283029	93157
1753651	797366	956286	477358	478928	105060
1090425	398365	692060	190781	501279	102074
783111	365732	417379	153507	263872	15760
500	500				
674042	342816	331227	107632	223595	103450
153907	73166	80741	27863	52878	46240
6	6				
264777	97434	167344	131492	35851	161600
368955	163838	205118	93548	111570	36626
304125	96458	207667	81235	126432	
438290	280627	157663	82703	74960	11800
1023741	311207	712534	250448	462086	
512084	380445	131639	109564	22074	105331

5-19 财政补助支出明细

地区	合计	个人部分	工资福利支出	对个人和家庭的补助支出	#助学金
合计	**33216490**	**19731201**	**15101366**	**4629834**	**1689509**
北京	219614	120184	105739	14445	601
天津					
河北	2800767	1780942	1358999	421943	86980
山西	1368259	845886	668914	176972	55888
内蒙古	1306601	818329	566756	251573	86166
辽宁	465623	347538	257687	89851	15990
吉林	599533	339134	230390	108744	9645
黑龙江	642442	447904	287171	160734	10071
上海	171279	101782	90223	11559	6775
江苏	1383793	911823	684608	227215	26356
浙江	3522739	2379548	2044579	334969	80339
安徽	1341985	587294	392994	194300	69212
福建	184288	55285	48556	6729	1314
江西	1092882	443070	342551	100519	58603
山东	1460833	850968	724286	126682	16848
河南	2474828	1317272	1071989	245283	92970
湖北	581367	375289	272124	103164	40204
湖南	2689878	1400727	1064296	336431	178498
广东	535273	352301	254891	97410	10776
广西	91692	60618	40816	19802	5485
海南	205522	108831	85253	23578	9838
重庆	1259806	784888	583527	201361	133077
四川	2563628	1627385	1266711	360673	193602
贵州	1588369	805063	566677	238386	127777
云南	1751306	1236927	950845	286082	146916
西藏	500				
陕西	1331031	769459	592480	176979	81606
甘肃	508088	375983	219424	156559	48579
青海	1638	1632	1379	253	146
宁夏	401084	140081	102860	37221	18017
新疆	671840	345057	224639	120418	77232
大连	74939	62582	52774	9809	14
宁波	453270	341700	301604	40097	6983
厦门					
青岛	43925	27591	20748	6843	1232
深圳					

(农村职业高中)

单位：千元

公用部分					基本建设支出
	商品和服务支出	其他资本性支出	专项公用支出	专项项目支出	
12673992	**5220880**	**7453112**	**2678747**	**4774365**	**811297**
97008	49585	47423	16657	30766	2422
988641	409751	578890	161530	417361	31184
502928	233425	269502	156567	112936	19445
458994	248344	210650	105492	105157	29278
115085	69963	45122	17269	27853	3000
196896	66040	130856	60441	70416	63503
173691	99073	74618	37898	36720	20847
69496	48452	21044	8281	12763	
463008	149692	313316	118841	194475	8963
1015718	549768	465950	225959	239991	127474
754690	173962	580729	226992	353737	
129003	18555	110448	11799	98650	
625812	101194	524619	119537	405082	24000
609865	196217	413648	158454	255194	
1157005	345818	811187	190470	620717	551
206079	64873	141206	62900	78306	
1197722	572603	625120	216329	408791	91428
182972	105411	77561	46492	31069	
29333	10263	19070	7806	11264	1741
96691	45591	51100	28083	23017	
430632	261861	168770	86392	82378	44287
898610	405726	492884	177687	315197	37633
734668	276517	458151	106977	351174	48638
498679	234734	263945	105834	158112	15700
500	500				
466122	226673	239449	78720	160729	95450
115791	59865	55926	22323	33603	16314
6	6				
168003	63923	104081	72086	31994	93000
290342	132497	157845	50930	106915	36441
12357	11547	809	809		
109769	58148	51622	16103	35518	1800
16334	3990	12344	307	12037	

5–20 财政补助支出明细

地区	合计	个人部分	工资福利支出	对个人和家庭的补助支出	#助学金
合计	**33203932**	**19722601**	**15094572**	**4628029**	**1689440**
北京	219614	120184	105739	14445	601
天津					
河北	2800767	1780942	1358999	421943	86980
山西	1368259	845886	668914	176972	55888
内蒙古	1306601	818329	566756	251573	86166
辽宁	465623	347538	257687	89851	15990
吉林	599533	339134	230390	108744	9645
黑龙江	629884	439304	280376	158928	10002
上海	171279	101782	90223	11559	6775
江苏	1383793	911823	684608	227215	26356
浙江	3522739	2379548	2044579	334969	80339
安徽	1341985	587294	392994	194300	69212
福建	184288	55285	48556	6729	1314
江西	1092882	443070	342551	100519	58603
山东	1460833	850968	724286	126682	16848
河南	2474828	1317272	1071989	245283	92970
湖北	581367	375289	272124	103164	40204
湖南	2689878	1400727	1064296	336431	178498
广东	535273	352301	254891	97410	10776
广西	91692	60618	40816	19802	5485
海南	205522	108831	85253	23578	9838
重庆	1259806	784888	583527	201361	133077
四川	2563628	1627385	1266711	360673	193602
贵州	1588369	805063	566677	238386	127777
云南	1751306	1236927	950845	286082	146916
西藏	500				
陕西	1331031	769459	592480	176979	81606
甘肃	508088	375983	219424	156559	48579
青海	1638	1632	1379	253	146
宁夏	401084	140081	102860	37221	18017
新疆	671840	345057	224639	120418	77232
大连	74939	62582	52774	9809	14
宁波	453270	341700	301604	40097	6983
厦门					
青岛	43925	27591	20748	6843	1232
深圳					

(地方农村职业高中)

单位：千元

公用部分	商品和服务支出	其他资本性支出	专项公用支出	专项项目支出	基本建设支出
12670034	**5218063**	**7451971**	**2678697**	**4773274**	**811297**
97008	49585	47423	16657	30766	2422
988641	409751	578890	161530	417361	31184
502928	233425	269502	156567	112936	19445
458994	248344	210650	105492	105157	29278
115085	69963	45122	17269	27853	3000
196896	66040	130856	60441	70416	63503
169733	96256	73477	37848	35629	20847
69496	48452	21044	8281	12763	
463008	149692	313316	118841	194475	8963
1015718	549768	465950	225959	239991	127474
754690	173962	580729	226992	353737	
129003	18555	110448	11799	98650	
625812	101194	524619	119537	405082	24000
609865	196217	413648	158454	255194	
1157005	345818	811187	190470	620717	551
206079	64873	141206	62900	78306	
1197722	572603	625120	216329	408791	91428
182972	105411	77561	46492	31069	
29333	10263	19070	7806	11264	1741
96691	45591	51100	28083	23017	
430632	261861	168770	86392	82378	44287
898610	405726	492884	177687	315197	37633
734668	276517	458151	106977	351174	48638
498679	234734	263945	105834	158112	15700
500	500				
466122	226673	239449	78720	160729	95450
115791	59865	55926	22323	33603	16314
6	6				
168003	63923	104081	72086	31994	93000
290342	132497	157845	50930	106915	36441
12357	11547	809	809		
109769	58148	51622	16103	35518	1800
16334	3990	12344	307	12037	

5-21 财政补助支出明细

地区	合计	个人部分			
			工资福利支出	对个人和家庭的补助支出	
					#助学金
合 计	**23814790**	**13064454**	**9230747**	**3833707**	**1003115**
北 京	1429804	631556	519856	111700	12991
天 津	379146	288834	190690	98144	16804
河 北	649965	442889	318554	124335	25844
山 西	362628	239074	180741	58334	16576
内蒙古	116115	84876	61309	23566	3202
辽 宁	339204	232791	152081	80710	10145
吉 林	278785	158613	63148	95464	56081
黑龙江	587565	403451	232530	170922	2909
上 海	175293	119075	103892	15183	5897
江 苏	1483133	767550	543838	223712	37812
浙 江	1153125	533220	436312	96908	19662
安 徽	145850	106568	33585	72983	54497
福 建	689258	412486	330717	81769	15738
江 西	101158	67966	57739	10227	2129
山 东	2775861	1405855	1035647	370209	47860
河 南	1414782	701031	560569	140462	22323
湖 北	356057	219719	168106	51612	7360
湖 南	335081	223601	187125	36476	18887
广 东	6068670	3543255	2292621	1250634	137044
广 西	1492341	729392	575568	153824	82998
海 南	256852	116451	97208	19243	9865
重 庆	661891	200714	132322	68393	43910
四 川	543685	282134	219747	62387	35880
贵 州	165788	70534		70534	70534
云 南	1003174	566582	414487	152095	105820
西 藏					
陕 西	596100	380578	226968	153609	119599
甘 肃	4523	1682	649	1033	903
青 海					
宁 夏					
新 疆	248954	133977	94738	39239	19844
大 连	91196	52662	39760	12902	4137
宁 波	108863	38070	31653	6418	1905
厦 门	147338	67760	36765	30994	2055
青 岛	243752	134351	100195	34156	7125
深 圳	801435	424691	267752	156939	29323

(技工学校)

单位：千元

公用部分	商品和服务支出	其他资本性支出			基本建设支出
			专项公用支出	专项项目支出	
10192261	**4978642**	**5213618**	**2963392**	**2250227**	**558075**
798248	373099	425149	388211	36938	
90275	47742	42533	42073	460	37
201980	123721	78259	50827	27432	5096
123554	78508	45046	26682	18364	
21239	14580	6659	6659		10000
105203	81614	23589	11949	11639	1210
120172	24119	96053	28574	67480	
182011	128836	53175	16995	36179	2103
56218	29228	26991	26991		
705753	327503	378250	91002	287248	9830
495208	195279	299929	148907	151022	124697
39283	26361	12922	6379	6542	
267155	136959	130195	68545	61650	9618
33192	13078	20114	5502	14612	
1328157	614896	713261	380074	333187	41848
693978	333171	360807	206809	153998	19773
136339	53815	82524	18725	63799	
111480	80273	31207	28866	2341	
2383383	1249251	1134132	730652	403479	142032
678047	194633	483414	370309	113105	84902
110733	55751	54981	46446	8535	29669
448950	175709	273241	69222	204019	12227
223950	160903	63047	47233	15814	37602
95254	71444	23810	23810		
410526	179826	230700	83779	146921	26066
214522	173653	40869	20083	20786	1000
2840	1840	1000		1000	
114612	32850	81762	18087	63675	365
37325	37123	202	202		1210
53140	27863	25277	23246	2031	17653
73088	41026	32063	22067	9996	6490
109401	70544	38857	16723	22134	
354468	193455	161014	138149	22865	22276

5-22 财政补助支出明细

地区	合计	个人部分	工资福利支出	对个人和家庭的补助支出	#助学金
合计	**23727582**	**12999586**	**9190823**	**3808764**	**991325**
北京	1429804	631556	519856	111700	12991
天津	372830	284574	186537	98037	16697
河北	649965	442889	318554	124335	25844
山西	362628	239074	180741	58334	16576
内蒙古	116115	84876	61309	23566	3202
辽宁	339204	232791	152081	80710	10145
吉林	278785	158613	63148	95464	56081
黑龙江	544180	369402	212838	156565	1104
上海	175293	119075	103892	15183	5897
江苏	1477272	761809	543838	217971	32071
浙江	1153125	533220	436312	96908	19662
安徽	144853	105694	32967	72727	54241
福建	689258	412486	330717	81769	15738
江西	101158	67966	57739	10227	2129
山东	2775861	1405855	1035647	370209	47860
河南	1414782	701031	560569	140462	22323
湖北	356057	219719	168106	51612	7360
湖南	329118	220023	183732	36291	18702
广东	6068670	3543255	2292621	1250634	137044
广西	1492341	729392	575568	153824	82998
海南	256852	116451	97208	19243	9865
重庆	661145	200168	131806	68362	43879
四川	519746	266314	208193	58121	32215
贵州	165788	70534		70534	70534
云南	1003174	566582	414487	152095	105820
西藏					
陕西	596100	380578	226968	153609	119599
甘肃	4523	1682	649	1033	903
青海					
宁夏					
新疆	248954	133977	94738	39239	19844
大连	91196	52662	39760	12902	4137
宁波	108863	38070	31653	6418	1905
厦门	147338	67760	36765	30994	2055
青岛	243752	134351	100195	34156	7125
深圳	801435	424691	267752	156939	29323

（地方技工学校）

单位：千元

公用部分	商品和服务支出	其他资本性支出			基本建设支出
			专项公用支出	专项项目支出	
10169921	**4958035**	**5211886**	**2962360**	**2249527**	**558075**
798248	373099	425149	388211	36938	
88219	45686	42533	42073	460	37
201980	123721	78259	50827	27432	5096
123554	78508	45046	26682	18364	
21239	14580	6659	6659		10000
105203	81614	23589	11949	11639	1210
120172	24119	96053	28574	67480	
172674	120222	52452	16273	36179	2103
56218	29228	26991	26991		
705633	327383	378250	91002	287248	9830
495208	195279	299929	148907	151022	124697
39160	26238	12922	6379	6542	
267155	136959	130195	68545	61650	9618
33192	13078	20114	5502	14612	
1328157	614896	713261	380074	333187	41848
693978	333171	360807	206809	153998	19773
136339	53815	82524	18725	63799	
109095	78588	30507	28866	1641	
2383383	1249251	1134132	730652	403479	142032
678047	194633	483414	370309	113105	84902
110733	55751	54981	46446	8535	29669
448750	175509	273241	69222	204019	12227
215831	153094	62738	46923	15814	37602
95254	71444	23810	23810		
410526	179826	230700	83779	146921	26066
214522	173653	40869	20083	20786	1000
2840	1840	1000		1000	
114612	32850	81762	18087	63675	365
37325	37123	202	202		1210
53140	27863	25277	23246	2031	17653
73088	41026	32063	22067	9996	6490
109401	70544	38857	16723	22134	
354468	193455	161014	138149	22865	22276

5-23 财政补助支出明细

地区	合计	个人部分	工资福利支出	对个人和家庭的补助支出	#助学金
合计	**8786734**	**6517622**	**4712728**	**1804895**	**159254**
北京	94911	52718	42083	10635	940
天津	54065	46588	28440	18148	289
河北	1041765	900126	673512	226614	1441
山西	378409	327144	244643	82502	1312
内蒙古	335216	307588	198045	109544	20
辽宁	35162	27856	17053	10803	535
吉林	841934	691144	397275	293869	413
黑龙江	358665	300469	168698	131770	1598
上海	160250	50123	45338	4785	
江苏	332137	235269	153815	81453	2641
浙江	476565	318979	265620	53358	1213
安徽	164352	111763	53479	58284	17261
福建	31241	13746	12098	1649	122
江西	432573	239275	208045	31231	844
山东	389120	298482	229596	68887	3506
河南	767694	552832	453097	99735	12236
湖北	73700	46550	29645	16905	745
湖南	533022	341481	259430	82050	15698
广东	318215	175701	109549	66151	2867
广西	56488	39585	29358	10226	50
海南	7022	3950	3567	383	
重庆	547935	359001	264815	94186	25084
四川	390964	296837	213789	83047	48939
贵州	60348	27182	20586	6596	2277
云南	429494	366878	317660	49218	
西藏					
陕西	290471	237699	184494	53206	4939
甘肃	75432	71730	36525	35205	240
青海					
宁夏					
新疆	109583	76928	52473	24454	14044
大连	6191	3564	3004	560	
宁波	280464	194803	166491	28312	646
厦门					
青岛	2299	1480	1338	142	109
深圳	26005	17911	13884	4027	2363

(成人中等专业学校)

单位：千元

公用部分	商品和服务支出	其他资本性支出			基本建设支出
			专项公用支出	专项项目支出	
2256381	**1495519**	**760862**	**291629**	**469233**	**12730**
42193	23466	18727	16177	2549	
7478	6159	1319	1319		
141639	116308	25331	14936	10395	
51265	46733	4532	3341	1191	
27433	23948	3484	2425	1060	195
7306	7166	140	140		
150790	95287	55503	40482	15021	
58196	41128	17068	6227	10841	
110128	108158	1969	1969		
96868	59173	37695	23325	14371	
157587	133300	24286	16042	8244	
52589	34323	18266	4956	13310	
17495	1473	16022	6436	9586	
193298	54972	138326	10260	128066	
90638	38834	51804	20735	31069	
214862	140642	74220	28927	45293	
27150	7652	19498	3179	16319	
191542	145597	45945	18122	27822	
142515	44771	97743	16973	80770	
16903	15642	1262	512	750	
3072	1738	1333	143	1190	
188934	153137	35797	18187	17609	
94128	75076	19051	4620	14431	
23965	13496	10469	9979	490	9201
62615	49462	13153	9080	4073	
52771	30209	22562	10404	12158	
3702	3412	291	291		
29321	24255	5065	2442	2624	3334
2627	2531	96	96		
85661	70267	15394	8271	7123	
819	779	41	41		
8094	6575	1519	1519		

5-24 财政补助支出明细

地 区	合 计	个人部分	工资福利支出	对个人和家庭的补助支出	#助学金
合 计	**8780163**	**6512108**	**4708802**	**1803306**	**158730**
北 京	94911	52718	42083	10635	940
天 津	54065	46588	28440	18148	289
河 北	1041765	900126	673512	226614	1441
山 西	378409	327144	244643	82502	1312
内蒙古	335216	307588	198045	109544	20
辽 宁	35162	27856	17053	10803	535
吉 林	841934	691144	397275	293869	413
黑龙江	355988	298117	166991	131126	1598
上 海	160250	50123	45338	4785	
江 苏	331907	235239	153815	81423	2611
浙 江	476565	318979	265620	53358	1213
安 徽	164352	111763	53479	58284	17261
福 建	31241	13746	12098	1649	122
江 西	432573	239275	208045	31231	844
山 东	389120	298482	229596	68887	3506
河 南	767694	552832	453097	99735	12236
湖 北	73700	46550	29645	16905	745
湖 南	533022	341481	259430	82050	15698
广 东	318215	175701	109549	66151	2867
广 西	56488	39585	29358	10226	50
海 南	7022	3950	3567	383	
重 庆	547935	359001	264815	94186	25084
四 川	390964	296837	213789	83047	48939
贵 州	60348	27182	20586	6596	2277
云 南	429494	366878	317660	49218	
西 藏					
陕 西	290471	237699	184494	53206	4939
甘 肃	75432	71730	36525	35205	240
青 海					
宁 夏					
新 疆	105919	73795	50255	23539	13550
大 连	6191	3564	3004	560	
宁 波	280464	194803	166491	28312	646
厦 门					
青 岛	2299	1480	1338	142	109
深 圳	26005	17911	13884	4027	2363

(地方成人中等专业学校)

单位：千元

公用部分	商品和服务支出	其他资本性支出			基本建设支出
			专项公用支出	专项项目支出	
2255325	**1494503**	**760822**	**291589**	**469233**	**12730**
42193	23466	18727	16177	2549	
7478	6159	1319	1319		
141639	116308	25331	14936	10395	
51265	46733	4532	3341	1191	
27433	23948	3484	2425	1060	195
7306	7166	140	140		
150790	95287	55503	40482	15021	
57871	40821	17050	6209	10841	
110128	108158	1969	1969		
96668	58973	37695	23325	14371	
157587	133300	24286	16042	8244	
52589	34323	18266	4956	13310	
17495	1473	16022	6436	9586	
193298	54972	138326	10260	128066	
90638	38834	51804	20735	31069	
214862	140642	74220	28927	45293	
27150	7652	19498	3179	16319	
191542	145597	45945	18122	27822	
142515	44771	97743	16973	80770	
16903	15642	1262	512	750	
3072	1738	1333	143	1190	
188934	153137	35797	18187	17609	
94128	75076	19051	4620	14431	
23965	13496	10469	9979	490	9201
62615	49462	13153	9080	4073	
52771	30209	22562	10404	12158	
3702	3412	291	291		
28789	23746	5043	2419	2624	3334
2627	2531	96	96		
85661	70267	15394	8271	7123	
819	779	41	41		
8094	6575	1519	1519		

5-25 财政补助支出明细

地区	合计	个人部分	工资福利支出	对个人和家庭的补助支出	#助学金
合计	**1023525620**	**729103867**	**550787812**	**178316055**	**39495664**
北京	29541540	18197233	14856413	3340820	124584
天津	14405252	11235234	7633576	3601658	84779
河北	42610795	30109334	22247969	7861365	1465758
山西	22035839	16487758	12953917	3533840	821085
内蒙古	20299597	14774129	10805257	3968872	941126
辽宁	24457521	19566702	14224794	5341908	318848
吉林	16447471	11841026	8001209	3839816	339856
黑龙江	23485835	17655080	11915198	5739882	413276
上海	25915867	16240845	14948340	1292505	405271
江苏	67297702	49966893	35481088	14485806	1212249
浙江	49760084	36948998	31379540	5569457	1089354
安徽	35902954	24160380	17158479	7001902	1393350
福建	28389405	20715560	17118531	3597030	544080
江西	32086519	18311605	14571647	3739958	1223231
山东	72403666	51883140	40140257	11742883	1443001
河南	57944591	38033875	29337468	8696407	3097479
湖北	38802469	29988398	21795326	8193072	933069
湖南	41684980	29398243	22907831	6490412	1900138
广东	90914019	68832854	47464280	21368574	1876106
广西	31901150	21048901	15787240	5261661	2611720
海南	9257592	5626975	4724646	902328	292523
重庆	27593091	19425307	15692620	3732687	1058391
四川	53859357	40076874	31385829	8691045	3715216
贵州	33300782	24106781	17409704	6697077	2827389
云南	38914766	29946060	23561204	6384856	3513620
西藏	7097878	4509706	3161056	1348650	768735
陕西	25947370	16147729	12379783	3767946	1530789
甘肃	19609296	14854749	9160579	5694170	1121826
青海	6845350	4905978	3781750	1124227	345093
宁夏	6879753	4585718	3613251	972468	323732
新疆	27933130	19521800	15189031	4332769	1759988
大连	5089418	4163027	3375951	787076	46656
宁波	7041009	5388165	4513782	874383	167294
厦门	3704590	2654040	1881235	772805	30098
青岛	9503701	6869153	4933022	1936131	98725
深圳	16732625	11936745	7637542	4299202	202493

(中学)

单位：千元

公用部分	商品和服务支出	其他资本性支出	专项公用支出	专项项目支出	基本建设支出
278220931	**122362741**	**155858190**	**43147377**	**112710813**	**16200822**
10415235	6826984	3588250	2524654	1063596	929072
3169631	1785448	1384183	433554	950629	386
12174897	4856583	7318314	1785697	5532617	326563
5343621	2777345	2566276	812165	1754111	204461
5301379	2762226	2539153	812083	1727070	224089
4813051	3094663	1718389	693860	1024529	77767
4390674	1944107	2446567	679441	1767126	215771
5538091	2781629	2756462	724970	2031492	292664
9163535	5337902	3825633	1666609	2159024	511487
17072721	5719540	11353181	2518860	8834322	258087
12083540	5468550	6614990	1711591	4903399	727547
11266585	3597991	7668594	1897918	5770676	475988
7470126	2949268	4520858	1375880	3144978	203719
13192774	2773932	10418842	1970259	8448583	582139
20322891	6529341	13793550	2465284	11328266	197635
19101581	8049825	11051756	1882935	9168820	809136
8814070	4016224	4797847	1045457	3752390	
11892026	5641783	6250243	1851909	4398333	394711
20152192	12514448	7637744	3565198	4072546	1928974
9878252	3396200	6482053	1905471	4576581	973997
3466220	1142070	2324149	628507	1695642	164398
7292955	4111704	3181250	1154573	2026678	874830
13180984	6199583	6981401	2113154	4868247	601499
8737741	3831826	4905914	1822902	3083013	456260
8364902	3626909	4737992	964722	3773271	603804
1546629	447379	1099250	247743	851507	1041543
9073059	3950424	5122636	1192779	3929857	726581
4433826	1747473	2686353	635992	2050361	320721
1428361	644308	784053	235328	548725	511012
1968754	704829	1263926	541021	722904	325280
7170630	3132247	4038383	1286862	2751521	1240699
914974	671972	243003	128298	114705	11417
1616492	746898	869594	232123	637470	36352
1044479	618594	425885	282707	143178	6071
2634548	871010	1763538	378619	1384919	
3203072	2516318	686753	566614	120139	1592808

5-26 财政补助支出明细

地区	合计	个人部分	工资福利支出	对个人和家庭的补助支出	#助学金
合计	**1019229652**	**726268198**	**548524787**	**177743411**	**39396547**
北京	28659871	17749859	14551200	3198659	123334
天津	14405252	11235234	7633576	3601658	84779
河北	42610795	30109334	22247969	7861365	1465758
山西	22035839	16487758	12953917	3533840	821085
内蒙古	20299597	14774129	10805257	3968872	941126
辽宁	24457521	19566702	14224794	5341908	318848
吉林	16344452	11772436	7946784	3825652	339790
黑龙江	23256392	17470189	11782432	5687757	409694
上海	25745092	16149530	14859612	1289918	404814
江苏	67297702	49966893	35481088	14485806	1212249
浙江	49760084	36948998	31379540	5569457	1089354
安徽	35902954	24160380	17158479	7001902	1393350
福建	28389405	20715560	17118531	3597030	544080
江西	32086519	18311605	14571647	3739958	1223231
山东	72403666	51883140	40140257	11742883	1443001
河南	57938911	38029360	29336037	8693323	3097479
湖北	38609788	29862762	21697291	8165471	933066
湖南	41669018	29386703	22896667	6490036	1900138
广东	90851111	68781369	47418209	21363160	1875185
广西	31901150	21048901	15787240	5261661	2611720
海南	9254935	5624481	4722153	902328	292523
重庆	27494063	19359286	15638511	3720774	1057588
四川	53859357	40076874	31385829	8691045	3715216
贵州	33300782	24106781	17409704	6697077	2827389
云南	38914766	29946060	23561204	6384856	3513620
西藏	7097878	4509706	3161056	1348650	768735
陕西	25816879	16053126	12303104	3750023	1530228
甘肃	19599883	14846147	9152201	5693946	1121751
青海	6845350	4905978	3781750	1124227	345093
宁夏	6879753	4585718	3613251	972468	323732
新疆	25540887	17843196	13805498	4037698	1668589
大连	5089418	4163027	3375951	787076	46656
宁波	7041009	5388165	4513782	874383	167294
厦门	3704590	2654040	1881235	772805	30098
青岛	9503701	6869153	4933022	1936131	98725
深圳	16732625	11936745	7637542	4299202	202493

(地方中学)

单位：千元

公用部分	商品和服务支出	其他资本性支出	专项公用支出	专项项目支出	基本建设支出
276837897	**121687636**	**155150262**	**42787928**	**112362334**	**16123556**
9980940	6584202	3396737	2333142	1063596	929072
3169631	1785448	1384183	433554	950629	386
12174897	4856583	7318314	1785697	5532617	326563
5343621	2777345	2566276	812165	1754111	204461
5301379	2762226	2539153	812083	1727070	224089
4813051	3094663	1718389	693860	1024529	77767
4356245	1919941	2436304	671860	1764444	215771
5493539	2748247	2745293	716498	2028795	292664
9084074	5284811	3799263	1643839	2155424	511487
17072721	5719540	11353181	2518860	8834322	258087
12083540	5468550	6614990	1711591	4903399	727547
11266585	3597991	7668594	1897918	5770676	475988
7470126	2949268	4520858	1375880	3144978	203719
13192774	2773932	10418842	1970259	8448583	582139
20322891	6529341	13793550	2465284	11328266	197635
19100415	8048679	11051736	1882916	9168820	809136
8747026	3961033	4785993	1033603	3752390	
11887603	5637968	6249636	1851302	4398333	394711
20140769	12507822	7632946	3563485	4069461	1928974
9878252	3396200	6482053	1905471	4576581	973997
3466056	1141907	2324149	628507	1695642	164398
7259948	4084597	3175351	1148674	2026678	874830
13180984	6199583	6981401	2113154	4868247	601499
8737741	3831826	4905914	1822902	3083013	456260
8364902	3626909	4737992	964722	3773271	603804
1546629	447379	1099250	247743	851507	1041543
9037171	3918591	5118580	1188723	3929857	726581
4433015	1747156	2685859	635798	2050061	320721
1428361	644308	784053	235328	548725	511012
1968754	704829	1263926	541021	722904	325280
6534258	2936762	3597496	1182090	2415406	1163434
914974	671972	243003	128298	114705	11417
1616492	746898	869594	232123	637470	36352
1044479	618594	425885	282707	143178	6071
2634548	871010	1763538	378619	1384919	
3203072	2516318	686753	566614	120139	1592808

5-27 财政补助支出明细

地区	合计	个人部分	工资福利支出	对个人和家庭的补助支出	#助学金
合计	**1022903588**	**728695002**	**550466104**	**178228898**	**39495428**
北京	29469061	18172779	14837037	3335741	124584
天津	14373718	11204018	7610906	3593112	84779
河北	42610135	30109334	22247969	7861365	1465758
山西	22035839	16487758	12953917	3533840	821085
内蒙古	20299597	14774129	10805257	3968872	941126
辽宁	24457120	19566702	14224794	5341908	318848
吉林	16443292	11837113	7999891	3837222	339856
黑龙江	23485835	17655080	11915198	5739882	413276
上海	25882167	16215600	14924984	1290617	405035
江苏	67145028	49865130	35410201	14454929	1212249
浙江	49513982	36794229	31242236	5551993	1089354
安徽	35902954	24160380	17158479	7001902	1393350
福建	28389405	20715560	17118531	3597030	544080
江西	32086519	18311605	14571647	3739958	1223231
山东	72383964	51863850	40124260	11739590	1443001
河南	57944591	38033875	29337468	8696407	3097479
湖北	38794641	29981899	21789276	8192623	933069
湖南	41683160	29396509	22906172	6490337	1900138
广东	90863213	68793020	47441315	21351705	1876106
广西	31901150	21048901	15787240	5261661	2611720
海南	9257592	5626975	4724646	902328	292523
重庆	27593091	19425307	15692620	3732687	1058391
四川	53859357	40076874	31385829	8691045	3715216
贵州	33300782	24106781	17409704	6697077	2827389
云南	38914766	29946060	23561204	6384856	3513620
西藏	7097878	4509706	3161056	1348650	768735
陕西	25947370	16147729	12379783	3767946	1530789
甘肃	19609296	14854749	9160579	5694170	1121826
青海	6845350	4905978	3781750	1124227	345093
宁夏	6879753	4585718	3613251	972468	323732
新疆	27932982	19521652	15188904	4332748	1759988
大连	5089418	4163027	3375951	787076	46656
宁波	7039375	5386825	4512764	874060	167294
厦门	3704590	2654040	1881235	772805	30098
青岛	9503701	6869153	4933022	1936131	98725
深圳	16732625	11936745	7637542	4299202	202493

(普通中学)

单位：千元

公用部分	商品和服务支出	其他资本性支出	专项公用支出	专项项目支出	基本建设支出
278007764	**122253862**	**155753902**	**43101030**	**112652872**	**16200822**
10367211	6807247	3559964	2508970	1050994	929072
3169313	1785429	1383884	433255	950629	386
12174237	4855923	7318314	1785697	5532617	326563
5343621	2777345	2566276	812165	1754111	204461
5301379	2762226	2539153	812083	1727070	224089
4812650	3094262	1718389	693860	1024529	77767
4390408	1943873	2446535	679409	1767126	215771
5538091	2781629	2756462	724970	2031492	292664
9155079	5329654	3825425	1666402	2159024	511487
17021810	5693213	11328597	2514881	8813716	258087
11992206	5422271	6569935	1687215	4882720	727547
11266585	3597991	7668594	1897918	5770676	475988
7470126	2949268	4520858	1375880	3144978	203719
13192774	2773932	10418842	1970259	8448583	582139
20322478	6528977	13793501	2465235	11328266	197635
19101581	8049825	11051756	1882935	9168820	809136
8812742	4015291	4797451	1045179	3752272	
11891940	5641697	6250243	1851909	4398333	394711
20141220	12508855	7632365	3563755	4068610	1928974
9878252	3396200	6482053	1905471	4576581	973997
3466220	1142070	2324149	628507	1695642	164398
7292955	4111704	3181250	1154573	2026678	874830
13180984	6199583	6981401	2113154	4868247	601499
8737741	3831826	4905914	1822902	3083013	456260
8364902	3626909	4737992	964722	3773271	603804
1546629	447379	1099250	247743	851507	1041543
9073059	3950424	5122636	1192779	3929857	726581
4433826	1747473	2686353	635992	2050361	320721
1428361	644308	784053	235328	548725	511012
1968754	704829	1263926	541021	722904	325280
7170630	3132247	4038383	1286862	2751521	1240699
914974	671972	243003	128298	114705	11417
1616198	746605	869594	232123	637470	36352
1044479	618594	425885	282707	143178	6071
2634548	871010	1763538	378619	1384919	
3203072	2516318	686753	566614	120139	1592808

5-28 财政补助支出明细

地区	合计	个人部分	工资福利支出	对个人和家庭的补助支出	#助学金
合计	**1018607619**	**725859333**	**548203079**	**177656254**	**39396311**
北京	28587392	17725404	14531824	3193580	123334
天津	14373718	11204018	7610906	3593112	84779
河北	42610135	30109334	22247969	7861365	1465758
山西	22035839	16487758	12953917	3533840	821085
内蒙古	20299597	14774129	10805257	3968872	941126
辽宁	24457120	19566702	14224794	5341908	318848
吉林	16340273	11768523	7945466	3823057	339790
黑龙江	23256392	17470189	11782432	5687757	409694
上海	25711392	16124286	14836256	1288030	404578
江苏	67145028	49865130	35410201	14454929	1212249
浙江	49513982	36794229	31242236	5551993	1089354
安徽	35902954	24160380	17158479	7001902	1393350
福建	28389405	20715560	17118531	3597030	544080
江西	32086519	18311605	14571647	3739958	1223231
山东	72383964	51863850	40124260	11739590	1443001
河南	57938911	38029360	29336037	8693323	3097479
湖北	38601960	29856263	21691241	8165022	933066
湖南	41667198	29384969	22895008	6489961	1900138
广东	90800305	68741535	47395244	21346291	1875185
广西	31901150	21048901	15787240	5261661	2611720
海南	9254935	5624481	4722153	902328	292523
重庆	27494063	19359286	15638511	3720774	1057588
四川	53859357	40076874	31385829	8691045	3715216
贵州	33300782	24106781	17409704	6697077	2827389
云南	38914766	29946060	23561204	6384856	3513620
西藏	7097878	4509706	3161056	1348650	768735
陕西	25816879	16053126	12303104	3750023	1530228
甘肃	19599883	14846147	9152201	5693946	1121751
青海	6845350	4905978	3781750	1124227	345093
宁夏	6879753	4585718	3613251	972468	323732
新疆	25540739	17843048	13805371	4037677	1668589
大连	5089418	4163027	3375951	787076	46656
宁波	7039375	5386825	4512764	874060	167294
厦门	3704590	2654040	1881235	772805	30098
青岛	9503701	6869153	4933022	1936131	98725
深圳	16732625	11936745	7637542	4299202	202493

(地方普通中学)

单位：千元

公用部分	商品和服务支出	其他资本性支出			基本建设支出
			专项公用支出	专项项目支出	
276624730	**121578757**	**155045973**	**42741580**	**112304393**	**16123556**
9932916	6564465	3368451	2317457	1050994	929072
3169313	1785429	1383884	433255	950629	386
12174237	4855923	7318314	1785697	5532617	326563
5343621	2777345	2566276	812165	1754111	204461
5301379	2762226	2539153	812083	1727070	224089
4812650	3094262	1718389	693860	1024529	77767
4355979	1919707	2436272	671828	1764444	215771
5493539	2748247	2745293	716498	2028795	292664
9075619	5276563	3799056	1643632	2155424	511487
17021810	5693213	11328597	2514881	8813716	258087
11992206	5422271	6569935	1687215	4882720	727547
11266585	3597991	7668594	1897918	5770676	475988
7470126	2949268	4520858	1375880	3144978	203719
13192774	2773932	10418842	1970259	8448583	582139
20322478	6528977	13793501	2465235	11328266	197635
19100415	8048679	11051736	1882916	9168820	809136
8745697	3960100	4785597	1033326	3752272	
11887518	5637882	6249636	1851302	4398333	394711
20129796	12502229	7627567	3562043	4065524	1928974
9878252	3396200	6482053	1905471	4576581	973997
3466056	1141907	2324149	628507	1695642	164398
7259948	4084597	3175351	1148674	2026678	874830
13180984	6199583	6981401	2113154	4868247	601499
8737741	3831826	4905914	1822902	3083013	456260
8364902	3626909	4737992	964722	3773271	603804
1546629	447379	1099250	247743	851507	1041543
9037171	3918591	5118580	1188723	3929857	726581
4433015	1747156	2685859	635798	2050061	320721
1428361	644308	784053	235328	548725	511012
1968754	704829	1263926	541021	722904	325280
6534258	2936762	3597496	1182090	2415406	1163434
914974	671972	243003	128298	114705	11417
1616198	746605	869594	232123	637470	36352
1044479	618594	425885	282707	143178	6071
2634548	871010	1763538	378619	1384919	
3203072	2516318	686753	566614	120139	1592808

5-29 财政补助支出明细

地区	合计	个人部分	工资福利支出	对个人和家庭的补助支出	#助学金
合计	**351838696**	**251212281**	**192244700**	**58967581**	**12304519**
北京	12147490	7285830	5842149	1443681	29601
天津	5835523	4464890	3045899	1418992	29659
河北	15176505	10628506	7963328	2665179	517820
山西	8398696	6260898	4869564	1391334	378175
内蒙古	7949525	5704489	4114649	1589839	504101
辽宁	8047044	6268603	4725445	1543157	139815
吉林	5235044	3714732	2540640	1174092	162529
黑龙江	7406628	5555199	3893243	1661956	165784
上海	9050403	5749049	5357226	391822	69946
江苏	23092202	17346852	12738039	4608813	247038
浙江	17350408	12989908	11194586	1795323	224454
安徽	11958608	8384756	6184524	2200232	435599
福建	9521695	7187847	5973112	1214734	119203
江西	10941725	6053870	4716060	1337810	404941
山东	23014907	17016432	13339513	3676919	386034
河南	17234854	11439688	9124279	2315409	881886
湖北	13089964	9900756	7459822	2440934	334103
湖南	13451042	9688126	7847563	1840563	505553
广东	34370039	26444057	18256076	8187981	520494
广西	10036048	6482211	4974116	1508095	692597
海南	3259418	1902249	1604387	297862	99020
重庆	10390792	7194301	5742713	1451588	476812
四川	17725788	13404953	10770953	2634000	1160090
贵州	11261367	7938329	5711414	2226915	945626
云南	11319816	8801892	7108593	1693299	689817
西藏	2972753	1557703	1111905	445798	252660
陕西	10442130	6103843	4771212	1332631	543636
甘肃	7366888	5580847	3464961	2115886	389956
青海	2382893	1700680	1326727	373953	110201
宁夏	2407396	1798679	1424076	374604	113457
新疆	9001104	6662105	5047924	1614180	773910
大连	1613003	1326272	1080183	246089	20269
宁波	2500092	1913993	1619252	294741	52940
厦门	1248478	934960	653391	281569	5578
青岛	3002938	2160435	1581519	578916	44636
深圳	6232305	4486825	2795854	1690971	53422

(普通高中)

单位：千元

公用部分	商品和服务支出	其他资本性支出			基本建设支出
			专项公用支出	专项项目支出	
93239178	**40491028**	**52748150**	**16092199**	**36655951**	**7387237**
4152490	2650189	1502301	1149219	353082	709170
1370633	871558	499075	225598	273477	
4332020	1448765	2883254	491751	2391504	215979
2015422	1030886	984536	261232	723304	122375
2139647	1242779	896868	322845	574022	105390
1736519	1063277	673242	249374	423868	41921
1341544	643561	697983	219962	478021	178768
1631478	958958	672519	201119	471401	219951
3083093	1669056	1414038	619722	794315	218261
5680308	2044204	3636104	875917	2760187	65042
4132212	1771874	2360338	769088	1591250	228287
3303002	845996	2457006	558623	1898383	270850
2269824	957938	1311886	449652	862234	64025
4619393	943159	3676233	917117	2759116	268463
5907205	2104930	3802274	718701	3083574	91270
5588856	2359683	3229173	692991	2536182	206310
3189208	1444336	1744872	417881	1326991	
3594197	1624668	1969529	609468	1360061	168719
7272567	4100972	3171595	1384187	1787408	653415
2998149	863684	2134465	605586	1528879	555689
1264141	408646	855495	299685	555810	93028
2845177	1444280	1400897	604377	796521	351314
4113634	2035059	2078575	733620	1344955	207202
3100737	1019380	2081357	912176	1169181	222300
2208901	976608	1232293	310357	921936	309024
695399	168334	527065	105627	421438	719651
3987321	1879914	2107407	501235	1606172	350966
1612043	554571	1057472	266349	791123	173998
482775	220031	262743	70394	192350	199439
534406	215804	318602	147016	171586	74310
2036879	927928	1108951	401329	707621	302121
275314	217595	57720	24123	33596	11417
586099	243958	342141	88728	253413	
311925	206546	105380	80308	25072	1592
842503	339606	502898	139907	362990	
1257471	1002236	255234	216103	39132	488009

5-30 财政补助支出明细

地区	合计	个人部分			
			工资福利支出	对个人和家庭的补助支出	
					#助学金
合　计	**349697918**	**249852935**	**191202634**	**58650301**	**12252991**
北　京	11528633	6972227	5626146	1346081	28853
天　津	5835523	4464890	3045899	1418992	29659
河　北	15176505	10628506	7963328	2665179	517820
山　西	8398696	6260898	4869564	1391334	378175
内蒙古	7949525	5704489	4114649	1589839	504101
辽　宁	8047044	6268603	4725445	1543157	139815
吉　林	5184275	3682277	2518544	1163733	162497
黑龙江	7304092	5472650	3839751	1632899	162486
上　海	8915612	5683151	5292251	390900	69489
江　苏	23092202	17346852	12738039	4608813	247038
浙　江	17350408	12989908	11194586	1795323	224454
安　徽	11958608	8384756	6184524	2200232	435599
福　建	9521695	7187847	5973112	1214734	119203
江　西	10941725	6053870	4716060	1337810	404941
山　东	23014907	17016432	13339513	3676919	386034
河　南	17234854	11439688	9124279	2315409	881886
湖　北	12928684	9795087	7377957	2417130	334100
湖　南	13441654	9681094	7840757	1840338	505553
广　东	34369073	26443226	18256076	8187150	519894
广　西	10036048	6482211	4974116	1508095	692597
海　南	3257828	1900756	1602894	297862	99020
重　庆	10335207	7157243	5712342	1444901	476362
四　川	17725788	13404953	10770953	2634000	1160090
贵　州	11261367	7938329	5711414	2226915	945626
云　南	11319816	8801892	7108593	1693299	689817
西　藏	2972753	1557703	1111905	445798	252660
陕　西	10354416	6040073	4720000	1320073	543301
甘　肃	7363207	5577450	3461633	2115817	389918
青　海	2382893	1700680	1326727	373953	110201
宁　夏	2407396	1798679	1424076	374604	113457
新　疆	8087484	6016514	4537500	1479013	728345
大　连	1613003	1326272	1080183	246089	20269
宁　波	2500092	1913993	1619252	294741	52940
厦　门	1248478	934960	653391	281569	5578
青　岛	3002938	2160435	1581519	578916	44636
深　圳	6232305	4486825	2795854	1690971	53422

(地方普通高中)

单位：千元

公用部分	商品和服务支出	其他资本性支出			基本建设支出
			专项公用支出	专项项目支出	
92477440	**40078440**	**52399000**	**15872495**	**36526505**	**7367543**
3847237	2472518	1374719	1021637	353082	709170
1370633	871558	499075	225598	273477	
4332020	1448765	2883254	491751	2391504	215979
2015422	1030886	984536	261232	723304	122375
2139647	1242779	896868	322845	574022	105390
1736519	1063277	673242	249374	423868	41921
1323231	633479	689751	214412	475339	178768
1611491	941521	669970	199522	470447	219951
3014200	1623432	1390768	600052	790716	218261
5680308	2044204	3636104	875917	2760187	65042
4132212	1771874	2360338	769088	1591250	228287
3303002	845996	2457006	558623	1898383	270850
2269824	957938	1311886	449652	862234	64025
4619393	943159	3676233	917117	2759116	268463
5907205	2104930	3802274	718701	3083574	91270
5588856	2359683	3229173	692991	2536182	206310
3133597	1397818	1735779	408789	1326991	
3591840	1622695	1969146	609085	1360061	168719
7272432	4100932	3171500	1384092	1787408	653415
2998149	863684	2134465	605586	1528879	555689
1264043	408549	855495	299685	555810	93028
2826650	1429064	1397586	601065	796521	351314
4113634	2035059	2078575	733620	1344955	207202
3100737	1019380	2081357	912176	1169181	222300
2208901	976608	1232293	310357	921936	309024
695399	168334	527065	105627	421438	719651
3963376	1858032	2105345	499173	1606172	350966
1611759	554445	1057313	266317	790997	173998
482775	220031	262743	70394	192350	199439
534406	215804	318602	147016	171586	74310
1788544	852007	936537	351001	585536	282427
275314	217595	57720	24123	33596	11417
586099	243958	342141	88728	253413	
311925	206546	105380	80308	25072	1592
842503	339606	502898	139907	362990	
1257471	1002236	255234	216103	39132	488009

5-31 财政补助支出明细

地区	合计	个人部分	工资福利支出	对个人和家庭的补助支出	#助学金
合计	**145802458**	**106924627**	**83478193**	**23446434**	**7228486**
北京	856592	530497	392074	138423	1282
天津	773440	670438	488140	182297	3756
河北	8072241	5468158	4170173	1297985	303346
山西	4227372	3322999	2612104	710894	219886
内蒙古	3719765	2654656	1928479	726177	258079
辽宁	1706473	1461939	1157422	304517	39872
吉林	1746681	1236352	900526	335826	54487
黑龙江	2864809	1994753	1432557	562195	75014
上海	720966	566018	529614	36404	9344
江苏	7892540	6253253	4737755	1515498	117531
浙江	6949399	5571394	4808262	763132	126110
安徽	6753873	4830465	3617309	1213156	267878
福建	4805694	3804367	3231895	572472	73980
江西	5950576	3281971	2639314	642657	247360
山东	8021783	6098827	5080625	1018202	167860
河南	9479879	6299925	5034498	1265427	559056
湖北	3905452	3004795	2350825	653970	177022
湖南	7511186	5470634	4492988	977645	357478
广东	7550952	5918541	4433326	1485215	211088
广西	4819348	3476653	2643819	832834	414348
海南	1432083	813603	680119	133484	58228
重庆	3871588	2792700	2171499	621201	261775
四川	9626451	7540486	5996475	1544011	737002
贵州	6787771	5036267	3623516	1412751	695583
云南	6695608	5490843	4449959	1040884	481563
西藏	1589019	819809	597518	222291	114498
陕西	6162947	3571286	2794421	776865	369901
甘肃	4642274	3676644	2416143	1260501	289768
青海	1491178	1104493	855404	249089	83610
宁夏	760298	651550	517074	134475	38738
新疆	4414217	3510314	2694358	815956	413045
大连	167261	143729	119830	23899	171
宁波	865244	699478	586017	113461	33142
厦门	136990	105987	63351	42636	537
青岛	330956	253061	192032	61030	3912
深圳					

(农村高中)

单位：千元

公用部分	商品和服务支出	其他资本性支出			基本建设支出
			专项公用支出	专项项目支出	
35728360	**14549942**	**21178418**	**5260803**	**15917615**	**3149470**
251765	169256	82509	74570	7939	74330
103002	57925	45077	27394	17683	
2425853	700811	1725043	280901	1444142	178230
848254	497404	350849	122140	228710	56119
1045335	591077	454258	173162	281096	19773
244534	154385	90149	26868	63282	
439861	199847	240013	55128	184885	70468
716447	373869	342578	81937	260641	153610
154948	118952	35996	23208	12788	
1639287	633866	1005421	224628	780793	
1288156	592785	695371	165810	529561	89850
1850078	459079	1390999	345584	1045415	73330
981928	412919	569009	191963	377046	19399
2606456	588267	2018189	405490	1612699	62149
1843356	540511	1302845	211013	1091832	79600
3101310	1235001	1866308	350356	1515952	78644
900657	380761	519896	81856	438040	
1918718	905396	1013323	283801	729522	121835
1627671	768295	859377	302454	556922	4740
1141394	461661	679733	173781	505952	201301
564874	151723	413151	142456	270695	53606
872517	455277	417241	98747	318494	206371
1928568	979280	949288	188498	760790	157398
1628834	597025	1031808	361965	669843	122670
1101843	519493	582350	158210	424140	102921
237392	67911	169480	65999	103481	531819
2312360	1077581	1234779	227542	1007237	279301
826040	313977	512063	158950	353113	139591
299943	123202	176740	46201	130539	86742
89349	62014	27335	10973	16362	19400
737631	360392	377239	199220	178019	166273
23532	18848	4683	3299	1384	
165766	75023	90743	28941	61802	
31003	16962	14042	5759	8283	
77894	58291	19604	8171	11433	

5-32 财政补助支出明细

地区	合计	个人部分	工资福利支出	对个人和家庭的补助支出	#助学金
合计	**145279906**	**106554197**	**83179384**	**23374813**	**7209083**
北京	856592	530497	392074	138423	1282
天津	773440	670438	488140	182297	3756
河北	8072241	5468158	4170173	1297985	303346
山西	4227372	3322999	2612104	710894	219886
内蒙古	3719765	2654656	1928479	726177	258079
辽宁	1706473	1461939	1157422	304517	39872
吉林	1746681	1236352	900526	335826	54487
黑龙江	2838871	1975924	1416948	558975	74186
上海	720966	566018	529614	36404	9344
江苏	7892540	6253253	4737755	1515498	117531
浙江	6949399	5571394	4808262	763132	126110
安徽	6753873	4830465	3617309	1213156	267878
福建	4805694	3804367	3231895	572472	73980
江西	5950576	3281971	2639314	642657	247360
山东	8021783	6098827	5080625	1018202	167860
河南	9479879	6299925	5034498	1265427	559056
湖北	3822366	2949644	2308761	640884	177022
湖南	7511186	5470634	4492988	977645	357478
广东	7549986	5917710	4433326	1484384	210488
广西	4819348	3476653	2643819	832834	414348
海南	1430493	812110	678626	133484	58228
重庆	3871588	2792700	2171499	621201	261775
四川	9626451	7540486	5996475	1544011	737002
贵州	6787771	5036267	3623516	1412751	695583
云南	6695608	5490843	4449959	1040884	481563
西藏	1589019	819809	597518	222291	114498
陕西	6162947	3571286	2794421	776865	369901
甘肃	4638594	3673247	2412815	1260432	289730
青海	1491178	1104493	855404	249089	83610
宁夏	760298	651550	517074	134475	38738
新疆	4006928	3219583	2458042	761541	395108
大连	167261	143729	119830	23899	171
宁波	865244	699478	586017	113461	33142
厦门	136990	105987	63351	42636	537
青岛	330956	253061	192032	61030	3912
深圳					

(地方农村高中)

单位：千元

公用部分	商品和服务支出	其他资本性支出	专项公用支出	专项项目支出	基本建设支出
35579373	**14486835**	**21092538**	**5218368**	**15874170**	**3146336**
251765	169256	82509	74570	7939	74330
103002	57925	45077	27394	17683	
2425853	700811	1725043	280901	1444142	178230
848254	497404	350849	122140	228710	56119
1045335	591077	454258	173162	281096	19773
244534	154385	90149	26868	63282	
439861	199847	240013	55128	184885	70468
709337	369008	340329	80583	259746	153610
154948	118952	35996	23208	12788	
1639287	633866	1005421	224628	780793	
1288156	592785	695371	165810	529561	89850
1850078	459079	1390999	345584	1045415	73330
981928	412919	569009	191963	377046	19399
2606456	588267	2018189	405490	1612699	62149
1843356	540511	1302845	211013	1091832	79600
3101310	1235001	1866308	350356	1515952	78644
872721	356283	516438	78398	438040	
1918718	905396	1013323	283801	729522	121835
1627536	768255	859281	302359	556922	4740
1141394	461661	679733	173781	505952	201301
564776	151625	413151	142456	270695	53606
872517	455277	417241	98747	318494	206371
1928568	979280	949288	188498	760790	157398
1628834	597025	1031808	361965	669843	122670
1101843	519493	582350	158210	424140	102921
237392	67911	169480	65999	103481	531819
2312360	1077581	1234779	227542	1007237	279301
825756	313851	511905	158918	352987	139591
299943	123202	176740	46201	130539	86742
89349	62014	27335	10973	16362	19400
624207	326887	297320	161725	135595	163138
23532	18848	4683	3299	1384	
165766	75023	90743	28941	61802	
31003	16962	14042	5759	8283	
77894	58291	19604	8171	11433	

5-33 财政补助支出明细

地区	合计	个人部分	工资福利支出	对个人和家庭的补助支出	#助学金
合计	**671064892**	**477482721**	**358221405**	**119261316**	**27190909**
北京	17321571	10886948	8994888	1892060	94982
天津	8538195	6739128	4565007	2174121	55119
河北	27433630	19480828	14284641	5196186	947938
山西	13637144	10226859	8084353	2142506	442909
内蒙古	12350072	9069640	6690608	2379032	437026
辽宁	16410076	13298100	9499349	3798751	179033
吉林	11208248	8122381	5459251	2663130	177327
黑龙江	16079207	12099881	8021954	4077926	247492
上海	16831764	10466552	9567757	898794	335089
江苏	44052825	32518278	22672162	9846116	965211
浙江	32163574	23804320	20047650	3756670	864900
安徽	23944346	15775624	10973954	4801670	957751
福建	18867710	13527714	11145419	2382295	424877
江西	21144794	12257735	9855587	2402148	818290
山东	49369057	34847418	26784747	8062671	1056967
河南	40709736	26594187	20213189	6380998	2215594
湖北	25704677	20081143	14329454	5751689	598967
湖南	28232118	19708382	15058609	4649774	1394585
广东	56493174	42348963	29185239	13163724	1355613
广西	21865102	14566690	10813124	3753566	1919123
海南	5998175	3724726	3120260	604467	193503
重庆	17202299	12231006	9949906	2281100	581579
四川	36133569	26671922	20614876	6057046	2555126
贵州	22039415	16168452	11698290	4470162	1881763
云南	27594950	21144168	16452611	4691558	2823803
西藏	4125126	2952003	2049151	902852	516075
陕西	15505240	10043886	7608571	2435315	987153
甘肃	12242408	9273903	5695618	3578285	731870
青海	4462457	3205298	2455024	750274	234892
宁夏	4472357	2787039	2189175	597864	210275
新疆	18931878	12859548	10140980	2718568	986078
大连	3476415	2836755	2295768	540987	26387
宁波	4539283	3472832	2893513	579319	114354
厦门	2456112	1719080	1227845	491235	24521
青岛	6500763	4708718	3351503	1357215	54089
深圳	10500320	7449920	4841688	2608231	149071

(普通初中)

单位：千元

公用部分	商品和服务支出	其他资本性支出	专项公用支出	专项项目支出	基本建设支出
184768586	**81762834**	**103005752**	**27008831**	**75996921**	**8813585**
6214721	4157058	2057663	1359751	697912	219902
1798681	913871	884809	207657	677152	386
7842217	3407157	4435060	1293946	3141113	110585
3328199	1746460	1581739	550933	1030806	82086
3161732	1519447	1642285	489237	1153048	118699
3076131	2030984	1045147	444485	600661	35846
3048864	1300312	1748552	459447	1289105	37003
3906613	1822671	2083943	523851	1560091	72713
6071986	3660598	2411388	1046679	1364708	293226
11341502	3649008	7692493	1638964	6053530	193046
7859994	3650397	4209597	918128	3291469	499259
7963583	2751996	5211588	1339294	3872293	205138
5200302	1991330	3208972	926228	2282743	139694
8573382	1830773	6742608	1053142	5689467	313677
14415274	4424047	9991227	1746534	8244692	106365
13512725	5690142	7822582	1189944	6632638	602825
5623534	2570954	3052579	627298	2425281	
8297744	4017030	4280714	1242441	3038273	225992
12868652	8407883	4460770	2179567	2281202	1275558
6880103	2532516	4347587	1299885	3047702	418308
2202079	733424	1468654	328822	1139832	71370
4447777	2667424	1780353	550196	1230157	523516
9067350	4164524	4902826	1379534	3523291	394298
5637004	2812446	2824557	910725	1913832	233960
6156001	2650301	3505700	654365	2851335	294780
851231	279046	572185	142116	430069	321892
5085738	2070510	3015228	691544	2323685	375615
2821783	1192902	1628881	369643	1259238	146723
945586	424277	521309	164934	356375	311573
1434348	489025	945323	394005	551318	250970
5133751	2204319	2929432	885533	2043900	938578
639660	454377	185283	104175	81108	
1030099	502646	527453	143395	384057	36352
732554	412048	320506	202399	118107	4478
1792045	531404	1260641	238712	1021929	
1945601	1514082	431519	350512	81007	1104800

5-34 财政补助支出明细

地 区	合 计	个人部分	工资福利支出	对个人和家庭的补助支出	#助学金
合 计	**668909702**	**476006398**	**357000445**	**119005953**	**27143320**
北 京	17058758	10753177	8905678	1847499	94481
天 津	8538195	6739128	4565007	2174121	55119
河 北	27433630	19480828	14284641	5196186	947938
山 西	13637144	10226859	8084353	2142506	442909
内蒙古	12350072	9069640	6690608	2379032	437026
辽 宁	16410076	13298100	9499349	3798751	179033
吉 林	11155998	8086247	5426922	2659325	177292
黑龙江	15952301	11997539	7942681	4054858	247209
上 海	16795780	10441135	9544005	897131	335089
江 苏	44052825	32518278	22672162	9846116	965211
浙 江	32163574	23804320	20047650	3756670	864900
安 徽	23944346	15775624	10973954	4801670	957751
福 建	18867710	13527714	11145419	2382295	424877
江 西	21144794	12257735	9855587	2402148	818290
山 东	49369057	34847418	26784747	8062671	1056967
河 南	40704056	26589672	20211758	6377915	2215594
湖 北	25673276	20061176	14313284	5747892	598967
湖 南	28225544	19703874	15054251	4649623	1394585
广 东	56431232	42298309	29139168	13159141	1355291
广 西	21865102	14566690	10813124	3753566	1919123
海 南	5997108	3723725	3119258	604467	193503
重 庆	17158857	12202043	9926169	2275874	581227
四 川	36133569	26671922	20614876	6057046	2555126
贵 州	22039415	16168452	11698290	4470162	1881763
云 南	27594950	21144168	16452611	4691558	2823803
西 藏	4125126	2952003	2049151	902852	516075
陕 西	15462463	10013053	7583103	2429950	986928
甘 肃	12236675	9268696	5690568	3578128	731833
青 海	4462457	3205298	2455024	750274	234892
宁 夏	4472357	2787039	2189175	597864	210275
新 疆	17453255	11826534	9267870	2558664	940244
大 连	3476415	2836755	2295768	540987	26387
宁 波	4539283	3472832	2893513	579319	114354
厦 门	2456112	1719080	1227845	491235	24521
青 岛	6500763	4708718	3351503	1357215	54089
深 圳	10500320	7449920	4841688	2608231	149071

(地方普通初中)

单位：千元

公用部分					基本建设支出
	商品和服务支出	其他资本性支出			
			专项公用支出	专项项目支出	
184147290	**81500317**	**102646974**	**26869085**	**75777888**	**8756013**
6085679	4091947	1993732	1295820	697912	219902
1798681	913871	884809	207657	677152	386
7842217	3407157	4435060	1293946	3141113	110585
3328199	1746460	1581739	550933	1030806	82086
3161732	1519447	1642285	489237	1153048	118699
3076131	2030984	1045147	444485	600661	35846
3032748	1286228	1746520	457415	1289105	37003
3882049	1806726	2075323	516975	1558348	72713
6061419	3653131	2408288	1043580	1364708	293226
11341502	3649008	7692493	1638964	6053530	193046
7859994	3650397	4209597	918128	3291469	499259
7963583	2751996	5211588	1339294	3872293	205138
5200302	1991330	3208972	926228	2282743	139694
8573382	1830773	6742608	1053142	5689467	313677
14415274	4424047	9991227	1746534	8244692	106365
13511559	5688996	7822563	1189924	6632638	602825
5612100	2562282	3049818	624537	2425281	
8295678	4015188	4280490	1242217	3038273	225992
12857365	8401297	4456067	2177950	2278117	1275558
6880103	2532516	4347587	1299885	3047702	418308
2202013	733359	1468654	328822	1139832	71370
4433297	2655532	1777765	547608	1230157	523516
9067350	4164524	4902826	1379534	3523291	394298
5637004	2812446	2824557	910725	1913832	233960
6156001	2650301	3505700	654365	2851335	294780
851231	279046	572185	142116	430069	321892
5073795	2060559	3013235	689551	2323685	375615
2821256	1192711	1628546	369481	1259064	146723
945586	424277	521309	164934	356375	311573
1434348	489025	945323	394005	551318	250970
4745714	2084755	2660959	831089	1829870	881007
639660	454377	185283	104175	81108	
1030099	502646	527453	143395	384057	36352
732554	412048	320506	202399	118107	4478
1792045	531404	1260641	238712	1021929	
1945601	1514082	431519	350512	81007	1104800

5-35 财政补助支出明细

地 区	合 计	个人部分	工资福利支出	对个人和家庭的补助支出	#助学金
合 计	**398990351**	**292399494**	**221881510**	**70517984**	**19432362**
北 京	3559549	2198240	1893737	304503	29636
天 津	2297132	2036560	1455201	581359	134
河 北	18968481	13345408	9856830	3488578	790867
山 西	8975934	6828401	5458480	1369921	342075
内蒙古	7690302	5726829	4214024	1512805	306035
辽 宁	6826400	5707706	4130314	1577391	101491
吉 林	6586536	4895435	3433734	1461701	109493
黑龙江	8838976	6522979	4506044	2016935	96788
上 海	2123991	1695325	1552909	142416	50239
江 苏	20771978	15821070	11337380	4483690	143685
浙 江	16331222	12474263	10505335	1968928	504809
安 徽	18300418	12366728	8538961	3827766	789847
福 建	11358197	8751949	7283362	1468588	348675
江 西	15758049	9289091	7542077	1747014	719615
山 东	28263012	20201583	15974638	4226944	657778
河 南	28638208	19054942	14315836	4739106	1639309
湖 北	14774029	11643670	8435018	3208652	486461
湖 南	20056001	14458550	11145490	3313060	899164
广 东	22209231	16805307	12448406	4356901	405299
广 西	15822913	11265764	8310344	2955420	1591073
海 南	3902843	2471797	2057318	414478	138901
重 庆	10409639	7746659	6319750	1426908	465645
四 川	26484288	19976973	15555878	4421095	1793541
贵 州	17561650	13320564	9650160	3670404	1746296
云 南	22068538	17588409	13619577	3968832	2456682
西 藏	2723795	2225326	1532465	692861	404651
陕 西	10559532	7272886	5515475	1757411	768038
甘 肃	9438594	7316735	4623961	2692774	674190
青 海	3111528	2342932	1769605	573327	207124
宁 夏	2498195	1836303	1431190	405113	154920
新 疆	12081193	9211112	7468011	1743102	609902
大 连	770725	691796	567209	124588	7654
宁 波	1837612	1436590	1202630	233960	59850
厦 门	417665	281043	175848	105195	6874
青 岛	2086058	1577842	1133405	444437	9335
深 圳					

（农村初中）

单位：千元

公用部分	商品和服务支出	其他资本性支出	专项公用支出	专项项目支出	基本建设支出
102450458	**44277571**	**58172887**	**13441224**	**44731664**	**4140399**
1289452	743522	545930	264602	281328	71857
260572	171313	89258	31905	57353	
5530511	2444938	3085574	908533	2177041	92561
2105679	1120420	985259	360853	624405	41854
1897632	906469	991163	266825	724338	65841
1097771	725600	372171	149634	222537	20923
1655086	663658	991428	247540	743889	36015
2243387	1081946	1161441	285724	875717	72610
428667	356761	71905	55168	16738	
4950182	1544068	3406114	804723	2601391	726
3462555	1821308	1641247	488754	1152493	394404
5750409	2058054	3692355	929593	2762763	183282
2540220	1077062	1463158	445551	1017607	66028
6295413	1384118	4911295	696250	4215044	173545
7957694	2362862	5594832	992566	4602266	103735
9323093	3979470	5343623	666336	4677288	260173
3130360	1185879	1944481	274075	1670406	
5438178	2725318	2712860	574405	2138455	159273
5373353	3329599	2043755	838457	1205298	30571
4345654	1861879	2483775	602343	1881432	211495
1375967	436038	939929	197323	742606	55080
2518897	1498688	1020210	317977	702233	144083
6196935	2818447	3378489	670026	2708463	310379
4050659	2184929	1865730	626745	1238986	190427
4290802	1921715	2369086	444016	1925070	189327
478077	206337	271740	82406	189334	20391
3085411	1281461	1803950	395849	1408101	201235
1980410	889556	1090853	243468	847385	141449
606661	292792	313869	133963	179906	161935
626362	283796	342565	98616	243949	35530
2164410	919567	1244843	347000	897842	705671
78929	61629	17300	7770	9530	
401022	225387	175635	74963	100671	
136103	46191	89912	31682	58230	519
508216	115873	392343	65827	326516	

5-36 财政补助支出明细

地区	合计	个人部分	工资福利支出	对个人和家庭的补助支出	#助学金
合计	**397722168**	**291492869**	**221105132**	**70387737**	**19396554**
北京	3559549	2198240	1893737	304503	29636
天津	2297132	2036560	1455201	581359	134
河北	18968481	13345408	9856830	3488578	790867
山西	8975934	6828401	5458480	1369921	342075
内蒙古	7690302	5726829	4214024	1512805	306035
辽宁	6826400	5707706	4130314	1577391	101491
吉林	6586536	4895435	3433734	1461701	109493
黑龙江	8775225	6472701	4467110	2005591	96707
上海	2123991	1695325	1552909	142416	50239
江苏	20771978	15821070	11337380	4483690	143685
浙江	16331222	12474263	10505335	1968928	504809
安徽	18300418	12366728	8538961	3827766	789847
福建	11358197	8751949	7283362	1468588	348675
江西	15758049	9289091	7542077	1747014	719615
山东	28263012	20201583	15974638	4226944	657778
河南	28638208	19054942	14315836	4739106	1639309
湖北	14774029	11643670	8435018	3208652	486461
湖南	20056001	14458550	11145490	3313060	899164
广东	22153745	16759207	12406485	4352722	404978
广西	15822913	11265764	8310344	2955420	1591073
海南	3901776	2470795	2056317	414478	138901
重庆	10409639	7746659	6319750	1426908	465645
四川	26484288	19976973	15555878	4421095	1793541
贵州	17561650	13320564	9650160	3670404	1746296
云南	22068538	17588409	13619577	3968832	2456682
西藏	2723795	2225326	1532465	692861	404651
陕西	10559532	7272886	5515475	1757411	768038
甘肃	9432861	7311529	4618911	2692618	674153
青海	3111528	2342932	1769605	573327	207124
宁夏	2498195	1836303	1431190	405113	154920
新疆	10939045	8407072	6778538	1628534	574533
大连	770725	691796	567209	124588	7654
宁波	1837612	1436590	1202630	233960	59850
厦门	417665	281043	175848	105195	6874
青岛	2086058	1577842	1133405	444437	9335
深圳					

(地方农村初中)

单位：千元

公用部分	商品和服务支出	其他资本性支出	专项公用支出	专项项目支出	基本建设支出
102142065	**44177670**	**57964395**	**13392056**	**44572339**	**4087234**
1289452	743522	545930	264602	281328	71857
260572	171313	89258	31905	57353	
5530511	2444938	3085574	908533	2177041	92561
2105679	1120420	985259	360853	624405	41854
1897632	906469	991163	266825	724338	65841
1097771	725600	372171	149634	222537	20923
1655086	663658	991428	247540	743889	36015
2229914	1073918	1155996	280647	875349	72610
428667	356761	71905	55168	16738	
4950182	1544068	3406114	804723	2601391	726
3462555	1821308	1641247	488754	1152493	394404
5750409	2058054	3692355	929593	2762763	183282
2540220	1077062	1463158	445551	1017607	66028
6295413	1384118	4911295	696250	4215044	173545
7957694	2362862	5594832	992566	4602266	103735
9323093	3979470	5343623	666336	4677288	260173
3130360	1185879	1944481	274075	1670406	
5438178	2725318	2712860	574405	2138455	159273
5363967	3323747	2040221	836989	1203232	30571
4345654	1861879	2483775	602343	1881432	211495
1375901	435972	939929	197323	742606	55080
2518897	1498688	1020210	317977	702233	144083
6196935	2818447	3378489	670026	2708463	310379
4050659	2184929	1865730	626745	1238986	190427
4290802	1921715	2369086	444016	1925070	189327
478077	206337	271740	82406	189334	20391
3085411	1281461	1803950	395849	1408101	201235
1979883	889365	1090518	243307	847211	141449
606661	292792	313869	133963	179906	161935
626362	283796	342565	98616	243949	35530
1879468	833803	1045664	304538	741126	652505
78929	61629	17300	7770	9530	
401022	225387	175635	74963	100671	
136103	46191	89912	31682	58230	519
508216	115873	392343	65827	326516	

5-37 财政补助支出明细

地区	合计	个人部分	工资福利支出	对个人和家庭的补助支出	#助学金
合计	**622032**	**408865**	**321708**	**87157**	**236**
北京	72479	24455	19376	5079	
天津	31534	31216	22670	8546	
河北	660				
山西					
内蒙古					
辽宁	401				
吉林	4179	3913	1318	2595	
黑龙江					
上海	33700	25244	23356	1888	236
江苏	152674	101763	70887	30877	
浙江	246103	154769	137304	17465	
安徽					
福建					
江西					
山东	19702	19289	15996	3293	
河南					
湖北	7827	6499	6050	449	
湖南	1820	1735	1659	75	
广东	50806	39834	22965	16869	
广西					
海南					
重庆					
四川					
贵州					
云南					
西藏					
陕西					
甘肃					
青海					
宁夏					
新疆	148	148	127	21	
大连					
宁波	1634	1341	1017	323	
厦门					
青岛					
深圳					

(成人中学)

单位：千元

公用部分	商品和服务支出	其他资本性支出	专项公用支出	专项项目支出	基本建设支出
213167	**108879**	**104288**	**46347**	**57941**	
48024	19737	28287	15685	12602	
318	18	299	299		
660	660				
401	401				
266	234	32	32		
8455	8248	208	208		
50911	26327	24584	3978	20605	
91333	46278	45055	24376	20679	
412	364	49	49		
1329	933	396	278	118	
85	85				
10972	5593	5379	1443	3937	
293	293				

5-38 财政补助支出明细

地区	合计	个人部分	工资福利支出	对个人和家庭的补助支出	#助学金
合计	1117702406	796898935	579051501	217847434	36923645
北京	29929104	19031599	15795242	3236357	164693
天津	12938207	10252042	6861524	3390517	62497
河北	50482113	36806476	25529522	11276953	1011807
山西	24587105	18641968	13884929	4757038	615167
内蒙古	24246314	18670850	12082479	6588371	568668
辽宁	24881874	19656100	13146583	6509517	281080
吉林	19275995	14234597	9018640	5215958	245938
黑龙江	22966494	18483975	10702324	7781651	237903
上海	21983600	14588312	13299103	1289210	518623
江苏	72703741	52214947	33929874	18285073	1058629
浙江	52067487	38185060	31504936	6680124	1380243
安徽	43200735	28921269	18311336	10609933	1123524
福建	32559049	22540075	18418449	4121626	408479
江西	38359144	22597918	18239218	4358699	1073569
山东	67363349	47173895	36573441	10600454	967210
河南	61364984	40279958	31784598	8495360	2899915
湖北	39210907	29005596	20377345	8628251	909404
湖南	44770056	30309422	23528077	6781345	1916649
广东	105128173	77640386	49674240	27966146	2431341
广西	39708005	27109641	20391474	6718167	1879069
海南	10630277	7011388	6002551	1008838	187454
重庆	29176596	21022958	16419926	4603032	773915
四川	60562416	42915388	32421886	10493502	3815405
贵州	37373399	28130043	20280944	7849100	2446442
云南	47713278	37577840	29417222	8160618	3705098
西藏	9564325	6388562	4304998	2083564	1252382
陕西	27322165	16599027	11877406	4721621	1638949
甘肃	23747144	18410032	9882417	8527615	1240309
青海	7616235	5490085	4080558	1409527	490114
宁夏	6960411	4666287	3672409	993877	318751
新疆	29309723	22343239	17637851	4705388	1300419
大连	4969439	3658682	2972232	686450	37815
宁波	7668030	5686454	4720216	966239	157205
厦门	4467919	3281015	2334604	946411	39263
青岛	9763443	6740548	4661587	2078961	116610
深圳	21591785	14946380	9464663	5481717	572144

（小学）

单位：千元

公用部分	商品和服务支出	其他资本性支出	专项公用支出	专项项目支出	基本建设支出
306601987	**140710666**	**165891321**	**44479858**	**121411463**	**14201484**
10307379	7690307	2617072	1889414	727657	590126
2636166	1670411	965755	414572	551183	50000
13487740	6410452	7077288	2350948	4726339	187898
5807965	3215190	2592776	905173	1687603	137172
5348091	2456232	2891859	903403	1988456	227373
5090447	3384085	1706362	684899	1021462	135327
4931804	2131212	2800592	700825	2099766	109593
4420338	2373606	2046731	662093	1384638	62181
7386619	4532429	2854190	1450011	1404180	8669
20267017	6659218	13607800	2511698	11096101	221776
12989687	6232577	6757110	1595152	5161958	892740
13970207	4957693	9012515	2139006	6873509	309258
9727989	3869958	5858031	1518888	4339143	290986
15278766	3592610	11686156	2076929	9609227	482461
19976843	7340779	12636064	2771065	9864998	212611
20288835	9661695	10627139	1847316	8779824	796191
10205011	4693521	5511490	1020359	4491131	300
14118290	6388528	7729762	2398421	5331341	342344
24863839	15991680	8872159	4315903	4556256	2623948
11835206	4386872	7448334	1941520	5506814	763158
3542584	1169083	2373501	739122	1634379	76305
7511141	4200104	3311037	1037142	2273895	642497
16795572	7521847	9273725	2246532	7027194	851456
8754016	4376016	4378000	1255896	3122104	489340
9677298	4429275	5248023	1103959	4144064	458140
2464493	614578	1849915	298895	1551019	711271
10049735	4183933	5865803	1423407	4442396	673402
5001192	2106024	2895168	648957	2246211	335920
1580239	685138	895101	240470	654632	545912
2177765	872432	1305333	368909	936425	116360
6109716	2913184	3196531	1018975	2177556	856769
1234057	821112	412945	212177	200769	76700
1940371	843366	1097005	235486	861519	41205
1129520	635700	493820	328843	164977	57385
3022896	1270538	1752357	404508	1347849	
4412964	3542943	870021	708393	161628	2232441

5-39 财政补助支出明细

地区	合计	个人部分	工资福利支出	对个人和家庭的补助支出	#助学金
合计	**1114523801**	**794642588**	**577185192**	**217457396**	**36852676**
北京	29709762	18876341	15681570	3194771	164123
天津	12907989	10226995	6847557	3379437	62497
河北	50482113	36806476	25529522	11276953	1011807
山西	24587105	18641968	13884929	4757038	615167
内蒙古	24246314	18670850	12082479	6588371	568668
辽宁	24881874	19656100	13146583	6509517	281080
吉林	19275995	14234597	9018640	5215958	245938
黑龙江	22805879	18352825	10608205	7744620	237675
上海	21969498	14579299	13291832	1287468	518623
江苏	72703741	52214947	33929874	18285073	1058629
浙江	52067487	38185060	31504936	6680124	1380243
安徽	43200735	28921269	18311336	10609933	1123524
福建	32559049	22540075	18418449	4121626	408479
江西	38359144	22597918	18239218	4358699	1073569
山东	67363349	47173895	36573441	10600454	967210
河南	61355100	40272103	31782108	8489995	2899915
湖北	39110106	28942953	20326371	8616582	909404
湖南	44762038	30302424	23521974	6780450	1916649
广东	105036624	77560144	49600401	27959744	2431028
广西	39708005	27109641	20391474	6718167	1879069
海南	10626857	7008179	5999341	1008838	187454
重庆	29149700	21004300	16405776	4598524	773915
四川	60562300	42915382	32421886	10493496	3815399
贵州	37373399	28130043	20280944	7849100	2446442
云南	47713278	37577840	29417222	8160618	3705098
西藏	9564325	6388562	4304998	2083564	1252382
陕西	27230255	16527038	11815001	4712037	1638949
甘肃	23732488	18398696	9871475	8527221	1240219
青海	7616235	5490085	4080558	1409527	490114
宁夏	6960411	4666287	3672409	993877	318751
新疆	26902644	20670296	16224684	4445613	1230657
大连	4969439	3658682	2972232	686450	37815
宁波	7668030	5686454	4720216	966239	157205
厦门	4467919	3281015	2334604	946411	39263
青岛	9763443	6740548	4661587	2078961	116610
深圳	21591785	14946380	9464663	5481717	572144

(地方小学)

单位：千元

公用部分					基本建设支出
	商品和服务支出	其他资本性支出	专项公用支出	专项项目支出	
305762879	**140367542**	**165395336**	**44337304**	**121058032**	**14118334**
10243295	7643082	2600213	1872556	727657	590126
2630994	1668370	962624	411441	551183	50000
13487740	6410452	7077288	2350948	4726339	187898
5807965	3215190	2592776	905173	1687603	137172
5348091	2456232	2891859	903403	1988456	227373
5090447	3384085	1706362	684899	1021462	135327
4931804	2131212	2800592	700825	2099766	109593
4390873	2354303	2036569	655644	1380925	62181
7381530	4529680	2851850	1447670	1404180	8669
20267017	6659218	13607800	2511698	11096101	221776
12989687	6232577	6757110	1595152	5161958	892740
13970207	4957693	9012515	2139006	6873509	309258
9727989	3869958	5858031	1518888	4339143	290986
15278766	3592610	11686156	2076929	9609227	482461
19976843	7340779	12636064	2771065	9864998	212611
20286806	9659701	10627105	1847281	8779824	796191
10166853	4670586	5496267	1007490	4488777	300
14117270	6387618	7729652	2398311	5331341	342344
24852532	15983984	8868547	4314125	4554423	2623948
11835206	4386872	7448334	1941520	5506814	763158
3542374	1168872	2373501	739122	1634379	76305
7502903	4194437	3308466	1034570	2273895	642497
16795461	7521736	9273725	2246532	7027194	851456
8754016	4376016	4378000	1255896	3122104	489340
9677298	4429275	5248023	1103959	4144064	458140
2464493	614578	1849915	298895	1551019	711271
10029815	4167373	5862441	1421210	4441231	673402
4997872	2105145	2892727	648766	2243961	335920
1580239	685138	895101	240470	654632	545912
2177765	872432	1305333	368909	936425	116360
5458729	2698339	2760390	924951	1835440	773618
1234057	821112	412945	212177	200769	76700
1940371	843366	1097005	235486	861519	41205
1129520	635700	493820	328843	164977	57385
3022896	1270538	1752357	404508	1347849	
4412964	3542943	870021	708393	161628	2232441

5–40 财政补助支出明细

地区	合计	个人部分	工资福利支出	对个人和家庭的补助支出	#助学金
合计	**1117692283**	**796891130**	**579044324**	**217846806**	**36923645**
北京	29929104	19031599	15795242	3236357	164693
天津	12938207	10252042	6861524	3390517	62497
河北	50482113	36806476	25529522	11276953	1011807
山西	24587105	18641968	13884929	4757038	615167
内蒙古	24246314	18670850	12082479	6588371	568668
辽宁	24881874	19656100	13146583	6509517	281080
吉林	19275995	14234597	9018640	5215958	245938
黑龙江	22966494	18483975	10702324	7781651	237903
上海	21983600	14588312	13299103	1289210	518623
江苏	72703741	52214947	33929874	18285073	1058629
浙江	52067487	38185060	31504936	6680124	1380243
安徽	43200735	28921269	18311336	10609933	1123524
福建	32552534	22534792	18413558	4121234	408479
江西	38359144	22597918	18239218	4358699	1073569
山东	67363349	47173895	36573441	10600454	967210
河南	61364984	40279958	31784598	8495360	2899915
湖北	39210907	29005596	20377345	8628251	909404
湖南	44770056	30309422	23528077	6781345	1916649
广东	105128173	77640386	49674240	27966146	2431341
广西	39707263	27109641	20391474	6718167	1879069
海南	10630277	7011388	6002551	1008838	187454
重庆	29173729	21020436	16417640	4602796	773915
四川	60562416	42915388	32421886	10493502	3815405
贵州	37373399	28130043	20280944	7849100	2446442
云南	47713278	37577840	29417222	8160618	3705098
西藏	9564325	6388562	4304998	2083564	1252382
陕西	27322165	16599027	11877406	4721621	1638949
甘肃	23747144	18410032	9882417	8527615	1240309
青海	7616235	5490085	4080558	1409527	490114
宁夏	6960411	4666287	3672409	993877	318751
新疆	29309723	22343239	17637851	4705388	1300419
大连	4969439	3658682	2972232	686450	37815
宁波	7668030	5686454	4720216	966239	157205
厦门	4467919	3281015	2334604	946411	39263
青岛	9763443	6740548	4661587	2078961	116610
深圳	21591785	14946380	9464663	5481717	572144

（普通小学）

单位：千元

公用部分	商品和服务支出	其他资本性支出	专项公用支出	专项项目支出	基本建设支出
306599668	**140708887**	**165890781**	**44479858**	**121410923**	**14201484**
10307379	7690307	2617072	1889414	727657	590126
2636166	1670411	965755	414572	551183	50000
13487740	6410452	7077288	2350948	4726339	187898
5807965	3215190	2592776	905173	1687603	137172
5348091	2456232	2891859	903403	1988456	227373
5090447	3384085	1706362	684899	1021462	135327
4931804	2131212	2800592	700825	2099766	109593
4420338	2373606	2046731	662093	1384638	62181
7386619	4532429	2854190	1450011	1404180	8669
20267017	6659218	13607800	2511698	11096101	221776
12989687	6232577	6757110	1595152	5161958	892740
13970207	4957693	9012515	2139006	6873509	309258
9726756	3869265	5857491	1518888	4338603	290986
15278766	3592610	11686156	2076929	9609227	482461
19976843	7340779	12636064	2771065	9864998	212611
20288835	9661695	10627139	1847316	8779824	796191
10205011	4693521	5511490	1020359	4491131	300
14118290	6388528	7729762	2398421	5331341	342344
24863839	15991680	8872159	4315903	4556256	2623948
11834464	4386130	7448334	1941520	5506814	763158
3542584	1169083	2373501	739122	1634379	76305
7510796	4199759	3311037	1037142	2273895	642497
16795572	7521847	9273725	2246532	7027194	851456
8754016	4376016	4378000	1255896	3122104	489340
9677298	4429275	5248023	1103959	4144064	458140
2464493	614578	1849915	298895	1551019	711271
10049735	4183933	5865803	1423407	4442396	673402
5001192	2106024	2895168	648957	2246211	335920
1580239	685138	895101	240470	654632	545912
2177765	872432	1305333	368909	936425	116360
6109716	2913184	3196531	1018975	2177556	856769
1234057	821112	412945	212177	200769	76700
1940371	843366	1097005	235486	861519	41205
1129520	635700	493820	328843	164977	57385
3022896	1270538	1752357	404508	1347849	
4412964	3542943	870021	708393	161628	2232441

5-41 财政补助支出明细

地区	合计	个人部分			
			工资福利支出	对个人和家庭的补助支出	
					#助学金
合计	**1114513677**	**794634784**	**577178015**	**217456769**	**36852676**
北京	29709762	18876341	15681570	3194771	164123
天津	12907989	10226995	6847557	3379437	62497
河北	50482113	36806476	25529522	11276953	1011807
山西	24587105	18641968	13884929	4757038	615167
内蒙古	24246314	18670850	12082479	6588371	568668
辽宁	24881874	19656100	13146583	6509517	281080
吉林	19275995	14234597	9018640	5215958	245938
黑龙江	22805879	18352825	10608205	7744620	237675
上海	21969498	14579299	13291832	1287468	518623
江苏	72703741	52214947	33929874	18285073	1058629
浙江	52067487	38185060	31504936	6680124	1380243
安徽	43200735	28921269	18311336	10609933	1123524
福建	32552534	22534792	18413558	4121234	408479
江西	38359144	22597918	18239218	4358699	1073569
山东	67363349	47173895	36573441	10600454	967210
河南	61355100	40272103	31782108	8489995	2899915
湖北	39110106	28942953	20326371	8616582	909404
湖南	44762038	30302424	23521974	6780450	1916649
广东	105036624	77560144	49600401	27959744	2431028
广西	39707263	27109641	20391474	6718167	1879069
海南	10626857	7008179	5999341	1008838	187454
重庆	29146833	21001778	16403490	4598288	773915
四川	60562300	42915382	32421886	10493496	3815399
贵州	37373399	28130043	20280944	7849100	2446442
云南	47713278	37577840	29417222	8160618	3705098
西藏	9564325	6388562	4304998	2083564	1252382
陕西	27230255	16527038	11815001	4712037	1638949
甘肃	23732488	18398696	9871475	8527221	1240219
青海	7616235	5490085	4080558	1409527	490114
宁夏	6960411	4666287	3672409	993877	318751
新疆	26902644	20670296	16224684	4445613	1230657
大连	4969439	3658682	2972232	686450	37815
宁波	7668030	5686454	4720216	966239	157205
厦门	4467919	3281015	2334604	946411	39263
青岛	9763443	6740548	4661587	2078961	116610
深圳	21591785	14946380	9464663	5481717	572144

(地方普通小学)

单位：千元

公用部分	商品和服务支出	其他资本性支出	专项公用支出	专项项目支出	基本建设支出
305760559	**140365763**	**165394796**	**44337304**	**121057492**	**14118334**
10243295	7643082	2600213	1872556	727657	590126
2630994	1668370	962624	411441	551183	50000
13487740	6410452	7077288	2350948	4726339	187898
5807965	3215190	2592776	905173	1687603	137172
5348091	2456232	2891859	903403	1988456	227373
5090447	3384085	1706362	684899	1021462	135327
4931804	2131212	2800592	700825	2099766	109593
4390873	2354303	2036569	655644	1380925	62181
7381530	4529680	2851850	1447670	1404180	8669
20267017	6659218	13607800	2511698	11096101	221776
12989687	6232577	6757110	1595152	5161958	892740
13970207	4957693	9012515	2139006	6873509	309258
9726756	3869265	5857491	1518888	4338603	290986
15278766	3592610	11686156	2076929	9609227	482461
19976843	7340779	12636064	2771065	9864998	212611
20286806	9659701	10627105	1847281	8779824	796191
10166853	4670586	5496267	1007490	4488777	300
14117270	6387618	7729652	2398311	5331341	342344
24852532	15983984	8868547	4314125	4554423	2623948
11834464	4386130	7448334	1941520	5506814	763158
3542374	1168872	2373501	739122	1634379	76305
7502557	4194092	3308466	1034570	2273895	642497
16795461	7521736	9273725	2246532	7027194	851456
8754016	4376016	4378000	1255896	3122104	489340
9677298	4429275	5248023	1103959	4144064	458140
2464493	614578	1849915	298895	1551019	711271
10029815	4167373	5862441	1421210	4441231	673402
4997872	2105145	2892727	648766	2243961	335920
1580239	685138	895101	240470	654632	545912
2177765	872432	1305333	368909	936425	116360
5458729	2698339	2760390	924951	1835440	773618
1234057	821112	412945	212177	200769	76700
1940371	843366	1097005	235486	861519	41205
1129520	635700	493820	328843	164977	57385
3022896	1270538	1752357	404508	1347849	
4412964	3542943	870021	708393	161628	2232441

5-42 财政补助支出明细

地区	合计	个人部分			
			工资福利支出	对个人和家庭的补助支出	
					#助学金
合计	**706089769**	**520397918**	**378546247**	**141851671**	**28071234**
北京	5442444	3655648	3105480	550169	54793
天津	3317912	2798334	1938477	859857	207
河北	38668319	28212141	19599027	8613114	887129
山西	17384863	13522042	10102872	3419170	477722
内蒙古	17811880	14032397	8792569	5239828	435230
辽宁	11526996	9709184	6298342	3410842	162213
吉林	12523479	9665162	6299745	3365417	158580
黑龙江	14447537	11677222	6843132	4834090	99874
上海	2883715	2272426	2075966	196460	65944
江苏	35873147	26999357	17296765	9702593	313223
浙江	27903578	20739822	16966521	3773301	800582
安徽	34015094	23356745	14391026	8965719	979338
福建	19468121	14421885	11730126	2691759	350854
江西	29531309	17890868	14523803	3367065	1001044
山东	40301227	29069667	23145604	5924063	545233
河南	45782284	30852271	24431140	6421130	2103722
湖北	22960540	17411391	12325250	5086141	774201
湖南	31402739	22272047	17516877	4755170	1428891
广东	42711498	32566102	21110512	11455590	936194
广西	30377660	22054368	16500090	5554278	1663782
海南	7838704	5415630	4625308	790323	170439
重庆	18009182	13638404	10563188	3075216	670547
四川	46364849	33623213	25296353	8326860	3088498
贵州	30410760	23883460	17275777	6607682	2286176
云南	39878739	32547357	25300551	7246805	3419784
西藏	8185542	5399107	3616888	1782219	1073700
陕西	19416941	12458812	8746502	3712309	1330420
甘肃	19311985	15282950	8329511	6953438	1160228
青海	5950379	4340899	3196603	1144296	469469
宁夏	4589704	3338723	2646749	691974	214126
新疆	21798644	17290284	13955493	3334791	949092
大连	1038341	896619	732071	164549	9375
宁波	3391821	2487636	2066127	421509	83580
厦门	854546	678122	375085	303038	8448
青岛	3067532	2243747	1551534	692213	15748
深圳					

(农村小学)

单位：千元

公用部分	商品和服务支出	其他资本性支出	专项公用支出	专项项目支出	基本建设支出
178467444	**78844960**	**99622484**	**23793011**	**75829473**	**7224407**
1639877	1032730	607147	363094	244053	146919
519578	363287	156291	62918	93374	
10296962	4908955	5388007	1714119	3673888	159215
3817409	2070559	1746850	590844	1156006	45412
3622231	1582868	2039363	591119	1448244	157252
1787390	1163961	623429	226019	397410	30423
2784596	1187494	1597102	404564	1192538	73721
2720364	1491782	1228582	330449	898133	49951
611288	509223	102066	73820	28246	
8872013	3114230	5757783	1133268	4624516	1776
6481603	3136245	3345358	788549	2556809	682152
10366591	3743078	6623513	1661918	4961595	291758
4849498	2088943	2760555	671164	2089391	196737
11365873	2743182	8622691	1573602	7049088	274567
11145192	4087801	7057390	1550202	5507189	86369
14615243	7264694	7350550	1184203	6166347	314770
5548849	2174239	3374610	429657	2944953	300
8863889	4338263	4525626	950335	3575292	266803
10128322	5873746	4254576	1853194	2401382	17074
7979109	3390930	4588179	1070897	3517282	344184
2352668	802730	1549938	539695	1010244	70405
4234689	2361599	1873090	562690	1310401	136089
12050840	5325528	6725312	1337849	5387463	690796
6238855	3403858	2834997	756309	2078688	288445
7008688	3116317	3892370	804210	3088161	322695
2081534	551570	1529964	228039	1301925	704900
6458919	2554515	3904404	792558	3111846	499211
3739854	1664876	2074978	438202	1636776	289182
1228268	491422	736846	206264	530582	381212
1207961	543207	664754	189617	475137	43020
3849291	1763130	2086161	713644	1372517	659069
141722	115889	25833	15818	10015	
904185	363012	541173	118923	422250	
153621	87182	66439	42357	24082	22803
823786	322763	501023	122076	378947	

5-43 财政补助支出明细

地 区	合 计	个人部分	工资福利支出	对个人和家庭的补助支出	#助学金
合 计	**703887564**	**518814544**	**377205185**	**141609359**	**28009676**
北 京	5442444	3655648	3105480	550169	54793
天 津	3317912	2798334	1938477	859857	207
河 北	38668319	28212141	19599027	8613114	887129
山 西	17384863	13522042	10102872	3419170	477722
内蒙古	17811880	14032397	8792569	5239828	435230
辽 宁	11526996	9709184	6298342	3410842	162213
吉 林	12523479	9665162	6299745	3365417	158580
黑龙江	14338347	11590915	6779802	4811113	99690
上 海	2883715	2272426	2075966	196460	65944
江 苏	35873147	26999357	17296765	9702593	313223
浙 江	27903578	20739822	16966521	3773301	800582
安 徽	34015094	23356745	14391026	8965719	979338
福 建	19468121	14421885	11730126	2691759	350854
江 西	29531309	17890868	14523803	3367065	1001044
山 东	40301227	29069667	23145604	5924063	545233
河 南	45782284	30852271	24431140	6421130	2103722
湖 北	22960540	17411391	12325250	5086141	774201
湖 南	31402739	22272047	17516877	4755170	1428891
广 东	42627984	32493250	21043731	11449519	935896
广 西	30377660	22054368	16500090	5554278	1663782
海 南	7835284	5412420	4622098	790323	170439
重 庆	18009182	13638404	10563188	3075216	670547
四 川	46364849	33623213	25296353	8326860	3088498
贵 州	30410760	23883460	17275777	6607682	2286176
云 南	39878739	32547357	25300551	7246805	3419784
西 藏	8185542	5399107	3616888	1782219	1073700
陕 西	19416941	12458812	8746502	3712309	1330420
甘 肃	19297329	15271614	8318569	6953044	1160137
青 海	5950379	4340899	3196603	1144296	469469
宁 夏	4589704	3338723	2646749	691974	214126
新 疆	19807219	15880614	12758693	3121921	888106
大 连	1038341	896619	732071	164549	9375
宁 波	3391821	2487636	2066127	421509	83580
厦 门	854546	678122	375085	303038	8448
青 岛	3067532	2243747	1551534	692213	15748
深 圳					

(地方农村小学)

单位：千元

公用部分	商品和服务支出	其他资本性支出	专项公用支出	专项项目支出	基本建设支出
177925765	**78652306**	**99273459**	**23708699**	**75564760**	**7147256**
1639877	1032730	607147	363094	244053	146919
519578	363287	156291	62918	93374	
10296962	4908955	5388007	1714119	3673888	159215
3817409	2070559	1746850	590844	1156006	45412
3622231	1582868	2039363	591119	1448244	157252
1787390	1163961	623429	226019	397410	30423
2784596	1187494	1597102	404564	1192538	73721
2697481	1477755	1219726	325126	894600	49951
611288	509223	102066	73820	28246	
8872013	3114230	5757783	1133268	4624516	1776
6481603	3136245	3345358	788549	2556809	682152
10366591	3743078	6623513	1661918	4961595	291758
4849498	2088943	2760555	671164	2089391	196737
11365873	2743182	8622691	1573602	7049088	274567
11145192	4087801	7057390	1550202	5507189	86369
14615243	7264694	7350550	1184203	6166347	314770
5548849	2174239	3374610	429657	2944953	300
8863889	4338263	4525626	950335	3575292	266803
10117660	5866689	4250971	1851422	2399549	17074
7979109	3390930	4588179	1070897	3517282	344184
2352458	802520	1549938	539695	1010244	70405
4234689	2361599	1873090	562690	1310401	136089
12050840	5325528	6725312	1337849	5387463	690796
6238855	3403858	2834997	756309	2078688	288445
7008688	3116317	3892370	804210	3088161	322695
2081534	551570	1529964	228039	1301925	704900
6458919	2554515	3904404	792558	3111846	499211
3736534	1663996	2072537	438011	1634526	289182
1228268	491422	736846	206264	530582	381212
1207961	543207	664754	189617	475137	43020
3344687	1592649	1752038	636617	1115421	581918
141722	115889	25833	15818	10015	
904185	363012	541173	118923	422250	
153621	87182	66439	42357	24082	22803
823786	322763	501023	122076	378947	

5−44 财政补助支出明细

地区	合计	个人部分	工资福利支出	对个人和家庭的补助支出	#助学金
合计	**10124**	**7804**	**7177**	**628**	
北京					
天津					
河北					
山西					
内蒙古					
辽宁					
吉林					
黑龙江					
上海					
江苏					
浙江					
安徽					
福建	6515	5283	4891	392	
江西					
山东					
河南					
湖北					
湖南					
广东					
广西	741				
海南					
重庆	2867	2522	2286	236	
四川					
贵州					
云南					
西藏					
陕西					
甘肃					
青海					
宁夏					
新疆					
大连					
宁波					
厦门					
青岛					
深圳					

(成人小学)

单位：千元

公用部分	商品和服务支出	其他资本性支出	专项公用支出	专项项目支出	基本建设支出
2319	**1779**	**540**		**540**	
1233	693	540		540	
741	741				
345	345				

5-45 财政补助支出明细

地区	合计	个人部分	工资福利支出	对个人和家庭的补助支出	#助学金
合计	**14675368**	**9630901**	**7313779**	**2317122**	**289505**
北京	532298	377730	311337	66393	2710
天津	258215	185966	125043	60924	306
河北	527076	395301	308035	87265	7165
山西	325108	212719	172087	40633	4161
内蒙古	283298	197815	152615	45200	5973
辽宁	590897	444798	296571	148227	13553
吉林	330894	232922	140797	92124	4479
黑龙江	432369	324029	189283	134745	6757
上海	764618	544462	504433	40029	11140
江苏	1071545	743836	508745	235091	17398
浙江	835353	533562	453926	79636	13075
安徽	444661	237740	171761	65979	10439
福建	627276	334492	270482	64011	17092
江西	381758	177305	136986	40319	5986
山东	1064421	759048	564977	194071	32120
河南	587432	425742	356868	68874	11419
湖北	456097	330947	238057	92890	9194
湖南	550799	322897	263692	59205	12909
广东	1601350	928618	611604	317014	8398
广西	313584	186658	152919	33739	8996
海南	75492	45860	36568	9293	4960
重庆	281649	182377	146640	35737	10688
四川	636884	411655	335104	76550	21904
贵州	365547	262858	201540	61318	9838
云南	428916	269483	223845	45638	16289
西藏	83931	59730	48568	11162	5012
陕西	275518	163768	134235	29532	5527
甘肃	163126	109234	69136	40097	3494
青海	82856	43030	32818	10212	1853
宁夏	94229	52443	43474	8970	2064
新疆	208170	133877	111632	22246	4606
大连	114899	93027	76824	16203	1521
宁波	128315	81847	68588	13259	2706
厦门	83483	38406	28594	9812	1506
青岛	204793	147503	99853	47650	7378
深圳	274732	152928	87152	65777	7

(特殊教育)

单位：千元

公用部分	商品和服务支出	其他资本性支出		基本建设支出
		专项公用支出	专项项目支出	

公用部分	商品和服务支出	其他资本性支出	专项公用支出	专项项目支出	基本建设支出
4857930	**2434098**	**2423831**	**936362**	**1487470**	**186537**
152903	91045	61858	39746	22112	1665
72249	39076	33173	29977	3196	
131555	82222	49333	36706	12628	221
109539	54614	54925	29365	25560	2849
85483	49124	36359	24343	12016	
146098	107165	38933	15240	23693	
76992	47537	29455	22552	6902	20981
108312	59403	48909	31049	17860	28
217527	162840	54687	32963	21724	2629
309001	149841	159160	38396	120764	18709
283882	156849	127033	44702	82330	17910
205589	70617	134972	28193	106779	1332
290734	68815	221919	25650	196268	2050
198990	59474	139517	27882	111635	5463
284456	141171	143286	53665	89621	20917
161691	99322	62368	27528	34840	
125150	64750	60401	17896	42505	
227902	77936	149966	58108	91858	
621732	308770	312962	139849	173113	51000
122491	61349	61142	26215	34927	4435
28435	11234	17201	12266	4935	1196
99272	58094	41178	16929	24249	
221730	144789	76940	34401	42539	3500
99656	68451	31204	13254	17951	3033
159433	67736	91697	25290	66407	
22581	7748	14833	4883	9950	1620
111751	46411	65340	20423	44917	
36671	24599	12073	11440	633	17221
31556	11941	19616	6685	12930	8270
41785	12074	29711	26449	3262	
72782	29100	43682	14315	29367	1510
21871	19456	2415	2415		
46469	24966	21503	6545	14958	
44427	11445	32983	3104	29878	650
57289	28211	29078	7207	21871	
70804	59113	11691	11691		51000

5-46 财政补助支出明细

地 区	合 计	个人部分	工资福利支出	对个人和家庭的补助支出	#助学金
合 计	**13935170**	**9179963**	**6960555**	**2219408**	**284994**
北 京	433503	303454	251474	51980	2090
天 津	236680	167150	113673	53477	306
河 北	527076	395301	308035	87265	7165
山 西	296642	201810	163505	38305	4066
内蒙古	283298	197815	152615	45200	5973
辽 宁	536060	400862	267562	133300	13538
吉 林	320776	226177	137313	88864	4115
黑龙江	425335	319860	186891	132969	6737
上 海	606281	439752	406865	32887	10282
江 苏	1071545	743836	508745	235091	17398
浙 江	778827	522358	444940	77418	12885
安 徽	428336	225440	162852	62588	10439
福 建	627276	334492	270482	64011	17092
江 西	366068	172144	132471	39673	5986
山 东	1064421	759048	564977	194071	32120
河 南	569667	415262	348405	66857	11347
湖 北	438606	319131	231054	88077	8823
湖 南	514975	310382	255212	55170	12909
广 东	1548063	902636	598591	304045	8398
广 西	308021	182556	149161	33395	8996
海 南	75492	45860	36568	9293	4960
重 庆	270307	175738	141133	34605	10619
四 川	589766	380684	307540	73144	21582
贵 州	311045	225970	173037	52933	8916
云 南	413105	258930	214949	43981	15910
西 藏	83931	59730	48568	11162	5012
陕 西	266613	156414	128052	28362	5527
甘 肃	163126	109234	69136	40097	3494
青 海	82856	43030	32818	10212	1853
宁 夏	94229	52443	43474	8970	2064
新 疆	203242	132464	110459	22006	4393
大 连	106597	85870	70964	14906	1521
宁 波	128315	81847	68588	13259	2706
厦 门	83483	38406	28594	9812	1506
青 岛	204793	147503	99853	47650	7378
深 圳	264053	146608	83566	63042	7

(特殊教育学校)

单位：千元

公用部分	商品和服务支出	其他资本性支出			基本建设支出
			专项公用支出	专项项目支出	
4572742	**2282180**	**2290562**	**895377**	**1395184**	**182466**
130049	72246	57803	36253	21550	
69531	36582	32949	29753	3196	
131555	82222	49333	36706	12628	221
91983	50836	41147	26715	14432	2849
85483	49124	36359	24343	12016	
135198	98988	36210	13970	22240	
73618	45324	28294	21392	6902	20981
105447	58058	47388	30746	16642	28
163900	118748	45152	23677	21476	2629
309001	149841	159160	38396	120764	18709
238560	152112	86448	36224	50224	17910
201564	67581	133983	28058	105925	1332
290734	68815	221919	25650	196268	2050
188462	57369	131093	27602	103491	5463
284456	141171	143286	53665	89621	20917
154405	96216	58189	26319	31870	
119475	59554	59922	17417	42505	
204593	76433	128160	57988	70172	
594427	290531	303896	134194	169702	51000
121030	60109	60921	25994	34927	4435
28435	11234	17201	12266	4935	1196
94569	56220	38349	16907	21443	
205582	131843	73739	31324	42415	3500
84448	57312	27136	11073	16063	627
154175	66024	88151	24727	63424	
22581	7748	14833	4883	9950	1620
110199	45741	64458	20246	44212	
36671	24599	12073	11440	633	17221
31556	11941	19616	6685	12930	8270
41785	12074	29711	26449	3262	
69267	25585	43682	14315	29367	1510
20727	18319	2408	2408		
46469	24966	21503	6545	14958	
44427	11445	32983	3104	29878	650
57289	28211	29078	7207	21871	
66445	56001	10444	10444		51000

5-47 财政补助支出明细

地区	合计	个人部分	工资福利支出	对个人和家庭的补助支出	#助学金
合计	**740198**	**450938**	**353225**	**97714**	**4510**
北京	98795	74276	59863	14412	620
天津	21535	18817	11370	7447	
河北					
山西	28465	10909	8582	2328	95
内蒙古					
辽宁	54837	43936	29009	14927	15
吉林	10118	6744	3484	3260	364
黑龙江	7034	4168	2392	1776	20
上海	158337	104710	97568	7142	857
江苏					
浙江	56526	11204	8987	2217	190
安徽	16325	12300	8909	3391	
福建					
江西	15690	5161	4515	646	
山东					
河南	17765	10480	8463	2017	72
湖北	17490	11816	7003	4813	371
湖南	35824	12515	8481	4035	
广东	53287	25982	13014	12969	
广西	5563	4102	3758	344	
海南					
重庆	11342	6639	5507	1133	69
四川	47119	30971	27564	3407	322
贵州	54502	36888	28503	8385	922
云南	15810	10553	8896	1656	378
西藏					
陕西	8905	7353	6184	1170	
甘肃					
青海					
宁夏					
新疆	4928	1413	1173	240	213
大连	8301	7157	5859	1298	
宁波					
厦门					
青岛					
深圳	10680	6320	3585	2735	

（工读学校）

单位：千元

公用部分	商品和服务支出	其他资本性支出	专项公用支出	专项项目支出	基本建设支出
285188	**151918**	**133270**	**40985**	**92285**	**4071**
22854	18800	4055	3493	561	1665
2718	2495	224	224		
17556	3778	13778	2651	11128	
10901	8177	2723	1271	1453	
3374	2214	1160	1160		
2865	1344	1521	303	1218	
53627	44092	9535	9287	248	
45322	4737	40584	8478	32106	
4025	3036	989	135	854	
10528	2104	8424	280	8144	
7285	3106	4179	1209	2970	
5675	5196	479	479		
23309	1503	21806	120	21686	
27305	18239	9065	5654	3411	
1461	1240	221	221		
4702	1873	2829	23	2806	
16148	12946	3202	3077	125	
15208	11140	4068	2180	1888	2406
5258	1712	3546	563	2983	
1552	670	882	177	705	
3515	3515				
1144	1137	7	7		
4359	3112	1247	1247		

5-48 财政补助支出明细

地 区	合 计	个人部分	工资福利支出	对个人和家庭的补助支出	#助学金
合 计	**154403693**	**90674526**	**71147122**	**19527403**	**5396008**
北 京	7962190	4702591	4018937	683655	1379
天 津	2979238	2028043	1412410	615633	1048
河 北	6374734	5017285	4018935	998350	21297
山 西	2331699	1658323	1276150	382173	102594
内蒙古	3995365	2733542	2078290	655253	123385
辽 宁	1674272	1001394	785012	216381	42810
吉 林	1555398	1059690	795912	263778	15101
黑龙江	1637236	1170586	871352	299234	9741
上 海	11478224	7205127	6820004	385124	57041
江 苏	11797202	6815790	5466261	1349530	185231
浙 江	10636601	6359244	5514163	845081	62298
安 徽	3721513	1909122	1496773	412349	104261
福 建	5443265	3561209	3105126	456083	33597
江 西	3720811	1394932	1110332	284600	101022
山 东	6250227	3856081	3071766	784315	272124
河 南	4208861	2499899	2052307	447592	177450
湖 北	3596926	2320156	1819250	500905	67670
湖 南	2823327	1564390	1183780	380610	228772
广 东	8565340	5400733	3367398	2033335	461449
广 西	3010649	1417171	1070933	346238	112865
海 南	1296058	571769	474085	97684	43080
重 庆	2125503	1076024	805115	270909	134752
四 川	8759231	4219666	3235543	984123	538596
贵 州	5142109	3690119	2758331	931788	391293
云 南	4513421	2803028	2375021	428007	130713
西 藏	2561876	1287647	859107	428540	263295
陕 西	6775134	3496382	2892938	603444	267067
甘 肃	4191845	2893500	1725356	1168143	467852
青 海	1245256	593158	417893	175264	91925
宁 夏	918937	385044	290672	94372	47304
新 疆	13111246	5982882	3977969	2004913	838994
大 连	639149	388961	328042	60919	19076
宁 波	2033276	1295585	1175911	119673	4038
厦 门	1292489	805129	677523	127606	1912
青 岛	1471494	748786	646140	102646	17783
深 圳	2156844	1169401	563471	605930	128550

(幼儿园)

单位：千元

公用部分	商品和服务支出	其他资本性支出	专项公用支出	专项项目支出	基本建设支出
57997361	**24674448**	**33322913**	**8168324**	**25154589**	**5731806**
3199184	2251298	947885	676586	271300	60415
951195	365534	585661	112223	473438	
1345990	491803	854186	206923	647263	11459
650701	218230	432471	95676	336795	22676
1130084	555436	574648	185414	389234	131739
646133	365027	281107	88154	192953	26745
474238	166118	308120	76140	231980	21470
457286	208863	248424	75370	173053	9364
4272895	2964239	1308656	741605	567050	202
4901412	1699250	3202162	589518	2612644	80000
4169698	2037019	2132679	499685	1632995	107658
1809195	363818	1445377	249391	1195986	3195
1817252	597769	1219483	296877	922606	64804
2218760	205644	2013116	366338	1646778	107119
2389346	823017	1566329	272596	1293732	4800
1681405	545132	1136273	146872	989401	27557
1276770	611832	664938	206695	458242	
1253610	516224	737386	172584	564802	5326
2960646	1901969	1058677	586853	471825	203961
1485319	534614	950705	203927	746778	108159
708343	185622	522722	187996	334726	15947
1030713	657233	373480	105460	268020	18766
4221382	1336154	2885228	460065	2425163	318183
1416045	554292	861754	167341	694413	35945
1584558	443819	1140738	233995	906744	125836
524929	189553	335376	54682	280694	749300
3149918	1589601	1560317	366277	1194041	128834
1213659	513267	700392	140659	559733	84687
604896	179892	425004	80832	344173	47202
533893	118831	415062	58210	356853	
3917906	1483349	2434557	463383	1971173	3210458
229036	101150	127886	22284	105602	21152
728810	386876	341934	87795	254139	8881
476380	214081	262299	104178	158120	10980
722708	271954	450754	66747	384008	
865715	765629	100086	78549	21538	121727

5—49 财政补助支出明细

地区	合计	个人部分	工资福利支出	对个人和家庭的补助支出	#助学金
合计	**153695897**	**90260187**	**70804010**	**19456176**	**5367918**
北京	7941702	4689693	4007607	682086	1379
天津	2976987	2026394	1411034	615360	1048
河北	6371662	5014220	4015869	998350	21297
山西	2331678	1658302	1276150	382152	102573
内蒙古	3995365	2733542	2078290	655253	123385
辽宁	1658003	986780	771275	215505	42744
吉林	1554788	1059690	795912	263778	15101
黑龙江	1593653	1138329	845011	293319	9418
上海	11416801	7161878	6778399	383479	57041
江苏	11773294	6800716	5452960	1347755	185055
浙江	10636601	6359244	5514163	845081	62298
安徽	3721256	1909122	1496773	412349	104261
福建	5441765	3559759	3103976	455783	33597
江西	3720811	1394932	1110332	284600	101022
山东	6250227	3856081	3071766	784315	272124
河南	4197212	2489771	2044033	445738	176241
湖北	3595601	2320156	1819250	500905	67670
湖南	2820161	1561227	1180815	380412	228772
广东	8565338	5400731	3367398	2033333	461447
广西	3010649	1417171	1070933	346238	112865
海南	1292747	570688	474085	96603	42000
重庆	2125503	1076024	805115	270909	134752
四川	8759056	4219666	3235543	984123	538596
贵州	5142109	3690119	2758331	931788	391293
云南	4511221	2801174	2373265	427910	130713
西藏	2561876	1287647	859107	428540	263295
陕西	6772505	3495905	2892938	602967	266890
甘肃	4181676	2883951	1716952	1166998	467034
青海	1244861	592763	417893	174869	91530
宁夏	918937	385044	290672	94372	47304
新疆	12611851	5719468	3768162	1951306	815172
大连	629432	380631	320157	60473	19041
宁波	2033276	1295585	1175911	119673	4038
厦门	1290989	803679	676373	127306	1912
青岛	1471494	748786	646140	102646	17783
深圳	2156844	1169401	563471	605930	128550

(地方幼儿园)

单位：千元

公用部分	商品和服务支出	其他资本性支出			基本建设支出
			专项公用支出	专项项目支出	
57779569	**24596869**	**33182699**	**8149519**	**25033180**	**5656141**
3191595	2245040	946555	675255	271300	60415
950592	364932	585661	112223	473438	
1345984	491797	854186	206923	647263	11459
650701	218230	432471	95676	336795	22676
1130084	555436	574648	185414	389234	131739
644478	363405	281073	88121	192953	26745
473628	166118	307510	76035	231475	21470
445959	204405	241554	74929	166625	9364
4254721	2954677	1300043	741605	558438	202
4892578	1692881	3199697	587516	2612181	80000
4169698	2037019	2132679	499685	1632995	107658
1808938	363638	1445301	249315	1195986	3195
1817202	597719	1219483	296877	922606	64804
2218760	205644	2013116	366338	1646778	107119
2389346	823017	1566329	272596	1293732	4800
1679884	543854	1136030	146689	989341	27557
1275445	610933	664513	206270	458242	
1253608	516222	737386	172584	564802	5326
2960646	1901969	1058677	586853	471825	203961
1485319	534614	950705	203927	746778	108159
706113	185287	520826	187996	332830	15947
1030713	657233	373480	105460	268020	18766
4221207	1335979	2885228	460065	2425163	318183
1416045	554292	861754	167341	694413	35945
1584211	443548	1140663	233949	906714	125836
524929	189553	335376	54682	280694	749300
3147766	1588004	1559762	365722	1194041	128834
1213039	513047	699992	140659	559333	84687
604896	179892	425004	80832	344173	47202
533893	118831	415062	58210	356853	
3757590	1439655	2317935	449776	1868159	3134793
227649	99796	127852	22250	105602	21152
728810	386876	341934	87795	254139	8881
476330	214031	262299	104178	158120	10980
722708	271954	450754	66747	384008	
865715	765629	100086	78549	21538	121727

5-50 财政补助支出明细

地区	合计	个人部分	工资福利支出	对个人和家庭的补助支出	#助学金
合计	**79415863**	**48007453**	**37350763**	**10656690**	**4063586**
北京	1817701	1068231	954689	113542	446
天津	380341	278792	202106	76687	239
河北	4601123	3638265	2989705	648561	11417
山西	1490184	1078492	858033	220459	77279
内蒙古	2624300	1768737	1357055	411682	76228
辽宁	438837	260824	214159	46665	7151
吉林	742989	533166	433260	99906	5441
黑龙江	819391	589530	480901	108629	4563
上海	1504759	1110789	1055914	54875	6208
江苏	4468511	2525613	2043877	481736	118381
浙江	4432938	2593810	2214742	379068	54618
安徽	2501822	1353075	1096915	256161	71429
福建	2673183	1809439	1582934	226504	26070
江西	2697876	936796	760308	176488	86314
山东	3153952	2162190	1727653	434537	175098
河南	2350205	1464121	1225325	238795	105833
湖北	1435776	988615	790729	197886	55114
湖南	1828779	1109432	831031	278401	194536
广东	2262069	1632026	1193133	438893	212796
广西	1806238	888046	644362	243684	102419
海南	946182	418417	351686	66731	27276
重庆	1025485	507656	377025	130631	91786
四川	5679081	2936941	2196496	740445	465125
贵州	3865597	3020038	2262326	757712	347734
云南	2807042	1818940	1523814	295125	109951
西藏	1905321	898212	567725	330487	214152
陕西	4937123	2721913	2263941	457972	206203
甘肃	3279581	2271468	1445432	826036	307146
青海	998708	453143	313688	139455	77953
宁夏	535128	208102	161526	46576	23002
新疆	9405639	4962634	3230272	1732362	801678
大连	98528	59775	54575	5200	526
宁波	738981	438773	400053	38719	2345
厦门	139175	85752	67303	18449	266
青岛	328730	208987	189766	19221	8328
深圳					

（农村幼儿园）

单位：千元

公用部分	商品和服务支出	其他资本性支出	专项公用支出	专项项目支出	基本建设支出
28098902	**9982940**	**18115961**	**3545034**	**14570927**	**3309509**
722452	428518	293934	210550	83384	27018
101549	50359	51190	7943	43247	
952187	295796	656391	108369	548022	10671
401615	118606	283010	48836	234174	10077
776250	357535	418715	113366	305349	79312
156434	84182	72252	25922	46330	21580
199871	55194	144676	29374	115302	9953
220496	89129	131368	24731	106637	9364
393970	318337	75633	65286	10347	
1942898	628062	1314836	183452	1131384	
1790803	726457	1064346	236111	828235	48324
1148551	233771	914781	128918	785863	195
821888	240263	581625	112362	469263	41856
1703761	142189	1561572	310858	1250714	57319
986962	267855	719106	118087	601020	4800
881541	251435	630106	51959	578147	4543
447161	130778	316383	46296	270087	
717612	292121	425491	82120	343371	1735
629119	241929	387190	155694	231496	925
883987	344405	539582	106895	432686	34206
513316	125812	387504	129064	258440	14448
512431	320222	192208	50340	141869	5399
2480517	727715	1752802	250260	1502543	261622
814964	391135	423829	118190	305639	30595
974404	249453	724951	120192	604758	13699
321610	113050	208560	31276	177284	685500
2107346	1064175	1043171	234844	808327	107864
938064	409496	528568	90974	437594	70049
513207	134964	378243	73231	305012	32358
327026	91094	235932	18093	217839	
2716908	1058902	1658006	261443	1396563	1726097
17673	12979	4694	1383	3311	21080
300208	136111	164097	38218	125880	
53424	36354	17069	15971	1098	
119743	53254	66489	19636	46853	

5-51 财政补助支出明细

地区	合计	个人部分	工资福利支出	对个人和家庭的补助支出	#助学金
合计	**78947952**	**47774718**	**37163498**	**10611219**	**4040263**
北京	1817175	1068117	954575	113542	446
天津	380341	278792	202106	76687	239
河北	4601123	3638265	2989705	648561	11417
山西	1490184	1078492	858033	220459	77279
内蒙古	2624300	1768737	1357055	411682	76228
辽宁	438837	260824	214159	46665	7151
吉林	742989	533166	433260	99906	5441
黑龙江	792037	570947	464321	106626	4353
上海	1504759	1110789	1055914	54875	6208
江苏	4468511	2525613	2043877	481736	118381
浙江	4432938	2593810	2214742	379068	54618
安徽	2501822	1353075	1096915	256161	71429
福建	2673183	1809439	1582934	226504	26070
江西	2697876	936796	760308	176488	86314
山东	3153952	2162190	1727653	434537	175098
河南	2350171	1464086	1225325	238761	105798
湖北	1435776	988615	790729	197886	55114
湖南	1828727	1109382	830981	278401	194536
广东	2262067	1632024	1193133	438891	212794
广西	1806238	888046	644362	243684	102419
海南	946182	418417	351686	66731	27276
重庆	1025485	507656	377025	130631	91786
四川	5679081	2936941	2196496	740445	465125
贵州	3865597	3020038	2262326	757712	347734
云南	2807042	1818940	1523814	295125	109951
西藏	1905321	898212	567725	330487	214152
陕西	4937030	2721904	2263941	457963	206194
甘肃	3270218	2262725	1437028	825697	307133
青海	998708	453143	313688	139455	77953
宁夏	535128	208102	161526	46576	23002
新疆	8975152	4757434	3068155	1689280	778625
大连	98528	59775	54575	5200	526
宁波	738981	438773	400053	38719	2345
厦门	139175	85752	67303	18449	266
青岛	328730	208987	189766	19221	8328
深圳					

(地方农村幼儿园)

单位：千元

公用部分	商品和服务支出	其他资本性支出	专项公用支出	专项项目支出	基本建设支出
27939390	**9945120**	**17994270**	**3532566**	**14461704**	**3233844**
722040	428112	293929	210544	83384	27018
101549	50359	51190	7943	43247	
952187	295796	656391	108369	548022	10671
401615	118606	283010	48836	234174	10077
776250	357535	418715	113366	305349	79312
156434	84182	72252	25922	46330	21580
199871	55194	144676	29374	115302	9953
211725	86647	125078	24310	100768	9364
393970	318337	75633	65286	10347	
1942898	628062	1314836	183452	1131384	
1790803	726457	1064346	236111	828235	48324
1148551	233771	914781	128918	785863	195
821888	240263	581625	112362	469263	41856
1703761	142189	1561572	310858	1250714	57319
986962	267855	719106	118087	601020	4800
881541	251435	630106	51959	578147	4543
447161	130778	316383	46296	270087	
717610	292119	425491	82120	343371	1735
629119	241929	387190	155694	231496	925
883987	344405	539582	106895	432686	34206
513316	125812	387504	129064	258440	14448
512431	320222	192208	50340	141869	5399
2480517	727715	1752802	250260	1502543	261622
814964	391135	423829	118190	305639	30595
974404	249453	724951	120192	604758	13699
321610	113050	208560	31276	177284	685500
2107262	1064093	1043169	234843	808327	107864
937445	409277	528168	90974	437194	70049
513207	134964	378243	73231	305012	32358
327026	91094	235932	18093	217839	
2567285	1024274	1543011	249402	1293609	1650433
17673	12979	4694	1383	3311	21080
300208	136111	164097	38218	125880	
53424	36354	17069	15971	1098	
119743	53254	66489	19636	46853	

5—52 财政补助支出明细

地 区	合 计	个人部分	工资福利支出	对个人和家庭的补助支出	#助学金
合 计	**36154901**	**20536493**	**13709760**	**6826733**	
北 京	944378	635120	514828	120291	
天 津	337794	269841	171306	98536	
河 北	798600	602156	365600	236556	
山 西	983603	743084	524610	218473	
内蒙古	916313	557552	316400	241152	
辽 宁	691368	508016	271995	236021	
吉 林	407712	248466	145015	103451	
黑龙江	1324516	613338	306248	307090	
上 海	325347	230683	175617	55066	
江 苏	1685595	1058528	638939	419589	
浙 江	1414417	835883	678140	157743	
安 徽	1277789	652690	379426	273264	
福 建	796768	392218	317309	74909	
江 西	710529	415265	274286	140979	
山 东	2372037	1551926	1168269	383657	
河 南	1426320	598137	446558	151579	
湖 北	1403216	957897	624438	333458	
湖 南	2161951	1340524	979200	361324	
广 东	5147161	2069450	1020307	1049143	
广 西	422457	261583	197943	63640	
海 南	471912	223240	146537	76703	
重 庆	754477	343094	233592	109502	
四 川	2373750	1173850	821076	352774	
贵 州	1791738	1076081	790031	286050	
云 南	1647407	861784	661612	200172	
西 藏	305029	227321	186010	41311	
陕 西	689879	325088	251408	73681	
甘 肃	1085634	708802	334737	374065	
青 海	328542	235284	129767	105517	
宁 夏	178757	116822	93602	23220	
新 疆	979907	702769	544954	157815	
大 连	122178	102200	67133	35066	
宁 波	161550	120088	100146	19942	
厦 门	291400	46315	31366	14949	
青 岛	405736	261945	208762	53184	
深 圳	1491027	333736	186434	147302	

(教育行政单位)

单位：千元

公用部分	商品和服务支出	其他资本性支出	专项公用支出	专项项目支出	基本建设支出
14835882	**11504523**	**3331359**	**1816997**	**1514362**	**782526**
309258	299189	10069	7942	2128	
67953	60033	7921	7086	834	
196444	176821	19623	15620	4003	
240519	204266	36253	30183	6070	
349365	248891	100474	52778	47695	9396
183352	159797	23555	13191	10364	
159246	130246	29000	21177	7823	
707757	420171	287586	153580	134006	3420
94664	87821	6844	3266	3577	
627067	522147	104920	85187	19733	
577788	441664	136123	33543	102580	746
625099	378664	246435	117391	129044	
404550	368443	36107	20799	15308	
295264	239867	55397	41310	14088	
820111	626218	193893	136817	57076	
828183	746498	81685	32854	48831	
445319	358622	86697	64416	22281	
821427	657875	163552	83991	79561	
2400208	1778088	622120	382085	240035	677502
160874	139445	21428	17395	4033	
248672	209809	38863	32047	6816	
372803	327717	45086	14247	30839	38580
1199901	954537	245364	160914	84450	
711857	496555	215302	76463	138839	3799
766833	615322	151511	61149	90362	18790
77708	58631	19077	16669	2408	
345790	259538	86252	18263	67989	19000
368531	203724	164808	75917	88891	8300
93148	77223	15925	10680	5245	110
61934	34612	27322	2061	25261	
274256	222090	52166	27972	24194	2882
19978	19488	491	491		
41462	36820	4642	4642		
245085	225672	19413	6225	13188	
143791	103816	39975	34988	4987	
515479	372574	142906	111091	31814	641812

5-53 财政补助支出明细

地区	合计	个人部分	工资福利支出	对个人和家庭的补助支出	#助学金
合计	**35779125**	**20314748**	**13525459**	**6789288**	
北京	621396	440671	351130	89540	
天津	337794	269841	171306	98536	
河北	798600	602156	365600	236556	
山西	983603	743084	524610	218473	
内蒙古	916313	557552	316400	241152	
辽宁	691368	508016	271995	236021	
吉林	407712	248466	145015	103451	
黑龙江	1305552	607349	302252	305096	
上海	325347	230683	175617	55066	
江苏	1685595	1058528	638939	419589	
浙江	1414417	835883	678140	157743	
安徽	1277789	652690	379426	273264	
福建	796768	392218	317309	74909	
江西	710529	415265	274286	140979	
山东	2372037	1551926	1168269	383657	
河南	1426320	598137	446558	151579	
湖北	1403216	957897	624438	333458	
湖南	2161951	1340524	979200	361324	
广东	5147161	2069450	1020307	1049143	
广西	422457	261583	197943	63640	
海南	471912	223240	146537	76703	
重庆	754477	343094	233592	109502	
四川	2373750	1173850	821076	352774	
贵州	1791738	1076081	790031	286050	
云南	1647407	861784	661612	200172	
西藏	305029	227321	186010	41311	
陕西	689879	325088	251408	73681	
甘肃	1085634	708802	334737	374065	
青海	328542	235284	129767	105517	
宁夏	178757	116822	93602	23220	
新疆	946076	681462	528347	153115	
大连	122178	102200	67133	35066	
宁波	161550	120088	100146	19942	
厦门	291400	46315	31366	14949	
青岛	405736	261945	208762	53184	
深圳	1491027	333736	186434	147302	

(地方教育行政单位)

单位：千元

公用部分	商品和服务支出	其他资本性支出			基本建设支出
			专项公用支出	专项项目支出	
14681852	**11366745**	**3315107**	**1809941**	**1505166**	**782526**
180726	174502	6224	4096	2128	
67953	60033	7921	7086	834	
196444	176821	19623	15620	4003	
240519	204266	36253	30183	6070	
349365	248891	100474	52778	47695	9396
183352	159797	23555	13191	10364	
159246	130246	29000	21177	7823	
694783	417406	277378	152568	124810	3420
94664	87821	6844	3266	3577	
627067	522147	104920	85187	19733	
577788	441664	136123	33543	102580	746
625099	378664	246435	117391	129044	
404550	368443	36107	20799	15308	
295264	239867	55397	41310	14088	
820111	626218	193893	136817	57076	
828183	746498	81685	32854	48831	
445319	358622	86697	64416	22281	
821427	657875	163552	83991	79561	
2400208	1778088	622120	382085	240035	677502
160874	139445	21428	17395	4033	
218672	209809	38863	32047	6816	
372803	327717	45086	14247	30839	38580
1199901	954537	245364	160914	84450	
711857	496555	215302	76463	138839	3799
766833	615322	151511	61149	90362	18790
77708	58631	19077	16669	2408	
345790	259538	86252	18263	67989	19000
368531	203724	164808	75917	88891	8300
93148	77223	15925	10680	5245	110
61934	34612	27322	2061	25261	
261731	211764	49968	25774	24194	2882
19978	19488	491	491		
41462	36820	4642	4642		
245085	225672	19413	6225	13188	
143791	103816	39975	34988	4987	
515479	372574	142906	111091	31814	641812

5-54 财政补助支出明细

地 区	合 计	个人部分	工资福利支出	对个人和家庭的补助支出	#助学金
合 计	**67344999**	**36684437**	**26524725**	**10159712**	
北 京	11021436	2965940	2344165	621776	
天 津	1425331	977012	652157	324856	
河 北	1940923	1559720	1087765	471955	
山 西	1491152	951142	636393	314749	
内蒙古	1602327	1160037	762319	397718	
辽 宁	2577319	1934931	1320441	614490	
吉 林	1355462	870236	511939	358297	
黑龙江	1582467	1088481	603076	485405	
上 海	4814141	2142587	2001655	140932	
江 苏	3490574	2333593	1503756	829837	
浙 江	4629646	2547377	2090704	456673	
安 徽	1540056	1017991	816989	201001	
福 建	2276649	1116938	909587	207351	
江 西	1362131	781110	585915	195195	
山 东	2514094	1737738	1235903	501835	
河 南	2731868	1715607	1180945	534662	
湖 北	2328405	1583452	1063749	519703	
湖 南	1136023	683355	523039	160316	
广 东	5846912	2575264	1539171	1036093	
广 西	1311461	854396	647538	206858	
海 南	198643	114579	100876	13703	
重 庆	929696	484254	349959	134295	
四 川	2540729	1665309	1341412	323897	
贵 州	573978	213582	163191	50390	
云 南	1763037	731830	520551	211279	
西 藏	636640	405709	297970	107738	
陕 西	1664130	1018367	747152	271215	
甘 肃	489760	374259	193174	181085	
青 海	301487	246141	192276	53865	
宁 夏	224408	180237	143776	36461	
新 疆	1044114	653263	457183	196080	
大 连	432708	283310	243374	39935	
宁 波	690047	413051	340804	72246	
厦 门	662929	178774	125713	53061	
青 岛	555500	359016	236433	122583	
深 圳	1481910	760301	550422	209879	

（教育事业单位）

单位：千元

公用部分	商品和服务支出	其他资本性支出			基本建设支出
			专项公用支出	专项项目支出	
29611573	**21141570**	**8470003**	**4111438**	**4358565**	**1048989**
8046266	7323753	722513	598603	123911	9229
373620	240720	132900	59315	73584	74698
381203	266462	114740	59665	55075	
521696	240511	281185	85217	195968	18314
441352	262105	179246	37287	141959	938
594832	429062	165770	117241	48529	47557
485226	269391	215836	114996	100839	
444528	367379	77149	50054	27096	49458
2324685	1787389	537296	370576	166720	346868
1096981	799166	297815	172507	125308	60000
2068196	1187802	880395	242057	638338	14073
512566	330261	182304	121118	61186	9500
1150111	706024	444087	114913	329174	9600
580202	381346	198856	83137	115719	819
776356	536576	239780	83963	155817	
1016261	600685	415577	215820	199756	
744953	556734	188219	125583	62636	
449068	306167	142902	112188	30714	3600
3013848	1509081	1504767	699839	804928	257801
457065	317655	139410	77886	61525	
84064	67892	16172	9569	6603	
435592	363217	72375	58071	14304	9850
852437	636152	216284	109143	107142	22982
359897	236312	123584	93584	30000	500
1001154	471651	529502	62919	466584	30053
230931	170068	60863	31397	29466	
575762	338954	236808	102958	133851	70000
113201	66005	47196	22326	24871	2300
50380	38864	11516	8657	2859	4966
44170	38911	5259	4057	1203	
384970	295277	89693	66793	22900	5881
149398	92067	57331	35597	21734	
276996	217369	59627	40369	19258	
484155	329537	154618	35369	119249	
196484	131613	64871	42404	22467	
699251	526846	172406	98232	74173	22358

5-55 财政补助支出明细

地区	合计	个人部分	工资福利支出	对个人和家庭的补助支出	#助学金
合计	**61208855**	**36310845**	**26319776**	**9991069**	
北京	4992501	2641306	2178209	463097	
天津	1425331	977012	652157	324856	
河北	1940923	1559720	1087765	471955	
山西	1491152	951142	636393	314749	
内蒙古	1602327	1160037	762319	397718	
辽宁	2577319	1934931	1320441	614490	
吉林	1355462	870236	511939	358297	
黑龙江	1561638	1070677	589654	481023	
上海	4814141	2142587	2001655	140932	
江苏	3490574	2333593	1503756	829837	
浙江	4629646	2547377	2090704	456673	
安徽	1540056	1017991	816989	201001	
福建	2276649	1116938	909587	207351	
江西	1362131	781110	585915	195195	
山东	2514094	1737738	1235903	501835	
河南	2731868	1715607	1180945	534662	
湖北	2328405	1583452	1063749	519703	
湖南	1136023	683355	523039	160316	
广东	5846912	2575264	1539171	1036093	
广西	1311461	854396	647538	206858	
海南	198643	114579	100876	13703	
重庆	929696	484254	349959	134295	
四川	2540729	1665309	1341412	323897	
贵州	573978	213582	163191	50390	
云南	1763037	731830	520551	211279	
西藏	636640	405709	297970	107738	
陕西	1664130	1018367	747152	271215	
甘肃	489760	374259	193174	181085	
青海	301487	246141	192276	53865	
宁夏	224408	180237	143776	36461	
新疆	957733	622109	431611	190498	
大连	432708	283310	243374	39935	
宁波	690047	413051	340804	72246	
厦门	662929	178774	125713	53061	
青岛	555500	359016	236433	122583	
深圳	1481910	760301	550422	209879	

(地方教育事业单位)

单位：千元

公用部分	商品和服务支出	其他资本性支出			基本建设支出
			专项公用支出	专项项目支出	
23856330	**15512248**	**8344082**	**4008230**	**4335852**	**1041680**
2346471	1712382	634089	516030	118059	4724
373620	240720	132900	59315	73584	74698
381203	266462	114740	59665	55075	
521696	240511	281185	85217	195968	18314
441352	262105	179246	37287	141959	938
594832	429062	165770	117241	48529	47557
485226	269391	215836	114996	100839	
441503	364387	77116	50020	27096	49458
2324685	1787389	537296	370576	166720	346868
1096981	799166	297815	172507	125308	60000
2068196	1187802	880395	242057	638338	14073
512566	330261	182304	121118	61186	9500
1150111	706024	444087	114913	329174	9600
580202	381346	198856	83137	115719	819
776356	536576	239780	83963	155817	
1016261	600685	415577	215820	199756	
744953	556734	188219	125583	62636	
449068	306167	142902	112188	30714	3600
3013848	1509081	1504767	699839	804928	257801
457065	317655	139410	77886	61525	
84064	67892	16172	9569	6603	
435592	363217	72375	58071	14304	9850
852437	636152	216284	109143	107142	22982
359897	236312	123584	93584	30000	500
1001154	471651	529502	62919	466584	30053
230931	170068	60863	31397	29466	
575762	338954	236808	102958	133851	70000
113201	66005	47196	22326	24871	2300
50380	38864	11516	8657	2859	4966
44170	38911	5259	4057	1203	
332547	280317	52230	46191	6038	3077
149398	92067	57331	35597	21734	
276996	217369	59627	40369	19258	
484155	329537	154618	35369	119249	
196484	131613	64871	42404	22467	
699251	526846	172406	98232	74173	22358

5-56 财政补助支出明细

地区	合计	个人部分	工资福利支出	对个人和家庭的补助支出	#助学金
合计	**45868344**	**16561993**	**11346927**	**5215066**	**29602**
北京	6832162	1029080	522277	506803	20462
天津	956202	246033	152860	93173	
河北	886720	603626	419303	184323	
山西	875083	407132	306836	100297	
内蒙古	658824	442447	282276	160171	
辽宁	1147794	577735	338636	239099	
吉林	720031	470346	295770	174576	
黑龙江	691977	410216	224120	186096	
上海	1046636	323787	276459	47328	3079
江苏	1914115	908415	544161	364254	688
浙江	2638298	924540	575154	349386	965
安徽	1143403	465806	297997	167809	
福建	1010694	437912	334777	103135	1189
江西	716594	372170	242261	129909	
山东	3018010	986550	738921	247629	
河南	1732977	618958	500263	118695	
湖北	2106281	922189	617328	304861	697
湖南	1247140	659993	532774	127219	616
广东	2984176	1054227	583833	470394	989
广西	1455077	334767	273691	61076	
海南	240201	67266	58601	8665	
重庆	598267	248765	190646	58119	
四川	3423664	894092	661600	232492	917
贵州	1022413	525739	396786	128952	
云南	1557590	640619	508567	132052	
西藏	256938	113515	98661	14854	
陕西	1869898	563012	440456	122556	
甘肃	855559	405894	223990	181904	
青海	655119	223275	148829	74447	
宁夏	210883	114405	92461	21944	
新疆	1395619	569481	466631	102850	
大连	151832	82027	58726	23301	
宁波	285527	90608	77176	13433	
厦门	92387	55685	32083	23602	
青岛	239322	135859	96868	38992	
深圳	383329	202485	121602	80883	

(其他教育机构)

单位：千元

公用部分	商品和服务支出	其他资本性支出	专项公用支出	专项项目支出	基本建设支出
27285246	**16696975**	**10588272**	**3643775**	**6944497**	**2021104**
5679264	5268562	410701	376831	33871	123819
667210	366298	300912	212615	88297	42958
252380	184661	67719	16222	51498	30714
353278	208941	144337	41674	102663	114674
211377	138989	72387	29674	42714	5000
536737	415439	121298	39555	81743	33321
209889	139698	70190	31363	38827	39796
276070	213982	62088	14014	48074	5691
690916	633995	56921	29628	27293	31934
1005700	599550	406150	103901	302249	
1667158	974515	692643	326891	365752	46600
645658	268580	377078	104482	272595	31939
473241	257972	215268	29182	186087	99542
341623	195691	145932	27076	118856	2800
1930698	846498	1084200	166862	917338	100762
1080694	466965	613729	226672	387056	33325
1176492	579386	597106	63199	533907	7600
559096	415075	144021	77490	66531	28051
1541454	701378	840076	494618	345458	388495
856604	360403	496202	371997	124205	263706
172935	153100	19835	7208	12627	
341469	283618	57852	9301	48550	8033
2406471	1387887	1018584	163938	854646	123101
491277	223828	267450	71888	195562	5397
784915	215471	569444	177513	391931	132056
141323	42021	99302	10618	88684	2099
1306386	463501	842885	44912	797973	500
419665	168914	250752	19247	231504	30000
339896	162224	177672	59335	118337	91948
96478	60669	35809	21739	14070	
628895	299165	329730	274130	55601	197243
69037	54742	14295	14295		768
154919	48925	105994	2972	103021	40000
36702	35187	1515	1315	200	
103462	57408	46054	3196	42858	
165043	148683	16360	13601	2758	15801

5-57 财政补助支出明细

地区	合计	个人部分	工资福利支出	对个人和家庭的补助支出	#助学金
合计	**42158421**	**16039944**	**11065688**	**4974255**	**6660**
北京	3815236	644854	340730	304124	863
天津	954656	246033	152860	93173	
河北	883008	603626	419303	184323	
山西	874603	407132	306836	100297	
内蒙古	658230	442447	282276	160171	
辽宁	1144314	577735	338636	239099	
吉林	719131	470346	295770	174576	
黑龙江	666698	408202	222567	185634	
上海	822516	294405	255204	39201	924
江苏	1887178	908415	544161	364254	688
浙江	2634794	924540	575154	349386	965
安徽	1142899	465806	297997	167809	
福建	941900	428528	329680	98848	
江西	716162	372170	242261	129909	
山东	3011516	986550	738921	247629	
河南	1728285	618958	500263	118695	
湖北	2089553	922189	617328	304861	697
湖南	1245002	659993	532774	127219	616
广东	2984176	1054227	583833	470394	989
广西	1455077	334767	273691	61076	
海南	240201	67266	58601	8665	
重庆	598267	248765	190646	58119	
四川	3393904	894092	661600	232492	917
贵州	1021701	525739	396786	128952	
云南	1556486	640619	508567	132052	
西藏	256938	113515	98661	14854	
陕西	1855246	563012	440456	122556	
甘肃	849621	405894	223990	181904	
青海	655119	223275	148829	74447	
宁夏	210883	114405	92461	21944	
新疆	1145123	472437	394843	77593	
大连	151832	82027	58726	23301	
宁波	285527	90608	77176	13433	
厦门	92387	55685	32083	23602	
青岛	239322	135859	96868	38992	
深圳	383329	202485	121602	80883	

(地方其他教育机构)

单位：千元

公用部分	商品和服务支出	其他资本性支出	专项公用支出	专项项目支出	基本建设支出
24191074	**13701795**	**10489278**	**3575068**	**6914210**	**1927404**
3046563	2704686	341877	328556	13320	123819
665665	364752	300912	212615	88297	42958
248668	180949	67719	16222	51498	30714
352798	208461	144337	41674	102663	114674
210783	138396	72387	29674	42714	5000
533257	411959	121298	39555	81743	33321
208989	138798	70190	31363	38827	39796
252805	190838	61967	13994	47974	5691
496177	444581	51596	24304	27293	31934
978763	572613	406150	103901	302249	
1663654	971011	692643	326891	365752	46600
645154	268076	377078	104482	272595	31939
413830	205153	208678	22591	186087	99542
341191	195259	145932	27076	118856	2800
1924203	840004	1084200	166862	917338	100762
1076002	462273	613729	226672	387056	33325
1159764	562658	597106	63199	533907	7600
556957	412936	144021	77490	66531	28051
1541454	701378	840076	494618	345458	388495
856604	360403	496202	371997	124205	263706
172935	153100	19835	7208	12627	
341469	283618	57852	9301	48550	8033
2376711	1358127	1018584	163938	854646	123101
490566	223116	267450	71888	195562	5397
783811	214367	569444	177513	391931	132056
141323	42021	99302	10618	88684	2099
1291734	448849	842885	44912	797973	500
413727	162975	250752	19247	231504	30000
339896	162224	177672	59335	118337	91948
96478	60669	35809	21739	14070	
569144	257546	311598	265634	45964	103543
69037	54742	14295	14295		768
154919	48925	105994	2972	103021	40000
36702	35187	1515	1315	200	
103462	57408	46054	3196	42858	
165043	148683	16360	13601	2758	15801

第六部分

各地区各级各类教育机构一般公共预算教育事业费和基本建设支出明细

6-1 一般公共预算教育事业费和

地区	合计	个人部分	工资福利支出	对个人和家庭的补助支出	#助学金
合计	**2830329905**	**1896044204**	**1434568388**	**461475816**	**150115652**
北京	139937296	79552037	53147992	26404044	12900778
天津	46445526	30982675	19195519	11787156	1328127
河北	120048076	86745198	63155369	23589829	4483929
山西	59611892	43175590	33923805	9251785	2834838
内蒙古	51425314	36178374	30199542	5978832	3502978
辽宁	65527876	47418718	36882218	10536500	2495241
吉林	52310262	35948661	24417571	11531091	1699263
黑龙江	62135447	45189255	29284520	15904735	2064045
上海	81996505	46123979	41724726	4399253	3331848
江苏	191939484	139440801	97667273	41773527	6110643
浙江	135353426	95137574	80442808	14694766	4164838
安徽	96963277	60945717	45113179	15832538	4897244
福建	82832221	55969482	45735762	10233720	2276793
江西	87658717	51361566	40207703	11153863	4205239
山东	180480327	131910276	99658436	32251840	5586611
河南	137772197	81828104	69269692	12558412	8610136
湖北	116760023	80044028	57616999	22427029	4929162
湖南	110077784	76607768	60022440	16585328	6526253
广东	241238220	164329550	118371200	45958350	7612987
广西	87957051	52405828	39896456	12509372	6644369
海南	21457109	11612869	10379848	1233021	843822
重庆	63617559	40578748	33731678	6847070	4393732
四川	141286511	95635544	74884650	20750894	11467317
贵州	85361725	61105472	44211310	16894162	7896334
云南	94835437	69584548	57546407	12038141	9039315
西藏	21197307	12820220	8569074	4251146	2600663
陕西	86998983	52480170	38991970	13488200	6244474
甘肃	56401274	38667063	25219376	13447687	4222944
青海	17484305	11159834	8562118	2597716	1139638
宁夏	16159767	9413508	7633246	1780262	1046171
新疆	77059011	51691050	38905502	12785548	5015922
大连	10185547	7403160	6729759	673401	111746
宁波	18339280	13651439	11894952	1756488	363227
厦门	10461827	7177815	5289007	1888808	108301
青岛	21707350	16278441	11733768	4544672	321329
深圳	41458239	23480105	17622733	5857372	729775

基本建设支出明细(各级各类教育机构)

单位：千元

公用部分	商品和服务支出	其他资本性支出			基本建设支出
			专项公用支出	专项项目支出	
873267698	**460153364**	**413114334**	**158794020**	**254320314**	**61018004**
56709450	40719422	15990028	11770697	4219330	3675809
15249899	8844406	6405493	3686529	2718964	212952
32434899	16637306	15797593	5995884	9801709	867979
15742086	9114623	6627463	2817610	3809853	694216
14346552	7701286	6645266	2869843	3775423	900388
17177589	12047923	5129666	3033313	2096353	931569
15622609	8315280	7307328	3137214	4170115	738992
16181005	9465861	6715144	3005569	3709575	765188
31932973	24388448	7544525	5893659	1650866	3939553
51403418	25650224	25753194	8885764	16867430	1095265
37600638	20898815	16701823	6325067	10376756	2615213
34051798	13622227	20429571	6640540	13789031	1965762
26047505	11957190	14090315	5319735	8770580	815234
34887469	10060266	24827203	5354995	19472208	1409682
47419488	21722290	25697198	7644433	18052765	1150563
53431593	27092915	26338678	8011903	18326775	2512500
36004737	18022029	17982708	5631750	12350958	711258
32294912	17570273	14724639	5384964	9339674	1175104
67320026	41308296	26011729	14555057	11456673	9588644
32688095	12239426	20448669	8717364	11731305	2863127
9136322	3879098	5257224	1962056	3295168	707918
21411478	13635245	7806234	3453985	4352249	1597333
43006296	22754469	20251827	6662201	13589626	2644671
22787834	11330657	11457178	3847180	7609997	1468418
23669286	11229901	12439385	3211148	9228237	1581603
5376574	1824758	3551816	729264	2822552	3000513
32127070	16477147	15649923	5142690	10507233	2391743
16635762	7067829	9567933	2987767	6580166	1098449
5101453	2191417	2910036	1109320	1800717	1223017
6013019	2479279	3533740	1558371	1975369	733240
19425861	9905057	9520805	3448148	6072656	5942100
2686965	1819079	867886	378934	488953	95421
4508770	2509148	1999622	651519	1348103	179070
3190406	2030659	1159747	746682	413066	93606
5428909	2739965	2688944	722905	1966039	
10253185	8144012	2109173	1992781	116392	7724949

6-2 一般公共预算教育事业费和

地区	合计	个人部分			
			工资福利支出	对个人和家庭的补助支出	
					#助学金
合计	**2662162742**	**1798834954**	**1380200982**	**418633972**	**126380736**
北京	88676469	49408084	41317104	8090979	1151703
天津	41684843	28769727	17926508	10843219	950190
河北	118920060	86052742	62656611	23396131	4442740
山西	59611871	43175569	33923805	9251764	2834817
内蒙古	51425314	36178374	30199542	5978832	3502978
辽宁	60671240	44647600	35250033	9397567	1975163
吉林	47546468	33357926	22724268	10633658	1439377
黑龙江	58025413	42594163	27814067	14780096	1596493
上海	65482839	37822001	35353964	2468037	1742324
江苏	180629849	132840337	93918931	38921406	4765550
浙江	131245274	92654392	78647984	14006409	3723226
安徽	94160655	59193341	44036419	15156922	4571650
福建	79834320	54339486	44751670	9587817	1889110
江西	87658151	51361473	40207703	11153770	4205146
山东	175694609	129283605	98148990	31134615	5069909
河南	137501060	81725923	69195275	12530647	8604872
湖北	103239979	72567796	53616775	18951021	3455534
湖南	106308328	74297452	58825554	15471899	5945187
广东	234763007	160322265	115915173	44407092	6919285
广西	87957051	52405828	39896456	12509372	6644369
海南	21447721	11606085	10374145	1231940	842741
重庆	59845341	38008550	32240483	5768066	3934470
四川	133330994	90850130	71835655	19014475	10505783
贵州	85361725	61105472	44211310	16894162	7896334
云南	94833237	69582694	57544651	12038044	9039315
西藏	21197307	12820220	8569074	4251146	2600663
陕西	77822803	47151098	35677347	11473751	5290870
甘肃	54031990	37219308	24232685	12986624	3972171
青海	17483910	11159439	8562118	2597321	1139243
宁夏	15598633	9107790	7405403	1702387	1001219
新疆	70172282	47226084	35221279	12004804	4728302
大连	10175855	7394830	6721875	672955	111711
宁波	18339280	13651439	11894952	1756488	363227
厦门	10460327	7176365	5287857	1888508	108301
青岛	21707350	16278441	11733768	4544672	321329
深圳	41458239	23480105	17622733	5857372	729775

基本建设支出明细(地方各级各类教育机构)

单位：千元

公用部分	商品和服务支出	其他资本性支出	专项公用支出	专项项目支出	基本建设支出
808031961	**415512970**	**392518991**	**142706322**	**249812669**	**55295827**
37188170	26438623	10749547	7807639	2941908	2080215
12713680	7542036	5171644	2943739	2227905	201436
32033173	16436699	15596475	5851365	9745109	834145
15742086	9114623	6627463	2817610	3809853	694216
14346552	7701286	6645266	2869843	3775423	900388
15249638	10810000	4439638	2423548	2016090	774003
13514560	6616608	6897952	2761284	4136668	673982
14712942	8472436	6240506	2702233	3538273	718308
24603918	18800247	5803671	4363062	1440608	3056919
47046788	22787159	24259629	7531783	16727846	742724
36001259	19848494	16152765	5790444	10362321	2589623
33036306	12996702	20039605	6250574	13789031	1931007
24824400	11188110	13636290	5002261	8634029	670433
34886996	10059793	24827203	5354995	19472208	1409682
45588168	20569534	25018634	7163713	17854921	822835
53351352	27046534	26304818	7979657	18325162	2423785
30621187	14323378	16297810	4293402	12004407	50996
30949438	16537554	14411884	5073976	9337908	1061438
65030201	39892355	25137846	13708221	11429625	9410541
32688095	12239426	20448669	8717364	11731305	2863127
9133718	3878390	5255328	1962056	3293272	707918
20284938	12808398	7476540	3125185	4351355	1551853
40038727	20754091	19284636	5834314	13450322	2442136
22787834	11330657	11457178	3847180	7609997	1468418
23668940	11229630	12439309	3211102	9228207	1581603
5376574	1824758	3551816	729264	2822552	3000513
28463898	14135485	14328414	4129004	10199409	2207807
15810803	6487934	9322868	2815928	6506941	1001879
5101453	2191417	2910036	1109320	1800717	1223017
5757603	2345741	3411862	1451546	1960316	733240
17478561	9104872	8373688	3084708	5288980	5467638
2685604	1817751	867853	378900	488953	95421
4508770	2509148	1999622	651519	1348103	179070
3190356	2030609	1159747	746682	413066	93606
5428909	2739965	2688944	722905	1966039	
10253185	8144012	2109173	1992781	116392	7724949

6-3 一般公共预算教育事业费和

地区	合计				
		个人部分	工资福利支出	对个人和家庭的补助支出	#助学金
合计	**559608380**	**314782675**	**201025358**	**113757317**	**62499053**
北京	64000627	38517436	18261809	20255627	12561933
天津	15170841	6695337	3549569	3145767	1108918
河北	18559520	10369508	6330471	4039037	1783303
山西	9809936	5737656	3788545	1949111	1203896
内蒙古	9014165	5631112	3770534	1860579	1613589
辽宁	16949614	9878605	6647616	3230988	1764535
吉林	14086146	7705900	4613457	3092443	995061
黑龙江	13593354	8559584	4503994	4055590	1323272
上海	34360253	15249619	12338413	2911206	2405958
江苏	39050881	22824228	14722770	8101458	3454440
浙江	22331235	11845088	8965693	2879395	1929958
安徽	17903252	9216081	6279781	2936300	1845881
福建	13868169	7016629	4742264	2274365	1241832
江西	12919559	8365245	5496022	2869224	1510479
山东	28381280	20011690	12550046	7461644	2738024
河南	23064806	10942895	7935737	3007158	2275055
湖北	28258173	16390230	10218916	6171313	2790939
湖南	19031162	12910383	9439988	3470395	2062051
广东	42815618	23022838	14272954	8749884	3002109
广西	12585195	4167453	2177714	1989739	1692624
海南	2746964	1097845	721837	376009	334897
重庆	12662164	7126425	4289542	2836882	1997498
四川	22465501	13912808	9872538	4040270	2839571
贵州	10010277	6202103	3764991	2437112	1735285
云南	9299137	6237005	4725833	1511172	1162843
西藏	1561312	977210	657602	319608	189762
陕西	22893950	13169824	9054816	4115008	2566794
甘肃	10380814	4491170	2670910	1820260	1215822
青海	1890181	912035	652576	259459	127304
宁夏	2569581	1306564	912585	393979	297805
新疆	7374709	4292168	3095834	1196333	727614
大连	592267	353119	273831	79287	27993
宁波	1741290	801356	580327	221029	140215
厦门	1028523	438237	348733	89504	25779
青岛	740678	232638	153620	79018	59330
深圳	9146701	2909833	2451985	457848	217057

基本建设支出明细(高等学校)

单位：千元

公用部分	商品和服务支出	其他资本性支出	专项公用支出	专项项目支出	基本建设支出
225090007	**126891173**	**98198833**	**65779080**	**32419753**	**19735699**
23401346	15241651	8159695	6436019	1723676	2081845
8355610	4212776	4142834	2713702	1429132	119894
7974846	3920049	4054797	2252734	1802062	215167
3852004	2148333	1703671	926923	776747	220276
3183281	1422872	1760409	1119590	640819	199772
6435728	4433383	2002345	1745458	256887	635282
6151759	3721745	2430015	1558631	871383	228486
4740263	2913864	1826398	1271086	555312	293507
15725167	11920243	3804924	3507878	297046	3385467
15843298	9428307	6414991	4214538	2200453	383355
9731054	5224840	4506214	2452948	2053266	755094
7537713	3362279	4175434	2396176	1779258	1149458
6637999	3422330	3215669	2463217	752452	213541
4378748	2408440	1970308	1301718	668590	175566
7845251	4340646	3504605	2523615	980990	524340
11409990	6145600	5264390	3922222	1342168	711921
11164585	6495624	4668961	2516255	2152706	703358
5852630	3346625	2506005	1508807	997198	268149
16599948	8245473	8354475	5831925	2522550	3192833
7958478	2572681	5385797	3866512	1519285	459263
1228342	743123	485219	442357	42861	420777
5331284	3290046	2041238	1467615	573624	204455
7977891	4708761	3269130	2410582	858547	574803
3547474	1569633	1977841	983726	994115	260700
2924331	1346444	1577887	576244	1001642	137802
335622	239783	95839	85147	10692	248480
9060940	5611968	3448971	2370118	1078854	663186
5670053	2149367	3520685	1461225	2059460	219592
901871	313041	588831	355399	233432	76275
1133017	634544	498473	419478	78995	130000
2199484	1356701	842782	677234	165548	883058
198478	104115	94363	75868	18495	40670
897957	398540	499417	174900	324516	41976
538490	176267	362223	356842	5381	51795
508041	175162	332878	125279	207599	
3349251	2117373	1231878	1229815	2062	2887618

6-4 一般公共预算教育事业费和

地区	合计	个人部分	工资福利支出	对个人和家庭的补助支出	#助学金
合计	406337273	224093925	151795476	72298449	39019308
北京	19804087	9724389	7302164	2422225	836027
天津	10442573	4509029	2295756	2213273	731088
河北	17439999	9685225	5839163	3846062	1742114
山西	9809936	5737656	3788545	1949111	1203896
内蒙古	9014165	5631112	3770534	1860579	1613589
辽宁	12102702	7115848	5023316	2092532	1244524
吉林	9425980	5183754	2974580	2209174	735241
黑龙江	10017431	6381489	3333347	3048142	862323
上海	18173616	7086838	6099671	987167	818588
江苏	27771247	16244610	10987728	5256882	2115295
浙江	18223084	9361906	7170869	2191037	1488346
安徽	15101885	7464579	5203639	2260941	1520544
福建	10938160	5397467	3764418	1633049	855338
江西	12919559	8365245	5496022	2869224	1510479
山东	23595563	17385020	11040601	6344419	2221322
河南	22810840	10853267	7872076	2981190	2271000
湖北	15039770	9109087	6368286	2740802	1320184
湖南	15293346	10623877	8266726	2357151	1481171
广东	36531527	19171447	11955820	7215627	2309662
广西	12585195	4167453	2177714	1989739	1692624
海南	2746964	1097845	721837	376009	334897
重庆	9015256	4640092	2867121	1772971	1539070
四川	14544511	9144880	6835097	2309784	1883369
贵州	10010277	6202103	3764991	2437112	1735285
云南	9299137	6237005	4725833	1511172	1162843
西藏	1561312	977210	657602	319608	189762
陕西	13942799	8007820	5879277	2128543	1613928
甘肃	8045672	3072883	1711943	1360940	966033
青海	1890181	912035	652576	259459	127304
宁夏	2008447	1000846	684742	316104	252852
新疆	6232050	3601904	2563482	1038421	640607
大连	592267	353119	273831	79287	27993
宁波	1741290	801356	580327	221029	140215
厦门	1028523	438237	348733	89504	25779
青岛	740678	232638	153620	79018	59330
深圳	9146701	2909833	2451985	457848	217057

基本建设支出明细(地方高等学校)

单位：千元

公用部分	商品和服务支出	其他资本性支出			基本建设支出
			专项公用支出	专项项目支出	
167866475	**88721952**	**79144523**	**50374606**	**28769917**	**14376873**
9588942	6320996	3267947	2793879	474068	490756
5825166	2913050	2912116	1974044	938072	108378
7573441	3719763	3853678	2108216	1745462	181333
3852004	2148333	1703671	926923	776747	220276
3183281	1422872	1760409	1119590	640819	199772
4509138	3196788	1312351	1135726	176624	477716
4078750	2047238	2031512	1190388	841123	163476
3389315	1997212	1392102	984864	407238	246627
8583945	6496367	2087578	1988578	99000	2502834
11495823	6571932	4923891	2862559	2061333	30814
8131675	4174519	3957156	1918325	2038831	729504
6522602	2737058	3785544	2006286	1779258	1114703
5471953	2703718	2768235	2152334	615901	68740
4378748	2408440	1970308	1301718	668590	175566
6013931	3187890	2826042	2042896	783146	196612
11334368	6103541	5230827	3890212	1340615	623206
5887587	2876023	3011564	1203054	1808510	43096
4514985	2320318	2194668	1198536	996131	154483
14345350	6854756	7490594	4989714	2500880	3014730
7958478	2572681	5385797	3866512	1519285	459263
1228342	743123	485219	442357	42861	420777
4216189	2496174	1720015	1147286	572729	158975
5027362	2725114	2302248	1583005	719243	372268
3547474	1569633	1977841	983726	994115	260700
2924331	1346444	1577887	576244	1001642	137802
335622	239783	95839	85147	10692	248480
5455729	3320296	2135433	1363239	772194	479250
4849766	1570811	3278955	1289770	1989186	123023
901871	313041	588831	355399	233432	76275
877601	501006	376595	312654	63941	130000
1862705	1123034	739671	581425	158246	767441
198478	104115	94363	75868	18495	40670
897957	398540	499417	174900	324516	41976
538490	176267	362223	356842	5381	51795
508041	175162	332878	125279	207599	
3349251	2117373	1231878	1229815	2062	2887618

6-5 一般公共预算教育事业费和

地区	合计	个人部分			
			工资福利支出	对个人和家庭的补助支出	
					#助学金
合计	**552104382**	**309898428**	**197239704**	**112658724**	**62327128**
北京	63204013	38000586	17878561	20122025	12561863
天津	14935957	6505985	3432548	3073437	1106987
河北	18212062	10085494	6114032	3971462	1776640
山西	9662630	5628010	3701746	1926263	1198120
内蒙古	8950845	5586016	3730753	1855263	1611142
辽宁	16738187	9712936	6499477	3213459	1764279
吉林	13719975	7427716	4460625	2967091	976125
黑龙江	13299652	8309846	4365528	3944318	1321039
上海	33652758	14890218	11987665	2902552	2405741
江苏	38933863	22744936	14661271	8083665	3450878
浙江	21567928	11465211	8624996	2840215	1922258
安徽	17665960	9094548	6175974	2918574	1838948
福建	13685510	6895985	4637950	2258035	1241238
江西	12640510	8173310	5352388	2820922	1490260
山东	28255839	19922679	12487668	7435012	2735845
河南	22932853	10852628	7855587	2997041	2273397
湖北	28192406	16332183	10179301	6152882	2784520
湖南	18832653	12755738	9317003	3438735	2056584
广东	42100987	22537891	13926934	8610956	2995439
广西	12221893	4044455	2086215	1958240	1672027
海南	2693186	1075537	704735	370802	330029
重庆	12646477	7118933	4282887	2836047	1997498
四川	22204575	13769365	9743730	4025635	2837831
贵州	9933533	6144519	3726743	2417776	1724752
云南	9140214	6090705	4605197	1485508	1144661
西藏	1561312	977210	657602	319608	189762
陕西	22593706	12995022	8911616	4083406	2551241
甘肃	10306798	4436616	2632517	1804099	1215313
青海	1873985	898054	641386	256668	127304
宁夏	2569581	1306564	912585	393979	297805
新疆	7174535	4119533	2944484	1175049	727603
大连	506839	284817	209378	75439	27993
宁波	1542204	700640	489527	211112	137609
厦门	1027744	437575	348326	89249	25779
青岛	721712	219596	141893	77703	59330
深圳	9109529	2884573	2427377	457196	217057

基本建设支出明细(普通高等学校)

单位：千元

公用部分	商品和服务支出	其他资本性支出			基本建设支出
			专项公用支出	专项项目支出	
222717193	**125263676**	**97453517**	**65213365**	**32240153**	**19488761**
23128978	15005892	8123087	6402928	1720159	2074449
8310078	4188524	4121555	2692422	1429132	119894
7911401	3870379	4041022	2242279	1798743	215167
3814344	2123629	1690715	913968	776747	220276
3165556	1410511	1755046	1115500	639545	199272
6404514	4410016	1994497	1737610	256887	620738
6070886	3659456	2411430	1541522	869908	221372
4696299	2881034	1815265	1264195	551070	293507
15377074	11637766	3739308	3465021	274288	3385467
15805573	9408155	6397418	4196974	2200443	383355
9541123	5124605	4416518	2415588	2000930	561594
7421953	3287828	4134125	2369299	1764826	1149458
6585984	3376461	3209524	2458867	750656	203541
4291634	2343788	1947846	1280093	667753	175566
7808820	4312091	3496730	2515940	980790	524340
11368304	6110481	5257823	3917464	1340359	711921
11156865	6489530	4667335	2515560	2151775	703358
5808766	3307037	2501729	1505714	996014	268149
16370762	8115502	8255260	5771788	2483472	3192334
7718175	2518633	5199542	3688076	1511466	459263
1196872	721761	475111	432486	42625	420777
5323089	3281850	2041238	1467615	573624	204455
7873792	4618392	3255400	2404764	850635	561418
3528314	1557541	1970774	981912	988862	260700
2911707	1336376	1575331	573689	1001642	137802
335622	239783	95839	85147	10692	248480
8935498	5515450	3420048	2349782	1070266	663186
5650590	2132998	3517592	1458132	2059460	219592
899656	312183	587473	354041	233432	76275
1133017	634544	498473	419478	78995	130000
2171945	1331482	840463	675508	164955	883058
181852	89718	92133	73639	18495	40171
799588	369583	430004	156651	273353	41976
538373	176154	362220	356839	5381	51795
502116	169238	332878	125279	207599	
3337837	2106613	1231224	1229162	2062	2887119

6-6 一般公共预算教育事业费和

地 区	合 计	个人部分	工资福利支 出	对个人和家庭的补助支出	#助学金
合 计	**398996947**	**219322671**	**148064401**	**71258270**	**38847383**
北 京	19132750	9287651	6941415	2346236	835957
天 津	10207690	4319678	2178735	2140943	729157
河 北	17092540	9401212	5622725	3778487	1735452
山 西	9662630	5628010	3701746	1926263	1198120
内蒙古	8950845	5586016	3730753	1855263	1611142
辽 宁	11891275	6950179	4875177	2075003	1244267
吉 林	9059809	4905570	2821748	2083822	716306
黑龙江	9723729	6131751	3194881	2936870	860090
上 海	17466121	6727436	5748923	978513	818372
江 苏	27654229	16165318	10926229	5239088	2111732
浙 江	17459777	8982029	6830172	2151857	1480647
安 徽	14864592	7343047	5099832	2243215	1513611
福 建	10755501	5276823	3660104	1616718	854744
江 西	12640510	8173310	5352388	2820922	1490260
山 东	23470121	17296009	10978222	6317787	2219142
河 南	22678887	10762999	7791925	2971074	2269342
湖 北	14974004	9051041	6328670	2722370	1313765
湖 南	15094837	10469232	8143741	2325490	1475703
广 东	35816895	18686500	11609801	7076699	2302992
广 西	12221893	4044455	2086215	1958240	1672027
海 南	2693186	1075537	704735	370802	330029
重 庆	8999570	4632601	2860466	1772135	1539070
四 川	14283584	9001438	6706289	2295149	1881629
贵 州	9933533	6144519	3726743	2417776	1724752
云 南	9140214	6090705	4605197	1485508	1144661
西 藏	1561312	977210	657602	319608	189762
陕 西	13642555	7833018	5736077	2096940	1598374
甘 肃	7971655	3018329	1673550	1344779	965524
青 海	1873985	898054	641386	256668	127304
宁 夏	2008447	1000846	684742	316104	252852
新 疆	6070271	3462150	2444212	1017938	640597
大 连	506839	284817	209378	75439	27993
宁 波	1542204	700640	489527	211112	137609
厦 门	1027744	437575	348326	89249	25779
青 岛	721712	219596	141893	77703	59330
深 圳	9109529	2884573	2427377	457196	217057

基本建设支出明细(地方普通高等学校)

单位：千元

公用部分	商品和服务支出	其他资本性支出	专项公用支出	专项项目支出	基本建设支出
165544341	**87144091**	**78400249**	**49809805**	**28590444**	**14129935**
9361740	6129359	3232380	2761702	470679	483360
5779634	2888798	2890836	1952764	938072	108378
7509996	3670092	3839903	2097760	1742143	181333
3814344	2123629	1690715	913968	776747	220276
3165556	1410511	1755046	1115500	639545	199272
4477924	3173421	1304503	1127878	176624	463172
3997877	1984949	2012927	1173279	839648	156362
3345351	1964382	1380970	977973	402996	246627
8235852	6213889	2021962	1945721	76241	2502834
11458098	6551780	4906318	2844995	2061323	30814
7941744	4074284	3867460	1880965	1986495	536004
6406842	2662607	3744236	1979410	1764826	1114703
5419939	2657849	2762090	2147985	614105	58740
4291634	2343788	1947846	1280093	667753	175566
5977501	3159334	2818166	2035220	782946	196612
11292682	6068422	5224260	3885454	1338805	623206
5879867	2869929	3009938	1202360	1807578	43096
4471122	2280730	2190392	1195444	994948	154483
14116164	6724785	7391379	4929578	2461801	3014231
7718175	2518633	5199542	3688076	1511466	459263
1196872	721761	475111	432486	42625	420777
4207994	2487978	1720015	1147286	572729	158975
4923264	2634745	2288518	1577187	711332	358883
3528314	1557541	1970774	981912	988862	260700
2911707	1336376	1575331	573689	1001642	137802
335622	239783	95839	85147	10692	248480
5330287	3223778	2106510	1342903	763607	479250
4830303	1554441	3275862	1286676	1989186	123023
899656	312183	587473	354041	233432	76275
877601	501006	376595	312654	63941	130000
1840680	1103328	737352	579699	157653	767441
181852	89718	92133	73639	18495	40171
799588	369583	430004	156651	273353	41976
538373	176154	362220	356839	5381	51795
502116	169238	332878	125279	207599	
3337837	2106613	1231224	1229162	2062	2887119

6-7 一般公共预算教育事业费和

地区	合计	个人部分	工资福利支出	对个人和家庭的补助支出	#助学金
合计	**438486486**	**248094240**	**154436221**	**93658020**	**52362720**
北京	60078697	36317838	16540574	19777264	12468009
天津	12740992	5195971	2676240	2519732	958460
河北	13713653	7659729	4528610	3131119	1431608
山西	6999419	4183415	2733396	1450020	960838
内蒙古	5600303	3656118	2425402	1230715	1076683
辽宁	14042184	8299652	5477502	2822150	1553895
吉林	12188136	6527535	3953681	2573854	868830
黑龙江	11044136	6827846	3570134	3257712	1142355
上海	30951630	14314158	11458222	2855936	2366651
江苏	29392371	17450041	10705581	6744460	2921953
浙江	17140764	8967758	6601803	2365955	1567032
安徽	12303878	6742716	4602641	2140075	1367041
福建	10835596	5650913	3734003	1916910	1064751
江西	8963836	5753344	3853664	1899681	1073874
山东	20721212	14526421	9093411	5433010	1792530
河南	16094124	7547660	5413815	2133845	1641531
湖北	22564208	13312060	8145514	5166547	2386958
湖南	13018701	8893601	6336761	2556840	1606011
广东	32336881	16825715	10051317	6774398	2374538
广西	8742921	2937001	1431460	1505542	1307982
海南	2260145	854172	577576	276596	249281
重庆	9766036	5660292	3335932	2324360	1554526
四川	17458652	10988699	7723338	3265360	2289833
贵州	6565155	4392358	2625880	1766478	1270086
云南	7017959	4734239	3590622	1143618	881790
西藏	1238959	760884	490800	270083	160742
陕西	19132762	11080141	7444335	3635806	2213495
甘肃	7189254	3557864	2191031	1366833	931027
青海	1295478	674117	469251	204865	107109
宁夏	2030035	1018900	674438	344462	265637
新疆	5058409	2783083	1979290	803793	507664
大连	384395	207065	148414	58651	20022
宁波	994695	419617	253652	165965	98330
厦门	880400	364218	297615	66602	10556
青岛	524942	90372	37601	52771	41724
深圳	7699004	1935048	1546761	388287	177524

基本建设支出明细(普通高等本科学校)

单位：千元

公用部分	商品和服务支出	其他资本性支出	专项公用支出	专项项目支出	基本建设支出
173974845	**103163765**	**70811080**	**50262692**	**20548388**	**16417400**
21791728	14148624	7643104	5955313	1687791	1969131
7438127	3664600	3773527	2406762	1366765	106894
5838757	3021455	2817301	1604619	1212682	215167
2620727	1633073	987654	618741	368913	195276
1888950	972520	916431	592830	323600	55235
5311444	3777346	1534098	1366978	167121	431087
5452426	3347688	2104738	1326075	778663	208175
3958816	2378657	1580159	1087737	492422	257474
14079173	10527031	3552142	3298081	254061	2558299
11566079	7078507	4487572	3191719	1295853	376250
7662465	4159337	3503128	1969088	1534040	510541
4781836	2409533	2372303	1484209	888094	779326
4985559	2775125	2210433	1814683	395750	199125
3101707	1743790	1357917	962917	395000	108785
5678302	3088513	2589789	2040428	549361	516488
8023206	4811362	3211844	2691299	520546	523258
8591886	5564211	3027675	1910113	1117562	660262
3903163	2421652	1481511	972634	508877	221936
12588673	6493011	6095662	4323331	1772331	2922493
5387725	1795602	3592123	2431630	1160493	418195
999487	614470	385017	362220	22797	406487
3960750	2562946	1397804	1033475	364329	144995
6034916	3641575	2393341	1906403	486939	435037
1943173	1146087	797087	700730	96356	229624
2184928	1045798	1139130	437760	701370	98792
246846	177815	69031	60368	8663	231230
7482764	4704365	2778399	1954024	824375	569856
3439064	1815822	1623241	721019	902223	192327
546577	173987	372589	182250	190339	74784
881135	488132	393003	334827	58175	130000
1604454	981129	623326	520428	102897	670872
137159	62079	75080	60018	15062	40171
555078	245352	309726	114077	195649	20000
464387	129808	334579	334358	220	51795
434570	132756	301815	105109	196706	
3002966	1841794	1161171	1159109	2062	2760990

6-8 一般公共预算教育事业费和

地区	合计	个人部分	工资福利支出	对个人和家庭的补助支出	#助学金
合计	286521657	157960805	105603530	52357275	28939694
北京	16118083	7644919	5636886	2008032	747010
天津	8012724	3009664	1422426	1587238	580631
河北	12594131	6975446	4037303	2938144	1390420
山西	6999419	4183415	2733396	1450020	960838
内蒙古	5600303	3656118	2425402	1230715	1076683
辽宁	9195272	5536896	3853202	1683694	1033883
吉林	7527971	4005389	2314804	1690585	609011
黑龙江	7537829	4708114	2427495	2280619	685137
上海	15228482	6197863	5263535	934328	781461
江苏	18112736	10870423	6970539	3899884	1582807
浙江	13032613	6484577	4806979	1677597	1125421
安徽	9502511	4991215	3526499	1464716	1041704
福建	7905588	4031751	2756157	1275594	678258
江西	8963836	5753344	3853664	1899681	1073874
山东	15935494	11899751	7583966	4315786	1275828
河南	15840158	7458031	5350153	2107878	1637476
湖北	9370873	6054373	4295883	1758490	937178
湖南	9314405	6634721	5190006	1444715	1025131
广东	26250731	13060400	7813957	5246443	1688394
广西	8742921	2937001	1431460	1505542	1307982
海南	2260145	854172	577576	276596	249281
重庆	6119129	3173959	1913511	1260448	1096098
四川	9671771	6301906	4751610	1550296	1346902
贵州	6565155	4392358	2625880	1766478	1270086
云南	7017959	4734239	3590622	1143618	881790
西藏	1238959	760884	490800	270083	160742
陕西	10181611	5918136	4268796	1649341	1260629
甘肃	4854112	2139577	1232064	907513	681238
青海	1295478	674117	469251	204865	107109
宁夏	1468901	713183	446595	266587	220684
新疆	4062356	2204863	1543114	661749	426009
大连	384395	207065	148414	58651	20022
宁波	994695	419617	253652	165965	98330
厦门	880400	364218	297615	66602	10556
青岛	524942	90372	37601	52771	41724
深圳	7699004	1935048	1546761	388287	177524

基本建设支出明细(地方普通高等本科学校)

单位：千元

公用部分	商品和服务支出	其他资本性支出			基本建设支出
			专项公用支出	专项项目支出	
117041057	**65248963**	**51792094**	**34893414**	**16898680**	**11519794**
8063754	5305023	2758731	2320421	438311	409410
4907682	2364874	2542808	1667104	875705	95378
5437352	2821169	2616183	1460101	1156082	181333
2620727	1633073	987654	618741	368913	195276
1888950	972520	916431	592830	323600	55235
3384855	2540751	844104	757246	86858	273521
3379417	1673182	1706235	957832	748403	143165
2619120	1472993	1146127	801779	344348	210594
6974954	5134182	1840771	1784757	56015	2055666
7218604	4222132	2996472	1839740	1156733	23709
6063086	3109016	2954069	1434464	1519605	484951
3766725	1784312	1982414	1094319	888094	744571
3819513	2056514	1762999	1503800	259199	54324
3101707	1743790	1357917	962917	395000	108785
3846983	1935757	1911225	1559708	351517	188760
7947584	4769303	3178281	2659289	518992	434543
3316500	1945213	1371288	597922	773365	
2571413	1401239	1170174	662363	507811	108271
10396229	5156212	5240017	3489357	1750660	2794102
5387725	1795602	3592123	2431630	1160493	418195
999487	614470	385017	362220	22797	406487
2845655	1769074	1076581	713147	363434	99515
3137363	1709712	1427651	1080016	347635	232503
1943173	1146087	797087	700730	96356	229624
2184928	1045798	1139130	437760	701370	98792
246846	177815	69031	60368	8663	231230
3877554	2412693	1464861	947146	517716	385920
2618777	1237266	1381511	549564	831948	95758
546577	173987	372589	182250	190339	74784
625719	354594	271125	228003	43122	130000
1302098	770611	531487	435891	95596	555395
137159	62079	75080	60018	15062	40171
555078	245352	309726	114077	195649	20000
464387	129808	334579	334358	220	51795
434570	132756	301815	105109	196706	
3002966	1841794	1161171	1159109	2062	2760990

6-9 一般公共预算教育事业费和

地 区	合 计	个人部分	工资福利支 出	对个人和家庭的补助支出	#助学金
合 计	**113617896**	**61804187**	**42803483**	**19000704**	**9964408**
北 京	3125316	1682748	1337987	344761	93854
天 津	2194965	1310014	756309	553705	148527
河 北	4498409	2425765	1585422	840343	345032
山 西	2663211	1444594	968351	476243	237282
内蒙古	3350542	1929899	1305351	624548	534459
辽 宁	2696004	1413283	1021975	391308	210384
吉 林	1531839	900182	506945	393237	107295
黑龙江	2255516	1482000	795394	686606	178684
上 海	2701129	576059	529443	46616	39090
江 苏	9541493	5294895	3955690	1339205	528925
浙 江	4427163	2497452	2023192	474260	355226
安 徽	5362081	2351832	1573333	778499	471907
福 建	2849913	1245072	903947	341125	176487
江 西	3676674	2419965	1498724	921242	416386
山 东	7534628	5396258	3394256	2002002	943314
河 南	6838729	3304968	2441772	863196	631866
湖 北	5628198	3020123	2033787	986335	397561
湖 南	5813952	3862137	2980242	881894	450573
广 东	9764105	5712176	3875617	1836558	620900
广 西	3478972	1107454	654755	452699	364045
海 南	433040	221365	127159	94206	80749
重 庆	2880441	1458642	946955	511687	442972
四 川	4745923	2780667	2020392	760275	547998
贵 州	3368378	1752161	1100863	651298	454665
云 南	2122254	1356465	1014575	341891	262872
西 藏	322352	216326	166802	49525	29021
陕 西	3460944	1914881	1467281	447600	337746
甘 肃	3117543	878752	441487	437266	284286
青 海	578507	223937	172135	51802	20195
宁 夏	539546	287664	238147	49517	32168
新 疆	2116126	1336450	965194	371256	219940
大 连	122444	77752	60964	16788	7972
宁 波	547509	281023	235876	45147	39278
厦 门	147344	73357	50710	22647	15223
青 岛	196770	129224	104292	24932	17606
深 圳	1410525	949525	880616	68909	39534

基本建设支出明细(普通高职高专学校)

单位：千元

公用部分	商品和服务支出	其他资本性支出			基本建设支出
			专项公用支出	专项项目支出	
48742348	**22099911**	**26642437**	**14950673**	**11691765**	**3071361**
1337250	857267	479983	447615	32368	105318
871951	523924	348028	285660	62367	13000
2072644	848923	1223720	637659	586061	
1193617	490556	703061	295227	407835	25000
1276606	437991	838615	522670	315945	144037
1093069	632670	460399	370633	89767	189651
618460	311768	306692	215447	91245	13197
737483	502377	235106	176458	58648	36033
1297901	1110735	187166	166940	20227	827168
4239493	2329648	1909846	1005255	904590	7105
1878659	965268	913391	446501	466890	51053
2640117	878295	1761822	885090	876732	370133
1600426	601335	999090	644184	354906	4416
1189927	599998	589929	317176	272753	66782
2130518	1223577	906941	475512	431429	7852
3345098	1299120	2045979	1226165	819813	188663
2564980	925319	1639660	605447	1034213	43096
1905603	885385	1020217	533080	487137	46213
3782089	1622491	2159598	1448457	711141	269841
2330450	723030	1607420	1256447	350973	41068
197385	107291	90094	70266	19828	14290
1362339	718905	643434	434139	209295	59460
1838876	976818	862058	498362	363697	126380
1585141	411454	1173687	281181	892506	31076
726779	290577	436202	135929	300272	39010
88776	61968	26808	24779	2029	17250
1452733	811085	641648	395758	245891	93330
2211526	317176	1894351	737113	1157238	27265
353079	138195	214884	171791	43093	1491
251882	146412	105470	84651	20819	
567490	350353	217137	155080	62057	212186
44692	27639	17053	13621	3432	
244510	124231	120278	42575	77704	21976
73986	46345	27641	22481	5160	
67546	36482	31064	20170	10893	
334871	264818	70053	70053		126129

6-10 一般公共预算教育事业费和

地区	合计	个人部分	工资福利支出	对个人和家庭的补助支出	#助学金
合计	**112475291**	**61361866**	**42460871**	**18900996**	**9907689**
北京	3014668	1642732	1304529	338204	88946
天津	2194965	1310014	756309	553705	148527
河北	4498409	2425765	1585422	840343	345032
山西	2663211	1444594	968351	476243	237282
内蒙古	3350542	1929899	1305351	624548	534459
辽宁	2696004	1413283	1021975	391308	210384
吉林	1531839	900182	506945	393237	107295
黑龙江	2185901	1423636	767386	656251	174953
上海	2237639	529573	485388	44185	36910
江苏	9541493	5294895	3955690	1339205	528925
浙江	4427163	2497452	2023192	474260	355226
安徽	5362081	2351832	1573333	778499	471907
福建	2849913	1245072	903947	341125	176487
江西	3676674	2419965	1498724	921242	416386
山东	7534628	5396258	3394256	2002002	943314
河南	6838729	3304968	2441772	863196	631866
湖北	5603131	2996668	2032787	963881	376587
湖南	5780432	3834510	2953735	880775	450573
广东	9566164	5626100	3795844	1830256	614598
广西	3478972	1107454	654755	452699	364045
海南	433040	221365	127159	94206	80749
重庆	2880441	1458642	946955	511687	442972
四川	4611813	2699532	1954679	744853	534727
贵州	3368378	1752161	1100863	651298	454665
云南	2122254	1356465	1014575	341891	262872
西藏	322352	216326	166802	49525	29021
陕西	3460944	1914881	1467281	447600	337746
甘肃	3117543	878752	441487	437266	284286
青海	578507	223937	172135	51802	20195
宁夏	539546	287664	238147	49517	32168
新疆	2007915	1257287	901098	356189	214588
大连	122444	77752	60964	16788	7972
宁波	547509	281023	235876	45147	39278
厦门	147344	73357	50710	22647	15223
青岛	196770	129224	104292	24932	17606
深圳	1410525	949525	880616	68909	39534

基本建设支出明细(地方普通高职高专学校)

单位：千元

公用部分	商品和服务支出	其他资本性支出	专项公用支出	专项项目支出	基本建设支出
48503284	**21895128**	**26608155**	**14916391**	**11691765**	**2610141**
1297985	824336	473649	441281	32368	73950
871951	523924	348028	285660	62367	13000
2072644	848923	1223720	637659	586061	
1193617	490556	703061	295227	407835	25000
1276606	437991	838615	522670	315945	144037
1093069	632670	460399	370633	89767	189651
618460	311768	306692	215447	91245	13197
726231	491388	234843	176194	58648	36033
1260898	1079707	181191	160964	20227	447168
4239493	2329648	1909846	1005255	904590	7105
1878659	965268	913391	446501	466890	51053
2640117	878295	1761822	885090	876732	370133
1600426	601335	999090	644184	354906	4416
1189927	599998	589929	317176	272753	66782
2130518	1223577	906941	475512	431429	7852
3345098	1299120	2045979	1226165	819813	188663
2563366	924716	1638650	604437	1034213	43096
1899709	879491	1020217	533080	487137	46213
3719936	1568573	2151362	1440221	711141	220128
2330450	723030	1607420	1256447	350973	41068
197385	107291	90094	70266	19828	14290
1362339	718905	643434	434139	209295	59460
1785900	925033	860867	497171	363697	126380
1585141	411454	1173687	281181	892506	31076
726779	290577	436202	135929	300272	39010
88776	61968	26808	24779	2029	17250
1452733	811085	641648	395758	245891	93330
2211526	317176	1894351	737113	1157238	27265
353079	138195	214884	171791	43093	1491
251882	146412	105470	84651	20819	
538582	332717	205865	143807	62057	212046
44692	27639	17053	13621	3432	
244510	124231	120278	42575	77704	21976
73986	46345	27641	22481	5160	
67546	36482	31064	20170	10893	
334871	264818	70053	70053		126129

6-11 一般公共预算教育事业费和

地区	合计	个人部分	工资福利支出	对个人和家庭的补助支出	#助学金
合计	**7503998**	**4884247**	**3785654**	**1098593**	**171925**
北京	796614	516850	383248	133602	70
天津	234883	189351	117021	72330	1931
河北	347459	284014	216439	67575	6662
山西	147306	109646	86798	22848	5776
内蒙古	63321	45096	39781	5315	2447
辽宁	211427	165669	148139	17530	256
吉林	366171	278184	152832	125352	18935
黑龙江	293702	249739	138467	111272	2233
上海	707495	359402	350748	8654	217
江苏	117018	79293	61499	17794	3563
浙江	763308	379877	340697	39180	7699
安徽	237293	121533	103807	17726	6933
福建	182659	120645	104314	16331	594
江西	279049	191936	143634	48302	20219
山东	125441	89011	62379	26632	2180
河南	131953	90267	80151	10117	1658
湖北	65767	58047	39615	18431	6419
湖南	198509	154645	122985	31661	5467
广东	714632	484947	346020	138927	6670
广西	363301	122998	91499	31499	20598
海南	53779	22309	17102	5207	4868
重庆	15686	7491	6656	836	
四川	260926	143443	128808	14635	1740
贵州	76743	57584	38247	19336	10534
云南	158924	146300	120636	25664	18182
西藏					
陕西	300244	174802	143200	31602	15554
甘肃	74017	54554	38393	16161	509
青海	16197	13981	11190	2791	
宁夏					
新疆	200174	172635	151350	21285	11
大连	85428	68302	64453	3848	
宁波	199086	100716	90799	9917	2607
厦门	779	662	407	254	
青岛	18966	13042	11727	1315	
深圳	37172	25259	24608	651	

基本建设支出明细(成人高等学校)

单位：千元

公用部分					基本建设支出
	商品和服务支出	其他资本性支出			
			专项公用支出	专项项目支出	
2372813	**1627497**	**745316**	**565715**	**179601**	**246937**
272368	235759	36608	33091	3518	7396
45532	24252	21280	21280		
63445	49670	13775	10455	3319	
37659	24704	12955	12955		
17725	12361	5364	4090	1274	500
31214	23366	7848	7848		14544
80873	62289	18584	17109	1475	7114
43963	32831	11133	6891	4242	
348093	282478	65615	42857	22759	
37725	20152	17573	17564	10	
189931	100235	89696	37360	52336	193500
115760	74451	41309	26877	14432	
52015	45869	6146	4350	1796	10000
87113	64652	22462	21625	837	
36431	28555	7876	7676	200	
41686	35119	6567	4758	1810	
7720	6094	1626	695	932	
43864	39588	4276	3093	1183	
229186	129971	99215	60136	39079	499
240303	54049	186254	178436	7819	
31470	21362	10108	9872	236	
8195	8195				
104099	90369	13730	5818	7912	13385
19160	12093	7067	1814	5253	
12624	10068	2555	2555		
125442	96518	28924	20336	8588	
19463	16369	3093	3093		
2216	858	1358	1358		
27539	25220	2319	1726	593	
16626	14397	2230	2230		500
98369	28957	69413	18249	51164	
117	114	3	3		
5924	5924				
11414	10760	654	654		499

6-12 一般公共预算教育事业费和

地区	合计	个人部分	工资福利支出	对个人和家庭的补助支出	#助学金
合计	7340325	4771253	3731075	1040178	171924
北京	671337	436738	360749	75989	70
天津	234883	189351	117021	72330	1931
河北	347459	284014	216439	67575	6662
山西	147306	109646	86798	22848	5776
内蒙古	63321	45096	39781	5315	2447
辽宁	211427	165669	148139	17530	256
吉林	366171	278184	152832	125352	18935
黑龙江	293702	249739	138467	111272	2233
上海	707495	359402	350748	8654	217
江苏	117018	79293	61499	17794	3563
浙江	763308	379877	340697	39180	7699
安徽	237293	121533	103807	17726	6933
福建	182659	120645	104314	16331	594
江西	279049	191936	143634	48302	20219
山东	125441	89011	62379	26632	2180
河南	131953	90267	80151	10117	1658
湖北	65767	58047	39615	18431	6419
湖南	198509	154645	122985	31661	5467
广东	714632	484947	346020	138927	6670
广西	363301	122998	91499	31499	20598
海南	53779	22309	17102	5207	4868
重庆	15686	7491	6656	836	
四川	260926	143443	128808	14635	1740
贵州	76743	57584	38247	19336	10534
云南	158924	146300	120636	25664	18182
西藏					
陕西	300244	174802	143200	31602	15554
甘肃	74017	54554	38393	16161	509
青海	16197	13981	11190	2791	
宁夏					
新疆	161779	139753	119270	20483	10
大连	85428	68302	64453	3848	
宁波	199086	100716	90799	9917	2607
厦门	779	662	407	254	
青岛	18966	13042	11727	1315	
深圳	37172	25259	24608	651	

基本建设支出明细(地方成人高等学校)

单位：千元

公用部分	商品和服务支出	其他资本性支出	专项公用支出	专项项目支出	基本建设支出
2322134	**1577860**	**744274**	**564802**	**179472**	**246937**
227203	191636	35566	32177	3389	7396
45532	24252	21280	21280		
63445	49670	13775	10455	3319	
37659	24704	12955	12955		
17725	12361	5364	4090	1274	500
31214	23366	7848	7848		14544
80873	62289	18584	17109	1475	7114
43963	32831	11133	6891	4242	
348093	282478	65615	42857	22759	
37725	20152	17573	17564	10	
189931	100235	89696	37360	52336	193500
115760	74451	41309	26877	14432	
52015	45869	6146	4350	1796	10000
87113	64652	22462	21625	837	
36431	28555	7876	7676	200	
41686	35119	6567	4758	1810	
7720	6094	1626	695	932	
43864	39588	4276	3093	1183	
229186	129971	99215	60136	39079	499
240303	54049	186254	178436	7819	
31470	21362	10108	9872	236	
8195	8195				
104099	90369	13730	5818	7912	13385
19160	12093	7067	1814	5253	
12624	10068	2555	2555		
125442	96518	28924	20336	8588	
19463	16369	3093	3093		
2216	858	1358	1358		
22025	19706	2319	1726	593	
16626	14397	2230	2230		500
98369	28957	69413	18249	51164	
117	114	3	3		
5924	5924				
11414	10760	654	654		499

6-13 一般公共预算教育事业费和

地区	合计	个人部分	工资福利支出	对个人和家庭的补助支出	#助学金
合计	**164896529**	**101269290**	**76548423**	**24720868**	**8728680**
北京	5387524	2842222	2324594	517629	56642
天津	2084050	1682114	1035773	646341	72090
河北	8281699	5865818	4463230	1402589	269946
山西	4316401	2765642	2232429	533212	180213
内蒙古	3143275	1990701	1543222	447479	309324
辽宁	3689035	2300298	1905282	395016	115826
吉林	3408437	2245101	1430523	814578	107709
黑龙江	3149050	2217533	1425340	792193	93880
上海	2974249	2013810	1918475	95335	53800
江苏	12741972	8615504	6696371	1919133	224426
浙江	10189396	6769628	5925476	844152	195690
安徽	5516506	2970271	1987109	983162	513292
福建	4797636	2938537	2445900	492636	101149
江西	3713315	1942052	1388610	553442	319277
山东	12866569	8058018	6187640	1870378	248701
河南	8363468	4497334	3857815	639520	419686
湖北	5934163	3322903	2398458	924445	252379
湖南	6190452	3719613	2807857	911757	460306
广东	17174281	11047327	7576396	3470931	443664
广西	5705468	2794879	2168984	625895	370209
海南	1606459	736419	610654	125765	92130
重庆	4010676	2233770	1669240	564530	490024
四川	7475284	4568712	3359455	1209257	841025
贵州	4017439	2230659	1431395	799265	563346
云南	5695314	3808067	2871244	936824	742852
西藏	1075813	441141	261480	179661	121477
陕西	3188965	2039531	1511439	528092	292113
甘肃	2724118	1726371	1132580	593791	196744
青海	944522	425982	291054	134928	93935
宁夏	1040637	393431	289241	104190	69867
新疆	3490356	2065901	1401159	664742	416958
大连	838639	433127	389469	43658	5207
宁波	1985754	1364071	1229822	134249	18690
厦门	770220	495730	352537	143193	10878
青岛	1881186	1405111	1117166	287944	32217
深圳	1891198	1065054	790481	274573	42838

基本建设支出明细(中等职业学校)

单位：千元

公用部分	商品和服务支出	其他资本性支出	专项公用支出	专项项目支出	基本建设支出
59729756	**30087041**	**29642715**	**13741580**	**15901136**	**3897483**
2532539	1128584	1403954	645807	758147	12764
401836	313034	88802	75891	12911	100
2308768	1206506	1102263	394177	708085	107112
1504709	840358	664350	366398	297952	46051
1040063	559614	480449	265758	214691	112511
1278048	792915	485132	218971	266162	110689
1057965	388994	668972	335276	333696	105371
879674	514118	365557	194977	170580	51843
959653	771649	188005	84542	103462	786
4037798	2116859	1920939	649230	1271709	88670
3133370	1823628	1309743	632245	677498	286398
2481269	862892	1618377	731095	887281	64966
1830296	831341	998955	502047	496908	28804
1682648	531966	1150682	281262	869420	88616
4718665	2188620	2530045	989643	1540402	89887
3700353	1906047	1794306	776042	1018264	165781
2611260	884138	1727122	603480	1123642	
2337917	1429960	907957	355667	552289	132922
5765494	3503896	2261598	1408383	853215	361460
2529081	828077	1701004	1217299	483705	381508
818559	418892	399667	280259	119408	51481
1668705	1029235	639470	267450	372020	108202
2695599	1502670	1192929	578269	614660	210972
1496823	718066	778757	290030	488727	289957
1753591	932797	820794	391219	429575	133656
388472	74889	313583	92485	221098	246200
1039079	627221	411858	145046	266812	110355
898038	423580	474458	233398	241060	99709
427497	164111	263386	179559	83827	91043
485606	181938	303668	225767	77901	161600
1266382	590445	675937	329908	346029	158073
387269	218811	168458	41024	127434	18243
602639	398837	203802	118050	85752	19044
268000	190534	77466	60895	16570	6490
476076	309203	166873	97754	69118	
661103	582165	78938	69355	9583	165041

6-14 一般公共预算教育事业费和

地区	合计	个人部分	工资福利支出	对个人和家庭的补助支出	#助学金
合计	**164356084**	**100943198**	**76318532**	**24624666**	**8693196**
北京	5302161	2779661	2278995	500666	54892
天津	2083943	1682007	1035773	646234	71983
河北	8276275	5860710	4458845	1401865	269946
山西	4316401	2765642	2232429	533212	180213
内蒙古	3143275	1990701	1543222	447479	309324
辽宁	3689035	2300298	1905282	395016	115826
吉林	3408437	2245101	1430523	814578	107709
黑龙江	3088219	2171934	1397146	774788	91408
上海	2972019	2011580	1916245	95335	53800
江苏	12735881	8609733	6696371	1913362	218655
浙江	10189396	6769628	5925476	844152	195690
安徽	5515509	2969397	1986491	982906	513036
福建	4797636	2938537	2445900	492636	101149
江西	3712748	1941958	1388610	553349	319183
山东	12866569	8058018	6187640	1870378	248701
河南	8363468	4497334	3857815	639520	419686
湖北	5927328	3316093	2397874	918219	249509
湖南	6184489	3716036	2804464	911572	460121
广东	17136565	11022124	7557414	3464711	443184
广西	5705468	2794879	2168984	625895	370209
海南	1606459	736419	610654	125765	92130
重庆	4009930	2233223	1668724	564499	489993
四川	7441048	4551231	3347901	1203329	835699
贵州	4017439	2230659	1431395	799265	563346
云南	5695314	3808067	2871244	936824	742852
西藏	1075813	441141	261480	179661	121477
陕西	3188965	2039531	1511439	528092	292113
甘肃	2724118	1726371	1132580	593791	196744
青海	944522	425982	291054	134928	93935
宁夏	1040637	393431	289241	104190	69867
新疆	3197017	1915771	1287321	628450	400815
大连	838639	433127	389469	43658	5207
宁波	1985754	1364071	1229822	134249	18690
厦门	770220	495730	352537	143193	10878
青岛	1881186	1405111	1117166	287944	32217
深圳	1891198	1065054	790481	274573	42838

基本建设支出明细(地方中等职业学校)

单位：千元

公用部分	商品和服务支出	其他资本性支出			基本建设支出
			专项公用支出	专项项目支出	
59544107	**29955385**	**29588721**	**13706085**	**15882637**	**3868780**
2509736	1107673	1402064	645328	756736	12764
401836	313034	88802	75891	12911	100
2308453	1206191	1102263	394177	708085	107112
1504709	840358	664350	366398	297952	46051
1040063	559614	480449	265758	214691	112511
1278048	792915	485132	218971	266162	110689
1057965	388994	668972	335276	333696	105371
864442	500767	363675	194187	169488	51843
959653	771649	188005	84542	103462	786
4037478	2116539	1920939	649230	1271709	88670
3133370	1823628	1309743	632245	677498	286398
2481146	862769	1618377	731095	887281	64966
1830296	831341	998955	502047	496908	28804
1682174	531492	1150682	281262	869420	88616
4718665	2188620	2530045	989643	1540402	89887
3700353	1906047	1794306	776042	1018264	165781
2611235	884113	1727122	603480	1123642	
2335532	1428275	907257	355667	551589	132922
5752981	3492977	2260004	1407248	852756	361460
2529081	828077	1701004	1217299	483705	381508
818559	418892	399667	280259	119408	51481
1668505	1029035	639470	267450	372020	108202
2678845	1486226	1192619	577960	614660	210972
1496823	718066	778757	290030	488727	289957
1753591	932797	820794	391219	429575	133656
388472	74889	313583	92485	221098	246200
1039079	627221	411858	145046	266812	110355
898038	423580	474458	233398	241060	99709
427497	164111	263386	179559	83827	91043
485606	181938	303668	225767	77901	161600
1151876	523558	628318	297127	331191	129370
387269	218811	168458	41024	127434	18243
602639	398837	203802	118050	85752	19044
268000	190534	77466	60895	16570	6490
476076	309203	166873	97754	69118	
661103	582165	78938	69355	9583	165041

6-15 一般公共预算教育事业费和

地区	合计	个人部分			
			工资福利支出	对个人和家庭的补助支出	
					#助学金
合计	**76054120**	**45974660**	**33801819**	**12172841**	**4602797**
北京	1690547	982514	760150	222364	35977
天津	1282767	983386	637921	345465	37569
河北	2338003	1683653	1217227	466426	126761
山西	1790160	1083859	858546	225314	69742
内蒙古	1233800	722732	487677	235055	176405
辽宁	1902416	1147081	973255	173827	52465
吉林	1106632	740344	462176	278168	38570
黑龙江	951610	620718	383585	237133	66678
上海	1757298	1172548	1139971	32577	20143
江苏	8796535	6099946	4747997	1351949	149140
浙江	1537446	1022050	904918	117132	37052
安徽	3624556	2050481	1383496	666985	341682
福建	3657577	2219148	1851291	367857	80085
江西	1801620	1028519	664079	364440	207236
山东	5945902	3657966	2742004	915962	140183
河南	3452545	1728931	1396428	332502	206013
湖北	3911118	1940969	1448006	492963	168135
湖南	1039036	609531	435932	173599	99583
广东	7959781	5250641	3570270	1680371	267249
广西	4225868	2050005	1576613	473392	278696
海南	913088	412363	340375	71988	55319
重庆	535536	277675	179174	98501	83633
四川	2662462	1663422	1087522	575900	432665
贵州	1850315	1023607	644214	379394	260463
云南	2459019	1572481	1047673	524807	437713
西藏	1075313	441141	261480	179661	121477
陕西	592969	389299	296837	92462	44021
甘肃	2087035	1272886	842475	430411	131142
青海	943085	424552	289794	134758	93789
宁夏	448340	204087	146316	57771	43024
新疆	2481742	1498124	1024418	473706	300185
大连	309169	176606	157724	18881	2189
宁波	475519	305816	274389	31427	3160
厦门	659099	438592	322362	116230	8823
青岛	179644	127670	109264	18406	1513
深圳	403282	263188	222862	40326	4338

基本建设支出明细(中等专业学校)

单位：千元

公用部分	商品和服务支出	其他资本性支出	专项公用支出	专项项目支出	基本建设支出
28012154	**14030818**	**13981336**	**6912400**	**7068936**	**2067306**
705384	455071	250313	205085	45228	2649
299317	232607	66711	54313	12398	63
583518	384107	199411	122417	76994	70832
679695	362029	317666	151578	166088	26605
451618	231013	220605	116674	103932	59450
650356	457484	192872	133812	59060	104979
348419	138852	209567	112940	96628	17869
323981	211962	112019	76915	35105	6910
584750	444511	140239	47094	93145	
2633512	1420732	1212780	455039	757741	63077
498806	275820	222986	108615	114371	16591
1509110	593306	915803	456849	458954	64966
1416555	638702	777854	422147	355706	21874
712459	336781	375679	146317	229361	60641
2254952	979364	1275588	363338	912250	32984
1581457	869432	712025	327512	384513	142157
1970148	651448	1318700	433076	885624	
416012	266208	149804	59408	90395	13494
2595304	1553252	1042052	677266	364786	113836
1862122	631392	1230730	865346	365383	313741
479043	236458	242585	167913	74672	21681
239883	159089	80794	51386	29408	17978
923233	567603	355631	202885	152745	75807
614389	325440	288950	107891	181059	212318
794462	418326	376137	189704	186433	92076
387972	74389	313583	92485	221098	246200
197765	107986	89779	27334	62445	5905
760680	349595	411085	210210	200874	53468
427490	164104	263386	179559	83827	91043
244252	89143	155109	102717	52393	
865506	404611	460895	244574	216321	118112
115530	98956	16575	12883	3692	17033
169162	80190	88971	45734	43237	541
220507	154385	66122	57539	8583	
51974	33523	18452	6330	12122	
102660	91845	10815	7480	3335	37435

6-16 一般公共预算教育事业费和

地区	合计	个人部分	工资福利支出	对个人和家庭的补助支出	#助学金
合计	**75613957**	**45723416**	**33618044**	**12105371**	**4580294**
北京	1605183	919953	714552	205401	34227
天津	1282767	983386	637921	345465	37569
河北	2332580	1678545	1212842	465703	126761
山西	1790160	1083859	858546	225314	69742
内蒙古	1233800	722732	487677	235055	176405
辽宁	1902416	1147081	973255	173827	52465
吉林	1106632	740344	462176	278168	38570
黑龙江	951610	620718	383585	237133	66678
上海	1755068	1170318	1137741	32577	20143
江苏	8796535	6099946	4747997	1351949	149140
浙江	1537446	1022050	904918	117132	37052
安徽	3624556	2050481	1383496	666985	341682
福建	3657577	2219148	1851291	367857	80085
江西	1801053	1028426	664079	364347	207142
山东	5945902	3657966	2742004	915962	140183
河南	3452545	1728931	1396428	332502	206013
湖北	3904283	1934159	1447422	486737	165265
湖南	1039036	609531	435932	173599	99583
广东	7922065	5225438	3551288	1674150	266769
广西	4225868	2050005	1576613	473392	278696
海南	913088	412363	340375	71988	55319
重庆	535536	277675	179174	98501	83633
四川	2650818	1661760	1087522	574238	431004
贵州	1850315	1023607	644214	379394	260463
云南	2459019	1572481	1047673	524807	437713
西藏	1075313	441141	261480	179661	121477
陕西	592969	389299	296837	92462	44021
甘肃	2087035	1272886	842475	430411	131142
青海	943085	424552	289794	134758	93789
宁夏	448340	204087	146316	57771	43024
新疆	2191359	1350548	912422	438126	284536
大连	309169	176606	157724	18881	2189
宁波	475519	305816	274389	31427	3160
厦门	659099	438592	322362	116230	8823
青岛	179644	127670	109264	18406	1513
深圳	403282	263188	222862	40326	4338

基本建设支出明细(地方中等专业学校)

单位：千元

公用部分	商品和服务支出	其他资本性支出	专项公用支出	专项项目支出	基本建设支出
27851938	**13921684**	**13930255**	**6878027**	**7052228**	**2038603**
682582	434159	248422	204606	43816	2649
299317	232607	66711	54313	12398	63
583203	383792	199411	122417	76994	70832
679695	362029	317666	151578	166088	26605
451618	231013	220605	116674	103932	59450
650356	457484	192872	133812	59060	104979
348419	138852	209567	112940	96628	17869
323981	211962	112019	76915	35105	6910
584750	444511	140239	47094	93145	
2633512	1420732	1212780	455039	757741	63077
498806	275820	222986	108615	114371	16591
1509110	593306	915803	456849	458954	64966
1416555	638702	777854	422147	355706	21874
711986	336307	375679	146317	229361	60641
2254952	979364	1275588	363338	912250	32984
1581457	869432	712025	327512	384513	142157
1970123	651423	1318700	433076	885624	
416012	266208	149804	59408	90395	13494
2582791	1542333	1040458	676131	364327	113836
1862122	631392	1230730	865346	365383	313741
479043	236458	242585	167913	74672	21681
239883	159089	80794	51386	29408	17978
913251	557621	355631	202885	152745	75807
614389	325440	288950	107891	181059	212318
794462	418326	376137	189704	186433	92076
387972	74389	313583	92485	221098	246200
197765	107986	89779	27334	62445	5905
760680	349595	411085	210210	200874	53468
427490	164104	263386	179559	83827	91043
244252	89143	155109	102717	52393	
751401	338103	413298	211814	201484	89409
115530	98956	16575	12883	3692	17033
169162	80190	88971	45734	43237	541
220507	154385	66122	57539	8583	
51974	33523	18452	6330	12122	
102660	91845	10815	7480	3335	37435

6-17　一般公共预算教育事业费和

地　区	合　计	个人部分	工资福利支出	对个人和家庭的补助支出	#助学金
合　计	60903301	38439833	30072019	8367814	3044919
北　京	2226364	1208901	1033382	175519	6774
天　津	465114	417207	227756	189450	17428
河　北	4445359	2947272	2312041	635232	117022
山　西	1890469	1197638	982581	215057	92587
内蒙古	1577852	990038	805841	184197	129696
辽　宁	1505879	976467	786887	189580	55091
吉　林	1394335	776565	541960	234605	22668
黑龙江	1480188	1025608	658346	367262	22707
上　海	973211	726462	665257	61204	33649
江　苏	2456357	1672640	1284648	387992	37227
浙　江	7316123	5010796	4388566	622230	138729
安　徽	1630961	733708	521609	212098	107677
福　建	512573	328659	275527	53132	5240
江　西	1404040	628609	470598	158012	109068
山　东	3953914	2811002	2254478	556524	58092
河　南	3095858	1795337	1563608	231729	180160
湖　北	1644987	1148878	778668	370210	76138
湖　南	4364558	2583260	1949406	633854	327171
广　东	3740117	2590534	1863676	726858	49676
广　西	78060	53418	36021	17397	8465
海　南	466640	216620	179124	37495	26946
重　庆	2608230	1562712	1183678	379034	337400
四　川	4013292	2429206	1913009	516197	325803
贵　州	1947917	1115240	769431	345809	231484
云　南	2089716	1465963	1164283	301680	229384
西　藏	500				
陕　西	1757970	1061724	810670	251054	124302
甘　肃	572979	394721	255514	139206	64459
青　海	1436	1430	1260	170	146
宁　夏	592298	189344	142925	46419	26843
新　疆	696002	379875	251267	128608	82886
大　连	449570	217319	198226	19093	1282
宁　波	1189615	854818	770922	83895	12978
厦　门					
青　岛	1480327	1165368	917159	248209	23469
深　圳	942493	498628	371145	127483	13981

基本建设支出明细(职业高中)

单位：千元

公用部分	商品和服务支出	其他资本性支出	专项公用支出	专项项目支出	基本建设支出
21178194	**10242795**	**10935399**	**4235258**	**6700142**	**1285274**
1007348	286771	720577	47145	673432	10115
47908	34286	13622	13246	376	
1466904	624504	842399	230359	612040	31184
673386	364088	309298	186300	122998	19445
544947	293672	251276	141576	109699	42867
524912	253524	271389	73236	198153	4500
530268	145050	385218	170006	215212	87503
410297	193903	216394	98274	118121	44283
245963	201675	44289	33972	10317	786
767954	359430	408524	131741	276783	15763
2159268	1269233	890035	428264	461771	146060
897253	225132	672121	262964	409157	
183914	67272	116643	41291	75352	
747456	129704	617752	119372	498380	27974
1127858	586586	541271	245190	296081	15054
1296670	593784	702886	244326	458560	3851
496110	175851	320258	150757	169501	
1661870	964037	697834	263473	434361	119428
1043990	775831	268159	190370	77789	105592
22901	8933	13967	7337	6630	1741
249889	133601	116289	81278	35010	131
966271	588974	377298	156278	221019	79246
1486448	720317	766131	332022	434109	97638
764239	308696	455543	148365	307178	68438
607993	311065	296928	132074	164854	15760
500	500				
592796	328112	264685	90259	174425	103450
132018	69926	62092	22906	39186	46240
6	6				
241354	92795	148558	123050	25508	161600
279501	135540	143961	69824	74138	36626
232251	80653	151598	27855	123743	
332997	235338	97659	63690	33969	1800
314959	205159	109800	74661	35139	
338534	305951	32583	28583	4000	105331

6-18 一般公共预算教育事业费和

地区	合计	个人部分	工资福利支出	对个人和家庭的补助支出	#助学金
合计	**60888533**	**38430635**	**30065225**	**8365410**	**3044252**
北京	2226364	1208901	1033382	175519	6774
天津	465114	417207	227756	189450	17428
河北	4445359	2947272	2312041	635232	117022
山西	1890469	1197638	982581	215057	92587
内蒙古	1577852	990038	805841	184197	129696
辽宁	1505879	976467	786887	189580	55091
吉林	1394335	776565	541960	234605	22668
黑龙江	1465420	1016410	651552	364858	22040
上海	973211	726462	665257	61204	33649
江苏	2456357	1672640	1284648	387992	37227
浙江	7316123	5010796	4388566	622230	138729
安徽	1630961	733708	521609	212098	107677
福建	512573	328659	275527	53132	5240
江西	1404040	628609	470598	158012	109068
山东	3953914	2811002	2254478	556524	58092
河南	3095858	1795337	1563608	231729	180160
湖北	1644987	1148878	778668	370210	76138
湖南	4364558	2583260	1949406	633854	327171
广东	3740117	2590534	1863676	726858	49676
广西	78060	53418	36021	17397	8465
海南	466640	216620	179124	37495	26946
重庆	2608230	1562712	1183678	379034	337400
四川	4013292	2429206	1913009	516197	325803
贵州	1947917	1115240	769431	345809	231484
云南	2089716	1465963	1164283	301680	229384
西藏	500				
陕西	1757970	1061724	810670	251054	124302
甘肃	572979	394721	255514	139206	64459
青海	1436	1430	1260	170	146
宁夏	592298	189344	142925	46419	26843
新疆	696002	379875	251267	128608	82886
大连	449570	217319	198226	19093	1282
宁波	1189615	854818	770922	83895	12978
厦门					
青岛	1480327	1165368	917159	248209	23469
深圳	942493	498628	371145	127483	13981

基本建设支出明细(地方职业高中)

单位：千元

公用部分					基本建设支出
	商品和服务支出	其他资本性支出			
			专项公用支出	专项项目支出	
21172623	**10238365**	**10934258**	**4235208**	**6699050**	**1285274**
1007348	286771	720577	47145	673432	10115
47908	34286	13622	13246	376	
1466904	624504	842399	230359	612040	31184
673386	364088	309298	186300	122998	19445
544947	293672	251276	141576	109699	42867
524912	253524	271389	73236	198153	4500
530268	145050	385218	170006	215212	87503
404727	189473	215254	98224	117029	44283
245963	201675	44289	33972	10317	786
767954	359430	408524	131741	276783	15763
2159268	1269233	890035	428264	461771	146060
897253	225132	672121	262964	409157	
183914	67272	116643	41291	75352	
747456	129704	617752	119372	498380	27974
1127858	586586	541271	245190	296081	15054
1296670	593784	702886	244326	458560	3851
496110	175851	320258	150757	169501	
1661870	964037	697834	263473	434361	119428
1043990	775831	268159	190370	77789	105592
22901	8933	13967	7337	6630	1741
249889	133601	116289	81278	35010	131
966271	588974	377298	156278	221019	79246
1486448	720317	766131	332022	434109	97638
764239	308696	455543	148365	307178	68438
607993	311065	296928	132074	164854	15760
500	500				
592796	328112	264685	90259	174425	103450
132018	69926	62092	22906	39186	46240
6	6				
241354	92795	148558	123050	25508	161600
279501	135540	143961	69824	74138	36626
232251	80653	151598	27855	123743	
332997	235338	97659	63690	33969	1800
314959	205159	109800	74661	35139	
338534	305951	32583	28583	4000	105331

6-19 一般公共预算教育事业费和

地区	合计	个人部分	工资福利支出	对个人和家庭的补助支出	#助学金
合计	**28137832**	**17437055**	**13919647**	**3517408**	**1627364**
北京	144522	91100	85220	5880	475
天津					
河北	2421139	1692540	1332753	359787	84676
山西	1182800	758145	628796	129349	52705
内蒙古	1063374	664922	546799	118123	80372
辽宁	386961	287218	239493	47725	12794
吉林	559429	315100	225396	89705	9645
黑龙江	577145	404667	277356	127311	10029
上海	89039	69722	64627	5095	4904
江苏	1230375	852461	665864	186597	26356
浙江	2959780	2096302	1816496	279806	75624
安徽	1109946	501197	368505	132692	69212
福建	86181	54171	48297	5874	1314
江西	917256	412466	324304	88161	58337
山东	1226337	828403	710271	118132	16437
河南	1895125	1068189	953005	115184	87366
湖北	565202	359123	264021	95102	37368
湖南	2358209	1323013	1023628	299385	171629
广东	445612	298046	239983	58064	10776
广西	74140	50438	36021	14417	5485
海南	159275	84015	68268	15746	8402
重庆	1090765	630057	486521	143536	131251
四川	2210249	1366221	1086765	279456	187477
贵州	1268998	719872	521505	198366	120796
云南	1448340	994033	813082	180951	141448
西藏	500				
陕西	1269572	752832	589111	163721	80606
甘肃	457082	335828	218759	117069	47772
青海	1436	1430	1260	170	146
宁夏	363258	114180	84673	29506	18017
新疆	575783	311366	198866	112500	75944
大连	55963	44203	40244	3959	14
宁波	372615	293976	266039	27937	5932
厦门					
青岛	31333	27591	20748	6843	1232
深圳					

基本建设支出明细(农村职业高中)

单位：千元

公用部分	商品和服务支出	其他资本性支出	专项公用支出	专项项目支出	基本建设支出
9966199	**4602306**	**5363893**	**2078954**	**3284938**	**734578**
53423	22118	31305	2609	28696	
697415	334961	362454	112943	249511	31184
405210	206731	198479	112265	86214	19445
369174	197957	171218	94331	76887	29278
96743	59067	37676	11047	26629	3000
180826	61387	119439	59067	60372	63503
151631	91787	59844	31394	28450	20847
19317	17153	2164	2164		
368951	135774	233178	96921	136257	8963
810102	467278	342824	170115	172709	53376
608749	163431	445318	183738	261580	
32010	14802	17208	6865	10344	
480790	91545	389245	88054	301191	24000
397934	180631	217303	99297	118007	
826386	326165	500221	126229	373992	551
206079	64873	141206	62900	78306	
943769	523353	420415	139504	280912	91428
147566	99692	47874	31917	15957	
21961	8933	13027	6421	6607	1741
75260	35278	39983	22579	17404	
416422	256507	159914	82509	77405	44287
806395	369914	436481	153085	283396	37633
500688	205729	294959	94786	200173	48438
438607	211497	227111	93355	133756	15700
500	500				
421290	219061	202229	67465	134764	95450
104940	57074	47866	18367	29499	16314
6	6				
156078	62603	93476	71482	21994	93000
227975	116501	111474	37547	73928	36441
11760	11507	252	252		
76839	51002	25837	10262	15575	1800
3742	3435	307	307		

6–20 一般公共预算教育事业费和

地区	合计	个人部分			
			工资福利支出	对个人和家庭的补助支出	
					#助学金
合计	**28125274**	**17428455**	**13912853**	**3515602**	**1627295**
北京	144522	91100	85220	5880	475
天津					
河北	2421139	1692540	1332753	359787	84676
山西	1182800	758145	628796	129349	52705
内蒙古	1063374	664922	546799	118123	80372
辽宁	386961	287218	239493	47725	12794
吉林	559429	315100	225396	89705	9645
黑龙江	564587	396067	270562	125505	9960
上海	89039	69722	64627	5095	4904
江苏	1230375	852461	665864	186597	26356
浙江	2959780	2096302	1816496	279806	75624
安徽	1109946	501197	368505	132692	69212
福建	86181	54171	48297	5874	1314
江西	917256	412466	324304	88161	58337
山东	1226337	828403	710271	118132	16437
河南	1895125	1068189	953005	115184	87366
湖北	565202	359123	264021	95102	37368
湖南	2358209	1323013	1023628	299385	171629
广东	445612	298046	239983	58064	10776
广西	74140	50438	36021	14417	5485
海南	159275	84015	68268	15746	8402
重庆	1090765	630057	486521	143536	131251
四川	2210249	1366221	1086765	279456	187477
贵州	1268998	719872	521505	198366	120796
云南	1448340	994033	813082	180951	141448
西藏	500				
陕西	1269572	752832	589111	163721	80606
甘肃	457082	335828	218759	117069	47772
青海	1436	1430	1260	170	146
宁夏	363258	114180	84673	29506	18017
新疆	575783	311366	198866	112500	75944
大连	55963	44203	40244	3959	14
宁波	372615	293976	266039	27937	5932
厦门					
青岛	31333	27591	20748	6843	1232
深圳					

基本建设支出明细(地方农村职业高中)

单位：千元

公用部分	商品和服务支出	其他资本性支出	专项公用支出	专项项目支出	基本建设支出
9962241	**4599489**	**5362752**	**2078905**	**3283847**	**734578**
53423	22118	31305	2609	28696	
697415	334961	362454	112943	249511	31184
405210	206731	198479	112265	86214	19445
369174	197957	171218	94331	76887	29278
96743	59067	37676	11047	26629	3000
180826	61387	119439	59067	60372	63503
147673	88970	58703	31345	27358	20847
19317	17153	2164	2164		
368951	135774	233178	96921	136257	8963
810102	467278	342824	170115	172709	53376
608749	163431	445318	183738	261580	
32010	14802	17208	6865	10344	
480790	91545	389245	88054	301191	24000
397934	180631	217303	99297	118007	
826386	326165	500221	126229	373992	551
206079	64873	141206	62900	78306	
943769	523353	420415	139504	280912	91428
147566	99692	47874	31917	15957	
21961	8933	13027	6421	6607	1741
75260	35278	39983	22579	17404	
416422	256507	159914	82509	77405	44287
806395	369914	436481	153085	283396	37633
500688	205729	294959	94786	200173	48438
438607	211497	227111	93355	133756	15700
500	500				
421290	219061	202229	67465	134764	95450
104940	57074	47866	18367	29499	16314
6	6				
156078	62603	93476	71482	21994	93000
227975	116501	111474	37547	73928	36441
11760	11507	252	252		
76839	51002	25837	10262	15575	1800
3742	3435	307	307		

6-21 一般公共预算教育事业费和

地区	合计	个人部分	工资福利支出	对个人和家庭的补助支出	#助学金
合计	**20472874**	**11362571**	**8375185**	**2987387**	**931664**
北京	1402858	604624	493415	111209	12991
天津	288917	241748	148113	93635	16804
河北	574454	410271	292938	117333	24910
山西	310824	200479	163168	37310	16572
内蒙古	100755	70542	58876	11666	3202
辽宁	267117	167540	138308	29232	7743
吉林	164697	126474	49581	76894	46079
黑龙江	413497	314258	222691	91566	2909
上海	99035	79393	78970	422	7
江苏	1198034	629362	518190	111173	36018
浙江	928109	458013	386270	71743	18696
安徽	125790	99408	31888	67520	54497
福建	598577	377482	307476	70006	15702
江西	97352	64159	54144	10015	2129
山东	2612080	1303063	969360	333703	47286
河南	1195836	552020	504775	47245	21277
湖北	314709	196575	148843	47732	7360
湖南	290399	213227	179728	33499	17853
广东	5220635	3080485	2047576	1032909	124371
广西	1362993	659651	531462	128189	82998
海南	221357	105134	88856	16278	9865
重庆	450720	143229	95167	48062	43910
四川	463439	227065	175024	52041	33806
贵州	164579	69325		69325	69325
云南	823177	488868	389535	99332	75756
西藏					
陕西	567597	360913	220946	139967	118851
甘肃	4523	1682	649	1033	903
青海					
宁夏					
新疆	210814	117581	79235	38345	19844
大连	74484	36411	30867	5544	1735
宁波	76245	29762	27468	2295	1905
厦门	111121	57138	30174	26964	2055
青岛	219733	111137	89925	21212	7125
深圳	524929	289685	185891	103794	22155

基本建设支出明细(技工学校)

单位：千元

公用部分	商品和服务支出	其他资本性支出	专项公用支出	专项项目支出	基本建设支出
8578131	**4505155**	**4072976**	**2351168**	**1721808**	**532171**
798234	373085	425149	388211	36938	
47132	39982	7150	7013	137	37
159087	113157	45930	30458	15472	5096
110345	76045	34301	25819	8482	
20214	14492	5721	5721		10000
98366	77599	20768	11819	8949	1210
38223	17570	20653	12939	7713	
98590	73003	25587	13628	11959	650
19643	18135	1508	1508		
558842	283584	275258	42922	232335	9830
346348	168429	177920	84201	93719	123747
26382	14185	12197	6336	5860	
214165	123915	90250	33542	56708	6930
33192	13078	20114	5502	14612	
1267169	587745	679423	362223	317201	41848
624043	312324	311719	177837	133882	19773
118135	49469	68666	16468	52198	
77171	59630	17541	15200	2341	
1998119	1142484	855634	524737	330898	142032
637316	181971	455345	344404	110942	66025
86554	47094	39460	30924	8535	29669
296513	140998	155515	45454	110061	10978
198846	145596	53250	39391	13859	37528
95254	71444	23810	23810		
308489	166229	142260	67938	74323	25820
205684	164872	40812	20076	20736	1000
2840	1840	1000		1000	
93233	27199	66034	13088	52946	
36863	36673	190	190		1210
29780	25923	3857	1826	2031	16703
47492	36149	11343	3356	7987	6490
108596	70016	38580	16723	21857	
212967	178772	34196	31948	2248	22276

6-22 一般公共预算教育事业费和

地 区	合 计	个人部分	工资福利支出	对个人和家庭的补助支出	#助学金
合 计	**20393222**	**11301856**	**8339413**	**2962444**	**919875**
北 京	1402858	604624	493415	111209	12991
天 津	288810	241641	148113	93528	16697
河 北	574454	410271	292938	117333	24910
山 西	310824	200479	163168	37310	16572
内蒙古	100755	70542	58876	11666	3202
辽 宁	267117	167540	138308	29232	7743
吉 林	164697	126474	49581	76894	46079
黑龙江	370112	280209	203000	77209	1104
上 海	99035	79393	78970	422	7
江 苏	1192173	623621	518190	105432	30278
浙 江	928109	458013	386270	71743	18696
安 徽	124793	98534	31270	67264	54241
福 建	598577	377482	307476	70006	15702
江 西	97352	64159	54144	10015	2129
山 东	2612080	1303063	969360	333703	47286
河 南	1195836	552020	504775	47245	21277
湖 北	314709	196575	148843	47732	7360
湖 南	284436	209649	176335	33314	17668
广 东	5220635	3080485	2047576	1032909	124371
广 西	1362993	659651	531462	128189	82998
海 南	221357	105134	88856	16278	9865
重 庆	449973	142683	94652	48031	43879
四 川	440847	211245	163471	47775	30141
贵 州	164579	69325		69325	69325
云 南	823177	488868	389535	99332	75756
西 藏					
陕 西	567597	360913	220946	139967	118851
甘 肃	4523	1682	649	1033	903
青 海					
宁 夏					
新 疆	210814	117581	79235	38345	19844
大 连	74484	36411	30867	5544	1735
宁 波	76245	29762	27468	2295	1905
厦 门	111121	57138	30174	26964	2055
青 岛	219733	111137	89925	21212	7125
深 圳	524929	289685	185891	103794	22155

基本建设支出明细(地方技工学校)

单位：千元

公用部分					基本建设支出
	商品和服务支出	其他资本性支出			
			专项公用支出	专项项目支出	
8559194	**4487950**	**4071244**	**2350136**	**1721108**	**532171**
798234	373085	425149	388211	36938	
47132	39982	7150	7013	137	37
159087	113157	45930	30458	15472	5096
110345	76045	34301	25819	8482	
20214	14492	5721	5721		10000
98366	77599	20768	11819	8949	1210
38223	17570	20653	12939	7713	
89254	64389	24864	12905	11959	650
19643	18135	1508	1508		
558721	283463	275258	42922	232335	9830
346348	168429	177920	84201	93719	123747
26259	14062	12197	6336	5860	
214165	123915	90250	33542	56708	6930
33192	13078	20114	5502	14612	
1267169	587745	679423	362223	317201	41848
624043	312324	311719	177837	133882	19773
118135	49469	68666	16468	52198	
74786	57945	16841	15200	1641	
1998119	1142484	855634	524737	330898	142032
637316	181971	455345	344404	110942	66025
86554	47094	39460	30924	8535	29669
296313	140798	155515	45454	110061	10978
192074	139133	52941	39082	13859	37528
95254	71444	23810	23810		
308489	166229	142260	67938	74323	25820
205684	164872	40812	20076	20736	1000
2840	1840	1000		1000	
93233	27199	66034	13088	52946	
36863	36673	190	190		1210
29780	25923	3857	1826	2031	16703
47492	36149	11343	3356	7987	6490
108596	70016	38580	16723	21857	
212967	178772	34196	31948	2248	22276

6-23 一般公共预算教育事业费和

地区	合计	个人部分	工资福利支出	对个人和家庭的补助支出	#助学金
合计	**7466235**	**5492227**	**4299400**	**1192827**	**149300**
北京	67755	46183	37646	8537	900
天津	47251	39773	21983	17791	289
河北	923882	824621	641024	183598	1253
山西	324948	283666	228134	55532	1312
内蒙古	230867	207389	190829	16560	20
辽宁	13623	9210	6833	2376	527
吉林	742772	601717	376806	224911	392
黑龙江	303755	256949	160717	96232	1586
上海	144705	35407	34276	1131	
江苏	291047	213556	145536	68019	2041
浙江	407718	278769	245723	33047	1213
安徽	135199	86674	50115	36559	9436
福建	28909	13248	11606	1642	122
江西	410304	220764	199789	20975	844
山东	354673	285987	221798	64189	3140
河南	619229	421047	393004	28042	12236
湖北	63349	36482	22941	13541	745
湖南	496459	313596	242791	70805	15698
广东	253747	125667	94873	30793	2368
广西	38547	31805	24888	6917	50
海南	5375	2303	2299	4	
重庆	416191	250153	211221	38932	25081
四川	336091	249020	183899	65120	48751
贵州	54628	22487	17749	4737	2074
云南	323403	280757	269752	11004	
西藏					
陕西	270429	227595	182985	44610	4939
甘肃	59581	57082	33941	23140	240
青海					
宁夏					
新疆	101797	70321	46239	24082	14044
大连	5416	2792	2652	140	
宁波	244376	173675	157044	16631	646
厦门					
青岛	1482	936	818	117	109
深圳	20494	13553	10582	2970	2363

基本建设支出明细(成人中等专业学校)

单位：千元

公用部分	商品和服务支出	其他资本性支出	专项公用支出	专项项目支出	基本建设支出
1961277	**1308273**	**653004**	**242754**	**410251**	**12730**
21572	13658	7915	5366	2549	
7478	6159	1319	1319		
99260	84738	14523	10943	3579	
41282	38196	3086	2701	384	
23283	20437	2846	1787	1060	195
4413	4309	104	104		
141055	87522	53534	39391	14143	
46805	35249	11556	6160	5396	
109297	107328	1969	1969		
77491	53114	24377	19527	4850	
128949	110147	18802	11165	7637	
48524	30268	18256	4946	13310	
15661	1452	14209	5067	9142	
189540	52404	137136	10070	127066	
68686	34924	33762	18892	14869	
198183	130507	67675	26366	41309	
26867	7370	19498	3179	16319	
182863	140085	42778	17586	25192	
128081	32328	95752	16010	79743	
6742	5780	962	212	750	
3072	1738	1333	143	1190	
166038	140174	25863	14331	11532	
87072	69155	17917	3970	13946	
22941	12486	10454	9964	490	9201
42646	37178	5469	1503	3966	
42834	26252	16582	7377	9205	
2499	2219	281	281		
28142	23095	5047	2423	2624	3334
2624	2529	96	96		
70701	57386	13315	6799	6516	
546	506	41	41		
6941	5597	1344	1344		

6-24 一般公共预算教育事业费和

地区	合计	个人部分	工资福利支出	对个人和家庭的补助支出	#助学金
合计	7460372	5487291	4295850	1191441	148776
北京	67755	46183	37646	8537	900
天津	47251	39773	21983	17791	289
河北	923882	824621	641024	183598	1253
山西	324948	283666	228134	55532	1312
内蒙古	230867	207389	190829	16560	20
辽宁	13623	9210	6833	2376	527
吉林	742772	601717	376806	224911	392
黑龙江	301077	254597	159009	95588	1586
上海	144705	35407	34276	1131	
江苏	290817	213526	145536	67989	2011
浙江	407718	278769	245723	33047	1213
安徽	135199	86674	50115	36559	9436
福建	28909	13248	11606	1642	122
江西	410304	220764	199789	20975	844
山东	354673	285987	221798	64189	3140
河南	619229	421047	393004	28042	12236
湖北	63349	36482	22941	13541	745
湖南	496459	313596	242791	70805	15698
广东	253747	125667	94873	30793	2368
广西	38547	31805	24888	6917	50
海南	5375	2303	2299	4	
重庆	416191	250153	211221	38932	25081
四川	336091	249020	183899	65120	48751
贵州	54628	22487	17749	4737	2074
云南	323403	280757	269752	11004	
西藏					
陕西	270429	227595	182985	44610	4939
甘肃	59581	57082	33941	23140	240
青海					
宁夏					
新疆	98842	67767	44397	23371	13550
大连	5416	2792	2652	140	
宁波	244376	173675	157044	16631	646
厦门					
青岛	1482	936	818	117	109
深圳	20494	13553	10582	2970	2363

基本建设支出明细(地方成人中等专业学校)

单位：千元

公用部分	商品和服务支出	其他资本性支出			基本建设支出
			专项公用支出	专项项目支出	
1960351	**1307387**	**652965**	**242714**	**410251**	**12730**
21572	13658	7915	5366	2549	
7478	6159	1319	1319		
99260	84738	14523	10943	3579	
41282	38196	3086	2701	384	
23283	20437	2846	1787	1060	195
4413	4309	104	104		
141055	87522	53534	39391	14143	
46480	34942	11538	6142	5396	
109297	107328	1969	1969		
77291	52914	24377	19527	4850	
128949	110147	18802	11165	7637	
48524	30268	18256	4946	13310	
15661	1452	14209	5067	9142	
189540	52404	137136	10070	127066	
68686	34924	33762	18892	14869	
198183	130507	67675	26366	41309	
26867	7370	19498	3179	16319	
182863	140085	42778	17586	25192	
128081	32328	95752	16010	79743	
6742	5780	962	212	750	
3072	1738	1333	143	1190	
166038	140174	25863	14331	11532	
87072	69155	17917	3970	13946	
22941	12486	10454	9964	490	9201
42646	37178	5469	1503	3966	
42834	26252	16582	7377	9205	
2499	2219	281	281		
27741	22716	5024	2401	2624	3334
2624	2529	96	96		
70701	57386	13315	6799	6516	
546	506	41	41		
6941	5597	1344	1344		

6-25 一般公共预算教育事业费和

地区	合计	个人部分			
			工资福利支出	对个人和家庭的补助支出	
					#助学金
合计	**875115444**	**637912055**	**505481620**	**132430435**	**38005035**
北京	24276330	14759251	12621151	2138100	112056
天津	12494858	10077023	6551835	3525188	84333
河北	37577199	28398260	21605770	6792490	1400756
山西	19106357	14700650	12099101	2601549	761071
内蒙古	16222735	11751540	10104147	1647393	908706
辽宁	19798777	16026880	13263069	2763811	298844
吉林	14263775	10681616	7749699	2931917	333035
黑龙江	20318315	15341554	11214366	4127188	397933
上海	16967895	11406520	10854883	551636	342625
江苏	58478124	46857347	34560797	12296550	1185705
浙江	42182956	32673961	28381208	4292753	869257
安徽	29989247	20771744	16284386	4487358	1354302
福建	25257844	19317681	16223964	3093716	500005
江西	29394403	17030131	13760051	3270080	1206702
山东	64458160	49723878	38781243	10942635	1378546
河南	47060908	29962518	25759832	4202686	2993299
湖北	36402444	27870721	21086493	6784228	921486
湖南	37050324	27405404	21915308	5490095	1864229
广东	75700690	57354004	43856982	13497022	1695404
广西	28222465	18698201	14488104	4210097	2590621
海南	7091392	4024061	3667753	356308	239461
重庆	21196813	14502286	12885463	1616822	1022296
四川	45548565	33830009	27434624	6395385	3579035
贵州	29638924	21755310	16092137	5663173	2771670
云南	32446193	24792472	20494111	4298361	3405550
西藏	6215225	3934517	2690845	1243672	768735
陕西	24423041	15696019	12236784	3459235	1501723
甘肃	17286155	13353653	9093519	4260134	1114557
青海	5749581	4095289	3293906	801383	339257
宁夏	5550412	3502780	2898646	604134	320170
新疆	24745337	17616775	13531442	4085334	1743665
大连	3824761	3134877	2866067	268810	38145
宁波	5864466	4720311	4147931	572381	97135
厦门	2761002	2261663	1621227	640436	29350
青岛	8209078	6536184	4748440	1787744	96811
深圳	11413467	7742321	5889464	1852857	88259

基本建设支出明细(中学)

单位：千元

公用部分	商品和服务支出	其他资本性支出			基本建设支出
			专项公用支出	专项项目支出	
221813712	**109117261**	**112696452**	**30940047**	**81756405**	**15389676**
8680992	5992955	2688037	1917947	770090	836087
2417834	1679566	738268	341975	396293	
8852375	4393140	4459235	1276552	3182683	326563
4234075	2446243	1787832	587162	1200670	171633
4252662	2459527	1793135	580834	1212301	218533
3726271	2632561	1093710	431329	662381	45627
3366388	1623024	1743364	535387	1207977	215771
4685891	2577868	2108022	631607	1476416	290871
5052389	3496615	1555774	861159	694615	508986
11378021	4910717	6467303	1583244	4884060	242756
8832274	4629853	4202422	1169241	3033181	676721
8817146	3359034	5458112	1344248	4113864	400356
5741140	2507104	3234036	855283	2378753	199022
11810158	2627212	9182946	1618743	7564203	554114
14536647	5734538	8802109	1584387	7217723	197635
16292225	7542816	8749410	1465447	7283962	806164
8531723	3966443	4565280	1036487	3528793	
9250209	4987724	4262485	1244617	3017868	394711
16463584	10827200	5636385	2587999	3048385	1883102
8583655	3274849	5308806	1326416	3982390	940608
2925119	1078499	1846621	503632	1342988	142212
5955022	3802475	2152547	711879	1440668	739505
11143321	5738778	5404543	1412067	3992476	575234
7445149	3541465	3903684	1330187	2573497	438464
7094238	3347254	3746984	796291	2950693	559483
1239165	442824	796341	158142	638199	1041543
8000556	3712206	4288350	978005	3310345	726466
3628781	1603024	2025757	531432	1494325	303721
1236357	604117	632240	209357	422884	417935
1722351	622336	1100015	482731	617284	325280
5917990	2955294	2962697	846261	2116436	1210571
689884	526712	163172	85102	78071	
1108605	550721	557884	156242	401643	35550
497114	420437	76677	53502	23175	2225
1672894	674312	998582	198267	800314	
2078338	1778593	299744	250872	48873	1592808

6-26 一般公共预算教育事业费和

地区	合计	个人部分	工资福利支出	对个人和家庭的补助支出	#助学金
合计	**870985145**	**635175789**	**503279067**	**131896722**	**37906931**
北京	23404104	14321319	12315938	2005382	110806
天津	12494858	10077023	6551835	3525188	84333
河北	37577199	28398260	21605770	6792490	1400756
山西	19106357	14700650	12099101	2601549	761071
内蒙古	16222735	11751540	10104147	1647393	908706
辽宁	19798777	16026880	13263069	2763811	298844
吉林	14160756	10613026	7695273	2917753	332968
黑龙江	20089252	15157042	11081824	4075219	394351
上海	16865911	11338531	10787831	550700	342625
江苏	58478124	46857347	34560797	12296550	1185705
浙江	42182956	32673961	28381208	4292753	869257
安徽	29989247	20771744	16284386	4487358	1354302
福建	25257844	19317681	16223964	3093716	500005
江西	29394403	17030131	13760051	3270080	1206702
山东	64458160	49723878	38781243	10942635	1378546
河南	47058579	29961259	25758572	4202686	2993299
湖北	36209763	27745085	20988458	6756627	921483
湖南	37034738	27394240	21904145	5490095	1864229
广东	75638274	57302995	43810911	13492084	1694728
广西	28222465	18698201	14488104	4210097	2590621
海南	7088736	4021567	3665259	356308	239461
重庆	21097785	14436265	12831355	1604910	1021493
四川	45548565	33830009	27434624	6395385	3579035
贵州	29638924	21755310	16092137	5663173	2771670
云南	32446193	24792472	20494111	4298361	3405550
西藏	6215225	3934517	2690845	1243672	768735
陕西	24292550	15601416	12160105	3441312	1501162
甘肃	17276746	13345051	9085141	4259910	1114482
青海	5749581	4095289	3293906	801383	339257
宁夏	5550412	3502780	2898646	604134	320170
新疆	22435927	16000320	12186311	3814010	1652578
大连	3824761	3134877	2866067	268810	38145
宁波	5864466	4720311	4147931	572381	97135
厦门	2761002	2261663	1621227	640436	29350
青岛	8209078	6536184	4748440	1787744	96811
深圳	11413467	7742321	5889464	1852857	88259

基本建设支出明细(地方中学)

单位：千元

公用部分	商品和服务支出	其他资本性支出			基本建设支出
			专项公用支出	专项项目支出	
220495992	**108476818**	**112019175**	**30600206**	**81418969**	**15313363**
8246697	5750173	2496524	1726434	770090	836087
2417834	1679566	738268	341975	396293	
8852375	4393140	4459235	1276552	3182683	326563
4234075	2446243	1787832	587162	1200670	171633
4252662	2459527	1793135	580834	1212301	218533
3726271	2632561	1093710	431329	662381	45627
3331959	1598858	1733101	527806	1205295	215771
4641339	2544486	2096853	623135	1473718	290871
5018395	3471962	1546433	855417	691016	508986
11378021	4910717	6467303	1583244	4884060	242756
8832274	4629853	4202422	1169241	3033181	676721
8817146	3359034	5458112	1344248	4113864	400356
5741140	2507104	3234036	855283	2378753	199022
11810158	2627212	9182946	1618743	7564203	554114
14536647	5734538	8802109	1584387	7217723	197635
16291156	7541766	8749390	1465428	7283962	806164
8464679	3911252	4553427	1024633	3528793	
9245787	4983909	4261878	1244010	3017868	394711
16452177	10820590	5631587	2586287	3045300	1883102
8583655	3274849	5308806	1326416	3982390	940608
2924936	1078336	1846621	503632	1342988	142212
5922015	3775368	2146647	705979	1440668	739505
11143321	5738778	5404543	1412067	3992476	575234
7445149	3541465	3903684	1330187	2573497	438464
7094238	3347254	3746984	796291	2950693	559483
1239165	442824	796341	158142	638199	1041543
7964668	3680373	4284295	973950	3310345	726466
3627975	1602712	2025263	531238	1494025	303721
1236357	604117	632240	209357	422884	417935
1722351	622336	1100015	482731	617284	325280
5301349	2765916	2535433	744069	1791364	1134258
689884	526712	163172	85102	78071	
1108605	550721	557884	156242	401643	35550
497114	420437	76677	53502	23175	2225
1672894	674312	998582	198267	800314	
2078338	1778593	299744	250872	48873	1592808

6-27 一般公共预算教育事业费和

地 区	合 计	个人部分	工资福利支 出	对个人和家庭的补助支出	#助学金
合 计	**874616093**	**637538488**	**505177579**	**132360909**	**38004799**
北 京	24244396	14743018	12606345	2136673	112056
天 津	12466673	10049156	6532375	3516781	84333
河 北	37576539	28398260	21605770	6792490	1400756
山 西	19106357	14700650	12099101	2601549	761071
内蒙古	16222735	11751540	10104147	1647393	908706
辽 宁	19798552	16026880	13263069	2763811	298844
吉 林	14259875	10677982	7748522	2929461	333035
黑龙江	20318315	15341554	11214366	4127188	397933
上 海	16942099	11388453	10837192	551262	342389
江 苏	58356396	46760449	34491864	12268585	1185705
浙 江	41963903	32520776	28245004	4275772	869257
安 徽	29989247	20771744	16284386	4487358	1354302
福 建	25257844	19317681	16223964	3093716	500005
江 西	29394403	17030131	13760051	3270080	1206702
山 东	64438458	49704588	38765246	10939342	1378546
河 南	47060908	29962518	25759832	4202686	2993299
湖 北	36394617	27864222	21080444	6783779	921486
湖 南	37048793	27403958	21913867	5490090	1864229
广 东	75662029	57323703	43834826	13488876	1695404
广 西	28222465	18698201	14488104	4210097	2590621
海 南	7091392	4024061	3667753	356308	239461
重 庆	21196813	14502286	12885463	1616822	1022296
四 川	45548565	33830009	27434624	6395385	3579035
贵 州	29638924	21755310	16092137	5663173	2771670
云 南	32446193	24792472	20494111	4298361	3405550
西 藏	6215225	3934517	2690845	1243672	768735
陕 西	24423041	15696019	12236784	3459235	1501723
甘 肃	17286155	13353653	9093519	4260134	1114557
青 海	5749581	4095289	3293906	801383	339257
宁 夏	5550412	3502780	2898646	604134	320170
新 疆	24745189	17616627	13531315	4085312	1743665
大 连	3824761	3134877	2866067	268810	38145
宁 波	5863117	4719255	4147028	572227	97135
厦 门	2761002	2261663	1621227	640436	29350
青 岛	8209078	6536184	4748440	1787744	96811
深 圳	11413467	7742321	5889464	1852857	88259

基本建设支出明细(普通中学)

单位：千元

公用部分	商品和服务支出	其他资本性支出			基本建设支出
			专项公用支出	专项项目支出	
221687929	**109027167**	**112660762**	**30907672**	**81753090**	**15389676**
8665291	5980772	2684519	1914429	770090	836087
2417517	1679548	737969	341676	396293	
8851715	4392480	4459235	1276552	3182683	326563
4234075	2446243	1787832	587162	1200670	171633
4252662	2459527	1793135	580834	1212301	218533
3726045	2632335	1093710	431329	662381	45627
3366122	1622790	1743332	535355	1207977	215771
4685891	2577868	2108022	631607	1476416	290871
5044661	3489094	1555567	860951	694615	508986
11353192	4889620	6463571	1579891	4883681	242756
8766405	4587671	4178734	1145776	3032958	676721
8817146	3359034	5458112	1344248	4113864	400356
5741140	2507104	3234036	855283	2378753	199022
11810158	2627212	9182946	1618743	7564203	554114
14536235	5734174	8802061	1584338	7217723	197635
16292225	7542816	8749410	1465447	7283962	806164
8530395	3965510	4564885	1036210	3528675	
9250124	4987639	4262485	1244617	3017868	394711
16455225	10822610	5632615	2586825	3045790	1883102
8583655	3274849	5308806	1326416	3982390	940608
2925119	1078499	1846621	503632	1342988	142212
5955022	3802475	2152547	711879	1440668	739505
11143321	5738778	5404543	1412067	3992476	575234
7445149	3541465	3903684	1330187	2573497	438464
7094238	3347254	3746984	796291	2950693	559483
1239165	442824	796341	158142	638199	1041543
8000556	3712206	4288350	978005	3310345	726466
3628781	1603024	2025757	531432	1494325	303721
1236357	604117	632240	209357	422884	417935
1722351	622336	1100015	482731	617284	325280
5917990	2955294	2962697	846261	2116436	1210571
689884	526712	163172	85102	78071	
1108312	550427	557884	156242	401643	35550
497114	420437	76677	53502	23175	2225
1672894	674312	998582	198267	800314	
2078338	1778593	299744	250872	48873	1592808

6-28 一般公共预算教育事业费和

地区	合计	个人部分	工资福利支出	对个人和家庭的补助支出	#助学金
合计	**870485795**	**634802222**	**502975026**	**131827196**	**37906695**
北京	23372170	14305086	12301132	2003955	110806
天津	12466673	10049156	6532375	3516781	84333
河北	37576539	28398260	21605770	6792490	1400756
山西	19106357	14700650	12099101	2601549	761071
内蒙古	16222735	11751540	10104147	1647393	908706
辽宁	19798552	16026880	13263069	2763811	298844
吉林	14156856	10609393	7694096	2915297	332968
黑龙江	20089252	15157042	11081824	4075219	394351
上海	16840116	11320464	10770139	550325	342389
江苏	58356396	46760449	34491864	12268585	1185705
浙江	41963903	32520776	28245004	4275772	869257
安徽	29989247	20771744	16284386	4487358	1354302
福建	25257844	19317681	16223964	3093716	500005
江西	29394403	17030131	13760051	3270080	1206702
山东	64438458	49704588	38765246	10939342	1378546
河南	47058579	29961259	25758572	4202686	2993299
湖北	36201936	27738586	20982409	6756177	921483
湖南	37033207	27392794	21902704	5490090	1864229
广东	75599613	57272693	43788755	13483938	1694728
广西	28222465	18698201	14488104	4210097	2590621
海南	7088736	4021567	3665259	356308	239461
重庆	21097785	14436265	12831355	1604910	1021493
四川	45548565	33830009	27434624	6395385	3579035
贵州	29638924	21755310	16092137	5663173	2771670
云南	32446193	24792472	20494111	4298361	3405550
西藏	6215225	3934517	2690845	1243672	768735
陕西	24292550	15601416	12160105	3441312	1501162
甘肃	17276746	13345051	9085141	4259910	1114482
青海	5749581	4095289	3293906	801383	339257
宁夏	5550412	3502780	2898646	604134	320170
新疆	22435779	16000172	12186184	3813988	1652578
大连	3824761	3134877	2866067	268810	38145
宁波	5863117	4719255	4147028	572227	97135
厦门	2761002	2261663	1621227	640436	29350
青岛	8209078	6536184	4748440	1787744	96811
深圳	11413467	7742321	5889464	1852857	88259

基本建设支出明细(地方普通中学)

单位：千元

公用部分	商品和服务支出	其他资本性支出	专项公用支出	专项项目支出	基本建设支出
220370209	**108386724**	**111983485**	**30567831**	**81415654**	**15313363**
8230996	5737990	2493006	1722917	770090	836087
2417517	1679548	737969	341676	396293	
8851715	4392480	4459235	1276552	3182683	326563
4234075	2446243	1787832	587162	1200670	171633
4252662	2459527	1793135	580834	1212301	218533
3726045	2632335	1093710	431329	662381	45627
3331693	1598624	1733069	527774	1205295	215771
4641339	2544486	2096853	623135	1473718	290871
5010666	3464441	1546225	855210	691016	508986
11353192	4889620	6463571	1579891	4883681	242756
8766405	4587671	4178734	1145776	3032958	676721
8817146	3359034	5458112	1344248	4113864	400356
5741140	2507104	3234036	855283	2378753	199022
11810158	2627212	9182946	1618743	7564203	554114
14536235	5734174	8802061	1584338	7217723	197635
16291156	7541766	8749390	1465428	7283962	806164
8463350	3910319	4553031	1024356	3528675	
9245702	4983824	4261878	1244010	3017868	394711
16443818	10816000	5627818	2585113	3042705	1883102
8583655	3274849	5308806	1326416	3982390	940608
2921956	1078336	1846621	503632	1342988	142212
5922015	3775368	2146647	705979	1440668	739505
11143321	5738778	5404543	1412067	3992476	575234
7445149	3541465	3903684	1330187	2573497	438464
7094238	3347254	3746984	796291	2950693	559483
1239165	442824	796341	158142	638199	1041543
7964668	3680373	4284295	973950	3310345	726466
3627975	1602712	2025263	531238	1494025	303721
1236357	604117	632240	209357	422884	417935
1722351	622336	1100015	482731	617284	325280
5301349	2765916	2535433	744069	1791364	1134258
689884	526712	163172	85102	78071	
1108312	550427	557884	156242	401643	35550
497114	420437	76677	53502	23175	2225
1672894	674312	998582	198267	800314	
2078338	1778593	299744	250872	48873	1592808

6-29 一般公共预算教育事业费和

地区	合计	个人部分	工资福利支出	对个人和家庭的补助支出	#助学金
合计	**298117757**	**218921507**	**175818528**	**43102979**	**11756529**
北京	9993812	5956606	5009085	947521	29483
天津	5204365	3984909	2596550	1388360	29659
河北	12990014	10048261	7735348	2312913	463099
山西	7228831	5514190	4480213	1033976	348838
内蒙古	6530020	4610373	3845803	764569	488089
辽宁	6469772	5192700	4378188	814511	130897
吉林	4563296	3326482	2438738	887743	157562
黑龙江	6462978	4832070	3660449	1171621	152384
上海	5865223	3995982	3868500	127482	43245
江苏	19648185	15985698	12341070	3644628	231283
浙江	14571387	11333588	9965578	1368011	183821
安徽	9737108	7237323	5843328	1393995	417650
福建	8449678	6663814	5642188	1021626	111548
江西	9932400	5645819	4451099	1194720	395681
山东	20260043	16169386	12805576	3363810	370254
河南	14254205	9374991	8140839	1234152	861487
湖北	12157528	9156727	7205350	1951377	326829
湖南	11734693	9036913	7493693	1543220	482452
广东	28415061	22000568	16876384	5124184	473353
广西	8759489	5631213	4492008	1139204	692244
海南	2568534	1372232	1250995	121237	82930
重庆	7728342	5344226	4683731	660495	462175
四川	14931082	11307758	9391910	1915848	1106813
贵州	9797953	7137524	5257250	1880274	897306
云南	9145900	7057822	6108282	949540	664414
西藏	2560679	1367090	958744	408346	252660
陕西	9756406	5909923	4687244	1222679	530740
甘肃	6419114	4961915	3445030	1516885	386868
青海	2010745	1400946	1148538	252408	106759
宁夏	1888745	1347425	1128352	219072	111248
新疆	8082166	6017033	4488461	1528571	764755
大连	1180619	973287	885666	87621	18222
宁波	2101127	1651025	1470665	180360	25800
厦门	944302	772244	549387	222857	5538
青岛	2551266	1956067	1497204	458863	43762
深圳	4212026	2834757	2155016	679740	24267

基本建设支出明细(普通高中)

单位：千元

公用部分	商品和服务支出	其他资本性支出	专项公用支出	专项项目支出	基本建设支出
72269974	**35449969**	**36820004**	**11120253**	**25699752**	**6926277**
3409021	2292034	1116986	898718	218269	628185
1219456	815256	404200	191588	212612	
2725775	1230116	1495659	307105	1188553	215979
1612923	890244	722679	173979	548699	101719
1814257	1127855	686403	250796	435607	105390
1254988	886290	368699	118993	249706	22084
1058047	535191	522855	154535	368320	178768
1412751	856303	556447	155882	400565	218158
1653481	1074801	578680	284148	294532	215760
3597445	1662434	1935011	478774	1456237	65042
3027009	1521785	1505224	502160	1003064	210790
2304496	762582	1541914	365057	1176856	195290
1722994	815544	907449	266651	640799	62870
4032457	854348	3178110	747610	2430499	254124
3999387	1845461	2153926	466330	1687596	91270
4673174	2187964	2485210	540255	1944955	206040
3000801	1439208	1561593	413805	1147787	
2529061	1375115	1153946	357796	796149	168719
5778455	3457926	2320529	956764	1363765	636038
2596246	830417	1765829	438105	1327724	532030
1125460	392641	732819	243914	488905	70843
2112183	1287132	825051	258313	566739	271933
3423834	1858449	1565385	511182	1054204	199491
2443270	891993	1551277	619610	931668	217159
1817201	858220	958981	256899	702082	270877
473938	165149	308789	48475	260314	719651
3495517	1774276	1721241	386782	1334459	350966
1298201	497766	800435	212998	587437	158998
424185	201887	222298	63851	158447	185614
467010	185318	281692	120159	161534	74310
1766951	876265	890686	329018	561667	298183
207332	168364	38968	9562	29406	
450102	192588	257514	77235	180280	
171620	154746	16874	14411	2463	437
595198	248412	346786	102217	244569	
889260	752044	137216	120432	16784	488009

6–30 一般公共预算教育事业费和

地区	合计	个人部分	工资福利支出	对个人和家庭的补助支出	#助学金
合计	**296082355**	**217619154**	**174814713**	**42804442**	**11705467**
北京	9381736	5649783	4793082	856701	28735
天津	5204365	3984909	2596550	1388360	29659
河北	12990014	10048261	7735348	2312913	463099
山西	7228831	5514190	4480213	1033976	348838
内蒙古	6530020	4610373	3845803	764569	488089
辽宁	6469772	5192700	4378188	814511	130897
吉林	4512527	3294026	2416642	877384	157530
黑龙江	6360442	4749521	3606957	1142564	149086
上海	5795670	3950378	3823350	127029	43245
江苏	19648185	15985698	12341070	3644628	231283
浙江	14571387	11333588	9965578	1368011	183821
安徽	9737108	7237323	5843328	1393995	417650
福建	8449678	6663814	5642188	1021626	111548
江西	9932400	5645819	4451099	1194720	395681
山东	20260043	16169386	12805576	3363810	370254
河南	14254205	9374991	8140839	1234152	861487
湖北	11996248	9051058	7123485	1927573	326826
湖南	11725530	9030106	7486886	1543220	482452
广东	28414095	21999737	16876384	5123353	472753
广西	8759489	5631213	4492008	1139204	692244
海南	2566944	1370740	1249503	121237	82930
重庆	7672756	5307168	4653360	653808	461724
四川	14931082	11307758	9391910	1915848	1106813
贵州	9797953	7137524	5257250	1880274	897306
云南	9145900	7057822	6108282	949540	664414
西藏	2560679	1367090	958744	408346	252660
陕西	9668691	5846153	4636033	1210120	530404
甘肃	6415436	4958519	3441702	1516817	386831
青海	2010745	1400946	1148538	252408	106759
宁夏	1888745	1347425	1128352	219072	111248
新疆	7201676	5401135	3996464	1404671	719199
大连	1180619	973287	885666	87621	18222
宁波	2101127	1651025	1470665	180360	25800
厦门	944302	772244	549387	222857	5538
青岛	2551266	1956067	1497204	458863	43762
深圳	4212026	2834757	2155016	679740	24267

基本建设支出明细(地方普通高中)

单位：千元

公用部分	商品和服务支出	其他资本性支出			基本建设支出
			专项公用支出	专项项目支出	
71556618	**35068532**	**36488086**	**10917764**	**25570323**	**6906582**
3103768	2114363	989404	771136	218269	628185
1219456	815256	404200	191588	212612	
2725775	1230116	1495659	307105	1188553	215979
1612923	890244	722679	173979	548699	101719
1814257	1127855	686403	250796	435607	105390
1254988	886290	368699	118993	249706	22084
1039733	525110	514624	148985	365639	178768
1392764	838866	553898	154286	399612	218158
1629531	1057584	571947	281015	290933	215760
3597445	1662434	1935011	478774	1456237	65042
3027009	1521785	1505224	502160	1003064	210790
2304496	762582	1541914	365057	1176856	195290
1722994	815544	907449	266651	640799	62870
4032457	854348	3178110	747610	2430499	254124
3999387	1845461	2153926	466330	1687596	91270
4673174	2187964	2485210	540255	1944955	206040
2945190	1392690	1552500	404713	1147787	
2526705	1373142	1153562	357413	796149	168719
5778319	3457885	2320434	956669	1363765	636038
2596246	830417	1765829	438105	1327724	532030
1125362	392543	732819	243914	488905	70843
2093656	1271916	821740	255001	566739	271933
3423834	1858449	1565385	511182	1054204	199491
2443270	891993	1551277	619610	931668	217159
1817201	858220	958981	256899	702082	270877
473938	165149	308789	48475	260314	719651
3471572	1752394	1719179	384719	1334459	350966
1297919	497643	800276	212966	587310	158998
424185	201887	222298	63851	158447	185614
467010	185318	281692	120159	161534	74310
1522053	803086	718967	279368	439599	278488
207332	168364	38968	9562	29406	
450102	192588	257514	77235	180280	
171620	154746	16874	14411	2463	437
595198	248412	346786	102217	244569	
889260	752044	137216	120432	16784	488009

6-31 一般公共预算教育事业费和

地区	合计	个人部分	工资福利支出	对个人和家庭的补助支出	#助学金
合计	**128242033**	**95734462**	**77746801**	**17987661**	**6951846**
北京	702024	450733	336684	114049	1270
天津	681921	590921	412632	178289	3756
河北	6837796	5237695	4088212	1149482	281378
山西	3772114	3008619	2461203	547416	197460
内蒙古	3099915	2206171	1849627	356545	250014
辽宁	1479308	1262629	1105522	157107	39288
吉林	1612496	1158030	883073	274957	52067
黑龙江	2694776	1848616	1400512	448103	73935
上海	491453	405199	398196	7003	5744
江苏	6938937	5904302	4632217	1272085	113494
浙江	5930945	4945442	4320336	625106	94592
安徽	5926557	4336413	3471810	864603	258273
福建	4468333	3598129	3094992	503137	71071
江西	5349204	3040105	2486550	553556	240679
山东	7149873	5905836	4972469	933367	163923
河南	7961062	5243052	4518336	724716	546534
湖北	3744891	2866080	2311300	554780	170906
湖南	6832995	5083340	4282189	801151	348000
广东	6682197	5288888	4313318	975571	206670
广西	4361793	3097141	2429845	667296	414226
海南	1148434	593871	527231	66640	48160
重庆	3111192	2144959	1794069	350889	252645
四川	8219071	6385220	5248101	1137119	707221
贵州	6106500	4538391	3329606	1208785	656601
云南	5479014	4454793	3812488	642304	461185
西藏	1460885	733999	529031	204968	114498
陕西	5886403	3490966	2769745	721222	362061
甘肃	4200539	3327218	2409407	917811	289160
青海	1270315	918885	739993	178893	81626
宁夏	600307	498131	413840	84290	38524
新疆	4040782	3170689	2404268	766420	406883
大连	123046	100176	93329	6847	151
宁波	751149	608225	543729	64497	7024
厦门	96818	82935	54471	28464	520
青岛	317764	245859	184912	60947	3912
深圳					

基本建设支出明细(农村高中)

单位：千元

公用部分	商品和服务支出	其他资本性支出	专项公用支出	专项项目支出	基本建设支出
29465790	**13329419**	**16136371**	**4149238**	**11987132**	**3041782**
223704	150709	72995	65381	7615	27586
91000	57652	33348	17500	15848	
1421871	634303	787569	189186	598383	178230
716124	421161	294962	101641	193321	47371
873970	538799	335171	145274	189898	19773
216679	140201	76477	21810	54667	
383999	177144	206854	46884	159971	70468
692551	362135	330416	79756	250660	153610
86254	75209	11045	10827	218	
1034635	541450	493185	100586	392599	
907968	501799	406168	126297	279871	77535
1516814	430080	1086734	275431	811303	73330
850805	380565	470240	138300	331940	19399
2258894	528916	1729977	315344	1414633	50205
1164437	499273	665164	163384	501780	79600
2639366	1166653	1472713	287981	1184732	78644
878812	376899	501913	81773	420140	
1627821	807606	820216	233188	587028	121835
1388568	709043	679526	258566	420960	4740
1065904	445538	620366	143295	477071	198748
500957	147658	353298	105592	247706	53606
760411	442122	318289	87908	230381	205822
1676953	891706	785248	122526	662722	156898
1450580	557219	893361	285696	607666	117529
923147	467236	455911	136076	319835	101074
195067	67743	127324	41179	86145	531819
2116135	1012594	1103542	182170	921371	279301
743730	283674	460056	137659	322397	129591
271941	114896	157045	44823	112222	79489
82776	55556	27220	10858	16362	19400
703915	343879	360036	192348	167688	166178
22870	18186	4683	3299	1384	
142924	64593	78331	25366	52965	
13883	13406	478	95	382	
71905	56606	15299	7248	8052	

6-32 一般公共预算教育事业费和

地区	合计	个人部分	工资福利支出	对个人和家庭的补助支出	#助学金
合计	**127726615**	**95370271**	**77450321**	**17919951**	**6932443**
北京	702024	450733	336684	114049	1270
天津	681921	590921	412632	178289	3756
河北	6837796	5237695	4088212	1149482	281378
山西	3772114	3008619	2461203	547416	197460
内蒙古	3099915	2206171	1849627	356545	250014
辽宁	1479308	1262629	1105522	157107	39288
吉林	1612496	1158030	883073	274957	52067
黑龙江	2668837	1829787	1384903	444883	73107
上海	491453	405199	398196	7003	5744
江苏	6938937	5904302	4632217	1272085	113494
浙江	5930945	4945442	4320336	625106	94592
安徽	5926557	4336413	3471810	864603	258273
福建	4468333	3598129	3094992	503137	71071
江西	5349204	3040105	2486550	553556	240679
山东	7149873	5905836	4972469	933367	163923
河南	7961062	5243052	4518336	724716	546534
湖北	3661805	2810929	2269236	541694	170906
湖南	6832995	5083340	4282189	801151	348000
广东	6681230	5288058	4313318	974740	206070
广西	4361793	3097141	2429845	667296	414226
海南	1146844	592379	525739	66640	48160
重庆	3111192	2144959	1794069	350889	252645
四川	8219071	6385220	5248101	1137119	707221
贵州	6106500	4538391	3329606	1208785	656601
云南	5479014	4454793	3812488	642304	461185
西藏	1460885	733999	529031	204968	114498
陕西	5886403	3490966	2769745	721222	362061
甘肃	4196861	3323822	2406079	917743	289122
青海	1270315	918885	739993	178893	81626
宁夏	600307	498131	413840	84290	38524
新疆	3640625	2886198	2170282	715916	388947
大连	123046	100176	93329	6847	151
宁波	751149	608225	543729	64497	7024
厦门	96818	82935	54471	28464	520
青岛	317764	245859	184912	60947	3912
深圳					

基本建设支出明细(地方农村高中)

单位：千元

公用部分	商品和服务支出	其他资本性支出			基本建设支出
			专项公用支出	专项项目支出	
29317696	**13266898**	**16050798**	**4107111**	**11943687**	**3038647**
223704	150709	72995	65381	7615	27586
91000	57652	33348	17500	15848	
1421871	634303	787569	189186	598383	178230
716124	421161	294962	101641	193321	47371
873970	538799	335171	145274	189898	19773
216679	140201	76477	21810	54667	
383999	177144	206854	46884	159971	70468
685441	357274	328167	78402	249765	153610
86254	75209	11045	10827	218	
1034635	541450	493185	100586	392599	
907968	501799	406168	126297	279871	77535
1516814	430080	1086734	275431	811303	73330
850805	380565	470240	138300	331940	19399
2258894	528916	1729977	315344	1414633	50205
1164437	499273	665164	163384	501780	79600
2639366	1166653	1472713	287981	1184732	78644
850876	352421	498455	78315	420140	
1627821	807606	820216	233188	587028	121835
1388433	709002	679430	258471	420960	4740
1065904	445538	620366	143295	477071	198748
500859	147560	353298	105592	247706	53606
760411	442122	318289	87908	230381	205822
1676953	891706	785248	122526	662722	156898
1450580	557219	893361	285696	607666	117529
923147	467236	455911	136076	319835	101074
195067	67743	127324	41179	86145	531819
2116135	1012594	1103542	182170	921371	279301
743448	283550	459898	137627	322271	129591
271941	114896	157045	44823	112222	79489
82776	55556	27220	10858	16362	19400
591383	310958	280425	155160	125265	163044
22870	18186	4683	3299	1384	
142924	64593	78331	25366	52965	
13883	13406	478	95	382	
71905	56606	15299	7248	8052	

6-33 一般公共预算教育事业费和

地区	合计	个人部分	工资福利支出	对个人和家庭的补助支出	#助学金
合计	**576498337**	**418616981**	**329359052**	**89257930**	**26248270**
北京	14250584	8786412	7597259	1189152	82572
天津	7262308	6064247	3935826	2128421	54674
河北	24586524	18349999	13870422	4479577	937657
山西	11877526	9186460	7618887	1567573	412232
内蒙古	9692715	7141167	6258344	882823	420617
辽宁	13328779	10834180	8884880	1949299	167947
吉林	9696579	7351501	5309783	2041718	175473
黑龙江	13855337	10509484	7553916	2955567	245549
上海	11076877	7392471	6968691	423780	299144
江苏	38708210	30774750	22150794	8623956	954422
浙江	27392515	21187188	18279426	2907762	685437
安徽	20252139	13534422	10441058	3093363	936653
福建	16808166	12653867	10581776	2072090	388457
江西	19462003	11384312	9308952	2075360	811020
山东	44178415	33535202	25959670	7575532	1008291
河南	32806703	20587528	17618993	2968535	2131812
湖北	24237089	18707495	13875094	4832401	594657
湖南	25314100	18367045	14420175	3946870	1381777
广东	47246968	35323135	26958442	8364692	1222051
广西	19462976	13066989	9996096	3070893	1898377
海南	4522858	2651829	2416758	235071	156531
重庆	13468472	9158060	8201732	956328	560122
四川	30617482	22522251	18042714	4479537	2472222
贵州	19840970	14617786	10834887	3782899	1874364
云南	23300293	17734650	14385830	3348821	2741136
西藏	3654546	2567426	1732101	835326	516075
陕西	14666635	9786096	7549540	2236556	970983
甘肃	10867041	8391738	5648489	2743249	727689
青海	3738836	2694343	2145368	548975	232498
宁夏	3661666	2155356	1770294	385062	208922
新疆	16663022	11599595	9042854	2556741	978910
大连	2644143	2161590	1980401	181190	19923
宁波	3761990	3068230	2676363	391867	71335
厦门	1816700	1489418	1071840	417578	23812
青岛	5657812	4580117	3251236	1328881	53049
深圳	7201441	4907564	3734448	1173116	63992

基本建设支出明细(普通初中)

单位：千元

公用部分	商品和服务支出	其他资本性支出			基本建设支出
			专项公用支出	专项项目支出	
149417956	**73577198**	**75840758**	**19787419**	**56053339**	**8463400**
5256270	3688738	1567533	1015712	551821	207902
1198061	864292	333769	150087	183682	
6125941	3162364	2963577	969447	1994130	110585
2621151	1555999	1065153	413182	651971	69914
2438405	1331672	1106733	330038	776695	113143
2471057	1746046	725011	312336	412675	23543
2308075	1087599	1220476	380820	839656	37003
3273140	1721565	1551575	475725	1075850	72713
3391179	2414293	976886	576803	400083	293226
7755746	3227186	4528560	1101116	3427444	177714
5739397	3065886	2673510	643616	2029895	465931
6512651	2596452	3916198	979191	2937008	205067
4018147	1691560	2326587	588632	1737955	136153
7777701	1772864	6004837	871133	5133704	299990
10536848	3888714	6648134	1118008	5530126	106365
11619051	5354851	6264200	925193	5339007	600125
5529593	2526301	3003292	622404	2380888	
6721063	3612524	3108539	886821	2221719	225992
10676770	7364684	3312086	1630061	1682025	1247064
5987409	2444432	3542977	888310	2654666	408578
1799660	685858	1113801	259718	854083	71370
3842839	2515344	1327495	453566	873929	467373
7719487	3880330	3839158	900885	2938272	375744
5001879	2649472	2352407	710578	1641829	221306
5277037	2489034	2788003	539391	2248612	288606
765227	277675	487553	109668	377885	321892
4505039	1937930	2567109	591224	1975886	375500
2330580	1105258	1225322	318433	906889	144723
812172	402230	409942	145506	264436	232321
1255341	437018	818322	362572	455750	250970
4151039	2079028	2072011	517243	1554769	912388
482552	358348	124204	75540	48665	
658210	357840	300370	79007	221363	35550
325494	265691	59804	39091	20713	1787
1077695	425899	651796	96051	555745	
1189077	1026549	162528	130440	32088	1104800

6-34 一般公共预算教育事业费和

地 区	合 计	个人部分	工资福利支出	对个人和家庭的补助支出	#助学金
合 计	**574403440**	**417183068**	**328160313**	**89022755**	**26201228**
北 京	13990434	8655303	7508050	1147254	82071
天 津	7262308	6064247	3935826	2128421	54674
河 北	24586524	18349999	13870422	4479577	937657
山 西	11877526	9186460	7618887	1567573	412232
内蒙古	9692715	7141167	6258344	882823	420617
辽 宁	13328779	10834180	8884880	1949299	167947
吉 林	9644329	7315367	5277454	2037913	175438
黑龙江	13728810	10407521	7474866	2932655	245265
上 海	11044446	7370086	6946790	423296	299144
江 苏	38708210	30774750	22150794	8623956	954422
浙 江	27392515	21187188	18279426	2907762	685437
安 徽	20252139	13534422	10441058	3093363	936653
福 建	16808166	12653867	10581776	2072090	388457
江 西	19462003	11384312	9308952	2075360	811020
山 东	44178415	33535202	25959670	7575532	1008291
河 南	32804374	20586268	17617733	2968535	2131812
湖 北	24205688	18687528	13858924	4828604	594657
湖 南	25307677	18362688	14415817	3946870	1381777
广 东	47185518	35272956	26912371	8360585	1221975
广 西	19462976	13066989	9996096	3070893	1898377
海 南	4521791	2650827	2415757	235071	156531
重 庆	13425029	9129097	8177996	951102	559769
四 川	30617482	22522251	18042714	4479537	2472222
贵 州	19840970	14617786	10834887	3782899	1874364
云 南	23300293	17734650	14385830	3348821	2741136
西 藏	3654546	2567426	1732101	835326	516075
陕 西	14623859	9755263	7524072	2231192	970758
甘 肃	10861310	8386531	5643439	2743092	727652
青 海	3738836	2694343	2145368	548975	232498
宁 夏	3661666	2155356	1770294	385062	208922
新 疆	15234103	10599038	8189720	2409318	933379
大 连	2644143	2161590	1980401	181190	19923
宁 波	3761990	3068230	2676363	391867	71335
厦 门	1816700	1489418	1071840	417578	23812
青 岛	5657812	4580117	3251236	1328881	53049
深 圳	7201441	4907564	3734448	1173116	63992

基本建设支出明细(地方普通初中)

单位：千元

公用部分	商品和服务支出	其他资本性支出			基本建设支出
			专项公用支出	专项项目支出	
148813591	**73318192**	**75495399**	**19650067**	**55845332**	**8406781**
5127228	3623627	1503602	951781	551821	207902
1198061	864292	333769	150087	183682	
6125941	3162364	2963577	969447	1994130	110585
2621151	1555999	1065153	413182	651971	69914
2438405	1331672	1106733	330038	776695	113143
2471057	1746046	725011	312336	412675	23543
2291959	1073515	1218445	378789	839656	37003
3248575	1705620	1542955	468849	1074107	72713
3381135	2406857	974278	574195	400083	293226
7755746	3227186	4528560	1101116	3427444	177714
5739397	3065886	2673510	643616	2029895	465931
6512651	2596452	3916198	979191	2937008	205067
4018147	1691560	2326587	588632	1737955	136153
7777701	1772864	6004837	871133	5133704	299990
10536848	3888714	6648134	1118008	5530126	106365
11617982	5353802	6264180	925173	5339007	600125
5518160	2517629	3000531	619643	2380888	
6718997	3610682	3108315	886597	2221719	225992
10665498	7358115	3307384	1628444	1678939	1247064
5987409	2444432	3542977	888310	2654666	408578
1799594	685793	1113801	259718	854083	71370
3828359	2503452	1324907	450978	873929	467573
7719487	3880330	3839158	900885	2938272	375744
5001879	2649472	2352407	710578	1641829	221306
5277037	2489034	2788003	539391	2248612	288606
765227	277675	487553	109668	377885	321892
4493096	1927979	2565117	589231	1975886	375500
2330056	1105069	1224987	318272	906715	144723
812172	402230	409942	145506	264436	232321
1255341	437018	818322	362572	455750	250970
3779296	1962830	1816466	464702	1351764	855770
482552	358348	124204	75540	48665	
658210	357840	300370	79007	221363	35550
325494	265691	59804	39091	20713	1787
1077695	425899	651796	96051	555745	
1189077	1026549	162528	130440	32088	1104800

6−35 一般公共预算教育事业费和

地区	合计	个人部分			
			工资福利支出	对个人和家庭的补助支出	
					#助学金
合计	**353605778**	**260129767**	**206588486**	**53541281**	**18886658**
北京	3063374	1864299	1647623	216676	26914
天津	2106697	1881313	1313119	568194	134
河北	17387834	12697278	9634408	3062870	782668
山西	7969944	6225171	5181877	1043294	317055
内蒙古	6144001	4543915	4007434	536481	298277
辽宁	5819073	4845255	3997898	847357	95703
吉林	5916100	4461737	3361046	1100691	108279
黑龙江	8197739	5970434	4372947	1597487	95077
上海	1433131	1128292	1086121	42171	38222
江苏	18929542	15204323	11134285	4070037	139882
浙江	14200947	11218877	9615091	1603786	403412
安徽	15864765	10661379	8148672	2512707	781524
福建	10560560	8319665	6994909	1324757	328983
江西	14621619	8596125	7109805	1486320	713397
山东	25757755	19569114	15630814	3938300	623846
河南	23280492	14650204	12501734	2148470	1576923
湖北	14071283	11005745	8224305	2781440	484463
湖南	18382675	13511726	10693233	2818493	889912
广东	19896268	14829797	12126889	2702908	383071
广西	14344039	10136279	7704178	2432101	1573407
海南	2874172	1745600	1583022	162577	103215
重庆	8366817	5904251	5235549	668702	458200
四川	22827127	16905962	13690339	3215623	1738229
贵州	15945684	12048360	8923932	3124428	1741514
云南	18853482	14794503	11910169	2884334	2386636
西藏	2418563	1932175	1288621	643554	404651
陕西	10120068	7088655	5484831	1603824	757340
甘肃	8583434	6647118	4592115	2055003	670575
青海	2726074	2010477	1554724	455752	204730
宁夏	2036696	1433762	1158168	275594	154120
新疆	10905822	8297977	6680629	1617348	606300
大连	623869	565756	532708	33048	2083
宁波	1485442	1224952	1102550	122403	32520
厦门	286509	240335	150668	89667	6191
青岛	1848373	1549793	1106076	443716	8614
深圳					

基本建设支出明细(农村初中)

单位：千元

公用部分	商品和服务支出	其他资本性支出	专项公用支出	专项项目支出	基本建设支出
89449313	**41652625**	**47796687**	**11110964**	**36685723**	**4026698**
1137218	643579	493639	229507	264133	61857
225384	169582	55802	28103	27699	
4597995	2333812	2264183	738506	1525677	92561
1702948	986865	716082	289222	426861	41826
1539801	840459	699342	195501	503842	60285
952895	670945	281950	102899	179051	20923
1418348	602545	815803	223634	592169	36015
2154695	1057517	1097178	270426	826752	72610
304839	270381	34458	31578	2880	
3724493	1375071	2349422	574346	1775076	726
2620192	1541507	1078685	362992	715693	361878
5020176	1968903	3051273	780524	2270748	183210
2175286	977162	1198125	344645	853479	65608
5855667	1349978	4505688	607857	3897831	169827
6084906	2179935	3904972	713019	3191953	103735
8371245	3872030	4499215	531516	3967699	259043
3065538	1160076	1905463	270809	1634654	
4711676	2539716	2171960	489550	1682410	159273
5039400	3213255	1826145	777581	1048564	27071
4001614	1806925	2194689	513320	1681369	206146
1073492	411505	661988	149218	512770	55080
2329690	1460420	869270	296268	573001	132876
5616740	2672833	2943907	547724	2396183	304425
3715476	2088513	1626963	545677	1081285	181847
3871827	1826852	2044974	392342	1652632	187153
465997	204967	261030	72299	188731	20391
2830293	1189003	1641290	350071	1291219	201119
1794866	842674	952191	220264	731927	141449
559839	277144	282695	120252	162444	155758
567404	269192	298212	81242	216971	35530
1919370	849278	1070092	260074	810018	688475
58113	51080	7033	3828	3205	
260490	148520	111970	42083	69886	
46074	28030	18044	15660	2384	100
298580	102850	195730	26624	169106	

6-36 一般公共预算教育事业费和

地区	合计	个人部分	工资福利支出	对个人和家庭的补助支出	#助学金
合计	**352368972**	**259239511**	**205819994**	**53419517**	**18851395**
北京	3063374	1864299	1647623	216676	26914
天津	2106697	1881313	1313119	568194	134
河北	17387834	12697278	9634408	3062870	782668
山西	7969944	6225171	5181877	1043294	317055
内蒙古	6144001	4543915	4007434	536481	298277
辽宁	5819073	4845255	3997898	847357	95703
吉林	5916100	4461737	3361046	1100691	108279
黑龙江	8134367	5920536	4334236	1586299	94996
上海	1433131	1128292	1086121	42171	38222
江苏	18929542	15204323	11134285	4070037	139882
浙江	14200947	11218877	9615091	1603786	403412
安徽	15864765	10661379	8148672	2512707	781524
福建	10560560	8319665	6994909	1324757	328983
江西	14621619	8596125	7109805	1486320	713397
山东	25757755	19569114	15630814	3938300	623846
河南	23280492	14650204	12501734	2148470	1576923
湖北	14071283	11005745	8224305	2781440	484463
湖南	18382675	13511726	10693233	2818493	889912
广东	19841274	14784172	12084967	2699205	382994
广西	14344039	10136279	7704178	2432101	1573407
海南	2873105	1744598	1582021	162577	103215
重庆	8366817	5904251	5235549	668702	458200
四川	22827127	16905962	13690339	3215623	1738229
贵州	15945684	12048360	8923932	3124428	1741514
云南	18853482	14794503	11910169	2884334	2386636
西藏	2418563	1932175	1288621	643554	404651
陕西	10120068	7088655	5484831	1603824	757340
甘肃	8577703	6641912	4587065	2054847	670537
青海	2726074	2010477	1554724	455752	204730
宁夏	2036696	1433762	1158168	275594	154120
新疆	9794180	7509452	5998820	1510632	571232
大连	623869	565756	532708	33048	2083
宁波	1485442	1224952	1102550	122403	32520
厦门	286509	240335	150668	89667	6191
青岛	1848373	1549793	1106076	443716	8614
深圳					

基本建设支出明细(地方农村初中)

单位：千元

公用部分	商品和服务支出	其他资本性支出			基本建设支出
			专项公用支出	专项项目支出	
89154976	**41555102**	**47599874**	**11063290**	**36536584**	**3974485**
1137218	643579	493639	229507	264133	61857
225384	169582	55802	28103	27699	
4597995	2333812	2264183	738506	1525677	92561
1702948	986865	716082	289222	426861	41826
1539801	840459	699342	195501	503842	60285
952895	670945	281950	102899	179051	20923
1418348	602545	815803	223634	592169	36015
2141222	1049489	1091733	265349	826384	72610
304839	270381	34458	31578	2880	
3724493	1375071	2349422	574346	1775076	726
2620192	1541507	1078685	362992	715693	361878
5020176	1968903	3051273	780524	2270748	183210
2175286	977162	1198125	344645	853479	65608
5855667	1349978	4505688	607857	3897831	169827
6084906	2179935	3904972	713019	3191953	103735
8371245	3872030	4499215	531516	3967699	259043
3065538	1160076	1905463	270809	1634654	
4711676	2539716	2171960	489550	1682410	159273
5030030	3207419	1822611	776114	1046498	27071
4001614	1806925	2194689	513320	1681369	206146
1073427	411439	661988	149218	512770	55080
2329690	1460420	869270	296268	573001	132876
5616740	2672833	2943907	547724	2396183	304425
3715476	2088513	1626963	545677	1081285	181847
3871827	1826852	2044974	392342	1652632	187153
465997	204967	261030	72299	188731	20391
2830293	1189003	1641290	350071	1291219	201119
1794342	842486	951856	220102	731754	141449
559839	277144	282695	120252	162444	155758
567404	269192	298212	81242	216971	35530
1648465	765873	882592	219106	663487	636263
58113	51080	7033	3828	3205	
260490	148520	111970	42083	69886	
46074	28030	18044	15660	2384	100
298580	102850	195730	26624	169106	

6–37 一般公共预算教育事业费和

地区	合计	个人部分	工资福利支出	对个人和家庭的补助支出	#助学金
合计	**499350**	**373567**	**304041**	**69526**	**236**
北京	31934	16233	14806	1427	
天津	28185	27867	19460	8407	
河北	660				
山西					
内蒙古					
辽宁	225				
吉林	3900	3633	1177	2456	
黑龙江					
上海	25795	18067	17692	375	236
江苏	121728	96899	68933	27965	
浙江	219054	153185	136204	16981	
安徽					
福建					
江西					
山东	19702	19289	15996	3293	
河南					
湖北	7827	6499	6050	449	
湖南	1531	1446	1441	5	
广东	38661	30301	22155	8146	
广西					
海南					
重庆					
四川					
贵州					
云南					
西藏					
陕西					
甘肃					
青海					
宁夏					
新疆	148	148	127	21	
大连					
宁波	1350	1057	902	154	
厦门					
青岛					
深圳					

基本建设支出明细(成人中学)

单位：千元

公用部分	商品和服务支出	其他资本性支出	专项公用支出	专项项目支出	基本建设支出
125783	**90094**	**35690**	**32375**	**3315**	
15701	12183	3518	3518		
318	18	299	299		
660	660				
225	225				
266	234	32	32		
7729	7521	208	208		
24829	21097	3732	3353	379	
65869	42182	23687	23465	223	
412	364	49	49		
1329	933	396	278	118	
85	85				
8360	4590	3769	1174	2595	
293	293				

6-38 一般公共预算教育事业费和

地 区	合 计	个人部分	工资福利支出	对个人和家庭的补助支出	#助学金
合 计	**961273301**	**691567890**	**533157140**	**158410750**	**35322965**
北 京	24829701	15418742	13351847	2066895	145596
天 津	11580920	9267454	5949677	3317777	61431
河 北	45871008	34445667	24765509	9680158	1003061
山 西	21331163	16519170	13115698	3403472	586550
内蒙古	17349219	13029808	11412044	1617764	552220
辽 宁	19824183	15724090	12317381	3406709	261127
吉 林	16695595	12766804	8794033	3972771	243957
黑龙江	20190631	16095954	10104115	5991839	232662
上 海	14134386	9646788	9005046	641742	464088
江 苏	64786846	50037291	33247893	16789398	1048915
浙 江	44195689	34108086	28847439	5260647	1096848
安 徽	36635059	24337406	17545321	6792085	1082568
福 建	29591351	21239568	17619165	3620402	384392
江 西	35292854	21083943	17329954	3753989	1067600
山 东	60913799	45650243	35627964	10022278	923300
河 南	50476595	31772782	27752529	4020254	2747233
湖 北	37021426	26943607	19729824	7213783	892526
湖 南	40633059	28276691	22525813	5750878	1901729
广 东	86249892	63167374	46157698	17009676	2016055
广 西	35515617	24118948	18903276	5215672	1869723
海 南	8133631	5001234	4716081	285153	134159
重 庆	21899514	14981846	13463208	1518638	741951
四 川	51608039	36325081	28579402	7745679	3664225
贵 州	33805372	25715429	18927831	6787598	2435389
云 南	39175474	30531957	25747543	4784414	3589059
西 藏	8721783	5588637	3644824	1943813	1252382
陕 西	25868086	16155047	11804295	4350752	1614657
甘 肃	19961628	15121272	9797658	5323614	1224957
青 海	6552979	4619147	3524286	1094861	485441
宁 夏	5615008	3576844	2992294	584550	311220
新 疆	26812795	20300980	15857489	4443491	1287945
大 连	3798682	2764890	2546547	218343	20510
宁 波	6221023	5063815	4402968	660847	102285
厦 门	3665898	2963184	2133123	830061	38876
青 岛	8247514	6586790	4522907	2063884	108292
深 圳	14730470	9939301	7280196	2659105	253063

基本建设支出明细(小学)

单位：千元

公用部分	商品和服务支出	其他资本性支出	专项公用支出	专项项目支出	基本建设支出
256278276	**128273353**	**128004923**	**33702073**	**94302850**	**13427135**
8858463	6983438	1875025	1284746	590279	552497
2263466	1591016	672450	339302	333148	50000
11248597	5992117	5256480	1774392	3482088	176744
4710654	2866654	1844000	707642	1136358	101339
4096313	2167130	1929183	639142	1290041	223097
4014009	2922030	1091978	462637	629341	86084
3821673	1887436	1934237	513837	1420400	107118
4032993	2276484	1756509	603866	1152643	61684
4478929	3488262	990667	657611	333056	8669
14527779	5958538	8569241	1748586	6820655	221776
9332912	5257224	4075688	1120958	2954730	754691
11988723	4749156	7239567	1676467	5563100	308930
8106281	3376043	4730238	1093566	3636673	245502
13733726	3471934	10261792	1700951	8560841	475185
15051333	6674666	8376668	1931839	6444828	212222
17912952	9223958	8688995	1432334	7256660	790861
10077518	4600481	5477038	1010363	4466674	300
12014024	5967638	6046386	1897606	4148780	342344
20499753	13738575	6761178	3179110	3582068	2582765
10685620	4193761	6491859	1632317	4859542	711048
3056091	1060319	1995772	527083	1468689	76305
6447677	3978899	2468778	825068	1643710	469991
14464781	6948220	7516561	1631688	5884873	818177
7656377	4064826	3591551	944841	2646710	433567
8194070	4081528	4112543	954014	3158529	449447
2421876	603082	1818794	275388	1543406	711271
9039637	3955537	5084100	1164020	3920080	673402
4507436	1989750	2517687	540305	1977381	332920
1448015	648834	799181	201981	597201	485817
1921803	786632	1135171	326236	808936	116360
5664792	2769187	2895605	904176	1991429	847022
998123	717052	281072	142363	138709	35668
1117709	632358	485351	117739	367612	39500
680298	477475	202823	148079	54744	22416
1660724	1017818	642906	159137	483770	
2561611	2304288	257323	229452	27871	2229557

6-39 一般公共预算教育事业费和

地区	合计	个人部分	工资福利支出	对个人和家庭的补助支出	#助学金
合计	**958199606**	**689385250**	**531326093**	**158059157**	**35252415**
北京	24618263	15271387	13240880	2030506	145026
天津	11550702	9242407	5935710	3306697	61431
河北	45871008	34445667	24765509	9680158	1003061
山西	21331163	16519170	13115698	3403472	586550
内蒙古	17349219	13029808	11412044	1617764	552220
辽宁	19824183	15724090	12317381	3406709	261127
吉林	16695595	12766804	8794033	3972771	243957
黑龙江	20031981	15966589	10010357	5956232	232434
上海	14123543	9638708	8997775	640932	464088
江苏	64786846	50037291	33247893	16789398	1048915
浙江	44195689	34108086	28847439	5260647	1096848
安徽	36635059	24337406	17545321	6792085	1082568
福建	29591351	21239568	17619165	3620402	384392
江西	35292854	21083943	17329954	3753989	1067600
山东	60913799	45650243	35627964	10022278	923300
河南	50472542	31770758	27750504	4020254	2747233
湖北	36920625	26880964	19678849	7202115	892526
湖南	40625936	28270588	22519710	5750878	1901729
广东	86158905	63087694	46083858	17003835	2015959
广西	35515617	24118948	18903276	5215672	1869723
海南	8130211	4998024	4712872	285153	134159
重庆	21873978	14964548	13449058	1515489	741951
四川	51607922	36325075	28579402	7745674	3664220
贵州	33805372	25715429	18927831	6787598	2435389
云南	39175474	30531957	25747543	4784414	3589059
西藏	8721783	5588637	3644824	1943813	1252382
陕西	25776176	16083058	11741891	4341167	1614657
甘肃	19946972	15109936	9786716	5323220	1224867
青海	6552979	4619147	3524286	1094861	485441
宁夏	5615008	3576844	2992294	584550	311220
新疆	24488852	18682477	14476052	4206424	1218384
大连	3798682	2764890	2546547	218343	20510
宁波	6221023	5063815	4402968	660847	102285
厦门	3665898	2963184	2133123	830061	38876
青岛	8247514	6586790	4522907	2063884	108292
深圳	14730470	9939301	7280196	2659105	253063

基本建设支出明细(地方小学)

单位：千元

公用部分	商品和服务支出	其他资本性支出	专项公用支出	专项项目支出	基本建设支出
255468924	**127936114**	**127532811**	**33565275**	**93967535**	**13345431**
8794380	6936213	1858166	1267887	590279	552497
2258294	1588976	669319	336171	333148	50000
11248597	5992117	5256480	1774392	3482088	176744
4710654	2866654	1844000	707642	1136358	101339
4096313	2167130	1929183	639142	1290041	223097
4014009	2922030	1091978	462637	629341	86084
3821673	1887436	1934237	513837	1420400	107118
4003708	2257258	1746451	597521	1148929	61684
4476166	3485729	990437	657381	333056	8669
14527779	5958538	8569241	1748586	6820655	221776
9332912	5257224	4075688	1120958	2954730	754691
11988723	4749156	7239567	1676467	5563100	308930
8106281	3376043	4730238	1093566	3636673	245502
13733726	3471934	10261792	1700951	8560841	475185
15051333	6674666	8376668	1931839	6444828	212222
17910924	9221963	8688960	1432300	7256660	790861
10039361	4577546	5461815	997494	4464321	300
12013004	5966728	6046276	1897496	4148780	342344
20488447	13730880	6757567	3177332	3580235	2582765
10685620	4193761	6491859	1632317	4859542	711048
3055881	1060109	1995772	527083	1468689	76305
6439439	3973232	2466207	822497	1643710	469991
14464670	6948109	7516561	1631688	5884873	818177
7656377	4064826	3591551	944841	2646710	433567
8194070	4081528	4112543	954014	3158529	449447
2421876	603082	1818794	275388	1543406	711271
9019716	3938977	5080739	1161823	3918916	673402
4504116	1988870	2515246	540115	1975131	332920
1448015	648834	799181	201981	597201	485817
1921803	786632	1135171	326236	808936	116360
5041057	2559934	2481123	813694	1667429	765319
998123	717052	281072	142363	138709	35668
1117709	632358	485351	117739	367612	39500
680298	477475	202823	148079	54744	22416
1660724	1017818	642906	159137	483770	
2561611	2304288	257323	229452	27871	2229557

6-40 一般公共预算教育事业费和

地区	合计	个人部分	工资福利支出	对个人和家庭的补助支出	#助学金
合计	**961263664**	**691560573**	**533150215**	**158410358**	**35322965**
北京	24829701	15418742	13351847	2066895	145596
天津	11580920	9267454	5949677	3317777	61431
河北	45871008	34445667	24765509	9680158	1003061
山西	21331163	16519170	13115698	3403472	586550
内蒙古	17349219	13029808	11412044	1617764	552220
辽宁	19824183	15724090	12317381	3406709	261127
吉林	16695595	12766804	8794033	3972771	243957
黑龙江	20190631	16095954	10104115	5991839	232662
上海	14134386	9646788	9005046	641742	464088
江苏	64786846	50037291	33247893	16789398	1048915
浙江	44195689	34108086	28847439	5260647	1096848
安徽	36635059	24337406	17545321	6792085	1082568
福建	29584836	21234285	17614275	3620010	384392
江西	35292854	21083943	17329954	3753989	1067600
山东	60913799	45650243	35627964	10022278	923300
河南	50476595	31772782	27752529	4020254	2747233
湖北	37021426	26943607	19729824	7213783	892526
湖南	40633059	28276691	22525813	5750878	1901729
广东	86249892	63167374	46157698	17009676	2016055
广西	35514875	24118948	18903276	5215672	1869723
海南	8133631	5001234	4716081	285153	134159
重庆	21897134	14979811	13461173	1518638	741951
四川	51608039	36325081	28579402	7745679	3664225
贵州	33805372	25715429	18927831	6787598	2435389
云南	39175474	30531957	25747543	4784414	3589059
西藏	8721783	5588637	3644824	1943813	1252382
陕西	25868086	16155047	11804295	4350752	1614657
甘肃	19961628	15121272	9797658	5323614	1224957
青海	6552979	4619147	3524286	1094861	485441
宁夏	5615008	3576844	2992294	584550	311220
新疆	26812795	20300980	15857489	4443491	1287945
大连	3798682	2764890	2546547	218343	20510
宁波	6221023	5063815	4402968	660847	102285
厦门	3665898	2963184	2133123	830061	38876
青岛	8247514	6586790	4522907	2063884	108292
深圳	14730470	9939301	7280196	2659105	253063

基本建设支出明细(普通小学)

单位：千元

公用部分	商品和服务支出	其他资本性支出			基本建设支出
			专项公用支出	专项项目支出	
256275957	**128271574**	**128004383**	**33702073**	**94302310**	**13427135**
8858463	6983438	1875025	1284746	590279	552497
2263466	1591016	672450	339302	333148	50000
11248597	5992117	5256480	1774392	3482088	176744
4710654	2866654	1844000	707642	1136358	101339
4096313	2167130	1929183	639142	1290041	223097
4014009	2922030	1091978	462637	629341	86084
3821673	1887436	1934237	513837	1420400	107118
4032993	2276484	1756509	603866	1152643	61684
4478929	3488262	990667	657611	333056	8669
14527779	5958538	8569241	1748586	6820655	221776
9332912	5257224	4075688	1120958	2954730	754691
11988723	4749156	7239567	1676467	5563100	308930
8105048	3375350	4729698	1093566	3636133	245502
13733726	3471934	10261792	1700951	8560841	475185
15051333	6674666	8376668	1931839	6444828	212222
17912952	9223958	8688995	1432334	7256660	790861
10077518	4600481	5477038	1010363	4466674	300
12014024	5967638	6046386	1897606	4148780	342344
20499753	13738575	6761178	3179110	3582068	2582765
10684879	4193020	6491859	1632317	4859542	711048
3056091	1060319	1995772	527083	1468689	76305
6447332	3978554	2468778	825068	1643710	469991
14464781	6948220	7516561	1631688	5884873	818177
7656377	4064826	3591551	944841	2646710	433567
8194070	4081528	4112543	954014	3158529	449447
2421876	603082	1818794	275388	1543406	711271
9039637	3955537	5084100	1164020	3920080	673402
4507436	1989750	2517687	540305	1977381	332920
1448015	648834	799181	201981	597201	485817
1921803	786632	1135171	326236	808936	116360
5664792	2769187	2895605	904176	1991429	847022
998123	717052	281072	142363	138709	35668
1117709	632358	485351	117739	367612	39500
680298	477475	202823	148079	54744	22416
1660724	1017818	642906	159137	483770	
2561611	2304288	257323	229452	27871	2229557

6-41 一般公共预算教育事业费和

地 区	合 计	个人部分	工资福利支出	对个人和家庭的补助支出	#助学金
合 计	**958189969**	**689377933**	**531319168**	**158058765**	**35252415**
北 京	24618263	15271387	13240880	2030506	145026
天 津	11550702	9242407	5935710	3306697	61431
河 北	45871008	34445667	24765509	9680158	1003061
山 西	21331163	16519170	13115698	3403472	586550
内蒙古	17349219	13029808	11412044	1617764	552220
辽 宁	19824183	15724090	12317381	3406709	261127
吉 林	16695595	12766804	8794033	3972771	243957
黑龙江	20031981	15966589	10010357	5956232	232434
上 海	14123543	9638708	8997775	640932	464088
江 苏	64786846	50037291	33247893	16789398	1048915
浙 江	44195689	34108086	28847439	5260647	1096848
安 徽	36635059	24337406	17545321	6792085	1082568
福 建	29584836	21234285	17614275	3620010	384392
江 西	35292854	21083943	17329954	3753989	1067600
山 东	60913799	45650243	35627964	10022278	923300
河 南	50472542	31770758	27750504	4020254	2747233
湖 北	36920625	26880964	19678849	7202115	892526
湖 南	40625936	28270588	22519710	5750878	1901729
广 东	86158905	63087694	46083858	17003835	2015959
广 西	35514875	24118948	18903276	5215672	1869723
海 南	8130211	4998024	4712872	285153	134159
重 庆	21871598	14962513	13447024	1515489	741951
四 川	51607922	36325075	28579402	7745674	3664220
贵 州	33805372	25715429	18927831	6787598	2435389
云 南	39175474	30531957	25747543	4784414	3589059
西 藏	8721783	5588637	3644824	1943813	1252382
陕 西	25776176	16083058	11741891	4341167	1614657
甘 肃	19946972	15109936	9786716	5323220	1224867
青 海	6552979	4619147	3524286	1094861	485441
宁 夏	5615008	3576844	2992294	584550	311220
新 疆	24488852	18682477	14476052	4206424	1218384
大 连	3798682	2764890	2546547	218343	20510
宁 波	6221023	5063815	4402968	660847	102285
厦 门	3665898	2963184	2133123	830061	38876
青 岛	8247514	6586790	4522907	2063884	108292
深 圳	14730470	9939301	7280196	2659105	253063

基本建设支出明细(地方普通小学)

单位：千元

公用部分	商品和服务支出	其他资本性支出			基本建设支出
			专项公用支出	专项项目支出	
255466605	**127934334**	**127532271**	**33565275**	**93966995**	**13345431**
8794380	6936213	1858166	1267887	590279	552497
2258294	1588976	669319	336171	333148	50000
11248597	5992117	5256480	1774392	3482088	176744
4710654	2866654	1844000	707642	1136358	101339
4096313	2167130	1929183	639142	1290041	223097
4014009	2922030	1091978	462637	629341	86084
3821673	1887436	1934237	513837	1420400	107118
4003708	2257258	1746451	597521	1148929	61684
4476166	3485729	990437	657381	333056	8669
14527779	5958538	8569241	1748586	6820655	221776
9332912	5257224	4075688	1120958	2954730	754691
11988723	4749156	7239567	1676467	5563100	308930
8105048	3375350	4729698	1093566	3636133	245502
13733726	3471934	10261792	1700951	8560841	475185
15051333	6674666	8376668	1931839	6444828	212222
17910924	9221963	8688960	1432300	7256660	790861
10039361	4577546	5461815	997494	4464321	300
12013004	5966728	6046276	1897496	4148780	342344
20488447	13730880	6757567	3177332	3580235	2582765
10684879	4193020	6491859	1632317	4859542	711048
3055881	1060109	1995772	527083	1468689	76305
6439094	3972887	2466207	822497	1643710	469991
14464670	6948109	7516561	1631688	5884873	818177
7656377	4064826	3591551	944841	2646710	433567
8194070	4081528	4112543	954014	3158529	449447
2421876	603082	1818794	275388	1543406	711271
9019716	3938977	5080739	1161823	3918916	673402
4504116	1988870	2515246	540115	1975131	332920
1448015	648834	799181	201981	597201	485817
1921803	786632	1135171	326236	808936	116360
5041057	2559934	2481123	813694	1667429	765319
998123	717052	281072	142363	138709	35668
1117709	632358	485351	117739	367612	39500
680298	477475	202823	148079	54744	22416
1660724	1017818	642906	159137	483770	
2561611	2304288	257323	229452	27871	2229557

6-42 一般公共预算教育事业费和

地区	合计	个人部分	工资福利支出	对个人和家庭的补助支出	#助学金
合计	**620324448**	**455408298**	**352626129**	**102782168**	**27236426**
北京	4675886	3065748	2701020	364728	49815
天津	3070184	2589038	1755036	834002	207
河北	35573219	26489611	19085423	7404188	879390
山西	15195370	12019840	9590050	2429790	456109
内蒙古	12431174	9510300	8397246	1113054	423217
辽宁	9330722	7829329	6072893	1756436	154707
吉林	11141821	8662128	6160694	2501434	157042
黑龙江	13271087	10593480	6618044	3975437	95150
上海	1915695	1476882	1415169	61713	55409
江苏	32940706	26097641	17005099	9092542	306877
浙江	23923352	18660618	15632196	3028422	646392
安徽	29149069	19560925	13783210	5777715	969199
福建	18205420	13711980	11286238	2425742	332230
江西	27437862	16603642	13755780	2847862	995600
山东	37344812	28291564	22719749	5571815	512293
河南	38018095	24276427	21372719	2903708	1981692
湖北	21845848	16330117	11972199	4357919	761454
湖南	28919378	20869675	16827333	4042342	1414702
广东	36583057	27195666	20570692	6624974	898803
广西	27435472	19682449	15358537	4323912	1656108
海南	5934736	3853043	3614101	238942	117881
重庆	13874023	9852085	8708885	1143201	646794
四川	40076638	28562188	22414230	6147958	2977572
贵州	27828741	21778937	16096247	5682690	2276757
云南	33038512	26509135	22135259	4373875	3320996
西藏	7459457	4699061	3030777	1668285	1073700
陕西	18501376	12119769	8699531	3420238	1311048
甘肃	16288244	12470669	8267913	4202756	1146668
青海	5186542	3704597	2797164	907433	464868
宁夏	3713994	2570978	2157303	413675	209096
新疆	20013954	15770774	12625393	3145381	944649
大连	831897	724654	676687	47967	2474
宁波	2634618	2195426	1943794	251632	56871
厦门	691604	614230	337242	276988	8064
青岛	2668367	2192852	1508878	683974	8374
深圳					

基本建设支出明细(农村小学)

单位：千元

公用部分	商品和服务支出	其他资本性支出			基本建设支出
			专项公用支出	专项项目支出	
157969342	**74360984**	**83608358**	**19695656**	**63912702**	**6946809**
1482219	950666	531553	315638	215915	127919
481146	359759	121388	56097	65291	
8933842	4666484	4267358	1375873	2891485	149766
3135984	1864651	1271333	482948	788385	39545
2767647	1437654	1329993	402528	927465	153227
1471183	1042310	428873	147467	281406	30211
2408448	1088654	1319795	303119	1016675	71245
2627655	1458824	1168831	306869	861963	49951
438813	395875	42938	41798	1140	
6841288	2778179	4063110	779332	3283777	1776
4701562	2697367	2004194	567929	1436266	561172
9296715	3603809	5692906	1442507	4250398	291430
4324040	1874590	2449450	527646	1921804	169400
10566637	2661873	7904764	1308141	6596624	267582
8967268	3848043	5119226	1188377	3930848	85980
13432228	7100276	6331953	995639	5336314	309440
5515431	2166557	3348874	422469	2926405	300
7782900	4103446	3679454	794108	2885346	266803
9370368	5603940	3766427	1664161	2102266	17024
7409073	3265422	4143651	938314	3205336	343951
2011288	729614	1281674	378561	903112	70405
3897839	2279455	1618385	500352	1118032	124098
10834490	4988146	5846343	1076694	4769650	679961
5785972	3262748	2523224	652427	1870797	263832
6209947	2937940	3272007	735355	2536652	319431
2055496	540823	1514672	215361	1299311	704900
5882396	2409148	3473248	658726	2814522	499211
3528394	1596509	1931884	402987	1528897	289182
1123519	462692	660828	175297	485530	358426
1099996	506700	593297	170540	422757	43020
3585559	1678831	1906727	668396	1238331	657621
107243	90040	17202	8178	9025	
439192	247285	191907	44484	147423	
71394	54763	16631	11789	4842	5980
475515	264593	210922	45693	165230	

6-43 一般公共预算教育事业费和

地 区	合 计				
		个人部分			
			工资福利支 出	对个人和家庭的补助支出	
					#助学金
合 计	**618185899**	**453861871**	**351304262**	**102557609**	**27175266**
北 京	4675886	3065748	2701020	364728	49815
天 津	3070184	2589038	1755036	834002	207
河 北	35573219	26489611	19085423	7404188	879390
山 西	15195370	12019840	9590050	2429790	456109
内蒙古	12431174	9510300	8397246	1113054	423217
辽 宁	9330722	7829329	6072893	1756436	154707
吉 林	11141821	8662128	6160694	2501434	157042
黑龙江	13163861	10508958	6555075	3953883	94966
上 海	1915695	1476882	1415169	61713	55409
江 苏	32940706	26097641	17005099	9092542	306877
浙 江	23923352	18660618	15632196	3028422	646392
安 徽	29149069	19560925	13783210	5777715	969199
福 建	18205420	13711980	11286238	2425742	332230
江 西	27437862	16603642	13755780	2847862	995600
山 东	37344812	28291564	22719749	5571815	512293
河 南	38018095	24276427	21372719	2903708	1981692
湖 北	21845848	16330117	11972199	4357919	761454
湖 南	28919378	20869675	16827333	4042342	1414702
广 东	36500090	27123361	20503911	6619450	898707
广 西	27435472	19682449	15358537	4323912	1656108
海 南	5931316	3849833	3610891	238942	117881
重 庆	13874023	9852085	8708885	1143201	646794
四 川	40076638	28562188	22414230	6147958	2977572
贵 州	27828741	21778937	16096247	5682690	2276757
云 南	33038512	26509135	22135259	4373875	3320996
西 藏	7459457	4699061	3030777	1668285	1073700
陕 西	18501376	12119769	8699531	3420238	1311048
甘 肃	16273588	12459333	8256971	4202362	1146578
青 海	5186542	3704597	2797164	907433	464868
宁 夏	3713994	2570978	2157303	413675	209096
新 疆	18083675	14395721	11447427	2948294	883859
大 连	831897	724654	676687	47967	2474
宁 波	2634618	2195426	1943794	251632	56871
厦 门	691604	614230	337242	276988	8064
青 岛	2668367	2192852	1508878	683974	8374
深 圳					

基本建设支出明细(地方农村小学)

单位：千元

公用部分	商品和服务支出	其他资本性支出	专项公用支出	专项项目支出	基本建设支出
157452923	**74173178**	**83279745**	**19614353**	**63665392**	**6871105**
1482219	950666	531553	315638	215915	127919
481146	359759	121388	56097	65291	
8933842	4666484	4267358	1375873	2891485	149766
3135984	1864651	1271333	482948	788385	39545
2767647	1437654	1329993	402528	927465	153227
1471183	1042310	428873	147467	281406	30211
2408448	1088654	1319795	303119	1016675	71245
2604952	1444873	1160079	301650	858429	49951
438813	395875	42938	41798	1140	
6841288	2778179	4063110	779332	3283777	1776
4701562	2697367	2004194	567929	1436266	561172
9296715	3603809	5692906	1442507	4250398	291430
4324040	1874590	2449450	527646	1921804	169400
10566637	2661873	7904764	1308141	6596624	267582
8967268	3848043	5119226	1188377	3930848	85980
13432228	7100276	6331953	995639	5336314	309440
5515431	2166557	3348874	422469	2926405	300
7782900	4103446	3679454	794108	2885346	266803
9359705	5596883	3762823	1662389	2100433	17024
7409073	3265422	4143651	938314	3205336	343951
2011078	729404	1281674	378561	903112	70405
3897839	2279455	1618385	500352	1118032	124098
10834490	4988146	5846343	1076694	4769650	679961
5785972	3262748	2523224	652427	1870797	263832
6209947	2937940	3272007	735355	2536652	319431
2055496	540823	1514672	215361	1299311	704900
5882396	2409148	3473248	658726	2814522	499211
3525073	1595630	1929444	402797	1526647	289182
1123519	462692	660828	175297	485530	358426
1099996	506700	593297	170540	422757	43020
3106036	1513124	1592912	594274	998638	581918
107243	90040	17202	8178	9025	
439192	247285	191907	44484	147423	
71394	54763	16631	11789	4842	5980
475515	264593	210922	45693	165230	

6-44 一般公共预算教育事业费和

地区	合计	个人部分	工资福利支出	对个人和家庭的补助支出	#助学金
合计	**9636**	**7317**	**6925**	**392**	
北京					
天津					
河北					
山西					
内蒙古					
辽宁					
吉林					
黑龙江					
上海					
江苏					
浙江					
安徽					
福建	6515	5283	4891	392	
江西					
山东					
河南					
湖北					
湖南					
广东					
广西	741				
海南					
重庆	2380	2035	2035		
四川					
贵州					
云南					
西藏					
陕西					
甘肃					
青海					
宁夏					
新疆					
大连					
宁波					
厦门					
青岛					
深圳					

基本建设支出明细(成人小学)

单位：千元

公用部分	商品和服务支出	其他资本性支出	专项公用支出	专项项目支出	基本建设支出
2319	**1779**	**540**		**540**	
1233	693	540		540	
741	741				
345	345				

6-45 一般公共预算教育事业费和

地区	合计	个人部分	工资福利支出	对个人和家庭的补助支出	#助学金
合计	**12504250**	**8253864**	**6603478**	**1650386**	**269357**
北京	445217	306118	265944	40174	2710
天津	226797	163103	103932	59172	306
河北	496720	375729	299671	76058	6838
山西	282376	189346	159507	29839	3971
内蒙古	237155	157284	142132	15153	5291
辽宁	467019	348995	262956	86039	13441
吉林	282277	195035	134609	60426	4405
黑龙江	381394	278998	181035	97962	6562
上海	540914	394763	380307	14455	7319
江苏	923178	690772	494193	196579	16053
浙江	660541	451567	400338	51228	11211
安徽	400655	204558	162134	42425	10381
福建	569547	315563	259437	56126	15270
江西	323900	164747	128568	36179	5677
山东	958618	712609	539608	173001	30315
河南	477621	334236	308429	25806	10356
湖北	418048	298621	224936	73685	9038
湖南	465077	304863	253110	51753	11304
广东	1335419	740817	544378	196439	7900
广西	282176	166791	142517	24274	8476
海南	65540	36113	30605	5508	4791
重庆	224423	134002	118910	15093	10068
四川	539596	335185	287037	48148	20633
贵州	327461	233625	185198	48427	9699
云南	377949	223202	195592	27610	15912
西藏	76942	52785	42669	10116	5012
陕西	242317	157546	130901	26645	5269
甘肃	148566	98074	68388	29686	3431
青海	73760	34009	27078	6931	1853
宁夏	80429	39102	33614	5488	2064
新疆	172618	115705	95745	19960	3799
大连	88115	67279	60950	6328	1470
宁波	110647	70711	63140	7570	1522
厦门	72095	33455	25625	7829	1506
青岛	160148	132451	93845	38606	6897
深圳	211568	102230	76844	25386	7

基本建设支出明细(特殊教育)

单位：千元

公用部分	商品和服务支出	其他资本性支出	专项公用支出	专项项目支出	基本建设支出
4078142	**2187415**	**1890727**	**748175**	**1142552**	**172244**
137434	80981	56453	34968	21486	1665
63693	38596	25097	23776	1321	
120770	77904	42866	31831	11035	221
90181	50283	39898	19878	20020	2849
79870	46853	33017	23060	9957	
118024	90608	27416	13224	14192	
66262	41353	24909	18899	6010	20981
102368	58004	44365	29748	14616	28
143522	124184	19338	19337	1	2629
213696	126950	86746	25645	61101	18709
201134	130010	71124	28536	42588	7841
195897	65742	130154	25316	104839	200
252583	60843	191740	18844	172896	1400
153691	56439	97252	25106	72146	5463
225093	129307	95786	37515	58271	20917
143385	95014	48371	23294	25077	
119427	60150	59278	17765	41513	
160213	71783	88430	18066	70365	
543602	270561	273041	118625	154416	51000
110950	59408	51542	23741	27801	4435
28230	11200	17030	12266	4764	1196
90420	55190	35231	15843	19388	
200911	136616	64295	29769	34526	3500
93246	63803	29443	11606	17837	590
154747	65012	89735	24977	64759	
22536	7748	14788	4838	9950	1620
84771	39063	45708	15771	29937	
33272	22245	11027	10394	633	17221
31481	11865	19616	6685	12930	8270
41327	11783	29544	26424	3120	
55403	27916	27486	12428	15059	1510
20837	19429	1407	1407		
39937	19794	20143	5317	14826	
38640	8151	30489	914	29574	
27697	21389	6308	2267	4041	
58339	50630	7709	7709		51000

6-46 一般公共预算教育事业费和

地　区	合　计	个人部分	工资福利支　出	对个人和家庭的补助支出	#助学金
合　计	**11944296**	**7890382**	**6297921**	**1592461**	**264893**
北　京	366639	246580	213712	32868	2090
天　津	207171	146196	93987	52210	306
河　北	496720	375729	299671	76058	6838
山　西	258713	179805	152294	27511	3876
内蒙古	237155	157284	142132	15153	5291
辽　宁	427040	317420	236538	80883	13426
吉　林	275288	188937	131425	57512	4057
黑龙江	376263	276732	178986	97746	6542
上　海	423202	316216	304363	11853	6481
江　苏	923178	690772	494193	196579	16053
浙　江	645480	442156	392373	49783	11022
安　徽	389118	196129	153920	42209	10381
福　建	569547	315563	259437	56126	15270
江　西	315770	160768	124588	36179	5677
山　东	958618	712609	539608	173001	30315
河　南	465268	326296	301152	25144	10284
湖　北	402319	288566	218379	70188	8667
湖　南	429742	292348	244629	47719	11304
广　东	1291472	717384	531441	185943	7900
广　西	277475	163046	138986	24060	8476
海　南	65540	36113	30605	5508	4791
重　庆	217940	129415	114403	15012	9998
四　川	498385	309754	263290	46464	20317
贵　州	281824	202152	159603	42549	8777
云　南	363445	213955	187169	26786	15539
西　藏	76942	52785	42669	10116	5012
陕　西	233599	150192	124717	25475	5269
甘　肃	148566	98074	68388	29686	3431
青　海	73760	34009	27078	6931	1853
宁　夏	80429	39102	33614	5488	2064
新　疆	167691	114292	94572	19720	3585
大　连	81921	62229	56485	5744	1470
宁　波	110647	70711	63140	7570	1522
厦　门	72095	33455	25625	7829	1506
青　岛	160148	132451	93845	38606	6897
深　圳	203861	97971	73336	24636	7

基本建设支出明细(特殊教育学校)

单位：千元

公用部分	商品和服务支出	其他资本性支出			基本建设支出
			专项公用支出	专项项目支出	
3883925	**2059625**	**1824300**	**724037**	**1100263**	**169988**
120059	65894	54165	32900	21265	
60975	36101	24873	23553	1321	
120770	77904	42866	31831	11035	221
76059	46505	29554	19762	9792	2849
79870	46853	33017	23060	9957	
109619	83310	26310	12163	14146	
65371	40461	24909	18899	6010	20981
99503	56659	42844	29446	13398	28
104356	91960	12396	12395	1	2629
213696	126950	86746	25645	61101	18709
195482	126213	69270	27406	41864	7841
192789	62770	130019	25180	104839	200
252583	60843	191740	18844	172896	1400
149540	54335	95205	24826	70380	5463
225093	129307	95786	37515	58271	20917
138972	91983	46989	22460	24529	
113753	54954	58798	17285	41513	
137394	70280	67114	17946	49168	
523088	256051	267037	113262	153775	51000
109994	58522	51472	23671	27801	4435
28230	11200	17030	12266	4764	1196
88524	53316	35208	15821	19388	
185132	124035	61097	26696	34401	3500
79672	53468	26204	10255	15949	
149490	63300	86190	24414	61776	
22536	7748	14788	4838	9950	1620
83407	38408	44999	15767	29232	
33272	22245	11027	10394	633	17221
31481	11865	19616	6685	12930	8270
41327	11783	29544	26424	3120	
51888	24402	27486	12428	15059	1510
19692	18292	1400	1400		
39937	19794	20143	5317	14826	
38640	8151	30489	914	29574	
27697	21389	6308	2267	4041	
54889	48266	6624	6624		51000

6-47 一般公共预算教育事业费和

地区	合计	个人部分	工资福利支出	对个人和家庭的补助支出	#助学金
合计	**559953**	**363481**	**305556**	**57925**	**4464**
北京	78578	59538	52232	7306	620
天津	19625	16907	9945	6962	
河北					
山西	23662	9541	7213	2328	95
内蒙古					
辽宁	39979	31574	26418	5156	15
吉林	6990	6098	3184	2914	348
黑龙江	5131	2265	2049	216	20
上海	117713	78546	75944	2602	839
江苏					
浙江	15062	9410	7965	1445	190
安徽	11537	8429	8214	216	
福建					
江西	8130	3979	3979		
山东					
河南	12352	7939	7277	662	72
湖北	15729	10055	6558	3497	371
湖南	35335	12515	8481	4035	
广东	43947	23433	12937	10496	
广西	4700	3745	3531	214	
海南					
重庆	6483	4587	4507	80	69
四川	41211	25432	23747	1684	316
贵州	45637	31473	25595	5878	922
云南	14504	9247	8423	824	373
西藏					
陕西	8717	7353	6184	1170	
甘肃					
青海					
宁夏					
新疆	4928	1413	1173	240	213
大连	6194	5050	4465	585	
宁波					
厦门					
青岛					
深圳	7708	4258	3509	750	

基本建设支出明细(工读学校)

单位：千元

公用部分	商品和服务支出	其他资本性支出			基本建设支出
			专项公用支出	专项项目支出	
194217	**127790**	**66427**	**24138**	**42289**	**2255**
17375	15087	2288	2068	220	1665
2718	2495	224	224		
14122	3778	10344	116	10228	
8405	7298	1107	1061	46	
891	891				
2865	1344	1521	303	1218	
39166	32224	6942	6942		
5651	3797	1854	1130	724	
3108	2973	135	135		
4151	2104	2047	280	1767	
4413	3031	1382	834	548	
5675	5196	479	479		
22820	1503	21316	120	21196	
20515	14510	6005	5363	641	
956	886	69	69		
1896	1873	23	23		
15779	12582	3198	3073	125	
13574	10335	3239	1351	1888	590
5258	1712	3546	563	2983	
1364	655	709	4	705	
3515	3515				
1144	1137	7	7		
3449	2364	1085	1085		

6-48 一般公共预算教育事业费和

地区	合计	个人部分	工资福利支出	对个人和家庭的补助支出	#助学金
合计	133395553	80568581	65033432	15535149	5260959
北京	6815184	3943456	3449384	494073	1379
天津	2623428	1769664	1178517	591148	1048
河北	5961665	4767650	3901587	866063	20025
山西	2066382	1499725	1176887	322838	99137
内蒙古	3236090	2204618	1951651	252967	113849
辽宁	1338589	848135	713433	134702	41467
吉林	1423827	974796	771358	203438	15095
黑龙江	1407275	993852	815500	178352	9736
上海	8113281	5401666	5288551	113115	54979
江苏	9791660	6552103	5362156	1189947	180415
浙江	8936307	5609730	4936468	673262	60908
安徽	3221450	1703475	1428868	274607	90820
福建	5033186	3379808	2975647	404161	32956
江西	3429713	1319915	1069965	249949	95504
山东	5755256	3721297	2967730	753566	267725
河南	3562453	2047972	1807749	240223	164506
湖北	3381797	2145800	1749455	396345	62098
湖南	2460133	1466882	1120172	346709	226018
广东	7231085	4654353	3186122	1468231	446866
广西	2741020	1226008	997315	228693	112715
海南	1097498	452052	397997	54055	38384
重庆	1854102	855665	677256	178409	131895
四川	7347568	3669191	2892849	776342	521910
贵州	4628388	3364521	2571200	793321	380946
云南	3772604	2297449	2095583	201867	123100
西藏	2427752	1155430	753539	401891	263295
陕西	6391016	3408952	2833062	575891	263918
甘肃	3907866	2703750	1713553	990196	467431
青海	1152786	524632	379805	144827	91849
宁夏	817653	299871	237835	62036	45045
新疆	11468536	5606163	3632238	1973925	835940
大连	543867	327460	289968	37492	18421
宁波	1530833	1094103	1003230	90873	3381
厦门	1205560	753961	638726	115234	1912
青岛	1358183	710082	608939	101144	17783
深圳	1669846	909752	517850	391903	128550

基本建设支出明细(幼儿园)

单位：千元

公用部分	商品和服务支出	其他资本性支出			基本建设支出
			专项公用支出	专项项目支出	
47722494	**21858192**	**25864301**	**6546899**	**19317402**	**5104478**
2813824	1978952	834872	611581	223290	57904
853764	353387	500377	101734	398643	
1182556	443689	738867	183184	555683	11459
543982	196164	347818	88165	259653	22676
899794	489821	409973	144794	265179	131679
488881	275437	213444	61628	151817	1572
427561	149147	278413	65457	212956	21470
404059	195891	208168	64368	143801	9364
2711413	2275336	436078	380466	55612	202
3159557	1478263	1681295	411704	1269591	80000
3238799	1730303	1508497	398131	1110365	87777
1514780	346501	1168279	218863	949416	3195
1588873	516417	1072456	248903	823554	64504
2002679	197209	1805470	294710	1510759	107119
2029159	746167	1282992	218641	1064352	4800
1488042	500326	987716	109707	878010	26439
1235997	602723	633273	205243	428030	
987925	458543	529382	127707	401676	5326
2372771	1543983	828788	446722	382067	203961
1408433	513942	894491	189872	704619	106579
629500	173616	455884	156602	299282	15947
979721	628143	351578	103131	248447	18716
3362474	1245330	2117145	323992	1793153	315902
1227922	525529	702393	153110	549283	35945
1351319	366924	984395	211633	772763	123836
523022	188253	334769	54622	280147	749300
2853230	1514645	1338585	321275	1017311	128834
1119430	485056	634374	113238	521136	84687
581483	177200	404282	78280	326002	46672
517782	113473	404309	54149	350160	
3223760	1447824	1775936	405289	1370648	2638613
216335	94367	121969	16667	105302	72
433730	279719	154011	43844	110167	3000
440919	190788	250131	94947	155184	10680
648101	255276	392825	60743	332081	
638366	606480	31886	27331	4555	121727

6–49 一般公共预算教育事业费和

地 区	合 计	个人部分	工资福利支 出	对个人和家庭的补助支出	#助学金
合 计	**132728716**	**80188212**	**64717227**	**15470984**	**5232869**
北 京	6809107	3939100	3445089	494011	1379
天 津	2621339	1768178	1177286	590892	1048
河 北	5958594	4764585	3898522	866063	20025
山 西	2066361	1499704	1176887	322817	99116
内蒙古	3236090	2204618	1951651	252967	113849
辽 宁	1328865	839774	705549	134225	41400
吉 林	1423217	974796	771358	203438	15095
黑龙江	1364235	962138	789158	172980	9414
上 海	8060905	5367424	5254338	113086	54979
江 苏	9767752	6537028	5348856	1188172	180239
浙 江	8936307	5609730	4936468	673262	60908
安 徽	3221193	1703475	1428868	274607	90820
福 建	5031686	3378358	2974497	403861	32956
江 西	3429713	1319915	1069965	249949	95504
山 东	5755256	3721297	2967730	753566	267725
河 南	3551663	2038704	1800278	238426	163297
湖 北	3380472	2145800	1749455	396345	62098
湖 南	2457166	1463917	1117207	346709	226018
广 东	7231083	4654351	3186122	1468229	446864
广 西	2741020	1226008	997315	228693	112715
海 南	1094187	450972	397997	52975	37303
重 庆	1854102	855665	677256	178409	131895
四 川	7347393	3669191	2892849	776342	521910
贵 州	4628388	3364521	2571200	793321	380946
云 南	3770404	2295596	2093826	201770	123100
西 藏	2427752	1155430	753539	401891	263295
陕 西	6388388	3408476	2833062	575414	263741
甘 肃	3897791	2694221	1705150	989071	466613
青 海	1152391	524237	379805	144432	91454
宁 夏	817653	299871	237835	62036	45045
新 疆	10978243	5351135	3428110	1923025	812119
大 连	534176	319130	282083	37047	18386
宁 波	1530833	1094103	1003230	90873	3381
厦 门	1204060	752511	637576	114934	1912
青 岛	1358183	710082	608939	101144	17783
深 圳	1669846	909752	517850	391903	128550

基本建设支出明细(地方幼儿园)

单位：千元

公用部分	商品和服务支出	其他资本性支出	专项公用支出	专项项目支出	基本建设支出
47511692	**21786357**	**25725334**	**6529341**	**19195993**	**5028813**
2812103	1977629	834474	611184	223290	57904
853161	352784	500377	101734	398643	
1182550	443683	738867	183184	555683	11459
543982	196164	347818	88165	259653	22676
899794	489821	409973	144794	265179	131679
487520	274109	213411	61594	151817	1572
426951	149147	277803	65352	212451	21470
392732	191434	201298	63926	137372	9364
2693279	2265813	427466	380466	47000	202
3150724	1471893	1678830	409703	1269127	80000
3238799	1730303	1508497	398131	1110365	87777
1514523	346321	1168202	218787	949416	3195
1588823	516367	1072456	248903	823554	64504
2002679	197209	1805470	294710	1510759	107119
2029159	746167	1282992	218641	1064352	4800
1486521	499047	987474	109524	877950	26439
1234672	601824	632848	204818	428030	
987923	458541	529382	127707	401676	5326
2372771	1543983	828788	446722	382067	203961
1408433	513942	894491	189872	704619	106579
627269	173281	453988	156602	297386	15947
979721	628143	351578	103131	248447	18716
3362299	1245155	2117145	323992	1793153	315902
1227922	525529	702393	153110	549283	35945
1350972	366653	984320	211587	772733	123836
523022	188253	334769	54622	280147	749300
2851078	1513048	1338031	320720	1017311	128834
1118883	484909	633974	113238	520736	84687
581483	177200	404282	78280	326002	46672
517782	113473	404309	54149	350160	
3064161	1404533	1659627	391994	1267634	2562948
214974	93038	121935	16633	105302	72
433730	279719	154011	43844	110167	3000
440869	190738	250131	94947	155184	10680
648101	255276	392825	60743	332081	
638366	606480	31886	27331	4555	121727

6–50　一般公共预算教育事业费和

地　区	合　计	个人部分	工资福利支　出	对个人和家庭的补助支出	#助学金
合　计	**71375068**	**43991032**	**35043293**	**8947739**	**3977909**
北　京	1652335	941217	844650	96567	446
天　津	354765	265755	189333	76422	239
河　北	4321290	3482930	2913773	569156	10521
山　西	1347994	985274	798852	186422	74428
内蒙古	2141818	1449252	1303042	146210	74710
辽　宁	332662	232107	205473	26634	7010
吉　林	693192	497326	422643	74683	5435
黑龙江	753516	533847	467191	66657	4563
上　海	1085426	822175	814875	7300	5882
江　苏	3839550	2478580	2025742	452838	115015
浙　江	3822740	2369798	2029531	340267	54268
安　徽	2243475	1230859	1049516	181343	70644
福　建	2528926	1745274	1536314	208959	25590
江　西	2492690	884681	731154	153528	82081
山　东	2990035	2119822	1700764	419058	173325
河　南	2012772	1221580	1081550	140029	98033
湖　北	1370131	926687	762524	164163	49553
湖　南	1726180	1062732	804870	257862	191839
广　东	2084435	1521484	1165486	355998	202403
广　西	1651937	767720	605891	161829	102270
海　南	824205	332115	295770	36345	23024
重　庆	935972	427118	327690	99428	89502
四　川	5026394	2590092	1978948	611144	453438
贵　州	3542397	2748814	2109679	639135	337460
云　南	2402762	1506419	1354652	151767	103310
西　藏	1807389	801449	488159	313290	214152
陕　西	4765724	2655447	2215622	439825	203203
甘　肃	3129148	2149634	1439010	710624	306794
青　海	933445	408959	290002	118957	77877
宁　夏	489941	168509	136843	31666	22154
新　疆	8071821	4663376	2953742	1709634	798740
大　连	72276	54928	51992	2936	444
宁　波	571067	381820	354038	27782	2219
厦　门	123152	78813	61299	17514	266
青　岛	318250	208983	189762	19221	8328
深　圳					

基本建设支出明细(农村幼儿园)

单位：千元

公用部分	商品和服务支出	其他资本性支出	专项公用支出	专项项目支出	基本建设支出
24529936	**9288957**	**15240980**	**3060769**	**12180211**	**2854100**
684812	404256	280556	204158	76398	26307
89010	50237	38773	6316	32457	
827690	259787	567903	95239	472664	10671
352643	103815	248827	44619	204208	10077
613314	321440	291874	84212	207662	79252
100055	67211	32843	15923	16921	500
185914	48135	137779	27362	110417	9953
210304	85786	124518	23752	100766	9364
263251	223489	39762	38899	863	
1360970	552445	808524	126769	681756	
1418618	648631	769987	205366	564621	34324
1012421	223475	788946	119601	669345	195
741796	209577	532219	98917	433302	41856
1550689	135479	1415210	253269	1161942	57319
865412	252785	612627	100117	512510	4800
786649	236063	550586	40669	509917	4543
443444	127534	315910	46123	269787	
661713	284607	377106	73206	303900	1735
562026	227480	334546	137288	197258	925
850012	339358	510654	100581	410073	34206
477642	117260	360382	113328	247055	14448
503455	313494	189962	49681	140280	5399
2175288	684050	1491238	178132	1313106	261015
762988	372301	390687	108586	282101	30595
882644	222176	660468	112664	547804	13699
320440	111981	208459	31223	177237	685500
2002413	1011156	991256	219839	771417	107864
909466	396360	513106	85832	427273	70049
492128	133038	359090	71024	288067	32358
321432	90194	231238	16814	214424	
2101298	1035356	1065941	231261	834680	1307148
17347	12701	4647	1336	3311	
189247	108483	80764	22935	57829	
44339	28694	15644	15055	589	
109267	53213	56054	19408	36646	

6-51 一般公共预算教育事业费和

地区	合计	个人部分	工资福利支出	对个人和家庭的补助支出	#助学金
合计	**70912419**	**43763270**	**34860014**	**8903256**	**3954587**
北京	1651810	941103	844536	96567	446
天津	354765	265755	189333	76422	239
河北	4321290	3482930	2913773	569156	10521
山西	1347994	985274	798852	186422	74428
内蒙古	2141818	1449252	1303042	146210	74710
辽宁	332662	232107	205473	26634	7010
吉林	693192	497326	422643	74683	5435
黑龙江	726259	515362	450611	64751	4353
上海	1085426	822175	814875	7300	5882
江苏	3839550	2478580	2025742	452838	115015
浙江	3822740	2369798	2029531	340267	54268
安徽	2243475	1230859	1049516	181343	70644
福建	2528926	1745274	1536314	208959	25590
江西	2492690	884681	731154	153528	82081
山东	2990035	2119822	1700764	419058	173325
河南	2012737	1221545	1081550	139995	97998
湖北	1370131	926687	762524	164163	49553
湖南	1726128	1062682	804820	257862	191839
广东	2084433	1521482	1165486	355996	202401
广西	1651937	767720	605891	161829	102270
海南	824205	332115	295770	36345	23024
重庆	935972	427118	327690	99428	89502
四川	5026394	2590092	1978948	611144	453438
贵州	3542397	2748814	2109679	639135	337460
云南	2402762	1506419	1354652	151767	103310
西藏	1807389	801449	488159	313290	214152
陕西	4765631	2655438	2215622	439816	203194
甘肃	3119878	2140910	1430606	710304	306781
青海	933445	408959	290002	118957	77877
宁夏	489941	168509	136843	31666	22154
新疆	7646406	4463032	2795610	1667422	775687
大连	72276	54928	51992	2936	444
宁波	571067	381820	354038	27782	2219
厦门	123152	78813	61299	17514	266
青岛	318250	208983	189762	19221	8328
深圳					

基本建设支出明细(地方农村幼儿园)

单位：千元

公用部分	商品和服务支出	其他资本性支出	专项公用支出	专项项目支出	基本建设支出
24370714	**9251276**	**15119438**	**3048451**	**12070987**	**2778436**
684400	403849	280550	204152	76398	26307
89010	50237	38773	6316	32457	
827690	259787	567903	95239	472664	10671
352643	103815	248827	44619	204208	10077
613314	321440	291874	84212	207662	79252
100055	67211	32843	15923	16921	500
185914	48135	137779	27362	110417	9953
201533	83305	118228	23331	94897	9364
263251	223489	39762	38899	863	
1360970	552445	808524	126769	681756	
1418618	648631	769987	205366	564621	34324
1012421	223475	788946	119601	669345	195
741796	209577	532219	98917	433302	41856
1550689	135479	1415210	253269	1161942	57319
865412	252785	612627	100117	512510	4800
786649	236063	550586	40669	509917	4543
443444	127534	315910	46123	269787	
661711	284605	377106	73206	303900	1735
562026	227480	334546	137288	197258	925
850012	339358	510654	100581	410073	34206
477642	117260	360382	113328	247055	14448
503455	313494	189962	49681	140280	5399
2175288	684050	1491238	178132	1313106	261015
762988	372301	390687	108586	282101	30595
882644	222176	660468	112664	547804	13699
320440	111981	208459	31223	177237	685500
2002329	1011074	991255	219837	771417	107864
908919	396213	512706	85832	426873	70049
492128	133038	359090	71024	288067	32358
321432	90194	231238	16814	214424	
1951891	1000795	951096	219371	731726	1231483
17347	12701	4647	1336	3311	
189247	108483	80764	22935	57829	
44339	28694	15644	15055	589	
109267	53213	56054	19408	36646	

6-52 一般公共预算教育事业费和

地区	合计	个人部分	工资福利支出	对个人和家庭的补助支出	#助学金
合计	**30361854**	**16903280**	**12467220**	**4436060**	
北京	669897	442667	395802	46865	
天津	316108	248463	150939	97523	
河北	738410	547416	356405	191011	
山西	831747	621346	475066	146280	
内蒙古	637949	330908	289679	41229	
辽宁	522171	349934	250165	99770	
吉林	357529	208749	138456	70293	
黑龙江	1187727	496679	282239	214440	
上海	241806	151441	146833	4608	
江苏	1465270	952352	623325	329027	
浙江	1170488	719241	608994	110247	
安徽	987696	490655	349058	141597	
福建	742489	357277	303889	53388	
江西	665455	389077	258360	130717	
山东	2205006	1443048	1103667	339381	
河南	1187682	431438	382438	49000	
湖北	1261753	831513	602054	229459	
湖南	2001408	1246190	936753	309436	
广东	4085622	1557031	933749	623283	
广西	375452	218179	178418	39761	
海南	364524	139486	112129	27357	
重庆	585294	231199	193183	38015	
四川	1768586	905919	712061	193858	
贵州	1571980	950350	724798	225552	
云南	1222781	629784	528330	101453	
西藏	286947	209675	169765	39909	
陕西	659460	313767	248119	65648	
甘肃	946118	583672	332307	251365	
青海	277555	185912	109302	76611	
宁夏	142912	84204	76944	7260	
新疆	884032	635711	493994	141718	
大连	79268	60878	57098	3780	
宁波	129615	102701	91096	11605	
厦门	270721	37015	27829	9186	
青岛	365529	224962	176180	48781	
深圳	1227586	207330	137474	69857	

基本建设支出明细(教育行政单位)

单位：千元

公用部分	商品和服务支出	其他资本性支出	专项公用支出	专项项目支出	基本建设支出
12684903	**10059404**	**2625499**	**1472835**	**1152664**	**773671**
227230	219641	7589	5462	2128	
67645	59889	7756	6922	834	
190994	172712	18282	14933	3349	
210402	180185	30216	26493	3724	
297645	212874	84771	43559	41212	9396
172237	149313	22924	13045	9878	
148780	121364	27416	20645	6771	
688307	413017	275290	152209	123081	2742
90365	87099	3266	3266		
512918	427887	85032	67607	17425	
451156	329403	121753	24053	97699	91
497041	333667	163374	60472	102903	
385212	356496	28715	13708	15008	
276378	226987	49391	36052	13339	
761959	591893	170066	119425	50641	
756244	683586	72658	27227	45431	
430241	348956	81285	60994	20291	
755218	626853	128365	67727	60638	
1858591	1448854	409737	308089	101648	670000
157273	136095	21178	17145	4033	
225038	191470	33568	26752	6816	
315515	300782	14733	12477	2255	38580
862667	746306	116360	93035	23325	
617830	427274	190556	67867	122689	3799
574207	456726	117481	42003	75477	18790
77272	58195	19077	16669	2408	
326693	245495	81198	18263	62935	19000
354147	192531	161615	72725	88891	8300
91551	76157	15394	10149	5245	92
58708	31780	26928	1667	25261	
245438	205915	39524	22194	17329	2882
18390	17899	491	491		
26914	24468	2446	2446		
233706	217744	15962	2774	13188	
140567	102416	38151	34361	3789	
378447	253468	124979	103429	21550	641809

6–53 一般公共预算教育事业费和

地区	合计	个人部分	工资福利支出	对个人和家庭的补助支出	#助学金
合计	**30143226**	**16776044**	**12348358**	**4427686**	
北京	503310	341974	297433	44540	
天津	316108	248463	150939	97523	
河北	738410	547416	356405	191011	
山西	831747	621346	475066	146280	
内蒙古	637949	330908	289679	41229	
辽宁	522171	349934	250165	99770	
吉林	357529	208749	138456	70293	
黑龙江	1168764	490689	278243	212446	
上海	241806	151441	146833	4608	
江苏	1465270	952352	623325	329027	
浙江	1170488	719241	608994	110247	
安徽	987696	490655	349058	141597	
福建	742489	357277	303889	53388	
江西	665455	389077	258360	130717	
山东	2205006	1443048	1103667	339381	
河南	1187682	431438	382438	49000	
湖北	1261753	831513	602054	229459	
湖南	2001408	1246190	936753	309436	
广东	4085622	1557031	933749	623283	
广西	375452	218179	178418	39761	
海南	364524	139486	112129	27357	
重庆	585294	231199	193183	38015	
四川	1768586	905919	712061	193858	
贵州	1571980	950350	724798	225552	
云南	1222781	629784	528330	101453	
西藏	286947	209675	169765	39909	
陕西	659460	313767	248119	65648	
甘肃	946118	583672	332307	251365	
青海	277555	185912	109302	76611	
宁夏	142912	84204	76944	7260	
新疆	850955	615158	477497	137662	
大连	79268	60878	57098	3780	
宁波	129615	102701	91096	11605	
厦门	270721	37015	27829	9186	
青岛	365529	224962	176180	48781	
深圳	1227586	207330	137474	69857	

基本建设支出明细(地方教育行政单位)

单位：千元

公用部分	商品和服务支出	其他资本性支出			基本建设支出
			专项公用支出	专项项目支出	
12593511	**9982196**	**2611315**	**1467847**	**1143467**	**773671**
161336	155524	5812	3684	2128	
67645	59889	7756	6922	834	
190994	172712	18282	14933	3349	
210402	180185	30216	26493	3724	
297645	212874	84771	43559	41212	9396
172237	149313	22924	13045	9878	
148780	121364	27416	20645	6771	
675333	410252	265081	151197	113884	2742
90365	87099	3266	3266		
512918	427887	85032	67607	17425	
451156	329403	121753	24053	97699	91
497041	333667	163374	60472	102903	
385212	356496	28715	13708	15008	
276378	226987	49391	36052	13339	
761959	591893	170066	119425	50641	
756244	683586	72658	27227	45431	
430241	348956	81285	60994	20291	
755218	626853	128365	67727	60638	
1858591	1448854	409737	308089	101648	670000
157273	136095	21178	17145	4033	
225038	191470	33568	26752	6816	
315515	300782	14733	12477	2255	38580
862667	746306	116360	93035	23325	
617830	427274	190556	67867	122689	3799
574207	456726	117481	42003	75477	18790
77272	58195	19077	16669	2408	
326693	245495	81198	18263	62935	19000
354147	192531	161615	72725	88891	8300
91551	76157	15394	10149	5245	92
58708	31780	26928	1667	25261	
232914	195589	37326	19996	17329	2882
18390	17899	491	491		
26914	24468	2446	2446		
233706	217744	15962	2774	13188	
140567	102416	38151	34361	3789	
378447	253468	124979	103429	21550	641809

6−54　一般公共预算教育事业费和

地　区	合　计	个人部分	工资福利支出	对个人和家庭的补助支出	#助学金
合　计	**54997133**	**30924744**	**23821834**	**7102910**	
北　京	7956806	2361987	1998824	363164	
天　津	1208761	862024	546476	315548	
河　北	1761220	1430513	1030227	400286	
山　西	1140148	789514	589159	200355	
内蒙古	1095436	803350	720970	82380	
辽　宁	1990911	1527428	1214019	313409	
吉　林	1172662	785258	494996	290263	
黑龙江	1341377	891423	555814	335609	
上　海	3829976	1585190	1537410	47780	
江　苏	3022666	2104840	1442700	662140	
浙　江	3560496	2219251	1853671	365580	
安　徽	1340072	901385	795682	105703	
福　建	2109305	1029780	861486	168294	
江　西	1254269	727623	553649	173974	
山　东	2350340	1651339	1184131	467208	
河　南	2207007	1362747	1022899	339848	
湖　北	2144467	1418348	1012283	406065	
湖　南	1052881	644035	503629	140406	
广　东	4401012	2014003	1324323	689680	
广　西	1175166	733666	589310	144356	
海　南	152361	80124	78072	2051	
重　庆	746146	356387	286505	69882	
四　川	2117073	1359376	1169849	189527	
贵　州	471605	187676	149426	38249	
云　南	1512931	578108	444307	133801	
西　藏	579467	352182	254148	98034	
陕　西	1596730	989670	737606	252063	
甘　肃	369465	282845	191433	91413	
青　海	242534	190380	162074	28306	
宁　夏	170231	129523	117260	12263	
新　疆	923612	574769	399496	175274	
大　连	298804	208997	198213	10784	
宁　波	561580	352252	303746	48506	
厦　门	608271	150922	113532	37390	
青　岛	524416	332172	222302	109870	
深　圳	863312	474760	387921	86839	

基本建设支出明细(教育事业单位)

单位：千元

公用部分	商品和服务支出	其他资本性支出	专项公用支出	专项项目支出	基本建设支出
23485252	**17311007**	**6174245**	**3024641**	**3149604**	**587136**
5585589	5018997	566593	469451	97142	9229
346738	233304	113433	55048	58386	
330707	253270	77437	52264	25173	
332320	188407	143913	65869	78044	18314
291686	207511	84174	24816	59359	400
441416	360903	80513	49210	31303	22067
387404	248007	139397	57808	81589	
400496	331749	68747	43694	25053	49458
2243907	1754336	489571	349790	139781	880
857826	678465	179361	123869	55493	60000
1341246	940605	400640	173995	226645	
429187	282291	146896	96413	50483	9500
1069925	659980	409945	95778	314166	9600
525827	348619	177208	72575	104632	819
699001	496039	202962	73273	129690	
844260	544885	299375	163295	136080	
726118	548960	177158	119358	57800	
405245	284727	120518	93521	26997	3600
2129773	1111832	1017942	355487	662454	257236
441500	307664	133837	73731	60106	
72237	59382	12855	6854	6001	
379909	331103	48807	41220	7586	9850
734715	560402	174312	84230	90082	22982
283929	222137	61793	31793	30000	
904769	435013	469756	49085	420671	30053
227286	167962	59323	31354	27969	
537060	324975	212085	92067	120018	70000
84320	57513	26807	7886	18921	2300
47187	35699	11488	8629	2859	4966
40708	36916	3792	3792		
342961	279353	63608	58486	5122	5881
89808	67090	22718	1775	20943	
209329	167733	41595	30009	11586	
457348	314685	142663	27414	115249	
192244	127877	64367	41900	22467	
366759	304408	62351	61218	1133	21793

6-55 一般公共预算教育事业费和

地区	合计				
		个人部分	工资福利支出	对个人和家庭的补助支出	
					#助学金
合计	**51064659**	**30663648**	**23658561**	**7005087**	
北京	4112487	2148205	1873569	274636	
天津	1208761	862024	546476	315548	
河北	1761220	1430513	1030227	400286	
山西	1140148	789514	589159	200355	
内蒙古	1095436	803350	720970	82380	
辽宁	1990911	1527428	1214019	313409	
吉林	1172662	785258	494996	290263	
黑龙江	1320549	873619	542392	331227	
上海	3829976	1585190	1537410	47780	
江苏	3022666	2104840	1442700	662140	
浙江	3560496	2219251	1853671	365580	
安徽	1340072	901385	795682	105703	
福建	2109305	1029780	861486	168294	
江西	1254269	727623	553649	173974	
山东	2350340	1651339	1184131	467208	
河南	2207007	1362747	1022899	339848	
湖北	2144467	1418348	1012283	406065	
湖南	1052881	644035	503629	140406	
广东	4401012	2014003	1324323	689680	
广西	1175166	733666	589310	144356	
海南	152361	80124	78072	2051	
重庆	746146	356387	286505	69882	
四川	2117073	1359376	1169849	189527	
贵州	471605	187676	149426	38249	
云南	1512931	578108	444307	133801	
西藏	579467	352182	254148	98034	
陕西	1596730	989670	737606	252063	
甘肃	369465	282845	191433	91413	
青海	242534	190380	162074	28306	
宁夏	170231	129523	117260	12263	
新疆	856286	545258	374899	170359	
大连	298804	208997	198213	10784	
宁波	561580	352252	303746	48506	
厦门	608271	150922	113532	37390	
青岛	524416	332172	222302	109870	
深圳	863312	474760	387921	86839	

基本建设支出明细(地方教育事业单位)

单位：千元

公用部分	商品和服务支出	其他资本性支出	专项公用支出	专项项目支出	基本建设支出
19821184	**13734997**	**6086187**	**2942434**	**3143753**	**579827**
1959557	1460436	499122	407831	91290	4724
346738	233304	113433	55048	58386	
330707	253270	77437	52264	25173	
332320	188407	143913	65869	78044	18314
291686	207511	84174	24816	59359	400
441416	360903	80513	49210	31303	22067
387404	248007	139397	57808	81589	
397471	328757	68714	43661	25053	49458
2243907	1754336	489571	349790	139781	880
857826	678465	179361	123869	55493	60000
1341246	940605	400640	173995	226645	
429187	282291	146896	96413	50483	9500
1069925	659980	409945	95778	314166	9600
525827	348619	177208	72575	104632	819
699001	496039	202962	73273	129690	
844260	544885	299375	163295	136080	
726118	548960	177158	119358	57800	
405245	284727	120518	93521	26997	3600
2129773	1111832	1017942	355487	662454	257236
441500	307664	133837	73731	60106	
72237	59382	12855	6854	6001	
379909	331103	48807	41220	7586	9850
734715	560402	174312	84230	90082	22982
283929	222137	61793	31793	30000	
904769	435013	469756	49085	420671	30053
227286	167962	59323	31354	27969	
537060	324975	212085	92067	120018	70000
84320	57513	26807	7886	18921	2300
47187	35699	11488	8629	2859	4966
40708	36916	3792	3792		
307950	264897	43053	37931	5122	3077
89808	67090	22718	1775	20943	
209329	167733	41595	30009	11586	
457348	314685	142663	27414	115249	
192244	127877	64367	41900	22467	
366759	304408	62351	61218	1133	21793

6–56 一般公共预算教育事业费和

地区	合计	个人部分	工资福利支出	对个人和家庭的补助支出	#助学金
合计	**38177463**	**13861825**	**10429884**	**3431941**	**29602**
北京	5556008	960157	478639	481518	20462
天津	739763	217492	128801	88691	
河北	800635	544637	402498	142138	
山西	727382	352543	287415	65128	
内蒙古	489289	279052	265164	13888	
辽宁	947576	414353	308297	106056	
吉林	620015	385403	290441	94962	
黑龙江	566323	313679	202118	111561	
上海	833744	274182	254807	19375	3079
江苏	1678887	806363	517068	289295	688
浙江	2126316	741022	523520	217503	965
安徽	969340	350142	280842	69300	
福建	862695	374639	304009	70630	1189
江西	665249	338833	222524	116309	
山东	2591298	938155	716406	221749	
河南	1371657	476180	442263	33917	
湖北	1937752	822284	594579	227706	697
湖南	1193288	633707	519809	113898	616
广东	2244601	771803	518598	253205	989
广西	1354492	281701	250817	30884	
海南	198740	45535	44720	814	
重庆	438427	157169	148371	8799	
四川	2416300	729262	576834	152428	917
贵州	890279	465799	364334	101465	
云南	1333054	486504	443864	42639	
西藏	252067	108644	94202	14442	
陕西	1735418	549814	434948	114867	
甘肃	676543	306256	219027	87229	
青海	600407	172448	122038	50410	
宁夏	172904	81188	74827	6361	
新疆	1187016	482876	398105	84771	
大连	121143	52533	47615	4918	
宁波	194071	82120	72692	9428	
厦门	79539	43649	27674	15975	
青岛	220617	118050	90369	27681	
深圳	304091	129524	90518	39006	

基本建设支出明细(其他教育机构)

单位：千元

公用部分	商品和服务支出	其他资本性支出	专项公用支出	专项项目支出	基本建设支出
22385155	**14368518**	**8016637**	**2838690**	**5177947**	**1930482**
4472032	4074221	397810	364718	33093	123819
479313	362837	116476	28179	88297	42958
225285	177919	47366	15816	31550	30714
263761	197996	65766	29080	36686	111078
205237	135084	70153	28289	41864	5000
502975	390772	112203	37812	74391	30248
194816	134210	60606	31273	29333	39796
246953	184865	62088	14014	48074	5691
527628	470725	56903	29610	27293	31934
872524	524239	348285	61341	286944	
1338694	832950	505743	324959	180784	46600
590041	260663	329377	91491	237887	29157
435195	226636	208559	28390	180169	52861
323616	191461	132155	23878	108278	2800
1552380	820416	731964	166094	565870	100762
884142	450685	433457	92335	341123	11335
1107867	514554	593313	61806	531507	7600
531530	396420	135109	71245	63864	28051
1086509	617923	468586	318717	149869	386289
813104	352949	460155	370332	89824	259686
153206	142598	10608	6250	4358	
273224	219372	53852	9301	44550	8033
1563937	1167385	396552	98568	297984	123101
419084	197924	221159	34021	187139	5397
718014	198204	519810	165683	354127	128536
141323	42021	99302	10618	88684	2099
1185104	446036	739068	38125	700942	500
340287	144764	195523	17165	178358	30000
336011	160393	175618	59281	116337	91948
91716	59876	31840	18127	13713	
509650	272421	237229	192172	45057	194489
67841	53605	14236	14236		768
71952	36979	34972	2972	32000	40000
35891	34576	1315	1315		
102567	56513	46054	3196	42858	
160973	146607	14365	13601	764	13595

6-57 一般公共预算教育事业费和

地区	合计	个人部分	工资福利支出	对个人和家庭的补助支出	#助学金
合计	**35843784**	**13355025**	**10154190**	**3200835**	**6660**
北京	3677733	575931	297091	278840	863
天津	739763	217492	128801	88691	
河北	800635	544637	402498	142138	
山西	727382	352543	287415	65128	
内蒙古	489289	279052	265164	13888	
辽宁	947576	414353	308297	106056	
吉林	620015	385403	290441	94962	
黑龙江	563589	311664	200565	111100	
上海	674148	247528	233553	13975	924
江苏	1678887	806363	517068	289295	688
浙江	2126316	741022	523520	217503	965
安徽	969340	350142	280842	69300	
福建	796303	365256	298913	66343	
江西	665249	338833	222524	116309	
山东	2591298	938155	716406	221749	
河南	1371657	476180	442263	33917	
湖北	1937752	822284	594579	227706	697
湖南	1193288	633707	519809	113898	616
广东	2244601	771803	518598	253205	989
广西	1354492	281701	250817	30884	
海南	198740	45535	44720	814	
重庆	438427	157169	148371	8799	
四川	2416300	729262	576834	152428	917
贵州	890279	465799	364334	101465	
云南	1333054	486504	443864	42639	
西藏	252067	108644	94202	14442	
陕西	1735418	549814	434948	114867	
甘肃	676543	306256	219027	87229	
青海	600407	172448	122038	50410	
宁夏	172904	81188	74827	6361	
新疆	960333	398355	331861	66493	
大连	121143	52533	47615	4918	
宁波	194071	82120	72692	9428	
厦门	79539	43649	27674	15975	
青岛	220617	118050	90369	27681	
深圳	304091	129524	90518	39006	

基本建设支出明细(地方其他教育机构)

单位：千元

公用部分	商品和服务支出	其他资本性支出	专项公用支出	专项项目支出	基本建设支出
20651934	**12731736**	**7920198**	**2772352**	**5147846**	**1836825**
2977984	2648998	328986	316444	12542	123819
479313	362837	116476	28179	88297	42958
225285	177919	47366	15816	31550	30714
263761	197996	65766	29080	36686	111078
205237	135084	70153	28289	41864	5000
502975	390772	112203	37812	74391	30248
194816	134210	60606	31273	29333	39796
246234	184267	61967	13994	47974	5691
394686	343109	51578	24285	27293	31934
872524	524239	348285	61341	286944	
1338694	832950	505743	324959	180784	46600
590041	260663	329377	91491	237887	29157
378186	176218	201969	21799	180169	52861
323616	191461	132155	23878	108278	2800
1552380	820416	731964	166094	565870	100762
884142	450685	433457	92335	341123	11335
1107867	514554	593313	61806	531507	7600
531530	396420	135109	71245	63864	28051
1086509	617923	468586	318717	149869	386289
813104	352949	460155	370332	89824	259686
153206	142598	10608	6250	4358	
273224	219372	53852	9301	44550	8033
1563937	1167385	396552	98568	297984	123101
419084	197924	221159	34021	187139	5397
718014	198204	519810	165683	354127	128536
141323	42021	99302	10618	88684	2099
1185104	446036	739068	38125	700942	500
340287	144764	195523	17165	178358	30000
336011	160393	175618	59281	116337	91948
91716	59876	31840	18127	13713	
461146	239496	221651	186045	35606	100833
67841	53605	14236	14236		768
71952	36979	34972	2972	32000	40000
35891	34576	1315	1315		
102567	56513	46054	3196	42858	
160973	146607	14365	13601	764	13595

第七部分

各地区教育和其他部门各级各类学校生均教育经费支出

7-1 生均教育经费支出(高等学校)

单位：元

地区	教育经费支出	个人和公用部分支出			基本建设支出
			个人部分	公用部分	
合计	32915.06	32203.67	17071.65	15132.02	711.39
北京	72904.64	71481.63	37231.14	34250.50	1423.00
天津	47444.23	47237.81	21353.27	25884.54	206.42
河北	22607.10	22389.46	13206.88	9182.57	217.64
山西	23553.66	23249.73	12749.12	10500.61	303.93
内蒙古	28413.66	27993.29	16299.00	11694.29	420.37
辽宁	28624.54	27910.32	15647.23	12263.10	714.22
吉林	29130.81	28813.30	15622.32	13190.98	317.51
黑龙江	28285.79	27896.35	13754.78	14141.56	389.45
上海	64223.64	60378.62	27185.17	33193.45	3845.02
江苏	36442.04	36224.82	19981.92	16242.89	217.22
浙江	43317.65	42483.41	21246.56	21236.85	834.24
安徽	25812.32	24731.66	13881.08	10850.58	1080.66
福建	34834.03	34523.79	17578.70	16945.09	310.25
江西	20163.06	19961.87	12618.66	7343.21	201.19
山东	23890.36	23622.75	13530.63	10092.12	267.61
河南	21668.30	21214.19	11020.56	10193.63	454.11
湖北	33902.12	33401.04	18803.56	14597.47	501.09
湖南	23470.70	23267.18	13445.06	9822.11	203.52
广东	38075.82	36343.10	19653.07	16690.03	1732.73
广西	23893.87	23353.45	10742.95	12610.50	540.42
海南	30612.26	27457.39	15475.62	11981.77	3154.87
重庆	28355.44	28073.77	14056.69	14017.09	281.66
四川	27493.33	27051.79	15705.98	11345.81	441.54
贵州	39950.26	39183.58	13551.15	25632.44	766.67
云南	22636.84	22439.87	12813.63	9626.24	196.97
西藏	39218.98	33999.80	23096.92	10902.88	5219.18
陕西	32734.15	32141.32	16858.24	15283.09	592.83
甘肃	29324.40	28871.43	14326.15	14545.28	452.97
青海	39767.02	38757.70	20227.95	18529.75	1009.32
宁夏	36256.96	35157.94	18806.09	16351.85	1099.03
新疆	25977.38	24219.35	15138.74	9080.61	1758.03
大连	32506.64	31236.55	17595.01	13641.54	1270.08
宁波	38058.23	37613.30	20304.13	17309.16	444.94
厦门	55474.77	54003.58	23467.49	30536.09	1471.19
青岛	59146.13	59146.13	18088.80	41057.33	
深圳	110266.98	85990.54	40472.22	45518.32	24276.44

7-2 生均一般公共预算教育事业费和基本建设支出(高等学校)

单位：元

地区	一般公共预算教育事业费和基本建设支出	事业费支出			基本建设支出
			个人部分	公用部分	
合计	**21220.82**	**20469.81**	**11917.41**	**8552.40**	**751.01**
北京	49206.42	47600.27	29609.82	17990.46	1606.15
天津	27250.16	27032.71	12035.80	14996.91	217.44
河北	17763.99	17547.64	9716.07	7831.57	216.35
山西	13995.70	13677.71	8117.17	5560.54	317.99
内蒙古	19198.84	18770.68	11998.05	6772.64	428.16
辽宁	16343.09	15725.37	9474.37	6251.00	617.72
吉林	21728.54	21384.94	11830.08	9554.86	343.61
黑龙江	17874.65	17477.11	11195.59	6281.52	397.54
上海	41679.40	37524.32	18711.67	18812.65	4155.08
江苏	22108.36	21889.63	12913.31	8976.32	218.73
浙江	23291.89	22470.09	12477.34	9992.75	821.80
安徽	16744.11	15651.61	8552.98	7098.63	1092.50
福建	21268.90	20935.30	10779.47	10155.83	333.60
江西	14905.29	14697.44	9576.28	5121.16	207.84
山东	15339.08	15049.43	10802.97	4246.46	289.65
河南	14319.94	13868.35	6713.79	7154.56	451.60
湖北	21092.09	20561.59	12146.44	8415.14	530.50
湖南	15617.43	15393.96	10570.71	4823.26	223.47
广东	27355.84	25271.12	14809.70	10461.42	2084.72
广西	16900.52	16273.37	5498.17	10775.20	627.15
海南	21818.78	18381.47	8365.82	10015.66	3437.31
重庆	17478.51	17175.95	9915.07	7260.88	302.56
四川	17352.22	16899.64	10644.18	6255.46	452.58
贵州	18300.35	17816.07	11277.46	6538.61	484.28
云南	15683.72	15445.38	10445.23	5000.15	238.34
西藏	40518.82	34070.32	25360.34	8709.98	6448.50
陕西	20852.09	20231.63	11988.25	8243.38	620.46
甘肃	22096.05	21626.16	9496.21	12129.95	469.89
青海	26144.57	25087.22	12585.15	12502.07	1057.35
宁夏	26652.17	25451.31	13804.89	11646.42	1200.86
新疆	19565.51	17640.03	12069.02	5571.01	1925.48
大连	20751.44	19326.47	12372.34	6954.13	1424.98
宁波	18624.28	18090.75	8356.11	9734.64	533.53
厦门	31264.92	29644.36	13421.03	16223.33	1620.56
青岛	48637.83	48637.83	13088.90	35548.94	
深圳	85629.10	58595.95	27241.12	31354.84	27033.15

7-3 生均教育经费支出(中央属高等学校)

单位：元

地区	教育经费支出	个人和公用部分支出			基本建设支出
			个人部分	公用部分	
合 计	**59175.94**	**58061.79**	**29391.37**	**28670.41**	**1114.15**
北 京	73013.08	71611.71	37365.19	34246.52	1401.37
天 津	88241.81	88150.95	35624.79	52526.16	90.86
河 北	28562.78	27409.80	16076.42	11333.38	1152.98
山 西					
内蒙古					
辽 宁	47788.54	46417.59	23636.00	22781.59	1370.95
吉 林	47535.82	47113.88	25222.78	21891.10	421.94
黑龙江	56456.90	56044.33	23487.01	32557.32	412.57
上 海	75835.56	73460.97	32596.53	40864.43	2374.59
江 苏	48758.70	47955.15	25831.22	22123.93	803.56
浙 江	77010.17	76813.45	30236.92	46576.53	196.72
安 徽	55436.69	54460.12	25581.87	28878.24	976.57
福 建	62065.86	60561.86	30893.00	29668.87	1503.99
江 西					
山 东	51394.05	49537.75	24848.46	24689.29	1856.30
河 南	56148.80	36801.23	19946.30	16854.93	19347.57
湖 北	51559.69	50172.27	27506.19	22666.08	1387.42
湖 南	44712.20	43971.55	25565.59	18405.96	740.66
广 东	64056.48	63267.15	32722.75	30544.40	789.33
广 西					
海 南					
重 庆	34800.38	34578.63	17659.28	16919.34	221.75
四 川	48163.56	47552.58	27326.10	20226.49	610.98
贵 州					
云 南					
西 藏					
陕 西	53963.16	53375.44	26129.25	27246.19	587.72
甘 肃	46015.72	44767.99	25942.67	18825.32	1247.72
青 海					
宁 夏	33337.48	33337.48	15812.37	17525.11	
新 疆					
大 连					
宁 波					
厦 门					
青 岛					
深 圳					

7-4 生均一般公共预算教育事业费和基本建设支出(中央属高等学校)

单位：元

地区	一般公共预算教育事业费和基本建设支出	事业费支出			基本建设支出
			个人部分	公用部分	
合计	**33467.48**	**32312.27**	**19793.17**	**12519.10**	**1155.21**
北京	43931.51	42349.96	28620.38	13729.57	1581.55
天津	37703.28	37611.45	17433.65	20177.80	91.83
河北	20863.59	20233.05	12752.41	7480.65	630.53
山西					
内蒙古					
辽宁	27410.44	26519.37	15624.04	10895.32	891.07
吉林	31332.19	30895.10	16957.41	13937.69	437.09
黑龙江	24952.33	24618.72	15084.89	9533.83	333.62
上海	42320.27	40012.61	21341.75	18670.86	2307.66
江苏	28001.81	27126.62	16333.97	10792.65	875.19
浙江	36190.98	35965.54	21875.73	14089.82	225.44
安徽	25661.80	25343.43	16044.55	9298.88	318.37
福建	31792.44	30221.25	17568.92	12652.33	1571.18
江西					
山东	29270.84	27266.36	16065.48	11200.89	2004.48
河南	56242.44	36595.89	19848.81	16747.08	19646.55
湖北	29103.78	27647.33	16010.52	11636.81	1456.45
湖南	25295.76	24526.52	15473.98	9052.54	769.24
广东	30153.28	29298.68	18480.33	10818.35	854.60
广西					
海南					
重庆	24167.41	23866.02	16476.48	7389.54	301.39
四川	26622.24	25929.80	16023.48	9906.32	692.44
贵州					
云南					
西藏					
陕西	33035.44	32356.60	19051.08	13305.52	678.84
甘肃	31332.51	30036.76	19030.31	11006.45	1295.75
青海					
宁夏	26694.81	26694.81	14543.89	12150.92	
新疆					
大连					
宁波					
厦门					
青岛					
深圳					

7-5 生均教育经费支出(地方高等学校)

单位：元

地 区	教育经费支出	个人和公用部分支出	个人部分	公用部分	基本建设支出
合 计	**27308.77**	**26683.36**	**14441.58**	**12241.78**	**625.41**
北 京	72532.13	71034.81	36770.64	34264.17	1497.33
天 津	36057.25	35818.58	17369.96	18448.62	238.67
河 北	22283.85	22116.98	13051.14	9065.84	166.88
山 西	23553.66	23249.73	12749.12	10500.61	303.93
内蒙古	28413.66	27993.29	16299.00	11694.29	420.37
辽 宁	24773.45	24191.21	14041.85	10149.36	582.24
吉 林	23947.30	23659.20	12918.48	10740.72	288.10
黑龙江	21649.47	21265.47	11462.14	9803.33	384.00
上 海	54620.21	49559.11	22709.80	26849.31	5061.11
江 苏	32542.33	32510.76	18129.92	14380.84	31.57
浙 江	38535.66	37610.94	19970.55	17640.38	924.73
安 徽	22568.96	21476.90	12600.04	8876.86	1092.06
福 建	30448.63	30330.62	15434.57	14896.05	118.01
江 西	20163.06	19961.87	12618.66	7343.21	201.19
山 东	21178.09	21067.15	12414.53	8652.62	110.94
河 南	21573.84	21171.49	10996.11	10175.38	402.36
湖 北	24841.95	24795.64	14338.21	10457.43	46.31
湖 南	20763.59	20628.52	11900.37	8728.15	135.07
广 东	34450.50	32586.13	17829.33	14756.80	1864.37
广 西	23893.87	23353.45	10742.95	12610.50	540.42
海 南	30612.26	27457.39	15475.62	11981.77	3154.87
重 庆	25979.33	25675.58	12728.49	12947.09	303.75
四 川	21400.01	21008.42	12280.52	8727.90	391.59
贵 州	39950.26	39183.58	13551.15	25632.44	766.67
云 南	22636.84	22439.87	12813.63	9626.24	196.97
西 藏	39218.98	33999.80	23096.92	10902.88	5219.18
陕 西	24810.45	24215.72	13397.84	10817.87	594.73
甘 肃	26446.42	26130.49	12323.19	13807.30	315.93
青 海	39767.02	38757.70	20227.95	18529.75	1009.32
宁 夏	37033.11	35641.91	19601.97	16039.93	1391.20
新 疆	25977.38	24219.35	15138.74	9080.61	1758.03
大 连	32506.64	31236.55	17595.01	13641.54	1270.08
宁 波	38058.23	37613.30	20304.13	17309.16	444.94
厦 门	55474.77	54003.58	23467.49	30536.09	1471.19
青 岛	59146.13	59146.13	18088.80	41057.33	
深 圳	110266.98	85990.54	40472.22	45518.32	24276.44

7-6 生均一般公共预算教育事业费和基本建设支出(地方高等学校)

单位：元

地 区	一般公共预算教育事业费和基本建设支出	事业费支出			基本建设支出
			个人部分	公用部分	
合 计	**18608.12**	**17943.35**	**10237.20**	**7706.15**	**664.78**
北 京	67496.70	65805.25	33040.58	32764.67	1691.45
天 津	24172.72	23918.29	10446.66	13471.63	254.43
河 北	17587.21	17394.48	9542.90	7851.58	192.73
山 西	13995.70	13677.71	8117.17	5560.54	317.99
内蒙古	19198.84	18770.68	11998.05	6772.64	428.16
辽 宁	14045.05	13484.09	8197.45	5286.64	560.96
吉 林	18817.14	18501.88	10275.69	8226.18	315.27
黑龙江	16210.93	15798.36	10281.35	5517.01	412.57
上 海	41112.39	35322.79	16384.69	18938.09	5789.61
江 苏	20349.59	20326.77	11892.49	8434.28	22.83
浙 江	21473.70	20567.84	11152.59	9415.25	905.86
安 徽	15711.74	14529.62	7685.70	6843.91	1182.12
福 建	19498.92	19373.47	9637.53	9735.94	125.45
江 西	14905.29	14697.44	9576.28	5121.16	207.84
山 东	13955.88	13836.48	10280.49	3555.99	119.39
河 南	14199.52	13803.06	6676.06	7127.00	396.46
湖 北	16929.37	16879.97	10138.75	6741.23	49.39
湖 南	14258.21	14111.39	9882.09	4229.30	146.83
广 东	26915.22	24636.74	14231.54	10405.20	2278.48
广 西	16900.52	16273.37	5498.17	10775.20	627.15
海 南	21818.78	18381.47	8365.82	10015.66	3437.31
重 庆	15555.32	15252.42	8028.53	7223.89	302.90
四 川	14545.92	14165.95	9015.71	5150.23	379.97
贵 州	18300.35	17816.07	11277.46	6538.61	484.28
云 南	15683.72	15445.38	10445.23	5000.15	238.34
西 藏	40518.82	34070.32	25360.34	8709.98	6448.50
陕 西	16714.80	16114.16	9589.81	6524.35	600.64
甘 肃	20343.56	20030.36	7687.25	12343.11	313.20
青 海	26144.57	25087.22	12585.15	12502.07	1057.35
宁 夏	26639.47	25080.97	13584.80	11496.18	1558.50
新 疆	19565.51	17640.03	12069.02	5571.01	1925.48
大 连	20751.44	19326.47	12372.34	6954.13	1424.98
宁 波	18624.28	18090.75	8356.11	9734.64	533.53
厦 门	31264.92	29644.36	13421.03	16223.33	1620.56
青 岛	48637.83	48637.83	13088.90	35548.94	
深 圳	85629.10	58595.95	27241.12	31354.84	27033.15

7-7 生均教育经费支出(普通高等学校)

单位：元

地 区	教育经费支出	个人和公用部分支出			基本建设支出
			个人部分	公用部分	
合 计	**33475.36**	**32749.73**	**17344.64**	**15405.08**	**725.63**
北 京	73841.30	72382.17	37673.18	34708.99	1459.13
天 津	48146.52	47934.23	21521.59	26412.65	212.29
河 北	22872.26	22647.32	13303.28	9344.04	224.94
山 西	23663.20	23353.13	12754.78	10598.35	310.07
内蒙古	28567.34	28141.08	16388.83	11752.25	426.26
辽 宁	28300.66	27596.56	15459.78	12136.78	704.10
吉 林	29472.84	29153.09	15690.43	13462.66	319.76
黑龙江	28697.47	28294.00	13811.18	14482.83	403.47
上 海	65128.27	61154.50	27491.68	33662.82	3973.77
江 苏	36457.25	36239.15	20004.08	16235.07	218.10
浙 江	44170.30	43502.43	21743.44	21758.99	667.87
安 徽	26200.73	25082.83	14052.86	11029.97	1117.90
福 建	35603.07	35295.15	17986.16	17308.99	307.92
江 西	20915.39	20701.77	13087.31	7614.46	213.62
山 东	23888.42	23619.47	13536.00	10083.47	268.95
河 南	21706.40	21247.79	11020.71	10227.08	458.61
湖 北	34091.93	33586.68	18891.06	14695.62	505.26
湖 南	24566.02	24349.33	14120.92	10228.42	216.69
广 东	39672.64	37830.81	20432.66	17398.15	1841.84
广 西	24594.68	24022.30	11042.77	12979.53	572.38
海 南	31518.73	28211.15	15896.86	12314.29	3307.58
重 庆	28412.43	28129.25	14110.31	14018.94	283.17
四 川	27695.16	27247.24	15842.05	11405.19	447.92
贵 州	41507.95	40704.96	14034.43	26670.53	802.99
云 南	24372.57	24155.20	13828.41	10326.79	217.37
西 藏	39218.98	33999.80	23096.92	10902.88	5219.18
陕 西	33595.88	32977.64	17302.83	15674.82	618.23
甘 肃	30979.26	30495.68	15096.55	15399.13	483.58
青 海	40045.51	39013.88	20326.94	18686.94	1031.63
宁 夏	36256.96	35157.94	18806.09	16351.85	1099.03
新 疆	26918.43	25030.08	15628.47	9401.61	1888.36
大 连	29368.50	28022.25	15607.45	12414.81	1346.25
宁 波	38969.93	38469.63	20774.10	17695.53	500.30
厦 门	55447.32	53976.13	23443.65	30532.48	1471.19
青 岛	67130.15	67130.15	19982.59	47147.56	
深 圳	111933.00	87057.20	40875.25	46181.95	24875.80

7-8 生均一般公共预算教育事业费和基本建设支出(普通高等学校)

单位：元

地区	一般公共预算教育事业费和基本建设支出	事业费支出			基本建设支出
			个人部分	公用部分	
合计	**21044.03**	**20298.63**	**11792.61**	**8506.02**	**745.40**
北京	48765.87	47159.70	29315.69	17844.01	1606.17
天津	26870.35	26652.68	11723.36	14929.33	217.66
河北	17520.57	17302.90	9487.87	7815.03	217.67
山西	13982.40	13659.81	8074.00	5585.81	322.59
内蒙古	19081.58	18654.08	11912.92	6741.17	427.50
辽宁	16137.50	15533.92	9313.28	6220.64	603.58
吉林	21340.85	21005.47	11494.64	9510.83	335.39
黑龙江	17544.15	17145.08	10899.14	6245.94	399.07
上海	40827.48	36670.72	18277.91	18392.81	4156.75
江苏	22070.67	21851.65	12885.04	8966.61	219.02
浙江	22710.46	22092.70	12197.22	9895.48	617.76
安徽	16634.45	15534.28	8496.65	7037.63	1100.16
福建	21083.73	20764.24	10641.56	10122.67	319.50
江西	14893.03	14680.65	9553.10	5127.55	212.38
山东	15279.19	14989.36	10760.43	4228.94	289.83
河南	14259.89	13807.56	6667.45	7140.11	452.33
湖北	21073.74	20542.45	12120.64	8421.81	531.29
湖南	15474.32	15250.52	10456.91	4793.61	223.79
广东	26939.56	24851.26	14520.18	10331.08	2088.30
广西	16765.77	16124.80	5447.63	10677.18	640.97
海南	21379.43	17942.13	8183.56	9758.56	3437.30
重庆	17458.38	17155.76	9905.73	7250.03	302.62
四川	17214.20	16770.46	10572.77	6197.69	443.73
贵州	18268.42	17781.19	11238.55	6542.64	487.23
云南	15666.88	15424.55	10362.87	5061.68	242.33
西藏	40518.82	34070.32	25360.34	8709.98	6448.50
陕西	20937.30	20305.79	12035.15	8270.64	631.51
甘肃	21937.59	21467.70	9379.44	12088.26	469.89
青海	26520.90	25439.03	12678.58	12760.45	1081.86
宁夏	26652.17	25451.31	13804.89	11646.42	1200.86
新疆	19146.45	17207.82	11674.00	5533.82	1938.63
大连	17757.94	16350.50	9979.03	6371.46	1407.44
宁波	16708.18	16154.28	7346.08	8808.20	553.90
厦门	31240.57	29620.00	13400.32	16219.68	1620.56
青岛	47266.94	47266.94	12146.70	35120.25	
深圳	85281.11	58252.63	27004.65	31247.98	27028.47

7-9 生均教育经费支出(中央属普通高等学校)

单位：元

地区	教育经费支出	个人和公用部分支出			基本建设支出
			个人部分	公用部分	
合计	**59100.81**	**57985.20**	**29361.42**	**28623.78**	**1115.61**
北京	72672.42	71265.16	37235.22	34029.94	1407.26
天津	88241.81	88150.95	35624.79	52526.16	90.86
河北	28562.78	27409.80	16076.42	11333.38	1152.98
山西					
内蒙古					
辽宁	48168.73	46784.92	23805.51	22979.41	1383.80
吉林	47535.82	47113.88	25222.78	21891.10	421.94
黑龙江	56456.90	56044.33	23487.01	32557.32	412.57
上海	75835.56	73460.97	32596.53	40864.43	2374.59
江苏	48758.70	47955.15	25831.22	22123.93	803.56
浙江	77010.17	76813.45	30236.92	46576.53	196.72
安徽	55436.69	54460.12	25581.87	28878.24	976.57
福建	62065.86	60561.86	30893.00	29668.87	1503.99
江西					
山东	51394.05	49537.75	24848.46	24689.29	1856.30
河南	56148.80	36801.23	19946.30	16854.93	19347.57
湖北	51559.69	50172.27	27506.19	22666.08	1387.42
湖南	44712.20	43971.55	25565.59	18405.96	740.66
广东	64056.48	63267.15	32722.75	30544.40	789.33
广西					
海南					
重庆	34800.38	34578.63	17659.28	16919.34	221.75
四川	48163.56	47552.58	27326.10	20226.49	610.98
贵州					
云南					
西藏					
陕西	53963.16	53375.44	26129.25	27246.19	587.72
甘肃	46015.72	44767.99	25942.67	18825.32	1247.72
青海					
宁夏	33337.48	33337.48	15812.37	17525.11	
新疆					
大连					
宁波					
厦门					
青岛					
深圳					

7-10 生均一般公共预算教育事业费和基本建设支出(中央属普通高等学校)

单位：元

地区	一般公共预算教育事业费和基本建设支出	事业费支出	个人部分	公用部分	基本建设支出
合计	**33464.32**	**32308.26**	**19789.97**	**12518.29**	**1156.06**
北京	43951.76	42364.99	28635.08	13729.91	1586.77
天津	37703.28	37611.45	17433.65	20177.80	91.83
河北	20863.59	20233.05	12752.41	7480.65	630.53
山西					
内蒙古					
辽宁	27410.47	26519.40	15624.06	10895.34	891.07
吉林	31332.19	30895.10	16957.41	13937.69	437.09
黑龙江	24952.33	24618.72	15084.89	9533.83	333.62
上海	42320.27	40012.61	21341.75	18670.86	2307.66
江苏	28001.81	27126.62	16333.97	10792.65	875.19
浙江	36190.98	35965.54	21875.73	14089.82	225.44
安徽	25661.80	25343.43	16044.55	9298.88	318.37
福建	31792.44	30221.25	17568.92	12652.33	1571.18
江西					
山东	29270.84	27266.36	16065.48	11200.89	2004.48
河南	56242.44	36595.89	19848.81	16747.08	19646.55
湖北	29103.78	27647.33	16010.52	11636.81	1456.45
湖南	25295.76	24526.52	15473.98	9052.54	769.24
广东	30153.28	29298.68	18480.33	10818.35	854.60
广西					
海南					
重庆	24167.41	23866.02	16476.48	7389.54	301.39
四川	26622.24	25929.80	16023.48	9906.32	692.44
贵州					
云南					
西藏					
陕西	33035.44	32356.60	19051.08	13305.52	678.84
甘肃	31332.51	30036.76	19030.31	11006.45	1295.75
青海					
宁夏	26694.81	26694.81	14543.89	12150.92	
新疆					
大连					
宁波					
厦门					
青岛					
深圳					

7-11 生均教育经费支出(地方普通高等学校)

单位：元

地 区	教育经费支出	个人和公用部分支出	个人部分	公用部分	基本建设支出
合 计	**27791.02**	**27151.89**	**14679.03**	**12472.86**	**639.13**
北 京	78335.38	76676.81	39357.04	37319.77	1658.57
天 津	36545.07	36297.65	17440.87	18856.78	247.42
河 北	22552.47	22379.68	13147.44	9232.24	172.79
山 西	23663.20	23353.13	12754.78	10598.35	310.07
内蒙古	28567.34	28141.08	16388.83	11752.25	426.26
辽 宁	24329.58	23761.34	13791.70	9969.64	568.24
吉 林	24119.81	23830.34	12865.48	10964.86	289.47
黑龙江	21864.75	21463.53	11429.56	10033.97	401.23
上 海	55715.83	50336.28	23004.16	27332.11	5379.55
江 苏	32541.51	32509.77	18149.21	14360.56	31.74
浙 江	39226.88	38488.09	20464.91	18023.18	738.79
安 徽	22877.06	21743.10	12742.20	9000.90	1133.96
福 建	31138.19	31032.07	15808.48	15223.60	106.11
江 西	20915.39	20701.77	13087.31	7614.46	213.62
山 东	21160.95	21049.40	12414.25	8635.15	111.55
河 南	21611.11	21204.76	10996.02	10208.74	406.35
湖 北	25015.83	24968.94	14414.71	10554.23	46.89
湖 南	21809.67	21664.67	12555.08	9109.59	145.00
广 东	36023.16	34023.80	18593.23	15430.58	1999.36
广 西	24594.68	24022.30	11042.77	12979.53	572.38
海 南	31518.73	28211.15	15896.86	12314.29	3307.58
重 庆	26039.99	25734.00	12792.25	12941.76	305.99
四 川	21376.90	20979.32	12297.12	8682.20	397.58
贵 州	41507.95	40704.96	14034.43	26670.53	802.99
云 南	24372.57	24155.20	13828.41	10326.79	217.37
西 藏	39218.98	33999.80	23096.92	10902.88	5219.18
陕 西	25539.12	24908.81	13811.33	11097.48	630.30
甘 肃	28178.75	27837.49	13076.48	14761.00	341.26
青 海	40045.51	39013.88	20326.94	18686.94	1031.63
宁 夏	37033.11	35641.91	19601.97	16039.93	1391.20
新 疆	26918.43	25030.08	15628.47	9401.61	1888.36
大 连	29368.50	28022.25	15607.45	12414.81	1346.25
宁 波	38969.93	38469.63	20774.10	17695.53	500.30
厦 门	55447.32	53976.13	23443.65	30532.48	1471.19
青 岛	67130.15	67130.15	19982.59	47147.56	
深 圳	111933.00	87057.20	40875.25	46181.95	24875.80

7–12 生均一般公共预算教育事业费和基本建设支出(地方普通高等学校)

单位：元

地 区	一般公共预算教育事业费和基本建设支出	事业费支出	个人部分	公用部分	基本建设支出
合 计	**18379.49**	**17722.19**	**10076.92**	**7645.26**	**657.30**
北 京	65478.93	63805.40	31678.55	32126.86	1673.52
天 津	23676.94	23422.18	10040.04	13382.15	254.76
河 北	17328.69	17134.71	9300.49	7834.22	193.97
山 西	13982.40	13659.81	8074.00	5585.81	322.59
内蒙古	19081.58	18654.08	11912.92	6741.17	427.50
辽 宁	13796.77	13252.89	8002.90	5249.98	543.88
吉 林	18277.31	17973.10	9819.64	8153.47	304.20
黑龙江	15794.44	15379.91	9910.53	5469.38	414.53
上 海	39505.71	33711.72	15565.10	18146.62	5793.99
江 苏	20297.62	20274.76	11854.02	8420.73	22.87
浙 江	20787.03	20113.29	10816.27	9297.02	673.74
安 徽	15581.19	14389.81	7616.01	6773.80	1191.38
福 建	19272.55	19164.75	9469.93	9694.83	107.80
江 西	14893.03	14680.65	9553.10	5127.55	212.38
山 东	13889.10	13769.62	10233.36	3536.26	119.47
河 南	14139.10	13741.99	6629.52	7112.47	397.11
湖 北	16892.06	16842.55	10094.97	6747.58	49.51
湖 南	14092.73	13945.66	9751.15	4194.51	147.07
广 东	26432.27	24149.23	13895.07	10254.16	2283.04
广 西	16765.77	16124.80	5447.63	10677.18	640.97
海 南	21379.43	17942.13	8183.56	9758.56	3437.30
重 庆	15528.97	15226.00	8016.08	7209.91	302.97
四 川	14351.10	13983.05	8913.98	5069.07	368.05
贵 州	18268.42	17781.19	11238.55	6542.64	487.23
云 南	15666.88	15424.55	10362.87	5061.68	242.33
西 藏	40518.82	34070.32	25360.34	8709.98	6448.50
陕 西	16730.39	16115.35	9595.50	6519.85	615.05
甘 肃	20155.04	19841.84	7548.33	12293.51	313.20
青 海	26520.90	25439.03	12678.58	12760.45	1081.86
宁 夏	26639.47	25080.97	13584.80	11496.18	1558.50
新 疆	19146.45	17207.82	11674.00	5533.82	1938.63
大 连	17757.94	16350.50	9979.03	6371.46	1407.44
宁 波	16708.18	16154.28	7346.08	8808.20	553.90
厦 门	31240.57	29620.00	13400.32	16219.68	1620.56
青 岛	47266.94	47266.94	12146.70	35120.25	
深 圳	85281.11	58252.63	27004.65	31247.98	27028.47

7-13 生均教育经费支出(普通高等本科学校)

单位：元

地 区	教育经费支出	个人和公用部分支出			基本建设支出
			个人部分	公用部分	
合 计	**37515.45**	**36691.71**	**19385.15**	**17306.55**	**823.74**
北 京	73877.85	72438.30	37576.77	34861.53	1439.55
天 津	55450.89	55201.97	23880.46	31321.51	248.92
河 北	24282.28	23968.71	14365.35	9603.36	313.57
山 西	26048.92	25655.54	13966.70	11688.84	393.37
内蒙古	27783.58	27610.41	16473.96	11136.45	173.17
辽 宁	30259.07	29630.67	16738.14	12892.53	628.40
吉 林	30906.86	30554.23	16386.72	14167.52	352.63
黑龙江	30842.76	30401.25	14554.61	15846.63	441.52
上 海	65336.81	62104.12	28165.38	33938.74	3232.69
江 苏	41004.14	40697.19	22684.72	18012.47	306.95
浙 江	50936.21	50136.17	24531.73	25604.44	800.05
安 徽	29230.36	28055.03	16142.87	11912.16	1175.33
福 建	39340.90	38938.22	19971.06	18967.16	402.68
江 西	23437.32	23251.30	14775.25	8476.05	186.03
山 东	26970.30	26585.70	15190.18	11395.52	384.60
河 南	23658.37	23188.33	12151.11	11037.22	470.04
湖 北	38914.20	38264.88	21845.81	16419.07	649.32
湖 南	27099.61	26829.13	15662.51	11166.62	270.49
广 东	46584.11	44063.60	23226.74	20836.86	2520.50
广 西	25916.21	25169.34	11739.62	13429.72	746.87
海 南	31629.68	27755.41	15759.14	11996.26	3874.27
重 庆	30459.74	30202.90	15404.48	14798.42	256.84
四 川	30106.03	29695.73	17264.12	12431.61	410.30
贵 州	55777.10	54713.38	17052.10	37661.29	1063.72
云 南	25658.61	25457.99	14492.57	10965.41	200.62
西 藏	43521.80	36923.41	24779.54	12143.87	6598.39
陕 西	37754.78	37058.51	19309.73	17748.79	696.27
甘 肃	29818.51	29238.76	16615.97	12622.79	579.74
青 海	44825.13	43300.65	24032.84	19267.81	1524.49
宁 夏	41824.03	40204.27	20858.68	19345.59	1619.76
新 疆	28679.99	26757.13	16744.90	10012.22	1922.87
大 连	34193.61	32052.73	18708.00	13344.74	2140.88
宁 波	45904.72	45492.24	24389.84	21102.40	412.48
厦 门	61944.93	60066.97	25422.56	34644.42	1877.96
青 岛	335108.32	335108.32	53425.47	281682.85	
深 圳	142045.93	104196.49	42261.70	61934.79	37849.43

7-14 生均一般公共预算教育事业费和基本建设支出(普通高等本科学校)

单位：元

地区	一般公共预算教育事业费和基本建设支出	事业费支出			基本建设支出
			个人部分	公用部分	
合计	**23375.49**	**22504.28**	**13192.71**	**9311.57**	**871.21**
北京	48331.88	46742.27	29215.88	17526.39	1589.61
天津	30360.12	30103.66	12386.80	17716.87	256.45
河北	19201.20	18883.62	10470.20	8413.42	317.58
山西	14782.59	14366.25	8778.76	5587.48	416.34
内蒙古	18303.41	18121.95	11956.05	6165.90	181.46
辽宁	17187.62	16656.33	10114.18	6542.15	531.28
吉林	22474.28	22101.17	11976.61	10124.56	373.10
黑龙江	18594.07	18157.35	11442.65	6714.70	436.71
上海	40717.32	37351.48	18828.13	18523.35	3365.84
江苏	24199.03	23887.48	14358.32	9529.16	311.55
浙江	26697.06	25861.64	14172.22	11689.43	835.41
安徽	17885.15	16738.07	9763.83	6974.24	1147.08
福建	22577.24	22157.17	11748.63	10408.54	420.06
江西	16363.64	16158.99	10400.39	5758.60	204.66
山东	17039.80	16608.25	11893.08	4715.17	431.55
河南	15088.50	14592.13	7024.78	7567.35	496.37
湖北	23506.92	22812.46	13775.66	9036.80	694.46
湖南	17083.43	16789.17	11621.87	5167.30	294.26
广东	32451.60	29492.37	16801.05	12691.32	2959.23
广西	18059.26	17182.38	5961.71	11220.67	876.87
海南	22184.37	18124.32	8141.30	9983.02	4060.05
重庆	18878.30	18583.86	10961.57	7622.29	294.44
四川	18384.30	17924.66	11474.10	6450.55	459.65
贵州	20847.18	20111.42	13885.61	6225.82	735.76
云南	15937.75	15708.45	10697.77	5010.67	229.30
西藏	43524.01	35401.03	26729.45	8671.57	8122.98
陕西	23615.01	22892.38	13666.33	9226.05	722.63
甘肃	20932.02	20368.54	10295.55	10072.98	563.49
青海	27965.98	26346.37	14509.11	11837.27	1619.61
宁夏	31417.40	29608.04	16093.49	13514.55	1809.36
新疆	20089.25	18126.24	12104.90	6021.34	1963.01
大连	22044.51	19740.78	11874.89	7865.89	2303.73
宁波	16770.46	16303.77	6433.09	9870.68	466.69
厦门	33286.32	31302.15	13855.74	17446.41	1984.17
青岛	259830.82	259830.82	26804.93	233025.89	
深圳	116120.82	74477.97	29185.51	45292.46	41642.84

7-15 生均教育经费支出(中央属普通高等本科学校)

单位：元

地区	教育经费支出	个人和公用部分支出			基本建设支出
			个人部分	公用部分	
合计	**59138.25**	**58107.46**	**29457.96**	**28649.50**	**1030.79**
北京	72776.67	71391.64	37300.51	34091.13	1385.03
天津	88241.81	88150.95	35624.79	52526.16	90.86
河北	28562.78	27409.80	16076.42	11333.38	1152.98
山西					
内蒙古					
辽宁	48168.73	46784.92	23805.51	22979.41	1383.80
吉林	47535.82	47113.88	25222.78	21891.10	421.94
黑龙江	56456.90	56044.33	23487.01	32557.32	412.57
上海	74489.68	73019.63	32911.72	40107.92	1470.05
江苏	48758.70	47955.15	25831.22	22123.93	803.56
浙江	77010.17	76813.45	30236.92	46576.53	196.72
安徽	55436.69	54460.12	25581.87	28878.24	976.57
福建	62065.86	60561.86	30893.00	29668.87	1503.99
江西					
山东	51394.05	49537.75	24848.46	24689.29	1856.30
河南	56148.80	36801.23	19946.30	16854.93	19347.57
湖北	51594.66	50205.98	27525.22	22680.76	1388.69
湖南	46553.27	45765.90	26391.95	19373.95	787.38
广东	66021.49	65419.67	33713.09	31706.58	601.83
广西					
海南					
重庆	34800.38	34578.63	17659.28	16919.34	221.75
四川	48163.56	47552.58	27326.10	20226.49	610.98
贵州					
云南					
西藏					
陕西	53963.16	53375.44	26129.25	27246.19	587.72
甘肃	46015.72	44767.99	25942.67	18825.32	1247.72
青海					
宁夏	33337.48	33337.48	15812.37	17525.11	
新疆					
大连					
宁波					
厦门					
青岛					
深圳					

7-16 生均一般公共预算教育事业费和基本建设支出（中央属普通高等本科学校）

单位：元

地 区	一般公共预算教育事业费和基本建设支出	事业费支出			基本建设支出
			个人部分	公用部分	
合 计	**33527.56**	**32465.54**	**19888.67**	**12576.87**	**1062.03**
北 京	44013.13	42451.54	28707.17	13744.37	1561.58
天 津	37703.28	37611.45	17433.65	20177.80	91.83
河 北	20863.59	20233.05	12752.41	7480.65	630.53
山 西					
内蒙古					
辽 宁	27410.47	26519.40	15624.06	10895.34	891.07
吉 林	31332.19	30895.10	16957.41	13937.69	437.09
黑龙江	24952.33	24618.72	15084.89	9533.83	333.62
上 海	41856.97	40518.90	21606.58	18912.31	1338.07
江 苏	28001.81	27126.62	16333.97	10792.65	875.19
浙 江	36190.98	35965.54	21875.73	14089.82	225.44
安 徽	25661.80	25343.43	16044.55	9298.88	318.37
福 建	31792.44	30221.25	17568.92	12652.33	1571.18
江 西					
山 东	29270.84	27266.36	16065.48	11200.89	2004.48
河 南	56242.44	36595.89	19848.81	16747.08	19646.55
湖 北	29130.81	27672.96	16024.93	11648.02	1457.85
湖 南	26715.24	25895.48	16290.95	9604.53	819.75
广 东	31035.70	30380.99	19200.84	11180.15	654.72
广 西					
海 南					
重 庆	24167.41	23866.02	16476.48	7389.54	301.39
四 川	26622.24	25929.80	16023.48	9906.32	692.44
贵 州					
云 南					
西 藏					
陕 西	33035.44	32356.60	19051.08	13305.52	678.84
甘 肃	31332.51	30036.76	19030.31	11006.45	1295.75
青 海					
宁 夏	26694.81	26694.81	14543.89	12150.92	
新 疆					
大 连					
宁 波					
厦 门					
青 岛					
深 圳					

7-17 生均教育经费支出(地方普通高等本科学校)

单位：元

地 区	教育经费支出	个人和公用部分支出	个人部分	公用部分	基本建设支出
合 计	**30460.28**	**29704.08**	**16098.56**	**13605.53**	**756.19**
北 京	78914.54	77225.61	38840.39	38385.22	1688.93
天 津	41720.76	41405.66	18962.91	22442.75	315.10
河 北	23939.35	23693.03	14228.27	9464.76	246.32
山 西	26048.92	25655.54	13966.70	11688.84	393.37
内蒙古	27783.58	27610.41	16473.96	11136.45	173.17
辽 宁	25519.29	25090.81	14867.76	10223.05	428.48
吉 林	24801.49	24474.31	13142.53	11331.78	327.18
黑龙江	22545.37	22094.48	11661.07	10433.41	450.89
上 海	56502.04	51567.96	23584.00	27983.96	4934.08
江 苏	36906.70	36862.16	21022.14	15840.02	44.54
浙 江	44752.20	43809.06	23178.61	20630.45	943.14
安 徽	24489.13	23277.84	14435.17	8842.67	1211.29
福 建	33846.66	33710.24	17330.45	16379.79	136.42
江 西	23437.32	23251.30	14775.25	8476.05	186.03
山 东	23273.38	23111.55	13728.24	9383.30	161.84
河 南	23525.73	23132.76	12119.28	11013.47	392.97
湖 北	27778.04	27778.04	16858.07	10919.97	
湖 南	22973.08	22812.23	13386.56	9425.67	160.84
广 东	42201.42	39248.31	20862.32	18385.99	2953.12
广 西	25916.21	25169.34	11739.62	13429.72	746.87
海 南	31629.68	27755.41	15759.14	11996.26	3874.27
重 庆	27983.05	27706.19	14117.93	13588.26	276.86
四 川	22120.31	21798.76	12814.34	8984.42	321.55
贵 州	55777.10	54713.38	17052.10	37661.29	1063.72
云 南	25658.61	25457.99	14492.57	10965.41	200.62
西 藏	43521.80	36923.41	24779.54	12143.87	6598.39
陕 西	28299.91	27540.33	15331.69	12208.65	759.58
甘 肃	25446.88	25047.42	14098.70	10948.73	399.46
青 海	44825.13	43300.65	24032.84	19267.81	1524.49
宁 夏	45628.39	43282.53	23120.85	20161.68	2345.87
新 疆	28679.99	26757.13	16744.90	10012.22	1922.87
大 连	34193.61	32052.73	18708.00	13344.74	2140.88
宁 波	45904.72	45492.24	24389.84	21102.40	412.48
厦 门	61944.93	60066.97	25422.56	34644.42	1877.96
青 岛	335108.32	335108.32	53425.47	281682.85	
深 圳	142045.93	104196.49	42261.70	61934.79	37849.43

7-18 生均一般公共预算教育事业费和基本建设支出
(地方普通高等本科学校)

单位：元

地区	一般公共预算教育事业费和基本建设支出	事业费支出			基本建设支出
			个人部分	公用部分	
合计	**20096.33**	**19286.75**	**11029.89**	**8256.87**	**809.57**
北京	66309.22	64602.97	31333.46	33269.50	1706.26
天津	27199.97	26872.67	10214.87	16657.80	327.30
河北	19058.22	18767.55	10273.90	8493.65	290.66
山西	14782.59	14366.25	8778.76	5587.48	416.34
内蒙古	18303.41	18121.95	11956.05	6165.90	181.46
辽宁	14339.00	13907.97	8578.84	5329.13	431.03
吉林	19057.89	18709.47	10055.58	8653.89	348.43
黑龙江	16604.41	16135.43	10302.91	5832.53	468.97
上海	39603.75	34256.54	16113.25	18143.29	5347.21
江苏	22295.79	22266.34	13369.53	8896.80	29.46
浙江	24531.34	23556.78	12414.92	11141.86	974.56
安徽	16396.40	15090.67	8561.45	6529.22	1305.73
福建	20353.26	20211.00	10343.97	9867.03	142.26
江西	16363.64	16158.99	10400.39	5758.60	204.66
山东	15104.54	14921.87	11232.90	3688.97	182.67
河南	14911.45	14497.47	6969.61	7527.86	413.99
湖北	18390.90	18390.90	11729.50	6661.40	
湖南	14913.77	14737.87	10570.11	4167.77	175.89
广东	32802.40	29272.20	16206.47	13065.74	3530.20
广西	18059.26	17182.38	5961.71	11220.67	876.87
海南	22184.37	18124.32	8141.30	9983.02	4060.05
重庆	16541.40	16250.02	8524.90	7725.13	291.38
四川	14635.63	14281.92	9403.91	4878.00	353.72
贵州	20847.18	20111.42	13885.61	6225.82	735.76
云南	15937.75	15708.45	10697.77	5010.67	229.30
西藏	43524.01	35401.03	26729.45	8671.57	8122.98
陕西	18683.81	17938.25	10847.64	7090.61	745.56
甘肃	18026.64	17667.71	7855.49	9812.22	358.93
青海	27965.98	26346.37	14509.11	11837.27	1619.61
宁夏	33913.21	31147.64	16912.43	14235.21	2765.57
新疆	20089.25	18126.24	12104.90	6021.34	1963.01
大连	22044.51	19740.78	11874.89	7865.89	2303.73
宁波	16770.46	16303.77	6433.09	9870.68	466.69
厦门	33286.32	31302.15	13855.74	17446.41	1984.17
青岛	259830.82	259830.82	26804.93	233025.89	
深圳	116120.82	74477.97	29185.51	45292.46	41642.84

7-19 生均教育经费支出(地方普通高职高专学校)

单位：元

地 区	教育经费支出	个人和公用部分支出			基本建设支出
			个人部分	公用部分	
合 计	**22235.73**	**21840.23**	**11724.71**	**10115.52**	**395.50**
北 京	75344.41	73842.63	42025.18	31817.45	1501.78
天 津	24969.25	24873.19	14036.71	10836.48	96.06
河 北	19293.40	19293.40	10607.57	8685.83	
山 西	18139.62	18022.43	9948.86	8073.57	117.19
内蒙古	30091.49	29173.06	16223.29	12949.77	918.43
辽 宁	20658.69	19659.23	10471.46	9187.76	999.47
吉 林	21266.47	21134.83	11705.83	9429.00	131.64
黑龙江	19711.39	19467.30	10697.11	8770.20	244.09
上 海	48979.24	39782.73	18035.88	21746.84	9196.52
江 苏	25927.13	25914.78	13795.98	12118.80	12.35
浙 江	29627.10	29243.35	15750.08	13493.27	383.75
安 徽	20151.32	19148.10	9879.65	9268.45	1003.22
福 建	24882.32	24846.20	12293.12	12553.08	36.12
江 西	15886.50	15617.85	9721.46	5896.39	268.65
山 东	17148.54	17132.50	9918.42	7214.08	16.04
河 南	17584.77	17150.29	8633.85	8516.44	434.48
湖 北	21022.74	20908.06	10882.56	10025.50	114.68
湖 南	20014.81	19894.25	11272.31	8621.94	120.56
广 东	25611.45	25219.38	14769.31	10450.06	392.08
广 西	21555.77	21384.62	9440.32	11944.30	171.15
海 南	30996.66	30355.74	16544.93	13810.81	640.91
重 庆	22417.12	22056.82	10320.49	11736.33	360.30
四 川	19658.65	19085.34	11101.67	7983.67	573.31
贵 州	20423.79	20006.06	9575.53	10430.54	417.73
云 南	19897.78	19622.14	11517.45	8104.70	275.64
西 藏	27219.19	25846.38	18404.39	7441.99	1372.81
陕 西	19722.60	19364.66	10608.20	8756.46	357.94
甘 肃	34261.20	34049.50	10800.54	23248.96	211.69
青 海	30622.13	30562.21	13020.48	17541.73	59.92
宁 夏	24507.48	24507.48	14474.03	10033.45	
新 疆	23953.23	22122.97	13749.21	8373.76	1830.26
大 连	21193.93	21193.93	10354.58	10839.35	
宁 波	29475.46	28854.93	15823.76	13031.16	620.54
厦 门	31946.63	31946.63	16286.29	15660.34	
青 岛	27416.66	27416.66	15026.46	12390.19	
深 圳	60984.27	58058.85	38529.49	19529.37	2925.42

7–20　生均一般公共预算教育事业费和基本建设支出（地方普通高职高专学校）

单位：元

地区	一般公共预算教育事业费和基本建设支出	事业费支出			基本建设支出
			个人部分	公用部分	
合　计	**15055.62**	**14693.13**	**8231.95**	**6461.18**	**362.49**
北　京	61403.22	59890.38	33372.46	26517.92	1512.83
天　津	16016.14	15919.13	9659.87	6259.26	97.01
河　北	13859.09	13859.09	7347.73	6511.35	
山　西	12227.08	12110.16	6528.01	5582.15	116.92
内蒙古	20546.06	19655.53	11831.74	7823.79	890.53
辽　宁	12211.25	11337.36	6318.81	5018.55	873.89
吉　林	15250.21	15117.50	8904.65	6212.85	132.71
黑龙江	13301.57	13054.61	8702.89	4351.71	246.97
上　海	38712.82	29305.35	11131.82	18173.53	9407.47
江　苏	17333.91	17320.82	9606.19	7714.62	13.09
浙　江	14533.74	14362.40	8146.40	6215.99	171.34
安　徽	14309.01	13296.08	6140.59	7155.48	1012.94
福　建	16741.17	16714.08	7422.61	9291.47	27.09
江　西	12244.17	12017.87	8026.96	3990.91	226.29
山　东	11837.99	11825.17	8546.60	3278.57	12.82
河　南	12579.18	12216.17	5942.65	6273.51	363.01
湖　北	14889.76	14774.12	7911.40	6862.72	115.64
湖　南	12930.58	12824.32	8591.96	4232.35	106.27
广　东	16897.50	16481.21	10435.39	6045.82	416.29
广　西	14191.14	14019.74	4424.36	9595.38	171.40
海　南	17764.94	17124.02	8373.36	8750.66	640.91
重　庆	13641.36	13316.77	7067.44	6249.33	324.59
四　川	13776.59	13379.61	7924.78	5454.83	396.98
贵　州	14658.96	14519.59	7533.49	6986.09	139.37
云　南	14820.13	14537.08	9315.94	5221.15	283.05
西　藏	32021.06	30307.49	21488.89	8818.60	1713.57
陕　西	12864.95	12508.17	7117.74	5390.43	356.79
甘　肃	24661.33	24444.96	6898.01	17546.95	216.37
青　海	23778.28	23717.00	9204.45	14512.56	61.28
宁　夏	17248.04	17248.04	9288.35	7959.69	
新　疆	17617.73	15718.62	10975.31	4743.31	1899.11
大　连	11026.71	11026.71	7001.95	4024.76	
宁　波	16627.12	15959.72	8534.29	7425.43	667.40
厦　门	22122.77	22122.77	11370.53	10752.24	
青　岛	15371.18	15371.18	9947.19	5423.99	
深　圳	34814.03	31700.97	23435.82	8265.16	3113.06

7-21 生均教育经费支出(地方中等职业学校)

单位：元

地区	教育经费支出	个人和公用部分支出	个人部分	公用部分	基本建设支出
合计	**18362.29**	**17989.12**	**10400.73**	**7588.39**	**373.17**
北京	69264.13	69107.49	36820.13	32287.37	156.64
天津	30506.97	30506.52	21944.44	8562.08	0.45
河北	17803.79	17613.33	11234.35	6378.97	190.46
山西	19536.47	19366.47	11873.86	7492.62	170.00
内蒙古	23790.10	23194.59	15034.05	8160.53	595.52
辽宁	18456.87	18017.25	11068.81	6948.44	439.62
吉林	32388.98	31578.24	19729.56	11848.68	810.74
黑龙江	21515.50	21226.48	14617.77	6608.71	289.03
上海	66001.30	65993.36	30259.58	35733.77	7.94
江苏	21748.81	21637.01	12999.26	8637.75	111.80
浙江	28314.05	27483.34	16638.98	10844.36	830.72
安徽	15674.08	15263.83	7555.98	7707.84	410.25
福建	22862.22	22443.17	11532.89	10910.28	419.05
江西	14066.28	13798.08	6891.27	6906.82	268.20
山东	18572.25	18462.15	10048.48	8413.67	110.10
河南	11415.68	11238.50	6059.89	5178.61	177.18
湖北	19522.92	19522.92	11101.70	8421.22	
湖南	13493.83	13263.01	7421.60	5841.41	230.82
广东	19713.55	19399.26	11823.83	7575.43	314.29
广西	13019.05	12259.88	6481.92	5777.96	759.17
海南	17452.58	16981.17	8427.95	8553.22	471.42
重庆	17119.82	16729.95	9642.56	7087.39	389.87
四川	13994.89	13677.74	8423.44	5254.31	317.15
贵州	10398.84	9717.30	5178.76	4538.54	681.53
云南	15011.80	14730.53	9494.97	5235.56	281.27
西藏	63173.66	49849.94	25908.34	23941.60	13323.71
陕西	13516.45	13145.55	7949.63	5195.91	370.90
甘肃	17924.09	17388.46	11209.52	6178.95	535.63
青海	17460.86	16052.11	8332.61	7719.50	1408.75
宁夏	19353.55	16841.22	7855.40	8985.82	2512.33
新疆	17950.92	17422.26	9288.74	8133.52	528.66
大连	24713.88	24320.81	13520.93	10799.87	393.08
宁波	37430.11	36962.94	23591.59	13371.35	467.18
厦门	33276.20	30476.12	17200.91	13275.20	2800.09
青岛	34273.25	34273.25	18892.13	15381.11	
深圳	60182.88	56936.49	31491.64	25444.84	3246.39

7-22 生均一般公共预算教育事业费和基本建设支出(地方中等职业学校)

单位：元

地区	一般公共预算教育事业费和基本建设支出	事业费支出	个人部分	公用部分	基本建设支出
合计	**13597.49**	**13269.26**	**8361.31**	**4907.95**	**328.23**
北京	53387.67	53256.01	27885.42	25370.60	131.66
天津	22927.63	22927.18	18432.33	4494.85	0.45
河北	14302.13	14111.66	10107.28	4004.38	190.46
山西	15289.19	15119.20	9860.87	5258.33	170.00
内蒙古	17554.39	16962.34	11110.65	5851.69	592.05
辽宁	12276.80	11907.28	7663.32	4243.96	369.52
吉林	26071.09	25260.35	17154.84	8105.51	810.74
黑龙江	16676.83	16395.69	11743.81	4651.87	281.14
上海	29087.95	29080.01	19700.93	9379.08	7.94
江苏	15812.95	15701.15	10785.24	4915.91	111.80
浙江	20274.80	19688.74	13440.81	6247.93	586.06
安徽	11121.14	10985.90	5955.67	5030.22	135.24
福建	16220.66	16120.95	9922.97	6197.99	99.71
江西	10973.36	10705.40	5701.50	5003.90	267.96
山东	14231.83	14128.45	9019.45	5109.01	103.38
河南	8599.82	8422.64	4611.29	3811.34	177.18
湖北	16252.87	16252.87	9149.27	7103.60	
湖南	10162.02	9931.20	6255.68	3675.52	230.82
广东	14174.84	13861.44	9166.83	4694.61	313.40
广西	10625.58	9906.96	5220.28	4686.68	718.62
海南	14037.06	13570.72	6441.53	7129.19	466.34
重庆	11737.88	11409.22	6473.41	4935.81	328.66
四川	10941.67	10636.98	6664.73	3972.25	304.69
贵州	6962.71	6451.44	3834.04	2617.41	511.26
云南	11136.56	10859.93	7356.41	3503.52	276.62
西藏	58220.26	44896.55	23873.42	21023.13	13323.71
陕西	10299.39	9928.49	6614.12	3314.37	370.90
甘肃	14494.46	13958.83	9193.12	4765.71	535.63
青海	14342.03	12933.28	6363.72	6569.56	1408.75
宁夏	15781.88	13269.54	5818.39	7451.16	2512.33
新疆	12949.06	12421.88	7734.85	4687.03	527.18
大连	18070.09	17677.01	9332.55	8344.46	393.08
宁波	28795.20	28517.57	19769.27	8748.30	277.63
厦门	22142.04	21952.83	14228.03	7724.80	189.21
青岛	20647.57	20647.57	15567.77	5079.80	
深圳	35587.35	32340.96	19672.56	12668.40	3246.39

7-23 生均教育经费支出(地方中等专业学校)

单位：元

地区	教育经费支出	个人和公用部分支出			基本建设支出
			个人部分	公用部分	
合　计	**17542.73**	**17129.34**	**9770.23**	**7359.12**	**413.38**
北　京	49731.93	49666.49	30327.89	19338.59	65.45
天　津	25898.11	25898.11	17624.45	8273.65	
河　北	15691.88	15281.52	10521.89	4759.63	410.35
山　西	21758.60	21519.44	12362.69	9156.75	239.16
内蒙古	18279.71	17606.57	10822.43	6784.14	673.14
辽　宁	19442.54	18648.10	11156.85	7491.25	794.45
吉　林	24541.32	24237.84	14162.38	10075.46	303.48
黑龙江	14241.07	14164.67	9173.30	4991.37	76.39
上　海	68368.76	68368.76	28810.09	39558.67	
江　苏	22841.54	22722.98	13821.87	8901.11	118.56
浙　江	25939.84	25551.00	16184.99	9366.00	388.84
安　徽	15856.78	15227.79	8066.12	7161.66	628.99
福　建	21747.75	21269.31	11091.18	10178.12	478.45
江　西	10827.74	10547.96	5830.79	4717.17	279.78
山　东	17286.32	17210.16	9295.47	7914.69	76.16
河　南	9985.64	9663.31	5063.52	4599.79	322.33
湖　北	18774.67	18774.67	9634.56	9140.11	
湖　南	9175.89	9088.88	5088.23	4000.65	87.01
广　东	18559.62	18362.65	11354.30	7008.35	196.97
广　西	13502.05	12645.19	6677.83	5967.35	856.86
海　南	13693.24	13418.47	6711.42	6707.05	274.77
重　庆	13084.47	12742.24	7426.48	5315.76	342.23
四　川	12696.59	12394.40	7751.70	4642.69	302.20
贵　州	12019.40	10800.39	5518.85	5281.54	1219.01
云　南	13945.77	13507.93	8530.01	4977.92	437.84
西　藏	63146.60	49822.88	25908.34	23914.54	13323.71
陕　西	21397.17	21230.93	12643.87	8587.06	166.24
甘　肃	17605.92	17242.69	10731.11	6511.58	363.23
青　海	17376.30	15967.54	8261.40	7706.15	1408.75
宁　夏	17299.59	17299.59	8073.33	9226.25	
新　疆	19072.08	18516.51	10074.10	8442.41	555.57
大　连	22610.95	21678.15	13685.09	7993.06	932.80
宁　波	34768.33	34619.28	21830.42	12788.86	149.05
厦　门	33558.22	30529.41	17662.81	12866.60	3028.81
青　岛	53426.85	53426.85	27453.99	25972.86	
深　圳	81152.39	77414.79	46295.15	31119.64	3737.60

7-24 生均一般公共预算教育事业费和基本建设支出(地方中等专业学校)

单位：元

地 区	一般公共预算教育事业费和基本建设支出	事业费支出			基本建设支出
			个人部分	公用部分	
合 计	**12778.62**	**12423.25**	**7721.02**	**4702.23**	**355.38**
北 京	36603.09	36537.64	20908.48	15629.16	65.45
天 津	20090.15	20090.15	15162.62	4927.53	
河 北	12655.40	12245.05	9105.29	3139.76	410.35
山 西	15781.83	15542.67	9577.89	5964.77	239.16
内蒙古	13266.17	12599.75	7711.81	4887.94	666.42
辽 宁	11996.77	11334.76	7233.68	4101.07	662.02
吉 林	18697.16	18393.67	12491.30	5902.38	303.48
黑龙江	10405.67	10329.28	6816.01	3513.27	76.39
上 海	27587.41	27587.41	18402.01	9185.40	
江 苏	16449.00	16330.44	11427.73	4902.70	118.56
浙 江	17723.03	17524.86	11641.99	5882.87	198.17
安 徽	11187.95	10980.60	6319.22	4661.38	207.35
福 建	15590.50	15496.59	9448.52	6048.06	93.92
江 西	8085.53	7806.12	4601.16	3204.96	279.41
山 东	13278.34	13202.18	8258.79	4943.39	76.16
河 南	7532.11	7209.78	3771.07	3438.70	322.33
湖 北	15618.81	15618.81	7780.27	7838.54	
湖 南	6433.03	6346.02	3783.91	2562.11	87.01
广 东	13127.21	12930.24	8734.63	4195.61	196.97
广 西	11270.63	10420.95	5488.65	4932.30	849.68
海 南	11237.23	10969.38	5086.76	5882.62	267.85
重 庆	7883.63	7615.77	4057.55	3558.22	267.86
四 川	9524.98	9224.04	5985.96	3238.08	300.95
贵 州	8149.23	7208.93	4489.33	2719.60	940.31
云 南	10484.71	10056.19	6469.25	3586.94	428.53
西 藏	58193.20	44869.49	23873.42	20996.07	13323.71
陕 西	16616.81	16450.57	10882.97	5567.60	166.24
甘 肃	14177.26	13814.03	8646.91	5167.11	363.23
青 海	14327.27	12918.52	6348.95	6569.56	1408.75
宁 夏	13347.19	13347.19	5836.88	7510.31	
新 疆	13511.41	12955.84	8297.23	4658.61	555.57
大 连	16931.47	15998.67	9671.72	6326.95	932.80
宁 波	27342.79	27311.69	17584.72	9726.97	31.11
厦 门	21928.47	21928.47	14573.25	7355.22	
青 岛	22127.32	22127.32	15725.51	6401.81	
深 圳	40265.16	36527.56	26277.63	10249.94	3737.60

7-23 生均教育经费支出(地方中等专业学校)

单位：元

地 区	教育经费支出	个人和公用部分支出			基本建设支出
			个人部分	公用部分	
合 计	**19360.17**	**18997.16**	**11142.58**	**7854.59**	**363.01**
北 京	113718.31	113251.43	59152.95	54098.48	466.89
天 津	37168.04	37168.04	29850.10	7317.94	
河 北	16884.82	16789.97	9702.90	7087.07	94.85
山 西	15760.54	15614.85	9542.88	6071.97	145.69
内蒙古	25120.62	24587.84	15303.26	9284.58	532.77
辽 宁	19431.73	19389.39	12075.15	7314.24	42.35
吉 林	29548.41	27950.32	15993.96	11956.36	1598.09
黑龙江	28431.80	27691.56	19392.97	8298.59	740.24
上 海	58371.56	58347.72	32148.68	26199.03	23.84
江 苏	19461.00	19356.95	11963.77	7393.18	104.05
浙 江	27797.25	27088.00	16524.47	10563.53	709.25
安 徽	14437.00	14437.00	5758.51	8678.49	
福 建	31160.52	31160.52	13161.16	17999.36	
江 西	17490.27	17201.75	6953.83	10247.91	288.53
山 东	23374.66	23285.25	13093.28	10191.96	89.41
河 南	12972.85	12960.23	6995.70	5964.53	12.63
湖 北	20948.36	20948.36	14440.91	6507.45	
湖 南	14278.89	13959.04	7701.80	6257.24	319.85
广 东	26013.33	25446.97	17210.54	8236.43	566.36
广 西	18925.38	18584.38	12547.61	6036.77	341.00
海 南	32578.64	32570.78	15720.20	16850.58	7.87
重 庆	17357.62	16855.22	10743.69	6111.53	502.40
四 川	14491.12	14166.90	8592.66	5574.24	324.22
贵 州	10520.56	10111.40	5079.54	5031.87	409.16
云 南	16922.30	16820.67	11371.07	5449.60	101.63
西 藏					
陕 西	13922.67	13153.94	8016.14	5137.80	768.73
甘 肃	18027.39	16724.47	12217.94	4506.52	1302.92
青 海					
宁 夏	21346.91	16396.38	7643.90	8752.48	4950.53
新 疆	15791.39	15127.39	7784.06	7343.33	664.00
大 连	26046.31	26046.31	13202.49	12843.82	
宁 波	32483.95	32233.37	21181.28	11052.09	250.58
厦 门					
青 岛	35479.12	35479.12	20022.49	15456.63	
深 圳	65144.18	60229.08	34944.23	25284.85	4915.10

7-26 生均一般公共预算教育事业费和基本建设支出(地方职业高中)

单位：元

地 区	一般公共预算教育事业费和基本建设支出	事业费支出			基本建设支出
			个人部分	公用部分	
合 计	**14800.35**	**14479.06**	**9372.40**	**5106.67**	**321.29**
北 京	82914.47	82537.77	45022.01	37515.76	376.70
天 津	28823.45	28823.45	25854.57	2968.88	
河 北	13483.28	13388.43	8949.39	4439.04	94.85
山 西	13172.47	13026.78	8449.84	4576.93	145.69
内蒙古	19095.86	18563.09	11922.27	6640.82	532.77
辽 宁	14123.43	14081.08	9144.93	4936.15	42.35
吉 林	25235.07	23636.98	14000.59	9636.39	1598.09
黑龙江	24455.64	23715.40	16956.10	6759.30	740.24
上 海	29524.34	29500.50	22038.70	7461.80	23.84
江 苏	15886.53	15782.48	11008.71	4773.78	104.05
浙 江	20267.78	19851.26	13891.66	5959.60	416.52
安 徽	10448.37	10448.37	4644.52	5803.85	
福 建	19424.41	19424.41	12412.20	7012.21	
江 西	14094.10	13805.57	6209.12	7596.44	288.53
山 东	16495.00	16430.59	11884.92	4545.67	64.41
河 南	9671.81	9659.18	5538.25	4120.93	12.63
湖 北	18239.39	18239.39	12732.33	5507.06	
湖 南	10994.58	10674.73	6717.28	3957.45	319.85
广 东	19521.55	18960.64	13564.78	5395.87	560.90
广 西	15287.98	14946.98	10461.91	4485.08	341.00
海 南	24894.99	24887.12	11560.97	13326.15	7.87
重 庆	13807.72	13380.34	8264.25	5116.09	427.38
四 川	11800.36	11499.05	7068.20	4430.85	301.32
贵 州	7574.05	7299.72	4284.76	3014.96	274.33
云 南	12841.08	12739.45	9045.00	3694.45	101.63
西 藏					
陕 西	12479.68	11710.95	7636.40	4074.55	768.73
甘 肃	15443.44	14140.51	10719.63	3420.89	1302.92
青 海					
宁 夏	18144.71	13194.19	5800.44	7393.74	4950.53
新 疆	12574.69	11910.69	6843.57	5067.12	664.00
大 连	18468.90	18468.90	8927.72	9541.17	
宁 波	25248.83	25210.61	18144.11	7066.50	38.22
厦 门					
青 岛	21762.66	21762.66	17345.38	4417.28	
深 圳	43812.65	38897.55	23100.33	15797.22	4915.10

7-27 生均教育经费支出(地方农村职业高中)

单位：元

地 区	教育经费支出	个人和公用部分支出			基本建设支出
			个人部分	公用部分	
合 计	**15689.13**	**15316.52**	**9039.21**	**6277.31**	**372.60**
北 京	150686.68	149133.35	78648.44	70484.92	1553.33
天 津					
河 北	14620.07	14460.95	9146.52	5314.43	159.12
山 西	15736.57	15510.81	9669.08	5841.73	225.76
内蒙古	25834.38	25254.92	15628.32	9626.59	579.46
辽 宁	13874.66	13788.76	9848.42	3940.34	85.89
吉 林	25327.44	22661.62	14177.29	8484.32	2665.82
黑龙江	23802.73	23035.97	16351.25	6684.71	766.76
上 海	81102.60	81102.60	38572.47	42530.13	
江 苏	18697.99	18587.33	11487.87	7099.46	110.66
浙 江	22538.33	21742.43	14707.28	7035.15	795.90
安 徽	12510.72	12510.72	5258.81	7251.90	
福 建	41215.67	41215.67	12436.29	28779.38	
江 西	16997.74	16639.56	6602.34	10037.22	358.18
山 东	16169.16	16169.16	9366.61	6802.55	
河 南	12698.28	12695.44	6519.36	6176.09	2.84
湖 北	16236.12	16236.12	10097.34	6138.79	
湖 南	13667.68	13226.03	7141.51	6084.52	441.66
广 东	16281.90	16281.90	10480.39	5801.52	
广 西	18157.66	17816.66	11963.98	5852.68	341.00
海 南	34807.35	34807.35	18293.64	16513.71	
重 庆	14899.44	14392.96	9068.46	5324.50	506.47
四 川	13000.90	12805.87	8029.04	4776.83	195.03
贵 州	10370.51	10082.53	4908.62	5173.91	287.98
云 南	17822.11	17666.13	12076.06	5590.07	155.98
西 藏					
陕 西	12805.22	11895.96	7264.34	4631.62	909.26
甘 肃	16444.29	15927.68	11851.02	4076.66	516.61
青 海					
宁 夏	25149.77	19535.98	8970.34	10565.63	5613.80
新 疆	14027.13	13289.20	7011.64	6277.56	737.94
大 连	17533.72	17533.72	14642.56	2891.16	
宁 波	27541.11	27442.41	19118.46	8323.95	98.70
厦 门					
青 岛	24277.44	24277.44	14673.12	9604.32	
深 圳					

7-28 生均一般公共预算教育事业费和基本建设支出(地方农村职业高中)

单位：元

地 区	一般公共预算教育事业费和基本建设支出	事业费支出			基本建设支出
			个人部分	公用部分	
合 计	**12610.56**	**12273.19**	**7813.10**	**4460.08**	**337.37**
北 京	92701.99	92701.99	58434.71	34267.28	
天 津					
河 北	12331.48	12172.35	8618.11	3554.25	159.12
山 西	13345.50	13119.74	8595.72	4524.02	225.76
内蒙古	20317.00	19737.54	12611.85	7125.68	579.46
辽 宁	10998.49	10912.59	8154.23	2758.37	85.89
吉 林	23362.40	20696.58	13105.55	7591.03	2665.82
黑龙江	20766.03	19999.27	14567.71	5431.56	766.76
上 海	33726.99	33726.99	26409.99	7317.00	
江 苏	15186.46	15075.80	10520.38	4555.42	110.66
浙 江	17779.27	17446.01	12594.16	4851.85	333.26
安 徽	9543.57	9543.57	4259.96	5283.61	
福 建	18727.73	18727.73	11698.82	7028.91	
江 西	13436.54	13078.36	5937.80	7140.56	358.18
山 东	13212.59	13212.59	8994.24	4218.35	
河 南	9326.66	9323.83	5217.94	4105.89	2.84
湖 北	14340.29	14340.29	9108.55	5231.75	
湖 南	10885.26	10443.61	6272.42	4171.18	441.66
广 东	13103.35	13103.35	8736.11	4367.24	
广 西	14520.26	14179.26	9878.28	4300.98	341.00
海 南	26737.37	26737.37	14080.46	12656.91	
重 庆	12361.50	11855.03	7142.60	4712.43	506.47
四 川	10809.09	10614.07	6604.85	4009.21	195.03
贵 州	7441.12	7154.32	4198.04	2956.29	286.79
云 南	14068.74	13912.76	9591.02	4321.74	155.98
西 藏					
陕 西	11918.04	11008.79	7085.93	3922.85	909.26
甘 肃	14246.58	13729.97	10496.10	3233.87	516.61
青 海					
宁 夏	21927.49	16313.69	6892.26	9421.43	5613.80
新 疆	11611.28	10873.35	6256.84	4616.51	737.94
大 连	13093.78	13093.78	10342.31	2751.47	
宁 波	20414.38	20315.68	16115.15	4200.54	98.70
厦 门					
青 岛	16832.72	16832.72	14673.12	2159.60	
深 圳					

7-29 生均教育经费支出(地方技工学校)

单位：元

地 区	教育经费支出	个人和公用部分支出			基本建设支出
			个人部分	公用部分	
合 计	**15732.25**	**15427.26**	**8282.77**	**7144.50**	**304.99**
北 京	53003.66	53003.66	23902.10	29101.56	
天 津	41994.01	41990.13	30312.40	11677.73	3.88
河 北	14113.39	14001.66	8697.50	5304.16	111.73
山 西	15281.98	15281.98	9625.13	5656.85	
内蒙古	37464.25	37464.25	30081.63	7382.62	
辽 宁	22423.67	22344.40	15290.66	7053.75	79.27
吉 林	31281.02	31281.02	17240.87	14040.15	
黑龙江	29578.37	29476.85	19543.11	9933.74	101.52
上 海	90662.26	90662.26	42324.95	48337.30	
江 苏	17942.76	17840.13	8945.80	8894.33	102.62
浙 江	27630.82	25055.15	12846.96	12208.18	2575.67
安 徽	21559.42	21559.42	14077.08	7482.34	
福 建	23917.78	23586.01	13498.43	10087.58	331.77
江 西	10718.44	10718.44	6655.25	4063.19	
山 东	14408.35	14192.35	6987.65	7204.70	216.00
河 南	8853.69	8742.04	4279.43	4462.61	111.65
湖 北	24595.86	24595.86	14928.28	9667.58	
湖 南	13011.65	13011.65	7450.55	5561.10	
广 东	18253.31	17869.40	9843.82	8025.58	383.90
广 西	12343.52	11751.19	6068.69	5682.50	592.33
海 南	20844.31	18534.91	9508.67	9026.23	2309.40
重 庆	16358.47	16137.38	5731.23	10406.15	221.10
四 川	13438.61	12989.45	7208.69	5780.77	449.16
贵 州	5676.43	5676.43	4568.42	1108.01	
云 南	10594.33	10362.66	5544.24	4818.42	231.67
西 藏					
陕 西	9133.84	9125.06	5071.58	4053.48	8.78
甘 肃	8599.90	8599.90	2629.48	5970.42	
青 海					
宁 夏					
新 疆	18006.67	17987.84	7848.66	10139.18	18.83
大 连	27178.76	26828.51	15249.61	11578.90	350.25
宁 波	28879.53	24314.97	9441.62	14873.35	4564.56
厦 门	31514.40	30143.18	14315.39	15827.79	1371.22
青 岛	18342.89	18342.89	9106.69	9236.20	
深 圳	54460.49	52971.49	24287.38	28684.11	1489.01

7-30 生均一般公共预算教育事业费和基本建设支出(地方技工学校)

单位：元

地 区	一般公共预算教育事业费和基本建设支出	事业费支出	个人部分	公用部分	基本建设支出
合 计	**11129.82**	**10839.80**	**6146.33**	**4693.46**	**290.03**
北 京	48013.49	48013.49	20693.55	27319.95	
天 津	25891.70	25887.82	21958.87	3928.96	3.88
河 北	11005.31	10893.58	7575.52	3318.06	111.73
山 西	12151.29	12151.29	7791.02	4360.27	
内蒙古	28643.08	28643.08	22329.33	6313.75	
辽 宁	17083.95	17004.68	10975.44	6029.24	79.27
吉 林	17671.41	17671.41	13636.74	4034.67	
黑龙江	17861.61	17830.26	13525.55	4304.70	31.36
上 海	30160.00	30160.00	24178.01	5982.00	
江 苏	11478.46	11375.84	6227.44	5148.40	102.62
浙 江	18816.11	16260.06	9195.97	7064.09	2556.05
安 徽	13901.31	13901.31	10959.14	2942.17	
福 建	17954.95	17715.90	11376.70	6339.20	239.06
江 西	7748.04	7748.04	5106.32	2641.72	
山 东	12504.95	12288.95	6236.04	6052.92	216.00
河 南	6731.79	6620.14	3109.82	3510.32	111.65
湖 北	17226.60	17226.60	10682.51	6544.09	
湖 南	8064.54	8064.54	5899.85	2164.69	
广 东	13062.91	12679.00	7689.99	4989.02	383.90
广 西	9507.49	9046.85	4601.12	4445.73	460.63
海 南	17230.22	14920.82	8183.52	6737.30	2309.40
重 庆	6952.00	6753.51	1813.76	4939.74	198.50
四 川	9475.02	9027.75	4596.77	4430.98	447.27
贵 州	1914.41	1914.41	806.40	1108.01	
云 南	7228.32	6998.83	4274.58	2724.25	229.48
西 藏					
陕 西	4603.70	4594.92	2863.32	1731.61	8.78
甘 肃	5653.42	5653.42	2103.00	3550.42	
青 海					
宁 夏					
新 疆	10884.66	10884.66	6070.87	4813.79	
大 连	21560.33	21210.08	10539.51	10670.57	350.25
宁 波	17549.21	13230.30	6134.79	7095.50	4318.92
厦 门	23476.23	22105.01	12071.42	10033.60	1371.22
青 岛	14859.20	14859.20	7515.52	7343.68	
深 圳	29846.94	28357.93	15263.00	13094.94	1489.01

7-31 生均教育经费支出(地方普通中学)

单位：元

地区	教育经费支出	个人和公用部分支出			基本建设支出
			个人部分	公用部分	
合计	**17887.93**	**17614.49**	**12493.81**	**5120.68**	**273.44**
北京	77330.04	74886.19	46976.45	27909.73	2443.85
天津	37905.22	37904.22	29259.98	8644.23	1.00
河北	13791.04	13687.41	9578.11	4109.30	103.63
山西	15506.88	15365.03	11425.60	3939.43	141.85
内蒙古	20745.83	20524.59	14619.93	5904.66	221.25
辽宁	17290.26	17236.81	13532.98	3703.83	53.46
吉林	18608.56	18370.39	13109.55	5260.84	238.17
黑龙江	17463.07	17250.37	12910.96	4339.41	212.71
上海	53540.49	52498.29	32949.49	19548.80	1042.20
江苏	27421.70	27319.45	20107.69	7211.76	102.26
浙江	28186.63	27799.05	20482.57	7316.48	387.57
安徽	15849.16	15650.10	10474.06	5176.04	199.06
福建	18784.06	18656.28	13246.01	5410.27	127.78
江西	13339.11	13103.94	7542.95	5560.99	235.16
山东	17158.31	17112.42	12046.62	5065.80	45.89
河南	11569.71	11415.40	7360.26	4055.14	154.31
湖北	20132.11	20132.11	15353.67	4778.43	
湖南	15052.16	14918.93	10302.12	4616.80	133.23
广东	20985.86	20555.63	15425.30	5130.33	430.23
广西	12136.71	11778.10	7873.30	3904.79	358.61
海南	21372.31	21001.01	12787.41	8213.60	371.30
重庆	19869.88	19263.16	13888.46	5374.70	606.72
四川	15586.83	15416.79	11480.56	3936.24	170.04
贵州	13283.49	13108.62	9350.00	3758.62	174.86
云南	15674.98	15436.52	11826.25	3610.27	238.46
西藏	39659.10	33845.10	25179.52	8665.58	5814.00
陕西	16050.50	15608.69	9908.02	5700.67	441.81
甘肃	14468.44	14242.09	10567.38	3674.71	226.35
青海	21929.29	20353.00	15374.43	4978.57	1576.28
宁夏	17463.26	16661.23	11475.03	5186.20	802.03
新疆	20456.14	19546.43	14077.75	5468.68	909.71
大连	25731.57	25674.79	20781.25	4893.54	56.78
宁波	31890.65	31733.02	23762.61	7970.41	157.63
厦门	27030.68	26988.43	18933.69	8054.74	42.25
青岛	29595.37	29595.37	21154.58	8440.79	
深圳	60020.54	54425.68	41652.52	12773.16	5594.86

7-32 生均一般公共预算教育事业费和基本建设支出(地方普通中学)

单位：元

地 区	一般公共预算教育事业费和基本建设支出	事业费支出			基本建设支出
			个人部分	公用部分	
合 计	**14582.70**	**14323.03**	**10677.64**	**3645.39**	**259.67**
北 京	61246.35	59047.08	37616.97	21430.12	2199.26
天 津	32352.15	32352.15	26136.92	6215.23	
河 北	11763.13	11659.50	8929.09	2730.41	103.63
山 西	12912.03	12792.95	10002.44	2790.52	119.07
内蒙古	15956.72	15740.96	11574.05	4166.90	215.76
辽 宁	13625.08	13593.75	11032.60	2561.15	31.33
吉 林	15553.42	15315.25	11670.67	3644.58	238.17
黑龙江	14596.20	14384.79	11013.87	3370.92	211.40
上 海	34054.26	33017.17	23039.95	9977.21	1037.10
江 苏	22958.18	22862.01	18524.14	4337.88	96.16
浙 江	21988.56	21628.21	17164.68	4463.53	360.35
安 徽	12287.13	12119.71	8561.70	3558.01	167.43
福 建	15775.83	15650.99	12077.22	3573.77	124.84
江 西	11746.94	11523.10	6798.13	4724.97	223.84
山 东	14678.03	14632.14	11354.06	3278.08	45.89
河 南	8873.87	8720.14	5665.76	3054.38	153.73
湖 北	17821.22	17821.22	13663.52	4157.70	
湖 南	12344.61	12211.38	9208.87	3002.51	133.23
广 东	16332.27	15912.27	12453.33	3458.94	420.00
广 西	10334.87	9988.55	6862.27	3126.28	346.32
海 南	15923.67	15602.48	9032.46	6570.02	321.19
重 庆	14471.93	13959.06	9912.85	4046.21	512.87
四 川	12647.09	12484.47	9467.18	3017.28	162.62
贵 州	11223.47	11055.43	8271.06	2784.37	168.04
云 南	12645.49	12424.53	9690.20	2734.34	220.95
西 藏	34673.45	28859.45	21945.28	6914.17	5814.00
陕 西	14679.65	14237.91	9518.27	4719.64	441.74
甘 肃	12164.11	11949.76	9396.01	2553.75	214.35
青 海	17720.17	16430.99	12621.09	3809.90	1289.17
宁 夏	13613.87	12811.84	8589.18	4222.66	802.03
新 疆	17535.38	16648.48	12508.09	4140.39	886.90
大 连	19023.38	19023.38	15592.15	3431.22	
宁 波	24808.72	24654.56	20029.50	4625.06	154.15
厦 门	19178.79	19163.31	15709.61	3453.69	15.48
青 岛	24805.28	24805.28	19896.44	4908.84	
深 圳	38506.31	32911.45	25678.35	7233.10	5594.86

7-33 生均教育经费支出(地方普通高中)

单位：元

地区	教育经费支出	个人和公用部分支出			基本建设支出
			个人部分	公用部分	
合计	**18519.72**	**18165.56**	**12558.61**	**5606.95**	**354.16**
北京	85412.89	80424.73	49637.72	30787.01	4988.16
天津	40103.10	40103.10	29914.21	10188.89	
河北	15614.43	15407.88	10362.01	5045.87	206.55
山西	15169.58	14962.21	10792.50	4169.70	207.37
内蒙古	19549.01	19303.96	13354.53	5949.43	245.05
辽宁	16065.57	15988.08	11753.75	4234.33	77.49
吉林	15288.67	14802.71	10336.94	4465.77	485.96
黑龙江	15296.76	14872.47	10964.32	3908.15	424.28
上海	66233.58	64706.21	40252.74	24453.47	1527.37
江苏	30572.71	30493.37	22134.31	8359.06	79.34
浙江	33573.52	33179.94	23923.24	9256.70	393.58
安徽	15586.99	15289.74	10311.95	4977.79	297.25
福建	19148.47	19035.02	13373.41	5661.61	113.45
江西	14931.09	14596.72	8073.37	6523.35	334.37
山东	17141.64	17079.59	11852.92	5226.67	62.05
河南	11718.52	11595.16	7042.21	4552.95	123.36
湖北	20454.88	20454.88	14978.55	5476.32	
湖南	16228.25	16059.51	10774.11	5285.40	168.74
广东	22151.66	21777.54	15728.14	6049.40	374.13
广西	13326.54	12655.04	8218.19	4436.85	671.49
海南	23197.55	22565.50	13126.29	9439.21	632.05
重庆	20229.35	19616.29	13845.52	5770.77	613.06
四川	14753.84	14596.47	10793.36	3803.11	157.37
贵州	14156.90	13908.24	9290.60	4617.64	248.67
云南	16124.18	15708.54	11950.70	3757.83	415.64
西藏	51961.36	39404.20	27211.71	12192.49	12557.16
陕西	15088.19	14598.82	8737.61	5861.21	489.36
甘肃	14263.78	13955.35	10050.76	3904.59	308.43
青海	22024.14	20319.37	15062.24	5257.13	1704.77
宁夏	17986.80	17468.24	12928.49	4539.75	518.55
新疆	17626.41	17035.86	12835.32	4200.54	590.55
大连	23699.34	23539.15	18788.13	4751.02	160.19
宁波	40541.98	40541.98	29316.62	11225.36	
厦门	30997.53	30962.58	21920.59	9041.99	34.95
青岛	31787.70	31787.70	22052.63	9735.07	
深圳	69995.96	64880.58	48281.81	16598.77	5115.38

7-34 生均一般公共预算教育事业费和基本建设支出(地方普通高中)

单位：元

地区	一般公共预算教育事业费和基本建设支出	事业费支出			基本建设支出
			个人部分	公用部分	
合计	**14077.20**	**13745.22**	**10364.58**	**3380.64**	**331.98**
北京	65827.59	61409.06	39731.82	21677.24	4418.53
天津	34527.91	34527.91	26449.83	8078.09	
河北	12305.29	12098.74	9502.02	2596.72	206.55
山西	11911.11	11738.74	9098.95	2639.79	172.37
内蒙古	15119.83	14874.78	10678.47	4196.31	245.05
辽宁	11991.45	11950.73	9624.33	2326.41	40.72
吉林	12244.59	11758.63	8940.41	2818.22	485.96
黑龙江	12264.89	11844.07	9159.52	2684.55	420.83
上海	40476.20	38966.34	27638.94	11327.40	1509.86
江苏	23981.54	23902.20	19553.66	4348.54	79.34
浙江	24329.36	23965.22	18887.81	5077.41	364.14
安徽	10515.15	10300.82	7858.40	2442.42	214.33
福建	14942.29	14830.89	11782.94	3047.95	111.40
江西	12208.09	11891.58	6914.24	4977.34	316.51
山东	13545.75	13483.70	10843.06	2640.64	62.05
河南	8272.38	8149.18	5423.58	2725.60	123.20
湖北	16371.65	16371.65	12349.07	4022.59	
湖南	11663.39	11494.65	9022.69	2471.96	168.74
广东	16006.74	15642.56	12400.69	3241.87	364.18
广西	10539.54	9896.63	6775.55	3121.08	642.91
海南	17328.11	16846.79	9243.23	7603.57	481.32
重庆	13322.29	12847.76	9219.58	3628.18	474.53
四川	11101.84	10950.32	8535.67	2414.65	151.52
贵州	10880.77	10637.85	7921.63	2716.22	242.91
云南	12052.09	11687.76	9297.10	2390.66	364.34
西藏	44643.30	32086.14	23822.23	8263.90	12557.16
陕西	13491.08	13001.71	8289.46	4712.26	489.36
甘肃	11322.56	11040.72	8745.69	2295.03	281.84
青海	17167.67	15581.08	11956.46	3624.62	1586.59
宁夏	13131.80	12613.25	9356.71	3256.53	518.55
新疆	15053.36	14471.04	11290.07	3180.97	582.32
大连	16565.26	16565.26	13656.17	2909.09	
宁波	30429.38	30429.38	24033.76	6395.63	
厦门	20722.36	20712.76	16945.59	3767.18	9.60
青岛	24793.53	24793.53	19275.26	5518.27	
深圳	43130.48	38015.10	28776.16	9238.94	5115.38

7-35 生均教育经费支出(地方农村高中)

单位：元

地区	教育经费支出	个人和公用部分支出			基本建设支出
			个人部分	公用部分	
合计	**14610.14**	**14324.09**	**10066.43**	**4257.66**	**286.05**
北京	111498.38	101966.39	68154.34	33812.05	9531.99
天津	27715.05	27715.05	23575.31	4139.74	
河北	14106.01	13816.62	8938.09	4878.53	289.39
山西	13320.90	13153.23	9990.13	3163.10	167.68
内蒙古	18162.58	18070.32	12427.05	5643.28	92.26
辽宁	11324.57	11324.57	8744.24	2580.33	
吉林	14510.15	13952.47	9998.06	3954.41	557.68
黑龙江	13982.85	13300.99	9287.15	4013.84	681.86
上海	47914.57	47914.57	35682.16	12232.41	
江苏	24586.05	24586.05	18749.90	5836.15	
浙江	30091.15	29743.37	22707.53	7035.84	347.78
安徽	13817.49	13693.57	9124.30	4569.27	123.92
福建	17308.79	17245.23	12978.60	4266.63	63.56
江西	13512.84	13383.82	7079.81	6304.01	129.02
山东	13210.27	13090.69	9288.67	3802.02	119.58
河南	10157.84	10085.02	5944.20	4140.82	72.82
湖北	15494.38	15494.38	11363.64	4130.74	
湖南	14145.75	13959.11	9487.49	4471.62	186.64
广东	15113.15	15105.05	10607.29	4497.76	8.11
广西	10510.45	10109.38	7174.27	2935.10	401.08
海南	23882.32	23021.19	13297.26	9723.92	861.13
重庆	16338.73	15541.80	11607.73	3934.07	796.93
四川	13263.32	13068.51	9832.84	3235.67	194.82
贵州	12411.79	12212.81	8418.00	3794.80	198.98
云南	14342.55	14135.23	11178.83	2956.39	207.32
西藏	51311.56	34116.35	26447.93	7668.42	17195.20
陕西	14800.82	14136.01	8429.02	5706.99	664.81
甘肃	12596.22	12245.94	9316.95	2928.99	350.28
青海	21037.53	19924.86	14755.75	5169.11	1112.68
宁夏	14558.56	14207.57	11951.28	2256.28	350.99
新疆	14404.51	13834.60	11400.84	2433.76	569.91
大连	22375.48	22375.48	18700.41	3675.07	
宁波	37183.06	37183.06	29032.70	8150.36	
厦门	32903.14	32903.14	24334.93	8568.21	
青岛	24486.99	24486.99	19938.91	4548.08	
深圳					

7−36　生均一般公共预算教育事业费和基本建设支出(地方农村高中)

单位：元

地区	一般公共预算教育事业费和基本建设支出	事业费支出	个人部分	公用部分	基本建设支出
合　计	**11447.06**	**11170.80**	**8552.45**	**2618.35**	**276.25**
北　京	90026.11	86488.53	57801.12	28687.41	3537.59
天　津	23808.99	23808.99	20632.31	3176.68	
河　北	10940.99	10651.60	8356.81	2294.79	289.39
山　西	10979.79	10838.25	8759.30	2078.94	141.54
内蒙古	14435.74	14343.48	10278.44	4065.04	92.26
辽　宁	8729.68	8729.68	7450.86	1278.81	
吉　林	12754.67	12196.99	9162.57	3034.42	557.68
黑龙江	11843.36	11161.50	8120.84	3040.66	681.86
上　海	30647.51	30647.51	25268.63	5378.88	
江　苏	19892.36	19892.36	16940.14	2952.22	
浙　江	22117.58	21817.47	18402.89	3414.58	300.11
安　徽	9877.69	9753.76	7250.32	2503.44	123.92
福　建	14610.35	14546.80	11765.35	2781.45	63.56
江　西	10897.46	10793.24	6158.95	4634.29	104.22
山　东	10306.68	10187.11	8597.81	1589.30	119.58
河　南	7024.35	6951.53	4609.67	2341.85	72.82
湖　北	12669.62	12669.62	9711.62	2958.00	
湖　南	10411.13	10224.49	7775.76	2448.73	186.64
广　东	11336.75	11328.64	8995.18	2333.46	8.11
广　西	8632.41	8236.41	6130.40	2106.01	395.99
海　南	18407.16	17546.04	9511.90	8034.14	861.13
重　庆	11906.82	11112.00	8205.32	2906.68	794.81
四　川	10137.26	9943.06	7871.30	2071.76	194.20
贵　州	9826.07	9635.43	7295.37	2340.06	190.64
云　南	10942.89	10739.29	8889.12	1850.17	203.60
西　藏	47164.30	29969.10	23672.81	6296.28	17195.20
陕　西	13722.68	13057.87	8168.24	4889.63	664.81
甘　肃	10514.24	10189.06	8325.84	1863.22	325.18
青　海	16294.80	15275.16	11786.88	3488.28	1019.64
宁　夏	10857.84	10506.85	9009.24	1497.61	350.99
新　疆	12718.19	12148.61	10082.67	2065.94	569.58
大　连	15898.77	15898.77	12943.78	2954.98	
宁　波	28804.70	28804.70	23301.26	5503.44	
厦　门	21975.81	21975.81	18824.54	3151.26	
青　岛	21658.67	21658.67	18765.41	2893.26	
深　圳					

7-37 生均教育经费支出(地方普通初中)

单位：元

地区	教育经费支出	个人和公用部分支出	个人部分	公用部分	基本建设支出
合计	**17543.08**	**17313.69**	**12458.45**	**4855.25**	**229.39**
北京	72501.63	71577.65	45386.70	26190.95	923.97
天津	36488.61	36486.96	28838.31	7648.65	1.65
河北	12885.60	12833.09	9188.85	3644.23	52.52
山西	15740.71	15644.28	11864.48	3779.80	96.43
内蒙古	21629.07	21425.39	15553.77	5871.62	203.68
辽宁	18013.73	17974.48	14584.04	3390.44	39.26
吉林	20878.15	20809.38	15005.01	5804.37	68.77
黑龙江	18772.71	18687.92	14087.80	4600.12	84.80
上海	48326.46	47483.57	29949.49	17534.07	842.90
江苏	25914.83	25801.61	19138.52	6663.10	113.21
浙江	25733.86	25349.02	18915.96	6433.05	384.84
安徽	16010.56	15871.96	10573.87	5298.09	138.60
福建	18584.38	18448.74	13176.20	5272.54	135.64
江西	12574.91	12387.37	7288.34	5099.03	187.54
山东	17166.95	17129.45	12147.10	4982.35	37.51
河南	11497.39	11328.04	7514.82	3813.23	169.35
湖北	19950.69	19950.69	15564.52	4386.16	
湖南	14456.09	14340.85	10062.91	4277.94	115.24
广东	20241.98	19775.96	15232.07	4543.88	466.02
广西	11615.32	11393.81	7722.17	3671.64	221.51
海南	20463.42	20221.96	12618.66	7603.30	241.46
重庆	19632.80	19030.26	13916.78	5113.48	602.54
四川	16080.70	15903.15	11887.98	4015.17	177.55
贵州	12828.27	12691.87	9380.96	3310.91	136.40
云南	15488.26	15323.46	11774.52	3548.93	164.81
西藏	33872.18	31230.13	24223.59	7006.54	2642.05
陕西	16771.32	16365.13	10784.71	5580.42	406.19
甘肃	14603.83	14431.78	10909.15	3522.63	172.05
青海	21875.73	20371.99	15550.70	4821.29	1503.74
宁夏	17177.21	16220.29	10680.87	5539.42	956.92
新疆	22146.36	21046.01	14819.87	6226.15	1100.35
大连	26847.56	26847.56	21875.76	4971.81	
宁波	28344.96	28122.72	21486.34	6636.38	222.24
厦门	25189.33	25143.69	17547.21	7596.48	45.63
青岛	28617.54	28617.54	20754.02	7863.52	
深圳	54993.06	49156.54	38311.44	10845.10	5836.51

7-38 生均一般公共预算教育事业费和基本建设支出(地方普通初中)

单位：元

地 区	一般公共预算教育事业费和基本建设支出	事业费支出	个人部分	公用部分	基本建设支出
合 计	**14858.63**	**14638.42**	**10848.52**	**3789.91**	**220.21**
北 京	58509.67	57636.12	36353.63	21282.49	873.55
天 津	30949.79	30949.79	25935.24	5014.55	
河 北	11493.90	11441.39	8644.59	2796.80	52.52
山 西	13605.89	13523.76	10628.76	2895.00	82.13
内蒙古	16574.32	16380.17	12234.97	4145.20	194.14
辽 宁	14590.13	14564.35	11864.52	2699.83	25.78
吉 林	17815.45	17746.68	13537.18	4209.50	68.77
黑龙江	16005.58	15920.79	12134.92	3785.87	84.80
上 海	31416.28	30573.39	21150.80	9422.59	842.90
江 苏	22468.79	22364.58	18031.80	4332.78	104.21
浙 江	20922.75	20564.12	16380.11	4184.02	358.62
安 徽	13378.04	13239.49	8994.68	4244.80	138.55
福 建	16232.58	16100.38	12238.48	3861.90	132.20
江 西	11525.57	11346.21	6742.39	4603.82	179.36
山 东	15265.35	15227.84	11619.12	3608.72	37.51
河 南	9166.17	8997.60	5783.45	3214.15	168.57
湖 北	18635.99	18635.99	14402.35	4233.65	
湖 南	12689.87	12574.64	9303.24	3271.40	115.24
广 东	16539.98	16084.37	12486.92	3597.45	455.61
广 西	10245.18	10028.82	6900.27	3128.55	216.35
海 南	15224.33	14982.87	8927.51	6055.36	241.46
重 庆	15230.17	14692.02	10370.10	4321.93	538.15
四 川	13563.22	13394.03	10019.46	3374.57	169.20
贵 州	11402.08	11273.06	8453.17	2819.89	129.02
云 南	12892.14	12730.79	9853.60	2877.19	161.35
西 藏	29983.69	27341.64	21062.38	6279.26	2642.05
陕 西	15569.95	15163.88	10438.71	4725.17	406.07
甘 肃	12720.83	12551.12	9826.22	2724.90	169.71
青 海	18032.12	16910.88	12996.36	3914.52	1121.25
宁 夏	13877.27	12920.35	8169.80	4750.55	956.92
新 疆	19017.91	17949.09	13235.62	4713.46	1068.83
大 连	20373.24	20373.24	16655.29	3717.95	
宁 波	22505.12	22287.79	18388.38	3899.40	217.33
厦 门	18462.29	18444.07	15135.89	3308.18	18.21
青 岛	24810.52	24810.52	20173.50	4637.02	
深 圳	36175.78	30339.27	24117.09	6222.18	5836.51

7-39 生均教育经费支出(地方农村初中)

单位：元

地区	教育经费支出	个人和公用部分支出	个人部分	公用部分	基本建设支出
合计	**15514.66**	**15356.19**	**11340.44**	**4015.75**	**158.47**
北京	107994.35	105847.63	66100.57	39747.06	2146.73
天津	28472.49	28472.49	25241.42	3231.07	
河北	12081.50	12021.87	8526.93	3494.94	59.62
山西	15915.75	15840.06	12145.82	3694.24	75.69
内蒙古	22302.35	22113.79	16399.59	5714.20	188.55
辽宁	15532.83	15485.22	12985.12	2500.11	47.60
吉林	21334.79	21219.34	15711.24	5508.10	115.45
黑龙江	18684.42	18532.12	13747.78	4784.35	152.30
上海	40958.35	40958.35	32518.57	8439.78	
江苏	24484.64	24483.78	18638.50	5845.28	0.85
浙江	24684.24	24118.75	18614.79	5503.96	565.49
安徽	15738.59	15578.72	10682.66	4896.06	159.87
福建	18159.04	18055.05	13868.72	4186.33	103.99
江西	12391.60	12254.30	7303.36	4950.95	137.29
山东	16234.63	16174.37	11623.34	4551.03	60.27
河南	10607.38	10515.47	7064.26	3451.21	91.91
湖北	18608.46	18608.46	14649.20	3959.26	
湖南	13312.12	13207.12	9547.85	3659.27	104.99
广东	15412.98	15391.58	11673.61	3717.96	21.40
广西	10552.78	10411.87	7498.09	2913.78	140.91
海南	22480.95	22166.65	14162.17	8004.48	314.30
重庆	18868.58	18606.51	14009.59	4596.93	262.07
四川	15561.88	15378.29	11742.82	3635.47	183.59
贵州	12335.38	12202.04	9284.57	2917.46	133.35
云南	14800.57	14675.15	11648.44	3026.71	125.42
西藏	27752.71	27544.99	22656.10	4888.88	207.72
陕西	16818.90	16494.79	11600.70	4894.09	324.11
甘肃	14527.65	14313.31	11115.52	3197.79	214.34
青海	21708.07	20601.14	16108.30	4492.84	1106.93
宁夏	15465.00	15247.51	11343.54	3903.97	217.49
新疆	19733.52	18573.81	14982.93	3590.88	1159.71
大连	29242.44	29242.44	26229.30	3013.14	
宁波	27385.23	27385.23	20943.96	6441.28	
厦门	36527.99	36482.81	24503.85	11978.96	45.18
青岛	30497.27	30497.27	23054.11	7443.16	
深圳					

7-40　生均一般公共预算教育事业费和基本建设支出(地方农村初中)

单位：元

地　区	一般公共预算教育事业费和基本建设支出	事业费支出			基本建设支出
			个人部分	公用部分	
合　计	**13601.20**	**13447.14**	**10040.36**	**3406.77**	**154.06**
北　京	91493.09	89645.11	55684.05	33961.06	1847.98
天　津	26102.53	26102.53	23317.18	2785.35	
河　北	11040.51	10980.88	8103.16	2877.73	59.62
山　西	14031.80	13956.16	11052.59	2903.57	75.64
内蒙古	17573.94	17401.30	13006.01	4395.28	172.64
辽　宁	13233.29	13185.68	11022.74	2162.94	47.60
吉　林	18939.10	18823.65	14291.33	4532.32	115.45
黑龙江	17056.70	16904.40	12415.35	4489.05	152.30
上　海	27530.39	27530.39	21674.44	5855.95	
江　苏	22078.53	22077.68	17856.83	4220.85	0.85
浙　江	20506.69	19989.04	16241.99	3747.05	517.64
安　徽	13570.03	13410.23	9181.67	4228.56	159.81
福　建	16581.12	16477.79	13089.57	3388.22	103.33
江　西	11466.57	11332.22	6742.52	4589.71	134.35
山　东	14704.01	14643.75	11200.67	3443.07	60.27
河　南	8528.81	8437.34	5399.22	3038.12	91.47
湖　北	17620.56	17620.56	13782.75	3837.81	
湖　南	11947.66	11842.67	8858.32	2984.35	104.99
广　东	13690.83	13671.88	10254.25	3417.63	18.95
广　西	9508.42	9371.08	6733.71	2637.36	137.35
海　南	16375.58	16061.28	9945.72	6115.56	314.30
重　庆	15054.27	14812.58	10631.01	4181.57	241.69
四　川	13377.20	13197.14	9931.71	3265.42	180.06
贵　州	11074.06	10946.72	8376.09	2570.63	127.34
云　南	12466.93	12342.95	9783.62	2559.33	123.98
西　藏	24622.57	24414.85	19669.76	4745.09	207.72
陕　西	16075.05	15751.13	11285.85	4465.28	323.92
甘　肃	12995.50	12781.16	10063.86	2717.30	214.34
青　海	18620.26	17555.55	13734.02	3821.52	1064.71
宁　夏	12462.96	12245.47	8776.32	3469.15	217.49
新　疆	17406.54	16275.69	13346.68	2929.01	1130.84
大　连	23653.49	23653.49	21450.20	2203.30	
宁　波	20652.76	20652.76	17072.71	3580.04	
厦　门	24921.08	24912.38	20904.78	4007.60	8.70
青　岛	27006.28	27006.28	22643.69	4362.60	
深　圳					

7-41 生均教育经费支出(地方普通小学)

单位：元

地区	教育经费支出	个人和公用部分支出			基本建设支出
			个人部分	公用部分	
合 计	**12176.29**	**12022.18**	**8656.98**	**3365.21**	**154.11**
北 京	37520.87	36780.18	23765.90	13014.28	740.69
天 津	21059.47	20978.01	16654.04	4323.97	81.45
河 北	8770.04	8737.23	6409.49	2327.74	32.81
山 西	11831.66	11765.44	8965.59	2799.84	66.22
内蒙古	19051.05	18876.61	14325.86	4550.75	174.45
辽 宁	12989.44	12919.36	10206.17	2713.19	70.08
吉 林	16317.89	16226.19	11932.80	4293.39	91.70
黑龙江	16559.48	16514.69	13292.78	3221.91	44.79
上 海	32324.94	32311.96	21433.60	10878.36	12.98
江 苏	14907.52	14862.31	10664.96	4197.35	45.21
浙 江	17426.82	17135.52	12623.08	4512.44	291.30
安 徽	10843.56	10766.06	7277.67	3488.39	77.50
福 建	11445.51	11344.70	7860.13	3484.57	100.82
江 西	9395.83	9277.54	5529.59	3747.95	118.29
山 东	10248.52	10216.00	7191.21	3024.80	32.52
河 南	7165.94	7070.81	4736.58	2334.22	95.13
湖 北	11799.42	11799.33	8707.55	3091.78	0.09
湖 南	9460.24	9388.49	6378.54	3009.95	71.75
广 东	14404.55	14034.17	10686.66	3347.51	370.38
广 西	9065.96	8892.27	6180.64	2711.63	173.69
海 南	15123.81	15016.09	9902.26	5113.83	107.72
重 庆	14439.59	14122.44	10367.92	3754.52	317.15
四 川	11525.31	11362.85	8153.25	3209.60	162.46
贵 州	11038.91	10895.22	8267.65	2627.58	143.69
云 南	13167.76	13043.31	10227.07	2816.24	124.45
西 藏	31382.87	29049.92	20935.55	8114.37	2332.94
陕 西	12015.71	11716.36	7315.98	4400.37	299.35
甘 肃	13274.05	13089.41	10157.83	2931.58	184.64
青 海	16917.44	15728.66	12084.16	3644.51	1188.78
宁 夏	12416.50	12215.30	8171.01	4044.29	201.21
新 疆	13475.86	13092.88	10272.36	2820.53	382.98
大 连	16279.91	16030.27	11940.53	4089.74	249.64
宁 波	19445.10	19342.86	14227.73	5115.13	102.24
厦 门	17462.70	17233.47	12975.87	4257.60	229.23
青 岛	18284.35	18284.35	12658.02	5626.34	
深 圳	38296.31	34131.79	25850.43	8281.36	4164.52

7-42 生均一般公共预算教育事业费和基本建设支出(地方普通小学)

单位：元

地 区	一般公共预算教育事业费和基本建设支出	事业费支出			基本建设支出
			个人部分	公用部分	
合 计	**10344.40**	**10198.73**	**7466.89**	**2731.84**	**145.67**
北 京	30710.24	30016.78	19161.70	10855.08	693.46
天 津	18765.23	18683.78	15034.32	3649.46	81.45
河 北	7945.05	7914.19	5992.05	1922.14	30.86
山 西	10200.75	10151.83	7930.74	2221.08	48.92
内蒙古	13281.19	13110.02	9987.97	3122.05	171.17
辽 宁	10263.05	10218.47	8142.33	2076.14	44.58
吉 林	13936.54	13846.91	10669.91	3177.00	89.63
黑龙江	14428.02	14383.58	11500.76	2882.82	44.43
上 海	20689.51	20676.54	14202.26	6474.28	12.98
江 苏	13126.77	13081.57	10185.06	2896.50	45.21
浙 江	14183.32	13937.07	10997.65	2939.42	246.25
安 徽	9113.01	9035.59	6072.25	2963.34	77.42
福 建	10195.65	10110.59	7327.69	2782.90	85.06
江 西	8617.15	8500.64	5148.83	3351.81	116.51
山 东	9184.03	9151.57	6908.83	2242.74	32.46
河 南	5853.70	5759.21	3718.84	2040.36	94.50
湖 北	11031.07	11030.98	8038.08	2992.90	0.09
湖 南	8449.81	8378.07	5905.58	2472.49	71.75
广 东	11632.15	11267.58	8567.59	2699.99	364.57
广 西	8059.71	7897.88	5483.66	2414.22	161.83
海 南	11404.03	11296.31	7019.27	4277.04	107.72
重 庆	10765.21	10533.21	7369.87	3163.34	232.00
四 川	9776.93	9620.83	6893.36	2727.46	156.11
贵 州	9880.36	9753.05	7528.07	2224.97	127.31
云 南	10613.56	10491.47	8285.60	2205.87	122.09
西 藏	28579.74	26246.80	18308.30	7938.50	2332.94
陕 西	11316.24	11016.89	7103.52	3913.37	299.35
甘 肃	10959.09	10776.09	8303.29	2472.80	182.99
青 海	14249.45	13191.54	10045.00	3146.54	1057.92
宁 夏	9704.63	9503.42	6184.99	3318.43	201.21
新 疆	12117.58	11738.71	9245.47	2493.23	378.87
大 连	12363.73	12247.64	8999.05	3248.59	116.09
宁 波	15134.76	15036.75	12345.93	2690.82	98.01
厦 门	14139.99	14050.45	11565.13	2485.32	89.54
青 岛	15375.91	15375.91	12360.70	3015.21	
深 圳	25065.65	20906.51	16187.04	4719.47	4159.14

7-43 生均教育经费支出(地方农村小学)

单位：元

地 区	教育经费支出	个人和公用部分支出	个人部分	公用部分	基本建设支出
合 计	**11365.24**	**11250.24**	**8351.60**	**2898.64**	**115.00**
北 京	48759.65	47452.53	32751.87	14700.66	1307.12
天 津	17931.79	17931.79	15119.66	2812.12	
河 北	8728.80	8692.69	6380.22	2312.47	36.11
山 西	13196.03	13161.41	10259.71	2901.70	34.62
内蒙古	22975.42	22776.00	17801.19	4974.81	199.43
辽 宁	13748.10	13711.97	11535.21	2176.77	36.13
吉 林	17918.54	17814.51	13659.97	4154.54	104.03
黑龙江	18754.64	18690.06	15113.70	3576.35	64.59
上 海	31457.39	31457.39	24536.80	6920.59	
江 苏	13188.42	13187.77	9917.70	3270.07	0.65
浙 江	17527.13	17111.54	12846.37	4265.17	415.59
安 徽	10875.24	10781.68	7487.43	3294.25	93.56
福 建	11209.70	11098.40	8226.32	2872.08	111.29
江 西	9378.28	9291.05	5678.37	3612.67	87.23
山 东	9437.12	9416.81	6838.07	2578.73	20.31
河 南	6859.45	6810.96	4665.83	2145.13	48.49
湖 北	10966.09	10965.95	8309.90	2656.05	0.14
湖 南	8771.66	8697.93	6182.04	2515.89	73.73
广 东	11835.71	11830.95	9055.32	2775.63	4.76
广 西	8714.64	8616.31	6312.05	2304.26	98.33
海 南	17114.84	16962.55	11739.94	5222.61	152.28
重 庆	14572.84	14463.11	11000.36	3462.75	109.73
四 川	11562.58	11390.10	8370.96	3019.14	172.48
贵 州	10933.89	10831.00	8530.44	2300.56	102.90
云 南	13258.91	13153.65	10638.57	2515.09	105.25
西 藏	31872.38	29128.39	20992.71	8135.69	2743.99
陕 西	13065.45	12728.07	8383.91	4344.17	337.37
甘 肃	13986.69	13780.73	10918.10	2862.63	205.96
青 海	17824.76	16708.88	12854.72	3854.16	1115.88
宁 夏	12429.98	12317.18	8845.22	3471.95	112.81
新 疆	13037.30	12658.25	10377.54	2280.71	379.04
大 连	20899.38	20899.38	18009.27	2890.10	
宁 波	19386.74	19386.74	13919.20	5467.53	
厦 门	21195.28	20626.65	16921.21	3705.43	568.63
青 岛	22014.02	22014.02	16322.09	5691.93	
深 圳					

7-44 生均一般公共预算教育事业费和基本建设支出(地方农村小学)

单位：元

地区	一般公共预算教育事业费和基本建设支出	事业费支出	个人部分	公用部分	基本建设支出
合计	**9879.17**	**9768.62**	**7272.75**	**2495.87**	**110.56**
北京	41563.29	40425.22	27267.24	13157.98	1138.08
天津	16586.45	16586.45	13988.39	2598.06	
河北	8008.69	7974.72	5983.98	1990.74	33.97
山西	11472.67	11442.52	9106.91	2335.61	30.15
内蒙古	15752.16	15557.83	12055.57	3502.26	194.32
辽宁	11078.62	11042.74	9296.56	1746.18	35.88
吉林	15712.71	15612.18	12220.73	3391.45	100.54
黑龙江	17019.06	16954.47	13587.04	3367.43	64.59
上海	20713.98	20713.98	15968.67	4745.31	
江苏	12004.92	12004.27	9560.89	2443.38	0.65
浙江	14433.00	14091.12	11274.15	2816.97	341.88
安徽	9273.99	9180.53	6243.66	2936.87	93.46
福建	10287.48	10191.65	7752.92	2438.72	95.83
江西	8690.14	8605.13	5261.13	3343.99	85.01
山东	8660.28	8640.06	6594.59	2045.47	20.22
河南	5664.57	5616.90	3658.03	1958.87	47.67
湖北	10378.01	10377.87	7760.31	2617.56	0.14
湖南	7945.78	7872.05	5754.16	2117.88	73.73
广东	10046.23	10041.49	7507.37	2534.12	4.75
广西	7828.05	7729.79	5619.88	2109.91	98.27
海南	12791.67	12639.39	8307.29	4332.10	152.28
重庆	11163.51	11063.45	7929.96	3133.49	100.06
四川	9954.44	9784.67	7106.34	2678.33	169.78
贵州	9899.10	9804.99	7748.25	2056.73	94.12
云南	10774.26	10670.07	8645.35	2024.72	104.19
西藏	29007.29	26263.30	18267.61	7995.69	2743.99
陕西	12415.27	12077.89	8144.38	3933.51	337.37
甘肃	11589.17	11383.20	8873.85	2509.35	205.96
青海	15157.93	14108.75	10826.95	3281.80	1049.19
宁夏	9735.69	9622.89	6741.66	2881.23	112.81
新疆	11774.86	11395.81	9374.67	2021.14	379.04
大连	16694.93	16694.93	14542.73	2152.20	
宁波	14103.65	14103.65	11792.36	2311.30	
厦门	17136.19	16987.07	15300.61	1686.45	149.12
青岛	19078.17	19078.17	15950.90	3127.27	
深圳					

7–45 生均教育经费支出(地方特殊教育学校)

单位：元

地 区	教育经费支出	个人和公用部分支出			基本建设支出
			个人部分	公用部分	
合 计	**62342.67**	**61538.85**	**40690.42**	**20848.43**	**803.82**
北 京	156570.01	156570.01	109614.52	46955.49	
天 津	89062.51	89062.51	62701.52	26360.99	
河 北	48223.08	48202.89	36056.25	12146.64	20.18
山 西	53442.44	52913.12	36282.71	16630.41	529.32
内蒙古	68274.05	68274.05	47160.71	21113.34	
辽 宁	69610.22	69610.22	51784.12	17826.11	
吉 林	69732.05	65259.85	48684.21	16575.64	4472.20
黑龙江	51143.52	51140.18	38342.75	12797.44	3.33
上 海	137911.43	137322.32	98583.64	38738.68	589.11
江 苏	75776.81	74470.75	52336.91	22133.83	1306.07
浙 江	81846.56	80081.90	53140.00	26941.90	1764.66
安 徽	44239.74	44107.79	22847.09	21260.70	131.96
福 建	70989.93	70762.14	37560.58	33201.56	227.79
江 西	45583.81	44907.30	21372.54	23534.76	676.51
山 东	68116.93	66777.35	48492.41	18284.94	1339.58
河 南	41776.92	41776.92	30445.70	11331.22	
湖 北	59935.17	59935.17	43482.07	16453.10	
湖 南	52269.93	52269.93	31167.67	21102.26	
广 东	96235.25	93092.01	55805.82	37286.19	3143.23
广 西	37272.07	36743.53	22146.22	14597.31	528.54
海 南	73675.85	72526.86	44439.41	28087.44	1148.99
重 庆	56090.20	56090.20	35984.51	20105.70	
四 川	43205.96	42951.06	27785.20	15165.87	254.90
贵 州	31077.16	31016.60	22199.80	8816.80	60.55
云 南	50865.95	50865.95	31289.37	19576.58	
西 藏	102320.49	100345.68	72811.81	27533.87	1974.81
陕 西	65140.81	65140.81	38430.43	26710.38	
甘 肃	48949.74	43836.66	32629.82	11206.84	5113.07
青 海	64236.09	57964.91	32930.51	25034.41	6271.17
宁 夏	58040.37	58040.37	31842.22	26198.15	
新 疆	74491.28	73997.77	44325.34	29672.43	493.51
大 连	73707.43	73707.43	58971.44	14736.00	
宁 波	124192.06	124192.06	78489.64	45702.41	
厦 门	166611.23	165329.18	75759.40	89569.78	1282.05
青 岛	117495.77	117495.77	84435.68	33060.09	
深 圳	230187.61	185762.52	127724.82	58037.70	44425.09

7-46 生均一般公共预算教育事业费和基本建设支出(地方特殊教育学校)

单位：元

地区	一般公共预算教育事业费和基本建设支出	事业费支出			基本建设支出
			个人部分	公用部分	
合计	**52425.33**	**51676.47**	**34669.29**	**17007.18**	**748.85**
北京	131726.61	131726.61	88591.60	43135.00	
天津	76967.71	76967.71	54314.49	22653.22	
河北	45293.22	45273.04	34273.18	10999.86	20.18
山西	46191.73	45662.41	32247.71	13414.70	529.32
内蒙古	56523.68	56523.68	37487.33	19036.35	
辽宁	55144.60	55144.60	40989.21	14155.39	
吉林	58547.07	54074.87	40221.13	13853.74	4472.20
黑龙江	45086.61	45083.28	33160.11	11923.17	3.33
上海	94824.46	94235.35	70852.88	23382.47	589.11
江苏	64358.40	63052.34	48138.40	14913.94	1306.07
浙江	63230.61	62458.01	43333.02	19124.99	772.60
安徽	38215.94	38196.13	19379.45	18816.67	19.81
福建	63285.29	63129.73	35063.87	28065.86	155.56
江西	38944.39	38267.88	19807.50	18460.38	676.51
山东	60749.77	59410.19	45366.69	14043.50	1339.58
河南	33752.08	33752.08	23727.73	10024.35	
湖北	54479.90	54479.90	39103.89	15376.01	
湖南	42442.50	42442.50	28923.08	13519.42	
广东	79406.58	76263.35	44108.89	32154.46	3143.23
广西	32964.13	32435.59	19427.09	13008.50	528.54
海南	62958.26	61809.27	34691.15	27118.12	1148.99
重庆	44610.99	44610.99	26490.58	18120.41	
四川	36296.36	36041.46	22558.70	13482.76	254.90
贵州	27223.20	27223.20	19527.15	7696.05	
云南	43369.89	43369.89	25559.18	17810.71	
西藏	93793.00	91818.20	64346.00	27472.20	1974.81
陕西	56263.53	56263.53	36559.46	19704.07	
甘肃	44111.16	38998.08	29119.33	9878.75	5113.07
青海	55934.97	49663.80	25790.41	23873.39	6271.17
宁夏	48597.87	48597.87	23626.62	24971.25	
新疆	54648.27	54154.76	37201.60	16953.16	493.51
大连	56251.60	56251.60	42729.89	13521.71	
宁波	105512.30	105512.30	67428.98	38083.32	
厦门	142198.47	142198.47	65985.50	76212.96	
青岛	91547.91	91547.91	75715.24	15832.67	
深圳	177578.99	133153.91	85340.79	47813.12	44425.09

7-47 生均教育经费支出(地方幼儿园)

单位：元

地区	教育经费支出	个人和公用部分支出			基本建设支出
			个人部分	公用部分	
合计	**9740.75**	**9444.43**	**5655.63**	**3788.80**	**296.31**
北京	41513.08	41223.76	25009.60	16214.16	289.32
天津	24290.52	24290.52	15655.43	8635.10	
河北	6118.25	6109.37	4169.51	1939.86	8.88
山西	5675.32	5633.16	3616.90	2016.26	42.16
内蒙古	15791.88	15338.15	9587.65	5750.50	453.73
辽宁	8881.64	8791.82	4972.31	3819.51	89.83
吉林	11589.00	11462.53	7242.20	4220.32	126.48
黑龙江	10657.45	10609.14	6936.65	3672.49	48.32
上海	32257.79	32257.25	19991.07	12266.18	0.53
江苏	9975.55	9928.25	6308.30	3619.95	47.31
浙江	17742.78	17598.18	10960.11	6638.07	144.61
安徽	6707.05	6702.38	3419.50	3282.87	4.67
福建	10194.29	10098.60	6152.15	3946.45	95.69
江西	9902.31	9657.39	3765.00	5892.39	244.92
山东	6831.40	6828.23	4121.91	2706.32	3.17
河南	4655.35	4636.60	2424.45	2212.15	18.75
湖北	7942.29	7942.29	4918.89	3023.40	
湖南	6571.18	6562.20	3532.79	3029.41	8.98
广东	8492.02	8343.04	5802.30	2540.74	148.98
广西	5102.31	4951.69	2689.16	2262.53	150.62
海南	17748.32	17544.82	7953.12	9591.70	203.51
重庆	7809.77	7747.88	3939.44	3808.43	61.89
四川	8683.38	8399.04	4001.52	4397.52	284.33
贵州	7663.75	7615.97	5088.15	2527.82	47.78
云南	8270.64	8061.71	4885.63	3176.08	208.92
西藏	29664.70	20616.72	14489.63	6127.09	9047.99
陕西	10546.57	10320.60	5563.07	4757.53	225.97
甘肃	8146.96	7982.95	5167.23	2815.73	164.00
青海	12210.57	11896.93	6250.52	5646.41	313.63
宁夏	11270.74	11270.74	4508.06	6762.68	
新疆	14159.29	10740.09	6271.46	4468.63	3419.20
大连	13491.37	13170.88	7498.38	5672.50	320.49
宁波	21508.11	21426.05	13722.87	7703.18	82.06
厦门	19598.67	19440.78	11901.17	7539.61	157.89
青岛	13972.66	13972.66	7896.85	6075.80	
深圳	41846.90	37486.56	26216.30	11270.26	4360.34

7-48 生均一般公共预算教育事业费和基本建设支出(地方幼儿园)

单位：元

地区	一般公共预算教育事业费和基本建设支出	事业费支出			基本建设支出
			个人部分	公用部分	
合计	**6482.92**	**6219.59**	**3979.95**	**2239.64**	**263.34**
北京	32290.10	32012.80	18853.27	13159.54	277.30
天津	18192.28	18192.28	12419.06	5773.23	
河北	4570.90	4562.02	3674.84	887.19	8.88
山西	3654.03	3611.88	2643.44	968.44	42.16
内蒙古	10737.16	10283.63	7373.17	2910.47	453.52
辽宁	4216.47	4211.19	2656.92	1554.28	5.28
吉林	8191.05	8064.58	5680.91	2383.66	126.48
黑龙江	7022.03	6973.71	4957.36	2016.35	48.32
上海	20980.74	20980.20	14084.22	6895.99	0.53
江苏	5430.94	5383.64	3704.20	1679.43	47.31
浙江	10505.25	10387.35	6802.64	3584.71	117.90
安徽	4428.00	4423.33	2431.53	1991.80	4.67
福建	7203.77	7108.52	4829.15	2279.37	95.25
江西	7549.52	7304.60	2826.70	4477.90	244.92
山东	3605.66	3602.49	2364.74	1237.75	3.17
河南	2504.20	2486.29	1464.73	1021.56	17.91
湖北	5207.19	5207.19	3357.49	1849.70	
湖南	3452.58	3443.60	2216.31	1227.29	8.98
广东	3894.52	3745.54	2737.04	1008.50	148.98
广西	3408.96	3260.54	1563.87	1696.68	148.42
海南	13233.36	13029.85	5455.67	7574.18	203.51
重庆	4782.79	4721.06	2382.65	2338.41	61.73
四川	6058.23	5775.93	2964.28	2811.65	282.30
贵州	5962.51	5914.72	4321.19	1593.53	47.78
云南	5957.36	5751.75	3708.92	2042.83	205.60
西藏	27983.14	18935.15	12878.04	6057.12	9047.99
陕西	9038.51	8812.55	5034.80	3777.74	225.97
甘肃	6784.65	6620.65	4665.03	1955.62	164.00
青海	9647.60	9339.26	4541.22	4798.04	308.35
宁夏	8888.21	8888.21	3209.29	5678.92	
新疆	11853.23	9057.75	5764.83	3292.92	2795.48
大连	7492.54	7491.45	4369.81	3121.64	1.09
宁波	11850.60	11822.88	8527.65	3295.23	27.72
厦门	15752.49	15598.92	9598.52	6000.39	153.57
青岛	9185.83	9185.83	5014.97	4170.87	
深圳	21562.55	17202.22	12735.08	4467.14	4360.34

7-49 生均教育经费支出(地方农村幼儿园)

单位：元

地区	教育经费支出	个人和公用部分支出			基本建设支出
			个人部分	公用部分	
合计	**6897.31**	**6662.53**	**3994.27**	**2668.26**	**234.78**
北京	37060.32	36540.31	21758.53	14781.77	520.02
天津	8549.78	8549.78	6047.97	2501.81	
河北	5277.04	5267.23	3573.91	1693.32	9.81
山西	4560.83	4537.35	2914.91	1622.45	23.47
内蒙古	14545.92	14149.77	8738.72	5411.05	396.15
辽宁	4426.88	4290.42	2386.30	1904.12	136.46
吉林	9267.67	9160.90	6123.84	3037.05	106.77
黑龙江	8660.93	8581.18	5650.04	2931.13	79.76
上海	29681.55	29681.55	21549.18	8132.37	
江苏	6897.19	6897.19	4261.40	2635.79	
浙江	15661.49	15518.28	9455.91	6062.37	143.21
安徽	5409.34	5409.00	2785.77	2623.23	0.34
福建	7614.96	7523.82	4671.47	2852.34	91.14
江西	8452.74	8295.81	2932.22	5363.59	156.93
山东	5227.10	5222.30	3231.59	1990.71	4.80
河南	3309.07	3304.99	1676.47	1628.52	4.09
湖北	4913.14	4913.14	3133.00	1780.14	
湖南	5164.34	5160.85	2870.93	2289.93	3.48
广东	4706.80	4705.65	3187.11	1518.54	1.14
广西	3677.62	3622.63	2007.02	1615.62	54.99
海南	16571.10	16333.94	7297.63	9036.31	237.16
重庆	5383.83	5359.13	2633.12	2726.01	24.71
四川	6894.80	6610.36	3359.27	3251.08	284.44
贵州	6434.06	6389.10	4570.97	1818.13	44.97
云南	6136.79	6109.57	3724.31	2385.26	27.22
西藏	27812.16	17775.80	13034.62	4741.17	10036.36
陕西	9555.59	9317.85	5245.15	4072.70	237.74
甘肃	7330.48	7175.22	4697.24	2477.98	155.25
青海	11369.37	11064.26	5648.49	5415.77	305.12
宁夏	8351.88	8351.88	3044.00	5307.88	
新疆	11334.92	9299.63	5878.92	3420.71	2035.29
大连	8398.66	7049.45	4622.20	2427.25	1349.21
宁波	18988.20	18988.20	11342.53	7645.67	
厦门	10462.63	10462.63	5834.66	4627.97	
青岛	8478.79	8478.79	5394.27	3084.52	
深圳					

7-50 生均一般公共预算教育事业费和基本建设支出(地方农村幼儿园)

单位：元

地区	一般公共预算教育事业费和基本建设支出	事业费支出			基本建设支出
			个人部分	公用部分	
合计	**4836.39**	**4634.75**	**3017.48**	**1617.26**	**201.64**
北京	31763.97	31257.64	18105.93	13151.71	506.33
天津	6836.25	6836.25	5244.24	1592.01	
河北	3943.05	3933.25	3184.50	748.75	9.81
山西	2977.68	2954.20	2159.09	795.11	23.47
内蒙古	10275.71	9879.85	6995.30	2884.55	395.85
辽宁	2071.15	2067.99	1460.41	607.58	3.16
吉林	7292.17	7185.40	5290.60	1894.80	106.77
黑龙江	6169.72	6089.96	4380.69	1709.27	79.76
上海	19850.03	19850.03	15035.75	4814.28	
江苏	3797.49	3797.49	2471.53	1325.96	
浙江	9523.28	9421.56	6177.84	3243.73	101.72
安徽	3735.38	3735.04	2105.64	1629.40	0.34
福建	5413.72	5322.58	3742.80	1579.78	91.14
江西	6543.90	6386.97	2223.65	4163.32	156.93
山东	2913.07	2908.26	2074.09	834.17	4.80
河南	1677.65	1673.57	1032.64	640.93	4.09
湖北	3036.16	3036.16	2071.84	964.32	
湖南	2855.32	2851.84	1882.34	969.50	3.48
广东	2210.41	2209.27	1669.79	539.48	1.14
广西	2308.40	2253.41	1089.00	1164.41	54.99
海南	13155.66	12918.51	5305.79	7612.72	237.16
重庆	3458.05	3433.34	1666.26	1767.08	24.71
四川	5090.53	4806.74	2570.82	2235.92	283.78
贵州	5047.37	5002.40	3906.19	1096.21	44.97
云南	4502.54	4475.32	2898.09	1577.23	27.22
西藏	26327.10	16290.74	11617.93	4672.81	10036.36
陕西	8597.75	8360.02	4914.21	3445.81	237.74
甘肃	6383.57	6228.32	4376.23	1852.09	155.25
青海	9493.47	9188.35	4277.91	4910.44	305.12
宁夏	6843.57	6843.57	2287.44	4556.13	
新疆	9363.43	7844.78	5461.57	2383.21	1518.65
大连	4608.29	4608.29	3497.99	1110.30	
宁波	10485.64	10485.64	7211.35	3274.29	
厦门	8382.63	8382.63	5152.35	3230.28	
青岛	6550.05	6550.05	4338.42	2211.63	
深圳					

附 录

简要说明

简要说明

为了便于参考和使用教育经费统计年鉴，现就教育经费统计指标、统计范围、统计时间等作简要说明。

一、教育经费来源主要指标

教育经费来源包括国家财政性教育经费，民办学校中举办者投入，捐赠收入，事业收入及其他教育经费。

1. 国家财政性教育经费：指学校（单位）取得的所有属于财政性质的经费。包括一般公共预算安排的教育经费，政府性基金预算安排的教育经费，企业办学中的企业拨款，校办产业和社会服务收入用于教育的经费，其他属于国家财政性教育经费。

（1）一般公共预算安排的教育经费：指学校（单位）从同级财政部门取得的一般公共预算拨款。包括教育事业费、基本建设经费、教育费附加、科研经费和其他经费。

①**教育事业费**：指学校（单位）从同级财政部门取得的、列《政府收支分类科目》一般公共预算205类“教育支出”的拨款，不含基本建设经费和教育费附加。

②**基本建设经费**：指学校（单位）从同级发展与改革部门取得的、列《政府收支分类科目》309类“基本建设支出”的拨款。

③**教育费附加**：指学校（单位）从同级财政部门取得的、列《政府收支分类科目》205类09款“教育费附加安排的教育支出”的拨款。

④**科研经费**：指学校（单位）从同级财政部门取得的、列《政府收支分类科目》206类“科学技术支出”的拨款。

⑤**其他**：指学校（单位）从同级财政部门取得的《政府收支分类科目》205类“教育支出”、206类“科学技术支出”以外（如208类“社会保障和就业支出”、210类“医疗卫生与计划生育支出”、219类“援助其他地区支出”、221类“住房保障支出”等）的其他一般公共预算拨款。

（2）政府性基金预算安排的教育经费：指学校（单位）从同级财政部门取得的政府性基金预算拨款。包括城市基础设施配套费收入、彩票公益金收入等安排用于学校（单位）的支出。

（3）企业办学中的企业拨款：指中央和地方所属企业在企业营业外资金列支或企业自有资金列支，并实际拨付所属学校的办学经费。

（4）校办产业和社会服务收入用于教育的经费：指非民办学校举办的校办产业和各种经营取得的收益及投资收益中用于补充教育经费的部分。

（5）其他属于国家财政性教育经费：指学校（单位）取得的除上述财政性收入以外的其他属于财政性质的经费。

2. 民办学校中举办者投入：指民办学校举办者投入给民办学校的办学经费。

3. 捐赠收入：指境内外社会各界及个人对教育的资助和捐赠资金。

4. 事业收入：指学校（单位）开展教学、科研及其辅助活动依法取得的、经财政部门核准留用的资金和从财政专户核拨回的资金。

其中，学费：指学校经财政部门核准留用或经财政专户核拨回的学费金额。

5．其他教育经费：指学校（单位）取得的除上述各项收入以外的其他收入。

二、教育经费支出主要指标

教育经费支出包括个人部分支出、公用部分支出和基本建设支出三部分

1．个人部分支出：包括工资福利支出、对个人和家庭的补助支出。

（1）工资福利支出：指学校（单位）开支的在职教职工和编制外长期聘用人员的各类劳动报酬，以及为上述人员缴纳的各项社会保险费等。

（2）对个人和家庭的补助支出：指学校（单位）对个人和家庭的补助支出。

2．公用部分支出：包括商品和服务支出、其他资本性支出。

（1）商品和服务支出：指学校（单位）购买商品和服务的支出（不包括用于购置固定资产的支出）。

（2）其他资本性支出：指非发展与改革部门集中安排用于学校（单位）购置固定资产、土地、无形资产和大型修缮等所发生的支出。包括专项公用支出和专项项目支出。

①专项公用支出：指非发展与改革部门集中安排用于学校（单位）购置办公设备、专用设备、交通工具和无形资产等所发生的支出。

②专项项目支出：指非发展与改革部门集中安排用于学校（单位）房屋建筑物构建、大型修缮所发生的支出。

3．基本建设支出：指各级发展与改革部门集中安排的一般公共预算（不包括政府性基金以及各类拼盘自筹资金等）用于学校（单位）购置固定资产、土地、无形资产和大型修缮所发生的支出。

财政补助支出：指学校（单位）取得的一般公共预算安排的教育经费和政府性基金预算安排的教育经费列支的支出。

一般公共预算教育事业费和基本建设支出：指学校（单位）取得的一般公共预算教育事业费和基本建设列支的支出。

三、统计范围

1．教育部门办各级各类学校、幼儿园、教育事业单位；其他部门办各级各类学校、幼儿园；县级及以上人民政府教育行政单位（部门）；独立师资并按学校体制管理的中央、省（自治区、直辖市）、地（市）、县各级党委举办的党校，各级政府举办的社会主义学院、行政学院（不含行业、部门办的党校和行政学院）；财政部举办的国家会计学院。

2．国有及国有控股企业举办的各级各类学校、幼儿园和经过教育主管部门批准承认学历的成人高校、成人中等专业学校、成人中学、成人小学等。

3．由国家机构以外的社会组织或者个人，利用非国家财政性经费，面向社会举办的，经政府部门按照国家规定的权限审批的各级各类学校、幼儿园等。

香港、澳门和台湾省的教育经费统计资料暂缺。

四、统计时间

2017 年 1 月 1 日至 2017 年 12 月 31 日。

五、其他

1．本年鉴 1-1（续）表和第二部分所有表中央和地方教育经费按经费来源划分。其余表中央和地方教育经费按学校与其他教育机构隶属关系划分，即中央教育经费指中央属学校及其他教育机构的经费，地方教育经费指地方属学校及其他教育机构的经费。

2．从 2017 年起，将“公共财政预算安排的教育经费”修改为“一般公共预算安排的教育经费”；将“公共财政教育经费”修改为“一般公共预算教育经费”；将“生均公共财政预算教育事业费”修改为“生均一般公共预算教育事业费”；将“生均公共财政预算公用经费”修改为“生均一般公共预算公用经费”。

3．2013 年及以前教育经费统计城乡划分标准以民政部门口径为准，即城市指城镇，包括城市（设区市的市辖区城区和不设区市的市政府所在地城区）以及县城（县政府所在地的城区）；农村指除城市、县城以外的区域。从 2014 年开始，教育经费统计采用了国家统计局颁布的《统计用城乡划分代码》，新的城乡划分标准调整为三大类七小类，即城区（主城区和城乡结合部）、镇区（镇中心区、镇乡结合区、特殊区域）、乡村（乡中心区和村庄），其中城市指城区，农村指镇区和乡村。

4．本年鉴中部分数据合计数或相对数由于单位取舍不同而产生的误差，均未做机械调整。